育优秀孩子

教子之方 育孙之法

上

姚富霖 著

西南大学出版社

图书在版编目(CIP)数据

养育优秀孩子:教子之方,育孙之法 / 姚富霖著. -- 重庆:西南大学出版社, 2023.6
ISBN 978-7-5697-1862-1

Ⅰ.①养… Ⅱ.①姚… Ⅲ.①家庭教育 Ⅳ.①G78

中国国家版本馆CIP数据核字(2023)第107276号

养育优秀孩子——教子之方,育孙之法
YANGYU YOUXIU HAIZI——JIAOZI ZHI FANG, YUSUN ZHI FA
姚富霖 著

责任编辑:	曹园妹 周 杰
特约编辑:	朱司琪
责任校对:	文佳馨
装帧设计:	散点设计
照 排:	杨建华 瞿 勤
出版发行:	西南大学出版社
	地 址:重庆市北碚区天生路2号
	市场营销部电话:023-68868624
	邮 编:400715
印 刷:	重庆新生代彩印技术有限公司
幅面尺寸:	170 mm × 240 mm
印 张:	49
字 数:	932千字
版 次:	2023年6月第1版
印 次:	2023年6月第1次印刷
书 号:	ISBN 978-7-5697-1862-1

定 价:148.00元(全三册)

序

孩子是家庭的希望,更是我们国家、民族的希望,所以,我们的党和政府都多次强调要关心下一代的健康成长……从历史发展来看,孩子们担负着家、国和历史的重托。要完成家、国和历史的重任,孩子们就得不断地接受教育,成为跟得上社会发展的合格人才,只有这样才能不负重任。孩子从出生到成长成人的过程中,除了要接受学校教育和社会教育外,在"修身做人""习惯养成""意志品质形成""智力开发""身心健康"等方面还需要接受家庭教育。然而,在家庭教育中,家长的教育和孩子的成长一直存在诸多不足和问题,为此,作者从关心下一代健康成长的角度出发,根据中国教育和家庭教育的新特点,围绕两代家长如何协同养育出一个优秀的孩子展开叙写,具体地提出了存在的问题和解决方案,并具有如下特点。

操作性强

在叙写的过程中,本书既指出了家庭教育中普遍存在的问题,又具体地提出了解决问题的方法;既有教育的基本理论的支撑,又强调根据孩子的个性特点实施有针对性的教育;既有实际的案例相佐,又有自己的教育实践相辅;既提出了自教的深远意义,又明确了他教的重大作用;既有基本的教育原则和方法,又有针对孩子个性特点所采取的独到的方法和措施;在各年龄段的教育重点的相关篇目中,较为翔实地写出了各年龄段孩子的家长应抓的工作重点,并在具体叙写中对其相关内容以实例加以印证，使施教者在对孩子的教育中做到一目了然、有章可循、心中有数，便于实践。

针对性强

20世纪50年代、60年代、70年代是我国生育的高峰期，在这几个时期出生的人，有的现在已经慢慢老去，成为或即将成为"隔代教育家长"，然而他们接受的教育很少告诉他们如何对孙辈施以正确的教育。他们的子女多出生于20世纪80年代至21世纪初，其中一部分是独生子女，他们正为人父母或即将成为父母。我国二孩、三孩生育政策实施后，这部分父母在当前或以后相当长的时间里将很可能面对四个老人和一至三个孩子的生活重压，赡养老人和养育子女的重任落在了他们的肩上。为了工作和生活，他们不得不把一部分养育子女的职责转移给他们的父母，这就形成了两代家长教育孩子的局面。然而，两代家长对教育难免产生不同的看法，这就可能导致两代家长在协同教育孩子上出现一些问题。本书针对两代家长在教育孩子方面的问题，提出了很多有借鉴意义的方法。

具有独特性

其一，虽然家庭教育以儿童教育为重点，但本书不仅针对初中以下孩子的教育问题，还针对初中、高中、大学孩子的特点提出了家庭教育存在的问题和解决办法，使家长知道如何根据孩子的各年龄段特点有针对性地抓好教育工作，从而避免家庭教育重幼童教育而忽视青年期教育的盲目性和缺陷性。

其二，本书针对孩子个性化的特点讨论个性教育，较好地弥补了当前学校教育标准化带来的缺陷和不足。当前，很多国家主要采用的是授课课堂化、答案标准化的教学模式。由于孩子智力发育水平不同，大脑功能发育区域不同(智力发展方向不同)，接受环境的影响不同等因素，孩子在某个时段就可能达不到标准化教学需要达到的水准，所以，有的孩子在统一的、标准化的考试面前成绩就比较差。然而，多数孩子成年后真正比拼的东西其实是其掌握的知识体系是否按照社会发展要求的标准在构建，而不是头脑中储存的死知识的多少。现实生活中，有的在整个上学过程中都处于比较落后状态的孩子，踏入社会后完全超过了靠考试建立起知识体系的孩子的发展水平。这说明了符合孩子个性的教育的重要性。然而，我们的学校教育不可能有那么多的教师来展开个性化的教育工作，这项工作的主要任务就应由家庭教育去完成。因此，作者在书中多次强调家庭教育应针对孩子的个性特点培养他们的社会化关键能力——人际交往能力、语言能力、自学能力、环境适应能力等。

具有全面性

在分析存在的问题时，本书既有普遍性的现象分析，又有归因追索，还有具体的解决措施和办法。在培育养成方面，既注重立德树人，又重视智力开发；既注重行为习惯，又重视精神面貌；既注重意志品质，又重视学习习惯；既注重孩子的生理，又重视孩子的心理；既有养成教育，又有矫正教育。在两代家长如何协同对孩子进行教育方面，本书指出两者既要有合作，取长补短，又要有各自的侧重点等。本书特别指出了家庭教育容易忽视的"行为越轨""网络成瘾""吸毒"等较严重的问题，既给家长们敲响了警钟，又为预防和矫正提供了借鉴。

具有前瞻性

现在，正逢互联网科技革命时代，我们用今天的教育理念和方法教育出来的孩子能否适应现在的发展形势？在这个时代，国家、社会需要什么样的人才？20年后的职业取向是什么？孩子需要什么样的教育才能跟上时代发展的步伐？面对这些问题，现在很多家长已表现出茫然和恐慌。当前大多数家长把对孩子的教育当成一种投资，譬如：让孩子上各种特长班、辅导班；为孩子请家教，花重金为孩子择校；把孩子送出国学习……种种表现，就是为了规避现实教育的弊端，希望为孩子找到一条适应未来发展之路，然而，这不但违背了孩子成长的规律，而且可能让家长的投资"血本无归"。从目前的互联网科技发展的情况看，互联网科技时代对个人发展的要求已不再单单是在大脑中储存知识，也不单单是获取一张文凭，更重要的是会不会运用知识来提高大脑的认知能力——包括对自我的认知能力、对社会的认知能力、终身学习能力等综合素质。作者站在时代的前沿对这些问题进行了思考和探索，并通过对"道德品质""意志品质""好奇心""智力""终身学习能力（习惯）""独立能力""创造力""情绪管理能力""交往能力""语言沟通能力""团结协作能力"等的探讨，详细地展示了家庭教育提高孩子综合素质的路径，为家庭教育如何为孩子20年后的发展打基础提供了思路，而且为现实中的"灌输式""标准答案式"的学校教育转向社会/学校与家庭融合教育，达到教育的最优化提供了积极的借鉴。

两代家长协同教养孩子是中国现实家庭教育的一个可行之法，家庭对孩子实行个性化的教育，弥补了现实教育（课堂化、标准答案）的缺陷，是互联网科技时代家庭教育的可行之路。本书提供的家庭教育范式，颇有新意，希望各位读者能从中有所收获，在自己的教育实践中积极应用，从而让孩子在成长的道路上少走弯路，成为适应社会发展的合格人才。

重庆第二师范学院教授

谷生华

2023年3月

目录

第一篇 家教基础

一、怎样做一个称职的家长 / 3

二、两代家长教育的侧重点是什么 / 23

三、如何让隔代教育发挥应有的作用 / 47

四、家庭教育中存在的不良现象 / 51

五、家庭教育的首要任务和基本任务是什么 / 57

六、婴幼儿有哪些主要特征 / 65

七、小学孩子有哪些主要特征 / 71

八、初中孩子有哪些主要特征 / 79

九、高中孩子有哪些主要特征 / 87

十、大学孩子有哪些主要特征 / 95

十一、早期教育的重点应放在哪里 / 101

十二、小学家庭教育的重点应放在哪里 / 113

十三、初中家庭教育应有哪些重点 / 121

十四、高中家庭教育主要应做些什么 / 139

十五、大学时期家庭教育应抓住哪些重点 / 159

十六、各年龄段智力开发的重点有哪些 / 179

十七、如何培养一个社会化的孩子 / 187

十八、如何走进孩子的心灵 / 203

第二篇　能力培养

十九、如何培养孩子的爱心 / 215

二十、如何培养孩子的注意力 / 223

二十一、如何培养孩子的记忆力 / 233

二十二、如何培养孩子的观察力 / 245

二十三、如何培养孩子的想象力 / 253

二十四、如何培养孩子的思维能力 / 265

二十五、如何培养一个爱锻炼的孩子 / 285

二十六、如何培养一个爱劳动的孩子 / 293

二十七、如何培养孩子良好的意志品质 / 303

二十八、如何培养孩子诚实守信的品格 / 323

二十九、如何培养孩子正直无私的品质 / 333

三十、如何培养孩子乐观豁达的品质 / 339

三十一、如何培养孩子自立的品质 / 345

三十二、如何让孩子获得自信 / 355

三十三、如何让孩子获得自尊 / 369

三十四、如何培养孩子的自爱品质 / 379

三十五、如何培养孩子的自我意识 / 387

三十六、如何培养孩子的责任意识 / 407

三十七、如何培养一个社会化的孩子 / 413

三十八、如何培养一个遵纪守法的孩子 / 419

三十九、如何培养孩子的消费意识 / 429

四十、如何培养孩子的交往能力 / 443

四十一、如何培养孩子的生活自理能力 / 459

四十二、如何培养孩子的语言表达能力 / 467

四十三、如何培养孩子的创造力 / 481

四十四、如何培养孩子的心理承受能力 / 493

四十五、如何培养孩子的情绪调控能力 / 501

四十六、如何培养孩子的集体主义观念 / 521

四十七、如何提高孩子的学习兴趣 / 529

四十八、如何培养孩子良好的学习习惯 / 541

四十九、如何培养一个爱学习的孩子 / 553

五十、如何培养孩子良好的行为习惯 / 573

五十一、如何培养孩子的批判性思维 / 587

五十二、如何培养孩子的阅读能力 / 597

五十三、如何提高孩子的写作能力 / 615

五十四、如何培养孩子的选择能力和尊重孩子的选择 / 627

第三篇 预防矫正

五十五、怎样预防孩子玩电子产品和网络成瘾 / 641

五十六、如何让孩子安全度过叛逆期 / 657

五十七、怎样给学习紧张的孩子减压 / 673

五十八、如何矫正孩子的不良行为习惯 / 685

五十九、如何对待孩子的行为越轨 / 693

六十、如何矫正孩子的孤僻性格 / 703

六十一、如何消除孩子的自卑心理 / 711

六十二、如何矫正孩子自私的毛病 / 721

六十三、如何矫正孩子的懒惰行为 / 729

六十四、如何预防孩子吸毒 / 735

六十五、如何纠正孩子的任性行为 / 745

六十六、如何面对孩子的早恋问题 / 753

壹 | 第一篇
家教基础

一 怎样做一个称职的家长

在我国,在现实生活中,一个人只要身体健康,符合法定年龄,满足法定条件,就可以结婚生子、当父母,不需要持证上岗,就可以养育孩子。在养育孩子的问题上,有不少人认为家庭教育没什么了不起,有了孩子,只要让他吃饱穿暖,他就能健康成长,只要心中有对孩子的爱就可以养好孩子。其实,当一个称职的家长对孩子的成长非常重要。

家长(文中所说的家长,包括孩子的父母、爷爷、奶奶、外公、外婆以及代行家长职责的其他监护人。孩子的父母被称为"亲子家长",孩子的祖辈监护人被称为"隔代家长"),特别是亲子家长,对孩子的一生负有责任。无论面对的是什么样的孩子,父母把孩子生下,都没办法反悔或者"退货"。好也罢,不好也罢,成功也罢,失败也罢,孩子的命运都和家长绑定在一起了。从古至今,有多少成功者不是成于成功的家庭教育?有多少失败者不是败于失败的家庭教育?孩子将来是否优秀,关键取决于家长是否称职。那么,如何才算是一个称职的家长呢?我们就用两个案例来说明吧!

案例一:

熊孩子在飞机上闹事,导致全家被遣返,孩子缺的教养,总有一天会让你后悔。

一对夫妻带着6岁的儿子前往美国洛杉矶度假,一家三口上飞机之后,父亲带着孩子和一位小哥坐在一侧,孩子紧挨着小哥,母亲则单独坐在另一侧,而自从飞机起飞,孩子对小哥的骚扰便一刻都没停止:他不仅坐立不安,叽叽喳喳,而且上蹿下跳,有时还对小哥拳打脚踢……小哥礼貌地请求孩子的父亲管教一下孩子,结果却被孩子父亲无视。

于是这位小哥在做了3个小时的"人肉沙包"后,终于忍无可忍,大骂了熊孩子的熊家长。

没想到的是,熊家长的反应竟比"人肉沙包"还激烈,熊爸爸隔着中间座位的儿子,掐住小哥的脖子与之扭打在一起,直到乘务员赶到将两个人分开,并把这对父子的座位换到了前排。

飞机落地后,迎接熊孩子一家的是执法人员,其中包括FBI(美国联邦调查局)以及机场安保、边防安全等20多名执法人员,也就是说,以这个执法人员的阵容,去抓一个国家级的罪犯也绰绰有余了。

原来在二人发生肢体冲突后,机组人员就将该情况以"威胁全机乘客生命安全"为由通报给了洛杉矶国际机场的工作人员,随后机场工作人员立即通知了FBI。飞机抵达洛杉矶后,所有乘客被要求不得离开座位,直到发生冲突的双方被警察带走。

经过调查,因为熊孩子的父亲率先动手打人,美国海关以其犯故意伤害罪为由拒绝熊孩子一家入境,并于次日凌晨遣返这一家三口。

案例二:

飞机上母亲教育两个孩子安分。

一位母亲带着两个儿子乘坐飞机,大的孩子十岁左右,小的那个也就五六岁。

飞机刚刚起飞,两个孩子就兴奋起来了,叽叽喳喳你一言我一语。

这个时候,只见孩子的母亲一脸平静,对着两个孩子,伸出食指,放在嘴边"嘘"了一声。两个小家伙瞬间闭紧了嘴巴,并老老实实坐完了全程,从始至终再没大声说过一句话,直到飞机落地。

这两个案例都是孩子与父母一起坐飞机,但其结果却完全不同,这是为什么?前者,我们看到的是一个让人厌烦的熊孩子,后者,我们看到的是两个有素养、守规矩的孩子。这些孩子都天生好动,事情结果却大相径庭,就是因为面对孩子的不良行为,一个家长疏于管教,甚至放手不管,一个家长却善于管教,勤于管教。从这两个案例我们或许可以得出这样的结论:只有称职的家长才能养育出比较优秀的孩子。

孩子来到这个世界上,什么也不懂,可以说,在孩子的成长过程中,他面对的是什么样的环境,接受的是什么样的教育,他就会成为什么样的人。作为家长,为了教养出一个比较优秀的孩子,自己首先要努力做一个称职的家长,尽量避免成为"熊孩子"案例中那样的家长。

在现实生活中,不少家长在养育孩子时的不称职的表现主要有:包办代替;重智轻德;忽视言传身教;忘记教育孩子的责任;对孩子控制过严,干涉过多;对孩子放之过宽。这些都是家长在养育孩子时应尽量避免的。那么,怎样才是称职的家长呢?从整体上来讲,家长应明确立德树人的根本任务,能灵活运用教育的主要原则和主要方法;能尊重孩子的成长规律,能为孩子提供良好的成长环境,能对孩子产生较好的榜样作用;能较好地了解孩子各年龄段的基本特点,并针对孩子的个性特点进行个性化教育;能把孩子培养成身心健康的、德智体美劳全面发展的、能自食其力并为社会做出一定贡献的劳动者。这样的家长才是称职的。

(一)以身作则,为孩子树立榜样

有家媳妇嫌婆婆年老、体弱多病,就用小推车把婆婆送到山里,准备连人带车一起丢掉。临走时,七岁的小儿子非要把车子带回来。媳妇问:"儿子呀,你要这破车干吗?"小儿子说:"等你老了,我也用它去推你,把你丢掉。"从这个故事我们能认识到什么?孩子刚出生时,所面临的是一个完全陌生的世界,以后要成为一个怎样的人,就看家长们究竟是怎样去引导,怎样去教育,怎样为孩子树立榜样的。

家庭是孩子的第一所学校,家长是孩子的第一任老师,是孩子终身的班主任。家庭长期形成的氛围和家长的道德品质、行为习惯、文化素养等,每时每刻都影响着孩子。孩子长期生活在家庭中,生活在父母身边,他们每时每刻都在接收着家庭和家长带来的信息与知识,所以,家长的言传身教对孩子的成长极为重要。我们仔细分析一下"问题孩子"就可以得出这样的结论:"问题孩子"的背后往往都有"问题家长"的影子,孩子的教养往往反映了家长的修养。家长在日常生活中的言行往往不知不觉地影响着孩子,特别是幼儿,他们的思维具有形象化特点,模仿是他们学习做人的主要途径,而在家庭教育中,家长就是他们模仿的主要对象。家长,特别是亲子家长的行为习惯、待人处世的态度、道德观念等的影响是无形的、巨大的。譬如,如果家长平时说话比较生硬,性格比较急,动不动就高声大气地训人或威胁孩子,甚至爱动手打孩子。孩子长期生活在这样的家长身边,就会不自觉地养成说话武断、高声大气,不经意间就伸手打人的习惯。因此,家长要想孩子成为怎样的人,首先自己就应是那样的人。家长在教育孩子的过程中,不需要太多的知识,也不需要太多的言语和说教,重在做好自己,为孩子树立榜样。

1.为孩子树立道德的榜样

在日常生活和工作中,父母要尽量做到:谦恭、礼让、诚实、守信、宽容、正直、慈爱、孝顺、自强、开明、勇毅、节制、勤俭、廉洁等。

2.为孩子树立行为的榜样

(1)勤劳简朴。例如:工作兢兢业业,家里收拾得井井有条,穿着朴素而得体大方,不讲排场,不铺张浪费,等等。

(2)说话有理有节,言谈举止文雅大方,说话不高声大气,不强词夺理。

(3)夫妻和睦,孝敬老人,疼爱子女,团结邻里。例如:夫妻之间有事好好商量,从不高声大气,从不争吵打闹;对老人从不发火埋怨,有好吃的从不忘记老人,经常问候老人、关心老人;对子女有管有放、有严有爱,从不无故斥责、打骂孩子,能常与子女沟通、玩耍;对邻里及其他人说话和气,从不与邻里发生争吵;等等。

(4)无不良嗜好。例如:不酗酒,不赌博,不沉迷游戏,等等。

(5)注重礼仪兴家,诗书传家。古人云:"非学无以广才,非志无以成学。"知书才能达礼,学习才能升华。作为家长,要让家里多一分书香气,茶余饭后,可以和家人一起看书、读报,谈天论地,让家人从中得到教化和启迪。首先,一方面,应懂得学习文化的重要性,带头勤奋学习,在家庭中营造良好的学习氛围,向家庭成员特别是子女灌输学习的重要意义,使其树立自觉学习的意识。另一方面,父母要加强道德修养,表现出高尚的道德情操。例如:行为端庄,落落大方,不卑不亢,时时表现出良好的修养、涵养;懂得待人之礼、交往之礼;说话和气,不强词夺理,不以权压人,不仗势欺人;在他人遇到危难时,能施以援手,处处表现出同情之心、慈爱之心;等等。其次,注意具有文化气息的家庭布置。例如:把家里整理得明亮、整洁,注重家教、家风文化建设。(如在家里张贴"宁静致远""家和万事兴"等格言的条幅,让孩子们置身其中,保持良好的心理状态。)

(二)做一个自觉树立良好家风,形成良好家训、家规的家长

所谓的家风,就是一个家庭的风气和风貌。例如勤奋好学的家风,有礼有节、知书达理的家风,穷而有志、富而不奢的家风,尊老爱幼、团结和睦的家风,不占不贪、远离黄赌毒的家风等。家庭作为社会的细胞,是最基本的社会组织。随着社会公共化程度的不断提高,家庭这一组织发生了结构性变化。两代人的核心家庭逐渐取代世代型大家庭,成为现代家庭的主要形式。这使家风建设的重任直接落在了每一个亲子家长身上。

要让一个家有良好的家风,需具有良好的家训和家规。所谓家训和家规,就是规范、约束家人的行为规范,就是教育、训诫家人的条款,是治家修身的一个准则、一剂良药。它包括以下方面的道德行为要求,如仁爱、孝道、勤劳、节俭、诚实、守信、正直、廉洁、励志、勤学等。在传统的治家修身方面,有很多好的家训值得我们借鉴和学习,如张英"让他三尺又何妨",曾国藩"有恒则断无不成之事",等等。

家长应结合新时代教育的需要,在道德要求、行为养成、励志、劝勉、告诫、禁止等方面制定出简单易行的现代家训、家规的条款。例如:诚实、守信,不说假话,不办假事;自己的事情自己做,自己的责任自己担;与人为善,与邻为善;勤学苦练,努力登攀;举止稳重,说话和气,团结友爱,奋斗不息;忍得一日之气,免得百日之忧;宁让人,勿使人让我,宁吃亏,勿使人吃亏;爱护公物,遵纪守法;勤为本,德为先,和为贵,学在前;尊老敬贤,扶危济困;严以待己,宽以待人;不做亏心事,不赚昧心钱;说话文明,处事公正,为人厚道;堂堂正正做人,踏踏实实做事,兢兢业业读书,勤勤恳恳治家;孝敬长辈,尊重他人,爱惜自己;勤俭节约,勤劳致富,科技致富;不酗酒、不赌博、不吸毒、不加入非法组织;"勿以恶小而为之,勿以善小而不为";手足相助,夫妻相敬,长幼有序,邻里宽容;有胆有识,有礼有节,有情有义;贤人当敬,小人当疏,孝悌当崇,五毒当诛,志存高远;勤奋苦作,正当娱乐,不搞迷信,不交小人;尊师重道,谦恭礼让,忠孝并举;等等。

家训、家规是针对家人制定的道德行为等方面的大的原则性要求及规定,在家教过程中,应根据这个总要求,结合年龄特点和时代要求给予细化。

家训、家规是针对所有家庭成员提出来的,要求全家人遵照执行,特别是家长,一是要亲自践行,二是要监督家庭成员执行,三是发现家庭成员有违反家训、家规的行为要及时指出并监督改正。

有了这些最基本、最直接、最经常的教育,家人就会感受到强大的道德力量和行为力量,把遵守家训、家规变为自觉的行动。

现代家庭,基本没有明确的治家、修身的规范要求,这很不利于良好的家风的形成,更不利于子女的健康成长。因为,没有对家人的行为要求,父母很多时候就不知道用什么标准去要求孩子,今天要求孩子这样,明天又可能要求孩子那样,也很难与隔代家长就孩子的教育达成统一;孩子在成长的过程中也不知该怎样做。所以,聪明而又有远见的父母,应该给家庭定出简单易行的家庭道德行为规范,这不单单是为了规范子女的言行,警醒子女,更是为了家庭和谐。

今天我们培育良好家风,应站在现代文明发展的角度,剥离传统文化中保守、世故的成分,在开放多元、民主法治的基点上进行;一面传承传统美德,一面弘扬现代文明精神。

(三)为孩子创设良好的成长环境

孩子的成长环境包括物质环境和精神环境(道德心理环境)等,这些都是影响孩子成长的重要因素,其中精神环境最影响孩子的身心健康。所谓物质环境,就是孩子生活、学习、玩乐等所必需的物质构成的环境总和,如孩子吃、穿、住、玩以及学习等所需要的东西。精神环境就是供孩子精神需要的环境总和,是人的生活环境的重要组成部分。家长对孩子的教育从本质上讲就是一种环境的创造,如给孩子创设一种相互信任、相互平等、相互尊重的环境,孩子生活在这样的环境中,就会感到安全、温暖、宽松和愉快,这样,孩子才能积极主动地活动与学习、探索与创造,从而获得最佳的发展。因此,家长应从以下几个方面为孩子提供良好的家庭成长环境。

1. 为孩子提供成长所需的物质环境

现在的孩子,大部分都生活在幸福窝里,几乎不存在缺少生活物资的问题。这一点无须赘述,只是要提醒家长,在物质比较丰富的今天,父母要有节制地满足孩子生活、学习、娱乐等的需要,不要过分满足孩子的物质欲望,这样才有利于孩子健康成长。现在不少家长溺爱孩子,什么都替孩子想到,什么都为孩子做到,孩子需要什么就尽其所能地满足,让孩子形成了懒散、骄横、自负、动手能力弱、独立性差、交往能力弱、怕苦怕累等性格和行为习惯。这应引起家长的反思。在生活方面,家长要保证孩子正常的物质生活需要,使孩子能健康成长。在玩乐方面上,家长要根据孩子的特点和爱好有选择性地为孩子购买玩具,不要盲目攀比;不要给孩子买太多的、无用的玩具,应多带孩子到大自然中、到群体中去玩耍,让孩子在自然中、在实践中开发智力,增长才干。

2. 提供利于孩子成长的精神环境等

(1)给孩子一个温馨的家。家庭成员之间,特别是夫妻之间要互相尊敬,和睦相处。孩子生活在这样的家庭里,自然会感到温馨和幸福。如果夫妻不和,家庭中经常吵吵闹闹,特别是夫妻离异,会使孩子感到不安全、压抑和焦虑,产生不健康的心理状态,如忧虑、孤独、仇视、孤傲、自负、性格暴躁等。

(2)设法营造一个和谐的家庭气氛,使家庭中经常充满欢笑和健康美好的情趣。例如:工作之余父母能常陪伴孩子,能利用双休日开展家庭娱乐活动,带领全家人到大自然中去游玩;家庭成员说话和气,有事能相互沟通;父母能尊重老人,爱惜孩子,做到对老人有耐心、有责任心、有孝心,对孩子有信心、有耐心、有爱心;家庭成员之间能互敬互让,做到有礼有节;等等。

(3)建立良好的亲子关系。亲子关系是指父母和子女的关系,也包括代行家长职责的教育者和孩子的关系。这种关系是孩子最早建立的人际关系,是孩子建立其他社会关系的基础,其本身具有明显的教育性和巨大的影响力。良好的亲子关系应该是民主、平等、相互理解、充满亲情的关系,其构建也需要家长做出努力。建立良好的亲子关系,家长仅有爱心是不够的,还必须有一颗童心,即能站在孩子的角度去观察他们的需要,并能怀着童心去满足他们的心理需求。良好的亲子关系应该建立在民主、平等、信任、尊重和爱的基础上,家长应该既是教育者又是孩子的朋友,常与孩子做一些情感交流,使孩子感受到自己是家庭中的一名成员,不仅受到家长的关怀和爱护,而且受到尊重。建立了这样的亲子关系,孩子就有了比较宽松、良好的成长环境。一般来说,在这种环境中生活的孩子情绪更容易保持平和、愉快,有话愿意和家长说,会更懂得事理,管教起来更容易,这都有利于孩子活泼开朗性格的形成,也能促使孩子积极上进,主动发展。

(4)理解家庭成员的情绪。不管家庭环境有多好,也不管家庭成员有多高的学识和文凭,人都是会产生情绪的。作为家长,不但要懂得控制好自己的情绪,还要随时注意其他家庭成员特别是孩子的情绪变化,发现他们有不良情绪,要及时地给予引导、疏解。这样,一家人的心情才能舒畅,学习、工作才有动力,孩子才更能健康成长。

(四)家长要具有不断探索和学习的精神

对孩子的养育,不管不顾不行,半管半不管不行,忧心忡忡地管也不行。孩子适时而生,随时而长。家长要不断更新自己的知识和观念,才能跟上时代发展的需要和孩子成长的需要,这就要求家长具有不断探索和学习的精神。因为,只有跟上时代的教育才能培养出一个优秀的孩子。

多数隔代教育家长,受教育程度本就不高,年岁大了,思想难免保守,教育孩子的方式、方法难免简单,甚至是不当的。如果隔代教育家长要圆满完成子女交给他们的养育孩子的任务,就需要学习。

许多亲子家长,结束了读书生涯,有了工作,有了家庭,有了孩子,达到了一种表面上的"圆满",便放弃了自我学习和探索。在生活上遵循"最安逸原则",看上去悠然自得、轻松洒脱、生活稳定,令人羡慕。当其有了孩子,成了父母,其实还有很多问题需要思考,比如新的家庭如何构建、孩子如何养育等。这一系列问题都需要年轻的父母们不断进取才能解决。纵观现实社会不难发现,成了家、有了孩子之后特别容易往两个方向走:要么知识、阅历越来越丰富,人越来越有魅力,既有事业的发展,也有养育孩子的成功;要么视野越来越窄,与外在世界非常疏远,事业无发展,孩子也没养育好,庸庸碌碌地过日子。

有的亲子家长自认为选择了一条安逸的路,结果是烦恼更多,付出更多。当然,选择最安逸的生活状态,也不是错误。不过,人生的议题并不会因为我们的回避而消失。派克在他的《少有人走的路》中写道:"我们对现实的观念就像是一张地图,凭借这张地图,我们同人生的地形、地貌不断妥协和谈判。地图准确无误,我们就能确定自己的位置,知道要到什么地方,怎样到达那里;地图漏洞百出,我们就会迷失方向。"有的亲子家长就是在有了家庭,有了孩子以后,放弃了绘制人生的地图。这样的亲子家长忘记了这张地图与自己的关系,与他人的关系,与世界的关系,结果不知自己要往哪里走。当然,这样的亲子家长只能事业无成,养育失败。例如:许多人不接纳自己,没有了过去的奋斗和探索激情,常常自我否定和自我攻击,放弃了内在的追求和探索精神,而选择忍耐和逃避;面对人际关系中存在的障碍,不是去化解,而是把人际关系简化,有的索性只剩下亲人关系,因为,在家人面前,就算任性为之,也会获得包容;有的对世界没有什么看法,不再对世界产生好奇,比如对养育孩子时出现的问题,根本不去发现,也谈不上如何解决。难怪许多亲子家长,有了孩子以后,只埋头于柴米油盐的生活,最大限度地回避一些人际关系。

  如果说其他事情亲子家长都可以逃避,那么,孩子的到来,则让他们无处可逃。亲人和朋友会包容我们,但孩子只是凭天性和直觉生活,亲子关系不是完全对等的人际关系。亲子家长的情绪和成熟程度,对生命的理解和态度,处理亲密关系的能力等,都会被这个小生命映照得一览无余。

  从某种意义上说,孩子是家长的老师,他来到这个世界上,督促家长把从前忽略的课程补上,以不断完善自己的人生。如果我们处理不了与他人的关系,对自己没有清醒的认识,怎能处理好与孩子的关系呢?如果我们对这个世界不再好奇,怎么能留住孩子的好奇心呢?

  如果在养育孩子的过程中遇到困难,家长就去探索,在探索的过程中深刻反思自己的成长历程和思维模式,这样,家长的人生也在走向更为开阔的天地。如果家长抗拒成长,就会把成长的任务转移到孩子身上。如果家长不能接纳自己,对自己不满意,就格外需要一个令人满意的孩子来弥补自己的缺陷。如果家长不能处理好亲子关系,心中就会有一个"理想小孩"的形象,希望孩子主动迎合自己的期待。所以,这样的家长对孩子要求多、要求高,并且常常不满意,因为家长对孩子寄予了太高的期望。很显然,这样的孩子,承担着两代人成长的责任。孩子在这样的状态中成长,注定会出问题。

有些人虽然成了家长,但他们许多成长的任务并没有完成。在与孩子的相处中,这些问题可能再次浮出水面,新的问题也会同时呈现在面前。这就需要家长勇敢地去面对,这样才能同孩子一起进步。在这个过程中,会有煎熬,也会有迷茫和焦虑,但只要坚持思考,终究会找到解决的途径。单从如何养育孩子这个问题来讲,如果遇到困惑,家长就应该发扬求索的精神,阅读一些教育学、心理学方面的图书,了解、掌握一些基本的教育原则、教育方法以及孩子成长的基本特点等相关方面的知识,再结合孩子的个性特点,采取相应的教育措施。

教育孩子,讲究的不单单是教育的方法和技巧,有时候,拼的是家长的功底,拼的是家长的处世态度和人生感悟。也就是说,家长的整个人生,都会参与到教育中来,家长同孩子一起成长。孩子懂的,家长懂,孩子不懂的,家长也懂,这就需要家长不断地求索。这个过程,既是为自己,也是为孩子。

家长的肩膀就是孩子的起点。成功的教育永远属于那些勤奋好学,不放弃自我成长的家长。

(五)做能坚持遵循几个基本原则的家长

1.以德为先,全面施教的原则

以德为先,就是以品德教育为先导和重点;全面施教,就是对孩子的德智体美劳诸方面的发展都给予关心和教育。

(1)坚持以品德教育、行为养成教育为重点。德是一个人其他方面的基础和统师,品行好了,其他方面才能发挥作用,品行不好,即使有再多的知识,再好的身体,也将危害他人、危害社会。行是德的体现,是德的一种外在表现形式。因此,我们在培养孩子品德的同时,也要注重孩子良好行为习惯的养成。家长在养育孩子时,如果不注重品德的养成,最终是会出问题的。清华大学学生刘海洋,为了寻求刺激,竟把硫酸泼向狗熊。一些人虽然才华横溢,但是在品德方面却不及普通人,因为忽略了立德树人的重要性,最终酿成大祸,走上犯罪的道路。

(2)要注重全面发展。德智体美劳是相辅相成的,欠缺任何一项都会给个人和社会造成影响,只是影响的程度不同罢了。有德有才,有好的身体,可成为国家栋梁;有德无才,虽无大用,但不会危害社会,能自立于世,可自食其力;有才无德,干起危害社会的事情来,危害性极大,如古时秦桧、和珅等,他们虽才高八斗、满腹经纶,但皆因危害他人和社会而遗臭万年。家长养育孩子,应为之计深远,尽最大努力把他们养育成德才兼备的有用之才。退一万步说,即使不能把孩子培养成有德有才的国之栋梁,也应该让他们掌握一技之长,自食其力。

国家强调教育要把孩子培养成德智体美劳全面发展的有理想、有道德、有文化、有纪律的"四有"新人。这既是学校教育的任务,也是家庭教育的任务。家庭教育能否具有全面性,关系到家庭教育的方向,关系到下一代的健康成长,关系到民族的素质和祖国的未来。有人常说:忽视智育有可能出"次品",忽视体育有可能出"废品",忽视思想品德教育有可能出"危险品"。这并非危言耸听,而是对教育实践的概括。理想的人是品德、健康、才能三者俱佳的人。

2.爱严结合的原则

所谓爱严结合,就是在养育孩子的过程中,既要对孩子施以爱心,让孩子感受到充分的爱,又要给孩子定出规则,让孩子知道底线不可逾越,违者要承担责任。

父母爱子女可以说是一种天性和本能,是一种普遍的社会现象。一个失去父母之爱和家庭温暖的孩子,不仅生活是不幸的,而且往往会情绪低落、性情孤僻,甚至会出现心理失常等人格障碍。孩子出生后,只有在爱的呵护下,才能健康成长,所以家长应该关心、爱护孩子。但是,不同的爱的方式,其产生的结果是不一样的。

(1)对孩子不可溺爱。溺爱是一种错误的、不适当的爱,往往会使孩子养成许多坏习惯,甚至造成严重后果。比如父母怕孩子累着,把孩子自己应该做的事情全部包下来,孩子逐渐就会形成懒惰、依赖、任性、胆大妄为等性格特点。这样的孩子缺乏社会适应能力和独立生活能力,父母也将为这"严重后果"买单。

> 一大家子人在一个饭店聚餐喝酒,在这期间一个小男孩不停地在饭店里吵吵闹闹着跑来跑去……

刚开始,隔壁桌的两个男子并没说什么,直到这孩子长时间没人管教,两男子实在受不了了,就买了一盘花生米送到孩子那家人的席上,希望孩子的父亲能稍微管教一下孩子。

没想到醉醺醺的孩子父亲不仅没有听从两个男子的合理建议,还针对两人朴素的衣着打扮大肆辱骂,打翻了花生米……

事已至此,两男子也并没多说什么,只是回到自己的座位加快速度继续吃饭,而那孩子却紧随其后,跑到两男子桌上,不停地往新上桌的水煮鱼里吐口水!

在买单之前,其中一个男子对孩子的父亲说:"你最好小心点儿,别太过分了!"谁知孩子父亲当即拍案而起:"我就整你了!我上面有人,逼急了分分钟送你进监狱……"话音未落,该男子直接掏出水果刀就插进了孩子父亲的胸口……

在生活中,这只是一个特殊的案例。在孩子吵闹的时候,家长不及时制止;在孩子往别人的菜里吐口水的时候,家长洋洋得意。孩子越来越无法无天。这是一个温水煮青蛙的过程,孩子和家长大概谁也没意识到,放任会造成这么大的危害。

从这个案例,我们可以得出结论:对孩子不加管教,是充满风险的,有些风险一个家庭不一定能够承受。

(2)对孩子不可粗暴式地"爱"。对孩子限制过多,管控过严,这不准那不行,孩子稍有违反就斥责、打骂,这种"爱"往往会使孩子变得胆小、懦弱,听不进别人的意见,缺乏自信,容易形成仇视的心理或爆发式人格。

(3)父母对孩子的爱要有原则。父母爱孩子天经地义,但我们反对溺爱和粗暴式的"爱",提倡理智的、适度的爱,做到爱严结合。

①爱孩子不能完全从感情出发,而应看自己的行为是否有利于孩子的身心健康发展;关心孩子而不是包办一切,应尽量创造一些机会让孩子去应对学习和生活中遇到的一些困难,提高他们的自主性和自理能力;在道德和安全的方面,家长必须给孩子定出"不许"的规则,如发现有违反行为,家长必须坚决制止,督促改正,如果孩子不改正,家长则可采取强制措施,但事后要以充分的理由说服孩子。

②在孩子犯错时,家长要耐心地对其进行说服教育,使孩子能知错、明理。

③支持孩子参加各种有益的集体活动,鼓励孩子多与同伴或成人进行正常的交往,锻炼孩子的适应能力。

3.教育的一致性原则

所谓一致性,就是指家庭中的教育者对孩子的教育要求要保持统一的标准,使两代教育形成合力,增强家庭教育的效果。

主要要求:一是家庭成员之间对孩子的教育要求和标准要一致,不要父亲管得严,母亲管得松,在要求上未达成一致;不要父母这样管,祖辈要那样管;更不要一个管教,另一个袒护。这样不但达不到教育的效果,而且会让孩子养成投机取巧的毛病。二是对孩子的教育宽严要一致,不要时严时松。三是家庭教育与学校教育要一致,也就是说,家庭教育与学校教育不能脱节。这就要求父母在孩子读书期间,要经常与学校教师联系,了解学校教育的方向和具体要求,了解孩子在学校的表现,互通各自对孩子的教育情况,这样才有利于家庭教育与学校教育相互配合,对孩子进行有效的教育。

4.循序渐进,坚持不懈的原则

首先,任何事物的发展都有一定的规律,孩子的成长也一样,优点和缺点的形成,都有一个渐变的过程,也就是说其中存在一定的有序性。因此,任何家庭教育意图的实现,都必须循序渐进地进行。如果操之过急,只能适得其反。然而,在现实家庭教育中,不少教育者对教育孩子缺乏信心和耐心,常以指责式的态度对待孩子,教育效果当然收效甚微。如,孩子有爱抠鼻孔的不良习惯,家长刚告诉了孩子这是不好的习惯,要求孩子立即改正,可没过多久孩子又抠了起来,这时家长就没有耐心了,就说孩子,"你怎么搞的,老不长记性,我给你说了多少遍了,老改不了!"。古语云:"冰冻三尺,非一日之寒。"好习惯的形成需要较长的时间,纠正不良习惯也不可能一蹴而就。因为教育者的心急和指责,只会让孩子无所适从或者逆反。其次,教育孩子不能时而紧,时而松,不能在孩子幼儿期、少年期抓教育,到其青年时就放松或不抓了;不能认为孩子还小,等孩子长大点儿再抓,也不能认为孩子长大了——读高中、读大学就可以不闻不问了。这些教育思想都是要不得的,都是要出问题的。人们常说:"十年树木,百年树人。"可见塑造人的工作的持久性和艰巨性。家长如果想把孩子培养成一个德才兼备的人,就必须做到以下几点：一是从小抓教育；二是坚持不懈地教育；三是客观地、辩证地看待孩子，不要短时间没成效就失去信心。培养一个孩子，从行为习惯的养成，到人格品质的形成，是一个漫长的过程，这需要家长持之以恒地付出艰辛劳动。如果家长做不到这一点，就很难达到一个称职家长的标准。

5.家庭教育的实践性原则

家庭教育的实践性是指家长对子女进行家庭教育时，不能只停留在口头上的说教或一般的要求上，还应当把讲清道理与实践运用相结合，把口头要求与行为训练结合起来，在检验家庭教育效果时，把听其言与观其行结合起来。其一，对孩子的教育要少讲大道理，多注重实践，也就是让孩子多动手。其二，鼓励孩子参加活动，要注重他们的兴趣和爱好的培养。

6.家庭教育的社会性原则

社会性原则是指家庭教育的最终目标是把孩子培养成为既能自立于未来社会，又能为未来社会的发展做出贡献的人。

7.家庭教育的科学性原则

科学性原则是指教育是一种科学性很强的社会实践活动，同样要遵循教育科学的基本原理和特有的规律，以科学的态度和方法去进行。主要包括：根据孩子的个性特点进行教育；遵循客观变化的规律来实施教育；具有灵活性，但不应有随意性；他教与自教相结合。家庭教育还应遵循示范性原则、疏导性原则等。

(六)懂得家庭教育的基本方法

所谓家庭教育的基本方法就是为完成家庭教育任务和实施教育内容而采用的具体手段，也可以说是家长为进行家庭教育而采取的各种方式的总和。

家庭教育的方法是以家庭教育的特点和家庭教育的原则为依据的，一般说来，原则指导方法，方法体现原则。总的来讲，大体上有如下几种方法：说服教育法、情感陶冶法、实践锻炼法、及时评价法、德育修养法、德育评价法、学习辅导法、智力辅导法、习惯养成法等。

(七)做一个聪明有远见的家长

1.要有教育的紧迫感

"老师,我真的很忙,没时间管孩子。""我常常外出跑生意,没时间。""单位的事情太多,实在抽不出时间照顾孩子。"……这是部分亲子家长没时间兼顾孩子教育的种种推脱之词。确实,很多亲子家长都有自己的工作,都觉得忙,没有时间。做一个聪明的亲子家长要学会合理安排时间,对孩子进行"教育投资",这种投资往往比为孩子积累大量的物质财富重要得多。要知道人的一辈子有很多机会和时间工作,也有很多机会和时间赚钱,错过了以后还有机会,而教育孩子,主要就在孩子未成年的十几年里进行,耽搁不起,不能重来,相比之下,孰轻孰重,家长应该算一下账。所以,聪明的亲子家长不管有多忙,不管多么喜欢某项娱乐活动,都应抽时间、放下自己的工作和爱好,多陪孩子,多教育孩子。

2.社会的发展需要有远见的家长

从最近的几十年来看,社会发展非常快。在40年以前,像现在这样很多人都有手机、电脑,那是想都不敢想的。现在,能听千万里外的人说话,能看见千万里外的人或景物等已不是稀奇事。根据现在的发展速度,很难想象20年后是什么样子。孩子20年后又会是什么样子呢?在如今这个瞬息万变的时代,孩子当下的教育能不能跟得上未来社会的发展步伐?他们的哪些能力和品质将在20年后还具有竞争力?如果是有远见的父母,就应从现在开始,从以下几个方面培养孩子,让孩子在20年后依旧保持竞争力。

(1)让孩子葆有一颗好奇心。每个孩子刚来到这个世界时,都对这个未知的世界充满了好奇,发现了什么东西他总是想一探究竟,在他学会说话后看到东西就问:"这是什么?那是什么?为什么?"看到一个小洞总要用小手去抠抠,去钻钻……这便是科学界常说的探索精神。可是,孩子的这种探索的精神,往往被父母的"别乱问""别乱动""不行""不准"和过早的知识传授以及单纯强调学习的做法扼杀了。中国科学院院士、中国心理学会原理事长张侃强调:当下所推进的早期家庭教育,并不是说让家长早早地赶着教孩子数数、认字,而是希望父母早点儿意识到要保护好孩子的好奇心和兴趣。如果总是不理解孩子的好奇心和探索精神,就早早将各种知识强行"灌输"

给他们,孩子的好奇心就得不到滋养,兴趣很容易被磨灭。等孩子长大后,可能最讨厌的就是学习,也讨厌接触新的东西。这样的孩子在充满未知和变化的世界中可能会最早被淘汰。

孔子讲,学而不厌,诲人不倦。就学习者来讲,为什么会"学而不厌"?是因为他们对新鲜事物有浓厚兴趣。在好奇心的驱使下,孩子才能够有兴趣,想要去探索,并且在探索的过程中不断收到良好的反馈,从而更加主动地再往更深层次探索。这种探索的精神,这种对事物产生兴趣的能力,才是20年后让人具备竞争力的核心素养。

(2)培养孩子创新、创造的能力。未来究竟会怎么样,现在谁也无法给出准确的答案,但不管怎样变化,对生命中所有的活动而言,最重要的莫过于创新了(还有面对不确定的未来能够灵活应对的能力)。因此,家长不能只是要求孩子"听话""学习成绩好",更应该关注孩子是否具有创新精神和创造力。孩子的好奇心就是其创造的巨大动力,没有好奇心和求知欲,就不可能创造出对人类、对社会有价值的发明。奇思妙想是孩子创造思维的源泉。"五彩树""蓝太阳"并不是胡闹,也不是瞎想,而是孩子独特思维的体现。正是因为拥有这样丰富的想象力,孩子才能创造出与众不同的东西。所以,家长要尊重孩子的奇思妙想,保护孩子的好奇心。家长应该注重培养孩子不断创新的能力,让孩子以创新的观点和态度去解决问题、适应未来的生活。

(3)教会孩子管理自己的情绪。每个人都会有情绪,孩子会哭会闹,家长也会有烦恼的时候。当孩子哭闹时,家长正确的引导方式不应该是压制孩子的情绪,而应是让孩子认识到什么样的宣泄方式是有效的,从而在下一次情绪爆发时能够懂得如何处理情绪、平复心情。学会处理情绪,孩子的心理才能健康,孩子才能学会抗压。学会管理自己的情绪,日后即便是身处逆境,也能够在强大内心的弹力下减轻不良情绪所带来的巨大的波动和伤害。这样,才能保证孩子在遇到挫折时,能想办法解决问题,而不是逃避问题。孩子的人格才能更加完整,才能更好地适应未来。

(4)培养孩子的自我控制能力。自我控制能力就是自己控制自己的情绪,克制自己的欲望的能力,它包括忍耐能力、权衡能力和判断能力。要培养孩子的自我控制能力,家长首先就不能孩子要什么就答应什么,需要什么就给什么,即使是孩子所需要的,也应延迟满足孩子,逐步培养起孩子的自我控制能力。心理学上有这样一个著名的关于延迟满足的实验。在一个小房间里,只有一张桌子和一把椅子,桌子上的小托盘里有棉花糖、曲奇或是饼干棒。让数十名儿童待在里面,研究人员告诉孩子们,他们可以选择马上吃掉零食,也可以选择等研究人员回来时再吃。不同的是,等研究人员回来时再吃就可以得到更多的棉花糖。最后,大约三分之一的孩子成功克制住了自己的欲望,坚持了15分钟左右,研究人员回来后兑现了奖励。实验并没有结束。在这次实验约20年后,研究人员再次追踪调查了这些孩子,最后发现,凡是能实现延迟满足的孩子,成绩更好,成年后更加成功。

世界变化很快,所提供的选择多,诱惑也很多。而在众多选择和诱惑中懂得如何取舍,如何权衡和判断则显得尤为重要。所以,家长应该注重培养孩子的延迟满足能力,不要将孩子放在被动的位置上去管控和逼迫他们忍耐,而是要让孩子逐渐发展出掌控自我的能力,从被动走向主动,依靠自己不断提升的控制力去实现自控。

(5)培养孩子的学习能力。如何培养孩子的学习能力,是许多家长非常关注的问题。拥有较强学习能力的孩子一般有上进心和不断进取的精神,对自身会有一定的认识。"我想要什么?我的理想是什么?我擅长什么?我今天学的知识明天还适用吗?我是否应该不断地学习新的知识?我想有一个什么样的人生?我应该怎么做?"未来遥不可及,或许我们如今学习的很多知识在不久的将来都会被淘汰。面对这个不断变化的世界,家长应该培养孩子坚强的内心、强大的自觉的学习能力和终身学习的习惯。学习能力不仅是学习知识的能力,还包括与人合作交流的能力、自我成长的能力、处理突发事情的能力等。世界瞬息万变,但是孩子如果能用积极的方式来应对每一次意外,顺应变化,不断学习,充实自己,那他们多半能适应这个变幻莫测的世界。

不管世界变化多快,不管它怎样变化,学习能力强,且有终身学习习惯的人在未来多半有一席之地。

总而言之,家长应该注重培养孩子健全的心智、独特的创造力、强大的学习能力以及完善的人格。另外,孩子的动手能力、思考能力等,都将是20年后具有竞争力的核心能力。家长要关注的不仅仅是孩子当下的学习成绩,更重要的是要帮助孩子看到自己的未来,从培养孩子良好的习惯入手,逐步培养起孩子健全的心智和人格。

(八)称职家长应具备的十二个基本要素

(1)懂得家庭教育的根本任务——教会孩子如何做人;

(2)懂得孩子成长的基本规律;

(3)关心、陪伴孩子;

(4)敢对孩子放手;

(5)采取有针对性的教育方法;

(6)善用父母角色的权威;

(7)重视孩子自控能力的培养,并能控制自己的情绪;

(8)重视孩子的情绪和需求;

(9)顾及孩子自尊;

(10)善于用适当的方式激励孩子;

(11)对孩子实行民主式的管理;

(12)会正确看待孩子的学习成绩。

(九)对称职家长的十大教育要求

(1)具有以立德树人为根本任务的教育理念;

(2)从小给孩子树立责任意识;

(3)从小给孩子树立劳动意识,只要是孩子自己能做的事,一定要让他尽量去多做;

(4)让孩子自己做出与年龄相符合的选择;

(5)建立一个行之有效的持久的家规;

(6)善于培养孩子的独立能力;

(7)对孩子的教育一定要有原则和底线;

(8)从小引导孩子,逐步使孩子具有"心中有他人"的情怀;

(9)让孩子懂得感恩;

(10)懂得孩子心理发展几个关键期的教育内容。

一个人的一生一共要经历八个心理成长阶段(心理学家埃里克森的观点),在这八个心理成长的过程中,个体的心理需要如若未能得到满足,在其成年的某阶段,多半会出现相应的心理障碍。

第一关键期:0至1岁是信任与不信任期。孩子肚子饿需要被喂养,受到惊吓需要被拥抱,哭泣时需要被安慰。如果充分地满足了孩子的这些心理、生理需要,孩子就会感受到自身是安全的,他的人格和性格发展就会趋于健康。如果在这一阶段,孩子的需要没有得到满足,在成长中就会缺少安全感,总想寻找一个可依赖的对象,不能够信任任何人,很容易出现早恋、叛逆、偏执等倾向,需要别人不断地夸赞才安心。

第二关键期:2至3岁是自主与羞愧期。在这一阶段,孩子的需要得到满足,他会获得充满自主能力的感觉,自信心更强。孩子开始学习如何控制自己的生理机能及注意到身体的能力和限制,如控制大小便和饥饿感等。如果家长在这一阶段(尤其在孩子尝试学习控制大小便的过程中)没有满足孩子的需要,孩子没有得到鼓励,反而受到了恶意的批评、嘲笑、羞辱,就很容易产生害羞、自卑等心理。那么,他长大后可能会出现的性格问题是:经常自卑、不自信,总想依靠别人,不相信自己在世界上有存在的理由;不能够拒绝别人不合理的要求;害怕尝试新的事物;害怕面对别人的愤怒;等等。这个时期是孩子建立安全感的最佳时机,需要家长随时的陪伴和爱抚。

第三关键期:4至5岁是主动性与内疚期。在这个阶段,孩子喜欢幻想;喜欢按照自己的主意行事;发展出主动性。如果孩子的需要得到了家长的支持和鼓励,他会说出他的想法,表达出他的情绪,并且会发展出一颗健康的好奇心,颇具创造性思维。而如果家长未能够在这一阶段满足孩子的需要,不支持鼓励他,反而因为他做出新的尝试而批评指责他、处罚他,他会觉得内疚、有罪恶感,因此会放弃他的主动性。那么,他长大后可能会出现的性格问题是:害怕犯错,不敢主动做事情;感觉到无助及内疚,无所适从;退缩,回避风险,没有勇气;隐瞒自己的错误,夸大别人的不是。他长大后可能会出现的心理障碍是:不能够认识和表达自己内心真实的感受;害怕说出内心的想法;对情感关系容易背负过度的责任;不断地讨好别人;看别人的脸色行事。

第四关键期:6至11岁是勤勉与自卑期。在这个阶段,孩子开始与别人竞争与比较;发现父母的错误、缺点。如果孩子的需要得到满足,家长和老师鼓励孩子学习,并且表示他和别的孩子一样具有某些能力,孩子会因受到极大激励而变得活力四射。如果家长和老师没有满足孩子的这些需要,还经常批评他、忽视他,拿别的孩子的长处去贬低他,他就会不信任自己,不会主动地去做事情,甚至会产生不能做某事或自己不如别人的感觉。那么,他长大后可能会出现的性格问题是:避免参与任何竞赛或极度喜欢与别人竞争;觉得不安全或不如别人好;对自己或别人吹毛求疵,百般挑剔。他长大后可能会出现的心理障碍是:凡事追求完美,好胜强势;经常拖延及耽搁;不知道如何去达到目的;不知道自己需要什么。

第五关键期:12至21岁是身份与角色困惑期。孩子想找出自己适应这个世界的方法;接受自己身体生理上的变化;界定自己对异性的身份;界定自己在同性和同辈中的身份;设想人生该怎么样度过,建立自己的价值观、人生观。

如果这个阶段孩子的需要得到满足,家长允许他去探索自己的梦想,改变想法,尝试新的事物及道路,他就很可能会发展成为一个能够接受自己的人。如果家长和老师没有满足孩子这一需要,不支持他也不引导他去探索,而只是过早地强制他进入某一种角色,他很可能会成长为反叛的、具有攻击力的、轻浮的、不脚踏实地的人。那么,他长大后可能会出现的性格问题是:表现出不正确的青春期行为,暴躁,情绪波动起伏过大;对自己的人生角色感到矛盾;不能够确立自己的人生目标;依靠情感关系或事业成就去肯定自己的身份。他长大后可能会出现的心理障碍是:不断地谈恋爱,又不断地受伤害;需要凭借拥有的东西、结识的权威人士以及工作成绩去确定自己的人生角色。

育人是一项伟大的工程,家长应根据孩子自身的特点,灵活地运用方法和原则;要想更好地养育好孩子,必须提高自身的修养、素质,做一个称职的家长,这样才有办法去帮助孩子构造一副丰满的羽翼,让他长大后能搏击长空。

二、两代家长教育的侧重点是什么

人们都说:"好妈妈胜过好老师。"这是在说妈妈在家庭教育中的重要性。然而,在现代家庭教育中,只有妈妈的教育是不完整的,是无法完成对子女的教育任务的。就目前中国的家庭结构来看,大多数家庭是"4+2+1"或"4+2+2"或"4+2+3"的家庭模式,即"爷爷奶奶、外公外婆+爸爸妈妈+孩子(1个,2个或3个)"。在这些家庭模式中,爸爸妈妈是基本不可能独立完成教育子女的任务的,因为,爸爸妈妈担负着赡养4个(个别的还不止4个)老人和养育子女的重担,为了维持基本生活,他们不得不忙于生计。因此,养育子女的任务在无奈之下,很多时候不得不落在两代家长身上。根据这个家庭教育现状,家庭教育任务的完成就只能建立在两代家长通力合作的基础上。基于此,"好妈妈胜过好老师"可以改为"好家长胜过好老师",只不过各位家长的主要任务和教育重点不一样罢了。这个"好家长"包括"隔代家长"(爷爷奶奶和外公外婆以及其他代行家长职责的人)和"亲子家长"(亲子爸爸、亲子妈妈)。

(一)隔代教育家长的主要任务和工作重点

所谓隔代教育,简单地讲主要指祖辈对孙辈的抚养和教育。随着时代的发展,越来越多年轻的父母忙于工作,几乎无暇顾及孩子的养育,于是,抚养孩子的重担就不可避免地落在了爷爷奶奶、外公外婆的肩上。这种由祖辈对孙辈施行抚养与教育的现象就称为隔代教育。

中国是世界上为数不多的普遍存在"隔代教育"的国家。调查显示,在我国城镇有近五成的孩子跟着隔代家长长大,孩子的年龄越小,与隔代家长在一起生活的比例就越高。随着社会高龄化趋势的形成和生育三孩政策的实施,隔代教育现象愈来愈普遍,特别是在孩子进入幼儿园前,大多数孩子都是由隔代家长在养育。

中国科学院心理学研究所博士生导师王极盛认为,家长,特别是隔代教育家长的素质要求远远落后于时代发展和孩子成长的要求。王极盛对数万人做的一项调查表明,95%以上的家长没有学习过如何教育子女这门学问,隔代教育家长的这个比例接近100%。

从长远看,隔代教育弊大于利,但也不能全盘否定隔代教育。隔代教育作为一种客观存在的家庭教育方式,对孩子的个性发展有着极大的影响。所以,我们应该清楚地认识到隔代教育家长的主要任务和工作重点,在发挥隔代教育优势的同时,尽量规避其短处,让孩子在现实的家庭教育状况下快乐、健康地成长。

1.明确主要任务,摆正自己的位置,做自己该做的事

隔代教育家长应该明白:你只是在协助孩子的父母完成养育的任务,为你的儿女减轻一些养育负担。明确了这一点,你才能摆正自身在家庭教育中的位置,才能明确你应该做哪些事,才能明确应该怎样做,才能心态平和地面对孙辈和你自己的孩子,才能与亲子教育家长一起完成养育孩子的任务。

(1)认真喂养孩子。隔代教育家长已经成功地带大了一代人,为喂养孩子积累了丰富的实践经验,对小孩子身体各个阶段的发展特点也了解得比较准确,这为孩子的健康成长提供了保障。因此,隔代教育家长应该发挥自己的长处,在孩子进入幼儿园前(3岁以前)做好以下事情,为你的子女解决喂养孩子经验不足和时间不足(因为上班)的问题。第一,给孩子勤换洗衣物、勤换尿不湿、勤洗澡,对孩子勤观察,不让孩子受冷、受热;第二,在孩子没断奶时,提醒孩子母亲按时喂奶,在孩子可以吃辅食后,按时给孩子提供辅食,在孩子断奶以后,给孩子提供有营养、可口的食物;第三,在孩子父母上班时,陪孩子睡觉,陪孩子玩耍。

（2）悉心地关爱孩子。孩子是否吃得饱，是否睡得香，孩子的神态、举止有什么变化，孩子有什么心理需求等，隔代教育家长都要做到心中有数。如果孩子有什么异常表现，要及时采取相应的措施，并把情况及时反馈给孩子的父母。

（3）全心全意地陪伴孩子，并根据孩子的年龄和心理特征陪孩子玩耍。所谓全心全意，就是在陪伴孩子的过程中，不玩手机，不分神，不走神，时时注意孩子的需求和安全。在陪孩子玩耍时，不干涉过多，要注意培养孩子的语言能力、动手能力和思考的习惯，更要注意让孩子学会礼貌用语和文明举止。要常带孩子同其他小朋友一起玩耍，培养孩子的交往能力。要常带孩子到具有文化气息的场所玩，如图书馆、少年宫，让孩子感受文化气息。要常给孩子讲符合孩子年龄特点的图书故事，让书和故事慢慢吸引孩子，让孩子爱上书，爱上学习。要常带孩子到自然环境中去玩耍、游戏，让孩子慢慢爱上大自然。在玩耍中，要让孩子自己走路，让孩子的身体得到锻炼；在日常生活中，要注意培养孩子的动手能力，要把"自己的事自己做"贯穿生活的始终，如自己吃饭、收拾自己的玩具等；孩子在玩耍中如果被绊倒，隔代教育家长在确定孩子没大问题的基础上，要鼓励孩子自己爬起来，让孩子慢慢学会对自己的行为负责。好吃的、好玩的东西对孩子诱惑很大，隔代教育家长一定不要因喜欢孙辈就不加限制。如果遇到好吃的。一定要教育孩子"父辈祖辈不到场一定不要先吃""不要一个人吃"。如果遇到好玩的东西，一定要加以限制。应事先告诉孩子玩的时间和次数，如一天玩一次"摇摇车"、十一点准时离开等，事先说好，次数一到，时间一到，照事先约定执行，不管孩子如何哭闹，坚决不让步，这样慢慢就会让孩子养成惜时、守信的习惯，孩子慢慢就会学会控制自己的欲望和情绪。在陪伴孩子的漫长时间中，不管孩子多么闹腾，一定要心平气和地面对孩子，并与孩子交流，切不可打骂孩子。要同亲子家长一起创造一个安宁、和睦的家庭环境，给孩子一定的安全感。家长在陪伴孩子的过程中，一定要了解孩子的年龄特点和心理特点，也就是人们说的"孩子多大你就多大"，不然，孩子与你"要不拢"，就不会与你亲近，也不会听你的，这样不利于实施教育。

（4）做些力所能及的家务。在带孩子的同时，隔代教育家长（下也称隔代家长）可以根据自己的能力做些力所能及的事，比如，买菜、煮饭、打扫家里的卫生、洗孩子的衣物等。这样，就可为亲子家长腾出时间来照顾孩子。

(5)不能当全职保姆。不管亲子家长有多忙,隔代家长都应"狠下心"来,决不答应全天候接管孩子。应该告诉亲子家长,为了培养孩子对父母的亲情和安全感,原则上隔代家长在周一至周五白天照看孩子,其他时间孩子必须跟着亲子家长,因为这是孩子心理成长的需要,更是隔代家长的需要。第一,父母与子女之间的亲情是谁也无法替代的。不管隔代家长、保姆对孩子多么好,如果孩子离开亲子家长的陪伴,都会导致其缺乏安全感,在孩子三岁前,母亲的陪伴尤为重要。在孩子出生后的前几年,父母对孩子的影响至关重要。对孩子来说,父母是他最重要的亲人。如果父母不能陪伴在他的身边,他就很容易产生一种被抛弃的感觉,在内心深处留下阴影。另外,孩子从小就跟爷爷奶奶或者外公外婆生活在一起,习惯了他们的袒护与迁就,也可能养成一些不良的行为习惯。第二,隔代家长一般年纪都比较大,他们也需要休息和调整,也有自己的事情需要处理。所以,隔代家长应坚持"亲子家长晚上和周末带孩子"的原则。亲子家长更应理解老年人的难处,知道这样做的益处。

(6)在孩子进入幼儿园后原则上只管接送孩子。隔代家长对孩子的养育,主要是在孩子进入幼儿园前,孩子进入幼儿园以后,对孩子的教育责任应主要落到亲子家长和老师身上。隔代家长从孩子进入幼儿园起,原则上只在亲子家长没有时间接送孩子的情况下,帮忙接送一下孩子,有时间也可以帮忙做做家务、煮煮饭。教育孩子的任务原则上交给亲子家长和教师,隔代家长如果发现孩子有什么不好的苗头,及时向亲子家长反馈,让亲子家长展开教育工作,效果要好得多。这样做的原因有:其一,孩子在入园前,由于年龄小,非常依恋祖辈,随着年龄的增长,他们慢慢有了独立的意识,加上入园后有了很多新奇的东西需要学习,有更多有趣的活动要参加,他们对祖辈的依恋慢慢就会淡化,把主要精力投入到接受新的东西上面去;其二,隔代家长容易娇惯孩子,如果不淡出孩子的生活,容易把孩子"惯坏";其三,孩子入园以后,他们应该慢慢转向听父母和老师的,教育孩子的任务理应主要由亲子家长和老师承担。

2.加强学习,尽量规避隔代教育的弊端

隔代家长,大多数都缺乏现代教育知识,只凭着养育儿女的经验来养育孙辈,这会使他们在养育孙辈的过程中,犯一些无心的过失。

由于"隔代亲"的缘故,隔代家长对孙辈有一种特别的、难以割舍的爱,加上担心养育不好孩子对不起自己的子女,所以,容易无原则地迁就孩子,无原则地满足孩子,多方面地限制孩子。如,孩子能自己吃饭后,有的隔代家长会担心孩子吃不饱非要喂孩子,无节制地让孩子看电视,无节制地让孩子玩电子游戏和其他电子产品等(有的亲子家长也如此),总之,为了讨好孩子或讨亲子家长欢心,有的隔代家长会放弃养育孩子应有的原则,将爱变成了溺爱。

许多隔代家长教育理念比较落后,对孩子心理发展的特点缺乏正确的认识,有的隔代家长会限制孩子的各种探索活动,提出一些与孩子的年龄不相适应的要求,无形中给孩子带来一些束缚;有的隔代家长思想比较僵化,看待事物比较死板,容易故步自封,采取过于传统的方式来教育孩子。这种落后的教育模式会影响孩子接受新知识的速度,导致孩子缺乏创造性思维与发散性思维。

有的隔代家长因为文化程度不高,思想比较陈旧,还可能在无意识间传递给孩子一些落后于时代潮流的糟粕,约束孩子的思维,妨碍孩子个性发展。

作为隔代家长,如果接受了养育孙辈的任务,就应该尽好责任,充分认识溺爱的缺点和危害,不然,这种爱就可能造成对孩子的伤害。所以,隔代家长一定要加强养育知识的学习,弄清楚什么是爱,什么是溺爱,掌握好爱的尺度,掌握一些养育孩子的基本知识和方法,这样,才能较圆满地完成子女交给的养育任务。

(二)亲子妈妈在养育子女过程中的要求和育儿重点

现代作家郑渊洁说过,孩子的成长,成也母亲,败也母亲。现代儿童教育家尹建莉说"好妈妈胜过好老师",也有人说,"一位好妈妈胜过一百位好老师"。可见,妈妈在养育子女过程中的重要作用。然而,养育子女如何才能"成"而"不败",很大程度取决于妈妈的素养,包括人格素养和教育素养,这会直接影响孩子眼前的健康成长和未来的发展。然而,当今中国的亲子妈妈,多数是独生子女,当妈妈之前本身都还不算独立,当了妈妈后,在家里长辈的前呼后拥下更难独立起来。她们在面对自己的孩子时,不知道怎照顾一个小孩长大,不知道怎么和孩子沟通;她们面对孩子成长过程中出现的问题,不知该怎么应对,如:孩子调皮怎么办?孩子性格倔强怎么办?成绩不好怎么办?孩子迷恋游戏怎么办?早恋了怎么办?叛逆了怎么办?……这一系列问题很多时候需要一个称职的妈妈才能解决。那么,怎样才能做一个称职的妈妈呢?怎样才能带给孩子正常的爱,帮助孩子走向成功呢?

1.做一个具有较高人格素养的妈妈

所谓人格,是指个体在对人、对事、对己等方面的社会适应中行为上的内部倾向性和心理特征。一个人最外显的人格表现为性格,如温柔、善良、乐观、诚实、独立、诚朴、不虚荣等。所谓素养,就是一个人各方面的素质修养。妈妈在性格方面的素养如何,将直接影响孩子性格的形成,最终会影响孩子的人生。

(1)做一个和善民主的妈妈。在现实家庭教育中,很多年轻妈妈受自己父母对自己溺爱的影响,既溺爱孩子,又在孩子面前表现得很强势。例如,对孩子有求必应,想尽一切办法无条件地满足孩子,对孩子的各种事务大包大揽。同时,在自己的孩子面前经常表现得很强势,把孩子当作自己的私有财产,将自己的期望和价值观强行灌输给孩子,只要孩子不愿意,就会失落、沮丧、抱怨、愤怒。等孩子妥协了,再以爱的名义,去要求和安排孩子的行动。可是,大家忽略了一个很现实的问题:强势的妈妈培养出的孩子很容易产生懦弱、自卑的性格。喜欢帮孩子做主的妈妈,培养出的孩子往往没有想法,没有主见,凡事喜欢依赖别人。

大家都明白,每个孩子都是一个独立的个体,不是妈妈(爸爸)的附属品。他们的人生,应该靠他们自己独立地去创造,而不是被妈妈(爸爸)当作提线木偶一样牵着走。作为家长之一的妈妈,只是孩子人生路上的引路人,所以对待孩子态度要和善,要讲民主。作为妈妈,应该学会平等地对待孩子,尊重孩子,把孩子当朋友。跟孩子说话应该用商量的口气,常把"建议""推荐"挂在嘴边,把选择权和决定权还给孩子。当然,对孩子讲民主、自由不是说撒手不管。孩子的生活经验有限,自制力弱,在面临重大选择的时候,妈妈还是可以帮助孩子权衡利弊,让孩子有清醒的思考和判断,这样,孩子在成长过程中就不会经受那些不必要的挫折和走弯路。对孩子讲民主、自由要有底线,在原则问题上要敢于说"不"。

（2）以乐观豁达的性格影响孩子。孩子在年幼的时候就是一张白纸,你给他染上什么颜色,他就会是什么颜色。而父母又是他的第一任老师,父母的一举一动会很自然地复制给自己的孩子。如果妈妈每天回到家都是耷拉着脸,在孩子面前经常怨天尤人,牢骚满腹,那么潜移默化,孩子也会变得自怨自艾,悲观厌世。很多妈妈可能是因为事情繁多、工作不顺心、夫妻相处不融洽等缘故,经常把不愉快的情绪带到家里来,把夫妻间的矛盾展示在孩子面前,常在孩子面前发无名火。这样的行为偶尔出现影响不大,但如果经常这样做的话,就会给孩子幼小的心灵埋下不良的种子。一个没有幸福感的母亲,怎么会培养出有幸福感的孩子呢? 一个不快乐的妈妈,又如何能培养出一个快乐的孩子呢? 如果妈妈每天都怨天尤人,每天都心事重重,每当遇到一点儿小事就发火,就抱怨,孩子也会因此心情沉重,也会不愉快。孩子要么默默地、不自觉地承受妈妈的诉苦,压抑自己的情绪;要么变成一个小大人,变成妈妈的父母,去安慰妈妈,照顾妈妈,去承受本不该属于他的重担。无论是哪一种,对孩子的成长都是无益的,都会给他带来严重的心理负担。

妈妈是孩子最亲近、最信赖的人之一,也是孩子心中的偶像,更是孩子的保护神,你没有理由在孩子的心里种下悲伤的种子,除非你想把抑郁传染给孩子,让他也变成和你一样的人,但是,世界上的妈妈基本没人愿意这样。所以,妈妈们要学会快乐、豁达地面对困难和烦心事;要以快乐的心境、愉悦的笑容、欢快的笑声面对孩子,面对家庭,面对社会。让孩子在妈妈的快乐的影响下,变得豁达、开朗、积极向上。

（3）做一位诚朴的妈妈。不少妈妈做人缺乏诚实、朴素的品格,其表现有:追求外表的光鲜,爱慕虚荣,爱攀比;不顾家庭经济实际,要求吃好的,穿好的,住好的;在对待孩子的问题上喜欢攀比,从孩子的长相到身高,从孩子的吃穿用到学习成绩,没有一样不和别人攀比。这种只讲吃穿打扮和攀比的行为,不但会"传染"孩子,让孩子养成爱慕虚荣的人格特点,还会伤害孩子。比如,攀比,很多妈妈表示,这样做只是为了给自家孩子一个奋斗和努力的目标。可是,妈妈们有没有想过,这种基于虚荣心的"为孩子好",不仅难以起到激励孩子的作用,反而会严重挫伤孩子的自尊心和自信心。心态好的孩子,也许会受这种刺激,"不蒸馒头争口气",变得更加上进,但是一些心理承受能力低的孩子,很容易在心里留下阴影,要么变得自暴自弃,要么变得内向自卑。每个孩子都有自己与众不同的天赋,别人的优点,也许是他的缺点,别人不擅长的,也许恰恰就是他的长处。所以,妈妈们不要把自己的孩子拿去与别人家的孩子比较,同时也应该老实做事、踏实做人,以诚朴的形象影响孩子,坦诚地客观地对待孩子、尊重孩子,帮助他们找到自己身上的闪光点,激励他们积极向上,做最好的自己,引导他们走出一条适合自己的人生道路来。

(4)做一位能控制自己情绪的温柔的妈妈。相信很多年轻的妈妈在成为妈妈之前,都信誓旦旦地表示要做一个能控制情绪的温柔的妈妈。但是,"理想很丰满,现实很骨感",在面对孩子不听话时,成绩不理想时,就控制不了自己的情绪,把"温柔"抛之脑后,经常对孩子大发雷霆,非打即骂。儿童心理学专家范葳老师说,成长中的孩子有一个特性,那就是只会记住刺激性强或自己印象很深的东西。如果,妈妈经常在孩子面前发脾气,即使你也有温柔的一面,在孩子的印象中,你依然是一个脾气暴躁、歇斯底里的妈妈。如果长期这样,孩子会像镜子一样,映照出父母的一言一行。孩子将来可能会成为一个待人苛刻、遇事不冷静、人格不健全、人际关系恶化的人。另外,妈妈情绪经常失控,会扼杀孩子的童心,使孩子生活中的乐趣泯灭,让孩子丧失安全感,导致亲子关系的疏远。孩子会变得消极,沉默寡言,心事重重,胆小怕事,缺乏自信,害怕交流。所以,年轻的妈妈们,无论生活给了你们怎样的压力,人生给了你们多少不幸,在孩子面前,请控制好你们的情绪,多给予孩子温柔和尊重,多与孩子进行朋友式的交流、劝诫和疏导,这样,孩子也会成为一个懂得控制情绪、懂得投桃报李的人。

(5)做一个勤劳、独立的妈妈。现在大多数的妈妈是独生子女,不少是在父母娇惯下长大的,带有懒散、依赖性较强的性格特点。你的孩子长期跟在你的身边,你的一言一行每时每刻都在影响着孩子,孩子会看在眼里,记在心里,学你的样子。平时教孩子要"自己的事情自己做",教孩子要独立,教孩子要勤劳,可是一些妈妈做的和对孩子要求的截然相悖,难怪孩子不听妈妈的话。在这样的妈妈的影响下,孩子多半会成为一个懒散、不独立的人。妈妈们也不想孩子成为这样的人吧?! 所以,具有这些不良品格的妈妈们,应该为了孩子,努力克服自身的不足,凡是自己的事,尽最大努力做到亲力亲为,以勤劳、独立的形象供孩子模仿学习,并积极鼓励孩子独立做好自己的事,让孩子将来成为一个思想独立、行为独立、经济独立的人。

(6)做一个爱学习的妈妈。爱学习,是一种习惯,更是一个人的素养。具有这样素养的人,无论在何处,无论处于什么环境中,都会不忘读书学习,因为他们养成了终身学习的人格特点。现实生活里,一些妈妈热衷的是喝酒、打牌、玩手机、玩游戏。她们把大把的时间浪费在无聊的应酬和玩耍中。这样的妈妈如何能教育子女热爱学习?如何去要求孩子努力学习呢?要要求孩子努力学习,要让子女爱上学习,首先,妈妈应是一个爱读书学习的人,是一个具有终身学习的人格素养的人,这样,才能对子女起到潜移默化的教育作用。所以,妈妈们应该在工作之余,教养孩子之余,抽一点儿时间读一点儿书,这样做,既是给自己的人生充电,又是给孩子树立榜样,供孩子模仿学习。其次,应该常带幼儿时期的孩子到博物馆、文化宫、科技馆、图书馆等具有文化气息的场所去,使孩子受到文化熏陶。再次,给孩子购买一些适合孩子阅读的读物,给孩子讲故事,把他们的注意力从玩游戏、看电视、玩手机等方面吸引到书上来,慢慢让孩子喜欢上书,爱上学习。妈妈们的实际行动对孩子的教育效果比空洞的说教不知要强多少倍。

2.做一个具有较高教育素养的妈妈

所谓教育素养,就是亲子妈妈在喂养、教育孩子方面所具备的素质,包括如何喂养孩子,如何让孩子健康成长,如何教育引导孩子,如何关心孩子的心理健康等方面的主要知识以及实践运用。

(1)亲子喂养。亲子喂养包括孩子吃、喝、拉、撒、睡等方面的内容。这诸多方面要求妈妈亲力亲为。

母乳喂养。母乳喂养对安定孩子的情绪、提升孩子的安全感和提高孩子的免疫力有很大作用。但是,现在有的年轻妈妈,由于各种原因,孩子出生不久,就不让孩子吃母乳而改喝牛奶等。其实,这对婴儿的生长发育、心理发展都是不利的。为了孩子的健康,在自己身体条件允许的情况下,还是应优先考虑母乳喂养。

科学饮食。孩子到一岁左右,就可以断奶了。但在孩子如何进食上,却有很大的学问。年轻的妈妈们,包括隔代教育家长,你们应为孩子的健康着想,一定要让孩子养成科学的饮食习惯。第一,要保证食物的营养性。第二,保证食物的多样性。每一样食物都有它不同的营养,每一种营养都是身体需要的。另外,还要保证食物的新鲜,烹调要适合孩子的口味。第三,一日三餐要定时、定量、定位。定时,就是按时吃饭。定量,就是根据孩子食量给饭菜,要求他们吃完,不能迁就孩子,让他想吃就吃,想吃多少就吃多少。定位,就是固定吃饭位置。这是为了避免孩子边吃边玩,注意力不集中。第四,孩子有能力自己吃饭以后,坚持让孩子自己吃,一定要避免强行喂食和追着喂食。

亲子陪伴。不管亲子妈妈有多忙,都应该抽时间多陪伴孩子,如下班以后多陪伴孩子,周末多陪伴孩子,孩子四岁前晚上尽量跟妈妈一起睡。这对了解孩子的习性,培养孩子良好的行为品质,建立孩子的安全感等方面极其重要。

(2)培养孩子良好的道德品质。良好的道德品质是从小形成的,不要以为孩子是"树大自然直",应该知道"三岁看老"的古训。所以,对孩子的道德品质教育要抓以下几个方面。

其一,培养孩子文明礼貌的习惯。从孩子学说话开始,要注意教孩子文明用语,如"你好""请""谢谢""不用谢""对不起""没关系"等;教孩子学会用平和的口气说话,在表达自己的要求时学会以商量的口气说话;教孩子行为礼貌,要求孩子不打人,不骂人,不无理取闹;教孩子尊敬长辈和他人;教孩子学会分享,不吃独食,不独占物品;等等。妈妈在教孩子的同时,自己要给孩子树立典范,以供孩子模仿,发现孩子的不良行为和习惯要心平气和地提示、警告孩子,并督促其改正;孩子做得好的要及时鼓励和表扬。

其二,让孩子从小学会劳动。勤劳,是中国人的传统美德,但是,不少家长对此不够重视,有的甚至认为劳动是一种低贱的体现,个别的家长把(体力)劳动当成一种对孩子的惩罚手段,这对培养孩子的热爱劳动观念是极为不利的。孩子长大后具不具有勤劳的美德,关键在父母,责任也在父母。妈妈如果认为:孩子参不参加劳动不重要,反正孩子还小,即使让他做也做不好,还不如我自己做,只要孩子吃好、穿好、学习好就行了;会劳动又怎么样,将来就只能流汗挣小钱,既辛苦,回报又小。这样就很难要求孩子从小参加一些力所能及的劳动。也难怪,现在一些孩子懒散、缺乏责任心,只知道索取,不知道奉献和感恩。妈妈们如果不注意培养孩子的劳动意识,不让孩子养成爱劳动的习惯,具有勤劳的美德,将来可能会培养出一只"白眼狼",更可能自食其果。为了避免这样的结局,请妈妈们从孩子小的时候抓好以下几个方面的工作:

孩子自己的事情，尽量让孩子自己完成；布置一些孩子力所能及的家务劳动，让孩子学会做家务；参加一些公益劳动，让孩子学习主动帮助他人，学会照顾老人和比自己小的小朋友；等等。

父母要要求孩子做些自己能做的事情，教会他们怎样做，如果孩子做出了点儿成绩，要及时表扬鼓励，增强孩子的自信，提高他们的劳动兴趣。

其三，培养孩子诚实的品质。诚实就是说老实话，办老实事，讲信用。这是做一个好孩子的基本条件，也是做人的起码要求。家长特别是妈妈应主要做好以下几个方面的事情。

妈妈（或其他家长）要做诚实守信的表率。孩子长期生活在父母身边，父母的一言一行无不影响着孩子，所以，妈妈（或其他家长）要求孩子不说谎，说话算数，首先自己要做到。

在陪伴孩子的日常生活中，要有意识地培养孩子诚实守信的意识。如，带孩子到游乐园玩，先给孩子讲好，玩什么项目，玩多少时间，如果孩子同意了，妈妈就应按照事先商定的严格执行。孩子因为贪玩，想继续玩，想玩更久，但妈妈只要对事先商定的条件不让步，坚持几次后，孩子是会遵从的。当然，开始孩子可能因此哭闹，但妈妈千万不要因此就放弃原则，不管孩子怎样哭闹，你都应心平气和地面对孩子，等孩子哭闹够了，知道哭闹也不能改变事先的约定，他自然就会遵守约定了。另外，为了避免孩子到时忘了事先的约定，可提前提醒孩子，如"乖乖！时间不早了，再玩一个项目就走了哦！"或者"再玩十分钟就到约定时间了"，又或者告诉孩子："孩子，你玩的时间还有十分钟，我设定好了闹铃，闹铃响了我们就走，行吗？"只要妈妈坚持在其他方面也这么做，要不了多久，孩子就会养成诚实守信的习惯，久而久之就能形成一种良好的品质。

遇到孩子说谎，要多引导，不能指责、打骂孩子。孩子说谎有几种情况：掩盖式说谎（做错了害怕批评而说谎）；模仿式说谎（学成人说谎）；夸耀式说谎（为了显示自己的长处、功劳夸大其词）；分不清事实与想象而造成谎言（把想象当现实）。妈妈们如果遇到孩子说谎，一定要分清情况，区别对待。如果是由家长说谎引起的，要纠正自己的做法，给孩子当面说清楚，并主动承认自己的错误；如果是无意识的说谎，家长要加以引导；对孩子有意识的说谎（坏习惯）要及时指出，并以生动的故事讲清道理和危害，帮助、督促孩子改正，孩子改正了要及时表扬。

其四,培养孩子的爱心和同情心。要培养孩子的爱心和同情心,妈妈们就应营造一个充满爱的氛围和环境,比如,爱长辈、爱老师、爱同学、爱家庭、爱学校的氛围,尊老爱幼、夫妻和睦、邻里和谐的环境。孩子有了爱心,才能去爱他人、同情他人。妈妈们主要可从以下几个方面去培养。

第一,以身作则,给孩子树立充满爱心和同情心的典范,供孩子学习模仿。

第二,在日常生活中,在关爱小动物的小事中培养,如养狗、养兔、养龟、养猫等。

第三,鼓励孩子参加社区活动,帮助社会上需要帮助的人,学会了解和关心他人,如参观养老院、孤儿院、特殊教育学校等,做一些力所能及的事情,慢慢懂得珍惜自己的一切。

(3)关心孩子的心理健康,培养健康的心理素质。健康包括身体健康和心理健康两个方面,二者是孩子健康的基础和前提。孩子的身体健康取决于科学的喂养和锻炼,孩子的心理健康取决于正常的智力、稳定的情绪、良好的交往能力、良好的控制力、良好的性格等的培育。心理健康是塑造健全的人格,开发智力潜能,培养个人正常情感的基础,也是孩子走向成功的必备素质。所以,妈妈应主要从情绪调整、交往能力、控制能力、良好的性格等方面去培养孩子健康的心理。

(4)纠正孩子的不良习惯。年轻家长育儿知识的欠缺以及祖辈的隔代教育容易"惯"孩子的弊端,容易使孩子在不知不觉中养成一些不良习惯,如以自我为中心、花钱大手大脚、懒惰、自负、强横、说谎、不善交往、爱看电视、爱玩手机、爱玩游戏、私欲较强、自律性差、控制力弱等。妈妈在陪伴孩子的过程中要善于发现孩子的不足,及时矫正。矫正的最佳时间是在孩子入学前(6岁左右),如果到13岁左右还没有矫正过来,以后再矫正难度就大了。所以,纠正孩子的不良习惯宜早不宜迟。

(5)关心孩子的学习。一说到关心孩子的学习问题,没有一个妈妈不说"十分关心"。但是如何才是真正、正确的关心呢?妈妈应根据孩子的个性特点采用科学的方法。总的来讲,要让孩子学习努力,成为聪明的孩子,妈妈就得给孩子创造一种自由的、自主的、自发的、自律的学习氛围,科学地引导孩子,培养孩子的学习兴趣和良好的学习习惯,提高孩子的学习积极性;另外,妈妈还应把培养孩子意志力、注意力、观察力和爱动脑的习惯等放在心上,落实在行动上。妈妈只把"关心"挂在嘴上,或唠唠叨叨,施以高压,或威逼利诱,对孩子学习是没有任何好处的。

3.妈妈对女儿的特殊教育

女人对一个家庭甚至是整个世界都特别重要。但是,作为女性,能独立地走向社会、走向成功特别不容易。因为,由于生理特征、世俗对女性的偏见和女性心理等因素,一些错误会给女性造成身体上的、心理上的极大伤害,可能让其不能自拔,甚至懊悔终生。所以,妈妈应对女儿进行"四个底线"的教育。

(1)珍爱自己的身体的底线教育。儿童节时,有个叔叔扮成小猪佩奇的模样在商场里发糖果,他要求:"在场的小朋友,谁亲我一口,谁就能拿猪猪款式的棒棒糖。"不少小女孩争先恐后地去排队。作为妈妈,如果带着女儿遇到这样的场景,就应该委婉地告诉女儿:"为了自己的小小的欲望或需求,就放弃自己的尊严(亲一口),这是不应该的,也是不值得的……"并且应该带着女儿离开这样的场景。

网络上有一些特别不好的新闻报道。一些坏人,看准了现在小女孩没有社会经验又想出名、想当网红的心理,打着"招童星入行"的幌子,顶着某某影视公司的名头,在网络上行骗。有个正上小学的女孩子,就被坏人步步诱骗,被拍了裸照发到网上。女孩一丝不挂的照片最终传到了同学、家人、亲戚那里。女孩受到打击后,一蹶不振,最后迫于压力休学,并每周都要去做心理咨询。

面对此种不良现象,妈妈应该告诉女儿:第一,如果你想要得到某种东西,以你自己的能力又无法办到,你可以告诉爸爸和妈妈,爸爸妈妈会给你想办法,或者给你一些建议。第二,倘若有一件事情让你觉得为难,那就说明这件事情未必值得你去做。第三,你要记住,没有任何一样东西,值得你用名誉和身体去交换,不要为任何事去伤害自己的名誉和身体,这是一个女孩的底线。珍爱自己的身体是女孩子一生最重要的功课,这道底线就像一个战士的盔甲,一定要自己穿上、守护。

孩子还小时,妈妈可以采用讲故事的方式对孩子进行教育,如给孩子讲《不能随便亲猪小弟》等系列故事。孩子比较懂事了,要给孩子讲社会上的一些现象和应该具有的正确态度。

(2)生活的底线教育。作为妈妈,一定要告诉自己的女儿:你想得到什么,一定要靠自己的本事去争取,花别人的钱,心里总归是没有底气的。在生活的风雨中,与其让别人帮你打伞,不如自己给自己打伞。一个女孩,未来一定要有经济独立的能力,这样,你才可以活成自己最喜欢、最欣赏的样子。你可以用独立、自尊自爱来铺设自己最舒服的生活道路,而这一切,应该来自你能够摆平一切的能力。有了能力,你才能获得经济上的独立,人格上的独立,你才有底气和安全感,而不是低三下四,提心吊胆地依附别人。这就是妈妈要教给女儿的生活的底线。

(3)感情的底线教育。大家还记得《海的女儿》和《小白兔和小老虎》的故事吧!我们从这些故事里能得到什么启发呢?

故事一:

生活在海洋深处的小美人鱼公主爱丽儿,在一次偶然的情况下,遇到了一个人类王子,一见倾心。为了和王子永远在一起,爱丽儿舍弃了自己美妙的歌喉,又签下契约放弃鱼尾,还要忍受每走一步都像踩在刀尖上的痛苦。然而王子并不领情,依然娶了人类的公主为妻。小美人鱼最后的结局是跳入大海,化作了泡沫。

故事二:

在一个大森林里,住着小白兔和小老虎。小白兔有一家糖果铺,小老虎有一台冰淇淋机。兔妈妈跟小白兔说:"如果你喜欢一个人,你就给他一颗糖。如果对方也喜欢你,当然也会回赠给你。"小白兔喜欢上了小老虎,忍不住就把整个糖果铺都送给了小老虎。回家后兔妈妈问小白兔:"那小老虎喜欢你吗?"小白兔直点头。兔妈妈又问:"那他为什么不给你吃个冰淇淋呢?"爱是相互的,从来都不是一个人付出,另一个人拥有。后来,小白兔有了糖果店,小白兔说:"公园里生意好,不如我帮他把冰淇淋机推到那里去卖吧。"夏天真热,冰淇淋每天都卖得光光的。大家都在夸小白兔好聪明,可小白兔仍然一口冰淇淋都舍不得吃,就想等小老虎能亲手送她一个。但时间一天天过去了,小白兔终究没有等到。后来,小白兔把糖果店留给了小老虎,自己去了很远的地方。

从这两个故事,妈妈们应该让女儿明白,在感情方面她们要谨记感情是有底线的。

感情从来都是相互的付出,单方面的付出是换不来真正的感情的,单方面的付出只能给自己带来伤害。在爱情面前,人要有自尊。不要把你全身心的爱、灵魂和力量,作为礼物慷慨地给予他人,浪费在不被需要和受轻视的地方。爱别人前要先爱自己。爱情不是全世界,没有人值得你去放弃自己。

(4)生命的底线教育。生与死永远是一个很沉重的话题,在家庭教育中,家长很少提及这个问题,但是,现实又使我们无法回避这个问题。新闻时不时地报道孩子跳楼、服毒等自杀事件,一条条鲜活的生命,就这么消失了。死者逝去,寂寂无声,可在父母的心里,却是永远也消散不了的伤痛。为了避免这样的悲剧发生在自己的身上,妈妈在对子女特别是女儿的教育中,尤其不能回避生死教育问题,要教会女儿掌握生命的底线,让她们爱惜身体,珍爱生命。

第一,利用自杀案例教育孩子,让其明白:生命是万物中最珍贵的宝物,我们要珍惜它。人的一生中,难免遇到难事和伤心事,但不管遇到多大的事,都不能选择终结生命。自杀是解决问题的最愚蠢的办法,是最傻的行为,不管遇到多大的难事,绝对不能有一丝一毫的轻生的想法。人如果死了,就什么都没有了,留给家人特别是父母的只能是痛不欲生,这也是一种不负责任和自私的行为。

第二,丢掉不切实际的幻想,明白生命的可贵。在故事书中,在电视和电影里,有时候会有已经死掉的人和动物,以另一种方式重生的画面。这会给单纯的孩子带来一些误导。妈妈要明确地告诉孩子,生命的重生只是一种文艺中的幻想,现实生活中是不存在的;生命是条单行道,绝不会有重来的机会,那种"生命重生"的认识完全是错误的。通过教育要让孩子明白:一个人的生命只有一次;生命是人最宝贵的东西,没了生命,一切都等于零。

第三,面对不可预料的事件,要学会保护自己的生命。

新闻曾先后报道了两起恶性案件:

案件一:

2018年4月,陕西榆林米脂县第三中学发生砍人事件,19个孩子受伤,9个孩子死亡。

案件二:

2019年1月8日上午11点17分左右,北京西城区一个小学内发生了一起恶性事件,20个孩子受伤,3个孩子重伤。

妈妈应该根据同类案件给孩子讲：我们这一生，难免会遇到恶人。当遇到恶人时，如果你没有能力和歹徒斗争，就应该采用迂回的战术，不管手中的东西有多么重要，都不应该和其发生正面冲突，最好的选择应该是舍财保命。因为生命高于一切，没有什么物品能比生命更重要。

第四，不管遇到什么不顺心的事，都不能自残和吸毒。

现实生活中，有的人学业、事业、情感等受到挫折就自暴自弃，意志消沉或者残害自己的身体或者经不起他人的诱惑参与吸毒等。自伤自残、吸毒都是在残害自己的生命，都是对自己生命的不负责任。妈妈们，你们应该明白地告诉孩子，特别是女儿，人一辈子难免遇到困难，受到挫折，也难免遇到诱惑，但不管怎样，理应做到以下几点：其一，收敛自己的欲望，以坚定的意志抵挡诱惑，不管别人怎么说，一定要记住"千万不能吸毒"；其二，不管遇到什么不顺心的事，你都不能残害自己的身体；其三，人心越险恶，你越要懂得自保；其四，世界越悲伤，你越要保持自己的快乐；其五，要直面挫折，做一个乐观向上、不屈不挠、不怨天尤人的人，勇敢地去接受人生所有挑战。

这四条底线，能守护儿女的平安，请妈妈们一定要教育他们，掌握好这四条底线。

(三)父亲养育孩子的作用和主要任务

家庭教育本来是所有家长的事，但是，由于受"男主外（养家糊口），女主内（相夫教子）"等传统观念及当今社会日益激烈的竞争等方面的影响，越来越多的父亲淡出了家庭教育。家庭教育的重担全都落在了母亲身上，家庭教育几乎处于一种女性文化中。这种家庭教育文化的单一性给幼儿的身心发展带来了很多负面影响。其实，父亲是家庭教育中不可缺少的重要组成部分，他不但是家庭经济的主要支撑者，还应该是妻子和子女在人生路上的支持者、引导者、合作者，在幼儿身体、智力、情感、社会性等方面的发展上有不可替代的作用。

1.父亲教育的缺失可能给孩子成长造成的影响

(1)父亲是家庭关系的重要组成部分，完整的家庭（这里指三口之家）关系包括夫妻关系、父子/父女关系、母子/母女关系等。其中两种家庭关系中有父亲的角色,一旦父亲角色缺失,孩子的家庭关系就只剩下母子/母女关系,这极不利于培养孩子对健全家庭关系的认知。

(2)父亲的气质特点能与母亲的气质特点形成互补,可以避免、弥补孩子在性格、思维方式、行为方式等方面的不足。从心理学论述的男性和女性的气质差别来看,男性勇于冒险、大度、坚定、勇武和易暴躁;女性稳重、温柔、宽容、忍耐、易焦虑和自卑。从这里我们可以看出,父母都有优秀的一面和有缺憾的一面。孩子入学前是其情感和个性发展的关键期,如果他们在性格、情感形成的关键期中能将父母亲的气质兼容并蓄、扬长避短,就能在勇于冒险的同时又不失稳重,在坚定大度的同时又能以忍耐和宽容的态度和别人相处。另外,父亲的形象、语言、动作、思维过程、情绪情感、行为方式、待人接物的态度和处世的方式等都有自己的独特之处,这些都是母亲无法代替的。如果家庭教育中父亲角色缺失,就可能造成孩子某方面的不足。

(3)父亲角色可以弥补家庭中男性文化的缺失。在我国的幼托机构中,员工大多数都是女性,如果在家庭教育中男性(父亲)缺失,就大大减少了幼儿与男性接触的机会。这样,可能给孩子造成如下后果:对男孩来讲,他完全没有可模仿的榜样,不知道男人应该怎样待人接物和处理问题;更为严重的是有极少数男孩因很少接触父亲,容易产生角色混乱。因此,每个家庭都需要父亲积极参与家庭教育,以此避免男性文化的缺失。

2.父亲在家庭教育中的重要作用

在家庭教育中,父亲的教育对孩子的发展有着巨大的影响,如,从幼儿时期开始,父亲每天都带着孩子锻炼,孩子长大后几乎都会喜欢锻炼;如果父亲爱睡懒觉,每天快上班了才匆匆起床,平时又不爱收拾、整理,孩子就可能会养成懒散的习惯。父亲在家庭教育中的好的作用具体体现在以下几个方面。

(1)促进孩子健壮体格的形成。从幼儿期到少年期,在孩子体格发育方面,父亲的影响巨大。父亲多数是通过肢体运动、游戏等强烈的身体活动刺激来促进孩子的身体发育,比如带孩子跑步、爬山、开展球类活动、进行野外游戏等。

(2)促进孩子智力的发展。父亲是孩子智力发展的催化剂。因为父亲带孩子活动的范围较大,并且形式多样化,能促进孩子更全面地认识自然和社会。例如，孩子希望像父亲，就会仿效父亲的行为和思考方式，包括使用的词汇和追求的目标等。这对于提高他们的想象力和创造力，培养他们的认知技能、成就意识和自信心起着不可低估的作用。研究发现，父亲与孩子在实际活动（尤其是游戏）中的交往程度与孩子的智商发展呈正相关。很多父亲喜欢和孩子玩运动性、技能性、智能性较强的异想天开的游戏，在游戏中经常有戏剧性的变化，这样的游戏能满足孩子对新颖刺激事物的好奇心，激发孩子活动的积极情绪，从而培养孩子的开拓精神，开发孩子的智力。

（3）促进孩子养成多种心理品质。父子的交往和游戏（活动）使孩子兴奋，能诱发孩子的兴趣，使孩子得到极大的满足和快乐。父亲和自己的孩子像好朋友一般一起尽情嬉戏，他们极有耐心地回答孩子们提出的各种问题，常常是最受孩子欢迎的游戏伙伴。在游戏过程中，可以培养孩子的冒险精神、增强孩子的体能，并强化对外界的刺激感觉。

（4）促进孩子社会性的发展。孩子在父亲的陪伴中，经常会接触到父亲与他人交往的情形，会在无形中学习父亲与他人交往时的情态、语言和行为方式等。这会增强孩子在人际交往中的安全感和自尊心，让孩子变得更容易和他人友好相处，真诚相待。一般来说，经常和父亲在一起的孩子社交能力更强，更容易适应新环境。心理学家的研究资料表明：一天与父亲接触不少于2小时的男孩比那些一星期内与父亲交往不到6小时的男孩人际关系更融洽，从事活动更富有男子汉气概。

（5）有助于孩子性格的完善。前面讲了，母亲的教育有利于孩子性格的形成，当母亲的性格有缺陷时，就需要父亲的教育来加以完善。一般来讲，父母的性格是不一样的，他们只有性格形成互补才能和谐相处，如果两个人的性格都比较"刚"，那一定会经常发生争执或者吵架，只有"刚柔"相济，才能和谐相处。所以，父亲角色绝非母亲角色能替代。父亲多以他们的男性特征诸如独立性、进取心、自信心影响孩子，他们热情宽厚、勇于冒险、勇于坚持以及不惧困难等特征会让孩子在不知不觉中模仿与学习，这些与孩子从母亲的性别特征中获得的诸如贴心、同情心、温和、善良等品质潜移默化地结合起来，将有助于孩子形成较为完善的性格特征。

综上所述，父亲角色是家庭教育中不可忽视的重要组成部分，缺了就可能造成孩子性格某方面的缺失。

3.父亲在家庭教育中的主要任务

(1)做一个传递"爱心"的父亲。父亲是家里的主心骨,是孩子心理的主要依托对象,在家庭中担负着孝敬老人、爱护妻子、疼爱子女等责任。所以,父亲应做到:

其一,孝敬老人,夫妻和睦,疼爱子女,团结他人,充分展现自己的爱心,给孩子创造一个有爱的家庭氛围,给孩子带来安全感,让孩子的爱的种子在这种家庭氛围中萌发。如果父亲缺位于家庭教育,或者变得疏远、暴躁,让孩子害怕,对父亲没有爱和敬佩,孩子就会极度缺乏安全感,也会在不知不觉中学到父亲不好的样子。所以,父亲要做一个爱心的传递者,让孩子的爱心在潜移默化中形成。

其二,给孩子无条件的爱。关心孩子的成长,不是孩子要什么就满足什么,而是关心孩子生理和心理的成长。比如:关心其身体发育情况,创造较好的物质生活条件以满足孩子的生活需要;孩子生病时,在身边关心问候;能抽出时间陪伴孩子,在陪伴中热情回答孩子提出的问题;孩子有情绪问题时,能理解孩子的情绪并给予疏导;尽量参加每次家长会;等等。总之,让孩子感觉到无论发生什么事,都有爸爸在,这不但能让孩子感到安全,而且能让孩子增强走得更远的信心,实现更多的成功。

其三,把良好的道德品质传承给孩子。孝顺、诚朴、谦恭等传统美德,也是现代道德品质建设所必需的,所以父亲除了自己首先要做到外,还应要求孩子学习良好的品德:如在长辈面前不高声说话,尊敬、孝敬长辈,懂得长幼有别,为人处世不亢不卑、有礼有节;踏实做事、老实做人,不说假话,不做假事,真诚待人,惜时守信;勤劳、朴实、谦虚;等等。

(2)做一个用"行动"去开发孩子探索精神的父亲。人们常说行动是无声的命令,这说明了以身作则的重要性。在一个家庭里,父亲的行为关系到一个家庭的家风,关系到家风的传承。如果父亲能孝敬长辈,敬重妻子,疼爱子女,与他人和睦相处,那么,家庭就能形成尊老爱幼、夫妻和睦、团结邻里的家风。孩子生活在这样的家庭氛围中,自然就会学到孝、贤、和、善等好品质;父亲能在工作之余勤奋好学,孩子也会学到父亲的这种学习精神。所以,父亲不但是家庭良好道德行为的施行者,更是孩子行为的引路人、精神的开拓者。具体而言,主要应做到以下几个方面。

首先,在陪伴孩子的过程中,帮助孩子树立正确的价值观。父亲的一言一行都逃不过孩子的眼睛,都可能对孩子的价值观产生深远的影响。所以,父亲在家庭中应对生活充满信心,对社会充满热情和希望,处处表现出积极乐观的人生态度;从不为困难所屈服,从不为金钱所累;在工作上积极向上,充满热情和探索精神;充满爱心,如关爱老人、照顾妻子、关爱孩子、关心他人、关心社会等。父亲以这样的方式和面貌出现在孩子面前,会让孩子觉得:一个人活着或工作不单单是为了自己,不单单是为了金钱。当然,孩子当时可能不能理解人生的意义,但这可以培养起孩子积极的人生态度,让他们以积极、乐观、负责的态度去做每一件事情,相信自己可以把每件事做好,觉得所做的每一件事都是美好的事,都是值得高兴的事。

其次,在陪伴的过程中,对孩子提出的问题予以正确的引导,激发孩子探索的兴趣和热情。比如,当孩子提出天上为什么有星星,星星为什么会发光等问题时,父亲就应该说:"你喜欢星空吗?你是不是觉得很奇妙?你如果很喜欢,就应该学习这方面的知识去探索它,了解它。"在陪伴孩子的过程中,这样的机会很多,父亲只要适时加以引导,就会激起孩子探索的兴趣和热情。

再次,让孩子对学习产生兴趣和热情。所有的家长都希望孩子喜欢学习,但有的家长自己都不喜欢学习,这如何能让孩子对学习产生兴趣呢?如果要想让孩子对学习产生兴趣,父亲自身对学习就要有兴趣,要以自己的行为对孩子产生潜移默化的影响。应购买符合孩子年龄特征的书籍供孩子翻阅,还要常带孩子到图书馆等地方去感受文化的氛围;利用玩的时间或者在睡觉前让孩子自己选择书籍,给孩子讲书上的故事,让孩子喜欢读书;不要给孩子买太多、太智能的玩具,应多带孩子做手工,如教孩子修理简单的玩具,随着年龄的增长,根据其年龄特点,还可教孩子修理家里的清洁工具和生活用品等。这一系列活动,既锻炼了孩子的动手能力,又能激发他们探索的热情和兴趣。

(3)做一个传递"真实自我"的父亲。父亲,是一家的主心骨,应该脚踏实地地带领家庭成员生活、工作和学习。所谓脚踏实地,就是实事求是地正视家庭的政治、经济、社会地位以及家庭成员的生理、心理、能力等状况,以此为根据来经营家庭,做到不羡慕他人,不一味与他人比较,用心过好自己的生活,努力经营自己的人生,做自己该做的事,这就是"真实的自我"。这样,生活、工作和学习起来才能充满自信,才能乐观地面对生活中的不如意,对前途才会充满希望。孩子,是父母血脉的继承者,同时也是国家的未来。他们未来的路还很长,在漫长的人生道路上,他们会遇到阻力、压力和不顺心的事,这就要求家长特别是父亲要让孩子正视自己,认识真实的自我,拥有平和的心态和强大的内心,这样才能排除干扰,不断前行。

①父亲应该控制好自己的欲望和情绪,接受自己,做好自己。接受自己,包括接受家庭成员特别是孩子的不足;做好自己,就是面对自己的不足和其他家庭成员的不足,能控制自己的欲望和情绪,做到不攀比、不抱怨、不乱发火,充分发挥自己和其他家庭成员的长处,创造一种和平安宁的家庭环境,并努力奋斗,给孩子营造一个良好的学习的环境,做出一个榜样。

②教会孩子如何生活,如何做真实的自己。孩子来到这个世界上,其血脉虽源于父母,但毕竟是一个独立的个体,他们的一言一行都带有太多个体特征,这就是孩子真实个体的体现。父亲应根据孩子的个体特征做好以下几个方面的工作。

其一,让孩子接受自己,爱自己。随着孩子慢慢长大,他们对自己、对家庭、对社会关系等都有了一些认识,难免会产生一些想法,比如:自己的学习为什么不如他人?自己为什么这么笨?自己为什么长不到人家那么高?自己的家庭为什么没有别人家富有?自己的家庭背景为什么没有别人家好?等等。做父亲的一定要多接触孩子,多与孩子进行朋友式的交流,弄清楚他们内心的一些想法,给予及时的疏导,以免孩子产生自卑心理。譬如告诉孩子:别人是别人,自己是自己,人与人之间是不能比的,更不能拿别人的长处来比自己的短处;人来到这个世界上,只有自信地活着,才会有意义。如何才能自信地活着呢?那首先就要接纳自己,包括自己的缺点和不足,自己的家庭背景、学习能力和身体素质等。让孩子认识这些,他才能获得安全感和自信心。

其二,让孩子正视自己,相信自己,做好自己。十个指头有长短,但不管它是长还是短,都有它的功用。人也一样,各有各的用处。所以,了解自己的长处和短处,接纳自己的短处,发挥自己的长处,长期坚持下去,定能有所收获。漫画家蔡志忠从小就知道自己能画画,从五岁开始不停地画。到十五岁那年,他才读初二,就带着用漫画稿挣来的稿费,到台北闯天下,但很快就面临学历不够的问题。退伍后,他决定到以录制电视节目闻名的光启社求职,当看到求才广告上"大学相关科系毕业"的条件时,傻眼了。不过他仍旧相信自己的实力,照样参加了应聘,结果他击败了29名大学生,进入了光启社。之后,他的漫画在漫画界异军突起,他成了台湾纳税最高的漫画家。蔡志忠在初中没毕业的情况下,为什么能有勇气踏入那个文凭至上的社会?他说:"做人重要的是要了解自己,相信自己。"

其三,让孩子调整心态,乐观面对生活中的不利因素。接纳自己,知道了自己的不足还不够,还应调整好自己的心态,充分认识前进路上的不利因素,以乐观的心态去面对,这样才能改变自己。人活在世上,不如意的事很多。面对生活中的不如意,我们应该看开一点儿,看远一点儿,看淡一点儿,以豁达的心胸去面对。要相信"没有过不去的火焰山",要自信地认为"办法总比困难多"。父亲应把自己面对挫折的亲身经历和体会讲给孩子听,让孩子也能以好的心态去面对学习、生活中遇到的困难和不利因素。好的心态对孩子来说非常重要,因为,只有调整好心态,以乐观的态度去面对不利因素,才能找到人生的方向。

其四,让孩子踏实前行,改变自己。以乐观的心态,找到了自己人生的方向,这还远远不够。要实现我们心中的理想,就应沿着认定的方向义无反顾地前行。所谓"踏实",就是抓住今天,摒弃虚伪与浮华,一步一个脚印地朝既定目标奋进;就是不为过去的失误惋惜;就是忘记过去,重新开始。如果一味地沉溺在已经发生的事情中,不停地抱怨,不断地自责,长期这样就会把自己的心境弄得越来越糟糕。所以,懊悔郁闷没有用,黯然神伤也没有用,只有关好昨天的"门",改变过去的你,抓住今天,朝既定的目标前行,才是最好的选择。

英国前首相劳合·乔治有一个随手关门的习惯。有人问他为什么这样做。乔治说:"我这一生都在关我身后的门。你知道这是必须做的事。当你关门时,也将过去的事留在了门后,不管是美好的成就,还是让人懊恼的失误,然后,你又可以重新开始。"乔治就是凭着这种精神,一步一步走向成功,坐上了英国首相的位置。所以,当孩子悲观、彷徨时,父亲应该鼓励孩子——相信自己,忘记过去,重拾目标,发挥自己的潜能,一步一个脚印地朝着目标奋进。

其五,让孩子坦然地接受失败。挑战自己,道路是曲折的。生活是艰辛的,在成长的道路上总会遇到曲折坎坷,总会遇到烦恼,总会遇到失败。每当这时,有的人沮丧、彷徨,最后沉沦,但有的人能吸取教训,愤然崛起,最后走向成功。以上两种人为什么有不同的结果,原因是:前者意志力薄弱,沉浸于失败的伤痛中不能自拔;后者有坚忍不拔的意志力,有自信心,有向困难发出挑战、向自我发出挑战的精神。一个父亲,应该对孩子自信心、意志力的培养负起责来,因为在家庭里,在孩子的眼里,你是自信、意志力的化身,是榜样,更是导师。所以,父亲除了要发挥榜样的作用外,还要从小培养孩子的自信和意志力,如培养孩子独立做事的能力,带领孩子参加劳动、锻炼,让孩子吃一些苦,等等。孩子读书后,当遇到困难和失败时,父亲应不失时机地从理论和实例两个方面对孩子加以教育和引导,让孩子明白这些道理:不经风雨怎能见彩虹,失败是走向成功的奠基石;成功人士谁没遇到过困难,谁没遭受过挫折和失败,关键是他们敢坦然地面对失败,从失败中吸取教训,振作再战;真正成功的人是那些勇敢面对人生的挑战,不断在逆境中寻求生存的人。孩子如果能明白这些道理,当遭受挫折和失败时,就能从失败中吸取教训,重拾自信,挑战自我,再次向目标奋然前行。

(4)做一个传递"梦想"的父亲。人来到世界,就有了梦想。从躺在妈妈怀里哭开始,就想哪一天能说话走路,读书后梦想自己品学兼优,梦想将来能成为一名科学家、哲学家、诗人……孩子就是怀着这些梦想成长起来的。

芸芸众生,虽然生活不同,梦想不同,但为什么都会怀有很多的梦?因为,有梦想才会有目标,有目标才会有追求,有追求才会有希望,有希望才会有动力,有动力才会走向成功。为此,父亲要帮助孩子开启"梦想"之旅。

①做孩子"梦想"的启迪者。在陪伴孩子的过程中,父亲要给孩子讲自己儿时的梦想故事;要带领孩子到大自然中去,给孩子讲有关自然、植物、动物等方面的知识和未知领域的神奇,并鼓励孩子去探索它们的奥秘;给孩子讲前人"追求梦想,努力实现梦想"的故事。通过这些方式,开启孩子的梦想之旅。

②让孩子坚信自己的梦想。要想孩子相信自己的梦想,首先就要培养孩子从小的自信心。有了自信心,他就会敢想、敢"做梦"。只有敢于梦想的人才是生活的勇者。在生活中,有些人浑浑噩噩过日子,对未来没有想法,所以生活没有动力,其前途最终暗淡无光。只有心怀梦想,学习、工作起来才有动力,才能克服前进路上的不利因素。因为,梦想是人生跑道上的加速器,有了它,你在前进的路上才能不知疲倦,才会越战越勇;梦想还是人类生活的调味剂,有了它,你的心才不会在寡淡无味中"枯萎"。所以,要开启孩

子的梦想之旅,并让孩子坚信自己的梦想。

③鼓励孩子为梦想而奋斗。作为父亲,不但要让孩子敢做梦,更重要的是要鼓励孩子为梦想积极规划和实践。应该告诉孩子:只有梦想而不积极地去实践,就是空想;光有梦想而不为实现梦想积极规划,同样是空想。所以,要对自己的梦想具体分析,制订计划,制订路线,从小事做起,从基础做起,并一点儿一点儿地行动,这样你的梦想才可能成为现实。还记得飞机发明者莱特兄弟吗?莱特兄弟的梦想是由父亲开启并经过他们不断努力而实现的,愿天下的父亲都能像莱特兄弟的父亲那样不失时机地开启孩子的梦想,信心百倍地鼓励孩子为梦想而努力。

养育孩子是每位家长的事,有的事,有些方面不能简单地把它归于某位家长的职责,孩子成长的方方面面本应是每位家长都要管的,如道德、品性、行为习惯等,但我们又不得不承认各位家长又有自己的教育任务和教育重点。希望各位家长既能把握自己的家庭教育重点,又能相互配合,形成齐抓共管的家庭教育模式。

三 如何让隔代教育发挥应有的作用

(一)隔代教育及其现状

现如今越来越多的父母出于工作、生活或者各种各样的原因,不得不把孩子交给祖辈代育代养,这种由祖辈对孙辈施行抚养与教育的现象就称为隔代教育。

在中国,隔代教育是一种普遍现象,也是一种常见的家庭教育模式。

宋少卫长期从事青少年的心理咨询和学习治疗工作,他在《非常祖母隔代教育的成功之道》一文中提到,老人在教育孙辈的过程中有很多的误区,比如过度保护等。他指出:"老年人传统的看护模式在当今社会受到了很大的挑战(比如电视、网络、游戏等),也出现了许多他们想不清的问题(例如青春期逆反、虚拟网络人格等),甚至一些像吃饭睡觉这样的小事情也变得与以往不同。"为什么很多家长觉得现在的孩子越来越没礼貌、越来越犟、越来越调皮和越来越难管?祖辈对孩子的过度关注、无原则的迁就和满足是原因之一,对此,隔代家长表现得尤为突出。

(二)隔代教育的利弊

1.隔代教育的利

(1)为后辈发挥余热。

(2)老人平和的心态有利于他们与孩子融洽相处。

(3)生活阅历丰富,有带孩子的经验。

(4)有利于优秀传统文化的传承。

(5)有利于孩子情绪的稳定,有利于让孩子获得安全感。

(6)有利于填补因父母缺位造成的情感缺陷。

(7)"隔代教育"对祖辈们自身也有利。

2.隔代教育的弊

(1)溺爱孩子,阻碍孩子的自我成长。由于"隔代亲"易造成孩子独立性差、依赖性强等问题,阻碍孩子的自我成长。

(2)不适应社会发展需要的、陈旧的教育方法和手段可能给孩子的成长带来负面影响。

(3)由于教育观念的不同,隔代教育与亲子教育的碰撞易导致祖辈与父辈发生矛盾,家庭关系可能会因此而不睦。

(4)增加了祖辈的负担。

(三)扬长避短,让隔代教育发挥更大的作用

很多人把孩子产生不良行为的原因归结到隔代教育上,多是因为隔代教育的弊端,其主要集中在喂养方式、管理方式、教育方式等方面,这就需要隔代教育扬长避短。

1.明确责任,摆正位置

在家庭教育中,家长才是孩子的第一监护人,是家庭教育的主力。隔代家长只是家庭教育的协助者。

年轻的父母首先要端正态度,不管多么忙,都要抽时间与孩子在一起谈谈心,不要把孩子的教育权、抚养权完全交给祖辈。年轻的父母要明确:养孩子是自己的责任,不是老人的责任。

隔代家长应该明确自己的职责,即协助年轻的父母对孩子进行管教。

2.隔代家长应加强学习,跟上时代的教育步伐

隔代家长应自觉加强对家庭教育方面知识的学习,提高科学养育孩子的能力,做新型的隔代家长。

3.要掌握好爱的尺度

隔代家长要做到:不能溺爱孩子,不能放纵孩子,不能无原则地满足孩子的各种要求。

(1)隔代家长应厘清爱和溺爱的界限。

隔代家长要积极创造机会,让孩子和他的父母多接触、多亲近;经常向孩子的父母汇报孩子的情况,疏通感情,交流体会,共同营造一个有利于孩子成长的和谐温馨的家庭氛围。

(2)要有原则和规矩。界限之内,可以好好地爱孩子,鼓励孩子,但超越界限的一定不能迁就。比如在这些情况下,就不能迁就,不能纵容孩子,要坚决地向孩子说"不":

①孩子无理取闹或提出无理要求时;

②孩子有能力做自己的事而不做时;

③孩子有不良的生活习惯时;

④孩子对待他人的态度不当时;

⑤孩子对他人表现出蔑视时;

⑥孩子不遵守公共道德规范时;

⑦孩子有意破坏群体氛围时。

4.理解和支持亲子家长对孩子的教育

(1)与亲子家长多沟通,支持他们对孩子的教育。在亲子家长教育子女时,祖辈切不可与亲子家长唱反调或指责孩子家长,当面袒护孩子。

(2)起好亲子家长与孩子间发生矛盾时的调节作用。

5.亲子家长要理解隔代家长的苦心

祖辈辛辛苦苦几十年,把孩子养大,孩子也成了家,退休后本该好好休息,颐养天年,可退休后,又担负起了带孙辈的重任,不但身体上要辛苦受累,精神上也增加了负担。他们在养育孩子、操持家务等方面可能有不科学

的地方,或者说有不合亲子家长心意的地方,甚至是错误的,但是,作为父辈要理解祖辈的良苦用心,给予他们最大的理解和支持,他们即使做得不对也应心平气和地给他们指出,并教给他们正确的做法,让他们在愉悦中代行家长的职责。

6. 树立隔代家长的威信

首先,在教育孩子的问题上,即使隔代家长做得有些欠妥,亲子家长也不能当着孩子的面向他们发火、抱怨和指责,应背着孩子以商量的口气给祖辈指出。其次,孩子对隔代家长有不敬的地方,亲子家长一定要制止、批评并教孩子正确的做法。最后,隔代家长要自己维护自己的权威,不能因为爱孩子,就对孙辈不礼貌、不敬老的行为听之任之,对孩子的不敬行为要义正词严地制止,和风细雨地疏通和引导。

7. 在如何教育孩子问题上,要勤沟通,统一思想

隔代教育与亲子教育各有利弊。要趋利避害,两代家长都应加强养育知识的学习,养育孩子的任务更需要两代家长的共同努力,让隔代教育与亲子教育有机结合,实现我国家庭教育最理想的教育模式。

两代教育家长通过这样的方式,不但达成了默契,而且给孩子提供了学习的榜样。隔代教育是我国现存的或未来相当长一段时间都将客观存在的家庭教育方式,也可以说是老年化比较严重情况下比较好的一种家庭教育模式,是解决目前以至未来相当长一段时间家庭教育问题的一种好办法。虽然隔代教育有它致命的弱点,但只要隔代家长能听从意见或建议,加强学习,克服不足,亲子家长能尊重老人,合理建议,做到"两代教育"相互协调,取长补短,是完全能够完成家庭对孩子的教育任务的,能养育出优秀的孩子的。

四 家庭教育中存在的不良现象

父母是孩子人生的第一任导师,也是最长久甚至终生的导师。家庭教育在造就人才的启蒙教育和终身教育中具有无可替代的独特作用。尽管目前社会各界及部分家长意识到家庭教育的重要性,认为良好的家庭教育对孩子的健康成长起着至关重要的作用,但是在家庭教育中依然存在着种种不容忽视的问题。

(一)思想认识不够,认为教育是学校的事

现实教育中,很多家长对家庭教育的重要性认识不够,认为入学以前,孩子还小,没什么好教育的,只要让孩子吃饱穿暖就可以了。这些观念的存在,使家长放松了对孩子的教育,使孩子养成了很多不良行为习惯。孩子入学后,有的家长把对孩子的教育完全寄希望于学校。有的家长甚至说:"孩子在学校,家长出钱学校管,自己还操什么心?"这种教育理念与思想认识,大大增加了学校对这部分学生教育管理的难度。更有一部分家长认为"只要能挣钱,读不读书也没什么影响,不读书照样可以赚钱,有些大学生还不是找不到工作吗?"。这些想法让一些孩子的家庭教育形同虚设,孩子得到学校单方面的施教,教育效果往往并不理想。

(二)家庭环境不利于孩子成长

1.缺少学习的氛围
很多家长文化水平不高,不具备家庭教育的基本知识条件;绝大部分家庭没有书橱,很少有家庭藏书,更不要说孩子的生活空间不符合学习的要求了。

2.家庭环境起了负面影响
家庭环境差,家人痴迷于电子游戏,赌博成风,给孩子造成了潜移默化的负面影响。

(三)疏于对孩子的管教

1.无力管教孩子
现在农村外出务工的青年父母很多,他们把孩子的监护权移交给了祖辈或其他亲戚、朋友。年迈的祖辈或其他代理监护人的文化水平大多不高,既没有教育的精力,也缺乏教育的方法。而有的亲戚和朋友的责任心差,只是口头应承对孩子的监护,而实际上是放任不管,最终形成对这部分孩子教育管理的盲区,导致这些孩子出现许多问题,如厌学、逃课、外出打电子游戏、上网,有的甚至与社会上的"混混"混在一起,逐步沾染上赌博、看黄色录像、小偷小摸、打架斗殴等社会恶习。例如2006年3月5日广东省紫金县某中学两名初二学生为打游戏机入室盗窃杀人的案件,就是由于缺少家庭教育而引发的。一些家庭的老人有迷信、打牌、酗酒等行为,对孩子也产生了许多不良影响。有的家庭虽有父母的一方在家,但要承担所有家务和田间劳作,也无法顾及孩子的教育和健康成长。

2.孩子亲情缺失,疏于管教
某项调查显示,农村有很多小学生父母常年在外,缺少亲情的关怀,成长中的心理需求无法满足,造成不少孩子孤独、自卑、封闭、虚荣、过于敏感、过分自尊、盲目交友等,甚至让个别孩子产生仇视心理。一些常年在外务工、经商,挣了钱的父母,由于经济条件宽裕,出于一种补偿的心理,无计划、无节制地给孩子金钱和物质上的享受,试图补偿孩子缺失的爱。由于孩子缺乏一定的理财能力和自控能力,他们自恃家里有钱,模仿大人请客送礼、过生日、聚会,个别的甚至花钱请人做作业、打扫卫生,等等。不良行为如果没有得到及时矫正,久而久之,就会使孩子养成追求享受、怕吃苦、不思进取、自由散漫和懒惰贪玩等不良习惯。这部分孩子中,多数人学习缺乏自觉性、主动性和刻苦钻研精神,在生活、学习中往往缺乏热情和爱心,逆反心理重,进取心、上进心不强。同时有部分单亲、贫困、残障等特殊家庭的孩子缺乏亲情,受到的负面影响非常大,这些影响严重阻碍了孩子的人格、品德和行为习惯的养成。

(四)只关注孩子成才,不关心孩子如何做人

由于受"分数至上"观念的影响,大部分家长只注重孩子的衣食住行和学习成绩。在他们眼中,分数往往代表着一切。一部分人只关注孩子"成才"而不注重孩子如何"成人"。还有部分家长对孩子的期望值过高,忽视了对孩子品德修养和心理素质的培养,忽视了对孩子健全人格、优良品德和良好行为习惯的培养。家庭教育目标的偏离,使不少家长步入"重身体轻心理,重智育轻德育,重物质满足轻精神满足,重智力因素轻非智力因素"的误区。

1.生怕孩子没吃好穿好

目前,有的家长往往把孩子视为"地上皇""天上星"。在家中,往往是众星捧月,尽量让孩子吃最好的,穿最好的,使孩子从小养成了奢侈浪费的习惯。

2.不让孩子做事

像日常生活中吃饭、穿衣等事,家长认为是小事,等孩子大了自然就会。家长的包办代替,剥夺了孩子生活自理的实践机会,让孩子逐步养成了不劳而获的习惯。

3.尽量满足孩子的愿望

有的家长对孩子有求必应,生怕拒绝了孩子会伤害孩子,使孩子的欲望逐步膨胀,而自我控制能力弱。

4.不让孩子承担家庭劳动的义务

有的家长为了让孩子有更多的时间专心读书以取得更好的学习成绩,不仅在家里不让孩子做家务劳动,还暗示孩子少参加集体活动,少承担班级集体工作,使孩子变得自私、冷漠、不关心集体。

以上种种"重智轻德"行为的后果是十分严重的,一些孩子两耳不闻窗外事、一心只读教科书,胸无大志,缺乏理想和人生追求,没有把"学会做人"当作自己的首要任务,不能严格要求自己,忽视思想道德修养。少数孩子在各种消极因素的影响下,精神空虚,行为失范,有的甚至走上了违法犯罪的歧途。

(五)不当的教育方法

1.期望值过高,忽视孩子个性的自由发展

面对日趋激烈的社会竞争,很多父母希望孩子学习成绩好,将来能考一所好大学,找一份好工作。于是,对孩子控制过严,甚至剥夺孩子起码的休息、活动、娱乐的时间。这就阻碍了孩子个性的自由发展。

2.盲目溺爱或疏于管理

大部分家长忙于工作和挣钱而无暇顾及孩子,谈不上与孩子一起玩耍、交流、沟通,更疏于对孩子的教育管理。有些家长对市场经济新形势和未来社会竞争的认识存在偏颇,不辨是非,偏袒孩子的不良行为,对孩子好斗逞强、贪小便宜、耍小计谋等行为视而不见,见而不究,这就助长了孩子不正当思想意识的形成。有的家长过分纵容子女,对子女不正确的言行不管不问,放任自流。特别是留守孩子代理监护人和隔代教育家长,在这方面显得更为突出。由此养成了孩子重享受、好攀比的不良心理,有的孩子甚至养成了

一味追求奢侈、迷恋网吧、不求上进、粗暴蛮横等不良习惯,孩子"骄""娇"二气很重,性格任性而脆弱。

3.教育方式简单粗暴,管理上过分严厉

部分家长严厉粗暴,不顾孩子的自尊,在孩子面前蛮横不讲理,经常要求孩子无条件地服从自己;有的甚至认为"黄金棍下出好人",信奉棍棒教育,对孩子动辄打骂、训斥、体罚;有的家长对孩子采取物质刺激的教育方式,事情做好了,成绩考好了,就以金钱等物质奖励孩子;家长与孩子缺乏交流,缺少对孩子的正确思想引导。长期这样,致使孩子变得胆小、退缩、冷漠、自负、蛮横,甚至具有敌意性和攻击性。

(六)无原则的教育方法

家长在实施教育的过程中对孩子过于民主,在教育管理过程中没有家长的坚持和原则。一是家长在要求孩子完成某件事情时,孩子提出一些无理条件,家长无原则地答应孩子。譬如,孩子提出:如果要我把这碗饭吃完,爷爷必须到门外去站着,等我吃完才进来。二是家长轻易改变自己的决定。譬如给孩子规定,看一集动画片就睡觉,而孩子看完后还要看一集,在孩子的软磨硬泡下,家长就答应了孩子的请求。三是用恳求、交易、贿赂、威胁的方法让孩子完成,如"你把玩具收拾了,妈妈给你买棒棒糖"。在家庭教育中,家长根据孩子的实际情况做出的决定一定要坚持,允许孩子发表自己的看法,但不可以讨价还价。对其不合理的要求,家长要以充分的理由拒绝。这样,一是家长增加了教育孩子的威信,二是让孩子学会遇事讲道理。

(七)家庭教育的不一致性

现代家庭中,父母、爷爷奶奶、外公外婆都是孩子的家长,他们在教育孩子的问题上,往往意见不一致。爷爷奶奶认为该这样,外公外婆认为该那样;父亲认为该这样,母亲认为该那样。孩子的父母与长辈的教育方式也不一致。在传统教育中,一个唱红脸,一个唱白脸的教育方法屡见不鲜。父母教育孩子时,长辈常来袒护孩子,比如父母说孩子"乱丢东西不对",强制要求孩子捡起来,孩子不捡,并且又哭又闹,这时长辈把孩子抱过去,哄孩子说"乖乖,别哭,我打爸爸(妈妈)"。这样教育孩子的结果是:其一,让父母教育孩子的效果大打折扣,其二,让孩子养成了投机的心理。

　　家庭教育的不良现象千奇百怪,这里举的只是最主要的。希望家长们加强学习,尽量避免这些不当的教育方式和方法。

五 家庭教育的首要任务和基本任务是什么

在不同的历史时期，家庭教育的主要任务各有不同，但就现阶段而言，它的主要任务是：在遵守国家法律法规的基础上，在国家教育方针的指导下，同学校教育、社会教育密切配合，全面关心子女健康成长，使之成为德智体美劳全面发展的社会主义建设者和接班人。具体来讲，应该包括以下几个主要方面：创造良好的环境和发挥家长良好的示范作用，让孩子树立正确的世界观、人生观、价值观和守法观念，保障孩子人格健康发展；从孩子幼年时候开始培养孩子做人、做事、学习、生存的基本能力，培养孩子良好的习惯和精神品质；等等。在这些主要任务中，培养良好的道德品质（做人的教育）又是首要任务，其他的如智体美劳的培养教育为基本任务。家庭教育应在抓住首要任务的基础上来完成基本任务。

（一）家庭教育的首要任务

如果要问家长家庭教育的首要任务是什么，不知有几人能够准确无误地回答出来。其实，这个问题早在几千年前就有了明确的答案。在《论语》中，教育学生的四门基本功课，分别是德行、言语、政事和文学。"德行"中的"德"是指人的品德；"行"就是指行动、实践。德行代表人的本性，具体体现在"孝悌忠信""礼义廉耻""仁爱和平"等方面。行，就是把人的天然品德在生活中用行动做出来。"言语"，指待人接物的能力，具体讲就是要做到父子有亲、长幼有序、夫妇有别、朋友有信、君臣有义。"政事",指生活工作的能力。"文学"指的是知识、才艺和技能等,就如现在中小学的语文、数学、物理、化学等学科知识,大学的外贸、金融、建筑等专业知识。"文学"教育,主要是孩子读书后由学校来完成,"德行""言语""政事"基本内容的教育应由"第一学校(家庭)""第一任老师(家长)"来奠基,然后与学校共同合作来完成。在孔门四科中,德行是最主要的,言语和政事也是最基础的必修课,德行、言语、政事科修不好,文学科就无从谈起。《弟子规》中说:"不力行,但学文,长浮华,成何人。"我们的现代教育,其中包括家庭教育,不少是颠倒了教育秩序或者说本末倒置的,如家长只注重孩子智力的开发、知识的积累,学校只强调考试分数,忽视良好的道德情操和行为习惯的养成。习近平总书记给我们指出了教育的根本(首要)任务和方向。习近平总书记于2016年12月12日在第一届全国文明家庭表彰大会上的讲话中指出:"家庭教育涉及很多方面,但最重要的是品德教育,是如何做人的教育。"

人们常说,家庭是孩子的第一所学校,父母是孩子的第一任老师。但家长们想一想,"第一所学校"的"第一任老师"的"首要任务"是什么?这是指导家庭教育工作的核心理念,这一理念不弄清楚,就会给家庭教育带来迷茫,将其引入邪路,给孩子、给家庭、给国家带来巨大的损失。从传统的教育观点到现代的教育理念,我们家庭教育的首要任务都应当是"教子做人"。2018年教师节,习近平总书记在全国教育大会上再次指出:要给孩子讲好"人生第一课"。总书记讲的"人生第一课",不是定量,而是定性,是"第一位的课""首要的课""最重要的课"的意思。这课不是一节两节就完了,而是贯穿人生始终的。总书记讲的"人生第一课",说的就是品德教育,即如何做人的教育。这就要求家长们给孩子把好人生的基础关,为孩子成人、成才奠好基。

做人的教育,就是塑造孩子的人格品质。什么是人格?所谓人格是指个体在对人、对事、对己等方面的社会适应中行为上的内部倾向性和心理特征。表现为能力、气质、性格、需要、动机、兴趣、理想、价值观和体质等方面的整合,是具有动力一致性和连续性的自我,是个体在社会化过程中形成的独特的身心组织。人格品质具有整体性、稳定性、独特性和社会性,也是人的基本特征。也就是说人格品质将形成于一个人的一生。从心理学角度来理解人格特征好像很深奥,我们从个体的人的角度来理解就容易得多了。

人不仅是一种物质存在,更是一种精神存在,而精神性是人生的本质。家长们在养育孩子的过程中,不单单要关心孩子身体的成长,更重要的是要关心孩子精神的成长。然而在现实的家庭教育中,多数家长只注重了孩子知识的学习,缺乏对生命的关怀,对精神的关怀。这就使家庭教育变成了单纯的技术行为。只关注"知识"的学习,是把孩子当作"工具"而不是当作"人"来培养。孩子从一个"人"变成了一种"工具",家庭教育中的诸多问题,也就由此而产生了。

家庭教育的首要任务不明确,导致了"家庭教育学校化""家庭教育功利化""家庭教育智育化(重智轻德)"格局。家长对"首要任务"的认识,实质上反映出家长的"人才观、成才观"。有的家长认为,只要孩子学习成绩好就是人才,就能成才,从而忽略了精神品质和习惯的培养,最终导致孩子高职低能、只知索取不知感恩回报、心理承受能力差、适应能力差、道德意志薄弱、缺乏爱心和同情心等。在家庭教育中,大多数家长把绝大多数时间和精力用在孩子的文化学习和智力开发上,而忽略了孩子最本质的德行和习惯等的培养,如人格的塑造、性格的养成、思维方法的训练、习惯的养成等。正如卢梭指出的,只有一门学科是必须教给孩子的:这门学科就是做人的天职。

为什么家庭教育必须抓住首要任务呢?这是由人本身的需要和家庭教育的优势所决定的。

人的一生中始终起主导作用的是人格修养。蔡元培指出,决定人一生的不是学习成绩,而是健全的人格修养。家庭教育是人生的起始教育和奠基教育,应当将人格教育、做人教育作为第一任务。在人生中,如何判断幸福、成功?怎样对待名利?如何面对挫折和困难?无不与人格修养密切相关。一个人缺乏人格教育,一生将是痛苦的,甚至是危险的。从历史到现实,有很多正反的事例可以证实这个问题。在现实生活中,有的孩子学习成绩很优秀,可以说是学习的佼佼者,但就是不知如何做人。具体表现在:心中只有自己,没有他人;承受能力差,遇到一点儿困难或不顺心的事就怨天尤人、自暴自弃,甚至轻生;只知索取,不知感恩;缺乏孝心、爱心、同情心、敬畏心;等等。表现不一而足。

案例一:
一位80岁老太太陈××从天津来到河北看望她亲自带大的在读的博士

生外孙,结果被外孙打得遍体鳞伤。其原因是,外孙45天没给在家里的妈妈打一个电话,也没有回家。外婆来到外孙住的公寓,问外孙为什么不给妈妈打个电话回去,要求外孙给妈妈打个电话,以免妈妈担心。在外婆的催逼下,心里不高兴的外孙就将养育自己长大的外婆痛打了一顿。这件事情,在一个正常人看来是多么的可笑,多么的不可理解,然而,就有人做得出来。

案例二:

马加爵,云南大学生化学院生物技术专业2000级学生,因连续杀害多人,2004年3月15日被公安部列为A级通缉犯;2004年6月17日被执行死刑。

一个家庭培养一个大学生,要耗费家长多少的钱财和心血,要耗费国家多少的资源。案例中的大学生,父辈祖辈养育了他,让他成了众人眼中的佼佼者,成了父母眼中的"人才",但结果是让人大失所望。案例中的二人,按说应该懂道德,知法度,具仁心,却成了冷血的人。从以上两个案例可以看出一点——他们缺乏起码的人性。养育子女出现以上现象和结果,岂不是家庭的悲哀,国家的悲哀?其实,这就是道德教育缺失造成的恶果——缺乏道德的教育导致了人没有人性。

为了避免类似情况发生,家长们教育孩子一定要把做人教育摆在首位。一个人有一个正确的人生观,才有一个有意义的人生,才会有所作为。据报道,杨振宁去美国学习物理,留学前其父请人给杨授课,没有请物理学家讲物理,而是请国学大师讲"孟子",讲授孟子的"天将降大任于是人也,必先苦其心志,劳其筋骨,饿其体肤,空乏其身,行拂乱其所为"精神。杨振宁的父亲给予杨振宁的精神支柱,使之后来成为诺贝尔奖获得者。华中理工大学原校长杨叔子院士要求其机械专业博士生背诵《道德经》,并将之作为毕业考试内容。杨院士说,不识道不足以成智者,不用道不足以驰骋人生。他说背诵《道德经》的目的:一是培养民族责任感,二是锻炼形象思维能力,三是学习如何做人。从正反的例子中可以看出教孩子如何做人是多么的重要。会做人,就应懂得忠、孝、礼、义、廉、耻,具有起码的爱心、同情心和怜悯心;懂得如何待人接物,具有较好的交往、沟通能力;懂得感恩和回报;懂得诚实守信;具有坚定不移的意志和信心,具有一颗强大的内心……这就是人们常说的情商。有研究认为,智商与情商的关系是:成功=20%智商+80%情商。

智商,决定人可以从事什么工作;情商,决定人在这个工作中能否成功。

在教孩子如何做人上,家庭能发挥天然优势和特殊作用。家庭的特点和优势是生活和教育合二为一,家庭中有比学校教育更多、更重要的生活细节,可以刻骨铭心。记得在20世纪60年代,我父亲从食堂拿回一个红薯,自己不吃,分给我们这些子女吃。后来才明白这是父亲的爱,是牺牲自我为他人,这让我们学到了关爱和感恩。生活中的细节、体验和感悟恰恰是塑造孩子个性、人格、文化品位和价值观念的关键因素。例如,一家人在一起吃饭,我们要求孩子:祖辈或者父辈未入座,不能先吃;有好的食物让长辈先吃;有好吃的东西要与他人分享;等等。这些生活小事,如果家长要求孩子做到并坚持下去,就会让孩子懂得孝道、尊敬长辈、知道礼仪。

儿童个性的形成始于家庭,其全面发展始于家庭。家庭教育对孩子身体、智力、个性的影响是根本性的。孩子在家庭中培养的习惯、性格、人性,将影响他们终身。

家庭培育的良好品格具有稳定性。家庭教育是在没有公共监督、没有他律的情况下实施的,由此养成的良好个性、人格品行和行为习惯,在任何环境、条件下都具有极强的稳定性。家长要发挥家庭在做人教育中的天然优势,寓教育于无形。例如,父母对祖辈无微不至的关心,老人对后辈的关爱,父母待人接物的方式与态度,父母坚忍不拔的意志和勤劳朴实精神等,都能对孩子的教育起到润物无声的作用。

目前青少年存在的主要问题概括起来主要有四个方面:信仰迷失,价值迷失,道德迷失,人性迷失。如果你问现在的青少年信仰什么,可能没有几个人能明确地答出来。现在,不少孩子认为读书是为了将来有能力多挣钱,不少孩子追捧挣大钱的明星和大款,对道德模范人物漠不关心。以上四个方面,如果按"严重性"排序,"人性迷失"则是最严重的、最具危害的。四者之间,人性迷失是根本,所以,人性的教育是最基本的教育。没有人性,谈什么价值观? 谈什么信仰和好的品德? 因为,善良的人性是做人的基本前提,所以,做人教育包括人品教育和人性教育,根基在于"人性的教育"。中国教育学会副会长傅国亮说,人性缺位的德育,就是缺少人性的德育。何为人性? 人性即人所具有的正常的情感和理性。人性中的真善美,需要激发、唤醒和培育。教育就是关注心灵发育成长,最根本的是把人的本性中美好的情感发育起来,培育孩子向善的人性。这就是习近平总书记在讲话中强调的:"要把美好的道德观念从小就传递给孩子","帮助他们形成美好心灵,促使他们健康成长"。总之,家庭教育的首要任务不是知识教育、文化教育,而是习近平总书记明确指出的品德教育,而品德教育要配合学校教育的正常进行。

(二)家庭教育的基本任务

家庭教育的基本任务和首要任务,二者之间是互相联系的,我们在实施家庭教育时不能把二者割裂开来。比如德行教育的内容很多都是行为习惯教育,很多行为习惯教育其实就是一种品质教育,例如家长对孩子进行劳动习惯的培养,其实也是对孩子勤劳品质的培养。所以,家长在对孩子进行教育时既要抓住首要任务,同时又不忘基本任务。

1.让孩子通过行为习惯的培养形成良好的人格

家庭教育的基本任务是什么？儿童教育专家孙云晓认为,儿童教育的根本任务就是通过培养良好习惯缔造健康人格。说得更具体、更实用一些,就是通过培养仁爱助人、主动学习、认真负责、自我管理和尊重他人这五个良好习惯,促进少年儿童健康人格指标的实现。当然,良好的习惯不仅仅是这五个方面,还有如卫生的习惯、锻炼的习惯、劳动的习惯、节约的习惯等。

2.注意孩子智力的开发和教育

家长们应该清楚知道,家庭的智力开发和教育不同于学校的教育,早期智力开发不是知识的教育,而且不同的年龄段其内容和任务也各不相同。在孩子入学前,特别是孩子三岁前,一是应该通过孩子的各种感觉,如视觉、听觉、触觉、味觉、嗅觉等来开发孩子的智力。以口头表达能力的训练为例,在训练孩子说话时,要注意孩子的发音清楚不清楚、准确不准确,孩子的舌头位置、口型对不对,然后要注意孩子的语言表达完整不完整,最后再注意孩子说话的逻辑顺序。二是不要对孩子限制太多,不要把孩子限制在狭小的范围内,应带孩子接触社会和大自然,开阔他们的视野,丰富他们的感性知识。最好的办法是带孩子多参加一些有意义的文化、体育活动。三是在日常生活中多带领孩子参加游戏活动,通过游戏活动发展儿童的观察力、注意力、想象力和创造力。四是给孩子提供纸、笔、卡片、图书等学习用品,让孩子通过涂鸦、看图画、唱儿歌、听故事,培养学习兴趣,激发对学习生活的向往。五是为孩子创造良好的学习环境和气氛。譬如:家中有书桌、书柜和书;有供学习的笔墨纸砚;家里布置得有书香氛围;父母爱学习,空余时间常带孩子到图书馆、文化馆、科技馆、博物馆、少年宫等具有文化气息的地方去接受文化的熏陶。这些可以激发孩子的学习欲望。目前百分之八十的家庭没有这种意识,一些家庭,房子大,装修高档,还有许多古玩字画,但就是没有书,没有文化气息。有的家庭虽然也有几部书,但都是精装、深奥的书,上面落满灰尘。

在孩子入学以后,家长应帮助孩子明确学习目的,调动孩子的学习积极性和主动性,培养孩子良好的学习习惯和学习能力,鼓励孩子独立思考、勇于克服学习中的困难,争取取得良好的学习成绩。对学习有困难的孩子,家长可以进行适当的辅导、帮助,但不可包办代替、越俎代庖。还应创造条件,支持孩子参加课外兴趣活动,扩大孩子的知识范围。

3.培养孩子的劳动观念

培养孩子的劳动观念,关键要在培养孩子动手能力和生存能力上下功夫。通过做日常生活小事,他们的动手能力得到增强,他们的劳动意识得到培养。但要根据孩子不同年龄段的特点,安排不同的家务劳动项目,如在孩子3岁左右要求其自己收拾自己的玩具,学习自己穿鞋袜、穿衣服等;在孩子4至6岁时,要求其尝试打扫卫生,帮助家长收拾碗筷、锅灶等;在孩子7至9岁时,要求其尝试煮简单的饭菜,帮助家长做一些体力活儿。总之要帮助孩子养成独立做事情的意识和习惯,提高他们的生活自理能力和动手能力,让其树立吃苦耐劳、不怕困难的精神;支持孩子参加社会公益劳动,培养助人为乐、无私奉献的精神和热爱劳动的品德。

家庭教育的基本任务,还包括纪律(法纪)教育、体美教育和性教育,这几类教育不少家长若不重视,弄不好会害了孩子,也违背了家长养育孩子的初衷。希望家长们不要轻视这几类教育,把家庭教育的基本任务完成好。总的来讲,家长首先要明确家庭教育的任务,其次是要努力去完成这个任务。当然,家长要完成这个任务不是一蹴而就的,应循序渐进,将其贯穿于家庭教育的始终;应根据不同时期、不同特点、不同对象,灵活安排。一般来说,孩子入学前,主要应让他们的身心得到健全的发育和发展,为接受学校教育打下良好的基础。子女入学后,家长则应积极配合学校教育,有针对性地、循序渐进地开展家庭教育,使孩子的品德、智力和健康正常发展,使其成为一个对家庭、对社会有贡献的人。

六 婴幼儿有哪些主要特征

婴幼儿是指儿童从零岁到六七岁这一时期,也指儿童正式进入学校以前的时期,所以又叫学前期。这个时期又大致可分为乳儿期(0至1岁),婴儿期(1至3岁),幼儿期(3至6岁左右)三个阶段。

(一)乳儿期的主要特征

1.初生到满月(0至1个月)

(1)惊人的本能生理——无条件反射。天生的本能表现为无条件反射,是不学而能的。如吸吮反射、眨眼反射、怀抱反射、抓握反射、惊跳反射等。

无条件反射是建立条件反射的基础。儿童的各种心理活动,即用以应答外界环境刺激的条件反射,是在无条件反射的基础上建立的。

(2)心理的发生——条件反射的出现。虽然婴儿出生时已有多种无条件反射,但是无条件反射对适应人间生活有很大的局限性。因为:第一,无条件反射的种类或数量毕竟很有限;第二,无条件反射只能对固定的刺激做出固定的反应,不足以应付外界变化多端的刺激。

条件反射的出现使儿童获得了维持生命、适应新生活需要的新机制。条件反射既是生理活动,又是心理活动。条件反射的出现,可以说是心理发生的标志。

儿童出生后不久,就能够建立条件反射。如妈妈每次给孩子喂奶,都是把他抱在怀里,经过多次强化,被抱起来喂奶的姿势,和吃奶时奶头在嘴里的无条件反射相结合,新生儿就形成了对吃奶姿势的条件反射。

由此可见,孩子从新生儿期开始,就在各种生活活动中学习、发展各种心理能力。正因为这样,从孩子出生起就要注意对他的教育。

(3)认识世界的开始——知觉发生和视觉、听觉的集中。儿童出生后就开始认识世界。最初对世界的认知活动,突出表现在知觉发生和视觉、听觉的集中上。如:孩子出生睁眼后,就喜欢看光亮,睡觉或玩耍时如果有与平时不同的声音突然出现,婴儿就会受到惊吓。

(4)人际交往的开端。孩子从出生时开始,就表现出和别人交往的需要,这是人类特有的需要。新生儿和别人的交往,是通过情绪和表情来实现的。如:孩子出生10至20天后,突然换一个人给孩子喂奶,这时孩子会频繁地看她的脸,甚至哭闹,不吃她的奶。由此可见,孩子是天生有情的。新生儿找不到母亲,会表现出强烈的失落感。因此,我们应从孩子小的时候就开始重视孩子和成人交往的需要,特别是与母亲交往。母亲在给孩子喂奶和陪伴孩子时,要多呼唤孩子的名字,多与孩子交谈。

2.满月到半岁(1至6个月)

从满月到半岁,称为婴儿早期。儿童心理发展依然非常迅速。如果说新生儿的发展是一天一个样,那么,从满月到半岁,可以说是一个月变一个样。

半岁前儿童心理的发展,突出表现在视觉和听觉的发展上。

(1)视觉和听觉迅速发展。满月以后,婴儿的眼睛更加灵活了。例如:他的视线可以追随着物体移动,而且会主动寻找视听的目标;会积极地用眼睛寻找成人,还会主动寻找成人手里摇动着的玩具。长到2至3个月以后,婴儿对声音的反应也比以前积极了。他听见说话声或铃声时,会用眼睛寻找声源。他也会凝神地倾听音乐等声音。

(2)手眼协调动作开始发生。手眼协调动作,是指眼睛的视线和手的动作能够配合,手的运动和眼球的运动协调一致,也就是能够抓住看见的东西。手眼协调动作的发生,对儿童心理发生发展有重要意义。它是婴儿用手的动作有目的地认识世界和摆弄物体的萌芽,是婴儿的手成为认识器官和劳动器官的开端。

（3）主动与人交往。婴儿早期的孩子,往往开始主动和别人交往,如看见人会主动发出"呜呜"的声音。这时就出现了最初的亲子游戏,亲子游戏可以满足婴儿的社会性交往需要。即使婴儿饿了、困了,亲子游戏也能够使他在短暂时间内停止哭闹。亲子游戏也可以通过不同渠道开发孩子的智力。

（4）开始认生。5至6个月大的孩子开始认生,也就是说,他对交往的人有所选择了。认生是儿童认知发展和社会性发展过程中的重要变化。

3.半岁到周岁（6至12个月）

（1）身体动作迅速发展。婴儿身体的粗大动作的发展,要经过一个比较长的过程。在出生后一年多的时间里,婴儿学会抬头、翻身、坐、爬、站、走等动作。在这一时期为婴儿准备一些适宜的玩具,对于促进他的动作发展有重要的作用。

（2）手的动作开始形成。掌握了坐和爬的动作,有利于手的动作的发展。从半岁到1岁,婴儿的手日益灵活,其中最重要的是,五指分工动作发展起来了。所谓五指分工,是指大拇指和其他四指的动作逐渐分开,而且活动时采取对立的方向,而不是五指一把抓。五指分工动作是和手眼协调动作同时发展的,是人类拿东西的典型动作。

（3）言语开始萌芽。满半岁以后,婴儿喜欢发出各种声音。这时的声音和以前不同,音节比较清楚。他可以发出许多重复的、连续的音节,如"爸爸""妈妈"等。

出生9至10个月以后,婴儿能够听懂一些词,并按成人说的那样去做一些动作,如成人说"欢迎",婴儿会拍拍手;成人说"再见",婴儿会摇摇小手。婴儿开始主动发出不同的声音,来表示不同的意思。

（4）依恋关系发展。许多事例说明,出生满6个月之前,孩子离开亲人,焦虑较少,而将近1岁时离开亲人,孩子的分离焦虑就相当明显。分离焦虑,即亲人离去后孩子长时间哭闹,情绪不安,是依恋关系遇到障碍的表现。

（5）有了简单的记忆。婴儿出生不久就有记忆,只不过那只是机械记忆,如前面举的喂奶的例子。但随着孩子的成长,这种机械记忆逐步转换成有意识的记忆。如孩子喜欢看灯光,七八个月大时,家长抱着孩子,指着灯的开关说"亮了！"并立即打开灯,接着又说"熄了！"并立即关掉灯。孩子会随着话语和动作,产生相应的记忆。这样反复教几次后,再隔两三天,家长再把孩子抱到灯的开关处,他就会去寻找这个开关,用小手去按这个开关,并抬头去望灯。

(二)婴儿期的主要特征

1.学会直立行走

孩子1至2岁时,学会了直立行走,但独立行走还不太行。因为,这时孩子的骨骼和肌肉还不够强壮,脊柱的弯曲没有完全成形,身体动作的协调性还不够,走起路来有些头重脚轻。

2.使用工具

1岁以后,孩子逐渐能够准确地拿各种东西。1岁半左右的孩子,已从过去拿着东西只会敲敲打打、单纯摆弄,发展到根据物体的特性来使用它。这就是把物体当作工具来使用的开端。2岁半以后,孩子能够自己用小毛巾洗脸,拿起笔来画画。2至3岁的儿童能够学会各种动作,不仅能使双手协调,而且能使全身和四肢的动作协调起来。

3.言语和思维开始形成

人类言语的形成,0至3岁,尤以1至3岁的时期最为重要。错过了这段时间,将对儿童口语发展产生极大的不利影响。1岁前只是言语发生的准备阶段。1岁到1岁半是理解语言阶段。1岁半以后,孩子有一个突然开口说话的时期,一下子说得很多,说得很好。2岁左右的孩子,虽然不太能说出完整的句子,但总是喜欢叽叽咕咕地说话,更喜欢模仿大人说话,与人争辩,并能用语言与人交流。3岁以后,孩子基本能够用语言向别人表达自己的思想和要求。2至3岁是孩子语言发展的关键期。

人类的思维也是在这个时期出现的。这时孩子有了最初的概括和推理思维。比如,能够把性别不同、年龄不同的人加以分类,主动叫"爷爷""奶奶"或"哥哥""姐姐"。与此同时,想象思维也开始发生。2至3岁的孩子,已经能够拿着物体进行想象性活动,出现游戏的萌芽。比如:拿着一块长方形的小积木,他会放在头上擦,想象着自己是在用梳子梳头;用几块小积木搭桥、叠高高等。

4. 出现最初的独立性

孩子1岁以后,就不像1岁前那么顺从了。特别是2至3岁时,他有了自己的主意,往往"不听话"了。比如,1岁多的孩子,走路还摇摇晃晃的,却还是要到处走,到处钻,见到东西就扯,见到小洞就抠。2岁左右的孩子,走到街上,不愿总是让妈妈领着走,要自己跑跑跳跳,时而蹲下捡块小石子当"手榴弹",时而捡根小树枝当"枪"使。这是孩子出现独立性的表现,独立性的出现是幼儿开始产生自我意识的明显表现。

(三)幼儿期的主要特征

1. 3至4岁

(1)行为具有强烈的情绪性。到了3至4岁,孩子该上幼儿园了,这时的孩子行动常常受情绪支配,而不受理智支配,情绪性强。突出表现是高兴时听话,不高兴时说什么也不听。如喜欢哪位老师,就特别听那位老师的话。还有就是情绪不稳定,很容易受外界环境的影响。如看见别的孩子哭了,自己也莫名其妙地哭起来,老师拿来新玩具,马上又破涕为笑。

(2)独立性差,爱模仿。3至4岁的孩子独立性差,行为上爱模仿别人。突出表现是:看见别人玩什么,自己也玩什么;看见别人有什么,自己就想要什么;爱模仿别人,老师、父母常常是孩子模仿的对象。

(3)思维仍带有直觉行动性。思维依靠动作进行,是幼儿的典型特点。例如小班的幼儿仍然保留着这个特点。让他们说出某一小堆糖具体有几块糖,他们得用手一块一块地数才能弄明白,他们不会像大些孩子那样在心里默数。由于他们的思维还要依靠动作进行,因此他们不会计划自己的行动,只能是先做后想,或者边做边想。比如,在捏橡皮泥之前往往说不出自己要捏成什么,而常常是在捏好之后才突然发现捏得像什么。在认识方面,这时的孩子有了颜色的分类概念,能分辨一些物体的形状,有简单的空间和时间的知觉。

2. 4至5岁

(1)爱玩、会玩,注意力有所增强。3岁左右的儿童虽然爱玩却不大会玩,注意力能集中3到5分钟。5岁左右的儿童爱玩,也会玩,但由于学习兴趣日益增加,游戏的时间就相对少了一些。4岁左右是典型的游戏年龄阶段,是玩角色游戏的高峰期,儿童能设计游戏的内容和情节,会自己安排角色。怎么玩,有什么规则,不遵守规则应怎么处理,这些问题儿童自己基本能商量解决,但游戏过程中产生的矛盾还需要成人帮助解决。儿童注意力集中,能达到10分钟左右。

(2)思维依靠具体形象作为支撑。4岁左右幼儿的思维可以说是典型的幼儿思维,他们较少依靠行动来思考,但是思维过程还必须依靠实物的形象作为支柱。譬如,他知道了4个梨加2个梨是6个梨,也能算出6粒糖给了弟弟3粒还剩3粒,但还不理解"4加2等于几? 6减3等于几?"的抽象含义。

3. 5至6岁

(1)好学、好问,有强烈的求知欲和认识兴趣,喜欢探索。好奇是幼儿的共同特点,但6岁左右儿童的好奇与4至5岁儿童的好奇有所不同。4至5岁儿童的好奇心较多表现在对事物表面的兴趣上。他们向成人提出的问题多半停留在"这是什么""那是什么"上。6岁左右的儿童不同,他们不光问"是什么",还要问"为什么"。

(2)抽象概括能力开始发展。6岁左右儿童的思维仍然是具体形象的,但已有了抽象概括能力的萌芽。例如,他们已开始掌握一些比较抽象的概念(如左右概念);能对熟悉的物体进行简单的分类(白菜、土豆、茄子都是蔬菜,苹果、梨、葡萄都是水果);也能初步理解事物的因果关系(针是铁做的,所以沉到水底下了;火柴棒是木头做的,所以能浮上来)。

(3)个性初具雏形。6岁左右的儿童初步形成了比较稳定的心理特征。他们开始能够控制自己,做事也不再"随波逐流",显得比较有"主见"。对人、对己、对事开始有了相对稳定的态度和行为方式。有的热情大方,有的胆小害羞,有的活泼,有的文静,有的自尊心很强,有的责任感很强,有的爱好唱歌跳舞,有的喜欢绘画……

对于幼儿最初的个性特征,家长应当给予充分的注意。家长应针对孩子的个性特点进行教育,使儿童全面、健康地发展。

七 小学孩子有哪些主要特征

身体的发展是儿童心理发展的物质基础,小学孩子身体的健康发展能为他们从事学校学习活动提供支持,而高级神经系统特别是大脑的发育是他们心理发展的前提和重要基础。作为家庭教育者,只有在了解小学时期孩子心理发展的一般特点的基础上,才能针对孩子的个性特点展开针对性教育。

(一)小学孩子身体发育的特点

小学孩子的身体发育在人一生的发育中处于一个相对平稳的状态。他们的身高平均每年增长4至5厘米,体重平均每年增长2.0至2.5千克。同幼儿相比,小学孩子的骨骼更加坚固,但在发育过程中易弯曲、变形,因此应注意孩子的坐、站、走的姿势。

与成人相比,小学孩子的骨骼支撑力和坚固性较差,容易脱臼和扭伤,因此不宜让孩子负重和做猛烈的拖拉运动。儿童的腕骨骨化过程较慢,到13岁左右才能完成,所以不宜让小学低年级的孩子进行较长时间的书写。但现实生活中,小学孩子课后作业繁多,加上有的家长连周末都给孩子报了辅导班,孩子回到家里长时间做作业,周末也得不到休息,这将严重影响孩子的身心发展。

小学孩子的大肌肉群比小肌肉群发育得早,所以小学孩子喜欢做"粗手大脚"的活动,不喜欢做细致的活动。肌肉中含的水分较多,肌梭细长柔软,因此小学孩子缺乏耐力,容易疲劳。家长要保护好孩子,避免孩子从事过多的力量型和耐力型的活动。

小学孩子新陈代谢快,需要的血液循环量大,心脏每搏输出量比成人少,因而心脏搏动必须加快速度。家长应根据这一特点,安排孩子的学习和活动,不要让孩子过度疲劳,以免造成心肌劳损。

(二)小学孩子大脑结构的发展特点

什么是大脑结构,简而言之就是指左右大脑半球,指中枢神经系统的高级部分。小学孩子大脑结构发展表现在大脑重量的增加与额叶的显著增大。

7岁孩子大脑的平均重量为1280克,约为成人平均大脑重量的90%;9岁孩子的大脑重量平均为1350克,已接近成人;12岁孩子的平均大脑重量为1400克,与成人相差无几。大脑重量的增加,意味着脑神经系统的增大,还意味着神经纤维的增长,分支增多,突触联系增多。这一切有助于复杂神经联系的形成。在学前期(6至7岁),孩子神经纤维的髓鞘化已基本完成。到小学,孩子大脑的神经纤维的髓鞘化就完全完成了。这就使得神经传导更加迅速而准确。

小学孩子大脑各部分面积都在增长,尤以额叶面积的增长最为显著。大脑额叶具有调节和控制心理并使其有目的有计划地发展的功能,这为孩子智力活动的发展以及良好品德、习惯的养成提供了物质保证。

(三)小学孩子大脑机能的发展

小学孩子大脑机能的发展主要表现在高级神经活动的基本过程和抑制过程的机能进一步增强。

1. 兴奋过程机能增强

兴奋过程机能增强主要表现在24小时内觉醒时间加长。7岁左右的孩子能维持觉醒状态的时间大约是13小时,10岁左右的孩子的觉醒时间大约是14小时,12岁左右的孩子的觉醒时间大约是14至15小时。觉醒时间的延长,意味着孩子与外界交往的时间增多。

2. 皮质抑制机能增强

皮质抑制机能增强表现在利用言语进行抑制的机能随着年龄的增长而增强。小学阶段的孩子在教育的影响下已经能通过言语更细致地分析外界事物,更能调节控制自己的行动和抑制一些不该做的小动作。但是,他们此时的控制力还不算强。

3. 条件反射水平明显提高

由于兴奋和抑制机能的发展,小学孩子的条件反射水平明显提高,主要表现在:孩子的行为比学前时期更敏捷、更准确,习惯性行为更稳定持久。

4. 心理稳定性有了进一步的发展

由于大脑皮质抑制机能的发展,小学儿童心理的稳定性有了进一步的发展,主要表现为:幼儿时期的喜怒无常、行为反复的现象越来越少,但他们还不能辨别事物的微小区别,还不能准确、精细地判断出事情的不良后果。因此,在孩子的知识学习、品德教育方面,家长要根据孩子的接受能力提出恰当的要求。

大脑机能的发展还表现在以下两个方面:

其一,由于小学孩子第二信号系统的进一步发展,他们能够逐步形成具有抽象性和概括性的联系并掌握抽象的概念。

其二,孩子心理过程的目的性和行为自觉性进一步加强,这为他们掌握道德准则、实施道德行为打下了基础。

(四)小学孩子注意力发展的特点

进入小学,学习生活对孩子提出了新的要求。例如要求孩子专心听讲,课堂上不搞小动作,回家用心复习功课等。但往往事与愿违,不少家长常常为孩子注意力不集中而苦恼。其实,家长不必盲目地埋怨或指责孩子,因为这是由孩子的注意力发展特点所决定的。家长在实施家庭教育的过程中,应了解孩子注意力发展特点,根据其特点施教,既严格要求又不操之过急,逐步引导和训练孩子。

1.小学孩子注意力不稳定、不持久,与兴趣水平密切相关

小学低年级的孩子多是无意注意,突出表现是:注意力带有明显的感情色彩,面对有趣的、生动的、自己爱好的,注意力较集中,反之则厌烦、分心或者偷偷搞小动作。随着年龄的增长,在家长、教师的教育和引导下,孩子的无意注意才逐步转到有意注意上来。7岁左右的孩子可持续集中注意力10至15分钟,10岁左右的孩子可持续集中注意力25至30分钟。

2.小学孩子注意的范围不大,不善于分配自己的注意力

小学孩子在学习和观察的过程中,往往注意了这个就丢了那个,三个数连加往往看不过来,边听、边看、边写较困难,等等。家长遇到以上类似情况,不要以为是孩子注意力出现了问题,这其实是小学孩子注意力发展特点所决定的。所以,家长不要埋怨、指责孩子,随着年龄的增长,他们的注意力就会增强。

(五)小学孩子认识发展的特点

小学孩子的认识能力发展表现在感知、记忆、思维和想象等心理机能的发展变化上,它具有如下特点:

其一,小学孩子在认识上还不能自觉调节、支配自己的感知与观察,无意性、情绪性比较明显,对事物的感知往往是笼统、不精确的整体感知,忽略比较精细的分析。如声母p与q、偏旁"礻"与"衤"常常混同。

其二,记忆的特点从无意记忆向有意记忆发展,记忆的内容仍是以具体的形象记忆为主,记忆的方法从机械记忆向意义记忆发展。

其三,想象的特点是有意想象迅速发展。想象中的创造成分逐步增多,想象的现实性逐步发展。

其四,思维的特点是从以具体形象的思维为主导向以抽象思维为主要形式过渡,这一阶段的抽象思维仍具有较大的具体形象性。

(六)小学孩子情感发展的特点

其一,小学孩子的情感内容不断丰富。孩子经过学前教育,跨入学校,成了一名真正的学生。"学生"这一称谓会引起孩子自豪、自尊、自信的情感体验;学习新的知识、新的技能将进一步激发他们的好奇心和求知欲;语文、思想品德、历史、地理等知识内容会激发孩子们的爱国主义情感;音乐、美术则会激发孩子们美的情感;集体活动、集体生活增强了孩子们的友谊感、集体主义感和社会责任感。

其二,"初入学"带来的不适应以及学习与活动中受挫,又可能使他们产生沮丧的情感体验。

其三,随着入学时间的增长,孩子们的情感更加稳定,并能逐步自觉调控自己的情感。小学中高年级的孩子能根据学校纪律的要求来约束自己的情绪,能牺牲自己的利益来维护集体荣誉。

其四,随着认识能力的提高,小学中高年级的孩子的情感更深刻,感情指向较远大的目标。他们会因学习的成功而感到自豪,也会因成绩不佳而感到难堪。在道德方面,他们能逐步根据道德原则对别人的行为进行评价。

(七)小学孩子意志发展的特点

意志是心理学中的一个概念,是指一个人自觉地确定目的,并根据目的来支配、调节自己的行动,克服各种困难,从而实现目标的本质。小学孩子的主要活动从幼儿游戏转到学校正规的学习和活动,这就要求孩子比以前更有约束性、严格性。孩子的意志就是在这种约束性、严格性的要求下逐步发展起来的。具体表现在自觉性、独立性、果断性、自制力和坚持性的发展变化上。

其一,小学孩子的自觉性、独立性都比较差,特别是小学低年级的孩子。他们常常要依靠教师和家长的指导、暗示、督促、检查来完成作业和遵守纪律。经过教育培养,他们的自觉性、独立性逐步发展。到了小学高年级,他们能逐步独立、自觉地提出比较远大的、抽象的、有社会意义的动机。

其二,认识能力低,遇事不善于理智思考,行动常受外界因素或个人情绪影响,意志的果断性差。

其三,自制力不强。孩子精力过于旺盛,常常做些"不听话"的事出来。但随着年龄的增长,在学校集体制度和组织纪律的约束下,自制力会逐步提高。所以,对小学阶段的孩子,家长不能提出过高的要求。

其四,坚持性差。在小学低年级阶段,孩子的读、写、练习等都是在老师、家长的督促下完成的,他们的坚持性也是在这一过程中逐步发展起来的。随着年龄的增长,在家长、老师的督促下,孩子们的坚持性会逐步提高,能逐渐依靠内心的自觉性去克服困难,完成自己应该做的事。

根据以上特点,家长们应注意以下几个问题。

第一,注意孩子良好学习习惯的养成。孩子从幼儿园进入小学,学习方式和内容等方面都与幼儿园时期有了质的不同。例如:幼儿园学习以开展活动(游戏)为主,进入小学后则主要是以课堂学习为主;幼儿园时期没有作业,进入小学后就有了作业,这就要求家长一开始就对孩子做作业、学习等方面提出严格要求,让孩子养成预习的习惯、先做作业后玩的习惯、上课认真听讲的习惯、做作业不拖拉的习惯等。

第二,对孩子要多督促检查并坚持下去,直到习惯养成。习惯的养成需要时间,一般来讲,至少需要一至两个月。所以,家长要有耐心和恒心,要逐步提高孩子的自觉性和独立性。

第三,在给孩子提出要求时,不要脱离实际,特别是孩子成绩不好时,不要随意指责或不信任孩子,以免挫伤孩子的积极性,刺伤孩子的自尊心。

(八)小学孩子个性发展的特点

个性是指一个人在实践活动中经常表现出来的比较固定的区别于他人的个性心理特征的总和。个性特征集中表现在能力与性格上。孩子入学后,随着学习活动的持续开展,一些个性特征就逐渐显现出来。它不仅表现在一般能力方面,还表现在特殊能力上;既表现在孩子发展水平的高低上,也表现在能力出现的早晚差异上。当然,孩子能力的差异是与兴趣的分化相联系的。孩子的兴趣、爱好不同,能力的方向就不同。这种差异就形成了孩子的个性特征。但就总体而言,他们有以下几个普遍个性特征。

其一,小学低年级孩子的独立活动能力差,小学中高年级的孩子独立学习和生活能力初步发展,有的表现出一定的创造能力。

其二,小学低年级孩子集体意识不强,小学中高年级的孩子集体荣誉感、责任感进一步发展,有的还扩大到关心年级、关心学校、关心祖国。

其三,小学低年级孩子学习责任心不强,往往凭好奇心做事,学习也不够刻苦,到了中高年级后,学习责任心明显增强。

其四,小学低年级孩子的自我意识正在发展中,他们对自己、对别人的评价往往以老师的评价为依据,到了中高年级,孩子开始能够对别人做出独立的评价,且能把自己的行为和别人的行为加以对照,进行自我评价。但应注意,这种自我评价还不够准确,容易走极端,易片面化。

小学孩子的个性特征处于未定型阶段,可塑性很大。家长对此应有充分的认识,要善于发现孩子个性特征中消极的东西,通过教育加以改正。

(九)小学孩子社会性的发展

儿童入学以后,社会关系发生了重要变化,与教师和同学在一起的时间越来越长,在与教师和同学的相处中,儿童学习与人相处、与人合作及与人竞争的一些基本技能技巧。师生关系和同伴关系对儿童适应学校有重要影响。这些关系的质量既影响到儿童对学习的兴趣,对班级、学校的归属感,也影响到其情绪、情感的发展。小学阶段也是个体自我概念逐渐形成的一个重要时期。儿童学业成败、社会技能,以及来自教师及同伴的社会支持对其形成自信或自卑的个性品质有很大的影响。小学孩子社会性的发展表现在以下几个方面。

其一,学习代替了"游戏",孩子逐步实现了与学习生活相适应的角色意识转换,逐步掌握了一些集体生活、社会生活的行为规范,约束力逐步增强。

其二,孩子从情感上的"以自我为中心"中逐步走出来。现在的孩子大多是独生子女,一是没有与兄弟姐妹共同生活的经验;二是城市生活节奏快、居民独门独户生活的习惯,使孩子很少与别的孩子交流;三是个别家长对子女的过分溺爱,使孩子形成了以自我为中心的心理。孩子入学后,根据其情感发展特点,家长应创造条件,让孩子与同学、朋友多交流,鼓励他们多参加集体活动,让孩子逐步从"以自我为中心"的不良心理中走出来。

其三,初入学的孩子应对挫折的能力差,有的不能适应"角色"的变化。孩子到了学校,活动范围扩大了,人际关系比以往复杂了,扮演的"角色"多了。有的孩子能意识到亲情关系、师生关系、同学关系的不同,能区别家庭与学校的不同从而采取与之相适应的态度和方式,有的则不能。家长应让孩子明白学校与家庭的不同,帮助孩子逐步了解自己,了解别人,迅速适应这种变化,促进孩子社会化的进程。

八　初中孩子有哪些主要特征

初中时期是孩子的身体从未成熟向成熟发展，从未定型向定型发展的变化时期。这一时期的孩子有着生理、心理急剧变化的特点：他们的身高、胸围等身体形态都在加速变化，身体机能和素质也显著增强，第二特征出现，性意识开始觉醒……这一时期的孩子变化之大，矛盾之多，是人生其他时期不可比拟的。这个时期的孩子可塑性很大，处在人生旅途中的关键道口。这一时期既是孩子学习的"黄金"时期，是人生发展的重要年龄阶段，也是科学世界观形成的初始时期，是孩子容易误入歧途的紧要关口。孩子进入初中后，便同时进入了人生的青春期，随着身体的发育及心理的发展，他们面临着人格再造的"第二个高峰"。错综复杂的矛盾和激烈震荡的内心世界，使他们产生了诸多不同于以往的显著特点。因此，抓好初中孩子的家庭教育，对促进孩子的健康成长意义重大。

（一）身体发育进入第二高峰时期

人的发育生长有两个高峰期，第一高峰期是从胚胎到二周岁，第二高峰期是十一二岁到十三四岁（发育第二高峰期的时间不一致，有的早，有的晚，一般女孩在十一二岁，男孩在十二三岁，并且这也与孩子成长的环境有关），这个年龄段正是初中阶段。这一阶段的孩子身高每年以6至10厘米的速度增长，体重以每年3至4千克的速度增加，但体重的增加速度往往不如身高快,所以初中孩子常见的形体是瘦长的。这一时期,孩子的骨骼快速发育,肌肉力量加强,但骨骼化尚未完成,肌纤维还较细,所以孩子耐力较差但活动范围广,活动量增大,这就使机体各部之间出现了暂时的不平衡,使孩子的动作表现得不协调、不够灵活。而这个阶段恰恰是孩子掌握各种复杂动作的最佳时期,因此在这一时期应注意给孩子提供营养丰富的食物,应注意培养孩子必要的动作素质。在血管系统发育方面,这一时期的孩子心血管系统发育快,但与心脏的发育不同步,使得心跳加快,血压比成人高。因此,在这个阶段让孩子进行体育锻炼和劳动,要控制运动量和强度,以免造成心血管机能障碍或心力衰竭。

(二)脑结构和机能的发展

初中孩子的大脑的形态和结构发育已基本成熟,神经纤维的髓鞘化、神经纤维的增长和分支也接近完成。脑皮质机能的发展达到一定水平,表现为:高级神经活动过程中兴奋与抑制的转换较快,兴奋过程较长,抑制力也有所发展。这一时期孩子脑的发展重点已从形态和结构转移到机能方面,也就是说,初中孩子的中枢神经系统已有足够的能力去接受、贮存信息,去探索、解决一些难度较大的问题。鉴于以上因素,初中阶段的孩子应注意以下几个方面的问题。

第一,不能仍像小学生那样放松用脑,应高标准地训练用脑,促进脑机能向更高水平发展。为什么有的初中孩子的学习跟不上,并不是他们的大脑结构和形态的问题,而是信息的输入方式和输入量的问题,也就是脑中贮存的信息太少和不能合理利用信息的问题。

第二,要注意脑的营养供给,主要是蛋白质的供给。如果蛋白质的供给不足,会导致脑细胞发育不良。

第三,要合理用脑,保证脑子有足够的休息时间(有足够的睡眠时间——八九小时)。

第四,在紧张的学习活动中要穿插体育锻炼、散步等活动,使头脑保持清醒。

第五,要注意多呼吸新鲜空气,使大脑有充足的氧。

(三)初中孩子自我意识的特点

所谓自我意识,是指个体对自己的认识和态度,对自己与周围人之间的关系的认识和态度。通过实践活动,人们不仅能认识客观事物,也能认识自己,认识自己和客观世界的关系。升入初中后,多数孩子脱离父母,在学校寄宿,加之生理发育的变化,逐渐脱离孩提时期的幼稚气,感觉自己长大成人了。具体表现在如下几个方面。

第一,从初中开始,慢慢能够自觉地认识自己和评价别人,能较好地、独立地支配和调节自己的情绪和行为。在评价别人时,具有较大的独立性,评价内容也较丰富和具体。但由于初中孩子思维和情绪发展的局限,其评价还不够全面、客观,往往简单、片面,常常顾此失彼。

第二,初中阶段的大多数孩子自我批评、自我教育的能力正在发展,但不稳定。多数孩子总认为自己的行为和想法是对的,对自身的缺点缺乏自觉、坚决改正的决心,往往表现出言行的脱节。

第三,"成人"意识明显,自我意识增强。进入初中后,总认为自己已长大成人,试图摆脱父母和教师的管束,自行其是。他们要求家长的平等对待,尤其要求父母和教师理解他们,具有较强的自尊自信的独立人格。他们开始渴求自治,希望独立决定自己的事情,期望自己提出的观点和建议能够得到别人的承认和尊重。但由于缺乏社会经验和受到生理发育的限制,无法完成成人的一些活动,他们可能表现出胆怯与勇敢的矛盾心理。为了消除这种矛盾冲突或求得心理上的平衡,他们常常以沉默、负气、反其道行之的行为方式对抗父母或老师,以显示自己不再是儿童。

有的孩子进入初中后,渐渐变得不听父母的话了,有时甚至与父母对着干,很多家长不知道为什么,也因此而苦恼。其实,家长对此不必紧张和烦恼,要知道,这些都是孩子的年龄特征所决定的。作为家长,必须恰如其分地对孩子进行评价和批评,做到既尊重孩子,又耐心、严格地要求他们、监督他们;要有意识地培养他们的自制能力,组织他们参加各种成人活动,利用他们的"成人感"来激发他们的求知欲。正确引导和保护孩子健康的自我意识发展,有助于促使孩子积极向上,独立成才。

(四)初中孩子思维的特点

总的来讲,初中孩子思维活跃,才思敏捷,具有发展性的联想、推理、抽象、创造性思维等,思维能力向纵向和横向发展。他们兴趣广泛、思想活跃、敏感,与成人相比保守性较少。他们喜欢进行奇特的幻想,善于接受新事物且反应迅速。故该时期是孩子学习知识技能、接受新事物、从事脑力活动的人生的"黄金时期"。具体来讲,初中孩子的各种思维发展水平随年龄的变化而有所不同。初一的孩子抽象逻辑思维开始占优势,但具体形象成分仍起重要作用。到了初二,思维发生质变,逻辑思维从经验型逐步向理论型发展。形式逻辑思维逐渐趋于成熟,辩证逻辑思维开始发展,但在初中阶段达不到成熟水平。在对概念的掌握上,初一孩子掌握概念的水平处在功用性或具体形象的描述向接近本质的定义或具体解释转化的过程中。他们掌握抽象的概念较困难,掌握复杂的抽象概念更难,如社会意识形态概念、哲学概念、科学概念等。初二以后的学生能够掌握一些抽象概念的本质属性,并能逐步分出主次特征。初中孩子思维的独立性和批判性有一定的发展,他们能用批判的眼光看待周围的一切,并有自己独立的评价标准,但由于辩证逻辑思维的发展并不成熟和经验不足,他们对事物缺乏鉴别能力,遇事易偏激;学习、做事从兴趣出发,缺乏耐心和恒心,经常转变学习目标和人生看法。总之,他们的思维模式尚未定型。

在男女生思维发展上,两者发展水平大体是一致的,但在思维发展的不同侧面又各具特色。男生演绎推理的能力略高于女生,女生运用逻辑法则的能力又略高于男生。

(五)初中孩子情绪、情感的特点

其一,情感丰富、强烈,但较肤浅,不成熟、不稳定。初中孩子处在个体发育的第二高峰期,身高、体重猛增,神经系统发育成熟;中枢神经系统控制调节机能有所增强,但不及成人;内分泌系统逐渐发育成熟,特别是性腺的发育和性成熟方面得到进一步增强。这些生理特征,对他们情绪和情感的发展有重大影响。从强度上看,初中孩子感情表现强烈,常为一点儿小事而激动、振奋或愤怒、生气、大吵大闹,因此容易产生冲动和鲁莽的行为。初中孩子的情绪和情感内容日渐丰富,兴趣爱好极其广泛。由于活动的扩展,交往的增多,他们要经历生活、学习、交往等方面的成功与失败所产生的快乐与苦恼、兴奋与沮丧的感情体验。在这些体验中,他们的友谊感、集体荣誉感、道德感等高级情感也得到发展,但这些高级情感还不够成熟和稳定。从情绪反应的类型上看,初中孩子的情绪、情感的反应逐渐由外向型转向内倾型。他们逐步脱离儿童时期的幼稚型情感,逐渐从低级、单纯、天真情感向高级社会性情感发展。他们比儿童更善于掩饰自己的真实情感。从感情持续的时间上看,初中孩子情绪、情感持续的时间比之前长,若受到批评和挫折,可以一整天或数日闷闷不乐。

其二,性意识萌芽,性发育早熟化。由于神经系统的发展已经完成,初中孩子脑的机能活动达到一定水平,性腺分泌的性激素增加,身高体重陡然增加,生殖器官开始迅速成长发育,并出现第二性特征。女孩13岁左右子宫发育达到成人水平,出现月经初潮,盆骨逐渐长宽,臀部逐渐变大,乳房突起。男孩14岁左右睾丸显著增大,喉结突起,声音变粗,开始长胡须。这一切都表明初中孩子已开始步入人生成长的重要时期——青春期。另外,由于各种添加剂和带激素食品的摄入以及生活水平的提高,孩子性早熟现象已较明显。随着青春期的生理变化,青少年在性心理上也会产生特殊的体验和感受。由于性意识的产生,他们一方面对性的问题感到敏感、好奇,另一方面对异性又产生了倾慕之心和追求之意。他们开始产生怀春心理,注意和喜欢接近异性,有较强的性意识和性冲动。但由于性科学知识、性道德观念的缺乏以及性道德意志的薄弱,初中生很容易产生各种性生理和性道德的问题。如果教育引导不当,就可能导致孩子人格病态甚至进行性犯罪。所以,家长应在这个阶段加强性教育和法律常识的教育。

作为家长,要注意孩子在初中阶段的情绪变化和身体变化,要仔细观察,深入分析,找准原因,循循诱导,及时解开孩子心里的疙瘩,让孩子走出心理的盲区。既要珍惜孩子的热情,帮助他们养成善于调节自己情绪的习惯,提高他们调节自己情绪的能力,又要引导他们对追求目标形成正确认识,踏踏实实地从平凡的工作做起,逐渐培养起稳定的社会责任感、道德感、理智感,以促进孩子的情绪、情感健康发展。

(六)初中孩子记忆的特点

到初中时期,孩子的记忆能力已发展成熟,达到记忆力的最佳状态,进入记忆的高峰期。从记忆的目的性来看,初一孩子的无意识记忆表现还很明显,对有兴趣的材料记得较好,而对其他材料记起来较困难,效果较差。初二以后,他们逐步学会使自己的记忆服从于识记的任务和材料的性质,因此有意识记忆慢慢占据支配地位。从记忆的方法来看,在理解基础上的意义记忆进一步发展,因为初二的学习对孩子的意义记忆提出了更高的要求,例如要求他们对材料进行逻辑加工,把课文按意义分段并进行综合概括,以确定课文各部分之间的逻辑联系。因此,孩子在小学和初一阶段习惯了的机械记忆就逐步向意义记忆转化。从记忆的类型来看,听觉记忆和视觉记忆在初中阶段的发展都相当快,并且视觉记忆能力的发展超过听觉记忆,这种差异随着年龄的增加而扩大。从记忆的内容来看,由于抽象逻辑思维的发展,孩子抽象记忆能力的发展也较快,他们能用抽象的原理、公式来理解具体的事物,这表明他们的认识能力向理性水平迈进了新的一步。

(七)初中孩子意志的特点

其一,到了初中,孩子的意志有所发展,小学时期的盲动、不稳定、动机简单的特点有所减弱。孩子在各种活动中表现出来的主动性、积极性和坚持性都有所增加,并有一定的自制力。意志行动的目的性随年龄的增加而增强,孩子能有意识地让自己的行动服从于一定的目标,但他们的自控能力还较弱,情感变化大,个性不稳定,易冲动,也就是说,初中孩子的自制力发展还只处于初级阶段。

其二,情绪变化大,意志薄弱,易受暗示和诱导,有时表现得非常莽撞。当学习中遇到困难,生活中受到挫折时,他们就表现出悲观、失望,甚至退缩,意志崩溃;当遇到打架等违背纪律,甚至违反法律的事时,经不起别人的挑唆、怂恿;有的孩子在学校或家庭中与人发生冲突后,因一点儿小事就离家出走,甚至寻短见。以上是初中孩子普遍的心理特征。

由于年龄问题,初中孩子在不同年级所面临的心理问题也是不一样的。家长必须遵循心理发展的自然规律,依据孩子不同的心理特征,采取不同的对策方法,正确引导,循序渐进,帮助孩子克服内部和外部的困难,使他们善于自觉、主动、独立地调节、支配自己的情感和行为,善于强迫自己去完成应当完成的任务,使他们具备健康向上的心理素质,形成高尚的道德情操和顽强的意志,从而为今后的学习以及人生的发展奠定坚实的基础。

(八)初中孩子道德意识的特点

道德意识是人们在长期的道德实践中形成的道德观念、道德情感、道德意志、道德信念和道德理论体系的总称。初中孩子的道德意识的发展主要表现在道德信念和道德理想的形成,他们开始以道德信念和道德理想来指导自己的行为。道德信念是道德意识的高级形态,它是在道德概念的基础上产生并发展起来的,是与道德观念、道德行为以及道德情感相联系的道德意识。初一孩子的道德意识与小学高年级孩子的差不多,虽有坚持某些道德行为的愿望,但自觉性很差,并不坚定。随着年龄的增长,初中孩子才逐步形成和发展出比较自觉和稳定的道德信念。道德信念一旦形成,人就会坚信它是一种准则,会自觉地付诸行动,使自身的道德行为更有原则性和自觉性。初中孩子的道德理想的主要表现形式是把具体的人物形象作为自己的崇拜偶像。这些理想的形象可能来自周围的人,也可能是社会上的先进模范和文艺作品中的人物。但是由于孩子认知发展的局限性和对道德概念的理解错误,他们往往不能正确选择偶像,单纯喜爱一些次要的个性特点;在对偶像进行模仿时,往往带有表面性;他们的理想不稳定,容易发生变化,随着年龄的增长,其理想才逐渐稳定下来。

作为家长,在孩子面前应树立一个好的形象;帮助孩子选择好的理想形象,认识理想人物的高尚品质;帮助孩子把理想变为现实,把学习理想人物的高尚品质融入学习、劳动和生活,并逐步形成自己的稳定的品质。

(九)初中孩子的其他特点

其一,兴趣广泛,爱玩好动。初中孩子能积极参加自己喜爱的文体活动,群览博阅,开展一种或多种课余活动,喜欢与朋友交往,有自发性合群心理和兴趣倾向性。多数孩子都有一定交友范围(知心朋友),朋友利益重于家长、教师或社会集体利益。人际关系有一定层次性,其信任度从高到低的顺序一般是:知心朋友、一般同学、教师、父母、其他。由于缺乏辨别能力,对是非、美丑、荣辱的判别力不足,初中孩子容易受到不良的社会影响。少数孩子容易讲"哥们儿义气",不顾社会集体利益,易发生拉帮结派等不良行为。这些特点告诉家长,初中时期的孩子处于危险时期,需要引起重视,给予充分的教育和引导。

其二,与父母间的关系易出现裂痕。初中孩子越发感到父母不能理解他们的想法,而且他们的某些愿望及要求还常遭受父母的阻止和干涉,最终造成他们与父母感情的疏远。怎样才能得到父母的理解和支持?怎样才能将与父母的关系恢复到以前那种亲密的程度?与父母关系的不融洽到底是谁的过错?……这些问题也常常困扰着初中孩子。在这个时期,父母对孩子的教育和引导一定要注意方式方法,切不可急躁,更不能挖苦、体罚或变相体罚他们,要充分地关爱他们,尊重他们,以平等的民主的方式多与孩子沟通和交流,走进孩子的心里,与他们"交朋友",这样初中孩子与父母的关系就可能得到恢复。

其三,生理发育提前,心理发育不足。心理年龄与生理年龄脱节,容易造成兴奋与抑制失调及身心功能失调。初中孩子身体发育快,但心理发育滞后,这就需要家长根据这一特点做好心理教育和心理辅导工作。如果初中孩子不注意心理卫生,容易产生多种身心障碍和心理疾病。家长在此时特别应做好青春期生理卫生教育。

其四,渴望人际交往却又难以进行有效的人际沟通。初中孩子希望广交朋友,但他们难以接受跟自己意见不同的人;当别人出现不当言行时,不会妥善处理;与异性交往感觉不自在;很难与他人合作。造成这一切的原因是孩子不能与他人进行有效的人际沟通。家长应针对这个情况教给孩子一些交往技巧。例如:与朋友平等相处,大胆交往;真诚地对待朋友,将心比心,做到以心换心;等等。

九 高中孩子有哪些主要特征

高中阶段孩子在生理发育上已接近或达到成人水平,他们思维成熟、敏锐,但有片面性,容易偏激。感情丰富,热情豪爽,但容易激愤,情绪有极大的波动性。意志力增强,自我意识发展,兴趣更加广泛和稳定,在个性及其他心理品质上表现出更加丰富和稳定的特征。对与社会、他人的关系问题以及对自我的认识问题表现出苦闷与焦虑,对家长、教师表现出较普遍的逆反心理和行为。生理上的剧烈变化,使孩子产生强烈的情绪反应和极大的"性困扰",因此心理疾病的发病率较高。高中生发展的基本特征主要表现在以下几个方面。

(一)高中生心理发展的一般特点

1.独立性增强

高中生不论是在对个人生活的安排上,还是在对人生与社会的看法上,都开始有了自己的见解,有了自己活动的空间。如:做事情不愿意让家长参与,不愿意让家长进入自己的房间,不愿意向家长、老师表明自己的想法,而将其隐藏在内心世界或记载到特殊的笔记本中。

2.平衡性差

高中时期,孩子的生理发展迅速走向成熟,而心理发展却相对滞后于生理发展,他们的生理与心理、心理与社会关系的发展不能同步,具有较大的不平衡性。他们缺乏理智、易冲动;在情感方面很脆弱,有的具有害怕挫折的脆弱心理,意志薄弱,感情用事;在挫折面前,有的承受不了打击,一次失败,如一次考试成绩不理想,就无法承受了,造成学习成绩直线下降,最终一发不可收拾。

3.逆反心理与盲目崇拜并存

中学阶段特别是高中阶段是孩子个性逐渐定型的时期,也是身体发育趋向成熟的时期。在这个时期,孩子的心态发展有一个很明显的倾向就是出现逆反心理。他们对小时候形成的权威观念予以强烈否定而走向另一个极端,对现存的一切,对已成定论的事实都表示怀疑。另外,他们又显示出盲目崇拜的心态。他们崇拜歌星、影星,在校园里形成一群为数众多的追星族。逆反心理和盲目崇拜并存,这也说明高中孩子心理还处在成长期,心理状态起伏大。

4.攀比心理较重

高中阶段的孩子已"长大成人",有的高中孩子在吃、穿、用等方面开始向"好"的看齐,在心理上认为别人有什么我也应该有什么。有的孩子,从小受长辈的宠爱,养成了花钱大手大脚的习惯。到了高中,更是不顾家庭的实际情况大手大脚地花钱;不吝啬,爱显示自己的富有;在穿戴、用品方面讲名牌,追潮流,互相攀比;同学之间过生日请吃饭,讲排场,互送贵重礼物。

总之,高中孩子的心理处于由半幼稚、半成熟的状态向成熟状态过渡的阶段,具有明显的独特性和过渡性。在这一阶段随着课业负担的加重,竞争的日益激烈,自身思维意识的发展,孩子比较容易出现心理健康问题。希望家长们注意以上问题,多关心孩子,少强制孩子;多与孩子交往、沟通;多疏导,少指责;多宽容,少苛刻;多放手,少束缚。总之,让孩子觉得家长可信、可敬。

(二)高中孩子身体发展的特点

高中孩子的年龄大都是十五岁至十七八岁,这正是人生发展曲线中的

"第三大高峰期"。高中阶段，人体的各种器官及性特征都在急速发展，日臻成熟。高中孩子身体的急剧变化，主要表现在身高、体重及胸围三个方面。这一阶段的孩子个子长高，体重增加，胸围增大，身体变化突出。很多男生在十五六岁之间喉头突起，声音变粗，唇上长须，肩宽、体高逐渐接近成年男子；女生声音变尖，乳房突起，胸、臀变得丰满。男女生性器官发育成熟，也就是说这一阶段的高中孩子在生理方面已接近成人或达到成人水平。这个时期是人的一生中生理发育变化的重要时期，家长要注意让孩子有充分的营养、适度的锻炼以及合理的作息。

(三)高中孩子脑和神经系统的发展特点

脑和神经系统是人体生命活动的调节机构，它使身体内各个器官、系统的活动构成一个和谐的整体，并使人体能适应周围环境的变化。高中孩子脑和神经系统的发展表现在以下几个方面。

其一，脑重量与成人相当，脑容积与成人差不多。新生儿的脑重量大概只有成人的三分之一，约390克，随着年龄的增长，脑重量也随之增长，到12岁时，脑重量就可达1400克，而成人的脑重量为1450克。与此同时，脑容积也随着年龄的增长而增长。新生儿的脑容积约是成人的五分之三，1周岁婴儿的脑容积约是成人的五分之四，到12岁时，孩子的脑容积就与成人差不多了。

其二，大脑皮质各区域的成熟程度也接近于成人水平。

其三，脑和中枢神经细胞的机能显著发展，并已接近成熟。新生儿的脑神经细胞虽然与成人相近，但细胞内部的结构及各个细胞之间的联系，是随着年龄的增长、学习与经验的获得而复杂化的。随着高中孩子知识经验的不断丰富，神经元的联系就更加复杂，思维迅速发展，大脑皮质细胞活动变得活跃，尤其是联络神经纤维活动变得活跃，大脑左半球的语言系统的最高调节能力就迅速增强，从而使高中孩子自我调节和自我控制的能力大大增强。但是，甲状腺机能大大增强会刺激高级神经系统，因而神经系统这时会出现兴奋与抑制过程不平衡的现象，因此不要使孩子脑负担过重，一定要使学习和娱乐活动交替进行，保证脑的氧气供应和用脑卫生。

(四)高中孩子的智力特点

所谓智力是指人们在获得知识以及运用知识解决实际问题中所具有的心理特性。智力主要是指认知反应的特性,如抽象思考能力和适应能力等。一个人的智力体现为机智、谋略、先见和灵活应变等诸多方面的能力。智力往往通过各种心理活动和适应行为表现出来。根据这些表现,大致可把智力分为抽象智力、机械智力和社会智力三大类。每个人的智力发展是不一样的,这就是为什么有的人读书成绩不好,而在其他方面发展突出的原因。智力的发育在10至16岁时是最快的,大致在19岁时发展到高峰,达到接近成人的水平。尽管高中孩子的智力水平接近成人,但成人所具有的丰富经验、缜密的洞察力和考察力是高中孩子所不及的,因此高中孩子和成人在智力方面有着本质的差别。

(五)高中孩子的记忆力特点

记忆力的发展与智力的发展是一致的,到18至19岁,高中孩子的记忆力发展达到人生的全盛时期。十八九岁的孩子记住的材料比小学孩子几乎多出四倍,比初中孩子多一倍以上。如果十八九岁的人的记忆力为100%,那么36岁到60岁的记忆力就是95%,60岁到80岁的记忆力则为80%—85%,这说明高中时期是人生记忆力的最佳时期。高中孩子的记忆力有如下特点。

其一,从记忆的目的来看,记忆的有意性开始占主导地位。高中阶段的孩子能逐渐使自己的记忆服从于学习的目的和任务,特别是能根据不同的教材达到不同的识记目的和完成识记任务。

其二,从记忆的方法来看,高中孩子的抽象思维能力有了很大提高,很少运用机械记忆方法,而是运用意义记忆的方法。

其三,从记忆的自觉性来看,小学孩子以不随意记忆为主,高中孩子以随意记忆为主。

其四,从记忆的成分来看,高中孩子的抽象识记能力接近成人水平。

(六)高中孩子的思维特点

其一,高中孩子的思维有更高的抽象概括性和理论性,并且开始形成辩证逻辑思维。在学习过程中,由于高中孩子经常要掌握事物发展的规律和重要的科学理论,理论性的抽象逻辑思维就开始发展起来。同时他们开始认识到一般和特殊、归纳和演绎、理论和实践的对立统一关系,并逐步形成全面的、运动变化的、统一的,认识问题、分析问题和解决问题的辩证逻辑思维。这种辩证逻辑思维在高中孩子的思维中占优势地位。不过,高中孩子的辩证逻辑思维还不完全成熟。

其二,思维逐渐从经验型过渡到理论型,已经能够用理论来指导各种事实材料的分析、综合。

其三,发散性思维很活跃。所谓发散性思维,是一种沿着不同的方向去思索、去分析、去探索的思维。高中孩子常常不相信现成的答案,常从各方面去进行思考,不轻信、不盲从,甚至喜欢持怀疑的态度。

其四,思维反应快和敏捷。由于高中孩子生理的发展,他们的脑结构机能趋于成熟,其知识经验比初中孩子更丰富,精力更充沛,所以他们的思维比成人、小学孩子、初中孩子反应更快、更灵活。但这也容易使高中孩子对问题轻率地下结论,也容易使他们出现不顾客观现实的莽撞行为。

其五,高中孩子思维的独立性和批判性有明显的发展。由于高中孩子保守思想少,对问题有自己的独立看法,加上思维活跃,他们常常会对问题提出一些新的见解和设想,企图用新的方法来解决问题。但这也容易使高中孩子对事物的认识产生片面性和表面性,他们往往强调事物的某一方面而忽视事物的另一面。

(七)高中孩子的情绪(情感)特点

高中孩子的情绪处于过渡时期,在这个阶段他们的情绪具有如下特点。

其一,情绪的强烈性。高中孩子情绪的产生具有强烈的冲动性和爆发性,有时会因一点儿小事而大动干戈,也会因一点儿小事而振奋,有的还会因小小的挫折而萎靡不振。当然,这与孩子控制力的强弱有关。

其二,情绪不稳定且有时很固执,容易从一个极端走向另一个极端。

如,苦闷时如果受到鼓舞会振奋起来,在激情澎湃时受到挫折又会灰心丧气。

其三,情感具有一定的连续性。由于高中孩子的情感强烈,体验深刻,当情感体验发生后,他们会较长时间地沉浸在已形成的情感状态中,形成稳定的心境。

其四,由于思维的独立性和自我意识的进一步发展,高中孩子的情感具有文饰性(隐蔽性)。内心世界活跃,情感的外部表现常与内心体验不一致。

其五,交友热情高涨,迫切需要情感力量和参加不同类型的群体活动。因受到不同群体性质的影响,高中孩子的个性出现不同的发展方向。

其六,由于高中孩子性的成熟,他们对异性的关注度上升,在公开场合的态度转向文饰、内隐,但又有显示欲,希望引起异性好感。在一定条件下,少数孩子会对异性产生较为稳定的情感,进而发展到恋爱,这个问题如果处理不好,会影响孩子的学习和个性发展。

(八)高中孩子的意志特点

高中孩子的意志特点可从以下几个方面来看:

(1)意志目标的主动性。一般来讲,高中孩子在采取意志行动时,已注意到了动机与效果的统一,但有时还存在盲目性,不经过深思熟虑就草率地做出决定。

(2)意志行动的原则性。他们的动机、行动与他们的奋斗目标相适应,如他们对学习的意志行动动机与他们的职业选择以及未来的生活道路方向是一致的。

(3)意志的稳定性。高中孩子在采取意志行动之前,能根据当时的主客观条件来考虑问题,并坚定信心,付诸行动,但有的孩子考虑问题草率,有的表现得优柔寡断。

(4)意志的坚持性。一般来讲,高中孩子在进行意志行动时大多能专心致志,排除外来的干扰,想办法克服困难。但有的孩子在意志上的坚持性不够,今天定的目标坚持不了几天又觉得不好,又要改变目标;有的对困难的克服缺乏信心,方法也不太灵活。

总的来讲,高中孩子意志的独立性和坚持性都有迅速的发展,果断性与自控能力也随之增强。但高中孩子在活动中仍带有冲动性和草率性,有时为了显示自己的成熟和力量,常常故意做出与众不同的冒险举动,把冒险当勇敢。

(九)高中孩子性格发展的一般特点

孩子到了高中,各种性格特征迅速发展。其主要表现在以下三个方面。

1. 性格的多方面发展

(1)对身心变化的自我意识变得十分敏感。高中孩子对身体的遗传和生理特质变得十分敏感,心理上出现自我意识的觉醒,他们经常对自己进行分析,也能接受自我角色的变化。在这个问题上,由于遗传和生理上的原因,有的学生常常埋怨父母,甚至恨自己。家长和学校,应对这部分学生进行心理疏导,让学生早日接受无法改变的现实。

(2)动机需求层次提高,个人欲望增多。如,在高中阶段,很多孩子在吃、穿、用等方面会提出较高的要求,并有较强的攀比心理。

(3)信心增强,会向成人社会提出挑战。

(4)情绪由冲动逐步走向稳定,对情绪有一定的驾驭能力。

(5)孩子生活学习的主动性增强。对追求的生活、对人生目标态度较明确,并能积极主动地去实现目标。

(6)个性心理活动内倾与外倾分化明显。也就是说有的孩子把心里的想法藏起来,很少外露,变得沉默寡言;有的把内心的想法挂在脸上和嘴上,喜怒形于色,想什么就说什么。

(7)尽管高中孩子成熟程度接近成人,但适应环境的可塑性仍然较大。

(8)能较理智地面对自己遇到的问题。

2. 性格发展成熟,性格类型显现

在高中阶段,孩子的性格发展已成熟(定格),各类性格都比较明显地表现了出来。如,有的孩子性格沉稳,有的孩子感情丰富,有的孩子性格内向,有的孩子性格外向,等等。

3.不良的性格特征可能被再塑造,也可能被固定

高中孩子性格已基本定型,但也有可能被再塑造,如果在这个阶段还不能改正他的不良性格,以后改就很难了。家长要认真地观察分析孩子的性格特征,好的要肯定和鼓励,不良的要教育引导,促使其改正。

十　大学孩子有哪些主要特征

当前全日制普通高校的大学生,年龄大多在十八九岁至二十二三岁之间,中低年级的学生还处于青年初期向青年中期过渡的阶段,他们在生理和心理上仍与青年初期的高中生相似。但就大多数而言,他们在生理和心理方面已基本成熟,其主要特征表现在以下几个方面。

(一)生理发展的主要特征

1.肌肉骨骼

大学孩子,身高的增长逐步放缓,由于性激素的作用,他们的肌肉纤维变粗,向横向发展。肌肉中的水分逐渐减少,蛋白质和无机物含量逐渐增多,因此,肌肉的质量和力量明显增加,接近成人水平。男女第二性征明显,身体正在走向成熟。

2.神经系统

神经系统是胚胎时期第一个发育的系统,此后它一直处于优先发育的地位。大约在18至25岁之间,脑细胞内部的结构和机能复杂化,发展剧烈。大学孩子正处于脑细胞建立联系的上升时期,经过教育训练,特别是专业课的学习,大脑皮质细胞活动迅速活跃,联络神经纤维发挥作用,特别是第二信号系统的最高调节能力在迅速增强。大脑皮质在一定程度上出现了"飞跃"

发展状态,已经达到基本成熟的水平,为思维的发展创造了物质条件。

3.心脏和肺

心脏发育已达到成人水平,心脏容积也迅速增加。肺的结构和机能迅速地发展,呼吸频率逐渐减缓,呼吸深度相应增加,逐渐达到成人水平。

4.生殖器官

生殖器官发育成熟,能发挥正常的生理机能。

(二)心理发展的主要特征

其一,从思维上看,他们的思维从经验型向理论逻辑型转化,逻辑思维逐渐占据主导地位;思维的独立性和批判性增强;思维有一定的创造性。

其二,从社会情感上看,大学孩子热情奔放,情感带有明显的两极性;十分珍视友谊;开始考虑恋爱问题。

其三,从理想角度来看,大学孩子的理想大都比较明确且内涵丰富,是积极向上的;理想大都具有社会意义,但有一部分孩子的理想只停留在职业理想和生活理想层次。

其四,从意识角度来看,大学孩子的自我意识进一步增强,主要表现在:一是关心和认真分析自己的未来;二是有一定的自我评价、自我教育的能力;三是自尊心明显增强,但控制力还较差;四是自信心和独立性进一步增强,但有时表现出盲目自信,需要家长注意引导。

(三)大学各年级孩子的心理特点

1.大学低年级孩子的心理特征

孩子从高中毕业后进入大学,内心充满了喜悦和欢乐,同时也充满了焦虑,表现在以下几个方面。

(1)自豪感与自卑感并存。入学前,因为考上了大学,他们大都踌躇满志,认为自己是青年人中的佼佼者,但入学后,才发现比自己强的大有人在。这使一些人先前的自豪感和优越感受到打击,从而产生自卑和焦虑。

(2)新鲜感和恋旧感交织。刚踏进大学大门,新的生活和新的环境使他们处处感到新鲜、好奇,可没过多久,他们就会感到大学也并非想象的那么理想。如,人生地不熟、学习方法的不适应等,都会使他们产生失落和思乡的情绪。

(3)"放松"感与"压力"感交织。高中时,经过激烈的拼搏与竞争,终于取得了考上大学的胜利。胜利后的"放松"感,使许多大学生产生了"歇歇脚"的心理。但是,进入大学后,面对新的学习内容,他们又产生了一种"不适应"和"压力大"的心理。

对孩子大学初期存在的这些问题,家长需要加以引导和鼓励,帮助孩子克服盲目的优越感,放下包袱,增强自信,特别要克服"歇歇脚"思想,以满满的信心,迎接新的挑战。

2.大学中年级孩子的心理特征

大学中年级是大学生全面发展和深化发展的时期。中年级的大学孩子大多适应了大学生活,充满随意感和自信感,在学习、思想觉悟方面都有所提高并向纵深发展。其特点表现在以下几个方面。

(1)世界观、人生观逐步确立,并趋向于定型。他们大多数对人生、对社会的认识是明确的、积极向上的,独立思考能力也不断提高,对人生、对社会的思考更多、更深刻。许多大学孩子在政治上要求进步,积极向党组织靠拢。但也有不少大学孩子不关心政治,轻视政治,思想消极,尤其是在商品经济大潮的冲击下,一些孩子"一心向钱看"。

(2)学业成绩目标和人生目标出现差异。进入大二、大三的孩子,大多数都基本适应了大学生活,学习信心也不断增强,一部分孩子有了自己的人生奋斗目标,学习的主攻专业明确,并学得深入扎实,开始定向实现职业理想,而也有少部分孩子,学习无动力,人生无目标。有的学习上得过且过,"六十分万岁";有的经常迟到、早退,甚至旷课或忙于学习以外的其他事情;有的沉迷于上网、交友等。

(3)思想活跃,兴趣广泛。此阶段的大学生已不满足于本科的书本知识,渴求以多种形式开拓新的知识领域和业余文化生活,如饥似渴地阅读大量的课外书籍,积极参加各种活动,并使兴趣与所学专业结合起来,开始把自己的兴趣与未来生活和国家需要结合起来。

（4）发展了稳定的友谊。进入这个阶段的孩子，大多建立起了比较稳定的友谊关系，对集体有了不可割舍的情结。

（5）独立能力增强。在独立方面，大学中年级孩子能适应环境和独立生活，能够结合所学的专业知识，通过各种途径，参加校内外各种社会活动，以提高自己创造性劳动和独立工作的能力。但也有少部分大学孩子未能"断奶"，仍然有依赖家庭的想法。

对大学中年级的孩子，家长应进行世界观、人生观的教育引导，鼓励他们把自己的志向同祖国的前途和命运联系起来，在学好专业知识的基础上，在思想上、行动上积极要求进步；克服学业上"过得去"，视野上"向钱看"，思想上"不求上进"和"依赖家庭"等不良行为或想法。

3.大学高年级孩子的特点

大学高年级的孩子一般趋于成熟，各项特征与成人接近，能较理智地处理问题，但面临毕业和找工作，精神上处于一种紧张和忧虑的状态。

（1）紧迫感。进入大四，毕业将至，时间紧张，他们学习的注意力集中，非常注重毕业设计和毕业论文的完成。

（2）责任感。他们大多数都非常关心社会政治、经济生活大事，并能抓紧有限的时间，争取在政治意识上、专业上有所提升，为毕业、找工作创造条件，尽力做到既对得起父母，又对得起社会。

（3）忧虑。他们有如下顾虑：一是能否圆满毕业；二是先找工作还是继续深造读研；三是毕业后能否找到理想的工作；四是即使找到工作，自己苦心研修的专业知识能否用上；五是工作的地方是否方便照顾父母；等等。

对高年级的大学孩子，家长主要应进行心理疏导和步入社会前的入职教育。

其一，化解其心理压力。大学快毕业了，有一些心理压力是正常的，有一些担心也是可以理解的。但是，忧虑并不能解决任何问题。所以家长应告诉孩子，只要自己努力地学习，问题就会迎刃而解。

其二，指导孩子做好步入社会前的心理准备。从小学到大学，苦读了十几年，现在终于要迎来工作了，每一位大学生在这时多半既兴奋又担心，担心工作不好，担心有了工作不能胜任，担心所学专业不能对口，担心工作中的人际关系不能处理好，等等。因此，家长应在孩子毕业前让其做好如下心理准备。一是在实践方面,要有"甘当小学生"的思想准备;二是要有艰苦创业的思想准备;三是工作不可能完全与所学专业对口,也许根本不对口,所以要有另选主攻方向的准备;四是要尽量扩大知识范围,调整知识结构,以适应多种需要,这也是对当代人才的要求。

十一　早期教育的重点应放在哪里

所谓早期教育,是指在人生最初的阶段,也就是从出生到入学前对婴幼儿进行的教育。孩子从出生到入学前,其变化是很大的,发育速度很快,是其他任何阶段都无法比拟的,特别是孩子3岁前。但这种发展变化不完全是自然而然产生的,是在成人的悉心照料和教育下发生的。教育家陈鹤琴说:"小孩子年龄幼稚,意志薄弱,很容易受教育的影响的。施以良好的教育,则将来成为良好的国民,倘施以恶劣的教育,那么将来成为恶劣的青年了。"

正式入学前,是孩子道德思想形成、行为习惯养成、智力发展、人格塑造等的重要时期,就犹如高楼大厦的奠基阶段。陈鹤琴说:"我们知道幼稚期(自生至7岁)是人生最重要的一个时期,什么习惯、言语、技能、思想、态度、情绪都要在此时期打了一个基础,若基础打得不稳固,那健全的人格就不容易建造了。"现代教育家陶行知也说:"教人要从小教起。幼儿比如幼苗,必须培养得宜,方能发荣滋长。否则幼年受了损伤,即不夭折,也难成材。"这些都说明早期教育的重要性,作为家长,应注意抓好早期教育,为孩子将来的成长奠基。

早期教育如此重要,那么其重点应放在哪里呢？幼儿发展特点和心理学研究表明,人类活动的一些基本动作方式的掌握,关键年龄在0至3岁,尤以1至3岁最为重要。其中,6(个月)坐、8(个月)爬、10(个月)站、1(岁)走、2

(岁)跑。从事集体活动的关键年龄在三至六七岁。语言方面,初步掌握口头语言的关键年龄在0至3岁,尤以1至3岁最为重要。在思维方面,2至3岁的孩子开始出现最初的概括和推理思维,比如能够对性别不同、年龄不同的人进行分类,主动叫"爷爷""奶奶"或"哥哥""姐姐"等。到了3至4岁,该上幼儿园了,孩子这时的行动常常受情绪支配,而不受理智支配,情绪性强。突出表现是:高兴时听话,不高兴时说什么也不听,如喜欢哪位老师,就特别听那位老师的话。爱模仿,思维过程还必须依靠实物的形象作为支柱。5至6岁,孩子好学、好问,有强烈的求知欲和认识兴趣,喜欢探索。家庭的早期教育,就应根据婴幼儿的特点确定主要的教育内容。

(一)培养良好的德行基础

古人云:做人德为先。简单来说就是教孩子如何做人。这是教育的最基本的要求,也是最重要的、必需的要求。所以家庭早期教育也应把品德教育放在第一位。

幼儿阶段是人生的起始阶段,既是幼儿是非观念初步形成的重要时期,也是幼儿基本道德行为初步形成与发展的重要时期。在这一时期内,良好的行为习惯、道德品质和文明行为都将对幼儿日后的健康成长和身心发育产生深远而重大的影响。俗话说"三岁看大,七岁看老""少成若天性,习惯如自然",说的就是这个道理。幼儿教育的成败将直接影响到幼儿良好品格与行为的形成与否。作为家长要抓紧、抓好孩子婴幼儿时期的道德教育,为孩子一生的良好道德行为打下坚实的基础。

1.对孩子进行"爱"的教育

家长可通过家庭环境、家庭氛围和父母的示范作用,逐步培养起孩子爱长辈、爱他人、爱物品、爱自己的习惯,为今后爱民、爱国的高尚情操的形成打下良好的基础。譬如,把孩子带到公园,欣赏公园里的花草树木,告诉孩子:"公园的花草树木很美,很漂亮,但它是大家的(国家的、集体的),是供大家观赏的,所以,我们要爱惜,不能随意损坏或摘取。"家长经常这样教育引导孩子,就会在孩子幼小的心田里播下"爱"的种子,这种纯真的爱就会催生孩子对家、对集体的爱。随着孩子的成长,这种对家、对集体的爱就会发展为对祖国的爱。

2. 培养孩子"礼"的习惯

"礼"包括文明的行为、礼貌的语言、对长辈的礼节、待人接物的礼节等。如,教孩子初见长辈(包括熟悉的人)要问好,告别时要打招呼,说"再见";接到别人的东西或者别人给予了帮助要说"谢谢";有吃的东西要先给长辈,再给他人,并要用"请"等敬辞,然后才是自己吃;和其他小伙伴玩耍时,不欺负他人,不说脏话等。对孩子进行"礼"的习惯培养,是为了培养孩子的文明意识和孝道精神。

3. 培养孩子"和"的意识

"和"就是友好、和善的意思,就是通过教育,培养孩子的集体意识和友善意识。例如:在孩子同其他伙伴玩耍时,在幼儿园集体生活中,要教孩子与其他小朋友和平相处,不争抢东西,不争强好胜,要关心他人,帮助他人,等等。

4. 培养孩子"规矩"的意识

要求孩子在家里遵守"家规",在幼儿园遵守幼儿园的园规,在社会上遵守公共规定,并规定:做好了给予奖励,违背了给予相应的处罚。

5. 培养孩子"责"的意识

孩子的责任意识和诚实守信的品格是从幼年时期开始萌芽的,家庭教育应在孩子幼年时给他们打下这些意识和品质的基础。如孩子在家行走时,不小心被小凳子绊倒了,哇哇大哭,还不肯起来。家长在确保孩子没有摔伤的基础上,应鼓励孩子自己爬起来,并引导孩子:"乖乖,你想想为什么摔倒了?是不是你自己不小心绊到凳子了?如果是,你就应该不哭了……"这么引导,让孩子明确摔倒是自己的责任,而不能怪其他人或物。家长如果遇事都这么引导,慢慢孩子就会树立起责任意识。

6. 培养孩子"诚"的意识

诚,即诚实、诚信。诚实就是实话实说,就是不说假话,不说大话,不说空话,不欺骗人;诚实就是认认真真做事,踏踏实实做事,在做事的过程中,不弄虚作假,不投机取巧,待人坦诚,对每一件事都心怀责任,能保质保量完成任务;诚信就是讲信用,说话算数,就是对自己所说的话和许过的诺言负责,答应的事一定要做到,不出尔反尔。诚实守信是做人的根本,更是开启成功之门的钥匙。

不说假话,不做假事,说话算数,简单的12个字,说起来容易,做起来很难,把它变成一个人信奉一生的操守更难,特别是在"虚假"盛行的环境里。作为家长,应从孩子幼年时期开始就高度重视对孩子的诚信教育,如果抓晚了,孩子不诚实的习惯一经养成,以后要改,就很困难了,孩子在这方面吃亏就在所难免了。"狼来了"的故事就是很好的证明。

7.培养孩子"勇毅"的意识

"勇"即勇敢,有胆量。"毅"就是毅力,是一个人完成艰巨任务的持久力;是坚持正确方向、坚定不移地完成既定目标的态度和决心;是不怕挫折、愈战愈勇的精神。勇毅精神从哪来?它是一个人在生活中慢慢学习和磨炼出来的,要从孩子幼小时就开始培养。如孩子6个月时,父母鼓励孩子坐起来;8个月时,父母鼓励孩子爬向一定的目标;孩子开始学走路时,总是很胆小的,家长们应鼓励孩子,如"乖乖!不怕!不怕!走到这儿来!";当孩子跌倒后,家长们应鼓励孩子,如"不要怕,不要紧",鼓励孩子"再来"。在家长的反复鼓励下,孩子在反复跌倒又站起来后,就终于学会了走路。

勇敢与毅力是实现理想的桥梁,是通往成才的阶梯,是驶往成功的渡船。希望家长从孩子幼年开始培养,从小事着手培养,千万不要错失良机。

(二)开启智慧的头脑

开启智慧的头脑就是对人的智力的开发。所谓智力,简单来说就是指人的聪明程度。谁都希望自己的孩子聪明能干,长大有出息,谁都乐意为孩子的聪明付出。但是,很多父母不知道如何开发幼儿的智力,也不懂如何对幼儿进行智力投资,不少人为幼儿的智力投资付出了努力,但收效甚微,有的甚至适得其反。因此,家长在孩子的早期的智力开发上,应明确以下几个问题。

1. 让孩子在快乐成长中获得智力大发展

不管是智育还是其他方面的教育，都不能违背幼儿应"快乐成长（这种快乐是有底线的）"的原则。我们的一切早期教育活动都应在孩子快乐的原则下进行，使孩子在快乐的游戏和快乐的生活中不知不觉地接受教育，也就是"化教育于无痕"。如果孩子经常处于紧张、忧虑、惊恐的状态，其智力发展是会受到严重影响的。

2. 要明确早期智育的主要方向

智力是能力的一种表现，是注意力、观察力、记忆力、想象力、创造力、语言表达能力等的综合表现，并非知识。为此，家长应该向婴幼儿传授日常生活中接触到的有关周围社会和自然现象的粗浅知识，让孩子多听、多想、多说、多做，以发展孩子的观察力为主，培养孩子的好奇心和求知欲；以活动、游戏、涂鸦、讲故事等方式培养孩子的观察力、记忆力、想象力和注意力等。作为孩子的家长，一定要认识到：智力开发不是让幼儿多识字、多背诗、会计算，不是给孩子买高档玩具、钢琴、电子琴，进行所谓的"专长"训练，不是让孩子参加各种训练班的培训。

3. 早期智育的主要内容

（1）不失时机地向孩子介绍日常生活中遇见的人、事、物等。给孩子介绍生活用品，让孩子在不知不觉中知道用品的名称、外形、性质、用途等；多带孩子到公共场所走走，让孩子认识环境，如小区、幼儿园，周边的学校、工厂、游乐园、单位、商场等，向孩子介绍它们的名称、用途、性质等；带孩子玩耍的过程中，让孩子认识各类职业，如工人、农民、解放军、警察、教师、商人等，向孩子介绍各类职业的性质和社会意义，培养孩子热爱劳动的情感；让孩子认识一些生产工具和交通工具，如锄头、镰刀、犁、钻床、车床、大客车、小轿车、洒水车等，认识常见的蔬菜、水果、花木、农作物等的名称、外形、作用等，认识常见的动物，如鸡、麻雀、猫等，了解动物各自的名称、外貌以及人与之接触的注意事项等；在给孩子介绍各种环境和物品时，要向孩子讲讲涉及的安全常识。

（2）初步了解一些基本概念。通过活动经历和情景，顺其自然地引导婴幼儿认识诸如大小、多少、高矮、长短、深浅、方圆等概念。

（3）通过让孩子讲故事、编对话、听录音、玩游戏、看电视（有选择性地少看）等方式，培养孩子的语言表达能力。

（4）多让孩子参加活动，包括各种探索活动，到大自然中去活动，到文化气息浓厚的场所去活动，到群体中去玩耍，等等。这些活动，不但能提高孩子的智商（力），还能提高孩子的情商。

（三）培养孩子健康的体质

婴幼儿时期，孩子的身体器官组织还未发育成熟，较柔弱，对外界的适应能力和对疾病的抵抗力都较差，容易感染疾病。为了增强婴幼儿的体质，为婴幼儿的生长发育奠定良好的基础，家长需要做好以下几个方面的事情：学习掌握婴幼儿护理方面的安全常识和营养常识，确保婴幼儿的生命安全和必需的营养，做到科学喂养（护理安全常识和营养常识不在此书讨论）；制订合理的生活制度，培养孩子良好的生活习惯，保护和促进婴幼儿的正常发育；引导婴幼儿参加体育锻炼，培养婴幼儿锻炼的习惯。

1.膳食配搭合理，促进婴幼儿身体的正常发育

有的家长不懂合理膳食的基本常识，过分注重某方面的营养，凡是孩子摄入的必是高蛋白、高营养品。一些家长认为孩子小，只能吃他们认为的有营养的东西。这样会造成孩子厌食、偏食，孩子要么瘦弱要么肥胖。其实，婴幼儿成长所需的营养来自谷类、奶类、蛋类、肉类、水果类、油和糖等。古人说：五谷为养，五果为助，五畜为益，五菜为充。这几个"五"不是实指，而是指各种营养种类齐全，数量充足。如粗细粮的搭配，动物蛋白和植物蛋白的搭配，蔬菜与水果的搭配等。其实，孩子六七个月时，就可以喂米糊、蛋黄、菜泥、稀饭、鱼泥等；八九个月时可以喂碎面、碎菜、蛋、肝泥、肉末、豆腐、饼干、馒头等；十一二个月时可以喂软点的饭、挂面、碎菜、碎肉等。至于喂多少，要视孩子的接受和消化情况而定。

2.养成有规律的进食习惯

家长应克服进食上的随意性和"强制"性，培养孩子按时进食和自愿进食的习惯，这是婴幼儿健康的基本保证。有些家庭的孩子，想吃就吃，想什

么时间吃就什么时间吃；孩子不吃饭，家长追着孩子喂，哄着孩子吃，想尽办法让孩子吃，一家人围着孩子转。在孩子的吃饭问题上，很多家长伤透了脑筋。怎么改，其实很简单，就是吃饭定时，过后不补。家长弄好可口的饭菜，到吃饭的时间就叫孩子吃饭。如果孩子不吃或只吃一点儿，家长应和颜悦色地给孩子讲清楚，现在如果不吃，要到下一顿吃饭时才能吃，并要孩子答应，到下一顿吃饭时间之前，不能吃其他东西，而且家长要监督，不能孩子一喊饿，就心软给吃的。家长要想想，孩子几个小时不吃，能饿坏吗？这样一来（也许多几次），孩子吃饭不规律的不良习惯就改过来了。另外，有的孩子吃饭不专心，一是吃饭拖拉，二是吃饭时爱玩其他东西。作为家长，应想办法让孩子改掉这个毛病。方法很多，就看家长对此是否重视。一是吃饭时提醒孩子不要玩，不要干与吃饭无关的事；二是告诉孩子吃饭的时间限制——大家都吃完了就收碗，没吃饱只有到下一顿吃饭时才能吃，并应"狠心"地坚持这么做；三是鼓励孩子努力吃饭，如夸他能做好吃饭这件事，又如给孩子制作一张表，贴在墙上，如果一顿饭是孩子在没有人帮助的情况下自己吃的，吃得又快又没浪费，还没有偏食，就给孩子贴一个"红五星"。孩子一般对此有很高的兴趣，不妨试试。

3. 积极引导孩子参加锻炼，增强孩子的体质

要想婴幼儿身体好，除摄入均衡的营养外，体育锻炼也是很重要的。现在很多孩子身体素质很差，动不动就感冒，一感冒就到医院输抗生素药，所需剂量越来越大，家长花钱也越来越多，心里也越来越焦虑。之所以造成这样的现状，除家长对孩子过于担心、方法欠妥外，还有一个原因就是没注重孩子的身体锻炼，造成孩子身体素质差。为了孩子的健康，长辈们应理性地爱孩子，不应老把孩子护于襁褓中，老把孩子置于温室里。应让襁褓中的婴儿到户外晒晒太阳，吹吹风；让孩子该爬就爬，该走就走；多开展家庭游戏，多带孩子参加户外活动；家长以身作则，不睡懒觉，按时带领孩子参加体育锻炼。这样，孩子的体质增强了，爱锻炼的习惯也养成了，这会让孩子终身受益。

(四)培养婴幼儿最初的审美品位

爱美之心,人皆有之。爱美是人的天性。家长应从孩子小时候起就对其进行审美品位的培养,让孩子从小就懂得什么是美,什么是丑,什么是好,什么是坏。通过美的教育,为孩子以后良好思想道德品质的形成打下基础;有利于开阔孩子的视野,培养孩子广泛的兴趣和爱好;可以丰富孩子的生活,增添生活的乐趣,有利于孩子的身心健康。美的教育涉及的内容很多,但主要应注意以下几个方面的教育。

第一,父母应成为美的楷模,成为孩子模仿的榜样。要注意的方面包括衣着打扮、言谈举止、精神面貌、思想境界、人际交往等。

第二,做好美好清新的家庭布置。家庭布置应淡雅、温馨、具有文化气息等。

第三,带孩子去欣赏美丽的风景、秀美的山川、可爱的动物等,使孩子享受自然之美。当然,这需要成人的讲解和引导。

第四,常让孩子听优美的音乐,欣赏生动优美、色彩鲜艳、造型各异的美术作品,给他们朗诵诗歌、讲童话故事等。

第五,引导孩子选择性地观看优秀电视、电影等作品,丰富孩子的生活,培养他们的美感和审美能力,但必须根据孩子的年龄特点,规定观看的时间。

对幼儿进行美的教育的内容和方法很多,家长要创造条件对幼儿进行美育。

(五)培养婴幼儿的劳动意识

让幼儿从事一些力所能及的劳动,培养他们爱劳动的习惯,让他们体验劳动的快乐,初步认识到劳动成果来之不易,逐步养成珍惜劳动成果、尊敬劳动人民的劳动意识。家长主要应做好以下几个方面的事情。

第一,让幼儿参加自我服务的劳动,即孩子独立地自己照料自己生活的劳动。如吃饭、穿衣、洗手、洗脸、刷牙、梳头、穿脱鞋袜、整理玩具、整理床铺和日用品等。

第二,让幼儿做一些力所能及的家务活,如:收拾自己的玩具;给爸爸、妈妈或者祖辈拿鞋;吃饭前摆筷子,端小凳;孩子稍大一点儿,还可以叫他们收拾房间、扫地、洗碗、洗自己的袜子等。

第三,根据孩子的爱好和家庭的条件进行一些种植养殖活动,如:喂鸟、养鱼、养兔、养乌龟等;栽种孩子喜欢的植物等。

(六)家庭早期教育需要"灵性"

什么是灵性?灵性就是经过训练而具有的智慧。学前儿童的灵性教育,就是家长通过一定的方法和手段开启他们智慧的一种教育,简单来讲就是给学前儿童足够自由的时间和空间,充分利用他们的视觉、听觉、味觉、嗅觉、触觉来开发他们的智慧。

谁都知道,人既是一种感性动物,又是一种理性动物;人既要吃喝拉撒,过感性的物质生活,又要思考问题,过理性的思维生活。这是一般人都懂的常识。但是,不是所有的人都明白,人最宝贵的地方,既不在于感性,也不在于理性,而在于灵性!灵性是感性与理性的统一。统一了就能产生巨大的能量,就可挖掘人的天赋。灵性人皆有之,只是禀赋略有不同。人是兼有感性、理性与灵性的动物。因此我们可以,也应该培养孩子的灵性。家长应该首先恢复自己的灵性。所谓恢复家长的灵性,就是家长融入孩子的生活中,和孩子一起玩耍、游戏、郊游、串门儿、开玩笑、讲故事、进行体育锻炼、欣赏音乐……把我们全部的视觉、听觉、味觉、嗅觉、触觉和本体感觉,集中在同孩子"玩"这一件事情上。

我们现在的早期教育,大多数家长要么只注意孩子知识、才艺等的教育;要么让孩子自由发展,对什么事都不管不问,不加限制;要么多方限制,总是这"不准",那"不行",对孩子限制过多。譬如:对孩子玩电子产品不加限制,弄得几岁的孩子就像"小老头"一样"埋头苦干",很少说话,很少与人交往。孩子们天生是有灵性的。可是在早期教育者的多方打压下,孩子的灵性就会慢慢消失,这是教育的失败。很多有识之士显然已经看到这点了。他们也在呼唤"有灵性的教育"。教育不可能制造天才,却可能扼杀天才。第欧根尼有句名言:"不要挡住我的阳光。"仔细想想,现在不少家庭的早期教育不就是"挡住了孩子的阳光",成了孩子灵性的"杀手"吗?比如,孩子趴在地上看一条毛毛虫爬行,家长发现后阻止,说:"地上那么脏,趴在地上看毛毛虫，真是好笑，真是无聊，快起来！"家长的一句话，就可能扼杀了将来的一位昆虫学家。

儿童大都喜欢探索，他们是天生的艺术家，天生的观察家，天生的诗人……孩子会长久地注意一个蚁洞里的一只蚂蚁的爬行；看到树上跳来跳去的喜鹊会惊喜万分；会为他的玩偶小猫流泪不止……这些在成人的世界里简直不可理喻。有一天，我5岁的外孙在家中画了一幅"太阳宝宝"的画，给太阳画上了眼睛，然后说："太阳有眼，眼会照人。"晚上刷牙时，孩子一边挤牙膏一边说："毛毛虫出来了！"有时还睡在地板上，扭动腰身学毛毛虫爬。孩子第一次看见霓虹灯闪烁，说："瞧，灯在跳舞。"生活中孩子的一些话，有时甚至会让语言家"大跌眼镜"。年龄有大小，可智慧不分大小！孩子的思维是闪光的！这就是儿童的灵性。现实生活中其往往未能得到完整的保护。是什么让孩子的"艺术感"和"灵性"一点点消失呢？在日常生活中，过早的知识传授，过多的要求、限制、指责，会让孩子的灵气消磨殆尽，小小年纪就成了缺乏"天真、活泼、灵动"的"老头"。

灵性是心灵的品性，是个性的体现。在幼儿时期，孩子本应是天真烂漫、灵动可爱的，可是家长太多的"标准"和"要求"把他们的灵性越磨越少！那么，教育如何才能让孩子具有灵性呢？哈佛大学一位校长这样说："我们不在乎学校出了几位总统，出了多少诺贝尔奖获得者，而在乎哈佛是否为每一个学生提供了自由的发展空间和条件，是否使每个学生都能走向成功。"儿童的早期教育，首先，要让孩子从"标准""指责""禁止""过早学文化""过早过多接触电子产品"等中解放出来，还他们自主支配的时间和空间，让他们在自由的空间里自由地呼吸。长期与孩子打交道的家长们都知道，小孩子说一两句富有诗意或灵气的话有时候并不难，难的是如何让其能长久保持这种态势，难的是家长们是否具有这个"灵气"，做到发现、欣赏、保护、引导，给他空气、给他阳光、给他水分、给他土壤，给孩子心灵上的自由。相信这对孩子的成长是有所裨益的。其次，给孩子"自由"，并不是对孩子无原则地迁就，并不是任由孩子顺应"天性"行动，"无原则"地放任不管，而是在有"底线（涉及道德品质、行为养成、安全等方面）"的前提下给予自由。具体来讲，我们的家庭早期教育应该在底线的基础上做到：解放孩子的双手，让孩子能自己动手；解放孩子的双脚，让孩子能自由活动；解放孩子的眼睛，让孩子能去看、去观察；解放孩子的嘴巴，让孩子能自由地说话；解放孩子的大脑,让孩子能想、能思考;解放孩子的"时间",让孩子能做自己想做的事情。最后,早期教育呼唤具有"灵气"的家长。没有"灵性飞扬的家长",没有"灵性飞扬的教育智慧",没有"足以产生灵性的教育土壤",即使少数的孩子可能会有些天生的灵性,这灵性也完全会被后天没有灵性的教育所扼杀。《窗边的小豆豆》一书里的小林校长给我们家长提供了一个保护孩子"灵性"的典范:他和小豆豆一见面就谈了4个多小时,他把伙食分成了"山的味道"和"海的味道"两类,夜晚他带领孩子们去露营……他的每一次亮相,都是以一种"教育舞台"上的艺术家的面目出现。

幼儿的早期教育涉及人的各个方面,但主要是培养孩子的思想道德意识和行为习惯,开发孩子的智力,启发孩子的灵性。一个人一生接受的教育中,以婴幼儿阶段接受的教育最为重要。作为父母,千万不可掉以轻心。因为,"在幼儿期灌输'第一流的意识'就会培养'第一流的人才'"。

十二 小学家庭教育的重点应放在哪里

孩子背上了书包，跨进了学校的大门，这意味着进入了人生的转折点。因为从入学那天起，孩子不仅享有父母爱抚下的快乐，而且有了"学习"的责任。作为父母，应帮助孩子正确地学习，顺利跨过人生的这一转折。

小学时期，是孩子长身体、长知识、养习惯、铸德行、塑品性的最佳时期，如果孩子在这个时期没有形成良好的思想道德基础、较完善的人格品质、较好的行为习惯和学习习惯，那么他可能将成为精神上的乞丐、知识上的穷人。作为家长，应好好把握教育的最佳时期，真正关心子女身心的健康成长，为孩子以后人生的健康成长打下坚实的基础。

教育事宜千千万，父母施行应抓何？简而言之，小学阶段家庭教育的重点应是教孩子学做人、学做事、学习惯，学习成绩都是次要的。现实的家庭教育中，很多家长把这个顺序搞颠倒了，这是不对的。原因很简单：如果孩子没有养成好的道德品质和学习习惯，没有对知识追求的兴趣和精神，即使小学成绩好，进入更高一级的学习，成绩也将慢慢降下来，最终被淘汰。很多孩子小学成绩好，初中前期也还可以，但随着学习知识面的扩大，知识的加深，慢慢就落后了，这与家庭教育的失职有一定关系。"做人""做事"说来简单，实则复杂，包括的内容也很广。"做人"主要包含：好的思想道德素质，良好的人格素养，好的行为习惯，等等。"做事"主要包含：基础的技能本领，爱劳动的行为品质，独立生活的能力，勇敢顽强的意志，开拓创新的精神，等等。具体说来，小学家庭教育的重点应放在以下几个方面。

（一）品德教育

品德即道德品质，是指个体依据一定的社会道德准则和规范对社会、对他人、对周围事物所表现出来的稳定的心理特征或倾向。品德教育是指家长（或抚养人）按一定的社会要求和时代要求，根据儿童品德形成和发展的规律，对孩子施加影响，使其具有教育者希望的思想品德。

对小学生的思想品德教育，学校开展了以"五爱"（爱祖国、爱人民、爱劳动、爱科学、爱社会主义）为基本内容的社会公德教育的社会常识教育（必要的生活常识、浅显的政治常识以及与小学孩子有关的法律常识等），而家庭教育应在幼儿德育的基础上，根据学校德育内容，具体做好以下几个方面的事情。

1.营造良好的家庭德育氛围

小学孩子生活在家庭中的时间约占所有时间的三分之二，家庭的道德氛围直接影响孩子道德品质的形成。孩子怎样生活？怎样做人？具有怎样的行为习惯？具有怎样的脾性？怎样接受社会信息？怎样与社会产生联系？这些都与家庭教育有关。做人的素质与技能，首先是从家庭这个渠道获得的。试想：孩子如果长期生长在一个矛盾重重、经常吵闹、语言粗俗、赌博成风、邻里关系恶劣、对社会牢骚满腹、缺乏生气的家庭环境里，他会养成怎样的道德和脾性？他会成长为一个品德高尚的人吗？很明显不会。因此，父母要求孩子品德高尚，首先应为孩子创造利于良好道德形成的好环境。

现在的孩子大部分生活在"二、四"（父母、祖父、祖母、外祖父、外祖母），甚至"二、六"或者"二、八"（父母、祖父、祖母、外祖父、外祖母、曾祖父、曾祖母、外曾祖父、外曾祖母）的包围之中，如果家庭成员之间相处不融洽，长辈又有不良的习惯、不良的嗜好或者低俗的道德品质，孩子长期生活在其中，这势必影响孩子良好的道德品质的形成。因此，为了教育孩子，为了形成良好的家庭德育氛围，必须做到以下几点。

（1）父母要注意自己的言行，要不断提高自身的思想道德素质，给孩子做出表率。家庭德育的目标、内容、方式常常取决于父母自身的思想道德面貌、文化素养和实际教育能力。

(2)家庭成员之间相处融洽,形成相互理解、相互尊重、文明有礼、尊老爱幼的家庭氛围。

(3)制订教育孩子的德育计划。可以由孩子的父母出面,邀请祖辈们开家庭会议,统一意见,统一行动,千万不能当着孩子的面双方表达不同意见,更不能当着孩子的面争吵。

(4)为了孩子,改掉说粗话、赌博、上网成瘾等不良习惯,至少不能当着孩子的面显露出来。

(5)要求孩子不到不文明的场所去活动,家长也不带孩子到不文明场所参加活动。

(6)经常与学校德育老师联系,了解学校对孩子品德上的要求和孩子的表现,配合学校做好孩子的德育工作。孩子在思想品德上表现好的要实事求是地表扬和鼓励,表现差的要耐心地指出,帮助改正。

2.敬老、尊师的教育

敬老尊师是传统道德教育内容,更是整个家庭德育的重要部分。在中国五千年的文明史中,孝顺、尊师在其中占有重要位置。从古至今,从皇帝到平民,孝顺、尊师者受人尊敬、赞颂;忤逆不孝者被人鄙视,受人唾骂。一个不敬重长辈、不尊重师长的人不会关爱他人、关心社会、热爱祖国,即使有超高的智力,有高深的学识也将被社会唾弃。所以,家庭德育应把此项放在重要的位置。

从爱父母、爱老师做起。孩子上学后,接触最多的是父母(含其他长辈)和老师,教育孩子爱父母、爱老师是让孩子懂得爱。父母是孩子最亲近的人,老师是孩子最尊敬的人,让孩子从最亲近、最尊敬的人处学会爱,这既符合小学孩子的认识特点,又符合孩子的情感特点。从爱他们入手,由此发展到爱他人、爱社会、爱祖国。

3.教育孩子心中有他人

孩子上学后,接触的人多了,老师照顾的又不止一个孩子,这自然就把孩子从"以我为主体"中分离了出来,他们不得不去面对各种各样的人。随着孩子的逐渐成长,他们的自我感觉、自我评价、自尊心等都有了不同程度的发展,但他们对人与人之间应有的正确关系却缺乏认识和理解。这就需要家长帮助孩子从"以自我为中心"中走出来,建立起除"我"以外还应有"他人"的意识。

4.养成孩子文明守纪的习惯

对孩子进行文明守纪的教育,是家庭思想品德教育的重要内容,主要是为了培养孩子良好的品德习惯。

文明守纪的内容主要包括:关心、爱护、尊重他人,对人热情有礼貌;会礼貌用语,不讲粗话,不打架,不骂人;初步掌握在家庭、学校、社会中待人接物的日常生活礼节;遵守学校纪律和公共场所秩序;讲究个人卫生,爱护环境卫生;爱护公共财物、文物古迹,爱护花草树木,保护动物等。以上教育内容,很多父母在孩子婴幼儿时期就开始进行引导、教育,但幼儿的接受多半是被动的,接受的内容也是不完整的。如见了长辈问好、离开时说再见等,都是大人提示,孩子才说。又如遵守公共秩序、爱护文物古迹等,由于孩子太小,家庭教育在这些方面涉及的就很少。孩子上学后,接触的环境变了,接触的人也多了,加上思维的发展,认识水平的提高,家长对孩子的教育内容就应与学校教育一致,做到更全面、更具体。不应像幼儿时期的教育那样泛泛而教,而应根据具体内容定出规则与要求,并时时督促检查,帮助孩子慢慢形成一种习惯,再进一步推而广之,迁移到学校生活和社会生活中去。这样,孩子文明守纪的习惯最终就形成一种品德了。

5.教育孩子树立团结友爱的精神

对小学孩子讲"团结友爱",其实就是讲孩子如何"合群"。现实中的小学孩子(特别是城镇的小学孩子),很多是独生子女,加上城镇化的发展,各自生活在不同的空间里,与同龄人接触较少。在婴幼儿时期,有的家长过分担心孩子的身体健康和安全,随时将孩子控制在自己的周围,不轻易允许孩子到外边玩,也不经常允许孩子与别的孩子玩,更不喜欢别的孩子到家里来玩。进入小学后,由于怕影响孩子的学习,孩子一放学回家,就把孩子控制在家里。这样很不好,很容易使孩子形成孤独、自私、怯懦、不关心他人的不良性格。

"好心"的父母们,你们要知道,孩子总会长大,他们最终会走向社会,到时孩子如何能融入这个社会?如何快乐健康地生活?为了社会的发展,为了孩子的将来,家长有责任培养孩子的交际能力和团结友爱的精神。

6.鼓励支持孩子参加集体活动

孩子来到这个世上,就注定了他不是一个简单的个体,不是一个孤立的人。随着孩子的成长,他必将成为社会中的人,集体中的人。孩子从上幼儿园开始,就进入了一个小小的社会,随着读小学、读中学、读大学、就业,社会面不断扩大。在各个不同的社会生活中,孩子要接触不同的社会环境和不同的人,这就要求孩子在不同的社会生活和工作中,心中不但要有他人,还要有集体;不仅要有集体主义观念,还要主动融入集体,关心集体。只有这样,他才能为集体、为社会服务,才能在事业上有所成就。

从儿童的天性来讲,他们都是喜欢活动的。孩子出生不久,父母们就让他们接触其他人;孩子刚学会走路,喜欢同其他小朋友一起玩,一起做游戏。所以,一般孩子都喜欢集体活动,乐于参加集体活动。但是,个别的家长怕影响孩子学习,对孩子参加集体活动、为集体做事不大支持,甚至不许孩子当班干部。家长应该懂得,一个只知道关心自己的人,是一个不适应社会的人,是一个孤立的人,更是一个社会不需要的人;一个能当好班干部的人,将来可能是一个关心他人、团结他人、组织能力强、适应社会、有社会责任心的人,将来有可能成为领导者。因为,他们在集体活动中得到了锻炼,增长了才干。所以,家长应鼓励孩子参加集体活动。

7.培养孩子良好的性格

性格是表现在个人对现实的态度和行为中的比较固定的而有核心意义的心理特征。良好的性格主要包括诚实、正直、勇敢、坚强、宽厚、仁慈、谦虚、活泼、开朗、负责、惜时守信、自尊自爱、积极进取、勇于创新等。一个人性格的好坏,是他成功与否的关键。比如:一个具有较高知识水平的人,由于性格孤僻,不思进取,是不可能成功的;一个能力强的人,如果居心险恶,心胸狭窄,骄傲自大,目空一切,那一定是不会成功的。所以,有的人说性格决定成败,这是有道理的。作家老舍曾把他母亲对他的性格教育称为"生命"的教育,可见性格教育的重要性。小学孩子的性格正处在被塑造而尚未定型的阶段,家长要注意自身榜样的作用和培养孩子良好的性格,如果错过了小学这个阶段,孩子的不良性格定了型,就很难改变。为此,在性格培养上,家长们应高度重视。

(二)培养孩子良好的习惯

所谓习惯,就是人们在后天形成的一种在特定的情况下自动去做某种动作的特殊倾向,主要指行为习惯和学习习惯。比如一个小学生从一开始上学起,就被要求,放学后如果有作业或需要预习明日的功课,在休息后,要认真完成了当天的任务才能去玩。家长反复要求、督促,孩子反复做,孩子的大脑神经区、躯体的运动区以及其他机能区就能建立起牢固的神经联系,一旦遇到相同的事,孩子就会按原来的方式去做,这就形成了习惯。

"做人"的教育就包括道德品质的培养和行为习惯的养成,不是吗?家长们都想一想,从孩子开始读书到大学毕业,在科学知识的传授上你能发挥多大作用?如果家长培养了孩子好的学习习惯和刻苦钻研的精神,即使家长不盯着孩子的作业,不把分数挂在嘴上,孩子的成绩一样会上去。我们从历史中可以看到,长大后,那些事业上取得成功的恰恰是父母教育下形成了好的思想道德、品格和习惯的人。教育家叶圣陶先生说过:什么是教育,简单一句话,就是要养成良好的习惯。老先生的话,让我们形成了一个清醒的认识:就小学孩子来讲,家长最大的事是培养孩子良好的习惯,而不是考虑孩子考试得了多少分,在班上排第几名。

(三)培养孩子浓厚的学习兴趣

学习兴趣是推动学习活动的动力,是孩子成才的起点。我们在日常的学习中,不难看到这样的现象:孩子一上课就打不起精神,不是打瞌睡就是搞小动作,下课后却精力旺盛;回到家里,父母一叫复习功课、做作业就不高兴,就头疼,完成作业也是被迫马虎应付;把学习当成是一种"苦差事";遇到学习上的困难就退缩;随着学习内容的加深,成绩每况愈下。究其原因,主要是孩子对学习没有兴趣,从内心不喜欢学习这件事。试想,一个人如果干他不喜欢的、没有兴趣的事,他能把这件事情做好吗?孩子如果对学习感兴趣,可以启动其与学习有关的器官并让它们处于最活跃的状态,这样可以增强内在的学习动力,可以自觉调节注意力,改变对繁重学习任务的认识和心态。对学习感兴趣的孩子,会以快乐的心态、顽强的精神去对待繁重的学习任务,他们会把战胜困难、学习知识当成是一种享受。因此,培养孩子的学习兴趣,是帮助孩子爱学、会学、学好的前提条件。

正常的孩子都有强烈的好奇心和求知欲,就看家长如何引导。孩子来到这个世界上,对他们来讲,万事万物都是新奇的。我们应抓住孩子的好奇心,培养孩子的注意力、观察力、想象力、思维力,引起孩子探索科学知识的兴趣。

(四)培养孩子的"爱美"意识

人们常说"爱美之心,人皆有之",但这并不是说"天生有之"。人对"美"的认识和态度也是通过后天的培养和学习而获得的。家长对孩子进行美的教育就是按国家、社会的要求,创造一定的家庭环境,通过言传身教,为培养和发展孩子感受美、欣赏美、创造美、体现美的能力而实施的教育活动。目的是让孩子具有内在的美和外在的美,如心灵美、仪表美、语言美、行为美。

心灵美:表现为思想、情操之美。包括爱国、爱集体、爱家、爱长辈、爱他人等爱心,诚实谦虚、乐于助人、艰苦朴素、言行一致,审美观念正确和审美情趣健康等。

仪表美:衣着穿戴整洁、朴素、大方,不浓妆艳抹,不邋遢等。

语言美:说话文雅、和气、谦虚,用语规范、礼貌,不讲脏话粗话,不强词夺理等。

行为美:举止文雅有度,体态自然;坐有坐相,站有站相;尊重他人,遵守纪律、公德;等等。

小学阶段是孩子思想品德、行为习惯形成的关键期,在这个阶段形成了好的道德基础和行为习惯基础,又在以后的学习和生活中不断强化和巩固,那他将会真正知道如何"做人""做事",学习也能取得理想的成绩;如果在这个阶段养成了不好的品德和习惯,即使以后加大力度进行纠正,其效果也常是不明显的,有的坏习惯将伴随人一生。人们常说:"江山易改,本性难移。"这就说明了要改变一个人成形的性格和习惯的困难。希望家长们不要忽视了小学阶段这个黄金教育时期。

十三 初中家庭教育应有哪些重点

孩子踏入了初中大门，又进入了人生旅途中的一个关键道口，它既是孩子发展的黄金时段，又是孩子容易误入歧途的关键道口，也是孩子习惯、性格等的定型时期。在短短的三年里，孩子的生理、心理都将发生重大变化。孩子是"成"是"败"，多取决于学校教育和家庭教育的有机结合效果，因此，抓好初中阶段家庭教育，对促使孩子健康成长，意义重大。

家庭教育的每个时期（如婴幼儿时期、小学时期、中学时期等）都相互联系又各有重点。初中家庭教育就是根据初中生的特点在小学家庭教育内容的基础上进行深化。如小学教育的德育主要是以爱父母、爱老师、爱家、爱学校为基点，发展到爱他人、爱社会、爱国家等，初中教育在此基础上发展到培养孩子情操、意志品质、志向和理想等方面。所以初中孩子的家长应做好以下几个方面的工作。

（一）家长应转变教育观念

家庭教育、学校教育、社会教育一并构成教育的有机整体，从某种意义上说，家庭教育是其中最为重要的环节。因为，家庭教育有如下特点：一是孩子一出生便接触到父母，相处时间长，父母对孩子的个性最了解，教育针对性强;二是孩子与父母长期相处,父母对孩子潜移默化的教育作用大;三是孩子对父母的亲密感情使他们善于模仿父母的言行,学习父母的思想,父母的言谈举止对孩子有很大的示范作用,孩子在感情上也容易接受家长的教育。但许多家长怀着"望子成龙""望女成凤"的美好愿望,为孩子提供了优越的经济条件,但教育不得法,把握不当,往往陷入"误区"。所以初中家庭教育必须转变两个观念。

1.从注重孩子物质生活向重视精神生活的转变

现在的不少家长,给孩子提供充足富裕的物质条件,在衣食住行方面尽最大的努力,无条件地满足孩子的要求。对孩子娇惯溺爱,百依百顺,有求必应,一味迁就,甚至用金钱等物质刺激孩子的学习积极性。这样做的结果:孩子慢慢养成了自私、自负的性格;适应能力差,生活自理能力差,抗挫折能力差;缺少自立自强、吃苦耐劳、勤俭节约的良好品德,成了懦弱无能、胸无大志的"小燕雀"。家长养育孩子,不仅应该满足孩子生存的物质生活条件,更重要的是要培养孩子安身立命的本领,如学识、意志、品行胸怀、习惯等。而这一切,虽然家长们在孩子小学时候就在教,也许孩子已有一定基础,但是要知道,孩子在初中阶段可塑性是很大的,好与坏的习惯都可能在这个阶段定格。所以,初中家庭教育一定要从单纯满足孩子物质生活需求转变到物质生活与精神生活并重的轨道上来。首先,要鼓励孩子立志、明理、自信、自立、自强,这才是对孩子的最深切的爱护,才是最明智的安排。其次,要把家庭的文化建设放在优先的地位,物质生活建设宁肯放慢一点儿,也要重视和加大家庭精神文化方面的投入,如为孩子购买一些励志方面的图书供其阅读,提供一些立志成才方面的典型供孩子模仿学习等。最后注意培养孩子吃苦耐劳、顽强不屈、宽容仁爱等品德和良好的行为习惯,要有意识地创设一些困难、障碍、曲折,让孩子自己去判断、去处理,使孩子经历失败的苦痛,从而磨炼孩子的精神和意志。

2.从重视学习成绩向重视全面培养的转变

现实中的家长,大多数只注重孩子的学习成绩,只要孩子学习成绩好,分数高,其他都可以不予计较。于是不顾孩子的客观实际,一厢情愿地让孩子上补习班,不断购买复习资料,购买营养品等。想尽一切办法,让孩子成为得分高手、考试机器。其实,家庭教育的主要任务在于教育孩子怎样做人。第一要注重德的培养,如爱心、孝心、诚心、恒心、信心,正确的世界观、道德观、意志品质、行为规范等等;第二是智力,包括记忆力、观察力、思维力、阅读能力、语言表达能力、写作能力、学习兴趣、学习方法等等;第三是体育和卫生,包括良好的饮食习惯、良好的卫生习惯、良好的锻炼习惯等;第四是美育,包括行为美、语言美、心灵美、装饰美、创造美等;第五是劳动习惯和劳动观念的培养,包括爱劳动、爱劳动人民、爱惜劳动成果、劳动的能力、劳动的本领等。初中时期正是学知识、增智慧、长身体、树品行、定性格的关键期,不管缺失了哪一方面,都将导致孩子人格的不健全。一个人如果没有高尚的道德为根本,即使有很高的知识和智慧水平,也很难有功于国,造福于民,反而常常会招祸于民;如果一个人只有好思想和一个强健的身体而没有知识,那他很可能是一个庸人;如果一个人具有好的品德、好的身体、好的习惯、良好的意志品质而知识欠缺,那他照常能为社会做贡献,能自食其力,至少是一个不会危害社会的人。我们培养孩子,虽然可能不会达到最好的效果,但起码不能让孩子落到最坏的结局——不能自食其力,危害家庭和社会。所以,初中家庭教育不能只限于重视成绩,而应转向让孩子全面发展。

(二)成为孩子的朋友,走进孩子的内心世界

孩子进入初中以后,大多数家长都反映出一个共性的问题:不知为什么,孩子与父母不如以前亲密了,交流变得困难,孩子也更不听话,更难管了。这个问题带有普遍性,也是初中家庭教育失败的一个重要原因。试想,孩子如果不主动与父母交流,父母想与孩子交流,孩子又不愿理,那父母如何能了解孩子的所思、所想、所需,又如何能做好针对性的教育和引导呢?其实,这不能怪孩子,多半家长应负主要责任。因为,初中的孩子已不再是儿时那样,他们的思想、思维、心理与儿时比已有了质的变化:孩子的自我意识已成熟,心理上要求独立、自主,不想再受父母的安排和摆布。然而,很多初中孩子的父母们,还在按照自己的意愿要求孩子,按自己心中的理想培养孩子,而不是从孩子的角度出发,理解孩子的行为与需要,帮助孩子达到他们生命的潜能所能够成就的最佳状态。所以,这种"隔阂"在父母与子女之间不断加深,以至于导致孩子学习成绩下降,成为孩子成长的障碍。

初中家庭教育要解决孩子与家长逐渐疏远的问题,唯一的办法就是父母放下成人的架子,走进孩子神秘且丰富的内心世界。

1.尊重理解孩子

初中阶段的孩子正处在身体发育的第二高峰期,心理发展处于从儿童向青年过渡的时期。在这个时期,孩子的自尊心特别强,家长稍不注意就会伤了孩子的自尊心。从心理角度看,这个时期的孩子处于一个半成熟、半幼稚的时期。一方面,他们认为自己已经长大,希望独立,渴求摆脱父母的束缚。另一方面,由于心理发展不成熟,他们在认识上常常带有片面性,情绪变化大,个性不稳定。在这个阶段,他们内心充满矛盾,如独立与依附(不得不依靠父母)的矛盾,旺盛的精力与较低的认识水平之间的矛盾,性的需要与社会道德、法治观念薄弱的矛盾。这些矛盾在初中孩子的内心交织,使他们的内心充满苦闷与不安,常常做出父母难以理解的事,如沉默寡言、顶撞父母、交往不当、沉迷网络等。出现这些问题,多是初中孩子的特点所决定的。家长应了解自己孩子的特点,给予充分的理解,改变指手画脚、事事操心、强迫命令式的管教方法,以朋友式的平等的态度与孩子相处;理解他们的内心,尊重他们的人格,尊重他们的意见;安排一些任务放手让孩子去做,允许他们在成功和失败中选择自己的路,让他们在独立的生活实践中增强辨别能力和独立生活的能力。

2.重视孩子的内心需求

家长要正确地教育孩子,起码应能根据孩子的个性特征,分析了解他们内心在想什么、需要什么、忌讳什么。就初中孩子来讲,他们需要的是理解、信任、鼓励和引导,忌讳的是曲解、不理解、打击和武断。而我们有的家长对待孩子恰恰缺乏的是前者,易犯的毛病是后者。例如,孩子考试成绩不够理想,没有达到家长心中的目标,家长不是心平气和地同孩子谈话,不是以商谈的口吻帮助孩子找原因,而是以抱怨、数落、暴力(语言暴力、表情暴力、行为暴力)等方式对待孩子。譬如挖苦、抱怨:"你真行,考这么点儿分!""父母这么尽心地爱你、养你,你就是这么回报父母的吗?";又譬如打压:"考这么点儿分,别想我们答应你(对父母)提出的要求!";有的甚至打骂孩子。这些方式很伤孩子的自尊心,很容易使孩子不信任父母,拉大孩子与父母之间的感情距离,使孩子形成逆反心理。面对孩子的"不理想",家长应有的责任和态度是:理解他,唤醒他,鼓励他,引导他。只有这样才能走进孩子的内心,成为孩子心目中的"导师"。

3.放下家长的架子,与孩子平等相处,经常与孩子沟通

有不少家长都反映出一个苦恼的问题:为了养育孩子,家长奉献了全部的爱,为孩子操碎了心,但孩子总是同父母保持一定的距离,不愿真心地与父母交流,上了初中后,这种距离感越来越明显,个别孩子甚至根本不愿与父母交流。不少家长认为这是因为孩子不懂事,不理解家长的苦心,或者认为孩子大了本该如此。其实,造成这种距离感的原因大多在于父母自身。孩子在幼儿时期、少年前期与家长可是无话不说,为什么随着孩子的长大(特别是到了初中)关系就生疏了呢?主要有如下几个原因:

(1)孩子的自我价值观和自我意识得不到认可。到了初中,随着生理和心理的成熟,孩子们认为自己已经"长大成人",心理上要求独立、自主。但他们的愿望得不到家长的认同,不少家长还把他们当小孩子一样对待,要求他们事事听家长的,一切都给孩子安排好,不让他们有独立锻炼的机会,最终他们就慢慢丧失了对父母的信任。

(2)喜欢的东西,崇拜的偶像得不到认可。初中孩子的心理发展有一个重要的特点,那就是强烈的独立意向。他们不想再处处依赖父母和师长,喜欢发表自己的独立见解;对人、对事、对自己都有他们独有的评价标准;他们希望能在学校和社会关系中获得独立地位和新的权利;希望独立地处理自己的事情,如选择自己喜欢的事做,按自己的标准寻找伙伴,建立自己的秘密小天地;不再崇拜家长,想按自己的要求选择崇拜的人。但由于初中孩子认识发展的局限性和道德意识的片面性,他们的选择往往带有缺陷性,所以很难得到家长的认可。

(3)家长对孩子缺乏信任,还想像原来一样一切都为孩子包办。孩子大了,他们不喜欢父母像小时候那样过分关心和照顾自己,但父母还把他们当成什么也不懂、什么也做不来的小孩子,什么事都给孩子安排好,什么事都不放心,不让他们去做。因此,孩子对父母的说教或斥责会产生厌恶感或反感。

(4)家长没有给孩子足够的交流安全感,孩子不敢敞开心扉与家长沟

通。孩子在与家长的交流过程中,也许想把自己的所思、所想、学习生活中不小心犯的错误等告诉家长,但家长没有耐心听完孩子讲解和诉说原因就给孩子一顿抢白或教训,致使孩子不敢也不愿意与父母交流。原因很简单,孩子把事情告诉你却得不到你的理解和支持,还要遭一顿批评或责骂,那孩子何必自讨苦吃呢?这是家长自己"斩断"了与孩子沟通的渠道。

(5)家长缺少与孩子沟通的习惯和沟通的艺术。有的家长对待孩子,总是高高在上,认为儿女听父母的话是天经地义。因此,这样的家长根本没有与子女沟通的习惯,更不要说有沟通的艺术了。当孩子在学习中遇到困难时,在前进中受到挫折时,有疑惑、苦闷需要找人倾诉时,家长不但不主动与孩子交谈,反而在听孩子诉说时显得不耐烦。要么是中途打断孩子的话,要么是极不耐烦地教训或斥骂孩子。孩子在成长过程中,难免遇到挫折和失败,难免有疑惑和苦闷,他们需要找人倾诉。而倾诉的最佳对象就应该是他们的家长,因为家长是孩子最亲近的人,是最值得孩子信赖的人。然而,由于有些家长没有与孩子沟通的习惯和不懂沟通的艺术,抹杀了孩子与家长沟通的积极性,也抹杀了孩子幼年时期与家长建立起的亲密无间的情感,家长与子女之间的这道"墙"慢慢地越来越厚。难怪有不少家长发出"孩子大了越来越难管""越来越不听话""感情越来越疏远"的感慨。

孩子一出生,吃、喝、拉、撒、睡、玩几乎都在家长身边,家长应是最了解孩子的人。家长们应该好好地想一想,深刻地反思一下,为什么有相当一部分的初中孩子不愿与家长交流?为什么原本最亲的人在这个时期感情却在变得疏远?家长应放下架子,俯下身来,静下心来,用起心来,去观察孩子,了解孩子,研究孩子,和他们交朋友;要知道孩子想什么,需要什么;要明白哪些时候需要鼓励、支持孩子,哪些时候需要反对、制止孩子,哪些时候又需要疏导和指引孩子;要平心静气,要民主平等;要尊重孩子的独立人格,不探究孩子的隐私;等等。家长应学习一些沟通的艺术,譬如:不在孩子吃饭时与孩子沟通;孩子有情绪时不要与孩子沟通;要采取婉转式的沟通方法,以退为进式的沟通方法。

4.正确对待孩子的错误

初中孩子身心正处于变化最强烈的阶段,他们的情绪变化大,个性不稳定,考虑问题常带有片面性,自制力较差。因此,初中阶段的孩子常常会犯一些成人难以理解的错误。如受到批评或遇到不顺心的事后,长时间生闷气,行为上表现为动不动就发火,与家长、老师对着干;因为不喜欢某某老师或者认为某某老师故意难为他,就放弃某某老师所教学科的学习;与表现不好的孩子交往;偷拿别人的东西,与别人打架;等等。孩子在成长过程中,犯错误是难免的,关键是如何在孩子犯错误后,让孩子认识到错误,改正错误,以后少犯错误。如果孩子出现了上述问题,家长该如何办?

(1)要正视孩子的错误,不能为孩子掩饰,不要大事化小,小事化了,这样会使孩子的侥幸心理得到强化,继而再做错事,如撒谎、欺负别人、打架等。

(2)不能简单粗暴,不问青红皂白地以高压手段训斥、打骂孩子,这样做会使孩子委屈、怨恨,产生逆反心理。

(3)心平气和地与孩子沟通,耐心听孩子解释,了解事情的原委,帮助孩子分析犯错的原因。

(4)给孩子指出所犯错误的根源和发展下去的后果。

(5)为孩子接受教育创造一个和谐的心理环境——与孩子单独交换意见,在友好、平等的气氛中进行交流,为孩子分担错误的责任(事先未教孩子,预测不够完备,教之不严等)。

(6)要引导孩子学会如何识别错误、避免错误。

(7)要鼓励孩子勇敢面对错误,承担责任,改正错误。

采取以上这些方法,能使孩子感觉到家长是在真正地关心他、爱护他,也能最大限度地使孩子认识错误,改正错误,以后少犯错误或不犯错误。

5.正确对待孩子的成绩

进入初中后,困扰着大多数家长的就是孩子的学习成绩。孩子学习成绩好,家长们心情愉悦,处处充满着自豪感;孩子学习成绩不好,家长们感到愤怒和忧伤,心中充满焦急与无奈。孩子进入了初中,学习成绩固然重要,但一时的成绩只是孩子将来成功的一个因素;孩子今天学习成绩不好,不等于明天也学不好,不等于孩子一辈子都没前途。一个人的智力发展有方向性,一个人的成功也是多方面的,只要一个人以后在某方面有所成就,就算成功。面对孩子学习成绩不好的情况,家长要具体情况具体分析,采用恰当的方法给予引导,在教孩子"做人"的基础上,尽量提高他们的学习成绩。下面有几条建议供家长们参考。

第一,就算孩子学习成绩不好,家长也千万不要对孩子使用暴力;第二,选择欣赏孩子,鼓励孩子;第三,心平气和地同孩子一起探究原因;第四,诚心诚意给予帮助。

孩子的学习成绩不好,是多方面的原因造成的,除了孩子主观上的努力程度外,还有孩子的先天智力因素、学习方法、学习习惯、学习兴趣等影响因素。提高孩子的学习成绩,不是一朝一夕的事,家长们要遵循循序渐进的原则,想办法慢慢提高孩子的学习成绩。在孩子的成长过程中,首先要教孩子立志,这是学习的动力所在;其次,要教孩子好的学习方法和培养其好的学习习惯,要想办法激发孩子的学习兴趣,不要单纯地只盯着学习成绩。

6.正确引导孩子

进入初中后的孩子,一方面认为自己已经长大,想独立于家长之外生活和学习。但由于他们身体发育与心理发育的不同步,身心常常失去平衡,理智不易控制感情,以致常常会出现一些错误的做法,如顶撞父母、乱交朋友、打架斗殴、吸烟酗酒、醉心网络等。初中孩子学习科目增多,难度也越来越大,孩子要智力与思维能力协同发展,并有较强的学习自觉性才能适应初中的学习模式。但初中孩子的学习态度往往不稳定,遇到挫折和失败或者不顺心的事,容易产生消极态度。再加上初中孩子社交接触面广,不良的社会风气、不良的个体习惯等对其个性品质的形成有重大影响。初中孩子的情感丰富且波动性大,有一定的意志力但易冲动;思维活跃,容易接受新的东西,但易受不良风气影响。这些为孩子的"不乖"提供了可能性。因此,对待初中孩子,家长既不能像孩子小学时那样包办代替,强迫命令,又不能不管。这就要求家长要观之以行,察之以心,引之以路,导之以道,积极帮助孩子度过"危险期"。孩子在初中阶段出现这样的问题,那样的不是,这是正常的,家长切记不要忧心忡忡,大惊小怪。要解决初中孩子的"不是",家长必须正视现实,加以引导,让孩子们自己蹚过青年期的"沼泽"。

家长能否与初中孩子进行有效的沟通,能否成为孩子可信赖的"朋友",关键在于家长能否做到以上几个方面。做得好,孩子才会听家长的话,成为家长的乖孩子。

(三)注重品格、习性等大问题,小问题让孩子自己解决

对孩子的家庭教育,特别是对初中二年级以后的孩子,品性教育是重点。其一,做人德为先,坚忍不拔、乐观向上的品质,自尊自强的精神,良好的行为习惯等对一个人的成长具有重要意义;其二,初中阶段的教学内容,没有多少家长能全面通晓,即使全面通晓,家长也没那么多时间和精力去教育和辅导孩子,孩子只有具有学习的动力、好的品质和好的习惯,在众多老师的教育下,在家长的辅助下,才能圆满地完成学习任务。所以,家长要在培养孩子意志品质和习惯上下功夫。另外,孩子大了,像吃穿等生活小事家长就应尽量放手。

1.初中各年级品德教育的重点

初中孩子的道德品质的形成,有一个发生发展的过程。整个发展不是直线上升的,而是曲折变化的、可塑的。就初中孩子道德品质的发展水平而言,各年级是有区别和重点的,因此家庭品德教育应该知道各个年级的重点,使家庭教育有一个具体的目标。

(1)初一孩子的道德品质发展还处在世俗水平,认为对自己有利的都是好的,分不清真伪、善恶和美丑。家长应根据学校德育规范,从养成好习惯、好作风、好仪表开始对孩子进行教育。如按时起居,遵守校规校纪,穿着整洁、朴素大方,待人和善,说话文明有礼等。让孩子从日常生活小事中体会、鉴别什么是真正的真善美。

(2)初二孩子的思维发展有了质的变化,自我意识增强,对异性开始产生兴趣。此时,家庭教育应根据孩子身心的变化,重点进行勤奋和情操教育(青春期的早期教育)。要求、引导孩子树立远大目标,勤奋学习,勤于思考,自觉学习,按时完成作业;家长应经常深入学校,了解孩子的学习情况和交往情况;经常与孩子沟通;培养孩子乐观向上、热情开朗的性格;培养孩子正确的友谊观,严防与不良社会青年交往的情况出现,防止孩子沾染上坏习气;教育孩子要有高尚的情操,正确理解性关系,严肃对待异性交往,做到不早恋。

(3)进入初三,孩子将面临人生的第一次选择。有的升入高中继续深造,有的升入职高学习实用技术,还有少部分进入社会自主创业。因此,初

三家庭品德教育的重点应放在志向和理想上。不管是继续深造、进入职高学习还是自主创业,都是孩子们的志向和追求,都能为社会、为人类做贡献,都需要有奉献精神。所以,应对初三孩子进行理想前途教育,使其明白生活的目的、生命的价值和生命的意义。在这个时期,家长们应特别注意几点。第一,要转变观念,不要把目光单纯盯在升学上,不要以为只有升高中、升重点高中才是孩子的出路,才是有作为。第二,不要给孩子太多的压力。作为家长,鼓励孩子积极上进、努力深造是对的,但应该根据孩子学习的实际情况来看,只要孩子尽力了,就不要给予太多的责备。初三的孩子,面对繁重的学习任务和升学的压力,本身就不堪重负,如果家长再增加学习负担(补课、买大量复习资料等)和精神负担(不切实际的要求和希望、唠唠叨叨、埋怨、责备等),有可能造成孩子心理崩溃,做出极端的事来。现在初中孩子离家出走、自杀的事件时有发生,这不得不引起家长们的重视。第三,给孩子减压,做好心理疏导。面对孩子的学习压力和升学的心理压力,家长在心理上应给孩子灌输"万事尽力,顺其自然"的思想;在行动上,应带领孩子唱唱歌、跑跑步、到大自然中去游玩,让他们以愉悦的身心去面对人生的第一次选择。第四,鼓励孩子积极上进,确立人生目标,尊重孩子的选择。人生目标是多样性的,成功的路有很多,只要有正确的人生目标,不管孩子选择什么,家长都应尊重和支持。

2.坚忍不拔、乐观向上等人格品质培养

初中学生在生理、心理、思想诸方面都还不够成熟,世界观、人生观、价值观、道德观、审美观都还没有完全形成,人格还不健全,又缺乏社会阅历、处世经验;素质不高,辨别能力不强,对是非、美丑、好坏的判断能力较差;求知欲强,好奇心重,对所有信息几乎全部接收,又生性好动,容易冲动,喜欢模仿社会上的一些不良行为和现象,甚至把某些坏人当作英雄来模仿,或者模仿电影、电子游戏中的"老大""英雄"来行事。因此很容易受不良思想、行为的影响,为形形色色的诱惑所迷惑,思想容易发生偏差,甚至步入人生的误区,走上违法犯罪的道路。现实生活中的初中孩子阅读不健康图书,浏览色情网页,沉迷电子游戏,厌恶学习,逃学弃学,道德观念错位,思想行为越轨,校园早恋等,并不鲜见;校园欺凌、校园暴力等也时有发生。作为家长,不得不正视这种现实,不得不思考为什么有的孩子会出现这些不良行为,甚

至走上违法犯罪的道路。家长们应努力寻找解决这些问题的办法,这才是初中家庭教育的重点。从心理学角度、主观角度分析,这主要与孩子人格不健全、意志不坚定有重要的关系。因此,家长们千万不要只关心孩子的成绩,而忽视了人格的培养。要知道,坚强不屈、乐观向上等人格品质对孩子的学业、事业乃至整个人生都非常重要。一个人如果具有坚强的意志品质,就能在他从事的有目的的活动中排除干扰、克服困难、战胜挫折、抵制诱惑,实现人生的远大目标。

孩子人格品质的内容主要包括:自立、自信、自强、自尊、虚怀若谷的精神;正直、诚信、爱己爱人的品格;坚定的信念、乐观向上的精神、坚忍不拔的毅力;等等。

培养孩子的意志品质,家长应该做些什么呢?家长们不但要对孩子有要求,而且应把思想品德、行为习惯等内容深深渗透到孩子日常学习和生活中去;勉励他们要树立坚定正确的人生目标,所思所想,所作所为,都不能偏离自己的人生目标;帮助他们增强防范和抵制各种不良影响和诱惑的能力,培养其良好的行为习惯、高尚的兴趣爱好、吃苦耐劳的精神、勤俭朴素的作风、遵纪守法的意识;鼓励和引导孩子参加有益于身心健康、积极向上、有意义的活动;要求孩子读健康的书报,上健康的网站;要求孩子刻苦学习、乐观生活、真诚做人、老实做事;要求孩子坚持做正事、善事,不做于人不利的事。要告诉孩子:做错了事受到批评时,要虚心接受,努力改正过错;遇到困难、挫折时,要有勇气面对,顽强地战胜困难和挫折;在学习上遇到难题时,要用心思考,多方设法解决;考试成绩不理想时,不要气馁,要找原因;改进学习方法,端正学习态度;能看到自己的优点,发挥自己的潜能,也能正视自身的弱点;失败时不沮丧,不自卑,永不言弃;等等。

3. 自立、自信、自尊、自强精神的前期教育

孩子能否成才?能否在社会大潮中立于不败之地?能否在芸芸众生中活出自己的人生?不仅取决于成人为他们提供的物质环境条件,而且取决于他们是否具有自立、自信、自尊、自强等人格品质。

自立。简而言之就是独立生活的能力和独立生存的能力。它包含摆脱依赖、自己做主、自己行动,还包含为自己的主张和所作所为负责等意思。

自信。自信就是自己相信自己,包括对自己品德、能力、身体和人际关

系方面的信任。

自尊。自尊就是尊重自己,爱惜自己,维护自己的尊严和价值。它包括两个方面:一是树立自己的尊严,维护自己的尊严,如言谈举止大方、仪表神态自然、与人交往不卑不亢、不容自己的名誉受到损毁、不使自己的身体受到伤害等;二是对自己的价值感觉,也就是对自己的价值、重要性的看法,认为自己能行。

自强。自强就是通过自己的客观努力,学习掌握安身立命的本事,具有一颗强大的内心。

自立、自信、自尊、自强是一个有机体,它们各有侧重又互有联系,例如一个能自立的人,往往具有自信和自强的精神,也能自尊自重;一个不懂自尊的人,往往缺乏自信,也不可能自立自强。这四个方面恰恰是很多初中孩子,特别是学习成绩不好的初中孩子缺乏的。缺乏"四自"的突出表现是自卑、依赖和自暴自弃。自卑的人精神萎靡,认为自己什么都不如人,没有前进的动力和信心。依赖和自暴自弃是自卑的不同表现形式。依赖性强的人独立性差,没有动力,没有闯劲,缺乏创造力;自暴自弃之人对前途丧失信心,自甘落后,破罐子破摔。成绩不好或受挫折打击的初中孩子,大多具有自卑感;现实中的初中孩子,大多具有依赖性。依赖、自卑和自暴自弃是子女成才的最大障碍,家长应帮助孩子克服这些弱点。应想办法破除孩子的依赖,培养孩子自信、自立、自强之精神;破除自卑,培养自尊、自爱、自重之品格;破除自暴自弃,培养百折不挠之意志。

(四)对孩子学习兴趣、学习习惯、学习方法方面的培养

孩子学习成绩的好坏,除智力因素外,很大程度上取决于学习兴趣、学习习惯和学习方法。因此,许多有见识的家长很重视初中孩子这些方面的培养。

(1)良好的学习习惯。良好的学习习惯是指热爱学习,善于思考,持之以恒。其中包括先做作业,后玩耍;课前预习,课后复习;每天睡前对当天学习内容进行简单回忆;等等。

(2)学习兴趣。有兴趣就是觉得高兴而又有乐趣。如果把学习知识当成一件高兴的事、一件有乐趣的事,就会把学习当成一种享受而不是一种负

担,孩子就有了搞好学习的强大动力,就能主动地去学习,成绩自然就会提高。

(3)寻找符合孩子个性的学习方法。在日常生活中,我们常常发现一种现象:有的孩子开朗活泼,无忧无虑,有的孩子则沉默寡言,不善交往。这就是他们的个性。一个人的个性是区别于他人的稳定的、独特的、本质的特性,如能力、性格、兴趣等。由于个体的差异,其反映到学习方法上就各不相同。能力,就一般能力而言,是指一个人的智力,它是完成学习、掌握知识的前提;性格,是对现实的稳定的态度及与之相适应的行为倾向性,如上面举例的开朗与沉默等,它是一个人能否走向成功的关键;兴趣,就是孩子内心喜欢干的、觉得有乐趣的事,是孩子学习的动力源。这三者与孩子的学习联系最为紧密,但这三者的个性特征反映又各不相同。家长应根据孩子的个性特征,采取不同的方法,取长补短,提高孩子的学习成绩。

(五)引导孩子正常交往

随着年龄的增长,孩子的独立意识在不断地增强,交往范围也不断地扩大,对父母逐渐疏远,喜欢结交朋友。但由于孩子的认识能力还不成熟,既没有多少交往的经验,又没有多少交往的阅历,因此在交往中,很容易出问题。初中孩子交朋友,往往从一时一事的好恶出发,凭一时的热情和冲动进行交往。由于幼稚、鉴别力差,他们不懂什么是真正的友谊,什么是真正的朋友,往往把强横斗狠当勇敢,把"哥们儿义气"当友谊,甚至"为朋友两肋插刀",走上违法犯罪的道路。心理学把初中时期称为"断乳期",把孩子14岁左右这个年龄阶段称为"危险期",是很有道理的。这个年龄段孩子的人际交往应引起家长的高度重视,家长要及时给予指导,不然孩子可能会学到一些不良习气,交到一些不良朋友,甚至走向犯罪的深渊。为此,家长应注意几个方面的问题:家长应严格要求自己,关心孩子的交友情况;应给孩子提供交友的榜样;应给孩子确定交往的原则和交往的方法;应支持孩子多与人交往。

(六)防止初中孩子沾染上坏毛病

上网成瘾、早恋、吸烟、喝酒等都会严重影响孩子的身心健康,是孩子学习失败的一大祸魁,特别是上网成瘾,这也是家长最为担心的问题,更是困扰中学家长的一大心病。这些问题如果解决得不好,可能会毁掉孩子的一生。

1.上网成瘾和早恋问题

详见后面专章叙述。

2.吸烟、喝酒

吸烟、喝酒在我国比较普遍,烟和酒被认为是情感的连接器和催化剂。但这种陋习,严重影响着孩子,使本不成熟的孩子染上吸烟、喝酒的习惯。随着物质生活条件的改善,不仅成年人吸烟、喝酒者增多,而且青少年吸烟、喝酒的也不在少数,有的家长有吸烟、喝酒的习惯,认为孩子吸点、喝点没关系,对孩子背着家长吸烟、喝酒的行为不闻不问。吸烟、喝酒危害很大,会造成人体各系统的损伤,如智力下降、记忆力衰退、理解力降低等。初中孩子身体器官还很稚嫩,神经系统和肝脏还没完全发育成熟,加上初中孩子还没有经济能力,一旦养成了吸烟、喝酒的习惯,很难改掉,危害性很大。除对身体造成伤害外,吸烟、喝酒还可能诱使孩子违法犯罪。因此,家长应充分认识吸烟、喝酒的危害性和教育的必要性,应时时要求孩子不要吸烟、喝酒,更不能主动叫孩子抽烟喝酒。有吸烟、喝酒习惯的家长,应当克制自己,尽量少抽、少饮。如节假日家庭聚会上,应给孩子准备无酒精饮料;孩子同学之间聚会,家长应对孩子提出不饮酒、不抽烟的要求,并可在离孩子不远的地方(不能让孩子发觉)注意观察,如果发现孩子吸烟、喝酒,不要当面指责孩子,要等适当的机会,单独给孩子指出,并提出具体的要求。总之,要严防初中孩子吸烟、喝酒,以免造成不良后果。

(七)青春期"性"的前期教育

初中是性成熟加速的时期,女孩子宫大小逐渐达到成人标准,出现月经初潮,骨盆逐渐长宽,臀部变大,乳房突起;男孩睾丸显著增大,喉结突起,声音变粗,开始长胡须。生理上的变化一方面引起孩子的新奇感,一方面又让孩子意识到自己已长大,再加上性激素的分泌增加引起性的生理冲动,促使其性意识的觉醒。这时他们朦胧意识到两性关系的存在,对异性产生兴趣,有追求异性的愿望,但生理上的变化又使他们产生不安、害羞、厌恶的神秘的复杂的心理情感。在这个时期,家长应当配合学校适时地进行"性"的前期教育,把孩子的精力引导到学习、劳动等有意义的活动中去,促使孩子正常交往,正确认识两性关系,促进孩子身心健康发展。性的前期教育内容主要包括两个方面:一是性的知识以及性心理和性卫生教育;二是性道德教育。

(八)改变"爱"的方式

父母爱孩子,是天经地义的,但如何去爱,却是有讲究的。在婴幼儿阶段(包括小学的低、中年级),家长常把"幺儿""乖乖""宝贝"之类的话语挂在嘴上;在行动上经常是抱孩子,亲孩子的小脸蛋,带着孩子做游戏;在生活上,天冷了给孩子加衣,饿了叫孩子吃饭;在安全方面,走路提醒孩子别跌倒,过马路提醒孩子注意车辆等。在这个阶段以这样的方式爱孩子,孩子心里定是甜甜的、暖暖的,感到家长是天底下最亲最敬的人,但如果到了初中(包括小学的高年级阶段),家长还是以这样的方式去爱孩子,孩子可能就会觉得别扭、烦躁而难以接受了。因此,初中及以后的孩子的家长们应根据孩子的年龄特点转变爱的方式。

1. 变"表露性"的爱为"感悟性"的爱

所谓"感悟性"的爱,就是家长通过一定的语言、行动或表情,让孩子从内心感觉到家长对他的爱。

(1)在称呼上不要常把"幺儿、宝贝"或孩子的乳名挂在嘴上,要尊重地直呼孩子的姓名,特别是在外人的面前。这样孩子觉得家长没小看他,把他当成了一个懂事的孩子。

(2)要把孩子当"成人"看。遇事多建议,少武断,多指点,少指责,多鼓励,少唠叨,让孩子感觉到他是被尊重的。

(3)留给孩子一定的自由活动的时间和空间,让他们干他们喜欢干的事,并相信他们能干好事情。

(4)生活、学习上的小事让孩子独自处理,家长只给孩子讲明注意事项,不要再像对待小学低年级小孩那样事事关心、面面俱到。

(5)交给孩子一些其力所能及的事,让他们独立完成,事后家长给予点评、指导、鼓励。

2.变"专制式"的爱为"民主式"的爱

(1)尊重孩子在家庭中的地位。放下家长的架子,不搞家长作风;顾及孩子的感受和自尊,尊重孩子的意见或建议;使孩子感觉到自己在家中与家长处于同样重要的位置,感觉到自己在家中并非可有可无,让孩子在民主的家庭气氛中感受家长的爱。

(2)经常到学校了解孩子的表现情况,经常与孩子交流沟通;对孩子的优点和成绩要客观地表扬,对缺点和错误要善意地指出,并督促其改正。

(3)与孩子交朋友,与孩子的朋友交朋友,尊重孩子的友情,帮助孩子建立纯真的友情。

(4)支持孩子参加有益的集体活动(包括夏令营活动),挤时间多带孩子郊游。

3.变"放纵式"的爱为"原则性"的爱

(1)爱孩子就应管孩子,不能以任何理由推卸作为家长的责任。

(2)家有家规,国有国法,家庭教育应有家训。在道德品质、行为习惯上对孩子讲原则,不迁就,不妥协,不放过;在生活小事(吃饭、穿衣等)上要"糊涂",只建议,不强求,不追究。

(3)要一诺千金,做到言必行,行必果。

(4)在学习生活上不轻易许诺,不随意答应孩子不合理的要求,不向孩子提出的不合理要求妥协。

(九)家长为孩子树立学习的榜样

初中的孩子已经"长大",家长的言谈举止他们都看在眼里,记在心里,又由于长期生活在家长身边,家长的言行自然就成了孩子学习的对象,这就叫潜移默化。家长如果敬老尊贤,孩子多半就会有孝心、爱心;家长如果精打细算、勤俭持家又严格要求子女,孩子长大后多半能操持有度,不铺张浪费;家长如果夸夸其谈、虚伪狡诈,孩子很难诚实;家长如果性格暴躁、蛮不讲理,孩子很难性格温和、彬彬有礼;家长如果贪玩好耍、赌博成性,孩子可能就不会刻苦学习,也可能会心怀赌博之意……家长要求孩子以后成为怎样的人,就必须先成为那样的人。所以,家长在思想品德、行为习惯、人格作风等诸多方面必须为孩子树立学习的榜样。

总体来讲,初中阶段既是人格形成的关键期,也是孩子成长中的危险期。作为家长,要想让孩子安全度过"危险期",以较完善的人格踏上成人之路,就得放下"忙"的借口,不失时机地观察分析孩子,经常与孩子的老师沟通,了解学校的教育重点和孩子的表现情况,针对孩子的个性特点,统一目标要求。做到时空上的密切衔接,内容上的和谐统一,作用上的协调互补,充分发挥家庭教育和学校教育的整体功能,形成教育的合力,实现教育效果的最大化。

初中家庭教育内容繁多,孩子的不同个性又使得具体内容千差万别,还有很多方面也是家庭教育不能忽视的,如体态、服饰、家庭氛围、家庭精神生活、劳动习惯等。希望家长能根据孩子的不同特点,采用相应的教育方法。

十四　高中家庭教育主要应做些什么

高中家庭教育的内容是在初中教育内容基础上的延续和深化,如思想品德、意志品质、行为习惯等。但高中家庭教育也有它的重点,如理想前途教育,心理教育与疏导,法纪教育,世界观、人生观、价值观教育等。

(一)融入高中孩子的生活,走进高中孩子的内心世界

高中孩子生理与心理发展不平衡,从生理上看他们已基本达到成人标准,但从道德、理智、情感和社交等方面看又与成人的标准有一定距离,所以这个阶段的孩子处于成熟前的动荡期,可以说是思想开放与封锁并存,成熟与幼稚并存,成功与失败并存。比如:他们思想活跃,热情奔放,接受新事物快,但认识事物充满片面性,易偏激,易冲动;他们有交往的希望与激情,但没有经验,常感到困惑、苦闷和焦虑,加上控制力不强,容易走极端或犯错误,甚至走向违法犯罪的道路;他们有理想,有抱负,进取心强,但情绪波动较大,克服困难的意志力不强,自信心不强,遇到困难容易放弃。总的来说,生理的变化与心理发展的滞后,会给孩子带来一系列心理问题,孩子有可能滑向失败。因此,为了让孩子迈过"青春骚动期",家长应从以下几个方面去努力。

1.为孩子营造一个良好的心理环境

环境的好坏,直接影响着孩子的心理状态。高中生活的环境包括社会

环境、学校环境和家庭环境。社会环境、学校环境是家长无法左右的,但家庭环境却是家长可以营造的。要让孩子心里觉得家就是自己遇到困难时的"避风港",是自己新起点的"加油站",是释放苦闷、忧愁的"音乐吧",是迷途中的"航标灯"。为此,家长应做到以下几点:

第一,家庭和睦,营造民主和谐的气氛。高中孩子已是大人了,家庭中父辈、祖辈哪怕是一个眼神、一种语气都能让他感觉出家庭的气氛。所以,家庭要营造出互敬互爱、和平温馨、平等民主的环境氛围,为孩子的成长提供一个良好的心理环境。

第二,家长以身作则,起到好榜样的作用。家长要以良好的形象影响孩子,如说话和气、做事讲原则、爱学习、有顽强的毅力、有高尚的情操、不独断专行、不强词夺理、没有不良的习惯和嗜好(赌博、酗酒等)、家庭成员之间有沟通的好风气等。

第三,家长关心孩子,主动与孩子沟通,争取孩子的信任。这一点是很难做到的,因为高中孩子的独立意识比初中孩子更强,大多数不愿意主动与家长交流,常把想法隐藏在心中或写在日记里。要想让孩子在高中时期与父母的沟通渠道仍然保持畅通,家长应该从孩子的幼童时代开始,一以贯之地保持对孩子的关爱,一以贯之地保持与孩子之间的朋友式关系。

2.注重孩子自我意识的发展,爱护孩子的独立人格

(1)自我意识就是对自己的认识,也可以说是对自己和周围的人的关系的认识。高中孩子的自我意识的表现主要反映在以下几个方面。其一,他们意识到自己是一个独立的人,要求独立地处理自己的事情,处事、交往等方面不希望别人干涉或阻止,要求别人理解、尊重自己。其二,"理想的自我"和"现实的自我"的矛盾。随着自我意识的发展,高中孩子会想象自己应该成为怎样的人,如学习成绩优秀,处事、交往正确,(女生)苗条漂亮或(男生)英俊潇洒等。但是"现实的自我"与"理想中的自我"却有不少差距,如脸蛋不够漂亮,身材不够苗条,长相不够英俊,表现不够洒脱,也许还有生理缺陷,学习成绩不够优秀,等等。"理想的自我"与"现实的自我"的矛盾,会使一些孩子产生苦闷或自暴自弃的心理,影响孩子的自信心和进取心发展。其三,有较强的自尊心,很在乎别人对他的评价。其四,道德意识逐步形成,开始思考一些问题,如:扶危济困究竟该不该? 一个人除了爱自己、爱父母,还

应不应该爱他人、爱社会？等等。其五，孩子的自我拒绝。有的高中孩子对自己的要求已经到了苛刻的地步，总认为自己在身高、容貌、成绩、能力、性格、人际关系等诸多方面不如别人，经常不认同自己，轻视自己，怀疑自己，极个别的还认为自己可能是多余的，常表现出孤独、苦闷、沉默、神经过敏。

(2)家长应做的工作。针对高中孩子的意识特点，当家长的应根据自己孩子的情况，采取相应的措施，总的来说应从以下几个方面去努力。

第一，营造民主化管理氛围。在家庭生活中，遇事同孩子一起商量，并尊重孩子的意见或建议，也可让孩子在家长的指导下做决定，让孩子当家，培养孩子的主人翁责任感；尊重孩子在家庭中的地位，尊重他们的意见、建议和人格。家长不可要求孩子无条件听从，更不可施以家庭暴力(包括行为暴力、语言暴力、表情暴力)，即使孩子失误或者做了错事，也应心平气和地与孩子沟通，协助其找到原因，引导、帮助其改正。

第二，多留时间和空间给孩子，在家长的指导下，让他们有时间和空间去独立完成一些事情，去体会成功的喜悦或失败的悔痛，使其在实践中得到锻炼成长。

第三，尊重孩子的隐私权。每个成人都有自己内心的秘密，都不愿意把自己的隐私告诉别人，高中孩子也是如此。高中孩子已进入青年期，对人、物、事都有他们独立的见解，情感上都有爱恨与好恶，但是他们又不轻易将自己的看法和好恶表露出来，常用日记将其记录下来。这就要求家长尊重孩子的隐私，如进孩子的房间前先敲门，不要随意翻看孩子的东西，在没有征得孩子同意的情况下，切记不要翻看孩子的日记。家长给了孩子应有的尊重，孩子才会尊重家长，尊重家长的私人空间。

第四，爱护孩子的自尊心。自尊心是个体希望自己的言行能得到社会的尊重，自己的荣誉和社会地位能得到维护的一种社会意识倾向，是一个人需要尊重的反映，是一种与自信心、进取心以及责任感、荣誉感密切联系的积极的心理品质，也是一个人前进的动力和敏锐的情感。高中孩子的自尊心在与人的交往中不断获得成功和赞扬而发展起来，孩子希望得到别人的理解和支持、认可和尊重。所以，对孩子不要过分指责，即使犯了错误，只要孩子认识到了错误，承认错误并改正，家长就不要总挂在嘴边不停地数落，更不能"旧错"重提，算旧账；不能因为孩子做错了事，中断已答应孩子的事来作为对孩子的惩罚；不要在众人面前提及孩子的错误和短处。但应注意掌握孩子自尊的限度,过分自尊就是自负了。自负的孩子性格倔强,自控能力差,有的受不得一点儿气,所以培养他们的自控能力和宽广的心胸极其重要。

第五,多些耐心,少些急躁;多些对话和理解,少些命令和限制;多些鼓励,少些斥骂;多些疏导,少些指责。现在不少的家长都发出这样的感慨:孩子越大,离父母的距离越来越远了,越来越不听话了。其实责任主要在家长身上。其一,对孩子关心不够。孩子读高中时,多数是住校,即使没住校,由于学习任务繁重,晚自习后回家都十点左右了,有些回家还有作业,这样孩子与父母接触的时间自然少了,加上家长工作忙,又怕耽误孩子的学习和休息,主动与孩子沟通的时间自然也少了。其实,不管孩子的学习时间有多紧张,家长(主要是亲子家长)工作有多忙,家长每周都应抽出时间与孩子交流沟通,即使工作繁忙不能回家,也应用电话与孩子交谈,如问问孩子"这周过得怎么样?""有什么高兴与快乐的事要与家长分享?""有什么苦闷与烦恼需要向家长诉说?""有什么需要家长帮助的?"等。这样,定会使孩子感觉到家长对他的尊重,让孩子感觉到被关怀的温暖,增强孩子对家长的信任。其二,对孩子的理解不够,尊重不够,如孩子在某方面做得不好或者犯了错误,不听孩子辩解,没弄清缘由就横加指责等。其实高中孩子独立的意识较强,做事有他们的方法和原则,已初步具备是非善恶观念,也有喜悦和烦恼。作为家长,应知道他们在想些什么,需要什么,遇事站在他们的角度去理解他们的心情。

对于个别高中孩子的"自我拒绝意识"问题,家长要重视,积极引导,树立孩子的自信,让孩子早日走出自我拒绝意识的樊笼。家长应从以下几个方面去努力。其一,弄清楚孩子产生自我拒绝的原因,好对症下药。其二,引导孩子建立正确的"抱负水准",也就是根据智力、能力的情况确立自己的人生目标。另外,家长还应帮助孩子设定通过一定的努力能达到的若干小目标,以增强孩子的自信心。其三,让孩子明白"尺有所短,寸有所长"的道理。人各有长短,应扬长避短,要看到自己的优势,以此增强自信。其四,让孩子明白万事尽力而为,不应为自己无法做到的事而懊恼。其五,引导孩子从多方面看待事物,认同失败乃成功之母,从失败中可以获得经验,逆境可以磨炼人的意志、激励人奋发向上等。

3.注意孩子情绪的变化

高中孩子情绪的深刻性、稳定性与初中相比有了较大的发展,但仍肤浅而不稳定,有时固执,易走极端,具有冲动性和爆发性,有时还带有隐蔽性。这种情绪特点告诉我们:如果孩子控制力差,教育引导得不好,容易出问题。例如,同学因孩子的个子不高而取笑了他,他与同学发生了争吵。老师知道后批评了他。孩子认为同学拿他的短处欺负他,老师也不理解他,还说他不对。由此,孩子心中充满委屈和苦闷,回到家里闷闷不乐,还因一点儿小事而发火。这种情况如果家长未发现,没及时疏导,就可能造成孩子对同学进行报复或者心中怨恨老师,放弃对该老师课程的学习的严重后果。为了避免此类情况发生,家长应努力做到以下几点。第一,要仔细观察孩子回家后的表情、语言、动作,发现孩子情绪不对,要心平气和地了解原因,多方引导,让孩子把心中的委屈和苦闷倾诉出来,并加以疏导,使其从不良的情绪中走出来。第二,家长在与孩子的相处中,要注意方式方法,不然也会引起孩子的不良情绪。比如以下问题就容易引起孩子的不良情绪:多子女的,家长厚此薄彼,容易造成孩子心理的失衡,影响其情绪变化;把自己孩子的短处与别的孩子的长处做比较,说自己孩子如何不听话,别人孩子是如何的乖等。第三,要培养孩子宽阔的胸怀和达观的态度。第四,要培养、训练孩子的自控力,教会他们遇事冷静,理智处事。

(二)在初中德育的基础上继续孩子的品德教育

思想品德教育,一直是教育的重点,也是家庭教育各阶段的重点。随着孩子的长大,高中思想品德教育在承接初中思想品德教育的基础上,重点应放在思想道德观念的培养上,如道德观念、社会公德观念、人生观、价值观等。

1.注重道德观念的培养

针对有些高中孩子道德观念模糊、道德观念混乱的问题,应培养其辨别能力,如:什么是勇敢,什么是冒失?人与人之间除了利益关系外,还有没有真情,还需不需要互相关心,互相帮助?什么是同学之间的友谊?同学之间不讲原则,讲"哥们儿义气"对不对?什么是快乐?把快乐建立在别人的痛苦之上对吗？读书是为了什么？就是为了学到知识将来好挣钱吗？将来凭什么挣钱？是诚实劳动、艰苦创业还是弄虚作假、巧取豪夺？等等。这些观念在一部分高中孩子的心目中是模糊的。家长要针对孩子在道德观念上存在的问题，有针对性地开展教育，使他们走出道德上的认识误区，形成良好的道德品质。

2.注重道德情感的培养

家长从小培养孩子，教育孩子，关心孩子的吃、穿、住、行，做到事事关心、处处关爱，慢慢与孩子建立起了深厚的感情，孩子也学会了关心家长、爱家长，这是孩子心中形成的自觉的情感在起作用。然而，我们不能仅仅培养孩子对家长的关爱之心，因为孩子长大成人后要离开家长，要面对他人和社会，所以家庭教育的责任是要让孩子把关心家长、爱家长的这种情感扩大到社会中去，形成广泛的道德情感。如培养孩子的同情心、爱心，培养孩子爱他人、爱集体、爱社会、爱国家的情怀，培养孩子的自尊心和责任感等。

3.继续推进孩子的道德习惯养成

很多家长从孩子的幼年时期就开始注重培养其习惯了，到了孩子高中阶段，其道德习惯的培养究竟该注重什么呢？有不少父母认为：孩子都大了，习惯已经形成，要改变也难了，还有什么可培养的呢？其实，道德习惯的培养是一个延续性强又各有重点的教育过程，如不撒谎、讲礼貌、不骂人、爱学习、不馋嘴等习惯幼儿时期要讲，到孩子上高中时，家长也应时时提醒孩子注意。有些道德习惯问题应重点关注，如抽烟、酗酒、异性交往等。因为，一是孩子长大了，受各种影响更可能做这些事情；二是孩子一旦养成其中一种习惯，不但伤身体或影响学习，而且可能违法，滑向犯罪的深渊。

4.注重社会公德教育

社会公德是指在人类社会生活领域中，所有社会成员都必须共同遵守的、简单的、起码的行为准则，它反映了人们在公共生活中的相互关系。高中孩子已基本长大成人，他们毕业以后，不管是升学还是进入社会，都要广泛地接触社会生活，社会公德教育对孩子毕业后是否能适应社会、是否能更好地发展都极其重要。然而,现在有个别的高中孩子,公共道德素质较差,主要表现在:买东西、乘车不想排队;不知尊老敬贤,车上不主动给老人、残疾人让座;思想消极,缺乏正义感、同情心;等等。

  社会公德的内容很广泛,涉及高中孩子生活的各个方面,究其重点来讲,包括以下几个方面。一是遵守公共秩序。人们在社会生活中只有有规矩意识,才能使社会生活顺利进行,如维护井然有序的环境、遵守公共场所的有关规定等。为了确保社会生活的和谐稳定,家长要教育孩子遵守公共场所的有关规定,自觉维护社会公共秩序。二是爱护公共财物。公共财物是人民的共同财富,也是劳动人民的劳动成果,是社会公共生活的物质基础。我们平时教育孩子要有爱心,如果公共财物都不爱护,又如何体现孩子的爱心呢?所以,家长要教育孩子,公共财物要爱护,不可损坏或者占为己有,这也是爱集体、爱人民、爱国家的具体体现。三是要教育孩子尊老敬贤爱幼。家长们应要求孩子对年纪大的人、德高望重的人有爱心、有礼貌,见到老人行走上有困难,要主动搀扶,车船上要主动给老人让座;见到德高望重的人,需怀着尊敬之心,主动向他们请教;见到幼儿,要主动帮助他们,细心照顾他们,给他们树立好的榜样。这也是中国的传统美德,是值得发扬的。四是待人接物方面要有礼貌。一方面要求孩子自身外表整洁、卫生,言行得体,文明大方;另一方面要求孩子学会交际相处的文明用语,养成使用文明用语的习惯,如"谢谢""请问""请多指点""请多关照""请再来""请慢走"等等。现在有的高中生,这方面的素质比较欠缺,表现为不主动招呼人、不主动问好、说句谦让的话也要脸红。这说明孩子们还没有这方面的习惯,这对他们道德的养成、自身的发展很不利。五是具有见义勇为、助人为乐的精神。受社会个别道德失范、好坏颠倒的事件的影响,很多人已经害怕见义勇为助人为乐,因为主动帮助别人可能被被帮助的人误会,不但毁了名声,还要倒贴钱。鉴于这样的情况,现在的家长很多不想孩子去见义勇为和助人为乐,要求孩子不要管"闲事",以免惹祸上身。其实,这样的认识是肤浅的、片面的,是和我们社会主义道德文明格格不入的。因为见义勇为和助人为乐的精神不但是弘扬传统美德的需要,更是现代社会精神文明建设的需要,还是社会发展的必然要求。今天,这项道德文明建设已引起国家的高度重视。未来的社会是高度发达且高度文明的社会,需要更多乐于相助、见义勇为的人。孩子是未来社会的主人，家长们不想孩子落后于时代，就应注重这些精神的培养，培养他们关心人、体贴人、照顾人的精神和习惯，培养他们为正义挺身而出、伸张正义、敢于同坏人坏事做斗争的精神。

(三)理想前途教育

理想是人们在一定时间、一定范围内认定的奋斗目标，是人们对未来生活和社会的向往。在人生的道路上，每个人都应有自己的奋斗目标，都应有自己的向往和追求，只不过由于认识观念的不同，各自树立的目标不同罢了。有的打算读好书，学习更多的知识，将来为家庭、为社会做贡献，创造自己的美好生活；有的则打算学好知识，挣很多的钱；有的打算将来成为科学家；有的打算将来成为设计师……不管打算做什么，都是他们自己对未来的规划和打算。家庭教育就是要根据孩子自身的发展特点，帮助孩子做好未来目标的规划和打算。注意，这个目标不能太大太空，还要避免狭隘性和庸俗性。具体来讲，家长应做好以下几个方面的工作：第一，帮助孩子制定远期规划(目标)和近期规划(目标)，也就是将来准备干什么，为了实现远景目标，近期又该干什么等。第二，要经常告诫孩子，为了实现自己的愿望，要坚定信念，中途决不可懈怠和放弃。第三，培养孩子为实现目标勇往直前的决心和毅力。第四，对孩子进行人生观、价值观的初步教育，帮助孩子树立正确的理想前途观，初步培养起孩子实现理想的乐观态度。高中孩子已进入青年期，随着年龄和知识的增长，开始思考人生，如"我为什么存在，我存在是为了什么，我活一辈子价值体现在哪里"等。当然，高中孩子对这些问题的思考还是很浅显的。高中孩子的家长应根据孩子开始思考人生这一特点，对他们做如下引导，希望他们思考如下问题：人生怎样才有意义？活着是为了谁？人该怎样活？读书、学好知识，是为了将来更好地贡献于人类、服务于社会，还是为了自己生存得更好些？该以怎样的态度来对待人生？等等。

对以上问题的认识很重要。很多孩子学习缺乏动力和毅力，就是因为对自己的将来没有打算，目标不明确或没有目标。家长应教育和引导高中孩子树立正确的目标和信心，孩子将来才能有所作为。

(四)培养高中孩子良好的意志品质

有关孩子的意志品质培养,从孩子幼儿时期就开始了,在前面,本书也做了较详细的论述,但在这里还要再次提出来,因为各个阶段的重点是不一样的,需要根据孩子的年龄特征进行进一步的探讨。就高中阶段来讲,孩子生理心理发展比初中更成熟,接触的人文环境和社会环境比初中范围更广,学习的压力更大,接下来针对这些特点,谈谈有针对性的意志培养。

意志是人的一种为实现预定目的,有意识地支配、调节自己行动的心理过程。它的内容很多,如坚忍不拔、百折不挠的意志,果敢顽强、永不言弃的精神,做事有始有终的习惯等。具体来说,高中孩子意志品质的培养重在"自觉性、果断性、坚韧性、自制性"四个方面。

1.注重高中孩子自觉性品质的培养

自觉性也即独立性,表现为自主、自立、自控等能力。自觉性是孩子搞好学习,抵制各种不良影响的先决条件。高中孩子学习任务重,面对的各种环境比较复杂,影响孩子学习、进步的诱因很多,孩子主动与家长接触的时间又在减少,如果孩子缺少独立性,没有自觉性,即使在学校和家长的严格要求下,也很难搞好学习,很难抵制如网络游戏、早恋、社会不良风气等方面的诱惑。现在的孩子很多从小就被溺爱娇惯,大多数自主、自立、自控能力较差。所以,家长要在培养孩子的自觉性上下功夫。自觉性是孩子搞好学习、健康成长的内因,不管学校、家长对孩子要求多严,管得多紧,孩子只有自己想学好,自己愿意那么做才能进步,因为外因只是一个辅助手段而已。

家长们从孩子婴幼儿时期就开始培养孩子的自觉性,到高中阶段应该说孩子已有较好的基础,家长们应该在此基础上继续培养孩子的自觉性,比如独立生活、主动预习、主动复习、主动完成作业、主动远离网络游戏、主动抵制不良习惯,等等。在培养的方式方法上应以关心爱护为出发点,主要采用民主式的、朋友式的沟通方式。因为高中孩子已基本成人,独立意识更强,并且多数时间远离家长,如果一见面家长就唠唠叨叨地说教或指责,孩子会很反感,下次可能不再与家长交流,还可能与家长对着干。为了让孩子接受你的教育,家长应以做朋友的方式,以关爱为突破口,让教育问题在情感的交流中得以解决,也让孩子在情感的交流中接受家长的观点,弥补自己的不足,这就叫教育无痕。比如,利用周末与孩子散步的时间,问问孩子在校学习的情况,可以以关心的口气问孩子:"孩子,在学校吃得饱吗?生活还习惯吗?学习任务重吗?你还有什么困难需要爸妈给你解决的吗?"在谈话比较顺畅的情况下,家长再给孩子讲:"孩子,你现在读高中了,我们不能你像儿时那样照顾关心你了,一切都要靠你自觉、自立和自我控制。""孩子你已经是大人了,爸爸、妈妈相信你,在生活上你一定能自立,在学习上你一定能自觉,在不正当的诱惑面前,你一定能控制自己的欲望……"以这样的方式教育孩子,孩子自然能接受,至少不"逆反"。

2.注重高中孩子果断性品质的培养

果断性就是一个人勇于面对困难与险阻,有绝境求生的决心,有敢作敢为的精神。有的高中孩子遇事下不了决心,这对他们的成长极为不利。今天的社会,不但需要有知识的人,更需要不屈不挠、充满自信、敢作敢为的人。因为,今天的社会中充满机遇和挑战,如果没有果断性品质,在犹豫中就会失掉机遇,遇到困难就不敢去挑战,不敢挑战就不会有创新,不敢创新、墨守成规就不会有大的作为。家长在这方面应锻炼孩子,如在比较重大的问题上,家长可给孩子讲清利弊,然后让孩子自己决断。但应注意,果敢不要太过,过则是鲁莽,则是逞血气之勇。真正的勇气是建立在智慧基础上的,是理智的勇气,是运用预测和判断力计划好每一步和做好每一个决定。

3.注重高中孩子坚韧性品质的培养

坚韧性,持久性,也即平常讲的毅力(还包括兑现自己的承诺和完成目标的勇气),是坚持正确方向、矢志不渝地完成既定目标的态度和决心;是不怕挫折、愈战愈勇的精神。在高中的学习和生活中,孩子会遇到很多困难和挫折,会产生很多苦闷和彷徨。在这种情况下,为了达到既定的目标(自己的承诺),是迎难而上还是知难而退,是勇往直前还是偃旗息鼓,都要看他们的毅力和勇气。另外,要达到既定的目标还需要持久力,不能浅尝辄止,半途而废。只有具备了坚韧性和持久性,不断地战胜困难,才能接近目标,达到目的。现在的一部分高中生,不但缺乏勇气和毅力,对自己缺乏信心,而且性格脆弱、任性,受不得半点儿气,受不得一点儿挫折和打击,动不动就发脾气、耍赖、耍横,与家长、老师对着干,个别的还离家出走,甚至以自杀相威胁或施以报复。对于任性、性格脆弱的孩子，家长们要对他们加强抗挫折能力的训练，另外家长还应多考虑他们的感受，爱护他们、引导他们。

4.注重高中孩子自制性品质的培养

自制性品质就是一个人的控制能力，也即自制力。人有喜怒哀乐，有七情六欲，这是不争的事实。那为什么面对别人的讥讽、羞辱，有人内心狂躁而不轻易施以报复；面对金钱、美色的诱惑而不施以行动……这是因为在法律制度以及道德的约束下，人的自制力在起作用。那些违法犯罪的人之所以违法犯罪，是因为他们在物欲权力的诱惑下，失去了自制力。高中孩子同样要面对很多诱惑和烦恼，大多数孩子能克制自己，战胜欲望，成就学业，一小部分却因自制力差，荒废了学业，甚至走上违法犯罪的道路。根据高中生的生理心理发展特点，家长们要培养孩子在面对社会诸方面的诱惑时的自制性品质，使孩子克制自己的欲望和抵制诱惑，自我激励，并进行自我的完善。

(五)进一步培养孩子的责任意识

所谓的责任意识，就是指对自己和他人，对家庭和集体，对国家和社会所负责任的认识、情感和信念，以及与之相应的遵守规范、承担责任和履行义务的自觉态度。也就是我们平常说的责任心或责任感。

家长从孩子的幼年时期就开始培养其责任意识。孩子到高中了为什么还要进一步加强责任意识的培养？因为，高中孩子已长大，毕业后将独立地走向大学或社会，独立地承担起对自己、对他人、对学习、对工作、对社会等的责任。然而，有的高中孩子却任性、自私，甚至粗暴野蛮；对自己缺乏信心，对学习没有积极性和主动性，缺乏战胜困难的信心和勇气；独立性差，依赖性强；对家长、老师的付出缺乏理解和尊重，稍有不对就与家长或老师对着干；思想消极，不思进取，得过且过，不关心集体和国家大事……如果不进一步加强对他们责任意识的培养教育，他们将无法完成学习任务，将无法适应社会。就学习而言，一个学生如果没有责任意识，学习就不可能有动力。个别学生与家长和老师的愿望背道而驰，他认为："你们要求我好好学习，我偏不学好，看你们能把我怎么样。""某某老师那么不理解我、不信任我，我就不做那个老师的作业。"没有责任意识,孩子就不可能关心他人、关心集体、关心社会,更不知道感恩。社会学家戴维斯说:"放弃了自己对社会的责任,就意味着放弃了自身在这个社会中更好生存的机会。"对此,我们是否可以这样认为:忽视或蔑视自己的责任,就等于在成长的道路上给自己设置了障碍,绊倒的只能是自己。一个没有责任意识的孩子,是不可能积极要求进步、主动搞好学习的,更不可能尊重他人、同情他人、关心他人。

1. 自我责任意识

自我责任意识包括自主、自立、自爱等。自主,就是有主见,遇事有自己的独立见解和主张,不随波逐流,对自己的学习负责,对自己的生活负责;自立,就是自己的事情自己做,并对所做的事负责任;自爱,就是爱惜自己的荣誉、名声,珍爱自己的身体和生命。一个人最基本的是对自己负责,只有这样才有觉悟和能力对别人负责,一个对自己都不负责任的人,更不可能对家庭、同伴、集体、社会负责。

2. 家庭责任意识

孩子不应单方面要求得到家庭的庇佑以及家庭的恩惠,不能只考虑自己,不考虑他人,不能把家长对自己的供养看成理所应当的事而不知感恩回报;应当理解、明白家庭成员对自己的期望,明白搞好学习、学会做人是自己应尽的责任,是对家长的养育、老师的教诲的最好报答;应尊敬家长、其他家庭成员以及老师,应帮助家里做一些力所能及的家务活;应体谅家长的苦衷,分担家长的忧愁;应尊重家长的意见或建议。

3. 对同伴的责任意识

高中孩子应自觉尊重同学、朋友的人格,有意识地帮助他们,并履行自己的承诺,如果自己的承诺未实现,应主动为自己的行为承担责任;要尊重、关心、理解、信任同学和朋友,当同学、朋友有困难时能挺身而出,尽力帮助他们。

4. 对集体的责任意识

学生所处的班级和学校是一个集体,学生是集体中不可分割的一部分,应当尊重这个集体,并与这个集体的成员合作,对这个集体的荣誉负责,为自己对这个集体的贡献而感到骄傲与自豪。具体地讲,要关心集体,热爱集体,积极参加集体活动,对集体出现的问题要敢于面对,敢于挺身而出去解决;不做有损集体荣誉的事;等等。

5.对社会的责任意识

对社会的责任意识是指社会成员对自己所应承担的社会职责、任务和使命的自觉意识,除了要对自身负责外还必须对所处的集体及社会负责,并能正确处理集体、社会和他人的关系。对孩子而言,应关心、热爱自己的国家,有为这个国家的发展、安全努力学习的责任意识;应遵守社会行为规范,积极主动地参加有益的社会活动等。

(六)继续注重生存基本技能的培养,劳动观念的培养

孩子高中毕业后,不管是升学还是到社会自主创业,他们基本上都要独立地面对生活和社会,这就从客观上要求孩子要具有基本的生存能力和适应能力。人要生存,就得吃喝住行,就得有吃喝住行的基本能力。劳动是人类社会存在和发展的基本条件,人离开了劳动就无法生存。然而,现实中的高中孩子,有多少人会洗衣服、会煮饭;有多少人会拖地、买过油盐酱醋;有多少人离开了父母能独立地面对生活;有多少人看得起劳动(特别是体力劳动),又有多少人懂得劳动的意义。现在有一部分高中孩子不但没参加过多少劳动,没掌握多少生活生存的基本技能,还看不起劳动人民,不懂得尊重他人的劳动成果;消费上养成大手大脚的习惯,对家长的供养不知体恤,不知感恩;思想观念错位,总想不付出艰辛的劳动而获得财富。这样下去,以后他们离开家长将如何生存?我国的传统观念从来都认为不劳而获、坐享其成是可耻的,而把自力更生、勤奋劳作视为一种美德。今天,劳动不仅是每个社会成员的义务,而且是人们的一种权利。对高中孩子进行劳动教育,不仅仅是为了培养他们勤劳的习惯,更重要的是为了培养他尊重劳动、热爱劳动和热爱劳动人民的思想。为此,家长们应对高中孩子进行以下几个方面的教育培养。

1. 基本的生活技能培养

要求孩子具备基本的生活技能。其中包括会洗自己的衣服、鞋袜,会做家常饭菜,会整理自己的内务,会买生活日用品等。基本的生活技能既是孩子离开父母后独立生活所必需的,更能提升他们对劳动意义的认识水平。

2. 通过劳动,培养孩子的生存能力

父母可提出在身无分文、投亲靠友无着的境况下孩子应如何生活的问题,让孩子回答;还可让孩子在无经济来源、不投亲靠友的情况下,通过自己的劳动独自生活一两天,锻炼孩子独自求生的本领。

3. 通过劳动,让孩子认识劳动的伟大意义

有条件的家庭,可利用假期,把孩子带到工厂、农村参加一些力所能及的劳动,并按市场价格计价,看劳动了一天的收入是多少。通过这种方式,让他们知道劳动创造财富的道理,体会劳动的艰辛以及创造财富之不易,明白书本上说的"劳动创造生活、劳动创造历史、劳动创造人类"的道理。

4. 增强孩子热爱劳动人民的情感

组织高中孩子参加一些家庭劳动和公益劳动,让孩子学到一些劳动技能,养成正确的劳动态度和良好的劳动习惯,让他们尊重劳动人民,爱惜劳动成果,树立劳动光荣的观点。

5. 促进孩子勤奋学习,激发其爱科学、学科学、用科学的热情

通过劳动和劳动教育,让孩子明白:劳动是光荣的,要运用科学技术进行创造性劳动,让其明白科技是第一生产力。孩子懂得了这些道理,就能激发起学习知识的热情,为以后运用知识进行创造性劳动打下基础。

(七)引导孩子正确交往(青春期后期教育)

高中孩子与初中孩子相比,身心发展在某些方面虽有延续性,但已有了显著的不同,这主要表现在以下几个方面。其一,高中孩子自我尊重的要求比初中孩子更强烈。初中孩子身心的发展处于初期,他们身心的变化产生

的新的体验还处于朦胧阶段,如对"性"成熟的感受等。高中孩子的成人意识更加明确,对"性"的感受更加明显。一个孩子如果没有任何途径获得这些知识,就可能阻碍心理的正常发育。其二,初中孩子具有独立的意识,但他们对父母还具有较强的依附性;高中孩子却逐渐从对父母的这种依附关系中独立出来。高中孩子从心理上与家庭逐步独立出来后,就会把感情的能量投放于同龄的朋友身上,以求得新的感情寄托。其三,高中孩子比初中孩子更注重探寻适合交往的个性化特征和行为方式。高中孩子内心具有强烈的交往欲望,他们需要通过交往发现自己有效的交往方式和个性特征,但这个探寻的过程又是充满困惑的,这需要在和同学、朋友的交往中去才能解决。

这些特点决定了高中孩子交往的必然性,也决定了交往的重大意义。社会交往和友谊是人的基本需求,感情的依恋和人际关系中的友谊可以提高孩子的自我意识和自尊心,可以使孩子学到必要的社交技巧,使之在情感上与别人联系在一起,增加安全感和力量,并能促进有益的行为和个性的发展。

高中阶段是孩子交友的关键时期,人一生中最好的朋友可能很多都是高中时结交的。但是有些孩子由于性格、环境等因素,在交往上会出现以下两种不当情况:一是交不到朋友,感到困惑与孤独;二是把握不住交往的度,如滥交等。因此,高中家长应根据孩子的特点从以下几个方面教育和引导孩子进行交往。

1.引导孩子树立正确的交友观

第一,严格把握交友的对象和原则。交往必须符合社会道德规范,做到行为不端者不交,思想不健康者不交,拉帮结伙、打架斗殴者不交,有恶习者不交,有不良嗜好者不交,不讲原则、只讲"哥们儿义气"者不交,等等。

第二,端正交往的目的。交朋结友是为了在生活上彼此关心、团结互助,在学业上互相学习、取长补短,在情感上相互信任、彼此尊重,不是为了拉帮结伙,搞小团体。

2.提高交往的质量

"相识遍天下,知心能几人。"一个人的一生,能交上三五个知心朋友就不错了。作为家长,要创造条件,增加孩子交往的机会,要引导孩子向深度(质量)交往发展,交诤友、挚友。

3.教育引导孩子摆脱交往的依赖性

要告诉孩子:与朋友的交往不是为了依赖朋友,有求于朋友,而是为了相互关心,相互支持;不能把人际关系作为谋取个人私利的手段,朋友之间真诚的友谊,应是不计回报的。在引导孩子交往的过程中,要防止庸俗化的"关系学"对孩子的影响。在这个问题上,由于受社会不良交往风气的影响,有些家长会自觉或不自觉地向孩子传递"有钱好办事""有人(关系)好办事"的信息,个别家长甚至直接给孩子讲"理多不如人熟""人熟不如钱熟"的经验之道。这样引导孩子交往,对孩子的成长是很不利的。一是可能造成孩子的依赖性,二是可能造成孩子交往的庸俗性,三是孩子可能一辈子没有真心朋友。作为家长,不应将社会的不良风气传给孩子,应从正面加以教育引导。

4.正确对待孩子的异性交往

男女同学之间的交往是友谊的一种特殊表现形式,家长不要大惊小怪,只要是正常的同学友情,就没有必要担心或阻止。在这个问题上,家长要注意引导。第一,引导孩子建立同学之间的友谊,促进相互学习和进步;第二,要教育和提醒孩子注意异性之间的友谊与同性之间的友谊是有区别的,要把握分寸和原则。

5.家长教育引导要有针对性

对性格内向和胆小的孩子,家长应鼓励孩子大胆交往,要帮孩子创造更多交往的机会,锻炼孩子的胆量,改变其内向的性格;对外向型性格和胆大的孩子,要防止他们滥交、早恋。

(八)注重孩子的法治教育,防止孩子滑向违法犯罪的泥潭

由于受家长的娇惯、环境等因素的影响,高中孩子中,有的意志力薄弱,经不起诱惑;有的情感脆弱,道德感低下,对人冷酷、缺乏同情心;有的情绪冲动,缺乏克制力;有的行为粗暴,带有攻击性。这些特性给高中孩子带来

了走上违法犯罪道路的可能。作为家长,应配合学校对孩子进行法治教育,避免孩子走向违法犯罪之路。

1.可能引发高中孩子违法犯罪的主要因素

从高中孩子违法犯罪的案例分析中,可归纳出以下违法犯罪动因。

第一,为满足衣食住行、玩乐等方面的钱物需求而引起的违法犯罪。

第二,由报复心理引起的殴打、伤害、破坏等暴力行为及违法犯罪,这是一种破坏性较大的犯罪。

第三,由虚荣心引起的违法犯罪。孩子可能因别人一句不顺耳的话、一个不敬的动作,或者被某人"挑逗""戏谑",感到自尊心(实际是一种严重的虚荣心)受到伤害而实施违法犯罪行为。

第四,由"性"动机引起的违法犯罪。这是一种由异常的性心理发展而来的。它是不顾社会道德和法律规范,把人类性需要降低到动物水平的,放任纵欲的违法犯罪。这种性心理一旦形成,就必然产生满足这种欲望的性犯罪。

第五,由嫉妒产生的违法犯罪。嫉妒是一种排他心理,看不得别人比自己好、比自己强,心中容不下别人。嫉妒心强的人往往缺乏道德修养、心胸狭隘,会对自己心中容不下的人实施犯罪。

第六,由"友情"引起的违法犯罪。这是一种由错误的"友情观""朋友观"导致的违法犯罪。这种人信奉"哥们儿义气",为"朋友"不惜"两肋插刀",甚至违法犯罪。

第七,由好奇心引起的违法犯罪。极个别的高中孩子,好奇心特别强,发展成畸形的好奇心理,设想某件事如果做了会怎么样,于是付诸行动而违法犯罪。如把朋友家的贵重物品偷了,看公安机关能不能破案。

第八,由"恶作剧"引起的违法犯罪。有的孩子精神空虚,在百无聊赖时,为了追求刺激,会纠集在一起搞恶作剧而引发的案件,如几个人"叠罗汉",把下面的孩子压死了。

第九,由恐惧心理引发的违法犯罪。当孩子做了一件越轨的事被人发现后,害怕被他人告发,为了摆脱被揭发的危险而对发现情况的人实施违法犯罪。

这些只是引发高中孩子违法犯罪的主要因素,但不是每个孩子身上都有引发违法犯罪的因素,家长可根据孩子的特点进行防范性教育。

2.教育的内容

对孩子的法治教育,家长很早就在进行,只不过在不同学段教育的重点不一样。学前、小学和初中阶段主要讲家规校纪,要求孩子遵规守纪。到了高中,家长如果还给孩子简单讲家规校纪,对孩子的教育作用就不大了。对高中孩子进行法治教育应根据其"大人"的特点,在以前讲的遵规守纪的基础上加大守法意识、品德、意志等方面的教育力度。

(1)法律常识和案例教育相结合。高中孩子已掌握了一定的法律知识,但是有的孩子却不能对照法律知识严格要求自己,对违法犯罪的严重后果缺乏实质性的认识,往往是违法犯罪后才知道后悔。作为家长,对孩子的教育决不能只限于法律知识的空谈,而应以一些青少年违法犯罪的案例来教育孩子,让孩子在实际的案例中受到教育,增强其鉴别能力和防范能力。有的孩子为什么不知道自己违了法,就是因为他不知道那样做是违法的,直到戴上冰凉的手铐或者进了监狱才明白过来。不了解就无法鉴别,无法鉴别就无法防范,这是个简单的道理。家长应根据孩子的特点,结合相关的案例进行针对性教育。

(2)严格要求与情境教育相结合。家长可根据孩子的特点,结合高中孩子可能产生违法犯罪的主要因素,对孩子提出具体的要求。如,要养成好的品质;不能偷拿别人的东西;受了委屈,心里不痛快,可以找朋友或家长倾诉,不能打击报复;等等。但是只对孩子提出要求是远远不够的,应让孩子到少管所、教育矫治所或者监狱去了解违法犯罪人员所承担的法律责任,了解他们的生活、环境状况以及现实的心理,间接体会违法犯罪对己、对人、对家庭、对社会所产生的危害,增强孩子的感性认识。现在很多少管所、教育矫治所或者监狱都设有"青少年教育基地",有些学校也在做这方面的工作,家长应根据学校的法治教育规划对孩子进行法治教育。

(3)树立孩子的守法责任意识。高中孩子已成为"大人"了,大都具有完全刑事责任能力,在法律面前,他们已不再是孩子,而是一个真正的公民了。家长应让孩子明白:守法是公民的义务,维护法律的尊严也是每一个公民的责任;在法律面前人人平等,谁违反法律就应承担相应的责任。如果孩子心中有守法的责任意识,他们在行事中就会慎行谨为,就会考虑后果。

(九)正确指引孩子升学与择业

高中生对职业的选择已有较为理性的思考,由幻想期进入了预备期,他们已经能结合自己的兴趣、能力、社会价值取向以及切身利益,选择具体的就业领域和职业。家长在这方面应做以下几个方面的工作。

1.帮助他们树立明确的生活目标

所谓的生活目标,就是孩子打算将来做什么。关于生活目标,有不少孩子到了高二都不明确,个别的甚至到高三了对自己的将来也没什么打算,这实在让人担心。难怪有的学生觉得读书很没劲,原因就是他们对自己的将来没有打算。既没有长远目标,又没有为实现长远目标而实施的近期计划,那自然就没有学习的动力了。作为家长,孩子一进入高中,就应帮助孩子制定自己的生活目标和实现这个目标的近期目标,不然孩子是难有作为的。一个人要想有所作为,要想获得成功,首先就是要有目标,然后要根据目标制订实施计划;在实施计划的过程中,以顽强的意志和坚忍不拔的精神,一步一个脚印地接近目标,最后才能获得成功。

2.根据孩子的特点,为孩子未来的职业助力

根据孩子的生理、心理特点,进行有目的的培养。例如:孩子想当导游,但性格却比较内向胆小,不敢在众人面前说话,家长就可以让他参加一些家庭聚会,并让他出面联系、主持、接待等,还可以鼓励他去参加学校的演讲比赛。通过一系列活动,孩子会增强自信,思维活跃,语言流畅,性格更加开朗,这样才能适应将来工作的需要。

十五 大学时期家庭教育应抓住哪些重点

孩子升入大学后,又将面临新的环境和新的学习任务,环境、学习方法、学习态度、学业成绩、交往、恋爱、择业、道德意识等诸多方面的问题都可能使孩子的身心发生很大的变化,所以,为了使孩子的智力因素和非智力因素都发挥最好的效力,家长应加强教育引导,千万不要认为孩子大了,又不在身边,就该"松口气"了。现实生活中,不少家长对大学孩子的教育就"放松"了,甚至是"放弃"了对他们的教育,这是对孩子极不负责的表现。因为,孩子进入大学后,有很多新的问题等待着他们。所以,家长更应该从以下几个方面,继续施以良好的家庭教育。

（一）做好入学前的准备工作

接到大学录取通知书后,孩子和家长都沉浸在兴奋与幸福之中,觉得十几年的辛苦终于有所收获,总算可以歇一口气了,觉得前景从此将是一片光明。但是,家长和孩子都应明白,学业的竞争、就业的压力和社会需求将对人的综合素质提出更高的要求。因此,家长在高兴之余,除了给孩子进行物质准备外,还应帮助孩子为即将开始的大学生活做好心理准备,将孩子的兴奋和骄傲转变为学习的动力。

1.传递给孩子大学仍需继续奋斗的思想

大学是人生旅途上的一个重要阶段,孩子在人生观、道德品质等方面都将经历一个质的飞跃,许多做人的准则将在此阶段定型。为此,家长应在孩子入学前给孩子提出"思想上积极进步""志存高远"等要求。

2.点燃孩子学业上的精进之火

有不少孩子考上了大学后,学习热情就没有原来高了,要求也没有原来严格了,出现了"60分万岁"的想法。家长要防止孩子这种想法的产生,在孩子入学前,就应给他们提出学业上的要求,并增强他们学好专业知识的信心。

3.为孩子打好生活的基础

在孩子入学前,家长应教孩子一些生活常识,教会孩子如何合理安排时间,介绍大学的基本情况和条件,预测孩子入学后可能遇到的困难以及教会他们如何克服等,让孩子做好入学后独立生活的思想准备。

(二)帮助孩子过好大学里的几道"关"

1.独立生活关

孩子考上了大学,开始了真正的阶段性的独立生活,这是孩子人生的又一次"断乳"。在进入大学前,有的孩子的独立生活能力就较差,尽管在开学前家长对孩子的独立生活能力进行了一些有意识的训练,但开学后,生活中的一切琐事都由孩子自己处理,难免使他们有些不适应。如:一天的生活琐事全靠自己解决,学习时间、学校规章制度全靠自己自觉遵守,集体生活和个人交往全靠自己面对,等等。家长可从以下几个方面去提高孩子的独立生活能力,让他们尽快地适应大学生活。

第一,鼓励孩子自己到大学报到,即使家长陪同孩子到大学报到,也应鼓励孩子自己去办理入学、入住的相关手续,锻炼孩子独立办事的胆量。现在有不少家长,还像对待小孩子一样对待大学孩子,除陪同孩子入学外,入学的相关手续以及各种生活小事都给孩子操办好,如铺床、买饭卡等。家长的这些贴心的举动,其实是害了孩子,因为它剥夺了孩子的锻炼机会,助长了孩子懒惰的习惯和依赖的思想。

第二,孩子入学后,家长要利用互联网、手机等同孩子定时进行沟通,关心、询问孩子的大学生活情况;要鼓励和引导他们对生活上不懂的地方"不耻下问"、大胆实践。

第三,利用周末、节假日与孩子交流、沟通,了解他们适应大学生活的情况,发现问题给予及时的指导,也可利用假期进行有针对性的训练,如,让孩子帮家长安排、操持一周的生活,调查自己住的小区各家对物业管理的意见或建议等。

2. 名次优劣关

过去的大学生,人们称为"天之骄子"。尽管现在大学升学率升高,但孩子能考上大学,特别是考上重点大学或名牌大学,还是有很大优越感的。进入大学后,这些"精英"集中到一起,过去在高中时的"声望与地位"就可能显现不出来了,也许他在班上已经"名不见经传"了,这样,孩子很容易有失落感,弄不好会丧失自信,影响学业。家长应帮助孩子早日走出这一误区。

第一,帮助孩子重新认识自己在班上的地位(名次),让孩子客观地分析自己的优劣,树立自信。

第二,帮助孩子正确地评价他人,多看别人的长处,千万不要以己之长比人之短,使自己陷入"夜郎自大"的盲目自信之中。

第三,要帮助孩子看到自己的优势和找出自己与别人的差距,扬长避短,在发现自己优势的同时,学习别人的长处,弥补自己的短处。

3. 是非辨别关

孩子读大学,远离父母了,开始了独立的生活。辨别混杂于大千世界中的美与丑、是与非就成了孩子独立生活的第一个环节。如果孩子不具备辨别是非美丑的能力,在大学生活中就容易出现偏差。为此,家长应帮助孩子定好人生的目标,树立正确的世界观、人生观,了解国家的法律法规和学校的纪律,培养良好的道德品质。另外,要帮助孩子提高自我导向的能力(自我辨析、自我评价、自我调整、自我完善等能力),使他们在纷繁的世界中明白哪些是该学的,哪些是不该学的;哪些是该做的,哪些是不该做的;哪些是正确的,哪些是错误的;等等。

4.集体生活关

读大学后,需要天天与同学、老师相处,孩子开始了真正的集体生活,这就需要孩子具有一定的与人相处的能力。家长应在孩子原有交往能力的基础上从以下几个方面帮助他们提高交往能力,使他们融入大学集体生活,跨越集体生活关。

第一,提高自身修养,说话、处事不能以"我"为中心,学会站在整体的角度考虑问题,关心和尊重他人,多体谅别人的难处;学会换位思考,懂得以心换心。

第二,要有爱心、同情心,要乐于帮助别人。

第三,学会尊重人,善于倾听别人的话语,与人交谈不强词夺理,不得理不饶人。

第四,为人谦虚谨慎,亲和友善等。

5.孤独空虚关

孩子初入学,环境不熟,人员不熟,在空闲时,特别是在周末或节假日会产生孤独感和空虚感,家长要重视这一现象,做好以下几个方面的工作,让孩子度过"孤独空虚"阶段。

第一,在孩子刚入学的时候,特别是刚入学的前几个星期,家长要主动与孩子进行电话沟通,询问孩子的生活情况以及对学校和同学的了解和熟悉情况,了解他们内心的想法,进行有针对性的教育和引导。

第二,鼓励孩子打破自我封闭,勇于主动、热情地与人交往,特别是与本班级、同寝室的同学交往,让自己在交往中得到快乐。

第三,增强孩子交往的自信心,不要让自卑束缚了孩子的手脚。在班级或寝室里,大家都是新生,都希望相互了解,这时是很容易结交朋友的,要鼓励孩子大胆交往。

第四,鼓励孩子培养多方面的兴趣爱好,积极参加各种活动,做好业余时间的安排计划,用空闲时间学习以充实自己。

6.交往爱情关

(1)指导大学孩子正确交往。当代大学生正处在社会大变革之中,改革发展的大环境给他们提供了广阔的发展空间,同时,也对他们的交往能力提出了更高的要求。今天,就业难度增大,生活节奏加快,使人际交往能力在求职、创业、生活中显得格外重要。然而,当代大学生在交往方面,却存在诸多问题,严重影响着他们大学毕业后的发展。如,不擅于现实社会生活中的人际交往,沉迷于虚拟的网络世界;在交往中有较强的自卑感和封闭心理等。很多家庭也往往忽视了这方面的教育。为此,大学孩子的家长应抓好以下几个方面的教育。

①教育和引导孩子注重现实生活中人与人之间的交往,正确对待网上交友。现在的一部分大学生,由于交际能力不强、学习压力大、经济条件不及他人、中学时优越的地位降低等因素,心理上变得自卑,心里的苦闷和寂寞无处发泄,往往就借助虚拟的网络世界发泄情绪、寻找快乐、交流思想,交友谈恋爱,有的沉迷于虚拟世界,不能自拔。这些现象虽是个例,但一旦发生就会严重影响学业和身心健康。家长应根据孩子的具体情况,做好几个方面的工作。

其一,培养孩子良好的人格品质。

其二,提高抗挫折的能力。

其三,养成良好的生活方式。

②应教育孩子与同学和睦相处。与大学同学,特别是同班同学和同住一个寝室的同学和睦相处,建立起纯真的友谊,这对孩子的身心发展、学业的完成以及将来的创业等都有很大的作用。所以家长要告诉孩子其中的道理,并要求他们做到:

其一,在交往问题上,要严于律己,宽以待人;懂得信任人,尊重人,关心人;切忌轻薄和嫉妒;懂得"将心比心(心理互换)""求同存异""不求全责备"的交友真谛。

其二,帮助孩子重视个性互补。

其三,教育孩子要关注他人的需要。

(2)帮助孩子树立正确的恋爱观。孩子读大学了,恋爱是避不开的问题。但是,孩子正处在学习专业知识的重要阶段,并且缺乏恋爱经验和协调能力,若处理不好学习与恋爱、恋爱与经济状况、恋爱与道德等诸多关系,会严重影响孩子的学习和成长。所以,家长应从以下几个方面关心大学孩子的恋爱问题。

①教育孩子摆正恋爱在大学生活中的位置。孩子读大学后,很多的家

长没有从真正意义上主动关心过孩子的恋爱问题,最多问一句"有没有谈恋爱",至于教孩子如何正确对待恋爱、如何处理好恋爱与学习的关系的则少之又少。这正是大学孩子家庭教育的误区之一。家长应从以下几个方面多关心提醒孩子。

其一,利用假期或节假日主动和孩子一起探讨恋爱问题,询问孩子的恋爱状况以及在恋爱方面的心理需要,寓教育于对问题的探讨过程中。

其二,教育和引导孩子处理好学业、进步与恋爱的关系。爱情的力量可以使人获得思想上的进步、学业上的成功,但是,沉迷于情感纠葛也可能导致学业荒废和思想上的退步。大学时期是孩子获取知识、能力的重要时期,如果因恋爱而荒废了学业、耽搁进步就得不偿失了。所以爱一个人就应该承担学业的责任,要通过恋爱相互鼓励对方刻苦学习和进步,把爱情变为学习和进步的动力。

其三,教育和引导孩子处理好恋爱与纪律的关系。恋爱的双方总希望两人能长时间单独在一起,为此,他们常常选择请假或逃课。如果上课请假势必会影响学习,不请假又违背了纪律。长时间违背纪律势必会给学习管理、生活管理带来许多问题。因此,家长应要求孩子理智地对待恋爱,切不可只要感情不要学习和纪律。

其四,教育和引导孩子处理好恋爱与集体的关系。集体生活对大学孩子的个性成熟起着重要的作用,孩子可以在集体生活中增加阅历、获得经验。但是,恋爱的双方容易把自己禁锢在一个小天地里,远离集体生活,这势必会造成与集体和社会脱节。因此,家长应提醒孩子,不能因为恋爱脱离集体。

其五,教育和引导孩子处理好恋爱与理智的关系。恋爱让人痴迷,初恋令人激动。随着恋情的发展,双方会进入难舍难分的境地,但此时男女双方万不可失去理智,踏入禁区,不然,局面将极其麻烦,甚至严重影响他们的身心健康和学业进步。

②要让孩子加强恋爱中的道德修养,注重恋爱中的基本道德规范,在恋爱问题上做到严肃、忠贞、坦白、纯洁。在恋爱初期,重要的是"尊重对方",做到"轻松而不轻浮""真挚而不呆板""恳谈而有分寸"。随着感情变深,主要的道德要求是"诚"。恋爱双方都要以诚相待,以礼相待,对欺骗和伪善的行为决不妥协,做到诚实守信。

7.松懈懒惰关

孩子升入大学后,学习方法和学习态度较中学都有了很大的改变,如果不注意学习方法和学习态度的改变,学习上很难有大的收获。所以,家长在孩子开学之初,就应根据大学学习的特点,从以下几个方面进行教育和引导。

(1)不要有"松懈"的思想。有的孩子在高中阶段,学习非常刻苦,学习积极性高。考上大学后,总觉得该歇一歇了,不需要再像高中时那么"苦"了。于是,精神松懈了下来,学习上马马虎虎,只图过得去,能毕业就行。进入大学后,把大量的精力用在玩上,临到考试了才突击复习几天,应付考试。最终大学几年收获甚少,只勉强拿了张毕业证。作为家长,一定要教育和引导孩子,在思想上千万不要有"能毕业就行"的想法,要充分认识大学学习的重要性,中学时期刻苦学习的精神不能丢。读大学不仅仅是为了能毕业,更是要学到过硬的专业知识,掌握为社会、为国家建设做贡献的本事。思想上有了这样的认识,孩子在大学时期的学习态度才会端正。

(2)从管束性向自觉性转变。上大学前,孩子每天要完成老师布置的作业,家长要不断地过问学习成绩的好坏,同学之间的学习成绩差异也给孩子施加了一定的压力,总之,孩子的生活和学习都处在"管束"下。上大学后,孩子远离了家长,学习方面几乎没人过问了,作业也少了,老师讲课后,拿起讲义就走了,对老师讲授内容的消化或深化都靠自觉去完成,如果孩子的学习态度和学习方法不能转到"自觉"方面来,学习上是不可能有大的收获的。为此,在孩子入学前,家长就应告诉孩子大学该如何学习,并着手培养孩子的自觉性和自控性;在大学就读期间,家长应关心孩子的学习情况,询问孩子在生活上、学习上的适应情况,鼓励他们努力学习。

(3)从依从性向自主性转变。上大学前,在家有家长管着,在校有老师管着,孩子学习的依从性成分较多,学习任务主要是在家长和老师的指导、监督下完成的。上大学后没有了家长的管束,虽然仍然在老师的指导下进行学习,但学习中自主性占了很大成分。如完成老师布置的学习任务大部分靠孩子自觉;课外学习的安排、自学的时间和科目、排除干扰坚持自己的学习目标等都要靠孩子的自觉、自控;学习内容的深度和广度想要超越老师的讲授范围都得靠孩子自觉拓展学习。

(4)由规定性向选择性转变。上大学前,孩子的学习内容基本上都是国家教育大纲规定的,缺少挑选性和灵活性。上大学后,除了专业规定的必修课外,学生可以根据专业性质和本人的爱好选修相关的学科。家长应帮助孩子实现这一转变,让孩子大学毕业后做到一专多能,为就业做好准备。这就要求孩子从过去的"规定性"学习向"选择性"学习转变。

(5)学习途径由单一性向多元性转变。在中学及以前的学习中,孩子获取知识几乎都是在课堂上。大学的学习中获取知识的途径是多方面的,除了本专业的课堂学习,还可以到图书馆自学,可以从学术报告中获取,可以参加各种讲座或者学科研讨会获取自己需要的知识。所以,大学孩子必须实现这一转变。

(6)由一般性到探索性转变。一般来讲,进入大学以前,孩子对知识的掌握多停留在"是什么",很少探索"为什么"。大学是学生由"求学期"向"工作期""创造期"过渡的时期。在这个阶段的学习中,孩子不应只限于对一般知识的了解,而应介入对各派理论的综合研究,注重学术的发展动向,汇集各家之长,确立个人见解,向自己感兴趣的学科领域进行创新性探索。

8.抗挫折能力关

孩子进入大学后,仍会遇到很多障碍和困难。如果要有效地克服这些困难,翻越这些障碍,就需要顽强的意志力。所以家长应重视对大学孩子意志力的培养,这不仅对孩子大学学习有帮助,而且对他们步入社会独立工作也有十分重要的作用。

读大学期间,孩子都远离了家长,那么家长应从哪些方面培养孩子意志力呢?家长应在周末、假期或者孩子有空的时间,以直接交谈、电话沟通、网络聊天等方式从以下几个方面提醒孩子有意识地加强锻炼。

(1)增强孩子的自觉性和独立性。要告诉孩子,当在学习和生活中遇到困难或挫折阻碍自己达到预定的目标时,要自觉地调节、控制自己的情绪;要先冷静下来,全面地实事求是地分析主客观原因,排除干扰,自觉地、积极主动地向预定的目标奋进。

(2)锻炼孩子的坚毅性。坚毅性是指在行动中坚决执行自己的决定、保持顽强的毅力和充沛的精力、百折不挠地克服种种困难、完成既定的目标的精神。要告诉孩子,人生中遇到挫折和失败是难免的,当受到挫折或者遭到失败时,要找出原因,勇敢地去面对。如果是自己主观努力不够造成的挫折或失败,应发愤图强,积极进取;如果是认识偏差或方法不当造成的,要改进思维方式,选好突破口,再向目标奋进;如果是自己力所不及造成的,就应调整目标。

(3)加强自制力的锻炼。世上的诱惑太多,金钱、地位、色情、荣誉、猎奇、懒惰等每时每刻都包围着我们,如果没有一定的自制力,我们就会成为它们的俘虏,甚至陷入万劫不复的境地。家长应告诫孩子,当形形色色的诱惑出现在面前时,要把握住法纪、道德、良心底线,要以法纪、道德、良心等是否允许为准则来克制欲望和调控行动,把好理智的闸门。走向违法犯罪道路的大学孩子,绝大部分都是不能克制自己的欲望、没有把握好理智闸门。

(4)增强孩子的果断性。孩子在大学期间,会遇到很多进退两难的事,让他们下不了决心,如某某同学主动与自己谈恋爱,他本身也有此想法,但校纪、经济条件都不允许,因此心中难以决断。家长应告诉孩子,当遇到心中难以决断的事情的时候,要在法纪、道德的基础上,明辨是非,经过深思熟虑后,勇敢地做出正确选择,果断地做出决定。

(三)帮助孩子确立大学的奋斗目标

有一部分升入大学的孩子,思想上不思进取,行为上放浪不羁,学习上得过且过,大学四年学无所成,多科补考,最后勉强毕业;进入社会,摆着大学生的架子,工作高不成低不就,多年在家啃老。回想这些孩子在高中时,为读大学也曾雄心勃勃、努力奋斗过,为什么大学四年却意志消沉、学无所获呢?究其原因,这与他们没有树立在大学阶段的奋斗目标有直接关系。为此,家长在孩子进入大学之初就应帮助孩子树立大学阶段的奋斗目标,并促使他们坚持不懈地朝这个目标奋斗。

1.树立与社会发展需要相符合的个人总体目标

一个人的一生发展总与社会息息相关,受到这个社会政治、经济、文化、道德、风俗习惯的影响和熏陶,一个人的一言一行要与社会发展相适应,才能有所作为,所以,家长要帮助孩子树立与社会发展需要相符合的个人总体目标。当今世界正处于大发展、大变革、大调整时期,世界多极化、经济全球化深入发展,科技进步日新月异,知识经济蓬勃兴起,我国的改革开放也正向纵深发展。从这个形势我们可以看出：社会发展需要的是具有一定专业知识和专业技能，能进行创造性劳动，能为社会做出贡献的复合型、创新型人才。这就要求孩子树立具有良好的思想道德素质、过硬的专业知识、良好的意志品质的成才观念。有了这个观念，孩子就会方向明、干劲足。有不少家长往往只为孩子考上了大学而高兴，却忽视或者不重视对孩子进行目标教育，这对孩子以后的学习和发展是十分不利的。希望家长在为孩子高兴之余，静下心来，与孩子谈谈国家发展形势和人才需求趋势，让孩子明白自己在大学里该如何做才能跟上社会的发展，从而树立起自己的人生的奋斗目标。

2.个人奋斗目标与专业知识紧密结合，树立专业奋斗目标

有的孩子进入大学专业学习后，才发现该专业并非自己所愿，或者学习一段时间后觉得所选专业不是自己喜欢的，于是，对专业学习并不用心，只图考试过得去，这种想法或做法都是不对的。虽然人各有志，但专业已经确定，在不能换专业的现实情况下，就应该安下心来，先把这个专业学好。现在，很多高校都有转专业的制度，但转专业往往都有一定的条件限制，家长要提醒孩子早做准备，莫要错失重新选择专业的机会。家长应帮助孩子认识、了解、热爱自己所学的专业，审慎思考"跳专业"的可行性与后果，建立学好专业知识为国家服务的信念。

3.个人目标与自身优势相结合

在孩子选定专业的基础上，家长应帮助孩子分析自身的优势，在学好其他专业学科的基础上，扬长避短地选择专业中某一领域作为重点精修的方向。这样，孩子学起来既得心应手，又会有创造力。

(四)加强大学孩子思想修养的主要方面

人的成长过程是一个不断完善品德和增长智能的过程。从孩子的婴幼儿时期开始，家长就开始培养孩子的品德和开发孩子的智力，其目的是希望孩子将来成为一个德才兼备的人。在上大学前，在家长、教师的前期培养下，孩子已具备了一定的道德基础。所以在大学时期，家长特别是亲子家长

应帮助孩子端正品德修养的态度,包括认识、情感和意志。简单来说,态度就是孩子对人、事、物等所持的评价和行为倾向。

1.帮助大学孩子提高道德认识,培养他们正确的是非观念

道德认识是一种对是非、好坏、善恶、真假的行动准则及其意义的认识,其内容主要有道德观念、道德信念和道德评价。一般来讲,大学孩子道德观念明确,能根据自己的道德观念评价自己和他人;他们的道德信念则处在形成过程中,具有较大的可塑性,但易受外界的影响;在道德评价方面他们喜欢以"我"为主。为此,家长应帮助孩子提高道德认识,让孩子在独立面对社会的过程中,知道什么是对的、什么是错的;哪些是自己应该学习的,哪些是自己应该反对的;等等。让孩子树立正确的是非观念,努力做到勤奋学习、诚实谦虚、遵纪守法、艰苦朴素等;做到在认识上是非界限清楚,有正义感,敢于坚持真理等。

2.培养大学孩子积极进取的精神

进取精神是大学孩子成才的关键,一个没有进取精神的人,是永远都不会成功的。一个想要成才的人,在学习上应该有钻劲,有韧劲,有永不言败的精神;在思想道德修养方面以高标准严格要求自己,自觉抵制不良思想的侵袭;有虚怀若谷的胸怀和顽强的意志,取得成绩不沾沾自喜,受到挫折不自暴自弃。同样是大学孩子,有的思想上积极进步,学习成绩优秀,专业技能过硬,能考研读博;有的则勉强毕业,就业都难。究其原因,除了智力因素外,重要的是有无进取精神。家长不要以为孩子上大学了就万事大吉了,应不失时机地教育和引导孩子树立远大目标,在思想道德、学习等方面严格要求自己,发扬敢于拼搏的精神,铺就人生成功之路。

3.培养大学孩子的责任感

在高中阶段,家长从对自己、对家庭、对集体、对他人等诸多方面培养了孩子的责任意识,所以他们已初步具备了责任意识。进入大学后,孩子比高中时期更为成熟,视野也更为广阔,家长应抓紧这一时期进一步培养孩子的责任感,使他们的这种意识上升到一个新的高度,把钻研科学文化知识、关心国家大事、关心集体、关心同学、参加社会实践、遵守法律法规等当成是自

己应该做的事,并承担起自己所做事情的责任。孩子一旦明白了自己对家庭、对他人、对社会、对国家、对民族承担的责任,就会自觉地刻苦学习、发愤图强,就会自尊、自爱、自信、自强、自立,因为他们明白自己肩负的历史使命。

4.培养大学孩子的道德情感

从孩子牙牙学语开始,家长就教孩子爱父母、爱他人、爱家庭,这种爱深深地扎根于孩子的心中。当孩子上大学了,家长应帮助、引导孩子将这种爱上升为一种道德情感,把他们那种朴素的爱上升为爱祖国、爱人民的爱国主义情怀。对国家的爱、对人民的爱是当代大学生应该具有的神圣的道德情感。有了这种情感,他们就有了为祖国的繁荣富强而刻苦学习、顽强拼搏的强大的道义力量。

5.注意大学孩子职业道德的培养

大学孩子还在读书,以后做什么工作暂时也定不下来,在大学期间给孩子讲职业道德,好像有些不切实际,所以,有不少家长忽视了这项教育。其实,大学生职业道德修养情况直接关系到他们学习专业知识的情况和以后从业的情况,所以,家长千万不要忽视了大学孩子的职业道德教育。

(1)职业道德的内容。一是认识自己所学的专业(职业),了解这个专业的职业情况,热爱这个专业(职业)。在校大学生应该从各个方面了解和认识自己所学专业的职业特点,树立正确的职业道德观念。二是需要树立强烈的事业心和正确的职业理想。

(2)职业道德的培养。为了让孩子学好所学专业,为以后的就业和事业发展打好基础,家长可主要从以下几个方面加强孩子的职业道德教育。

第一,提高职业认识。职业认识是指对职业道德价值的认识。给在校大学生讲的职业认识,实际上是对所学专业价值的认识。只有认识了本行业(专业)在社会生活中的地位、性质、职责、作用,以及工作的对象和手段,才能提高他们对将来所从事的职业的认识,只有明确了自身将来所从事的职业的可贵性,才会刻苦地学好这个专业。

第二,培养职业情感。孩子喜欢所学专业,才会对之有情,只有对之有情才能全身心地投入到所从事的职业中去。职业情感包括责任感、荣誉感、幸福感、热爱本职工作的情感、热爱与本职工作有关的工作对象的情感等。

第三，锻炼职业意志。所谓职业意志，就是以坚忍不拔的毅力、勇敢无畏的精神，去克服和战胜职业生活中的艰难险阻的意志。职业意志是成就事业的关键，如果一个人缺乏追求事业的恒心和毅力，即使干到白头终将一事无成。有的孩子走上工作岗位后，不能专心地做好自己的专业工作，一年换了多个工作，干了几年后，结果是一样事情都没干好，这是职业意志薄弱的表现。

第四，树立职业理想。职业理想是在职业上的奋斗目标，以及经过努力想要达到的职业成就。孩子一进入大学就选定了专业，也就基本上定下了以后从事的职业方向。一个有事业心和责任感的大学生，进入大学后心中就应有职业活动的分目标和总目标，并努力通过达到各个分目标实现总目标。这个过程并非可有可无，这是孩子学好专业知识、产生职业意志的精神源泉，是孩子职业认识和职业情感的具体体现。为什么有的孩子大学四年学习成绩差，专业知识水平低，进入社会不能有效地发挥自己的专业知识优势，就是因为他们在大学期间没有树立职业理想，对自己将要从事的职业没有认识和感情。

第五，培养职业习惯。习惯是通过练习而形成的不易改变的语言、行为和生活方式等。如学习营销专业的人有善于识记物品的习惯，善于包装自己和包装产品，善于语言表达，碰到人总是自觉不自觉地、喋喋不休地介绍他所推销的东西。职业习惯包括对所从事职业的自觉性、忠贞性，战胜困难和完成任务的坚定性等。

6.帮助大学孩子树立正确的知识价值观

价值是指某种客观事物或现象对于一定的社会、阶级和个人所具有的意义。知识是提高人的价值的重要因素，一个人对家庭、对社会贡献的大小主要取决于其掌握和运用知识所创造的价值的大小。大学阶段是积累知识、探索知识的重要时期，在这个阶段内所学的知识与孩子以后的贡献有很密切的关系，所以家长应帮助孩子树立正确的知识价值观，让孩子明白知识的作用。

其一，知识能提高人的思想道德水平，科学文化知识能提高人的文化素养,道德知识能提高人的道德水平;知识可以陶冶人的情操,加强思想道德修养。一个人对家庭、对社会的贡献,不仅取决于他的知识和能力,还取决于他的品德修养。

其二,知识能提高人的创造力。随着当代科技的发展,社会需要的是复合型人才、创新型人才,一个知识结构单一、墨守成规的人是很难对社会做出多大贡献的。要创新,力从何来,它的力量源就是知识,因为,科学知识是创造力的必要条件。家长不仅要让孩子明白学习、积累知识的重要性,而且要让孩子善于将学习、积累的各种知识巧妙地组合起来创造新的东西,用知识创造人生的最大价值。

7.帮助大学孩子树立正确的人生价值观

所谓价值观,就是个体在群体行动时所依据、选择和遵循的正当性原则,也可以说是人们行为的导向。价值观的教育就是探讨人们的行为,探讨什么才是"对的""正当的"或者"好的"。家长们在孩子读大学前帮助孩子树立"对与错""好与坏"等是非观念的教育就是这方面的教育。孩子进入大学,已是成年人,他们开始思考人活着的意义——价值。那么,什么是人生的价值呢?人生价值是指人们通过社会实践,满足社会、他人以及自己需要的效用性。它包括:一方面是社会对个人的尊重和满足——精神上和物质上的两种需要和享受;另一方面是个人对社会的责任和贡献——物质和精神两方面的贡献。现在有一种比较普遍的思想倾向:只讲索取不讲奉献,只讲享受不讲回报;想要获得比较丰厚的物质财富,又不想付出艰辛的努力,总想走捷径;只要拥有了丰厚的财富,就实现了自我的价值。现实社会不少人只认"钱",从不考虑钱从何来,是以什么方式获得的,甚至羡慕那些不顾道德廉耻、以非法手段获取财富的人。这种倾向发展下去是很危险的。大学生是祖国的未来和希望,是建设祖国的栋梁。家长有责任端正孩子的人生价值观,应该通过教育让孩子明白:人不能只讲享受而不给社会创造价值,也不能只讲奉献而不讲享受;只有给社会创造价值的同时得到社会的尊重和满足,才能实现自己人生的真正价值;人生的价值不仅在于社会对个人的尊重和满足,更在于个人对社会尽了什么责任和做出了什么贡献;人生的价值是在诚实劳动的基础上实现的,劳动的成效与个人积累的科学知识有极大的关系;劳动成效还与团结协作有关,是与国家、集体分不开的,任何价值的实现都离不开团结协作。孩子明白了这些道理,才能树立正确的人生价值观。

(五)培养孩子的创业意识

所谓创业意识就是指在创业实践中对创业者起推动作用的个性意识倾向,包括创业需要、动机、兴趣、理想信念和世界观等要素。大学生毕业后,自然要走向工作岗位,不管是就业还是创业,都有一个积累、成功的过程。这就要求大学孩子在读书时期就树立起创业的思想意识,这样他们走上工作岗位后才不会迷茫,才不会"东不成、西不就",才不会事事畏难,依赖他人;有了创业意识,他们才能勇敢地走向创业之路。家长应从以下几个方面培养孩子的创业意识。

1.帮助孩子树立艰苦创业意识

现阶段大学生就业有一定困难,找到一份称心如意的工作更困难,但是,改革开放的社会大环境和政策又给每位大学生提供了展示自己的大舞台,为其就业创业提供了条件。只要有创业的意识,充满着创业的自信,勇于探索和实践,人人都能干一番事业出来。我们当家长的在孩子上大学期间,在培养他们创业意识的同时,要告诉孩子,不要把大学毕业后的前景设想得那么美好,应该具有艰苦创业的思想准备。不管是被招聘到某单位,还是自主创业,都必然要经历一个艰苦创业的过程,绝不可能一踏入工作岗位就有丰厚的回报和较高的地位。在现实生活中,有的大学生找到一份工作后,嫌脏、嫌累、嫌钱少,想找一个好的工作又找不着,结果,反复调换工作,多年一事无成;有的找不到工作,自主创业又怕困难、怕累、怕失败,最后没办法干脆在家"啃老"。现在的就业政策对青年自主创业的支持力度很大,政府对自主创业的人提供了贷款、融资等援助措施,还给予免税、无偿提供一部分资金等优惠,青年人要抓住这一机遇,做好艰苦创业的心理准备,增强自信,勇于创业。

2.帮助孩子建立起创业的责任感

孩子从呱呱坠地到读完大学,自己付出了艰辛的努力,家长花了不少的心血和钱财,家庭和国家提供了很多帮助。被培养成人后,孩子应上对得起国家,中对得起父母,下对得起自己;应把对社会的贡献、对家庭的回报和让自己过上较好的生活当成自己的责任和义不容辞的义务。家长在孩子上大学前就在培养孩子敢于负责的精神上下了功夫,但孩子读大学后,有些家长以为孩子大了,往往忽视了这方面的教育。孩子大了,家长的教育也应提升高度,应将孩子负责的精神提升到法律的高度上来。

3.帮助孩子树立积极的创业心态

积极的创业心态能让孩子发现自己的潜在能力,激发自己的潜在能力,获得事业的成功。

第一,培养巨大的创业热情,包括对艰苦创业的热切希望和向往。

第二,克服内心的障碍。要静得下心,放得下身,不要以为大学生创业是件丢人的事,不要与其他同学盲目攀比。

第三,要有不怕困难、克服困难的精神和勇气;要有不具备条件创造条件也要上的魄力,把不可能变为可能。

4.培养孩子顽强的创业意志

孩子从大学走向社会,无论是走向工作岗位,还是走向自主创业之路,不管是哪条路,都充满艰辛,存在风险,有的甚至可能使人陷入绝境。遇到这种情况,只有"背水一战",才能"柳暗花明"。因此,家长应做好三个方面的工作。

第一,帮助孩子选择明确的创业目标,让孩子在大学期间就有意识地向这个目标奋斗。

第二,培养孩子果敢决断的品格;

第三,培养孩子的恒心和毅力。

5.培养孩子创业的风险意识

大学生从学校走向社会,不管是走上岗位就业,还是自主创业,如果想要有一番作为,都要面临一定的风险,特别是自主创业。如果走上岗位就业,可能面对技术、人情世故方面的阻挠与失败。如果自主创业,就要丢掉有保障的、升职的、晋级的机会。这可能意味着财富,同时也可能意味着失败。因此,家长应从以下几个方面培养孩子承受失败(风险)的勇气。

第一,注重孩子心理素质的培养,如不惧任何困难、失败的精神,不被任何困难和失败压倒的勇气;能从困难和失败中奋然崛起的信心、坚强的意志和豁达的胸襟等。

第二,家长平时应多找一些艰苦创业的案例供孩子学习和借鉴。

6.培养孩子整合资源的意识

资源包括内部资源和外部资源。内部资源包括一个人自身所具有的知识、能力、素质、品格等;外部资源包括人力资源、物力资源、信息资源等。孩子将来如果要走向自主创业之路,除了要学好专业知识、磨炼自己的意志品质外,更重要的是学会整合外部资源。

(1)人力资源。所谓的人力资源,就是人脉关系,即孩子所构建的个人人际网络或社会网络。在资本的转换与增值过程中,人的作用始终是第一位的,人是有形资产与无形资产之间的纽带,是使工业资本、金融资本与商业资本相互转换的动力。人本身就是资本的重要组成部分,富有创造性的人才,是企业的第一资本。如果孩子在大学毕业后没有建立起自己的人脉网络,那他的创业一定很艰难。创业者需要他人的帮助和支持,不断扩大朋友网络和打好人际关系基础是创业者成功创业不可缺少的基本条件。因此,孩子在大学时就应注意构建自己的人际网络和社会网络。

(2)物力资源。物力资源是人们从事社会实践活动的物质基础。任何企业,要从事生产经营活动,都必须拥有一定的物质资源。一定的人力只有同一定的物力相结合,生产经营活动才能进行。所以,孩子在大学时期就应学会融合身边的物力资源为自主创业做准备。

(3)信息资源。这里的信息是指企业创新信息,是潜在的经济资本,是财富的代名词。信息是机会也是资源,信息资源的利用关键在"整合"二字,整合就是要处理、筛选和加工所收集到的各种信息。整合这些信息只是一种手段而不是最终目的,最终目的是对信息资源的科学利用。孩子在读书期间就应注意培养自己的信息收集整理的习惯,不能"两耳不闻窗外事,一心只读圣贤书"。

7. 培养孩子参加社会实践的意识

很多孩子从幼儿园到大学,一直在课堂中学习,很少接触社会,对人与人之间的关系、对生存的艰辛、对社会的复杂性等了解甚少。然而大学毕业后,孩子们都将面对社会,如果在踏入社会前参加一些社会实践活动,如利用假期打短工、当家教、参加一些学校组织的社会调查,走出学校,走向社会,增加一些社会阅历,获得一些社会经验,对他们毕业后踏入社会是大有益处的。

(1)通过打短工、当家教等实践活动,让孩子明白挣钱之不易,体会用知识和汗水获取财富的快乐。有不少大学孩子,吃穿用都大手大脚,从不知家长挣钱的艰辛。为了锻炼孩子、教育孩子,家长应鼓励孩子利用假期,自己去找一份工作,让他们通过实践,体会工作的艰辛和挣钱的不易,改正生活上大手大脚的毛病,养成勤俭节约的好习惯。

(2)通过社会实践活动,让孩子了解社会,学会如何与人相处,增强孩子的社会适应能力,如社会调查、单位实习等。参加社会调查,需要接触很多的人,需要根据调查内容征询别人的意见或建议,这对锻炼孩子的胆量和口才是大有益处的;到单位实习或者到某集体中打短工,孩子要接触不同思想、不同性格、不同文化层次的人,能学习应对不同人群的方法,学习待人接物的方法和礼节,这样既可以改变他们以自我为中心的交往弊端,也可以为他们走向社会做一个铺垫。

(3)参加社会实践,有利于大学孩子综合能力的提高。大学孩子到社会实践中去学习锻炼,不但能开阔视野,增强胆量和勇气,而且能提升综合能力,如语言沟通能力和办事能力、环境适应能力,以及增强自立自强的精神、克服困难的勇气和信心等。现阶段的大学孩子,生活条件好,生下来就备受一家人的宠爱,加上没有在艰苦环境中磨炼过,因此,有的孩子语言表达能力和沟通能力差,适应能力不强;有的缺乏自信,独立生存能力不强;有的以自我为中心,性格倔强;等等。要改善或解决这些不足和问题,家长口头的说教作用是不大的,只有让孩子亲自到实践中去经受磨砺和锻炼,才能改善他们的不足。

8. 培养正确的择业意识

(1)当前大学生就业存在的问题。

第一,不能结合自身的实际选择就业方向。有的大学生对人才市场的用人标准和自身条件都不是很清楚,在择业观念上有一定的盲目性,只是一味地追求"我想干什么",而不考虑"我能干什么",导致求职时四处碰壁。

第二,就业价值观上的错位。随着市场经济的发展,金钱似乎在人们的生活中显得越来越重要,有些大学生甚至将金钱、物质享受作为追求的最高目标,并以此来衡量人生价值的大小。这使得大学生在选择职业时,把找到一个工资高、待遇好、工作环境舒适的工作视为成功;反之,则认为是失败。因此,在选择职业时,环境不好的不去,工资福利不好的不去,工作辛苦的不去。最后高不成低不就,什么工作都没找着,待在家里成了"啃老族"。

第三,缺乏创业(特别是自主创业)的信心和勇气,缺乏持之以恒、艰苦创业的精神。有的大学孩子毕业后,找到了一份工作,结果一段时间后就觉得钱少、艰苦、没意思,于是就"改换门庭",数年之后回头一看,还是一事无成;有的孩子只会坐在家里想入非非,羡慕别人当老板、找大钱,但总难跨出自己创业当老板这一步,担心失败和风险。这些都是缺乏恒心、信心和勇气的表现。家长在培养孩子信心和勇气的同时,要积极支持、鼓励孩子,增强孩子追求事业和自主创业的信心。

(2)择业教育应做的几项工作。

现阶段大学生就业确实存在一定的难度,在以后相当长的一段时间内,这可能都是大学孩子必须面对的具体问题。为此,针对如何解决大学孩子就业问题,家长可从以下几个方面着手教育引导。

第一,帮助大学孩子做好科学的职业规划。孩子上大学后,家长应根据孩子所学的专业和孩子的自身特点与条件,帮助孩子尽早做好职业规划,增强就业和创业能力,这对他们将来能否顺利就业非常重要。很多大学毕业生为什么就业难,就是因为他们进入大学后,没有根据自身的特点,对未来就业做好科学的职业规划,结果直到大学毕业了,都还不知道自己究竟该做什么。俗话说,机会总是垂青于那些有准备的人。大学生将来要找到理想的职业,就要未雨绸缪,及时明确职业目标,提前做好职业规划,有针对性地进行知识储备和社会实践;同时,要通过科学的认识方法和手段,对自己的兴趣、气质、性格和能力等进行全面正确的分析,认清自己的优势与不足,从而在读书期间努力发挥自己的长处,克服短处,朝既定的目标奋斗。人们常说:"有志者,事竟成。"只要有恒心、有毅力,坚持不懈地向着目标前进,就必定会有所成就。

第二，培养孩子良好的就业心态。就业本身就是一种竞争。由于大学毕业生年轻，往往有急于求成的心理，一旦在就业中遇到挫折，很容易意志消沉、一蹶不振。因此，大学毕业生保持良好的就业心态，对顺利就业很重要。面对严峻的就业形势，大学毕业生要充满自信，勇敢地去面对竞争，既不能妄自菲薄，缩手缩脚，不敢"推销"自己，又不能狂妄自大，对单位挑三拣四，最终"高不成，低不就"。要清楚地认识到，求职中遇到的困难、挫折、委屈是暂时的、在所难免的，一味地抱怨解决不了问题，关键是面对挫折要有充分的心理准备，坚信"天生我材必有用"，摆正位置，调整心态，变压力为动力，使自己能从容、冷静地面对就业这一人生重大课题，并做出正确而理智的选择。

第三，鼓励大学孩子自主创业，帮助孩子做好自主创业的思想准备。现阶段的大多数大学毕业生，面对严峻的就业形势，只有抱怨和无奈，不敢甚至不愿迈出自主创业这一步。自主创业，既是就业的一条行之有效的途径，也是实现大学毕业生理想的一条捷径。现阶段，很多家长对于孩子就业，眼光还停留在"稳定的工作"和"固定的收入"上，把自主创业视为"没本事""失败"。目前，竞争虽然激烈，但社会发展的形势和国家政策又给孩子就业、创业提供了广阔的前景，给孩子提供了展示自己的大舞台。对此，家长应转变就业观念，积极教育和引导孩子自主创业。同时，大学也应加强对大学毕业生的创业指导和技能培训，社会应努力给大学毕业生自主创业提供更有利的条件。

大学学业广而深，家庭辅导能几何。关心品行重心理，人走正途最关键。以上是大学家庭教育重点之大略，望各位家长转变观念，抓住重点，让孩子顺利踏上青年辉煌之路。

十六　各年龄段智力开发的重点有哪些

每个家长都希望自己的孩子有聪明的头脑,长大以后干成一番事业,为此,从有了孩子开始,每位家长都会采取各种办法让孩子变得聪明,然而,其结果往往事与愿违。究其原因,多半是对智力缺乏正确的认识和采用的方式方法不当所致。

(一)什么是智力

智力是一种综合的能力,是人类对客观事物的认识能力,是各种认识能力的总和,是获得知识的能力,是认识、理解事物和运用知识与经验解决问题的能力,包括感知力、观察力、记忆力、想象力、思维力、判断力等,简单来说就是指孩子的聪明程度。

智力至少由观察力、注意力、记忆力、思维力和想象力五个要素组成。这五个要素是一个综合的整体,无论缺少哪一个都不行。我们可以用古代的天才少年曹冲来举例说明。当大象被拉到曹冲眼前需要称重时,他把注意力集中到了如何才能为这庞然大物称重这件事上。通过观察、分析,他知道大象是不能用一般的秤来称的,而石头就可以用秤称;船既然可以承载大象的重量,就也可以承载石头的重量,那么,用石头的重量就可推导出大象的重量了。于是他果断地做出判断,把大象拉到船上,在船与水的交界处画上标志,拉走大象,再把石头一块块地放到船上,直到石头的重量与大象的重量一致。然后再把一块块石头的重量称出来,其总和就是大象的重量了。这个过程,是曹冲通过关注重点,通过综合以往学到的知识,经过仔细观察、分析而完成的,不管缺少了哪一环都不可能完成。

(二)正确认识智力

每一个做父母的、每一个家庭都希望自己的孩子聪明,都希望孩子成龙成凤,有一个好的将来。然而,由于受先天的制约和后天的影响,即使有相同的智力,其结果往往是各不相同的。究其原因,主要是后天的智力开发和非智力因素的培养方面不一样。因此,希望家长明白以下几点。

第一,以平常的心态看待孩子,不要对孩子寄予太大的希望或提出太高的要求。人类智力分布是呈"橄榄形"的,"天才"和"愚笨"的人都是少数,大多数人智力都是差不多的。不要以为自己的孩子太聪明,也不要以为自己的孩子太傻,要相信孩子是芸芸众生中的普通一员。如果我们不能正确地看待孩子,一心想要他出人头地,寄予太高的希望,却不符合实际,就会陷入无比的痛苦之中,同时也会给孩子的内心留下不可磨灭的阴影,所以家长应以平和的心态看待孩子。但我们也必须承认人与人之间除了在身高、体重、相貌等方面有明显的区别外,智力、能力等方面也存在着一定的差别,只不过这种差别不像外表差别那么让人一目了然而已。为什么有的孩子成绩好,有的孩子成绩一般,且相比之下总是好的少,一般的多。这说明优秀的孩子始终都是少数。我们每个人也都是从孩童时代成长起来的,我们的家长当年也都希望我们能出人头地。可是我们大多数还是社会中的普通一员,那我们有什么理由去强求自己的孩子"成龙成凤"呢?既然成不了龙也变不了凤,何不希望孩子做一个身心健康的、为社会所认可的、能自食其力的、对社会有用的人呢?

第二,智力的高低并不等于知识的多少,而是应用知识解决问题的方法和能力的多少。有的家长以为孩子知道的东西越多就越聪明,在孩子两三岁时就教孩子认字、背诗、学算术。看到邻居家的孩子会背唐诗了,于是回家也教自己的孩子背。从上幼儿园开始,什么兴趣班都让孩子上,仿佛孩子的脑子是个大仓库,装的知识越多,智力便越高。其实智力的高低与知识的多少有着本质的区别,智力更强调的是运用知识解决实际问题的能力。家庭智育的任务就是教给孩子方法,让孩子养成好的习惯。如观察力的培养,就是启迪孩子:为什么要观察(目的任务),如何观察(观察的顺序),如何去伪存真地分析(思维能力),做出判断(结果)等。又如培养孩子如何读书,就是要帮助孩子养成好的学习习惯,而不是传授孩子具体的知识。因此,智力开发要避免踏入传授知识的误区,特别是幼儿智力开发要避免让幼儿多识字、多背诗、会计算等错误倾向。

第三,智力发展有方向性。有的孩子读书就是读不进去,不管家长如何严格要求,老师如何督导,考试成绩就是不好。为此,家长不惜花钱请家教,花钱买各种辅导资料,让孩子上各种补习班,但孩子成绩还是上不去;教师、家长一提到学习,孩子就愁眉苦脸,一言不发,但如果提到某一样东西或某一件事,孩子却表现出极大的兴趣,这是为什么?其实,这是智力发展的方向性问题。孩子如果读书成绩不好,家长千万不要失去对孩子的信心,因为,成才的道路不只是读大学这一条。平时,家长对孩子要仔细观察,发现孩子有什么兴趣和爱好,并给予保护和支持,说不定孩子将来在这方面会大有作为。

第四,智力是可以后天培养的,聪明的孩子也需要后天的培养。智力的高低不仅仅取决于先天的遗传,更重要的是后天的培养。聪明的孩子如果缺少了后天的培养,也会成为一般人,即使是比较笨的孩子,通过后天的培养和自身的努力,也会变得聪明。还记得北宋时王安石写的《伤仲永》吗?仲永长到五岁的时候,就能写诗,指定物品让其写诗也能立刻完成,因此,仲永名声传遍全县,渐渐有人请他父亲去做客,并有人用钱请仲永题诗。他的父亲认为这样有利可图,每天带着仲永四处拜访同县的人,不让仲永继续学习。到了十二三岁,仲永写出来的诗就不如从前了。到他长大成人,就变得完全如同常人了。仲永先天的智力是超群的,但由于没有受到后天的教育培养,最终成了一个平凡的人。像他那样天生聪明,如此有才智的人,由于缺少后天的教育,最终也会变成一个平凡的人,而大多数孩子的先天智力水平一般,如果不接受后天的教育,要想变得更聪明那是很困难的。

第五,在重视智力开发的同时,必须重视非智力因素的培养。智力是孩子成才的必要条件,但不是成功的唯一条件。一个聪明而有才学的人,如果感情脆弱,意志薄弱,性格倔强、孤僻,不善交往,做事情绪化,那他在事业上是很难有所成就的,这就是非智力因素带来的影响。所以,家长在注重孩子智力开发的同时,一定要注意他们非智力因素的培养。非智力因素就是心理学上讲的情商,它包括人的意志品质、性格、情感、交往能力等。

(三)如何重视孩子各阶段的智力开发

孩子的智力发育有其自身规律,它是随着大脑的发育而逐步成熟的,因此,对孩子智力的开发也必须符合孩子生理发育的规律。违背了这个规律去谈智力开发就是纸上谈兵,甚至是揠苗助长。

1.幼儿的脑发育及其智力开发

(1)幼儿大脑的发育特点。幼儿大脑的发育不是匀速的,0—3个月时代谢慢,幼儿保留了一些反射动作,并开始有手、眼协调的抓取动作。5—6个月起代谢加快,幼儿会认人,能分清生人和熟人,并开始认识自己的玩具和用品。0—3岁是婴幼儿学习的关键期。这个时期他们会用手势表达意图,能认图,能听懂故事,开始用声音(语言)表达自己的意愿。到4岁后,大脑代谢开始减慢。因为2—3岁时孩子对外界的信息如海绵那样无选择地大量吸收,到4岁后,大脑必须对信息进行筛选,留下有用的部分,以集中发展某个优势。在大脑发育最快的前4年,应尽可能地让孩子得到广泛的信息和操作机会,这些经验留在脑中的痕迹随时会同新的信息发生共鸣。共鸣越多,产生的兴趣越大,渐渐地就会形成其优势所在。如果留在脑中的经验储备太少,各种信息都难以产生共鸣,孩子对许多事物也不能产生兴趣,就会厌倦学习。所以2—3岁时,是孩子学习的关键期。孩子的学习环境越丰富,得到的练习机会越多,对发展其潜能越有利。很多孩子的聪明程度差不多,但随着孩子的逐步成长,就有了较大的差距,这就是孩子3岁前接受信息量(智力开发)的差距。

(2)幼儿智力培养的主要方面。从幼儿脑发育的特点我们可以看出,幼儿阶段的智力发展是非常迅速的,知识积累的速度快,语言发展迅速,认识过程也不断完善,很多的习惯和品质形成雏形。因此,在这个阶段,家长应让孩子多接触日常生活中的东西和周围的社会及自然环境,让他们获得这些方面的粗浅认知,还应让幼儿多说、多听、多思、多想、多做,做到"五觉"(视觉、听觉、触觉、嗅觉、味觉)齐用,培养他们的好奇心、求知欲、注意力、语言表达能力等。

第一,向幼儿介绍日常生活用品,说出名称、外形、性质、用途等;向孩子介绍工人、农民、军人、商人、知识分子以及他们的劳动分工与社会意义;向孩子介绍一些生产工具、交通工具等;教孩子认识大自然中的一些植物、动物,包括其名称、外形、习性等。

第二,使幼儿初步掌握形状、颜色、大小、多少、长短、深浅、十以内的数字顺序等概念。

第三,锻炼孩子的观察力、思维能力、注意力、记忆力和口头表达能力。孩子1—3岁是智力开发的启蒙期,对孩子的智力发展极其重要,家长切莫错过了这个时期。家长在带孩子过程中,接触的人、事、物都很多,遇到人,要教孩子礼貌地打招呼,向别人表达自己的意愿;孩子遇到好奇的事或物,家长应允许他去观察、触摸、探究;在陪伴孩子时,家长应不断地与孩子交流;在交流的过程中,要不断地纠正孩子表达不准确的地方;给孩子讲有趣的故事,要引导孩子专心听讲;孩子平时干什么事,家长不要随意去打扰他,以免分散孩子的注意力;遇到同类、相似的事物,要教孩子分析比较,说出它们的不同之处。经常这样,不但能锻炼孩子的注意力和语言表达能力,还能锻炼孩子观察力、记忆力和思维力。这些初始的能力在成人看来是微不足道的,但这些能力是孩子以后生活、学习、工作所必需的,所以,必须从小开始培养。

2.小学阶段的智力开发的主要方面

据生理学的研究,小学生的大脑发育已经接近成人。7岁儿童大脑平均重量为1280克,9岁儿童大脑平均重量为1350克,12岁后大脑平均重量就和成人差不多重。小学孩子脑重量的增加,意味着脑神经细胞体的增加,由细胞体构成的大脑皮质增厚而且面积扩大、回沟增多。脑重量的增加还意味着脑神经纤维的增加、分支增多、突触联系增多。这一切有助于复杂神经联系的形成,使得神经传导更加迅速而精确。

小学孩子大脑各部分都在发育,尤以额叶面积增大表现最为显著。大脑额叶具有调节和控制心理过程使其有目的、有计划地运行的功能。这为孩子智力的迅速发展以及良好的德行习惯的养成提供了物质基础。

虽然小学孩子的脑重量接近或者达到成人的水准,但在认识能力、注意力、观察力等方面仍与成人相差甚远,家长应在幼儿智力开发的基础上进一步开发孩子的智力。

幼儿时期孩子的智力开发主要以游戏为主导活动,进入小学后则以学习为主导活动。小学时的主导活动的形式与幼儿时的活动形式无论在量上还是质上都有明显的差别。小学的学习是一种正规的、系统的学习。孩子不仅要学习他感兴趣的东西,也要学习他暂时还不感兴趣但有重要意义的东西。为此,家长在帮助孩子学好基本知识和基本技能的基础上,应注意继续发展孩子的智力,包括注意力、观察力、思维力、想象力和自学能力等。如针对小学孩子观察的目的性较差、缺乏精确性、不够仔细、缺乏顺序、深刻性不够的特点,应有目的性地培养孩子的观察力;又如帮助孩子从无意识记忆向有意识记忆转变,从机械记忆(无意义记忆)向意义记忆发展等。

3.青年期智力开发的主要方面

孩子到了初中后期和高中阶段及以后,家长因时间和知识的限制,对孩子的智力开发就显得力不从心了。其客观原因有以下几点。

其一,中学课程增多,知识难度增大,大多数家长不能全面地精通各科知识并融会贯通地指导孩子,更不太可能直接从知识的角度以科学的方法来提高孩子的智力。其二,家长大多数时间不在孩子身边,对孩子的课业完成情况、生活情况、交往情况不能细致地了解,这给直接开发青年期孩子的智力带来了一定的难度。尽管如此,中学孩子的家庭智育还是有很多事情可做的。

(1)注意中学孩子的脑营养和合理用脑。中学孩子的大脑发育已基本完成,脑重量接近成人水平(成人脑重量为1450克,12—13岁的孩子脑重量就可达到1400克),脑皮质神经纤维的髓鞘化、神经纤维的增长和分支也接近完成。初中生大脑的发展重点已从形态和结构转移到机能方面,也就是说初中孩子的中枢神经系统已有足够的能力去接受、贮存信息,去探索、解决一些难度较大的问题。高中孩子的脑重量已与成人相当,大脑皮层各部位发育已接近成人水平,脑和中枢神经细胞发育也已接近成人水平。从智力角度讲,孩子10—16岁的智力发展是很快的,到19岁达到顶点,这正好是孩子的初高中阶段。但是,由于中学孩子欠缺成人的经验,在智力方面同成人还是有很大差别的。另外,中学孩子学习的内容多,知识不断向深度发展,学习任务繁重,家长首先应注意对孩子大脑发育的营养供给,保证蛋白质的供给。其次应关心孩子、引导孩子合理用脑,保证大脑有足够的休息时间。最后要求孩子坚持锻炼。不管学习有多忙,都不要忘了体育锻炼,要多呼吸新鲜空气,使大脑得到充足的氧。只有这样,才能使孩子精力充足,精神振奋,提高学习效率,使脑的机能不断发展。

(2)在小学的基础上,进一步培养孩子的观察能力、创造性思维、科学的记忆方法等。

(3)关心孩子的生理发展,从培养其信心、意志、性格、兴趣等非智力因素来提升孩子的智力水平。孩子学习、工作要取得成就,除智力因素外,主要靠非智力因素,就是人们常说的情商。中学阶段孩子学习任务繁重,社会见识增多,交往增多,来自学习的、社会的、家庭的、交往的压力和矛盾给孩子造成了很大的心理压力。面对这些压力和矛盾,孩子如果没有顽强的意志、坚忍不拔的毅力和信心,没有学习的兴趣,没有为谁而学的理想,在学业上是很难有所突破的。因为,对大多数人而言,智商和情商并不对立,往往形成互补。在日常生活中,大多数人表现出的是智商和情商的不同组合,且两者具有一定的相关性。可以说智商高的人,情商不会很低;情商高的人,智商也不会很低。智力优越者具有五种共同的非智力因素:一是为取得成功的坚持力,二是为实现目标不断积累的能力,三是自信心,四是心中有明确的目标,五是克服自卑感的能力。这说明卓越的智力成就所需要的绝不只是智力因素本身,情感、意志等非智力因素在人取得成功的过程中具有十分重要的作用。

智力开发是一个循序渐进的过程,是一个由低级向高级发展的过程,必须在对孩子个性特质充分了解的基础上进行科学的开发。因此,智力开发必须从小抓起,遵循规律,讲究科学(智力开发的主要方面详情均见后面专章)。

十七　如何培养一个社会化的孩子

李跃儿在《环境与发展》里说任何一种生命体都会有这样一个与自己生命状态相适应的生存环境,孩子也是这样。孩子在成长过程中,会吸收环境中的大部分因素。我们家长给孩子提供什么样的环境,孩子将来就可能成长为什么样的人,比如被狼养大的孩子——"狼孩",最终没能变成真正的人。因此,我们能为孩子准备怎样的环境,对孩子的成长非常重要。

(一)家庭环境及其对人的影响

1.什么是家庭环境

家庭环境是指笼罩在家庭中的特殊气氛或情调,它诉诸人的内在情绪和感受,对人起着潜移默化的感染作用,是人与人之间的相互联系所形成的一种氛围。例如,家庭装饰、家庭布置、家人的语言习惯、行为习惯、家庭氛围等。环境包括家庭环境、学校环境和社会环境,这是影响孩子成长的三大环境因素。就社会环境而言,它的范围很广,而家庭无法左右它,所以对不良社会环境对孩子的影响,家庭只能通过对孩子的教育力争避免。对于学校环境对孩子成长的影响,家长可以通过各种方法去改变,如家长可以通过与学校和老师的沟通去改变学习风气和教师的教育方法。和学校环境相比,家庭环境对孩子的成长显得尤其重要,其影响更早、更持久和更深远。一般来说,孩子从出生到长大成人,接触最早、最多、最久的莫过于他们的家人,即便在孩子入学后,学校生活占去了孩子的一部分时间,但他们一旦离开了学校这个教育的环境,又会回到家庭环境中。另外,家庭环境与学校环境对孩子的教育重点不一样。学校环境偏重的是孩子对知识的掌握,家庭环境偏重的是孩子的行为习惯、道德、性格的形成,而优异的学习成绩和突出的成就有很大一部分来源于良好的行为习惯和道德品质。所以,家庭环境对孩子的成长起着决定性作用。

2. 家庭环境对孩子的影响的主要方面

家庭是一个人受教育的重要场所,父母是子女最初的教育者,所以,人们常把父母比喻成"孩子的第一任教师"。家庭环境的好与差,直接影响孩子的成长。

(1)家庭环境影响孩子身体的发育和智力的发展。孩子从呱呱坠地开始,就生活在具体的家庭环境中。如果家庭环境安静舒适、安详和谐,并且孩子能得到家庭成员的关爱和家长科学的喂养,孩子就能健康地成长。如果家庭纷争不断、经常吵闹,那孩子很可能常因受到惊吓而啼哭,这样孩子不但身体长不好,心智发育也将受到影响。例如:19世纪初,德国巴登大公国王子卡斯·豪瑟出生后,争夺王位的宫廷阴谋家将他同普通的婴儿对换。在3至4岁时,这位王子被关进黑暗低小的地牢里。在地牢里,他可以找到面包和水,但从未见过人,一直到17岁时,才被别人救了出来。当时,他的身高只有144厘米,膝盖已变形,目光呆滞,怕光,暗视觉特别敏感,听觉、嗅觉比较灵敏,但不会谈话,智力如同幼儿。他22岁时,遇刺身亡。经解剖,他的大脑特别小,没有盖住小脑。

这一事例充分说明环境为人的发展提供了可能性,但如果没有一定的环境的影响,这种可能性就无法转化为现实。

(2)家庭环境影响孩子的行为习惯。我国古代教育家荀子说:"蓬生麻中,不扶自直;白沙在涅,与之俱黑。……故君子居必择乡,游必就士,所以防邪避而近中正也。"这是在强调环境对人的潜移默化的作用,如果环境较恶劣,不利于孩子成长,就要想办法避开。现实生活中,环境对人的影响的例子不少。如果经常处在许多人说粗话、脏话的环境中,孩子慢慢就会养成说粗话、脏话的习惯;如果从小处在赌博成风的环境中,孩子长大后也可能喜欢赌博。

(3) 家庭的教养方式影响孩子的人格品质。个体品德养成深受其所处环境的影响，"近朱者赤，近墨者黑"说的就是这个道理。一般来讲，家庭环境对处于儿童期的个体的品行影响最大。在家庭环境中，家长的人格品质和教养方式对孩子人格品质的形成有很大的作用。在家长良好的行为习惯、人格品质和正确的教养方式影响下长大的孩子，大多数都具有良好的行为习惯和优良的人格品质，反之，孩子就可能走向反面。

(4) 家庭不当的教养方式可能让孩子沾染上社会恶习，坠入违法犯罪的深渊。所谓家长教养方式，一般是指家长在教育和抚养子女时通常运用的方法和形式，是教育观念和教育行为的综合体现。概括起来，家长教养方式主要包括放任型、专制型及民主型。不同的教养方式对孩子品德养成具有不同的影响。

放任型教养方式：家长给予多，关心少，互动少，对孩子的不良行为管得也少。这种教养方式下的孩子在家长那里得不到关注，就会向社会寻找自己的归属，因而易受社会不良习气的影响，容易坠入犯罪的深渊。

专制型教养方式：家长对孩子要求过于严厉，孩子稍有不对就受到责骂，甚至是棍棒加身。在这样的教育下成长的孩子往往自主性和独立性差，也容易产生严重的暴力倾向。这也是导致孩子走向邪路的一大因素。

民主型教养方式：在孩子的管教问题上放下家长的"架子"和"权威"，把孩子放在与家长相同的地位上来对待。具体体现为坚持民主、平等地讨论问题，不武断，不无原则地迁就孩子等。民主型教养方式教养出来的孩子有主见，有独立性。

> 李某是一个外地来京务工人员的孩子，15岁，与在京做小买卖的姐姐、姐夫一起生活。姐姐、姐夫对他的管教不严，闲暇时，他会浏览一些淫秽暴力网站。后来，李某就模仿着淫秽暴力网站里的黑社会人物，买来黑色塑料仿真手枪，准备了几根尼龙绳和一个黑色头套，开始实施抢劫。在仅仅两个月的时间内，他持假枪威胁深夜回家的单身女性，连续作案8次，其中涉嫌抢劫7次，涉嫌强奸1次。他在抢劫的同时，还经常对被害人实施强制猥亵等行为。李某走向违法犯罪，原因之一就是家长在养育上的"放任"。

当今,网络十分发达,基本每个成年人都拥有一部手机,就连大部分小学生、中学生都有手机。手机给人们带来了极大方便的同时,却也带来了许多负面因素,如黄色信息。这些黄色信息,对于成年人来说可能危害较小,但会给小学生、中学生的身心发展会带来很大的危害,这也是家长管教孩子的一大盲区、一大难点。这些淫秽的东西,不但影响孩子的身心健康,而且容易诱发犯罪。家长在孩子上网的问题上一定不能放任不管。许多未成年人犯罪都是因为看了网上的不良信息而引发的。有的法官问这些未成年人:难道就没有人发现你们在看这些东西吗?他们说,都是背着父母、老师,在晚上偷偷看的。

(二)家庭结构对孩子成长的影响

1.家庭结构的小型化和分裂化

随着我国社会经济的飞速发展,人口的流动也日益频繁,加之住房条件紧张,中国的家庭正在趋于结构小型化。

家庭结构在走向小型化的同时也走向了分裂化。"分裂化家庭"主要有三种表现形式:一是由离婚、配偶一方死亡而造成的单亲家庭;二是因婚外情、分居、配偶一方离家出走等问题而形成的"隐性残缺家庭";三是夫妻一起在外地工作,由老人在家照顾孩子而组成的"松散型家庭"。在上述几种形式中,以离婚的方式产生的"分裂化家庭"最多。近年来,人们对离婚的看法发生了改变,更加重视婚姻的质量,传统的"离婚极不光彩"的观念已逐步淡化,社会舆论对离婚的态度也更加理解和宽容,结果导致我国的离婚率一路上升。

(1)小型化家庭给孩子造成的影响。小型化家庭一般都是独生子女或者两个子女。由于孩子很珍贵,家长容易用溺爱、放纵、暴力等不当教育方式,致使孩子养成一系列不良人格品质。

(2)不和谐家庭给孩子带来生理和心理创伤。不和谐家庭是指家庭成员之间有矛盾,不能相互沟通,不能相互谅解而经常吵闹的家庭。家庭关系不和谐主要体现在以下几个方面。

①夫妻关系不和谐。夫妻双方在婚前家庭环境、社会环境、文化背景、个人经历、个性品质、性格和习惯等方面存在差异,婚后又不能相互沟通、忍

让和理解,面对生活、工作和家庭关系等许多现实问题,夫妻双方经常发生争吵,这会给孩子造成心理创伤。

②亲子关系不和谐。家长对孩子放纵不管,爱得过多;对孩子管得过严、过多,包办过多;对孩子要求过高,期望值过高;对孩子的独立意识缺乏理解和正确的引导,把自己的愿望强加给孩子;等等。这些都会阻碍孩子独立性的发展,引起孩子的反感和反抗,造成亲子关系不和谐。

③家庭暴力。家庭暴力是指家庭成员对家庭成员所施予的暴力伤害。这种暴力伤害表现在肉体、心理等方面。家庭暴力可以是丈夫对妻子的伤害,妻子对丈夫的伤害;父母对子女的伤害,成年子女对父母的伤害;兄弟姐妹之间的暴力伤害。大量调查研究表明,在家庭暴力的诸多形式中,丈夫对妻子、父母对子女的暴力形式较为普遍。在我国的家庭中家长对孩子施以暴力伤害,主要表现是打骂孩子。不和谐的家庭往往容易忽略孩子生活的需求和心理的需求。这样,就可能造成如下影响:影响孩子生理的发育,形成不健康的心理;养成不良的行为习惯,甚至可能走上违法犯罪之路。

(3)"分裂型家庭"给孩子带来的影响。夫妻双方的分离是给孩子的最残酷的心灵折磨。

一种情况是夫妻离婚后各忙各的事,无心关心、照管孩子,孩子成了多余的人。这种情况下,孩子不能享受应有的家庭温暖,他们大多具有如下特点:心情忧郁,性格孤僻,沉默寡言,情绪低落,害怕与人交往,担心在交往中别人问起父母的情况;当看到别人的家庭和睦团圆时,会很失落、压抑和自卑,感情更加脆弱,甚至对他人的长处与优势不满,嫉妒比自己强的人;不能理解分裂的家庭环境,认为父母不重视自己,产生逆反心理;行动自由散漫,无心学习,对集体和集体生活漠不关心,好独自行事;缺乏被关心、照顾和管教的体验,到社会上去寻求慰藉,一旦遇到坏人,容易走入歧途;父母重新组建家庭,或者再生儿育女,对此,孩子很难适应,内心很难接受,而有时,孩子又容易成为新建家庭的累赘、包袱,受到歧视或虐待,最后混迹社会,成为违法犯罪的"新苗子"。

另一种情况是离异双方都加倍喜欢孩子。有些夫妻离婚后,总觉得对不住孩子,都想以加倍的爱来弥补对孩子的亏欠,于是,尽其所能满足孩子的一切要求,即使孩子有什么不良行为也尽量迁就。这样孩子在两边都能得到"好处";如果在妈妈那里受到"批评",就跑到爸爸那里哭诉,在爸爸那里受到"委屈",就到妈妈那里"告状"。在这种情况下,如果离异双方在教育上不能很好地配合,孩子往往容易养成投机取巧、骄横跋扈、任性、心中只有自己、只会享受不知付出等人格。

2.父母受教育程度可能给孩子带来的影响

按理说,父母受教育程度越高,对孩子的成长越有利,反之亦然,但现实情况却不这么乐观。不少高学历的父母,却教不出优秀的子女;不少文化程度比较低的父母,其子女读书成绩却很好,人格品质也很优秀。究其原因,孩子的成长与父母的文化程度有一定联系,但父母的文化程度不是决定性因素。问题关键在于父母能不能根据孩子和环境的特点因人施教。

不切实际的希望和高要求会影响孩子的成长。有些学历高的父母,希望孩子在各方面都出类拔萃,于是,从孩子小时候开始,就对孩子抱有很高的希望,不但要求孩子学习成绩好,而且要求孩子在其他方面都优秀;有些文化层次比较低的父母,希望孩子以后不要像自己那样因没文化一辈子受苦受累。于是,从小就给孩子灌输"要努力学习,出人头地"的思想。两者都按自己的要求为孩子设计未来之路,把孩子禁锢在自己设计的模式里。很多时候,这两种家庭的教育都要求孩子"只要学习成绩好,父母什么都满足你"。结果,忽视了孩子的行为习惯、道德品质和意志等方面的教育,使孩子逆反、厌学。孩子的成长根据年龄段有其各自的特点和规律,这种违反孩子生理和心理特点的教育,只能适得其反。

(三)如何创造一个利于孩子成长的家庭环境

从以上的分析可以看出,家庭环境的好坏直接影响孩子的健康成长。因此,良好的家庭环境是孩子身体发育成长、良好行为习惯和道德品质养成、健康心理形成的重要保证。

1.创造一个较好的家庭物质环境

家庭物质环境包括吃、住、穿、用、玩等方面,它既是孩子生存所必需的东西,又是孩子智力、能力和情感发展所必需的东西。

(1)家庭装饰、环境布置与陈设。在家庭的装修、家具的购买等家庭物质环境方面应适合孩子的特点,有利于孩子的活动和学习,不能只考虑成人需要而忽视儿童的需求。在装修上,有条件的家庭应规划一间孩子用房,其装修要适合孩子的特点:整体的装修要简洁、大气,颜色不能太艳,也不能太灰暗;灯光要求柔和明亮。在饰品上要考虑文化性和艺术性,也就是说要尽量避免"怪""粗""俗"。可以养一些花草美化家庭环境。家庭应有书柜或书架,有一定的健康的藏书;应为孩子购置专用书架和适合孩子阅读的书籍。另外,要注意让孩子参与家庭环境的美化,让他们用自己的双手美化自己的生活环境,以培养他们爱美的情趣和能力。在家庭布置和摆设方面,不能只顾成人的需要和爱好,要为孩子的活动创设一定的空间。同时,要为孩子在社区内创设一方空间,让他们与邻里的孩子交往或参加社区组织的活动。

(2)为孩子提供吃、穿、用等方面的生活物品。当今,物质生活条件普遍较好,孩子又珍贵,大多数父母在孩子吃、穿、用等方面都出手大方,尽量让孩子吃好的、用好的、穿好的,这本来这无可非议,但如果不讲科学和适用,往往会适得其反,带来不良的后果。如,一味给孩子吃高营养、高蛋白的食物,一是孩子吃久了会厌,二是孩子可能身体受不了反受其害。所以,要根据孩子的实际做到科学、适用和合理。在食物上,应根据孩子的年龄、身体特点,做到粗细配搭、营养均衡;孩子两岁后,最好与成人同食。在穿、用的方面,不要刻意追求昂贵、高档名牌,应以舒适、大方为原则。

(3)为孩子提供开发智力、能力的物品,例如必要的玩具、文具和书籍等。

在创设良好的家庭物质环境时,家长要量力而行,切忌盲目跟风,盲目攀比,尽可能地做到科学化、儿童化、审美化,切忌盲目性。

2.创造一个较好的家庭心理环境

所谓好的家庭心理环境,简单地讲就是适合孩子心理发展的气氛和氛围,它是由家庭的气氛、父母的教养方式及家庭成员的精神生活等内容构成的。

近几年,心理学发展很快,人们在关注孩子成长的物质环境的同时,也开始注重孩子成长的心理环境。一个健康的心理会是孩子的一笔非常大的财富。家庭是孩子在成长过程中接触最多的地方,更是保护孩子心理健康的基地。因此,在家庭中,家长要重视孩子的心理塑造,尽力使孩子的智力与心理同步发展,家庭教育不能重智力、轻德育、轻心理,以免给孩子的心理素质造成先天不足。

现代社会各种关系错综复杂,各种竞争十分激烈。孩子将来想要适应这个社会,除了丰富的知识、强健的体魄外,还需要一个健康的心理。一个人只有使心理承受能力高于社会发展对它的要求,才有可能避免心理疾病的产生,才能适应现代社会的发展。因此,家长一定要注意维护孩子从小的心理健康,让孩子形成健全的人格。

(1)良好的家庭美德环境,是孩子良好心理素质形成的前提。所谓良好的家庭美德环境,就是家庭成员之间形成的一种有利于人的发展的氛围,比如家庭成员之间相处和谐、融洽;能互敬互爱,相互体谅,尽管有时产生意见分歧,但能通过民主、商谈的方式达成共识。孩子在"敬""爱""合作""谅解"的氛围中,不但能自然形成互助、互爱、合作、谅解的好品质,而且能提升自身的意志力、思维能力,并从中获得安全感,形成乐于接受教育的自觉性。相反,家庭成员之间形同陌路,处事自私,争吵不休,这会使孩子慢慢形成冷漠、偏执的畸形的性格。因此,家长要大力提倡家庭美德,正确处理家庭成员的相互关系,让孩子在良好的家庭美德环境中慢慢形成良好的心理素质。

①建立互敬、互爱的家庭氛围。一般而言,一个家庭有老有少,甚至有三到四代人相处。这几代人中,由于性格、年龄、文化素养、意识等有差异,在生活中难免有分歧和矛盾。孩子夹在父辈、祖辈的矛盾之中,处于一种无助、恐慌、无奈和无助的境地。这将严重影响孩子良好人格的发展。所以,在家庭中,首先要树立互敬、互爱、体谅和包容的家庭美德。在传统的道德教育中,人们非常重视"孝道",现代教育也讲"尊老爱幼",可见孝道的重要性。一个人,不管职位有多高,名声有多大,如果不尊敬、关爱、赡养老人,就终将被人唾弃。过去常讲"孝子贤孙",意思是只有孝敬老人的儿子,才有贤良的孙子。其实,这是有道理的,因为孩子一般长期生活在父母身边,父母的一言一行无不影响着孩子。所以,孩子的父母对老人要做到"孝""敬",简单地讲就是多理解、多关心、多包容老人,多以心换心,多心平气和地与老人沟通,给孩子做出表率。老人(长辈)对后辈,要多关爱、多体谅、多支持,多以赞赏的眼光看后辈;少唠叨,少埋怨,少拿自己的长处比后辈的短处,少拿自己当年之事在后辈面前说事。一代人有一代人的生活方式,一代人有一代人值得骄傲的地方,所以,老人不能倚老卖老,后辈不能以己度人,大家都

应以宽阔的胸怀去对待生活,有什么不同的想法或矛盾,要先心平气和地坐下来沟通和解决;父母有责任教孩子讲礼貌,尊敬人,如果发现孩子有不礼貌的言行,要及时制止,要教育和引导孩子以正确的行为方式与人相处,绝不能听之任之。总的来讲,家庭成员之间要以情感人,以理服人,以样教人,构建融洽的家庭气氛。

②建立和谐的夫妻关系。近年来,随着人们的价值观念的急剧变化,家庭结构也发生了变化。一些家庭结构的稳定性正在动摇,单亲家庭不断出现。家庭的破裂使儿童内心的安全感和归属感消失,儿童赖以生存的家庭乐园被破坏,从而容易使孩子形成变态心理和怪僻性格,也很容易让孩子走向歧路。因此,一旦有了家庭,有了孩子,为人父母者应从以下方面努力为孩子创设良好的心理成长环境。

第一,多些责任和担当。一个人有了妻子或丈夫,就有了家;夫妻有了孩子,就有了责任;有了责任就应有担当,并且这个担当是义不容辞的。但是,从很多离婚的家庭来看,离婚理由是多方面的,但主要原因为情感不和、性格不合,这是责任意识淡薄、缺乏担当精神的表现。每个有孩子的离婚夫妇如果离婚前想想自己的责任,想想离婚后可能给孩子造成的不良后果,还能因为一点"情感不和"而置家庭于不顾,置孩子于不顾吗？从另一个角度讲,两个人的思想、认识以及感受不一致也是正常的,所谓一致,只能是相对的一致,而不是绝对的一致。一个个体有时心中都充满着矛盾,何况是不同的个体呢？所以,夫妻双方都应把"责任"放在首位,即使有什么分歧和矛盾,想想孩子,掂量掂量自己肩上的责任,就会正确面对分歧或矛盾。

第二,以宽广的心胸面对生活。夫妻之间的矛盾或分歧,往往由一些非原则性的小事产生,又往往因夫妻双方固执、缺乏沟通、缺乏忍让和谅解而加深。所以,一个人要以宽广的胸怀去面对生活,而人与人之间要多些沟通和谅解,多些理解和支持,多些尊重和忍让。

第三,夫妻生活要多讲点儿"艺术"。夫妻之间有了意见分歧,双方往往因固执己见、互不买账而使矛盾加深。其实,除了原则问题外,有时夫妻双方都退一步,就"海阔天空"了。例如,夫妻之间发生争吵,当时,双方吵得不可开交,但事后冷静下来想一想,就觉得没必要、很后悔,因为如果当时有一方退一步,可能就不会发生争吵了；如果看见丈夫(妻子)要发火了,另一人心平气和地说:"很难见你这么急,你急起来真有几分平时难见的帅(美),不要动,让我多欣赏一下。"一句幽默的话,既表示了让步,又能缓解紧张的气氛,可能,一场危机就化解了。总的来讲,夫妻之间要多些赞扬,少些责备;多些幽默,少些冷战;多点儿糊涂,少些计较。这样,就能尽量避免因家庭分裂而给孩子成长带来的不利影响,就能为孩子健康的心理成长创设一个好的家庭环境。

(2)家长要有良好的教养。家长是孩子学习的榜样,家长的教养直接影响孩子的行为和心理,孩子良好的行为习惯是家长教育的结果。所以,家长们在教养孩子的过程中,应尽量做到以下几点。

①树立民主、平等的教养意识。所谓民主、平等,就是在孩子的教育上,放下家长的"架子"和"权威",把孩子放在同等的地位上来对待,多一点儿聆听,少一点儿说教;多一点儿指导,少一点儿限制;多一点儿真诚,少一点儿做作;多一点儿接纳,少一点儿训诫;多让孩子实践,少一些包办;多一点儿鼓励,少一点儿责难。总之,要尽量避免挥舞"心灵的鞭子",避免使用"语言的刀子"。即使孩子做得不对,家长也应正面指出其缺点和错误,给予建议性的指导,提高孩子的认识,以改正缺点。在这样环境中长大的孩子,才既能接受批评,经受压力,又有独立处事的能力。

②建立恰当的父母角色。在家庭中,父母角色是指为人父母在法律和伦理道德上的责任和义务。有了孩子,父母不但肩负起了喂养和教育他并使之健康成长的责任和义务,而且应该为孩子营造利于孩子成长的环境。为达此目的,父母就应扮演好自己的角色。就儿童发展来说,父母的角色要求有:

第一,形成和谐的家庭关系和夫妻关系,避免家庭冲突和夫妻冲突,为孩子的成长营造一个安全的环境。

第二,在孩子不同的发展阶段上,注意角色内容的变化。例如,在孩子青春期前,父母要用成熟而坚定的方式去养育孩子,父母处于强势,占主导地位。所谓强势,就是父母的力量比孩子的力量大,包括成熟的力量和强力塑造孩子的力量。在孩子青春期以后,父母就应从主导地位转向"平等"的位置上来,就得从教育的"强势"地位退一步,让孩子的力量大一些,因为孩子已进入类似"成人"的心理期。这时家长如果仍然用以前的方式去管教孩子,孩子就会反感,就会与家长对着干。所以,在孩子好教、可教的时候,家长要把握好黄金时期,要有力量去教他,要以良好的言行去影响他;在孩子成年感已经萌芽后,要转向同孩子建立良好的关系上来,用亲和的关系去影响孩子。

第三,家长之间确立互补、均衡、目标一致的角色关系,以确保对孩子教育的一致性。主要要求:隔代家长和亲子家长之间要统一教育的目标和要求,亲子家长之间要统一教育的目标和要求;根据目标,家长在教育孩子的言行上要保持一致,不能一个提出这样的要求,另一个因心疼孩子允许他不照要求去做;要维护统一教育目标的权威性,也就是一方要求孩子这么做,另一方也要要求孩子这么做,简单地讲就是不能互相拆台。

(3)注意亲子沟通的态度与行为方式。亲子沟通中家长的态度与行为方式将直接影响到孩子的发展。为此,家长应该注意:

第一,家长应养成耐心倾听孩子说话的习惯。在教育问题上,家长常犯"以权压人"的毛病,认为自己说的就是"金科玉律",是"圣旨",孩子必须无条件服从;孩子有什么诉求或辩解,刚开口就给压了回去。这种教养方式不但会使孩子的情感受到压抑,而且会使家长失去孩子的信任,造成家长与孩子之间的情感裂痕。

第二,民主、平等地讨论问题,不武断,也不无原则地迁就孩子。从道德伦理上讲,家长是孩子的长辈,从法律个体上讲,家长与孩子是平等的。所以,家长肩负着长辈和同志、朋友的多重责任和义务。孩子有不对的地方,家长就要尽长辈的责任——给孩子指出,并督促其改正;在与孩子谈论问题和相互沟通时,家长就应以平等姿态面对孩子,这样,孩子不但能愉快地接受家长的建议,而且能更加尊敬家长。这也是家长教育子女的一种艺术。

第三,真实、明白、温和地说出自己对孩子的感受,既不过高地褒奖孩子,也不贬损孩子。孩子在成长过程中,难免走弯路,难免有过错,所以他们需要人鼓励,需要人指引。当孩子遇到什么困难时,家长给予一句"孩子,相信你一定能克服困难,要相信自己是最棒的"的鼓励,也许,孩子就能增强信心,走出困境;当孩子犯了错误时,家长不要指责、埋怨孩子,而要心平气和地告诉孩子错误所在,并提出改正意见,让孩子自己思考;当孩子取得成绩时,家长要给予恰当的褒奖。

第四,理解孩子的情绪。

第五,保持一点童心、童趣。家长与孩子相处,如果老是摆着一副成人的面孔,那么孩子在心灵上会觉得与家长有距离,就不会主动与家长沟通。

如果家长能根据孩子的年龄特点,以孩子的心态与孩子交往或沟通,孩子不但会尊重家长,而且还会把家长当成朋友。

(4)营造和睦的家庭氛围。和睦的家庭氛围主要是指家庭成员良好的性格、习惯、处事方法、处世态度和爱好等。例如:家庭成员性格开朗,积极乐观;勤奋好学,说话温和、文明、风趣;家庭成员之间关系融洽,团结互助;家庭气氛温馨,有合理的学习、生活制度和必要的家规;家庭成员无不良的爱好和习惯,如不打牌、不酗酒、不晚睡晚起等。孩子生活在这样的环境中才可能拥有安全感,才可能形成良好的行为习惯。

(5)设计合理的目标要求。不管干什么事,没有目标(期望)不行,目标过高也不行。家长应设计符合孩子实际的目标。合理的目标可以激发孩子内在的成就动机,促使其更加努力向上。但是过高的目标不但起不到激励作用,反而使孩子望而生畏,给孩子造成沉重的精神负担,严重的会影响孩子身心的健康成长;目标如果过低,又不能起到激励作用。因此,家长对孩子的期望不要太高,不要盲目地向他人看齐,但也不能没有目标。家长应根据孩子自身的条件,考虑社会的需要以及目标实现的可能性,为孩子设计较为合理的发展目标。

3.创造一个良好的家庭信息环境

所谓家庭信息环境就是孩子在家庭中可能接触的信息资源以及特定信息交流活动的影响因素共同构成的气氛和氛围,如家庭阅读、看电视、上网、参加交往活动等。良好的信息环境对孩子扩大视野、探索兴趣、良好行为习惯的养成、陶冶情操以及提升社交能力等有着极大的帮助作用。

(1)合理指导孩子看电视、玩手机、上网。当今,是信息爆炸的时代,如果孩子不知道如何接收有用的信息,将来就会落后于时代,所以,家长应允许孩子接触信息工具,让孩子掌握信息工具的使用方法,充分利用家庭中的各种设施给孩子提供信息。例如让孩子会用手机,会操作电脑等。但是,这也是一把双刃剑,控制得不好,会给孩子带来不利影响,如:视力下降,影响智力发展,成瘾,引发网络心理障碍和人际关系障碍等。所以,孩子不宜过早、过多地接触手机和电脑,更应控制看手机、电视的时间。

(2)给予孩子时间和空间,允许他们到大自然中和具有教育意义的场所去。例如,田野、山川、公园、动物园、博物馆、科技宫、展览馆、游乐场等地方。古人求知要求"读万卷书,行万里路"。"读万卷书"是说多读书,"行万里路"是讲多游历,多亲身经历。读书得来的是间接知识,这些间接的知识只有通过实践,才能变为真正的属于自己的知识。所以,只要求孩子读书是不够的,在读书的基础上还要让孩子亲力亲为。这样做的好处是:亲见亲历,增长见识,所谓见多识广就是这个道理;可以在实践中印证从书上得来的知识;可以在实践中考察事物的变化及其原因;可以在实践中运用自己拥有的知识;可以在实践中增强辨别能力等。有的家长害怕放手,担心孩子离开家长的监护会犯错误,会出问题。其实家长大可不必担心,只要家长提醒孩子注意事项,一般孩子是不会出问题的。家长要允许孩子犯错误,谁在学走路时不跌倒几次呢?难道怕孩子跌倒就不让孩子学走路了吗?即使在实践中遭受挫折或失败也是一种收获。另外,家长还应利用闲暇时间带孩子到各种利于孩子身心发展的场所中去,并在注意安全的前提下,放手让孩子嬉戏、玩耍,让孩子在实践中学会适应和观察。家长还应利用生活中发生的事随时随地对孩子进行教育。

(3)让孩子阅读各种书籍、报刊。阅读是孩子获取知识和信息的一个渠道,家长应充分利用书籍、报刊,让孩子在阅读中获得丰富的信息资源。

(4)选择合适的交往对象,尤其要注意家长自身的交往对象。

(5)对信息的选择与控制。孩子获取信息的渠道很多,来自电视的、网络的、同学的、朋友的、学校的、社会的……大量的信息涌入,给正确信息的获取造成困难,因为,孩子不会像成人那样凭自己的理性去选择,对这些信息,他们基本上是"来者不拒"。家长必须从孩子身心的健康发展出发,指导孩子对信息进行选择与控制,充分发挥有益信息的作用,努力避免消极信息的不良影响。

第一,让孩子知道有哪些不良信息以及不良信息的危害。

黄色流毒:在互联网汹涌奔腾的信息浪潮下面,潜伏着一股黄色流毒。有关资料显示,目前互联网上大约有100万个黄色电脑文件,其中大部分是短篇小说、剪辑录像和图片。淫秽色情制品通过网络对青少年造成"精神污染",这些网络"色情文化"严重摧残青少年的身心健康,将他们引入歧途。

黑色信息:黑色信息指制造社会政治、经济、组织混乱的信息。例如:在德国,出现了煽动种族主义的"电子纳粹";在国际社会上,少数别有用心者在网上散布政治谣言和恐怖言论,旨在扰乱人心,制造世界动乱。在中国,一些非法分子也通过互联网发布危害国家安全的信息,蛊惑人心,进行诽谤、侮辱、赌博、侵害著作权和隐私权等活动。

暴力文化:暴力文化指有助于暴力行为发生的亚文化。互联网在把境外大量先进科学技术、优秀的思想文化信息传输进来的同时,也夹带了许多西方暴力文化信息。尤其是随着多媒体技术的发展,通过电脑和网络各种负载境内外暴力文化特质的视频、游戏软件被有声有色地传输给青少年。更有甚者,居然在网上教授如何制造炸弹、如何实施各种暴力犯罪等。有人做过统计,在互联网上流动的非教育信息,70%涉及暴力。境内外暴力文化在网络上的表现特质主要是枪战、暗杀、绑架、武装走私、贩毒、帮派、有组织的犯罪等。有些青少年由于人生经历太浅、是非观念不清,加上缺乏自我控制能力,极容易通过网络传媒受到暴力文化的误导,常常会因生活中微不足道的失意、挫折或"哥们儿义气"大打出手,实施各种暴力行为,导致暴力犯罪。现在,很多游戏和影片都充斥着暴力,这将严重影响孩子的身心发展。

网上黑客:有些对计算机软件和网络技术相当精通的人(其中青少年占多数),未经授权进入计算机信息系统,对系统进行攻击,窃取、篡改、删除系统中的信息,甚至利用计算机病毒破坏部分系统或全部网络,他们被称为计算机黑客。比如人们使用手机时经常遇到不明彩信、短信,当你把它打开,或者照它的提示进行操作,黑客就会利用病毒攻击你手机的安全系统,获取你的个人信息(包括银行密码)。

以上只是网络不良信息的一部分,其他还有网上赌博、假证件办理、代写论文、股票证券诈骗、管制品买卖、社会谣言、各种商业化的虚假宣传等。

第二,做出规定,随时警醒。家长在同意孩子使用手机和电脑时,首先要告诫孩子:网络世界是虚拟的世界,很多东西与现实生活有很大的差距,不要轻信网上的信息;要控制自己的好奇心,不能打开黄色、黑色信息;要控制好上网的时间;不能打夹杂有暴力和色情元素的游戏;不要轻易相信网络上的宣传和街上非正规印刷的商业宣传;不要轻信社会传言;不要轻信不是权威机构公布的消息,如果不能掌握准确的信息,可向老师、家长求证。

第三,在有规定的前提下,放手让孩子实践,让孩子在实践中增强免疫力。家长在告诉孩子什么是不良信息及其危害,以及提出要求后,要经常了解孩子在网上获取有用信息的情况,孩子做得好的要给予鼓励和赞扬,做得不足的要及时提醒孩子改正。如果家长发现孩子在使用手机和电脑时有一些"违规"行为也不要大惊小怪，要及时地、耐心地对孩子进行教育引导，让孩子慢慢养成自觉抵制不良信息的习惯，这是最根本的。家长应该相信孩子能做好，不能每时每刻都监督着孩子，时时念叨孩子，一是家长没那么多时间和精力，二是会引起孩子的反感，造成孩子的逆反心理。

　　人们常说：孩子生长于接纳中，便学会了爱人；孩子生长于肯定中，便学会了自重；孩子生长于分享中，便学会了慷慨；孩子生长于公平中，便学会了正义；孩子生长于诚实中，便学会了真理；孩子生长于包容中，便学会了忍耐；孩子生长于暴力中，便学会了攻击；孩子生长于溺爱中，便学会了依赖；孩子生长于恐惧中，便学会了焦虑；等等。亲爱的家长，你想你的孩子成为怎样的人，你就为你的孩子创设怎样的环境吧！

十八 如何走进孩子的心灵

孩子来到这个世界上,对父母有一种天然的亲近感。然而,随着孩子的逐渐长大,这种天然的感情有的会淡化,有的甚至发展成与父母对立。其主要表现在以下几个方面:其一,孩子与家长之间的交流越来越少,不愿主动与家长交流,回到家里,常常把自己关在房间,心中有什么想法、有什么苦闷也不愿告诉家长;其二,对父母、长辈的教育管理不理不睬,有的表现得极不耐烦,有的甚至表现出怨恨。为什么会出现这些现象?其实,主要原因不在孩子身上,而在于家长自身,是家长没能根据孩子的不同年龄特点,采用不同的教育方法;是家长在教育孩子的过程中,包揽过多、管得过死、强制与溺爱、缺乏互动。这些不当的教育方法让孩子慢慢丧失了对家长的信任,在情绪上逐步形成对家长的"躲避"或"敌对",对家长的要求与说教,他们从内心上就非常排斥。

孩子幼小的心灵是一块净土,那里没有谎言和欺骗,不知烦恼与忧愁,没有心机和诡诈,他们的行为都是基于想满足自己某种单纯的需要。家长都想在这块"净土"上种出参天大树,然而受教育方法和水平的影响,往往事与愿违。

现在有的家庭,孩子一来到这个世界上,家长就开始为之规划未来,希望他们长大以后,能成为家长理想中的人,将来过上幸福的生活。其实,家长在孩子的培养目标上应该转变观念,不能只是着眼于自己对孩子的希望,而应该不断思考如何从孩子的角度出发,理解孩子的行为与需要,帮助孩子达到他们生命潜能所能够成就的最佳状态。要达到这样的目标,最基本的条件就是家长的助力,特别是亲子家长要走进孩子的内心世界,成为孩子的导师和朋友。

(一)亲子喂养,亲子陪伴,筑牢感情的基础

父母喜欢孩子,孩子依恋父母、亲近父母是最自然的状态。然而为什么随着孩子的长大,这种牢不可破的亲情关系会出现裂痕?除了父母在养育孩子的过程中方式、方法出了问题外,还有就是感情基础出了问题。因为,感情基础是父母走进孩子心灵的桥梁和纽带。离了这个,父母对孩子的教育就无从谈起,更谈不上教育效果了。

现实生活中有一种不良的育子现象:孩子出生半年后,有的甚至是满月后,除了喂奶外,父母都将孩子交给隔代教育家长照顾,对孩子的生活起居很少过问,一直到孩子上幼儿园或上小学。这样一来,孩子能听父母的话吗?父母对他的教育会有效果吗?从孩子幼年心理发展角度讲,谁经常与孩子接触、亲近,孩子就喜欢谁,孩子喜欢谁,就会信任谁,孩子信任谁,就会听谁的话。父母如果不经常接触孩子,对孩子的优缺点不了解,就无法进行针对性的教育。据心理学研究,从事人类活动的一些基本动作方式的习得、语言的发展、心理的发展等方面关键时期在 0—3 岁,尤以 1—3 岁最为重要。如果亲子家长在 0—3 岁放弃了对孩子的亲自抚养,亲子家长除了会失去与孩子的感情信任外,对孩子早期智力发展、安全感的建立以及良好行为习惯的养成也极为不利。因此,建议父母尽量做到以下几点。

1.亲子喂养

父母与孩子之间有着不可分割的血缘关系,特别是孩子与母亲的亲子之爱、亲子之情是人类早期身心正常发展不可缺少的因素。如果忽略了这个因素,就会增加以后的教育难度,说严重点就是会造成难以弥补的教育缺憾。孩子一出生,就与母亲存在着天然的依恋关系。孩子在母亲的喂养、爱抚下,会使这种依恋更深,形成难以割舍的亲情。譬如一个在母亲亲自喂养、照料下的 3 岁的孩子,一会儿没有见着妈妈,就会想妈妈。不会说话时会用"哭"来表达愿望,会说话后,会不断地呼唤妈妈。如果孩子出生几个月后

就交给祖辈带,同祖辈一起睡,孩子母亲平时也很少喂养孩子、带孩子游玩,孩子对母亲的依恋就不会那么强烈。妈妈的形象在孩子的心中是那样的模糊,对妈妈的情感在孩子的心中就不会强烈。如果是这样,父母就可能失去教育好孩子的基础,因为,没有情感维系的家庭说教孩子是很难被孩子听进去的,收效是微小的。所以,要想孩子与父母亲近,听父母的话,父母,特别是母亲,除非在不得已的情况下,不要放弃对婴幼儿的亲自照料和抚养,否则将失去孩子对你的天然的感情基础。

2.多抽时间同孩子一起玩耍

孩子在正式入学前的主要活动就是玩。父母应陪伴孩子,通过玩耍培养他们的手脚协调能力、语言能力和思维能力;通过一起玩耍,培养孩子与父母之间的情感,打牢教育孩子的情感基础。0—3岁,尤其是1—3岁,是孩子口头语言和感知思维发展的关键期。孩子在这个阶段对什么都好奇,好好的路不走,看见水坑要去踩,看见坡要去爬,看见哪里有一个洞,就要用手指去钻,看见物品就爱去摆弄。其实,这是孩子在探索世界,是通过感觉器官去发展思维。特别是3岁左右的孩子要求独立活动的倾向十分强烈,所以3岁是孩子自我意识萌芽的关键年龄。在这个阶段,父母要常带着孩子出去玩,教他们走路,教他们说话,让他们通过嗅觉、味觉、触觉、视觉等去感知不同的事物,这既培养了孩子探索的精神、口头语言表达能力,开发了孩子的智力,又培养了孩子与父母之间的感情,为以后的教育打下了基础。父母千万不要错失这个良机。

3.在同孩子的游乐玩耍中,了解孩子的优缺点,做好有针对性的早期教育,打牢孩子的成长基础

在幼儿时期,父母除了要保证其健康成长外,还要有目的性地对孩子进行早期教育。孩子2—3岁时开始出现独立性,有了思维和想象,有了独立的意识,能逐步学会最基本的生活自理技能。在这个阶段,一些好的行为习惯和不良的行为习惯开始形成。譬如,好的行为习惯方面:讲礼貌,讲卫生,爱长辈,爱父母,爱家庭,喜欢美好的东西,爱分享自己的玩具、小书包、小水壶等自己拿,自己收拾玩具,外出玩耍自己走,自己吃饭等;不良的习惯方面:不懂礼貌,依赖性强,以自我为中心,蛮横自负等。以上诸方面的好与坏,父

母只有走进孩子的生活,在同孩子一起玩耍的过程中才能了解,在了解的基础上,才能在好的方面予以培养,不良的方面予以纠正,为后期的教育打下基础。

(二)家长教育要有针对性

家长在养育孩子的过程中应学一点教育学、心理学方面的知识,根据孩子不同年龄的个性特点,进行有针对性的教育引导,从而取得孩子的信任。孩子成长要经过幼年期(学前阶段)、童年期(小学阶段)、青少年期(初中阶段)和青年期(高中、大学阶段),各个阶段孩子生理和心理的发展都有各自的特点,家庭教育只有根据不同时期孩子的不同特点进行有针对性的教育,才能产生教育的效果。不了解这一点,教育就可能是家长单方面的愿望,更有可能适得其反。

1.走进孩子幼年的生活,让孩子踏出成功的第一步

家长在陪伴、养育孩子时,应仔细观察、了解孩子成长的每一个环节,大胆尝试,做好有针对性的教育和引导工作,让孩子迈出成功的第一步。幼儿在1岁后,逐渐进入自主阶段,开始尝试克服遇到的困难。如他们会用手推动床上的小玩具,会拿着小汤匙试着自己舀饭吃进行自主探索。尽管他们可能做得很不好,把玩具弄到床下,把饭菜弄得满地、满桌都是,但家长不应去阻止,应以积极的态度,让孩子去尝试。当孩子完成了第一步,家长就要给予鼓励,他就会继续去尝试、去探索。例如,当孩子学会自己吃饭后,家长就不应再喂孩子吃饭,应让孩子坚持自己吃。如果怕孩子没吃饱,吃饭时总要去喂孩子,几次以后,孩子就可能不愿意自己吃饭了。又如当孩子刚学走路时会跌跌撞撞,家长一是怕孩子摔着,二是怕孩子衣服弄脏了,便去阻止孩子自己走或急忙上前搀扶,这样做会使孩子感到自己"能力有限",孩子就会潜意识地害怕再次尝试,产生不安。家长应在确认孩子安全的前提下,放手让孩子大胆地去尝试。孩子如果有了成功的第一步,就会不断地去尝试战胜困难,从而逐步增强克服困难的信心和独立自主的能力。所以在幼儿探索阶段,家长要走进孩子的内心世界,细心衡量什么事情是孩子有能力做到的,什么事情是不能做到的,在哪个时间协助最好,哪个时间放手最佳,让孩子有尝试克服困难、增强自信、获得成功的机会。

2.有针对性的教育才能走进孩子的心里

孩子在各个年龄段,有着各自的心理特点,我们的家庭教育只有符合孩子的年龄特征,符合孩子的个性特点,才有效果。

如婴幼儿时期,孩子独立性差,依附性强;对一切都感兴趣,但认识主要被情绪以及外界事物所左右,而不受理智支配;语言发展快;等等。家长应根据幼儿的特点,对他们多关心照料,常用亲密的语言和行为与孩子建立起深厚的感情基础;在照料孩子的过程中,对孩子的好奇行为少干涉、少制止,只告诉孩子哪些能做、哪些不能做;把看到的、听到的不断地告诉孩子,对孩子的提问给予解答……在这个阶段,家长这么做,孩子会觉得家长很可爱、可信,对家长倍感亲热。步入青年期的孩子,自我意识已经成熟,独立自主的意识不断增强,对家长的依恋不断减弱,但心理发育与身体发育不同步,身心常常失去平衡,感情变化大,自控力差。根据这个特点,家长就不能再像以前那样事事操心、事事包办,更不可以用强制的手段进行管理教育。而应该真心地关爱孩子,细心地观察孩子,全面地分析孩子。比如,孩子喜欢什么?生活中有什么烦恼?以现在的成绩能读什么学校?还应从哪些方面去努力?等等。家长如果掌握了这些情况,然后平等地、心平气和地与孩子交流,孩子就可能愿意与家长交流感情,与家长保持亲密的关系。

(三)放下家长的架子,同孩子交朋友

孩子小的时候,同家长的关系是亲密的,他们心里想什么、有什么疑问、在外面看见什么、对某件事有什么看法,在家长面前总能毫无保留地说出来。但随着年龄的增长,特别是到了小学高年级及以后,这种情况就越来越少了,有的孩子甚至不愿与家长交流,有什么想法、看法都藏在心中,家长问及,也不愿告诉家长。主要原因可能是:不少家长高高在上,不能与孩子平等相处;家长对孩子关心不够,体谅不够;家长榜样力量差,孩子对家长不信任;家长与孩子沟通少,造成孩子不善言谈、不善表达;家长对孩子管得过多,管得过死。要保持与孩子沟通渠道的畅通,请家长从以下几个方面去努力。

1.强修养,以良好的榜样形象赢得孩子的尊敬

家长尽量做到无生活恶习(酗酒、赌博等习惯);说话文明,诚信明理;尊老爱幼,邻里和睦;遵纪守法,处事有度;民主持家,平等待子;等等。如果孩子认为家长是可尊、可敬、可信、可依、可交的,就自然乐意与家长交谈、交心。

2.经常与孩子沟通

沟通能增进人与人相互的了解、相互的信任。然而在家庭教育上,有的家长因缺乏沟通的艺术,与孩子之间出现了"鸿沟"。这样既造成了家长的抱怨,又造成了孩子与家长的疏远。

所谓沟通的艺术,简单来说就是与孩子交流的正确的方式和方法。要做到这一点,家长应尽量注意以下几点。

(1)必须了解孩子。所谓了解,就是对孩子细心观察,对他的性格、爱好以及不同年龄阶段的心理特点等都有一个较全面的了解。

(2)注意沟通的语言和方式。在与孩子沟通时,多用征询、探讨的语气,如"是否""可否""我觉得""我感觉""我建议""我的想法"等,语调一定要平和。

(3)站在孩子的角度去想问题,去解决问题。

(4)不要拿自己的孩子与其他孩子进行比较。孩子最怕与别人比较,家长如果当着自己孩子的面说别人孩子是如何如何好,说自己孩子如何如何不是,会很伤孩子自尊,导致孩子从心理上就很难接纳家长,慢慢会丧失对家长的信任。

(5)学会倾听。不管孩子诉说什么,家长都应耐心地倾听,仔细地倾听。在听的过程中,对孩子说得对的地方要肯定、嘉许和鼓励;对说得不对的地方,要客观地商讨式地提出看法。

(6)支持孩子参加活动,多同孩子参加户外活动。

(7)多与孩子进行交流。以平等的关系,做到心灵与心灵的交流。

(8)把握住与孩子谈话的时机。有的家长总在吃饭时、孩子正专心做什么事情时与孩子谈话,这样很不好。一是孩子没心思听,二是孩子没时间顾及这个谈话。家长与孩子谈话,一定要选择孩子有心理准备的时候,这样效果比较好。

(9)对孩子不应要求完美,应经常鼓励孩子,无条件地接纳孩子的不完美。

(10)理解孩子的情绪,帮助孩子解决生活学习中遇到的困难和心中的困惑与烦恼,让孩子知道,家长随时随地乐于做他的坚强后盾。

(11)树立"天下有不是的父母"的观点,家长有错误或失误,要勇于向孩子承认。

(四)家长要真正走进孩子的内心,必须具有"六心"

1.责任心

养育孩子,不单单是延续生命,更重要的是延续社会、延续历史。他们应为社会的发展、人类的发展做出应有的贡献。为此,家长的责任不仅仅是把孩子养大,更是要把孩子教育好,这不但是血缘关系赋予家长的职责,更是社会、历史赋予家长的职责。但是,现在有部分家长没有站在社会的角度、历史的角度来认识教育子女的问题。有的只图自己快活,把孩子丢给隔代教育家长,对孩子的成长很少过问;有的为了名利,挖空心思,投机钻营,却很少顾及孩子的教育;有的不求上进,不学无术,把时间花在玩电脑、玩游戏、玩牌上,整天鬼混,不但没有能力、时间照顾孩子,而且根本没有教育孩子的基本常识;等等。诸多因素造成孩子学业荒废,人格扭曲,素质低下。智者常说:人生最大的失败就是教育子女的失败,人生最大的成功莫过于教育子女的成功;留给子女最大的财富莫过于教给他们健全的人格。为此,愿全天下的家长都把教育孩子的责任担起来。

2.细心

从孩子一出生开始,家长就要细心地照料孩子,悉心地观察孩子、教导孩子。在孩子成人以前,要注意孩子情绪和行为上的变化,对不当的地方,要及时发现,及时矫正。

3.耐心

现实中的家长,有很多生活压力、工作压力,但是不能因为压力大就随意向孩子发火,训斥孩子。如果确实没有控制好情绪发了火,事后应与孩子沟通、谈心，要向孩子讲清道理，并勇于承认自己的错误。对于孩子成长中的错误和缺点，或者学习方法有什么不当之处，要善意、客观地给孩子提出建议，鼓励其改正，并要有足够的耐心等待孩子改正、等待孩子成长，切忌唠唠叨叨，整天把孩子的缺点挂在嘴上，甚至在其他人面前说孩子的不是。这样，孩子可能因自尊心受损而记恨家长。

4.宽容心

孩子在成长过程中，有乖巧的时候，也有叛逆的时候；有成功也有失败，有喜悦也有沮丧，有高兴也有苦闷。遇到成功或高兴的事，家长要同孩子一起分享，当孩子叛逆时，遇到困难时，遭受挫折时，犯了错误时，家长千万不要生气，千万不要对孩子表现出信心不足，更不要叹气、埋怨、斥责孩子，而应以宽广的胸怀接纳孩子的不足，理解孩子，相信孩子能够改正缺点，弥补不足。

5.信任心

有的孩子平时比较调皮，缺点也比较多。有的家长发现家里的东西被损坏了，首先想到的是调皮的孩子。如家里的小鱼缸被打碎了，家长不经思考就怪在孩子身上，孩子说不是他干的，家长也不听，理由是他平时就调皮捣蛋。在这类情况下，不要随意地冤枉孩子，应听一听孩子的说法，要信任孩子，相信孩子说的是真话。信任是相互的，家长只有对孩子信任，才能赢得孩子的信任，才能走进孩子的内心世界。

6.亲近的心

父母亲近子女这是再自然不过的事，但在实际生活中，有的家长在孩子幼年时这点做得较好，到了孩子的青少年时期，做得就不够了，或者说方法不对了。在孩子幼年时，家长会经常抚摸、拥抱、亲吻孩子，在生活上、身体上给予孩子无微不至的关怀，亲子关系亲密。但随着孩子逐渐长大，有的家长除了关心孩子的学习成绩和身体外，对孩子的其他事情极少过问，再也不像以前那样同孩子一起玩乐了，亲密度也随之逐步减弱。这是为什么？这是因为家长爱孩子的方式没能跟上孩子的年龄特点变化。随着孩子的长大，他们需要的是理解和支持，已不再是儿时的亲亲热热。所以，孩子到了青少年时期,家长应多接触孩子,亲近孩子,经常与孩子一起游玩、谈天、沟通,了解孩子的喜怒哀乐、兴趣爱好,为他们排忧解难,支持他们的选择,理解他们的想法和情绪。例如:与高中的孩子谈话,你如果经常问他学习成绩在班上、年级上排多少名,孩子就会反感。如果能根据孩子的成绩、爱好以及往年考试的情况,帮孩子分析、规划,如喜欢读什么专业,报考什么学校,根据历年的招录情况,需要怎样的分数才能考上某个学校,根据孩子的学习现状还需要怎样的努力等。这样与孩子"唠叨"起来,孩子就可能不觉得家长的话是"废话"了,可能就有兴趣与家长交流了。

(五)疼爱与管理相结合,让孩子从内心爱家长

家长既要疼爱孩子,又要管教孩子,既要成为孩子的知心朋友,又不能忘记管教的职责,这样孩子才会慢慢从心里爱家长。

正常情况下,普天之下没有谁不爱自己的孩子,但如何爱才利于孩子的成长,才利于孩子爱心的培养,是有讲究、有原则的。家长对孩子要爱得理智,爱得有分寸。既要关爱孩子,成为孩子的大朋友,又要提出严格的要求,让孩子知道"边界"在哪里;既要给予孩子自由成长的空间和时间,又要让孩子在自由中养成好的行为习惯,更要耐心地等待孩子改正缺点和错误。这样的家长才能赢得孩子的尊敬。面对值得尊敬的家长,孩子是会听话的,会同家长无话不说。

1.让孩子亲力亲为,这才是对孩子真正的爱

当孩子遇到事情的时候,家长不要着急地冲在前面,而应该站在一边鼓励孩子自己去思考,自己去想办法。毕竟人生的很多问题都是他们自己来面对,应该让他们学会独当一面,越是能够早一些锻炼孩子的自主能力,孩子的进步就越大。家长应该放开自己的手给他们留出一定的空间,让孩子学着自己做决定。

2.多听听孩子的意见

孩子有的时候有很多自己的想法,渴望说出来给家长听,以取得家长的理解和支持。所以,遇到事情的时候,家长不如多听听孩子的意见,就算有

些时候他们的想法在大人眼中过于幼稚,但是最起码也锻炼了孩子思考的能力,更何况说不定他们的方案也是一条不错的解决路径呢!

3.让孩子在错误中成长

一个人只要活在世上,时时都有出错的可能。如果在课堂上老师不允许孩子出错,在家里父母不允许孩子出错,孩子就有可能为了不出错而提心吊胆地自我约束,做事缩手缩脚,最终被折磨成一个胆小如鼠的人。家长要把"错误"作为养料来促进孩子的心智成长,因为他们只有在"错误"之中才能一步一步地走向"正确"。

要走进孩子的内心世界,最起码的就是走进孩子的生活。家长要在与孩子的共同生活中,成为孩子的导师和朋友。

养育优秀孩子

教子之方 育孙之法 中

姚富霖 著

西南大学出版社

贰 | 第二篇 能力培养

十九　如何培养孩子的爱心

爱可以丰富你的人生,爱可以给你无穷的力量,创造奇迹。然而在现实生活中,有不少家长却不重视孩子爱心的培养,孩子长大后,成了只知索取、不知感恩的"白眼狼",为他人、社会所不容,成了一辈子都无所作为的人。这不得不说是家庭教育的失败,也不得不引起家长的重视。

(一)爱心缺失的现状

从孩子呱呱坠地到长大成人,家长付出了全身心的爱,然而,有的孩子却只知享受,不知回报,不知感恩,心中只有自己,没有他人;没有同情心和怜悯心。究其原因,一是家长对孩子的溺爱。二是有些孩子从小缺少家长的关爱。三是不当的家庭教育以及家庭环境和社会环境的影响等。

> 药家鑫,原是西安音乐学院大三的学生。2010年10月20日深夜,药家鑫驾车撞人后又刺了伤者八刀致其死亡。2011年1月11日,西安市检察院对药家鑫提起公诉,同年4月22日在西安市中级人民法院一审宣判,药家鑫犯故意杀人罪,被判处死刑,剥夺政治权利终身。

这个案例说明了一个人缺失最起码的仁爱之心——同情心、怜悯心的后果。这样的悲剧在世界各地也时有发生。

家长都希望孩子将来成龙成凤,然而,他们为此付出了全部的爱,换来的可能是孩子连做人的基本爱心都没有,这不能不说是一些家庭教育的失败。我们培养孩子,即使不能让其成龙成凤,但最起码应让孩子成为一个懂礼貌、尊敬长辈、爱惜自己、关心他人、关心社会和具有健全人格的人。

一个人生长在社会中,必然与社会产生千丝万缕的联系,它需要社会成员之间相互的配合与支持,需要相互的关心与爱护。不难想象,如果这个世界缺少爱心,那它将是一个灰色的、冰冷的世界,一个人的人生也将是无味的。作为一个个体,如果他不懂得爱别人,他也不会得到别人的爱。

(二)什么是爱心

什么是爱心,在不同人的眼里有不同的解答:在诗人眼里,爱心是基石,能托起入云的山峰;爱心是山峰,能托起初升的太阳;爱心是太阳,能给人无限的温暖;爱心是阳光,能融化心中的寒冰;爱心是春风,能唤醒干枯衰草;爱心是雨露,能滋润枯萎的花朵;爱心是希望,能带着我们飞翔。这段话不但形象地写出了什么是爱心,而且说明了爱心的作用。我们一般所说的爱心,其实就是一种情感,包括爱己之心、爱人之心、爱物之心、爱家之心、爱国之心。爱己就是珍爱自己的身体、生命、荣誉等;爱人包括尊敬长辈,对人有礼貌,心中有他人,遇事能将心比心等(包括有同情心、怜悯心);爱物包括爱护公物、动植物等;爱家指尊重家庭成员,维护家庭荣誉,爱惜家里的物品,不做有损家庭的事等;爱国指有为国学习的志向,有为国奉献的精神,不做有损国家和集体的事等。

(三)从哪些方面培养孩子的爱心

孩子如果感觉不到家长的爱,就不可能爱家长,更不可能去爱别人;如果在婴幼儿时期没有为孩子打下爱的基础,就不可能建起其成年后的爱心大厦。爱心的培养是一个循序渐进的漫长过程,必须从小抓起,从一点一滴的小事抓起。家长的示范作用,家庭的爱心氛围以及社会环境对孩子的影响极大。而家庭教育主要应从以下几个方面去努力。

1.创造充满着爱的和睦的家庭环境,打下培养孩子爱心的基础

孩子从一出生到上初高中前,特别是小学毕业以前,大多数时间都在父母身边,家庭的氛围每时每刻都影响着孩子。为此,在家庭中应尽量做到:夫妻恩爱,相处融洽,遇事能心平气和地相互沟通;尊老爱幼,互敬互爱,相互关心和支持;家长对社会、对他人要尽量表现出关心、关注。孩子在这样充满爱心的氛围里成长,自然会有几分爱心,加上家长有意识地培养,孩子的内心一定会充满阳光,其心理发育也会是良好的、健全的。如果家庭不和,晚辈对老人不敬不孝,夫妻之间,经常吵吵闹闹,甚至出现家庭暴力,会给孩子造成心灵上的创伤,给孩子纯洁的心灵投下孤僻、冷漠的阴影,孩子长大后可能对父母、对他人、对社会充满恨意,冷漠无情。

孩子长期生活在家长的身边,家长的一言一行对孩子起着潜移默化的作用。家长是孩子的镜子,孩子是家长的影子。在某种意义上,有什么样的家长,就有什么样的孩子,特别是在不良的性格习惯方面。孩子时时刻刻把家庭成员,特别是父母作为自己的榜样,家庭的方方面面,父母的一言一行都在无形中影响着孩子。因此,父母平时就应努力做到以下几点。

第一,夫妻之间互敬互爱,礼貌待人;遇事能相互体谅,相互支持;不发脾气,不吵架,更不能打架;说话和气,举止文明,心地善良等。以父母良好的爱心形象感染孩子。

第二,孝敬老人。同老人住在一起,生活上要关心照顾好老人,行为上要尊敬、孝敬、体谅老人;夫妻之间有什么矛盾,不要在老人面前争吵。如果没有同老人住在一起,不管有多远,都应带着孩子多去看看老人;关心老人的健康和生活,如果老人生病了,除了经济上给予帮助外,应多带着孩子至榻前问候;一辈与一辈之间,在对事、物的认识上难免观点不一致,当有分歧时,应给老人做耐心的解释工作,切忌同老人大声争吵,更不要在孩子面前抱怨。

第三,用父母对孩子的关爱,开启孩子的爱心之源。孩子出生后,妈妈亲自喂养孩子,经常呼唤孩子的名字,并不时地亲吻爱抚孩子,孩子看到妈妈就会笑,这是因为孩子感觉到了母亲的爱。随着孩子一天天长大,父母除了关心孩子的衣食住行外,还要关心孩子的成长,如好的行为习惯的养成,也包括不好的行为习惯的纠正,让孩子初始的爱心发育成长。在爱孩子的问题上,父母一定要爱得有理智、有分寸,切忌溺爱和武断。

第四,关爱他人、乐于助人。父母在带着孩子游玩时,如果遇见需要帮助的人,在经济允许的情况下,应给予帮助;发现别人有困难,应主动给予关心。总之,要让孩子觉得父母是富有爱心的人,这样,孩子也会学着做一个富有爱心的人。因为,父母的善举和乐于助人的精神会深深打动孩子的心灵,感染孩子,唤起孩子的爱心。比如,在公共汽车上,父母对孩子说:"你看,那个爷爷站着多累呀,我们让他坐到这里来吧。"如果经济上宽裕,看到新闻报道里说有人生命垂危缺钱做手术,父母可以带孩子去捐款,献上一份爱心。经常看到父母是怎么同情、关心、帮助他人的,孩子也会慢慢具有爱心,具有善良的品质。

2.根据孩子不同的年龄阶段,采取不同的方式方法

在孩子的婴幼儿时期,家长除了要关心孩子的生活、健康外,还应经常爱抚孩子,对孩子微笑,用亲昵的话语同孩子交流,让孩子感受到家长对他的爱。这是孩子萌生爱心的起点。随着孩子一天天长大,家长要把自己看作孩子的伙伴,陪孩子做游戏、聊天、学习,经常带着孩子与家人团聚游玩,让孩子感受到家庭的温暖,感受到被爱的幸福,为孩子爱心的形成打下基础。要保护孩子爱花、爱小动物等生命的天性,不要因为怕脏、怕危险就阻止孩子与小动物接触,这可能会将孩子的爱心扼杀在摇篮里。在孩子的少年时期,家长除了要关心孩子的学习外,还应关心孩子爱同学、爱老师、爱学校的情况,经常与孩子交流有关如何对待他人、如何看待学校、如何对待贫困和弱小等问题,把孩子的爱心从最初的爱父母、爱长辈、爱家庭等扩大到爱学校、爱他人等。在初高中时期,家长应根据孩子的情感特点转变爱的方式、方法。在这个时期,家长应根据孩子的特点,对孩子的一言一行进行仔细的观察、分析,站在孩子的角度,热情地帮助孩子解决学习上、生活上、情感上的困惑与矛盾,渐渐培养起孩子的社会责任感、道德感、理智感,促进孩子的情感的健康发展,激起孩子的学习热情。如鼓励和支持孩子参加社会活动、献爱心活动等;主动询问孩子的生活和交往情况,关心孩子的学习情况;根据孩子的学习成绩和历年升学的情况,帮助孩子找准升学方向。家长要通过一系列行动,让孩子体会到家长的关爱。

3.培养孩子的爱心应注意从一点一滴的小事开始

培养孩子的爱心,并不是非要孩子去扶弱济困,给有困难的人捐献钱款或衣物,而是要从身边的小事开始。如,乘公共汽车给老弱病残让座;在日常生活中遇到需要帮助的人和事,用商量的口气与孩子商讨该怎么办;等等。只要家长留心,每时每刻都可对孩子进行爱心教育,因为人间处处充满着爱。

4.创造条件培养孩子的爱心

许多家长只知道疼爱孩子,却忽略了创造条件培养孩子的爱心,错失了机会。在孩子的成长过程中,家庭、社会为我们提供了很多实施爱心教育的机会,只要家长细心、用心就能把握住这些机会。

(1)当孩子主动分享时,家长一定要接受,并及时给予赞许和鼓励。如孩子将自己喜爱的糖果或水果一人一个分发给家长或他人时,家长首先应接受,并劝其他人也接受,同时对孩子的行为给予及时的表扬,孩子的心里一定充满着分享的快乐;如果只夸孩子乖,婉言谢绝孩子的好意,并把孩子给的东西还回去,多次以后,孩子自然就觉得没趣了,就会慢慢滋生"好东西就该是我的"的感觉,久而久之形成"自负""唯我独尊"的心理,对他人的爱心也就淡了。孩子在成长的过程中,向家人表达爱心的时间很多,家长一定要把握住孩子献爱心的机会。即使在孩子长大成人后,孩子出于孝道给家长送礼物,哪怕家长什么都不缺,家长也应乐意接受礼物。因为,如果孩子的爱心遭到家长的多次拒绝,这颗爱心的热度自然会减弱,到后来可能会荡然无存。而如果家长欣然接受孩子的爱,在孩子最需要的时候,又以此帮助孩子,孩子一定会更深刻地感受到家长的一片爱心。这样,孩子同家长的爱心就同时得到了升华。

(2)利用家庭自身条件,培养孩子的爱心。孩子生活在家庭中,与家庭成员每时每刻都发生着关系,因为孩子的吃穿住行都离不开家庭,家长应该抓住每一个时机、每一件事情培养孩子的爱心。如要求孩子待人礼貌、尊敬父母长辈等。如平时有什么好吃的,教孩子先给爷爷奶奶、外公外婆,再给爸爸妈妈,至少要求孩子同家人分享,不能只顾自己;教孩子平时有什么需求,要心平气和地向家长提出,家长不允许,不得纠缠或无理取闹;教孩子离开家要向家人说再见,来客时要主动向客人问好;家里人有什么不舒服,教孩子主动问候;要让孩子把"请""谢谢""对不起"等礼貌用语变成习惯用语。这些习惯都是在日常生活中养成的,它是爱心的基础,家长切不可轻视。

(3)借用外部条件,培养孩子的爱心。在孩子还小的时候,遇到他人需要帮助的情况,可给孩子讲他们为什么困难,引起孩子的同情;孩子长大一点后,在家长的指导下,可参加一些救助活动,但同时家长也要逐步教会孩子识别欺骗他人的行为;孩子上学了,家长要鼓励孩子参加有组织的爱心救助活动。帮助不在多少,事情不在大小,关键是培养一种精神,一份同情心,一份爱心。

(4)适当让孩子知道家长的艰辛,使其自觉地体谅家长、孝敬家长。有的家长出于对孩子的关爱,怕影响孩子,担心孩子受到挫折,于是从不轻易在孩子面前表露生活的压力、工作的疲累、人与人之间的矛盾等。其实家长这样做是错误的,家长不要刻意地去掩盖生活的另一面。尽管孩子没有能力去替家长解决一些问题,却应该让孩子学着感受家长的喜怒哀乐,让孩子去了解生活、理解生活,这样会促使他们懂得珍惜现在的生活,学会关心他人。

(5)针对具体的人和事,经常与孩子交流看法,提高孩子的移情能力。所谓移情能力是指能设身处地地为他人着想、感受他人情感的能力。如,在电视里看见某地发生了自然灾害,家长可引导孩子想想:"那里的小朋友有没有饭吃,饿不饿?有没有衣服穿,冷不冷?如果你也在那里,会怎么样?我们是否该为他们做点儿什么?"这样与孩子交流,既培养了孩子遇事将心比心的移情能力,又培养了他们的同情心。在现实生活中,需要帮助的人或事很多,每个人、每个家庭不可能事事都有足够的能力进行实质性的帮助,但我们有能力对孩子事事加以引导,培养孩子的移情能力,增强他们的爱心。

5.家长应善于发现孩子的爱心,并给予鼓励和保护

孩子来到世界上,天生有善良的一面,当他们出生几个月后,就会对他亲近的人、猫、狗、小鸟、花草等产生亲近之感,这是孩子爱心的萌芽。孩子能行走后,他们一般爱去摸小狗、小猫,表现得十分亲热,这就是孩子爱心的表现,这时,家长应对孩子的这种行为给予赞许,而不是简单地阻止孩子去接近它们,更不能恐吓孩子说"不能去摸,它会咬你"。这样做,可能会把孩

子的爱心扼杀在萌芽之中。又比如妈妈带着孩子在外面玩,看见一只受伤的小鸟,孩子表现出对小鸟的同情,提出给小鸟上药包扎。面对这种情况,家长应有的态度是对孩子这一行为表示肯定和赞扬,并告诉孩子:"宝宝,你提出给小鸟包扎伤口的建议很值得表扬,你知道吗,这就是关爱,这就是同情心,这就是怜悯心。妈妈为有你这样的孩子而感到高兴!"这就保护了孩子的爱心。但如果妈妈生气地说:"宝宝,小鸟脏!不要去管它。"岂不伤害了孩子的一颗同情心?一个人同情心减弱,时间长了,其爱心的热度慢慢也会减弱。事实上,在很多情况下家长并不知道自己的行为会在不经意间伤害或剥夺了孩子的爱心。儿童教育家卢勤老师说:孩子的爱心是稚嫩的,你在乎它,它就会长大;你忽视它,它就会枯萎;你打击它,它就会死去。孩子上学后,如果在家长面前说起学校组织献爱心活动等,家长一定要尽可能支持孩子献爱心的行为,并给予及时的赞许。

  一个人的爱心是从小一点一滴汇集而成的,如果你想拥有一个富有爱心的孩子,那就请你在生活中培养他、呵护他吧。涓涓之水,汇成江海,爱的殿堂要一沙一石地一点点构建。要相信,从小一步一步地拾起爱心的沙石,定能垒起爱心的大厦。

二十　如何培养孩子的注意力

注意力是一种能力，也属于智力的一个方面，是孩子学懂、学好的关键。因为，它是大脑进行感知、记忆、思维等认识活动的基本条件，缺了这个基本条件，记忆、思维等活动就无从谈起。所以，家长在家庭教育中，应注重孩子注意力的培养。

(一)注意力及其作用

注意力是指人的心理活动指向和集中于某种事物的能力。"注意"，是一个古老而又永恒的话题。有位俄罗斯教育家曾精辟地指出，"注意"是我们心灵的唯一门户，意识中的一切，必然都要经过它才能进来。

在我们的学习过程中，注意力是打开我们心灵的门户，而且是唯一的门户。门开得越大，我们学到的东西就越多。而一旦注意力涣散了或注意力无法集中，心灵的门户就关闭了，一切有用的知识信息都无法进入。

注意力是人类有意识地自觉主动地获取信息、学习知识和技能的根本手段。如果我们不集中精力，不注意听讲，不注意阅读，不注意记忆，不注意观察，不注意思考，做事不专注，那就什么也学不到、什么也干不成。所谓集中注意力，也就是平常所说的专心。高度集中注意力，也就是专心致志，乃天才的重要素质。但这个素质是可以通过后天的训练来培养和提高的。

在正常情况下，注意力使我们的心理活动朝向某一事物，有选择地接受某些信息,而限制其他活动和其他信息,并集中全部的心理能量用于所指向的事物。因而,良好的注意力会提高我们工作与学习的效率。

(二)孩子在注意力方面存在的问题

注意力不集中,即所谓的不专心,是孩子学习中十分普遍的现象,也是最困扰家长的重要问题之一。其表现形式多种多样,归纳一下,主要有:

其一,好动,坐不住。如父母让孩子做什么事,孩子都只有短时间的热情,东一下,西一下,很难较长时间专注地做一件事情。

其二,无精打采,心不在焉。例如上课时,集中精力时间很短,一会儿心就不知飞到什么地方去了。

其三,粗心,马虎,差错多。

其四,拖沓,磨蹭。

其五,做事没有条理,有始无终,学习、做事质量低,效率不高。

其六,严重的可能就是注意力缺陷与多动障碍(也叫多动症)。需要家长注意的是,如果孩子的注意力不集中情况不是很严重的话,家长不要轻易对孩子说他患有什么病。否则,处置不当可能会造成更多的负面影响。

(三)注意力不能集中的原因

注意力不能集中的原因很多,主要有以下几点。

1.生理原因
幼时缺少爬行锻炼、缺少触觉的体验等,都可能导致注意力不能集中或记忆力失调;铅超标以及其他疾病也可能导致注意力无法集中。

2.家长过度溺爱孩子
由于观念、素质、情感等因素,有的亲子家长以及隔代家长往往过度溺爱孩子,甚至包办代替,使孩子养成严重的依赖性,缺少自主性和自理能力,以至于在独立学习、做事时无法集中注意力。

3.与父母的行为示范有关

有的父母天生好动,很难静静地坐下来读书、学习;做事不专一,东一榔头,西一棒子,干了很多件事,每件事情都完成得不彻底,没有一件事能做成功。

4.与家庭环境有关

家庭长期存在比较喧闹的环境,孩子无法集中注意力或经常被干扰。例如,晚上一般是孩子做作业的时间,有的家长喜欢将电视声音开得很大,或大声讲话,这些都会使孩子的注意力无法集中。

5.与家长的教育方式有关

现在的孩子要接受多方面的教育,包括父母、爷爷奶奶、外公外婆的教育,其中难免有矛盾之处。例如,孩子在看书学习或做事时,出于关心,一会儿奶奶让孩子休息,一会儿爷爷给孩子讲题,一会儿妈妈要孩子喝水。总之,不断地干扰孩子,孩子就疲于应付,无法集中精力,慢慢就养成了注意力不集中的习惯。

6.负担重,心理压力大

为了孩子将来有一番大的作为,许多家长让孩子上英语辅导班、奥数班等,孩子连周末都不能得到休息;为了孩子的学习,家长总是在孩子面前唠唠叨叨。由于学习负担重,心理压力过大,孩子高度紧张和焦虑,从而导致了注意力无法集中。

7.睡眠不足

学习课程多、学习的内容多、作业多、压力大,因此睡眠不足、大脑得不到充分休息,也可能导致孩子出现注意力涣散的情况。

(四)怎样培养孩子的注意力

1.打好婴幼儿时期的注意力基础

幼儿的注意力在其心理发展中,具有重要的意义。幼儿智力的发展与他的注意力的水平有很大关系,幼儿注意力的发展不仅影响幼儿智力的发展,也影响幼儿对新知识的接受效果,它是孩子后天学习、工作是否成功的基石。幼儿阶段,培养孩子的注意力更是这个基石的基础。

幼儿注意力的特点是无意注意占优势,表现为注意不稳定,注意的范围小和注意的色彩重。根据幼儿的注意力特点,家长应主要从以下几个方面去努力。

(1)利用新颖、生动、有趣、多变的活动内容和方式,吸引孩子的注意力。幼儿一般都对生动的、有趣的、富于色彩的东西感兴趣。一般来讲,凡是感兴趣的,孩子都会集中精力去想、去做,对不感兴趣的事,不管家长如何提醒或要求,他都会心不在焉。兴趣是成功的先决条件,注意力是基础。家长们应想办法引发孩子的兴趣。如以游戏的方式引发孩子的兴趣,吸引孩子的注意力,培养孩子的注意力。可选择形式多样的直观的活动器具,开展游戏式活动培养孩子的注意力,如搭积木、玩沙等。现在,关于幼童注意力培养方面的绘本很多,里面有很多方法和具体的做法,希望家长能够借鉴。但应注意,绝不能仅仅用玩电脑、玩游戏的方式去吸引孩子的注意力,引发孩子的兴趣。

(2)以生动的语言、抑扬顿挫的语调、有趣的动作给孩子讲有趣的故事。在讲故事的过程中,最好是翻着故事书,让孩子看着,一页一页地给他讲。

(3)在孩子专心干某件事时,哪怕是看动画片,其他人都不要轻易去打扰孩子,影响孩子的注意力。

(4)在孩子从无意注意向有意注意转换的时期,培养孩子有意注意的能力。孩子在幼儿初期,大多是无意注意,但上学后,由于学习上的需要,孩子的注意力就不能仅仅限于自己认为有趣的方面了,无趣的但学习需要的,孩子也要集中精力学习,这样才能学好每一门功课。所以有意注意的培养非常重要。

其一,在孩子参加某种活动前,给孩子提出目标、任务。活动完了后,询问孩子注意到了什么、达到目标和要求没有。一开始,给孩子提出的目标任务不要太复杂,要孩子能完成,然后慢慢提高难度,这样才能增强孩子的自信。

其二,在日常生活的各个方面,向孩子提出一定的有意注意的要求。譬如在经常要经过的地方,问孩子那个地方比较有代表性的事物是什么。在生活中,类似的例子很多,只要家长用心,随时都可训练孩子。

其三,给孩子提供有趣的活动,让孩子在有趣的活动中保持注意力。例如,妈妈带孩子到游乐园去玩走迷宫的游戏,妈妈可带着孩子走一次迷宫,并告诉孩子如何走、要记住些什么,然后让孩子自己走。这样就锻炼了孩子的有意注意。孩子3岁后,教孩子玩拼图、走迷宫、在圆形的木棍上摆放圆形的棍子(掌握平衡)等智力游戏,这些都能保持孩子注意的持久性和稳定性。

(5)注意培养儿童的自我控制能力。在孩子生活的环境中,不可避免地存在影响孩子注意力的因素,如声音、震动、新奇事物的引诱等。家长应客观地看待这些问题。为了孩子的生活和学习,家长应尽量给孩子创造一个和谐安静的环境,但是,不要因为怕影响孩子,连正常的家庭秩序都打乱了。如为了不影响孩子睡觉或学习,电视关了,走路生怕发出声响,话也怕说大声了。其实,大可不必这样,应让孩子慢慢适应环境,增强他的抗干扰能力。在孩子以后的生活环境中,不可能没有干扰,如果孩子没有抗干扰能力,怎么能排除来自环境或来自内心的干扰,从而专心地学习和工作呢?

2.孩子上学后注意力的训练

在上学前,孩子的注意力多半放在能引起他们兴趣的事或物上,但孩子上学后,学习和生活给孩子的注意力提出了新的要求。例如,为了学习新的知识,完成教学大纲规定的学习任务,家长要求孩子上课专心听讲,回家认真复习功课。课程设置的内容要求不管孩子感不感兴趣,其都要专心去学。这就要求家长根据入学后孩子的注意力特点,采用行之有效的方法和手段培养孩子的注意力。

入学后的孩子,特别是小学低年级的孩子的注意力主要存在以下不足。

第一,无意注意仍起很大作用,他们易兴奋,抑制性较差,容易被外界新鲜、突变和运动的事物吸引,从而分散注意力,这就是老师平常说的"走神"。

第二,注意的范围依然有限。注意的范围是指在同一时间内注意物体的数量。由于小学孩子知识经验少,他们的注意范围比成年人小,尤其是小学低年级的孩子,其注意更具有狭隘性。研究表明,小学生的注意广度平均只限于3—4个客体,而成人约为4—6个客体。另外,小学低年级学生还不善于注意事物的内部联系,因而其注意的范围会受到限制,如一年级小学生总是一个字一个字地阅读课文,注意的范围很小。

第三，注意的集中性、稳定性和自制力较差。小学孩子注意的稳定性较差，表现在注意力集中于某一事物或活动上的时间较短。一般来说，7—10岁儿童可连续集中注意力约10—20分钟，10—12岁儿童约25分钟，12岁以上约30分钟。小学低年级孩子对一些具体的、活动的事物以及操作性的工作，注意力就容易集中和稳定；对一些抽象的公式、定义以及单调刻板的对象，注意力就容易分散。另外，小学低年级儿童自制力还比较差，注意力容易离开老师所讲的内容，转移到偶然看或听到的事物上去，特别是容易转移到感兴趣的事物上去。如，老师讲课时，小孩子经常在桌子下搞小动作。

第四，注意的分配和转移能力较弱。小学生不善于分配自己的注意力，在听课时，眼、耳、手、脑的配合往往不够，表现为注意能力不强，听讲和记笔记不能同时进行。这主要是因为他们对要注意的事物不熟悉，如果孩子写字熟练了，那他就能把注意力集中到听讲上，也能边听边记了。

因此，在提高孩子注意力方面，提出以下建议。

(1)用填方格的游戏训练孩子的注意力。在一张有25个小方格的表中，将1至25的数字打乱顺序，填写在里面，然后以最快的速度从1数到25，要边读边指出，同时计时。研究表明：7—8岁儿童按顺序寻找每张图表上的数字的时间是30—50秒，平均为40—42秒；正常成年人完成一张图表的时间大约是25—30秒，有些人可以缩短到十几秒。家长可以自己多制作几张这样的训练表，每天训练孩子一遍，相信孩子的注意力水平一定会逐步提高。

(2)运用积极目标的力量训练孩子。家长给孩子设定一个目标，这个目标需要孩子排除干扰、集中精力才能完成。如，给孩子提供一段文字或一个智力游戏，在干扰较大的情况下，要孩子排除干扰，在规定的时间内完成任务。如果我们经常这样训练孩子，孩子能在非常短的时间内完成，那么，你会发现孩子集中注意力的能力有极大的变化和发展。

这样训练孩子，应让孩子明白其中的道理。不论做任何事情，一旦开始，能够迅速地排除干扰，这是非常重要的。比如，老师给孩子提出了要求（目标），孩子应根据老师的要求，高度集中注意力，将要求的内容基本上一次就记忆下来。学会选定目标，将自己的力量集中起来，这是一个成功者的重要品质之一。

(3)培养孩子广泛的兴趣。很多孩子在学习上不是数学差，就是语文差，特别是到了初中后，偏科的就多了，究其原因，就是孩子对学得差的那科不感兴趣。对于幼儿时期的孩子来讲,他感兴趣的自然能引起他的注意。但是,之后的学习中,学科那么多,有的学科可能是孩子不感兴趣的,但又是必须要学习的,这就要求孩子具有广泛的兴趣,这样才能圆满地完成学习任务。家长应想办法激发孩子的兴趣。给孩子设置很多不同的科目,用不同的训练方式、手段对孩子进行训练。这样才能在很短的时间内,甚至完全有可能通过一个暑假达到训练的目的。例如孩子不喜欢历史,家长可利用一个假期,准备一些有趣的历史故事,讲给孩子听,让孩子读;带孩子到具有优秀历史文化的地方去旅游,引发孩子对历史的兴趣,当然平时应多与学校历史老师配合,纠正孩子偏科的行为。只要孩子对这科有兴趣了,他的注意力就会集中到这科上来。

(4)培养孩子该要就高高兴兴、痛痛快快地耍,该做就迅速集中精力做的习惯。有的孩子在玩耍时畏首畏尾,不能尽情地耍,在做事时又拖拖拉拉、懒懒散散,不能很快地集中精力、一口气将任务完成;有的孩子从早晨开始,一天书不离手,连课间都在做作业,晚上忙到深夜,但是效率很低,成绩老上不去。这样休息也没有休息好,玩也没玩好,学习也没有什么成效。这是很不好的习惯,家长应及早纠正,不然将影响孩子一生。孩子在休息和玩耍时可以散漫自在,一旦开始做一件事情,就要迅速集中自己的注意力,这不仅仅是习惯问题,更是一个人的才能问题。孩子能"玩、干"分明,遇事能迅速集中精力,这是学习天才。当然,通过培养不一定能达到"天才"的要求,但一定能提高孩子的注意力,提高学习效率,这是不可否认的。因此,家长平时应对孩子进行这方面的训练,如给孩子设计一道或几道数学题或其他课的题,规定孩子什么时间开始做,什么时间完成,在开始前同孩子尽情地玩,玩到该做题的时间,立即叫孩子做题;又如孩子记英语单词的能力差,长时间拿着书在背,就是记不住,家长不如要求孩子用半个小时时间,集中精力记几个或十个单词,时间到就叫孩子放开玩,玩开心了,又用同样的方法记忆。做其他事情也应如此要求,这样反复训练,孩子慢慢就会养成一种习惯,具备一种才能。

(5)训练孩子排除干扰的能力。排除干扰包括两个方面:一是外界干扰,二是内心的干扰。

排除外界环境干扰的训练。排除干扰是一种能力,这种能力是可以通过训练获得的。还记得毛泽东年轻时读书的故事吗?毛泽东在年轻的时候为了训练自己在喧闹中集中注意力的能力,经常到城门洞里、车水马龙的地方去读书。为了什么?就是为了训练自己的抗干扰能力。一些优秀的军事家在炮火连天的情况下,依然能够非常沉静地、注意力高度集中地在指挥中心判断战略战术的选择和取向,这就是排除干扰,集中精力的典范。如果孩子缺乏排除环境干扰的能力,家长就要对孩子进行这方面的训练。如给孩子指定一篇文章或几道习题,让他到喧闹的地方,在规定的时间内完成。如果家长经常这样训练孩子,孩子排除干扰的能力一定有大的提高,学习的注意力会大大地提升。

学会排除内心的干扰。孩子的学习环境可能是安静的,但是,有时孩子因课外某件事分散了学习上的注意力。如果经常有这种情况,将严重影响孩子的学习。因为,内心的干扰比环境的干扰更严重。来自内心的干扰,每个人或多或少都是有的,为什么有的同学能够始终保持注意力集中呢?为什么有的同学注意力不能集中呢?除了有没有学习的目标、兴趣和自信之外,还有一个原因就是能不能排除自己内心的干扰。有的时候并不是周围的同学在骚扰孩子,而是心中各种不切实际的东西在骚扰孩子。家长们希望孩子学习成绩好,将来有一番作为,就应帮助孩子培养抗内心干扰的能力。如果没有这种能力,孩子在学业和事业上都将难有成就,特别是当今社会,干扰孩子内心的东西太多了。

来自内心的干扰是一种心理活动,没有什么直接一劳永逸的方法能帮孩子解决问题,家长只能耐心地做些心理疏导,并告诉孩子排除自身干扰的方法,让孩子多加练习,慢慢提高排除内心干扰的能力。要告诉孩子,如果上课、做作业时因某事激动,难以平静,要坐端正,将身体放松,眼微闭,做深呼吸,将整个面部放松下来,也就是将内心各种情绪的干扰随同这个身体的放松都放到一边去。

(6)教会孩子清理学习空间,给自己创设一个集中注意力的清净环境。在训练孩子注意力的最初阶段,在学习时,家长应要求孩子将书桌上与学习内容无关的书籍等物品全部清走,使孩子能迅速进入主题。这样做,既培养了孩子爱整洁的习惯,又为培养孩子注意力创设了一个好的外部条件。孩子进入学习环境,如果能够做到一分钟之内没有杂念,进入主题,就很不错了;如果半分钟就能进入主题,就更了不起。如果能10秒、5秒就进入学习的状态,那就是天才,那就是高效率。

(7)教会孩子清理大脑,留给大脑集中注意力的清净的空间。收拾书桌是为了清理视野中的杂物,集中注意力,那么,你也可以清理自己的大脑,集中注意力。大脑就像是一台电脑,里面堆放着很多东西,这些东西会随时从大脑中冒出来,影响大脑对某一件事的专注力。如果我们在学习或做某一件事时,不能将与此无关的情绪、思绪和信息收起来,它将影响我们的学习和工作的效率。

上课或做事时能及时清理大脑中与此无关的东西,使注意力集中在该学或该做的事情上,说起来容易,做起来较难,需要长时间的训练。家长应告诉孩子,当我们进入课堂、拿起作业或做某一件事时,要迅速地排除杂念,很快地开始做你该做的事。如果不能迅速地排除杂念,要坐端正,全身放松,努力想此时该做的事或默数数字,把头脑中不该想的事驱除出去。当然,这需要相当长的训练过程,开始时,可能会出现"越不想,越要出现在头脑中"的情况,但多练几次,此现象就会减少,最后达到很快能排除杂念的效果。

(8)对孩子感觉器官的训练,就是对孩子视觉、听觉、感觉等方面的训练。孩子在学习的过程中,容易被声音、图像等其他事物所干扰,影响学习。家长可帮助孩子进行专注力方面的训练。其一,家长选定一个比较复杂的目标,叫孩子在一定的时间内观察目标,并要求孩子把观察到的情况归纳出来。其二,也可在开着电视、播放音乐的环境下,给孩子念一段故事让孩子听,然后叫孩子复述故事内容。当然,也可让孩子在存在多种声音的环境下专心聆听其中一种声音。这种感觉上的专心训练是进行注意力训练的有效的技术手段。

(9)教孩子不在难点上停留,解决孩子对不感兴趣学科的注意力涣散问题。孩子对他理解的事物、有兴趣的事物,会去探究它、观察它,就比较容易集中注意力。反之,就有可能分散注意力。

孩子在学习的过程中,往往对某些学科不感兴趣,造成偏科。如何解决这个问题?一是前面说的想办法激发孩子的兴趣;二是要告诉孩子,不在难点上停留,强迫自己继续往下学,慢慢提升对该学科的兴趣。要告诉孩子,在听老师讲课的过程中,如果出现不理解的内容,不要在这个环节上停留。这一点不懂,没关系,接着听老师往下讲。同理,在研究一个事物的时候,这个问题你不太理解,不要紧,你接着往下研究。在读一本书的时候,这个点不太理解,努力了还是不太理解,没关系,跳过,接着往下阅读。千万不要被前面的难点挡住,对整本书望而却步。实际上,在往下阅读的过程中你可能会发现,后边大部分内容你都能理解,再回过头看前边这几页不理解的地方,慢慢也会理解了。

这种方法,要孩子从主观上努力,并要慢慢地来,家长着急是没有用的。只要孩子愿意这么去做,慢慢就会有效果。

(10)学会给孩子减压,让孩子学会自我减压。中学生的学习任务本来就很重,老师、家长的期望,又给孩子心理加上一道道砝码;一些孩子对成绩、考试等看得很重,无疑是自己给自己加压,这必然使他不堪重负,变得疲惫、紧张和烦躁,心理上难得片刻宁静,这也会影响孩子的注意力。因此,家长对孩子的期望值不要太高,不要给孩子太多压力,在学习问题上,只要孩子努力了,尽力了就够了。另外,要让孩子学会自我减压,别把成绩的好坏看得太重。在学习任务重的情况下,要让孩子坚持日常的生活规律,坚持体育锻炼。要安慰孩子:一分耕耘,一分收获,只要你平日努力了,付出了,必然会有好的回报,不必自我忧虑,自寻烦恼。

以上注意力的训练方法,对青年期孩子也适用。

培养孩子的注意力,方法很多,它包括对孩子的习惯和品质的培养,如良好的睡眠习惯、信心、意志品质和理想的培养等,特别是在中学及以后的学习和工作中,孩子的心理、意志品质将直接影响孩子的专注程度。

二十一 如何培养孩子的记忆力

现代心理学对记忆是这样定义的:从现代信息论观点看,记忆是一个对输入的信息进行编码(组织)、储存,并在一定条件下提取(检索)的过程。记忆包括两方面的内容:一是记,二是忆。记就是把看见的、听到的记下来,心理学上称为识记;忆包括再认识和再现两种。简单来说,记忆力就是人识记、保持和恢复过去经验的一种能力。

有了记忆,智力才能不断发展,知识才能不断积累。好的记忆力对学生学习是有很大帮助的,能起到事半功倍的效果,那么如何提高孩子的记忆力呢?这就要根据孩子各年龄段的特点和孩子的个体特征,采用不同的方法。

(一)幼儿记忆的特点和记忆力培养

0—6岁孩子记忆力的特点是无意识记忆占优势地位,有意识记忆正在逐步发展;此时的孩子主要擅长形象记忆,缺乏抽象记忆;以机械记忆为主,缺乏理解记忆。孩子最早、最容易记住的东西,往往是那些和他关系非常密切的东西,如妈妈、奶瓶等。由于孩子的记忆是以无意识记忆为主,因此孩子记忆的效果很大程度上取决于被记忆对象本身是否具有鲜明、生动、新奇的特征。随着孩子年龄的增长,特别是当孩子掌握了语言这一工具后,他的有意识记忆就逐步发展起来了。年龄越小,孩子记忆的直觉形象就越明显,这是由孩子思维的具体形象性所决定的。对于那些具体的,可以看、可以摸、可以听到,甚至可以嗅到、尝到的东西,孩子往往很容易记住。

根据幼儿的这些记忆特征,家长应主要从以下几个方面着手培养孩子的记忆力。

1.让孩子快乐地生活

婴幼儿期孩子的情绪中枢特别发达,最容易感知大人的爱心,害怕离开妈妈。孩子在高兴的时候,学的东西容易记住。家庭的和睦,父母相处和谐,对孩子充满着关爱,孩子快乐地成长,能增强孩子的记忆力。因此,家长应让孩子在快乐中成长,在快乐中学习。

2.帮助孩子在理解的基础上进行记忆

训练孩子的记忆力,家长应尽量给孩子提供具体、生动、形象的记忆材料,从孩子生活中所能接触到的那些看得见、摸得着、听得见的事物教起,由浅入深,由近及远,由具体到抽象,逐步帮助孩子在理解的基础上进行记忆。小孩子对什么东西都好奇,喜欢问这是什么、那又是什么。在家里、在街上、在野外,家长在陪伴孩子的过程中,不但要不厌其烦地解答孩子提出的问题,还应主动向孩子介绍常见的事物。如家庭中常见的锅碗瓢盆、电器等;街上常见的车辆、商店等;野外常见的植物等。刚开始,可向孩子介绍事物的名称,随着孩子的成长,可向孩子讲解其性质、功用等,并且要检查孩子记忆的情况。这样孩子的记忆力慢慢就会得到锻炼,其记忆能力慢慢就会增强。

3.发展孩子的无意识记忆

在幼儿时期,孩子的记忆是无意识记忆占优势地位,在多数情况下都是在游戏、游玩中无意识的情况下记住一些事物,获得一些知识。在孩子上幼儿园前,家长要多带孩子玩耍,多陪伴孩子,与孩子一同成长,一同生活,一起游玩;带他们到街上,到野外,到商场,到游乐园等地方去见识各种事物。孩子在玩耍中自然就能记下很多的东西。

4.利用游戏活动,培养和发展孩子的有意记忆能力

孩子对感兴趣的东西记得多一些、快一些,对不感兴趣的东西的记忆效

率较低。但孩子入学后,要求孩子不能只记住一些自己感兴趣的内容,对不感兴趣的也一样要求学习。在这样的情况下,家长在孩子入学前要帮助他们从无意记忆向有意记忆发展,以适应学习的需要。为此,家长就应着手对孩子进行这方面的训练。如,同孩子一起玩游戏时,给孩子提出记忆的任务和要求,游戏结束后对孩子进行检查,了解孩子有意记忆的完成情况。家长可以借鉴下面这些实例训练孩子的有意记忆。

(1)把几样东西按先后次序排列在桌上,让孩子看几十秒钟,然后遮起物品要求孩子凭记忆依次说出这几样东西的名称。

(2)让孩子闭上眼睛,说出你穿戴的衣帽鞋袜是什么颜色。

(3)当着孩子的面把多种不同的小物品分别摆在桌上,先让孩子把几种物品留存在大脑中,然后叫孩子转过头去。家长拿走2—3样东西,让孩子再回过头来看少了哪几样东西。

(4)把多张不同内容的图片放在桌上,叫孩子看一会儿,盖上,然后要求孩子把所看到的图片内容尽可能准确地叙述一遍。

(5)"飞机降落"的游戏:将一张大纸作为地图贴在墙上,纸上画出一大块地方作为"飞机场",再用纸做一架"飞机",写上孩子的名字。让孩子站在离地图几步或十几步远的地方,先观察一下地形,然后蒙上眼睛,让他走近地图,并将"飞机"准确地降落在"飞机场"上。

(6)看橱窗的游戏:带孩子外出路过商店橱窗时,先让孩子仔细观察一下橱窗里陈列的东西,然后离开。离开以后,要求孩子说出刚才所看到的东西。

5.综合培养幼儿的其他智力因素,使其记忆力和谐发展

家长在培养孩子记忆力的时候,要注意开启他们的思维,不能仅限于单纯的记忆。要让幼儿充分调动各个器官参加活动,使记忆更完整、更深刻,同时也要依靠其他智力因素如想象力、思维力等的培养使幼儿记忆力与之和谐发展。如与孩子开展识别"大小""高矮""颜色"的游戏。家长用一大一小、一高一矮的两个透明瓶子,装上不同颜色的水,要求孩子记住瓶子的大小、高矮、颜色等特征,同时,让孩子想一想:第一,两个瓶子装的都是水,为什么一个是红色的,一个是白色的? 第二,它们虽然颜色不同,但装在瓶子里为什么形状是一样的? 如果把它们装在一个方盒里,它们会变成什么形

状?如果把水倒在地上又会怎么样?家长可以通过设计这些问题,启发孩子的思维,让孩子在心中展开想象。孩子肯定是答不准确的,父母可以一一示范给孩子看,最后让孩子明白:水是无色的、无形的,加上什么色就是什么颜色,装在什么形状的容器里就是什么形状。

6. 以鼓励为主,启发孩子自觉记忆的习惯

不管是孩子自觉记忆还是家长要求的有意记忆,每当孩子记住了一样东西,父母都应予以鼓励,及时给予赞扬,提高孩子自觉记忆的积极性。每当孩子主动告诉父母自己的所见、所想,父母都应耐心地听,听后给予赞扬,以增强孩子自觉记忆的习惯和记忆的自信心,并同时给孩子提出下次应注意的事项,如记忆的顺序、重点等。

(二)小学孩子记忆的特点和记忆力培养

小学孩子在记忆上由幼儿时期的无意记忆向有意记忆发展;记忆的内容仍是具体形象记忆占主导,抽象记忆逐步发展;在记忆的方法上从机械记忆向意义记忆发展。根据小学孩子的这一记忆特点,家庭教育应重点着手几个方面的训练。

1. 帮助孩子从无意义(机械记忆)记忆向意义记忆发展

小学孩子在记忆的目的性上,比学前儿童有了较高的自觉性,但小学低年级儿童还不完全具有意义记忆的能力,因为他们还缺乏知识经验,难于找出材料的内部联系。他们的语言虽有发展,但还不能完全用自己的话复述所记忆的材料内容。他们对意义记忆的方法还很生疏,不善于进行分类和对比。随着年级的增高,知识经验的积累,理解能力的增强,他们对所学知识有了一定程度的理解,能够从知识本身去寻找联系,进行意义记忆。年级越高,意义记忆所占的比例越大,机械记忆所占的比例就越小。所以,随着孩子年级的增高,家长应帮助孩子从机械记忆向意义记忆过渡,以提高孩子记忆的能力。如老师要求背一篇课文,孩子读多少遍都记不住,家长就应引导孩子思考:这篇课文主要说了些什么?从什么地方说起的?怎样结束的?内容之间有什么必然联系等。给孩子简单的启发后,让孩子思考,进行简单复述。启发孩子的思维,帮助孩子逐步掌握记忆的方法,家长可从以下几个方面去尝试。

(1)重复记忆法:通过反复强调、反复阅读来巩固记忆。一篇课文,多读几遍,自然就明白其中的大致含义了,在理解的基础上,自然就把这篇课文背下来了。这种方法更适用于年幼的孩子。不过,在重复的时候,可以加点变化,比如边讲故事边做手势,或者边讲故事边向孩子提问题,如果是背诵课文,可以帮助孩子理清课文脉络、提示重点等,然后让孩子接着背。

(2)归类记忆法:如果把记忆比喻为知识的仓库,那么只有把知识归类,仓库才能最大限度地发挥它的储存能力。例如,利用汉字的特点,通过形声字来识记字,如青、清、情、晴、精,这样一串字,孩子容易记。

(3)串词记忆法:其一,把文章分成几部分,每一部分要划分出一个最重要的思想内容。做这项工作时,可以参照文章已有的划分法,如文章的自然段等。其二,针对每一部分确定一个中心词。中心词数量不能太少,以免漏掉某个重要的思想内容;但也不能过多,以免词串太长。其三,每个中心词都必须保证能够借以回忆起相应的那个部分的内容。其四,每个中心词都要便于与相邻的中心词串联。其五,所有中心词都确定之后,要按照与文章各部分先后顺序相吻合的顺序抄下来。其六,各中心词与其相应的文章片段有一定的联系,针对各中心词提出问题。其七,通过复习将这些联系牢牢记住。其八,理清各中心词之间的联系,将中心词依次串联起来,直到记得很熟保证不会忘为止。

2.激发孩子的学习兴趣,让孩子从无意记忆向有意记忆过渡

孩子入学后,随着成长和成熟,他们的记忆容量在不断增加,无意识记忆和有意识记忆也在提升,形象记忆和语词记忆都在快速发展,并且还会逐渐形成自己的记忆策略和独特的记忆风格;不再像学前那样凭兴趣爱好记住一些事物,而是根据学习的需要展开记忆,以达到完成学业的目的。但是有不少小学孩子,仍停留在无意记忆阶段,尽管人很聪明,但上学后学习表现不尽如人意,不是平均成绩差,就是偏科,弄得家长头痛。

小勤已是小学二年级的学生了,平时活泼开朗、聪明伶俐,但特别怕背诵课文,一听说有要背诵的内容,就感到头痛。头一天能背的课文,第二天就忘头忘尾,不能完整地背诵下来了。

像小勤这样的孩子,在学生中不在少数,为什么会出现这个情况,我想,除了学习方法外,就是缺乏记忆技巧问题,没有过渡到有意记忆上来。作为家长,除了要继续以游戏的方式锻炼孩子记忆力外,还要针对孩子学习的内容,有针对性地、游戏式地开展一些激发孩子兴趣的活动,如孩子对数学(字)不感兴趣,就开展一些数学(字)方面的游戏。常开展数学(字)类游戏,也许,孩子慢慢就会对数学(字)产生兴趣。孩子如果有了学习的兴趣,其记忆力自然就增强了。

3.在形象记忆的基础上,培养抽象记忆能力

孩子在学前和小学低年级阶段,主要以形象记忆为主,并逐步向抽象记忆发展。比如语文方面要背一些词语,数学上要记一些公式和概念,这些都是比较抽象的。这就要求孩子具有抽象概括能力。但是很多孩子都讨厌背这些抽象的东西。为此,家长应与学校教师密切配合,根据孩子的记忆情况,帮助孩子由形象记忆逐步向抽象记忆过渡。

(1)形象替换记忆。就是把抽象的概念与形象的事物联系起来进行记忆。如"3",大人给孩子讲,"3"像人的"耳朵",孩子记住了自己的耳朵,就记住了"3"。当然,这是幼儿期的教法。

(2)抄写记忆。就是把一个复杂的概念反复抄写几遍,一边抄写一边记忆。人们常说,写一遍胜过读十遍,这是有道理的。

(3)歌诀记忆。就是把复杂难记或者难以区分的知识编成顺口溜或者儿歌进行记忆。如"戍""戊""戎"三个字,其外形差不多,区别甚微,意义、读音各不相同,小学生,甚至很多成人都容易弄错。有人把它编成了顺口溜,就容易记了:戍(shù)中点,戊(wù)中空,十字交叉就念戎(róng)。这样一编,孩子就容易识别了。

(三)初中孩子记忆的特点和记忆力的培养

初中孩子的记忆能力已有了显著的发展,各种记忆基本达到最佳状态。随着年龄的增长和学习内容的增加,记忆量不断扩大,记忆力不断增强。从记忆的目的看,有目的的意义记忆发展了起来:初一时无意识记忆还较明显;到初二时,他们逐步学会使自己的记忆服从于识记的任务和教材的性质。从记忆的方法看,从小学及以前习惯的机械记忆方法逐渐向理解基础上的意义记忆转化,并随着年龄的增长,意义记忆逐渐成为主要手段。从记忆的类型看,听觉记忆和视觉记忆发展相当快,听、看、写的综合能力增强,他们可以一边听老师讲课,一边看教材,一边做笔记。从记忆的内容看,抽象记忆能力发展较快,能用抽象的原理、公式来理解具体的事物,表明初中孩子的认识能力向理性水平迈进了新的一步。

孩子上初中后,学习的内容增多,学习的难度增大,需要记忆的内容比小学多得多,这就要求孩子有一个较好的记忆力,但是,很多家长常常抱怨自己的孩子记忆力不好,认为自己孩子笨,不是读书的料。其实,大多数孩子记忆力都是差不多的,为什么有的孩子记忆力好,有的就差呢?其原因是记忆力没有得到很好的培养,没有掌握记忆的技巧。为此家长应根据记忆的规律,从简单的办法做起,增强孩子的记忆力。

1.必须注意"注意力集中"这个前提

孩子要记住东西,首先就要排除内外的干扰,集中精力。人们常说"一心不可二用",如果上课思想开小差,教师讲的内容听都没听到,又何谈记忆呢?因此,培养孩子的注意力就显得极其重要。

2.增强孩子记忆的动力

要培养孩子记忆的习惯和记忆的主观愿望,以增强孩子记忆的动力。前面讲了,从孩子幼儿时期开始,就要培养孩子记忆的习惯。有了习惯,孩子就会处处留心,不会放过可以记忆的机会;另外,要有记忆的愿望。一个人要想记住一件事、一组数据、一个理论等,他只有想记,才能把它记下来,如果他不想记,无论如何是记不住的。如我们经常走的一段石梯,我们天天走,走了几个月,甚至走了几年,大多数人却不知它有多少级石梯,因为大多数人没有记忆这段石梯数量的愿望。

3.明确学习的目的和任务,才能增强孩子记忆的动力

孩子读书,为谁而读?通过学习要达到什么目标?学习是自己的事,还是别人的事?这些问题家长必须帮助孩子弄明白。如果说孩子在小学及以

前对这个问题不够清楚,糊里糊涂,懵懂地过日子,那么上中学后就应弄明白这个问题。如果不解决这个问题,孩子很难有学习的主动性和积极性;如果缺乏学习的原动力,即使有再好的记忆力,也没有用。有相当一部分初中孩子,学习没有计划和目标,不知一天中该干些什么,达到什么目标,一个月该干些什么,又达到什么目标,更不用说一学年、整个初中阶段达到什么目标了。一天昏天黑地地玩,懵懵懂懂地过,到初中毕业了,才从梦中醒来;有的甚至认为读书是为家长读,是为老师读,遇到点儿什么不顺心的事,就使性子,撂挑子,动不动就"我不给你读书了""不给你做作业了""我不学你那科看你把我怎么样",像这类孩子能主动去记忆吗?所以,家长要帮助孩子对学习做出规划,定下目标。让孩子学会独立、自觉地检查自己的记忆效果,这样他才能不断提高记忆的能力。

4.把机械记忆和理解记忆结合起来,以理解记忆为主

在小学阶段多为机械记忆。上初中了,随着学习内容的不断增加,学习难度的不断加深,机械记忆显然跟不上初中学习的需要,这就要求孩子学会对材料进行加工、综合分析,在理解基础上进行记忆。当然,有些公式、概念还是需要机械记忆,这就需要孩子强记。

5.督促孩子学习及时记忆和复习记忆

初中孩子一天一般都要上6—7课时,学习3—4个科目的内容,如果不及时把每一天、每一科目的内容弄懂记住,就会一天一天欠记忆账,账欠多了就无法还清了。作为家长,应教给孩子方法:利用自习时间或睡前时间回想当天的学习内容,检查自己对当天学习内容的掌握情况,如果还有没有掌握的,应及时复习或想其他办法解决,最好不要留到第二天;如果当天实在不能解决,一定不能放过第二天的时机。这既是一种记忆方法,又是一种记忆习惯。只要孩子有这种记忆的习惯,不欠每天的记忆(学习)的账,学习成绩是不会差的。

6.综合利用多种记忆方法

初中的学习内容较小学复杂,孩子必须学会灵活多样的记忆方法,才能解决记忆的重点和难点。对于必须背诵的内容,可把识记和回忆结合起来,

通过反复朗读后进行回忆,检查自己的记忆情况,重点复习容易出错的地方。对枯燥乏味的单词、概念等,应学会多种感觉器官协同活动,如视觉、听觉、动觉等。如背一个难记的英语单词,可采用听(录音)、看、写、默诵等方法,用多种渠道把信息传达到大脑中,加深记忆的痕迹。

7.学会笔记记忆

孩子进入小学高年级,就已有一定的记忆能力,从这时开始,就应开始养成做笔记的习惯,但不少小学孩子却没有这样的习惯,到了初中,还没有一边听讲一边做笔记的能力。初中学习的内容广,难度增大,单凭听讲时的记忆远远跟不上学习的需要。孩子在初中及以后的学习中应该具备手脑并用的能力。要学会做笔记(包括编提纲、做批注)、整理笔记。做笔记整理笔记的过程其实就是加深记忆的过程。另外,笔记的东西,都是学习的重点和难点,也是难以一次性记住的,把它记下来,有利于复习,加深记忆。

(四)高中孩子记忆的特点和应掌握的记忆方法

实验表明,在同样的时间里,18岁的孩子比小学生记住的材料几乎多4倍,比初中孩子至少多一倍。从记忆的目的看,高中孩子能逐渐使自己的记忆服从于学习的目的和任务,记忆的有意性开始占主导地位。从记忆的方法看,高中孩子很少用机械记忆,而主要是通过动脑筋,通过对材料的分析加工,理出重点,找出内在联系,用意义记忆的方法去掌握材料。从记忆的内容看,抽象记忆能力接近成熟。研究表明,若一个小学二年级的学生对词的记忆能力水平为100,那么初二则为240,高二为330,而成人为380。由此可见,高中孩子对词的记忆能力已接近成人。

高中孩子学习的内容与初中相比更广更深,加上家长由于工作忙、家庭琐事多、生活的艰辛、多数时间远离孩子、对高中课程全面的知识掌握不够等因素,大多数家长已不可能再像小学、初中那样直接培养孩子的记忆力,而只能传授给孩子一些记忆方法,为孩子的学习服务。

1.及时记忆法

高中孩子需要学习的内容多,知识多,对每天学习的知识要及时记忆,学完每一小节后要及时加以复习,巩固平时记忆的效果,这样才能步步为营,学好每一门功课。德国心理学家艾宾浩斯经过大量的实验,找到了遗忘与时间的关系:学完某种知识后,如果隔一小时回忆,则学到的东西只能保持44%;隔一天后只能保持33%;然后遗忘变慢,一周后保持在25%左右。由此可见及时记忆的效果。

2.综合记忆法

对于复杂难记的,枯燥乏味又不得不记的,应采用听、说、读、写、背等综合方法进行记忆。目的是通过多途径加强大脑的信息输入,利于记忆。如背英语单词。

3.集中和分散记忆法

在记忆的过程中,家长要教会孩子:对需要记忆的东西进行分析归类。对量少的、易记的、难度小的,要及时强记;难度大的、分量重的要分时段一部分一部分地记。

4.纵深记忆法

当达到能够勉强背诵的时候,趁热打铁,再学几遍,加深记忆。如果把材料刚记住的程度定为100%,而记忆程度达到150%,记忆效果是最好的。

5.联想记忆法

这种记忆方法又分三种:

一是接近联想记忆法。这种方法就是把两种以上的事物在时间或空间上同时或接近地放在一起,只要想起其中一种便会回忆起另一种,由此再想起其他。例如,一下子记不起一个很熟的英语单词,明明是经常都温习的,连这个词在书上什么位置都想不起来了,那就可以从这个词应该安放的地方上去想,想想它前面是什么词,后面跟了个什么词,这样反复联想,往往能回忆起这个单词来。

二是对比联想法。这种方法就是把相对立的事物放在一起进行记忆,也叫对立联想法。如需要记忆律诗中的对偶句,记起了上联,就能推出下联,如毛泽东的《七律·长征》中的句子。记起了"金沙水拍云崖暖",以此推导出"大渡桥横铁索寒"来。

三是类比联想记忆法。这种方法就是把握住要记的材料在本质上或现象上的某些相类似的属性,进行比较、类推,达到举一反三的记忆。如用汉字当中的声旁进行记忆:"青""请""情""清""睛"等字,记住了一个就记住了一串。这种方法在学习英语中用得较多,如用相同词根进行记忆。

6.重点记忆法

在整个高中阶段,要记的内容很多,但不应把所有的学习内容都记下来,随着学习的深入,学懂了后面的,再回头去看前面的,就觉得简单了。这样,前面懂了的东西,就没有必要全部记忆了,只把公式、定义、概念记住就行。另外,新学的东西也应选择性地记忆,应记概念、记定义、记观点。记住了概念和观点就能举一反三。

7.趣味记忆法

这就是前面讲的歌诀记忆的延伸,就是把复杂的数据和材料编成故事、顺口溜或歌谣进行记忆。

记忆力的好坏是孩子学习成绩好坏的关键,幼儿时期、少年时期是培养孩子记忆力、孩子养成记忆习惯的关键期,家庭教育切不可放过这个时期。另外,要保持孩子的记忆力,还必须注意以下几个方面:

(1)吃有益于大脑的食品,尤其是绿色蔬菜和水果。

(2)培养锻炼身体的好习惯。健康的身体、充沛的精力是保持记忆力的前提。

(3)有节制地玩智力游戏(棋类、字谜或是数字游戏)可以有效地刺激脑细胞,增强记忆力。

(4)多读书:经常拿起书本,阅读一两章,然后试着回忆你阅读的内容,这也许是最有效的记忆训练方式。

(5)培养孩子的兴趣爱好。

(6)保持充足的睡眠:睡眠在大脑的保养中扮演着极其重要的角色,记忆力衰退的最大原因就是缺乏足够的睡眠。

(7)多接收新的信息,多重复它。

(8)学会放松,听听音乐:音乐不仅能帮助唤起过去的回忆,还能刺激你

二十二 如何培养孩子的观察力

观察力是智力发展的基础，是人们认识世界、增长知识的重要途径，是孩子掌握学习内容和独立获取知识的必要条件。家长都希望自己的孩子有一个聪明的头脑，学习上有一个好成绩，将来能出人头地，有一番作为。要达到这一美好愿望，教会孩子学会观察是有效途径之一。

一个人要在某方面有所作为，单有聪明的头脑和丰富的知识还不够，还必须具有创造力。创造力从何而来，主要是从观察中而来。达尔文说：我既没有突出的理解力，也没有过人的机智。只是在觉察那些稍纵即逝的事物并对其进行精细观察的能力上，我可能在别人之上。巴甫洛夫指出：应当先学会观察、观察、再观察。不学会观察，你就永远当不了科学家。可见观察力是创造力的重要因素。

观察力如此重要，然而有不少家长忽略或者不知如何培养孩子的观察力，使很多可以培养孩子观察力的机会从手中溜掉了，这实在是可惜。为此，为了孩子的明天，建议家长根据孩子不同时期观察力的特点，进行观察力的培养。

(一)幼儿观察力的特点及其观察力的培养

1.幼儿观察力的特点

观察是儿童积累知识、发展智力的重要途径,虽说有眼有耳就能看能听,但同时接触同样的事物,有的孩子能在脑子里留下准确、完整、丰富、深刻的印象,有的孩子却只有支离破碎甚至错误的印象。可见,观察力不是生来就有的,而需要有意识地培养。观察不是一种消极的知觉活动,而是知觉与思维结合的积极的活动。儿童观察能力的培养是智力开发的重要内容。在幼儿时期,观察能力处于不成熟的阶段,具有如下特点。

第一,观察凭兴趣,随意性大;第二,观察较笼统,缺乏精确性;第三,观察易受暗示,缺乏独立性;第四,观察易受干扰,缺乏稳定性和持续性;第五,观察浮于表面,缺乏深入性;第六,缺少观察的方法。幼儿观察力的特点,与幼儿的注意力、思维力、情感体验等心理特征有关。

2.如何培养幼儿的观察能力

针对幼儿观察力的特点,家长在培养孩子观察力时,应从以下几个方面着手。

(1)激发孩子的观察兴趣,克服观察的随意性。一方面要根据孩子智力发展特点以及个性特征,在实际活动中有针对性地提出问题,引导他们去观察自己喜爱的事物;另一方面,孩子提出"这是什么""那是什么"时,家长要善于引导孩子去观察。

从奇特的、鲜艳的、具体的、生动的、活泼的、好玩的、好听的入手,引发孩子的兴趣。幼儿都有一个鲜明的特点:喜欢色彩鲜艳、奇特、会动而具体的事物,如鲜花、小猫、小狗、小鱼等。家长应根据孩子的特点,唤起孩子的观察欲望。孩子学习观察的初期,肯定很肤浅、单一。不必强调孩子的观察是否全面细致,关键是要激发他的观察欲望,随着观察的不断深入,观察力肯定会得到锻炼和提高。家长要为孩子创造有利于激发观察兴趣的环境,幼儿感兴趣的观察对象是以"动"为主的。如果让孩子观察盆景,他不到1分钟就厌烦了,而若观察金鱼,观察小猫、小鸡,他可能能持续几分钟。所以要注意选择让孩子观察的对象,既能引起孩子的注意又不损害其身体健康。

孩子在游玩的过程中,喜欢不断向家长提问"这是什么""那是什么"。

家长应以诱导的方式解答,激发孩子对所问事物的兴趣,如问到小猫,不但要用清晰的言语给孩子解答这是什么,还应给孩子讲:"小猫特别可爱,特别好动,特别灵敏,特别会抓老鼠;眼睛特别明亮,很有特色,它的眼睛在不同的时间会起变化,你以后仔细观察就会知道。"这样告诉孩子,就能激发孩子对猫的兴趣,引起孩子以后对猫的再次观察。

(2)家长要善于经常性地指导孩子观察周围的事物,让孩子养成观察的习惯,克服观察中的随意性。孩子来到这个世界上,所有的东西对孩子来讲都是新奇的,孩子会说话以后,往往不断地向家长发问"这是什么""那是什么"。家长应抓住孩子的好奇心,培养孩子观察的习惯。孩子生活的环境中,所见的事物很多,如锅、盘、碗、杯、筷、电视机、猫、狗等,家长应不失时机地引导孩子去观察,慢慢使孩子养成观察的习惯。一旦培养起了孩子观察的习惯,孩子就有了获取知识、积累知识、发展创新的基础。在孩子的生活环境里,有静物和动物,他们容易对会动的、色彩鲜艳的感兴趣,会主动去观察,对于静物,孩子很难主动去观察。家长不但要引导孩子去观察他们喜欢的事物,更应引导孩子观察他们不喜欢的东西(静物)。很多日常生活用品都有基本的用途和其他用途,家长可以利用孩子常用的物品激发他的观察兴趣,使他养成观察的习惯,提高他的观察能力。比如引导孩子观察茶杯,问孩子:"宝宝,你知道这是什么吗?"孩子回答或家长解答:"茶杯。"问:"你知道茶杯是用来装什么的吗?"答:"是装水的。"问:"你知道它还能装什么吗?"如果孩子年龄小,回答不完整,家长可告诉孩子,杯子还可以用来盛豆,插花。还可以将一个塑料杯和一个玻璃杯或瓷杯进行比较。塑料杯掉在地上摔不碎,玻璃杯很容易破碎。这样引导孩子,就能激发孩子观察的兴趣。

(3)从孩子玩的玩具入手,培养孩子的观察力,克服孩子观察粗心的毛病。例如:在孩子面前摆上两件或几件大小高矮明显不一样的玩具,先让孩子指认一下都有什么玩具,然后用布遮住,悄悄多放一件(或悄悄拿走一件),看孩子能否觉察出多(少)了什么,并指出来或说出来。又例如:提前准备一些孩子熟悉的玩具,然后制造一些缺损,让孩子指出,培养孩子观察的整体性。比如小白兔(没有耳朵)、人(没有胳膊)、小汽车(少了轮子)、小飞机(少了翅膀)。先提问孩子:"这些是什么?"等孩子回答以后再问孩子:"观察一下,看它们有哪些不对的地方?(多)少了什么?"如果孩子不能很好地完成游戏,可以把游戏难度降低,设计一些对称型缺损。比如小白兔只是少了一只耳朵,小汽车只少了一个轮子。1岁半以后的孩子就可以开始这种游戏了,但我们不需要孩子能马上准确地说出或指出缺少了什么,更多的是引导孩子学会观察事物的前后变化,从而感知事物的整体性。比如,给孩子穿上一只鞋的时候,我们就提示孩子"怎么只有一只鞋呢,鞋有几只?有两只鞋,这儿还有一只",让孩子在日常生活中感知事物的整体性。

(4)从日常生活入手,培养孩子观察的习惯。家长在陪伴孩子的过程中,每天都能遇到很多可以引导孩子观察的事和物,就看家长有没有这个培养意识。譬如,傍晚陪孩子散步时看见弯弯的月亮,家长就可以提醒孩子观察一下弯弯的月亮像什么。当孩子拿着白糕咬了一口后问孩子:"白糕现在像什么?"

(5)从观察图片入手,培养孩子的观察力。有些实物的观察受生活条件的局限,不能看得仔细,观察图片可以作为一种培养观察力重要的补充手段。图片还可以作为一种有目的、有计划、系统地培养孩子观察力的教材。例如,寻找动物的藏图,寻找细微不同的对比图片等。现在图书馆里关于这方面的图书、画册很多,家长给学前期孩子特别是3岁左右的孩子购买这方面的书,既培养了孩子的观察力,又锻炼了孩子的注意力。

(6)孩子三四岁后,可让孩子初步观察自然景观,观察大自然的千变万化,培养孩子的观察兴趣和能力。例如:有小溪和大江;水有清澈和浑浊,可结成冰,又可化成汽。花草树木:颜色形状不同,却都有发芽、生长、成熟、衰败的过程,都会随着季节的变化而变化。四季:春天,气候变暖,草木发芽变绿,花朵开放;夏天,气候炎热,草木茂盛;秋天,天气转凉,一些树木的枝叶变黄,凋谢;冬天,气候寒冷,草木凋零等。当然,对自然变化的观察力,是随着孩子知识的加深而增强的。

(7)培养孩子观察的持久性,养成长期观察的习惯。如引导孩子开展种植、养殖活动。从种植来讲,对播种、发芽、长大、开花、结籽的过程做长期观察;从养殖角度来讲(例如养蚕),对孵化、幼虫、长成、结茧等阶段进行长期观察。这样做的目的,一是让孩子在不知不觉中养成观察的习惯,二是让孩子在观察的过程中养成动脑筋的习惯。

对幼儿观察力的培养,家长还应注意给孩子创造良好的观察环境,根据孩子的观察特质提供适宜孩子观察的对象,调动孩子各个器官,使其多参与丰富多彩的活动。在幼儿阶段,培养孩子的观察习惯非常重要,至于观察的方法,根据孩子观察力(智力)的情况,慢慢教给他们。

(二)小学孩子观察力的特点及其观察力的培养

1.小学孩子观察力的特点

小学孩子观察力的发展水平,随年级增高而提高,具体表现在两大方面。第一,小学孩子观察力的发展表现出由低到高的不同阶段。第二,小学孩子的观察品质在逐渐发展。

(1)观察的目的性较低。他们一般还不会独立地给自己提出观察任务,也不能很好地排除干扰,在观察活动中往往受声音、形态、颜色等特点和个人兴趣、爱好的影响。中高年级小学孩子有所改善,但提高不多。

(2)低年级小学孩子观察的精确水平很低。他们观察事物不细心、不全面,常常笼统、模糊,只能说出客体的个别部分或颜色等个别属性,不能表述细节。中年级小学孩子观察的精确性明显提高。高年级小学孩子的观察力略优于中年级小学孩子。

(3)低年级小学孩子观察事物凌乱,不系统,没头没尾,看到哪里算哪里。中高年级小学孩子观察的顺序性有较大发展,一般能系统地观察,能从头到尾边看边说,而且在表述前往往能先想一想再表述,即把观察到的材料进行加工,使观察到的内容更加系统化。

(4)低年级小学孩子对所观察的事物难以从整体上做出概括,他们往往较注意事物表面的、明显的、无意义的特征,而看不到事物之间的关系,更不善于揭露事物的有意义的本质特征。中年级小学孩子观察的深刻性有较大的提高。随着抽象思维的发展,高年级小学孩子观察的深刻性更有显著发展,表现为观察力中的分辨力、判断力和系统化能力有明显的提高。

2.小学孩子观察力的培养

(1)针对学习的需要,培养孩子的观察兴趣。孩子读书后,学习的内容不可能全是孩子感兴趣的,但又必须学好,这就要求家长要培养孩子对不感兴趣学科的学习兴趣。如孩子对文科(语文、地理、历史等)不感兴趣,家长就应多带孩子到迷人的大自然中去,让大自然中鲜艳的色彩、美丽的姿态、动人的声响、神奇的变化等激起孩子观察、探索的兴趣。还可以给孩子提出一些带启发性的问题,让孩子通过观察得出结论,使孩子获得观察的乐趣。如让孩子体会"风的语言",家长可把孩子带到山上松林中,同孩子一起静静地坐下来,仔细听风的声音,让孩子想象、体会风在不同情况下的述说,达到用"心"观察的目的。

(2)给孩子提出具体的观察任务和目的。在幼儿时期,家长有时也给孩子下达观察的任务和目的,但那是极其浅显的,如带孩子出去玩以前,对孩子说:妈妈今天带你去玩,但回来以后要告诉妈妈今天都看到了些什么,听到了些什么。孩子进入小学后,特别是随着孩子学龄的增高,知识的增多,如果再是这些简单的要求就跟不上孩子学习的需要和智力的发展了。这时就应该根据孩子学习的需要和智力发展情况,提出更加具体、更高的要求,事后要及时检查孩子任务的完成情况,指出不足之处并给予补充和纠正。如周末带孩子去登山,就应给孩子下达观察的任务:什么时间出发,经过了哪些地方,什么时间结束,在途中看到了什么,听到了什么,有什么体会,有什么看法等。回来后,孩子可向父母口述,也可写成观察日记。这样,孩子的作文就不可能没写的或空洞无物了。

(3)多角度培养孩子观察的能力,逐步提升观察的科学性。孩子在小学低年级时,对事物的观察往往缺乏系统性、深刻性,不是浮于表面就是缺乏次序或层次。随着孩子学龄的增高,家长应逐步教给孩子观察的方法;要教会孩子运用视觉、听觉、触觉、嗅觉、味觉等多种感官去感知事物,并逐步养成仔细观察的习惯。

其一,分角度进行观察。一般来说,事物的状态分为动态和静态两种。动态是事情变化发展的情景,主要是指事物的活动、变化等,如马路中奔驰的汽车、天空中飞翔的小鸟。静态是事物相对静止的状态,它是指事物的形状、位置、大小、颜色等,如假山、盆景等。对事物动态和静态两个方面的观察,要从时间和空间这两个角度进行。从时间的角度观察动态的事物,主要是观察事物的活动情况,发展演变的过程,它是怎样开始的,经历怎样的过程,得到什么样的结果;从空间角度观察静态的事物,就是观察该事物处在怎样的空间范围之中,形状是什么样的,大小如何,有什么颜色,周围有什么等。

其二,抓住观察的重点。家长可先要求孩子对事物进行初步观察,在头脑中形成一个较为清晰的全貌,然后再进行深入细致的观察,捕捉事物的本质特点。这里值得注意的是:家长要帮助孩子比较鉴别,从中找出事物最重要的特点。生活中有许许多多相似或相近的东西,如果只是走马观花地看一看,它们几乎没有什么区别,但如果把它们放在一起进行细致的观察、比较、鉴别,差异就会十分明显,这就是找出事物特点的方法。

其三,分层次进行观察。孩子在观察的过程中,对比较复杂的事物不知如何观察。家长在训练孩子观察力的过程中,应多选择身边事物,从观察静物开始,由简到繁,由易到难。先指导孩子观察身边的学习用具、生活用具,自然界中的花草树木等。要求孩子运用从里到外或由外到内,从上到下或由远到近的观察顺序对物体进行全面细致的、有条理的观察。在观察的过程中,抓住物体的颜色、形状、构造等细节。再指导孩子进行较复杂的静物观察,如教室、办公室、学校、自己房间的陈设和结构等。要求孩子按方位顺序观察,把其间的摆设一件一件有序地看清楚。

在学生掌握了对静物观察的基础上扩大观察范围和提升观察难度,由静到动,从以观察事物的颜色、形状、大小为主过渡到以观察事物发展变化过程为主,加强动态的观察,如观察宠物的活动、孩子自己的运动、所做事情的过程等。除了要求孩子坚持全面细致、有顺序地观察外,还要求孩子注意看清每个动作和连续动作的顺序,并结合前面的静物观察,要求孩子在观察事物时注意动静结合,注意到动和静的交叉点及其联系。

(4)把观察与思考结合起来。从观察到思考,是一个接收信息处理信息的过程,是创造的基础。在孩子掌握熟练对静态、动态事物的观察后,家长应要求孩子将观察与想象结合起来。让孩子在观察中根据眼前的一人一事一物一景,展开联想和想象,唤起以往的生活经验,并将它们变成美丽的画面。

(三)青年期孩子观察力的特点及其观察力的培养

1.青年期孩子观察力的特点

(1)观察的目的更明确。从智力发育角度看,孩子的智力在中学阶段发展是最快的,到19岁时发展到顶点。这个时期,特别是初中后期、高中阶段以及大学时期,孩子能主动地制订观察计划,有意识地进行集中的、持久的观察,并能对观察活动进行自我调控。

(2)观察的持久性明显发展。青年期孩子意志力增强,能排除各种干扰,坚持长时间观察。

(3)观察的精确性提高。在观察活动中,青年期孩子能全面深入地了解细节;既重整体辨认,又重细节辨认;观察的正确率逐步提高;对观察对象本质属性的理解逐步深化。

(4)观察的概括性更强。青年期孩子抽象逻辑思维渐占优势,言语表达能力进一步发展,观察的概括性、深刻性明显提高。

2.青年期观察力的培养

从幼儿开始,一直到孩子上初中前,如果家长都注重了对孩子观察力的培养,那么到孩子上初中后,家长除了要继续要求孩子明确观察目的和任务、提高观察的自觉性、掌握观察的方法、培养观察的浓厚兴趣外,还要协同学校引导孩子利用多种感官(眼、耳、鼻、舌等)共同参与,向观察的深层次发展,加强观察、思维和语言的协调发展,如观察社会,观察人与人之间的关系以及自己与社会与他人的关系等。通过观察,开始思考人生,思考未来。

(1)让孩子通过对人与人之间如何相处的观察,逐步明白如何做人。人与人之间是平等的关系,是相互依存的关系,任何人都不能凌驾于他人之上,任何人都不能脱离人的群体而生活。因此,家长应教育孩子学习、掌握做人的一些基本要求,如以理服人、以德服人、信守承诺、坚持原则、以诚相待、谦虚谨慎、控制情绪、富有正气、严于律己、宽以待人等。

(2)让孩子通过观察,明确学好知识与社会、国家发展的关系,激发孩子的爱国热情。

(3)让孩子通过观察,明确自己肩上的责任,激发孩子的学习热情。

观察是智力发展的基础,是获取知识的重要途径,也是孩子走向成功的关键,希望家长在养育孩子的过程中努力培养孩子的观察力。

二十三 如何培养孩子的想象力

想象是利用以往的感性材料,经过大脑的加工、改造,从而形成和创造新形象的心理过程。爱因斯坦说,想象力比知识更重要,因为知识是有限的,而想象力概括着世界上的一切,推动着进步,并且是知识进化的源泉……孩子的学习活动离不开想象,孩子的理想离不开想象,孩子的创造离不开想象。想象是孩子智力成熟的关键。既然如此,那孩子的想象力又从何而来?一部分来自遗传基因,一部分来自后天培养,特别是在当下素质教育的体制下,家庭对孩子想象力的培养显得比学校更重要。

(一)想象力教育存在的问题

2009年,一个国际组织对全球21个国家进行的调查显示,中国孩子的计算能力排名世界第一,想象力却排名倒数第一,创造力排名倒数第五。为什么会有这种局面,是中国孩子的想象力不如外国孩子吗?不是,是中国当代教育制度对孩子想象力的教育培养不够,是家庭对孩子想象力的培养重视不够。归纳起来,存在以下问题。

1. 家长和学校忽视孩子想象力的培养

近些年,学校以学生的考试成绩和名次定教师的优劣,并与部分工资挂钩(绩效考核);学生择校、升学要根据考分。为了考取一所好学校,家长不惜花血本请客、请家教、买复习资料。因为,关键的0.5分或者1分,可能就会多花几万元甚至几十万元的费用。难怪一提对孩子想象力的培养,就有人会问(大多数是心里想):想象力丰富能考高分吗?能考上重点中学、重点大学吗?因此很多家长在主观上就不重视孩子想象力的培养。其实想象力很重要,孩子缺乏想象力,对以后所有的工作都有影响。比如推销东西,如果你的广告设计、宣传很独特,那你就能卖得比别人好。缺乏想象力,孩子成年后在工作中就会表现得墨守成规、没有主见,工作虽然不会出错,但也不出成绩,而且"墨守成规"已固定在他的人格中,再想突破和跨越就很难。

2.孩子"懒脑"的习惯,阻碍了孩子想象力的发展

中国人注重亲情,孩子出生以后,家长一切都替孩子想到、做到,比如穿衣、整理床铺、打扫房间、洗碗、洗衣服等都不让孩子亲力亲为,让孩子丧失了基本的动手能力和好奇心,养成了"懒脑"的习惯,从而遏制了想象力的发展。成人都经历过孩童时代,如果吃穿住行样样都有人安排好了,还动脑干啥?这个道理很简单,但有些家长就是过分担心孩子,害怕孩子累到、冷到、饿到或者不忍心让孩子做一点儿事,却不知这是在害孩子。

3.家长的无知扼杀了孩子的想象力

孩子都有很强的好奇心,喜欢摸摸这儿,摸摸那儿,很多家长怕孩子弄坏东西,担心孩子的安全,就制止孩子,不让孩子去碰,去摸,有的甚至斥责孩子,严厉禁止。这样多次后,孩子的好奇心和想象力慢慢就没了,慢慢就变得循规蹈矩了。也许,有的家长之所以这么做,主要是因为他自己的成长过程就是保守的,处处都是不允许的,所以他把这个保守延续到了孩子身上。

(二)孩子各个时期想象力的主要特点

1.幼儿时期想象力发展的主要特点

(1)无意想象占主要地位,有意想象开始发展。幼儿最初的想象是无目的的,往往由外界刺激所引起,在游戏和绘画中表现尤为明显。在绘画中,幼儿初期常常一会儿画这,一会儿画那,但预先要画什么他并没有打算,画

完了像什么就说是什么;到了幼儿末期,幼儿想象的目的性增强,主题也逐渐稳定,如可以长时间玩一个角色游戏,画一幅完整的画等。5至6岁时的孩子,虽然无意想象仍占主导地位,但有意想象也有一定的发展。他们想象的内容更加丰富,想象的过程也更加具有目的性和独立性。例如,孩子可以把一天的活动连贯地表达出来,也可以以自己为主角,编出完整的故事情节。

(2)早期想象具有特殊的夸大性。孩子在这个时期常常会夸大一些事物的局部特征或情节,或者是印象特别深刻的部分。如,孩子对小兔子的耳朵印象深刻,他会把耳朵画得特别大;对某种动物的头部印象特别深,就会把头部画得特别大。

(3)早期想象容易与现实混淆,孩子还不能清楚地划分想象的事物与现实的事物之间的界限,有时会把想象当现实,并加以肯定。如一个小朋友说"我家的电视好大",另一个却说"我家的电视更大,比黑板还大"。这不是孩子在说谎,是孩子分不清现实与幻想的行为表现。面对这种情况,家长应帮助孩子分清想象与现实的差异。

(4)早期想象以复制和模仿为主,创造想象开始发展。如小朋友在一起玩,常常学自己父母的言谈举止;如看了奥特曼,孩子常说:我是奥特曼。又如,父亲在孩子得意时,经常对孩子说"宝气"(方言,意为"傻气"),经常对孩子说"不行"等禁止语言,孩子往往会在玩耍中指着别的孩子说同样的话。所以家长要时刻注意自己的言行和形象,为孩子树立好的榜样。到了幼儿末期,幼儿出现了独立性与新颖性较高的创造性想象,如根据陀螺旋转的原理,给一根小木棒插上翅膀,用手一搓,让其飞起来。

2.小学孩子想象力发展的主要特点

(1)想象的有意性迅速发展。例如,在读课文时,要求儿童富有表情地朗读,生动形象地讲述故事情节;在作文中,要求儿童围绕主题进行构思等。因此,他们想象的有意性就迅速发展起来。但在整个小学时期,儿童想象的主体易变性还比较明显,想象不能很有效地指向某一预定的目的,尤其对缺乏必要的知识经验或不熟悉的事物,他们的想象往往显得简单贫乏。

(2)想象中的创造成分日益增多。小学低年级孩子想象的内容常常是事物的简单再现,缺乏独立性和创造性。随着学识的增加、生活范围的逐渐扩大、经验的不断丰富、表象的积累和言语的发展等,中高年级小学孩子的想象更富有创造性成分,而且以独创性为特色的创造想象日益发展起来。

(3)想象的内容逐渐接近现实。小学低年级孩子的想象往往与现实不符,或不能确切地反映现实,但随着学习的深入,知识经验的不断积累,中高年级小学孩子的想象已能够比较真实地表现客观事物,其想象的内容也趋于现实。

3.青年期孩子想象力发展的主要特点

青年期,包括初中、高中和大学时期,在初中的前期,孩子还具有小学高年级孩子的想象力特点,但随着知识的增加,经验的不断积累,他们的想象力有了一个明显的变化。

(1)想象力更加抽象和内在化。小学孩子向往的目标或人物是他们感兴趣或心中倾慕的,而且目标会不断地改变。到了中学后,孩子的想象逐步概括化、内在化,也比较接近现实,如想象自己将来成为怎样的人,做怎样的事,而且这种想象不轻易表露出来。

(2)想象和可能性相联系。从中学后期一直到大学,孩子的想象已开始和未来相联系,如毕业后读什么学校,将来做什么职业,找一个怎样的伴侣,安一个怎样的小家等。他们在想象生活中,努力做出对未来的打算,给自己确立一种思想,规划生活的远景。

(3)想象与自己的情绪、认知能力、知识、兴趣相联系。随着生活空间的扩大和知识的增加,想象也不断扩大、丰富。

(三)如何培养孩子的想象力

1.幼儿想象力的培养

根据幼儿想象力的特点,对幼儿想象力的培养有以下几种方法。

(1)以提问的方式或启发式的回答丰富孩子的想象。小孩子天生好奇,喜欢问这是什么,那是什么。家长不但要耐心回答孩子提出的问题,而且在回答孩子的问题时,要想办法开启孩子的思维,启发孩子的想象。如给孩子买回一个西瓜,当孩子问这是什么时,家长向孩子解答了是什么以及如何食用后,还应问孩子:宝宝,你看这西瓜圆圆的,还像什么呀?鼓励孩子通过西瓜圆圆的特点,说出平常玩过的、看见过的其他圆的东西。又如,一位爸爸陪喜欢飞机的儿子去看飞机模型展览,在回家的路上,爸爸这样问儿子:你能想象未来的飞机是什么样子吗?如果以后让你造飞机,你会造出什么样的飞机?家长还可以问幼儿:"下雪天房子外面会变成什么样子?"孩子根据他的想象描述。反过来,孩子也可以问家长:"下雨天的户外是什么样子?"诸如此类的问题有许多。总的来讲,就是给孩子提出开放性的问题,给孩子想象的空间。要注意的是,幼儿的想象和语言表达水平会有差别,家长要引导他们学会表述。

(2)通过绘画培养孩子的想象力。比如,让幼儿画想象画或补充不完整的画面。其中,想象画的技法简单有趣,如撕贴画、吹画、水墨画等。没有技法的限制,幼儿才有积极性和信心去完成作品。此外,补画面也是不错的做法,家长可以画一幅未完成的画,让幼儿借助想象补画其余内容,构成一个完整的画面。

(3)角色扮演,通过做游戏发展幼儿的想象力。如,可以让幼儿通过模仿进行想象并扮演各种人物角色,创造性地反映现实生活。如让孩子在"开公共汽车""开商店""过家家"等游戏中扮演司机、售货员和家长等角色,让孩子通过想象,重现现实生活。又如,幼儿通常都喜欢玩搭积木等建构游戏。在游戏中,幼儿凭借想象创造出他喜欢的手枪、汽车、飞机、城堡等玩具。

(4)让孩子续编故事,培养孩子的想象力。家长在讲故事时,可以讲到中途停下来,剩余的故事情节留给幼儿去想象。为了把未完的故事补足,幼儿可能产生许多种设想。第二天,家长可以先鼓励幼儿讲出他续编后的新故事,然后家长讲出原来的故事。幼儿会发现他所想象的内容,可能大致符合原故事情节,甚至比原来的更奇妙。这将会给幼儿带来成就感从而引起他们对想象的喜爱。日久天长,幼儿的想象力将得到充分发展。

(5)从培养孩子动手能力和好奇心入手,开启孩子想象的心扉。中国孩子的想象力天生就比外国孩子差吗?非也。那为什么与外国孩子相比,有较大差距呢?那是因为有很多家长不但没有培养孩子的想象力(没有培养想象力的意识),还在不自觉中扼杀了孩子的想象力。比如:孩子具有动手能力后,本该自己的事自己做,但都由家长包办代替了。由于孩子长期不动手,慢慢丧失了动手能力,养成了"懒脑"的习惯。这就会遏制孩子想象力的发展。作为父母,一定不要对孩子爱得太过,限制太多。应从培养孩子生活自理能力入手,培养孩子勤动手、勤动脑的习惯。只有勤动手,才能勤动脑,才能葆有好奇心,这样才能通过实践,发挥他的想象能力。

为了培养孩子的想象力,家长应努力做到以下几个方面。

第一,家长要有培养孩子的主观愿望,处处留心,时时引导。现实生活中很多东西都能激发孩子的想象力,只要父母留心,就可以有意识地引导孩子开展生活想象,培养孩子动脑的习惯,增强孩子的想象力。例如,看见天空中飘着的白云,父母可以带孩子一起欣赏,并引导孩子想象:"孩子,你看天空中这朵白云,它像什么呢?"孩子可能一下子描述不清楚,父母可以在旁边诱导孩子充分发挥想象,对云朵的形状进行描述,如像小狗、像帽子、像布娃娃等。

第二,家长要善于发现孩子的想象,多表扬,多鼓励,激发孩子想象的积极性、主动性。积极主动的探索是想象的来源,而且由探索形成的想象力、迁移力的长期效果也很明显。家长要跳出大人的思维模式,不要认为孩子的想象不合实际。如2—3岁的孩子的想象与成人是不同的,他们会把成人随便画的一个不规则的图案看成树或者石头。家长遇到这种情况,应给予表扬。在表扬的同时,予以纠正。切不可盲目地予以否认或指责,这样会挫伤孩子想象的积极性和主动性。另外,要利用孩子的好奇心培养孩子的想象力。如,利用一张纸,问孩子可以用它来做什么。孩子可能回答用来写字、画画,也可能回答用来折纸飞机、纸盒、纸鹤,还可能回答用来包东西,卷起来做吸管,甚至可以揉成一团当小球玩等。不管孩子回答出几种,家长都应以支持、欣赏的方式去赞同、支持孩子的想象力,让他们感受到展开想象的乐趣,给想象的积极主动性插上腾飞的翅膀。

第三,多给孩子提供想象的空间。营造适合想象的环境,提供丰富多彩的环境刺激因素,让孩子多接触新鲜事物,先提高孩子的知识储备量、观察力,再在原有基础上深化孩子接触到的信息,让孩子重新思考,形成多样的思维和见解。比如开展想象故事的游戏。在起步阶段,父母每天给临睡的孩子讲个故事,给孩子提供丰富的信息。随着孩子想象力的开启,父母可以让孩子复述故事,并提一些有启发性的问题。如,"小猫钓鱼"的故事,"想象一下,如果小猫知道了因自己做事不专心而没钓到鱼,第二天,小猫又去钓鱼,改正了自己的错误,结果怎么样?小猫钓到鱼回家后以怎样的心情见猫妈妈和猫姐姐?小猫又向猫妈妈和猫姐姐说了些什么?"让孩子通过自己的想象把它编成有趣的故事并把它讲出来,不仅可以培养孩子的想象力,还能很好地训练孩子的语言能力,可谓一举两得。

第四,家长不要墨守成规,对孩子的想象力加以限制。家长在培养孩子想象力的过程中,往往限于规定的答案或规定的玩法,如果孩子超出了规定的答案或要求就加以限制或阻止,其实这是对孩子想象力的限制。家长应知道,要培养孩子的想象力,就应避免过多、过早给予问题的固有答案,减少规定的设置,这样才能激发孩子想象的活力。应注意:用玩具激发幼儿的想象力,不在于玩具的多少,不在于玩具的贵贱与否,更不在于其是否被冠名了"益智玩具"的称号,而在于玩法的新颖和多样化,如果规定玩具只能按照说明书上的玩法来玩,以避免对玩具的损害,那么一整套玩具对幼儿想象力的激发程度还远不如一片树叶。父母要用开放性的心态,鼓励幼儿建构和重构认知模式,鼓励幼儿开发物体的新用途、解决问题的新方式,不要因墨守成规或者图省事而限制幼儿想象力的发展。

2.小学孩子想象力的培养

孩子上学后,多数时间不在父母身边,家长对孩子想象力的培养在时间上有了一定的条件限制。在这种情况下,父母应根据教学内容,配合教师,利用早晚、周末、节假日做好孩子想象力的继续培养工作。

另外,随着孩子的成长,家长可根据儿童想象力的发展特点,在孩子想象力培养的基础上增加想象力培养的深度。

(1)创设充满想象的家庭气氛与环境,鼓励小学孩子大胆想象,奠定想象的情感基础。只有在欢愉舒畅的自由氛围中,孩子才能够、才敢于去尽情想象。如根据孩子的特点,留有充分的时间与孩子玩耍、沟通,缩短家长与孩子之间的距离;茶余饭后让孩子猜个谜语,讲个故事让孩子结尾或者让孩子续编故事;同孩子一起开展智力游戏,让全家人都参加进来。总之,家庭应快乐、和谐,充满融融的暖意。这样的环境才能培养出孩子丰富的想象力。

(2)保护孩子的好奇心。儿童天生好奇,对什么都感兴趣,遇事总爱问为什么,看到新奇的东西,总爱东摸摸西搞搞。其实,这是孩子好奇心的表现。作为家长应顺从儿童的天性,珍惜并热情保护他们的好奇心,培养孩子的生活和学习兴趣。要做到这点,家长需要树立多元化的教育观,不能只看孩子的考试分数,要相信"人与人的差别,主要在于人与人所具有的不同智能组合";鼓励孩子多元化地自我表现;及时抓住孩子的闪光点加以肯定,保护孩子的好奇心,让他们的好奇心不仅不被扼杀,而且能转化成求知(生活与学习各方面)欲,从而发展为学习兴趣。如果孩子对生活、对学习充满好奇,就会对生活、学习中遇到的问题产生兴趣;只有对某种东西有了兴趣,才能在此基础上展开想象。如孩子对收音机感兴趣,对此充满了好奇,就会想,收音机为什么会说话?这种想法就激励着孩子想一探究竟。

(3)培养独立思考和好问的习惯。随着孩子的长大,家长要学会逐渐放手,引导孩子试着靠自己的智慧去独立解决力所能及的事情。要做到这点,需要真正实现家长与他们人格上的平等,特别是对青春期的孩子,这一点尤其重要。陶行知说"发明千千万,起点是一问"。希望孩子想象力丰富,就应培养他们好问的习惯,即首先尊重他们的提问:对他们的提问持认真倾听、回答的态度,不糊弄、不嘲笑、不指责,绝对不用"烦死了""走开"之类的词语。其次鼓励孩子去寻找问题的答案。不用父母的思考代替孩子的思考,更不应该把父母的答案强加给他们。要求孩子独立思考,并非父母可以甩手不管,而是应该花时间和精力,用可行的办法引导他们自己找到答案,既促进亲子交流,又让孩子学习思考。

(4)鼓励实践。前面说过,想象是人脑对已有表象进行加工改造而形成新形象的过程,它的特点是在记忆表象的基础上产生(源于客观现实)和超脱现实(富有创造性)。所以,在让孩子独立思考的同时,为他们提供亲力亲为的机会就显得弥足珍贵,要让他们勤看、勤听、勤动手,比如鼓励他们多看课外书、多接触大自然、拆装一些物品、搞点小实验等,都可以增加表象的积累,有利于增添想象的乐趣。家长应结合学习内容,带孩子到具体的环境中去体验,丰富孩子的表象积累,培养孩子的有意想象能力。在幼儿和小学前期,孩子的想象以无意想象占主导,并向有意想象发展,如到了三年级,要求学生有表情地朗读课文,生动地复述故事,写作上要求围绕主题进行构思等。家长就应该根据教材内容和写作的要求,带孩子到大自然或实践中去观察体验,增强孩子想象的具体性、生动性,克服小学孩子想象简单、贫乏的不足。如到大自然中去观察山水、树木、花草、虫鱼;到农村去了解种植养殖;到城市中去观察形形色色的建筑、琳琅满目的商品、人与人之间的交往;欣赏图片、绘画,观看一些有积极意义的电视、电影等。通过有针对性的观察、体验,丰富孩子的表象积累,帮助孩子积累想象的素材。这样不但能克服小学孩子想象的简单、贫乏,而且能培养孩子想象的独立性和创造性。

(5)家长应克服片面追求分数的思想,在孩子能较好地完成学习任务的基础上,多给孩子留下自由活动的时间和空间。现在有不少的家长,受应试考试的影响,为了让孩子考一个好分,除了学校的作业外,还给孩子请家教,购买辅导资料,报各种辅导班、兴趣班,把孩子的课余时间几乎占得满满的。孩子没有时间和空间去接触与学业有关的东西,怎么能增强想象力呢。如:讲到"竹",孩子没时间去观察竹子,了解竹子,怎么能理解竹子的高尚品质;如果不了解竹子的品质,又怎么能通过竹子去想象与竹子具有相同品格的"松"和"梅"呢?为此,家长应利用周末、节假日,把孩子带到大自然中去,带到与学习有关的实践中去。这样既增加了孩子的感性知识,又增加了孩子想象的时间和空间。

(6)鼓励孩子大胆想象,纠正孩子想象的虚妄性。小学孩子由于身心各方面发展水平的约束,产生一些离奇甚至荒谬的想法是难免的。特别是记忆力不够好,学习成绩较差的孩子,他们常常想:要是我有一个像电脑一样的大脑多好,老师讲的,自己看过的都记入脑中,需要的时候就把它输出来。在这种情况下,父母首先要认真分析孩子的思维过程,再对其进行耐心引导与纠正,对孩子这种想象应该给予赞扬和鼓励,如赞扬孩子说:孩子!你有这样的想法很不错,只要你有信心,只要不断地积累知识,随着时间的推移,你的大脑就可变成一台计算机。切不可简单地指责和挖苦,什么"学习不努力,一天就想入非非",什么"唉!真没办法,你如果把这心思用在学习上就好了"等。对于小学孩子来讲,错误的想法可以纠正,加上正确的引导,可以把它转换成动力,但想象的积极性一旦消失,则无法唤回。为此,对孩子大胆的想象应该给予保护,而不应是扼杀。

3.青年期孩子想象力的培养

到了初中后期和进入高中后,孩子的独立意识增强,他们把自己看成"大人"了,加上繁重的学习任务以及住校学习等原因,他们与父母、家庭接触的时间就没有像儿童时那么多了。因此,不少家长认为家庭教育对孩子想象力的培养作用已不大,其任务自然落在了学校各科老师身上了。其实这种想法是不对的:尽管学校各学科都在针对学习内容培养孩子的想象力,家庭培养仍然是必不可少的,仍然有很多工作要做。

(1)提高孩子的审美素养,培养孩子正确的想象力,形成完美的品格、健康的审美情趣以及较高的审美能力等。孩子进入中学后,逐步进入青年期,随着身体和心理的成长,知识的不断增加,情感的不断丰富,他们的想象也不断丰富,对未来受何等教育、做什么职业、选择什么样的配偶、建立什么样的小家等都有了自己的想法。但是由于青年期特别是青年前期孩子心理发展还不够成熟,知识经验还较欠缺,其想法容易脱离实际,常把错误的行为当成正确的进行效仿,把本是丑的现象当成美的进行模仿。为此,家长应做到以下几点。首先,应帮助孩子提高审美素养,辨别什么是对,什么是错,什么是美,什么是丑,避免孩子在错误想象中误入歧途;其次,帮助孩子正确认识自己,正确评价自己,使自己想象的职业规划等符合客观实际。

(2)创设自由、民主、宽松、和谐的家庭教育环境,放飞孩子想象的翅膀。自由、民主、宽松、和谐的家庭氛围是孩子发挥想象力的前提,如果孩子处在紧张的家庭氛围中,没有一个好的心情,是不可能有丰富的想象力的,因为情绪是孩子想象力的基础。著名心理学家罗杰斯强调:只有让孩子处在一种无拘无束的自由畅达的空间,他们才会尽情地"自由参与"与"自由表达"。

(3)丰富孩子的生活阅历,为孩子插上想象的翅膀。人们常说:见多识广。如果孩子一天只埋头于书本里,不走向社会,不深入生活,观察生活,那只能是一个"书呆子",这样的人是不可能具有丰富的想象力的。宋代理学家朱熹在《观书有感》中写道:"问渠那得清如许,为有源头活水来。"这就告诉我们想象力的源头是实践。因此,家长不能只要求孩子埋头读书,要引导他们走向社会、深入生活、观察生活。俗话说:"百闻不如一见",见"多"才能识"广"。见得多的人表象储备才丰富,而表象储备丰富才利于通过组合、夸张和联想等方式创造出更多的想象。因此,要求孩子利用各种机会走进大自然,去观察山川河流,去观察草木鱼虫;引导他们接触社会,去体验人间冷暖、去感受世态炎凉;引导他们在生活中捕捉形象、积累表象。这样,才能为孩子插上想象的翅膀,让他们在自由的王国里放飞自我。

(4)多让孩子交流,多给予孩子表达的机会,培养孩子的语言表达能力。我们常常发现,语言表达能力强的孩子,其想象力就丰富。他们在描述事物时,会用丰富的词语、生动的语言把事物形象地表达出来。语言表达能力差的学生,其叙述可能是清楚的,但其描述却是枯燥乏味的。由此可见,在想象力的培养中,我们必须加强孩子的语言表达力的培养和训练。如果孩子有丰富的表象而无丰富的语言,他们的想象力就只会停留在直观、形象的水平上。

　　孩子上学后,特别是上了中学后,家长普遍关注的是孩子的学习成绩,关心的是如何考上重点中学或重点大学,很少考虑孩子的能力培养问题(包括想象力)。家长巴不得孩子把时间一天当成两天用,哪还管什么想象力的培养。其实,这是家庭教育的一大误区,且不说"两耳不闻窗外事,一心只读圣贤书"是否能把书读好,即使把书"读好"了,如果缺乏语言表达能力、交往能力、想象力、创造力,孩子可能一辈子也是平平庸庸的。所以,家长应转变"唯成绩""唯重点中学""唯重点大学"的观念,做到既重视孩子学习成绩,又注重孩子想象能力的培养。想象是一种思维,也是一种能力,希望家长不要忽视。

二十四　如何培养孩子的思维能力

思维能力是人对客观现实的间接概括的反映,是人脑对客观现实反映的高级形态,也是人的各种能力中最基本的能力。每个人都知道,一个人不管做什么事,设想什么问题,如何与人打交道等都离不开思维。如果一个人没了思维,那同植物人没什么两样。人类不仅能认识事物的外部特征和外部联系,还能认识事物的内在规律和内在联系,而人类对事物内在联系和内在规律的认识都是通过思维过程完成的。

在孩子的成长过程中,对概念的形成和理解离不开思维,如孩子出生后,在妈妈的精心呵护下,形成了"妈妈"概念,并对妈妈形成很深的依恋;孩子在灵活运用各种概念,创造出新的概念的过程中,离不开思维,如孩子在玩小汽车、在外面看见各种汽车时,认识了什么是汽车,他长大以后有可能根据汽车这个概念,创造出更加先进的汽车;孩子在发现问题到解决问题的过程中也离不开思维;孩子在学习、交往、工作中更是离不开思维。可见,思维能力是人类最重要的能力之一,是人类智力结构的核心。因此,培养孩子的思维能力对孩子一生的发展极其重要。

(一)思维的种类以及不同阶段的主要特点

人类的思维有不同的种类,根据思维的性质和解决问题的方法来分,可以分为直观动作思维、形象思维、逻辑思维三种。

1.直观动作思维

直观动作思维是通过实际动作引起的思维活动。动作停止了,思维也就停止了。2岁以前的婴幼儿的思维形式主要是直观动作思维。

(1)孩子自己的动作引起的思维。婴儿出生后为什么不断地活动他们的肢体?这是因为婴儿的动作就是他们的思考。两岁前的孩子为什么会用肢体去思考?因为他们在母体内所获得的信息不足以使他们利用这些信息去进行思考;还因为孩子出生时,他们的思考器官还不能进行思考活动。孩子出生后,只要醒着,就不断地活动他们的肢体,以运动的感知方式来获取信息,了解这个世界。所以,这个阶段的孩子的思考不只是用大脑,更多的是用手和脚等感觉器官的探索代替大脑的思考。两岁以前的孩子多是通过感觉器官探索事物,让大脑获得有关信息,同时使大脑开始思维工作。如婴儿吃(即吸吮)手指头,他们吃自己的手指头,通过大脑的思考,是要弄清楚哪是自己的手,哪是自己的嘴;想弄清手指头与奶头的区别,他们通过吃手指头,获得了用手可以将物品送到自己的嘴巴里的感知,为下一步用手将物品送到嘴巴去啃提供了条件。

从婴幼儿动作的发展来看,其特点是:首先,从整体动作发展到分化动作。幼儿最初的动作是全身性的、笼统的、散漫的,以后才逐渐分化为局部的、准确的、专门化的动作。其次,从上部动作发展到下部动作。从孩子的动作发展过程来看,首先是抬头,然后发展成用手撑、翻身、坐起、爬、站起、行走。最后,从大肌肉动作发展到小肌肉动作。孩子的思维随着这些动作而展开,逐步感知外界事物的属性,如孩子出生后,用随意抚摸亲人、抚摸玩具、抚摸自己的小手等来感知亲情,感知事物,感知自己的肢体。

婴儿从手的抚摸动作开始,发展到逐步学会拇指与其余四指对立的抓握动作,在发展抓握动作的过程中,逐步形成眼和手即视觉和动觉的协调运动,这就发展了儿童的知觉和具体思维的能力。儿童的下肢运动经历了(3个月)翻身、(6个月)坐起、(8个月)爬、(1岁)站、行走的过程。儿童的直立行走,不但使儿童主动去接触各种事物,而且更有利于各种器官(听觉器官、视觉器官等)的发展,从而扩大了儿童的认识和思维范围,促进了思维的发展。

(2)通过其他的动作带动思维。从儿童生下来,成人就开始用语言(动作)呼唤宝宝,用拍手,用亮光,用带色彩的、带声响的物品等吸引孩子的视觉和听觉,这一连串的过程,都带动了孩子思维的发展。另外,成人的动作配合语言带动了婴幼儿动作和语言的产生和发展,同时促进了婴幼儿思维能力的产生和发展,并逐步进入思维发展的高级形式。例如:成人经常一面拍手,一面说"拍手"。反复多次以后,只要成人说出"拍手",孩子就会做出拍手的动作。由于成人总是用语言(词语)伴随着自己的动作来引导孩子,孩子也跟着模仿成人的动作和声音,经过反复强化以后,孩子单纯的模仿性的发音逐步发展为自己的语言信号。孩子为什么最先说的词语是"妈妈"或"爸爸",不但因为妈妈、爸爸是他最亲近的人,也因为孩子经常听到这些词,而且有更多的模仿机会。

2.形象思维

形象思维是用直观形象和表象解决问题的思维,其特点是具体形象性。它是通过对事物形象地概括而产生的。孩子2岁左右到小学阶段主要以形象思维为主,但其他形式的思维方式也有所发展。从发展水平可区分出3种形态:第一种水平形态是形象思维的一般形态,如学龄前儿童(3—7岁)的思维,它只能反映同类事物之中一般的东西,不是事物所有的本质特点;第二种水平形态是形象思维的中级形态,是指在接触大量事物的基础上,对表象进行加工的思维,主要指从一般儿童到成人的思维形式;第三种水平的形象思维是指艺术思维,它是在大量表象的基础上,进行高度的分析、综合、抽象、概括,形成典型性的形象过程,是人类思维的一种高级和复杂的形式,如文学家、艺术家、诗人等的思维形式。

学前孩子的思维主要以形象思维为主,其特点是:第一,孩子在1—2岁时主要是动作性思维(前面已谈及),就是说婴儿的思维是在动作中进行的。一般来讲,婴儿只考虑自己动作所接触的事物,只能在动作中思考,而不能在动作之外进行,更不能计划自己的动作,以及预见动作的后果。第二,幼儿思维的形象性,也就是说幼儿的思维是凭某一种东西的样子引起的,如看见"碗"的样子,才思考像碗一样的物品,所以具体形象性是幼儿思维的主要特点。幼儿在解决问题时,思维经常带有具体性和形象性。第三,幼儿思维的兴趣性。幼儿对感兴趣的事物进行思维时,往往是思维最活跃的时候,对不感兴趣的事物,他是不会动脑筋思考的,思维的积极性是很难调动起来的。例如,孩子对狗感兴趣,每当看到狗,孩子的思维就最活跃,他会不断地询问相关狗的情况,如:狗为什么一边走一边闻?狗是不是饿了……第四,幼儿思维的简易性。幼儿在思考问题时，做不到综合考虑，往往忽略各个因素对这个问题的影响，而只是简单地凭以前自己的思维经验来"套用"。结果常常做出不正确的判断，得出不正确的结论。例如：孩子喜欢狗，他只简单知道狗可爱，由此，看到狗就想伸手去摸，而忽视狗可能咬人和寄生虫寄生的危险。

3.逻辑思维

幼儿时期，他们的逻辑思维能力开始萌芽，尤其一些综合智能发展很好的幼儿，逻辑思维能力已经达到一定的水平。

小学孩子从以形象思维为主要形式逐步过渡到以抽象逻辑思维为主要形式，但这种抽象逻辑思维在很大程度上仍然是直接与感性经验相联系的，仍然具有很大的具体形象性和不平衡性，如小学孩子通过一定的时间，逐步掌握了数的概念和运算方法，他们在做算术题时，已不需要具体事物的支持，但是他们在开始学习分数概念和分数运算时，如果没有具体事物的支持，就会感到困难。所以，小学孩子的思维仍以具体的形象思维为主，逐步向抽象逻辑思维发展。

到了初中，孩子的抽象逻辑思维得到了很大的发展，概括、分析能力有了较大的提高。具体来讲，初一阶段，孩子的抽象逻辑思维开始占优势，但具体形象思维仍起重要作用；初二开始发生突变，逻辑思维开始从经验型逐步向理论型发展，这时初中孩子的形式逻辑思维逐渐趋于成熟，辩证逻辑思维有了初步发展，但初中阶段仍达不到成熟。由于初中孩子辩证逻辑思维不成熟和经验不足，所以他们看问题往往容易偏激。

高中孩子的思维有了进一步发展。其特点是：

其一，高中孩子的逻辑思维得到了很好的发展，其思维具有更高的抽象概括性和理论性，并开始形成辩证思维。辩证逻辑思维是思维发展的高级阶段，但高中孩子的逻辑思维尚不完全成熟。

其二，高中孩子的发散性思维很活跃，能根据已掌握的理论，沿着不同的方向去思索、去分析、去探索，往往不相信现有的答案，要从各个方面去思考，不轻信，不盲从，甚至喜欢持怀疑态度，具有独创性和批判性（这叫发散思维，也叫创造性思维）。但是，高中孩子的发散性思维只是初级阶段，虽然他们敢想敢干，但思维中具有一些片面性和盲动性。

其三，高中孩子思维敏捷，思维比成人和儿童快。由于生理的发展，高中孩子脑结构机能趋于成熟，知识经验通过积累也不断增多，精力也很充沛，思维比成人和儿童更快、更灵活。但这个阶段的孩子对问题容易轻率下结论，可能会出现不顾客观现实的行为。

其四，高中孩子的思维具有独创性和批判性。对某个问题的看法，他们总有自己的见解，不会人家说什么他们就相信什么。加上思想活跃，他们常常会提出一些新的见解和主张，企图用新的方法来解决问题，对已有的结论往往不轻信盲从，能以分析或批判的态度来对待。

大学孩子的思维特点是：

其一，大学孩子的逻辑思维得到了进一步的发展，他们的思维已从经验型向逻辑型转化，随着知识的急剧增加，特别是专业性的需要，理论型的抽象逻辑占了主导地位。所以，大学孩子善于进行系统的理论性思维活动。他们在独立思考问题或与他人讨论问题时，不满足现象的罗列、现成的理论，而要求揭露事物的本质和规律，要求有理论的深度。他们对事物的因果关系的规律性探索越来越感兴趣。

其二，与高中时相比，大学孩子思维的独立性和批判性增强。大学孩子喜欢用批判的眼光看待周围的一切，喜欢怀疑和争论，敢于大胆地发表自己的个人见解。他们对别人的意见一般不轻信和盲从，遇事多半要问"为什么"，对于不能确信的，则宁愿存疑待析。

其三，思维的创造性比高中时有所增强。所谓思维的创造性，指他们思维的新颖、独创性，能解决未解决过的问题。

大学孩子的思维除具有以上特点外，还存在以下不足：辩证逻辑思维不深，再加上社会经验不丰富和识别能力不高，导致大学孩子在观察分析事物时，容易带主观片面性，有的则表现出过分自信和固执己见。

(二)如何培养孩子的思维能力

孩子的思维力经历了一个从低级向高级、由弱到强的发展过程，每个过程(时期)都有其规律和特点，根据这些规律和特点，再结合孩子的自身实际来培养或开启孩子的思维，就能最大限度地提高孩子的思维能力。

1. 对婴幼儿思维能力的培养

人们一般把0—2岁合称为婴儿期,把3—7岁称为幼儿期。以下是根据婴幼儿的思维特点,在孩子思维力培养的主要方面给家长提供的一些建议。

(1)为婴幼儿提供一些缓慢移动的、带有轻微响声的(包括富有吸引力的语言)、有微弱光亮的物体引发孩子的思维。开始时,孩子的目光还不能随着这些物品移动,经过多次刺激后,孩子的目光就会随着物品的移动而移动。如,妈妈经常对着孩子轻轻拍着手说:"宝宝,看,我是妈妈,你是妈妈的乖宝宝。"在孩子面前反复这样做后,幼儿在两个月或两个月后,当看到妈妈拍着手这样说时,也会手舞足蹈,嘴里会发出"哦哦!"的高兴的声响来。成人通过特殊的物品刺激孩子,使得其将更多的精力和注意力放在对物品的探索上。如果物品刺激得当,两个多月之后,婴儿的眼睛便开始长期追随物品,这说明孩子已经有了思维,大脑中已留有物品印象,也能用他们的目光表达出丰富的感情来与成人互动。

(2)成人应帮助孩子肢体(上下肢)、口的发展,引发孩子的思维。婴儿喜欢吃手指(有的生下来就把手放在自己的嘴里吃),抓到东西就爱往嘴里放。其实,按心理学的说法这是乳儿"口的敏感期",是乳儿通过口达到对物质的探索。婴儿吃手指是为了安慰和愉悦自己,是为了找到口对手的感觉,是为了把口对手的感觉在大脑中统合起来。婴儿通过吃手指知道了嘴吮吸着的那个东西就是自己的手指,而手指感觉到的那个做出吮吸行为的东西就是自己的嘴。心理学上管这种认知叫"跨通道认知"。婴儿用手抓其他物品往嘴里送也是这个认知,也是为了通过口来感觉这个物品。婴儿通过吃手指、用手拿起其他物品等动作来找到自己手的感觉,为以后手的抓握提供了思维前提。

在这个阶段,成人对婴幼儿的帮助是:

第一,在口的敏感期,对孩子的这些行为,家长不应强行干涉,不然就会将孩子的口的行为欲望压抑下来,将来很可能会引发孩子的人格问题。有的心理学家认为,成年人的一些嘴巴上的不良习惯,如吐唾沫、啃手指、吮嘴唇、讽刺挖苦别人、对他人进行语言暴力等都可能是其在口的敏感期没有得到满足而遗留下来的问题。

第二,为孩子提供一定的物品,供孩子选择,锻炼孩子的上肢能力,扩大孩子的思维范围。

其一，口的敏感期需要手的配合，他会用手去探索和感受家里可以接触到的东西。这种探索对大人来讲可能是破坏性的，如孩子喜欢搞东西，看到什么都稀奇、好奇，总爱东摸摸，西搞搞，这样确实容易把东西损坏，但家长要换算其价值。是东西有价值还是孩子的发展更有价值？

其二，家长应在孩子手的敏感期时给孩子以帮助，向孩子提供像香蕉（剥开）、生鸡蛋（敲开）等黏糊糊、易于改变形状的物体。这样做一是为了孩子的安全，二是借助这些物品启发孩子的思维。

我们成人在给孩子提供东西时，是给孩子一样东西，让他啃到不再啃了，还是给他一大堆东西，让他每天在其中挑选一个，还是每天都给他新的物品去扩大他的探索领域？这几种究竟哪一种能更好地帮助孩子提高思维能力，这要根据孩子思维发展的实际情况而定，这也展示了一个教育水平问题。成人应该做到以下几点：

一是给孩子提供的物品不宜太多。如果给孩子的物品太多，就可能让他不知选哪个，使他不能持久地对一个物品进行探索。最多选3个不同质地、不同形状的物品供孩子选择，每天给孩子的物品中，必须有他喜欢的物品；当孩子不再喜欢这3个物品时，就换掉3个物品中的2个，留一个作为与旧感觉的链接。

这里要注意孩子的"喜新厌旧"问题。孩子在玩东西的过程中，往往容易喜欢新的东西，抛下旧的东西，在心理学上叫"习惯化"和"去习惯化"。家长要仔细地观察孩子，配合好习惯化和去习惯化的节奏，不要在孩子还没有出现习惯化的时候，不断地为孩子更换新的物品，这种复杂的刺激会使孩子感到紧张、焦虑，容易疲劳，表现状态是孩子很快睡着了或者大哭。

二是在孩子吃饱还没睡着时候，不要长时间把他抱起，应让他们活动四肢并适当地练习俯卧。这样做既能通过锻炼来增加孩子的体力，又能培养孩子探索的欲望，启发他们的思维。但应注意他们的体力，不应让孩子太累。这些练习能为9个月后的爬行做好准备。

三是孩子1岁左右开始独立行走时，不要限制孩子的行动，应帮助孩子满足探索的欲望，扩大孩子的探索范围，增强孩子的思维能力。

手的敏感期来临之前，孩子就试图通过自己的运动方式，达到自己的目的。开始用爬行的方式，带来腿和手的协调运动，也增加腿手的肌肉力量和运动神经的控制力；孩子为了感受腿和脚与地面碰触的感觉，逐步发展为直立行走。这是因为孩子要用腿来感知这个世界。1—5岁的孩子走路不会感到累,走向何方也没有一个目标,喜欢哪里不平往哪里走,哪里乱往哪里走,哪里有水往哪里走,喜欢在一些高高低低的台阶上重复上来下去。这时,有的家长往往不理解,要求孩子选择平坦的、近的、好走的路。其实,家长应理解孩子,为孩子做好选择,提供良好的供孩子的腿感知的环境和材料,使孩子获得探索的自由,并协助他去探索。要注意的是:不管照顾孩子有多累,都不要在孩子探索的时候把他抱起;也不要在探索中因孩子哭,就把孩子抱起来不放下;更不要在孩子要求走路时硬把孩子抱在怀里,或者因为他的哭闹去打孩子的屁股。如果家长不知该怎么办的时候,最好跟在孩子的后面,孩子走大人就走,孩子停大人就停,这才叫帮助孩子。

为什么有的孩子开始走路时兴趣很大,慢慢就不愿意走路了,哭着闹着要成人抱?这是因为家长在孩子开始走路探索时,因方法不当或者强行干扰孩子用腿去探索,让孩子心烦意乱,变得不愿再去探索了。

(3)让1—2岁的孩子多接触物品,避免对人身体的过度依赖。让孩子更多地注意物质比更多地注意人对孩子发展更有利,因为,物质不带感情色彩的变化,不带丰富的内心活动,不带由身体散发出的多变的信息。孩子早期多半接触的是家里的人,对外面人的变化不甚了解,如果让孩子过多地注意人,那人的丰富的变化,会让孩子感到非常不安和恐惧。例如,孩子突然看见一个陌生的面孔或听到一个不熟悉的声音,有的会哭,有的可能会突然咬妈妈一口,这是因为孩子对人的面容的急剧变化不理解,从而产生恐惧的心理。所以引导乳儿期的孩子探索物质非常重要。

1—2岁的孩子对身边的事物比对人感兴趣,男孩比女孩更强烈。如果家庭成员很多,并且孩子一出生就不断地轮换抱孩子,不给孩子独处的机会,孩子就不会注意到物质,反而沉迷于人的身体。这种情况,要让孩子在醒时,减少与人的互动,增加物体对孩子的刺激,让孩子转到探索物质的状态中来,减少对人的过度依赖的不良状态。

(4)让孩子保持探索的渴望和能力。如果孩子没有了探索的渴望,其思维的发展也就停滞不前了。1—2岁这个阶段的孩子,经常试着把某些玩具垒在一起,把某些东西装在一个容器里面,把某些东西排成一排,某些东西的某一部分可以分离,又可以结合起来,这些都是孩子对物体的空间关系、体积、质量、因果等特质的探索。孩子在探索这些特质时,全身每个细胞都处于感知和思考的状态,所有感觉器官都为他们的大脑收集了有关事物的信息。孩子这样探索时,他们的感觉器官被高度地统合起来,大脑开始非常恰当地工作,肢体和大脑产生了非常和谐的配合状态。孩子的探索能力在这个过程中不断地增强,并创造出适合个体的思维方式,这为日后几十年工作、文化知识的学习打下了良好的基础。我们成人就是要保护好孩子的这种探索的渴望,培养他们这种探索的能力。

当孩子在"工作"(探索)时,成人不要去干扰孩子,更不要去阻止孩子。我们不少的成人,总爱在孩子玩(探索)得津津有味时,一会儿要孩子这样,一会儿要孩子那样,这样不断地干扰或打断孩子的思维,会造成孩子以后学习不专心、干事不专一的后果。

(5)注重婴幼儿初始语言的培养,增强其概括的思维能力。婴幼儿时期直觉行动思维的产生,是直接和以词为中介的概括能力相联系的。在婴儿的活动和成人与婴儿的互动过程中,婴儿逐步产生了语言,当然,这时的语言是极其简单和贫乏的,只限于一些简单的单音重叠词,如妈妈、爸爸、猫猫、狗狗、马马等;而且只限于事物的表象,如把所有的狗称为狗狗,把所有具有马的外表的称为马。但随着孩子的成长,词语量的增加,到了1岁半以后,孩子慢慢具有了初步的概括能力,能分辨出大狗小狗、白狗黑狗,能分辨出大马小马、白马黑马等。这一过程,实际是孩子思维的发展过程。为此,家长应尽量做到以下几点:

第一,多让孩子玩安全的物品、认识物品,开启孩子的思维,丰富孩子的词汇。在孩子玩耍时,告诉他们这是什么物品,并要求孩子说出它们的名称,但物品不能太多太杂,要循序渐进,便于记忆。

第二,多与孩子说话,多给孩子语言交际的机会。例如,多与孩子交谈,教唱歌谣,讲故事,多带孩子与其他小伙伴一起玩,一起交流,增强其语言交际能力等。

第三,多鼓励孩子说话,积极而巧妙地回答孩子提出的问题。

第四,对孩子的语言错误,不要取乐,不要故意重复孩子的错误和缺点,而应给予正确的示范,加以纠正。

2.对学前儿童(3—7岁)思维能力的培养

3—7岁的孩子,其思维特点是有了形象性和进行初步抽象概括的可能性。根据这时段的一般性特点,家长应多做以下几个方面的工作。

(1)多带孩子到大自然、到社会去观察,提高孩子的思维力。孩子从幼儿园回到家长身边后,家长应多花时间和精力,利用下班后的时间、周末、节假日带孩子到自然界、社会中去,让他们去了解、去认识事物,增强孩子对事物的表象认识。人们常说"见多识广",见得多,头脑中积累的表象就越多。积累表象的过程,也是思维发展的过程。表象积累多了,自然就能形成简单的概念,孩子的逻辑思维也就慢慢形成了。例如,如果经常带孩子观察鱼,久而久之,孩子就会明白,鱼身上有鳞甲,生活在水中,离开水就会死。还会由此推断出生活在水中、身上有鳞甲的不管大小都是鱼。

(2)保护孩子爱提问的习惯,培养他们独立发现问题的能力。3—7岁的孩子对什么都感兴趣,总爱见什么问什么。但因为他们的知识与智力水平有限,他们发现的问题或提出的问题常让成人无法回答,于是很多成人就不回答,甚至限制婴幼儿提问,久而久之便阻碍了婴幼儿独立发现问题能力的发展,这是婴幼儿教育的重大失误。我们成人应对孩子爱提问的习惯倍加爱惜;对孩子提出的问题成人应简单明白地加以回答;对难以回答的问题,不应回避或糊弄孩子,更不能向孩子发火。应客观地回答孩子:"这个问题妈妈暂时还不知道,我们通过学习,一起弄明白,好吗?"或者说:"这个问题暂时弄不明白没关系,等你长大,通过学习,到时你自然就明白了。"

独立发现问题是解决问题的第一步,也是最重要的一步。孩子一旦丧失了自己独立发现问题、独立提问、独立探索的动机和兴趣,就会走向思维的懒惰。因此,孩子在玩玩具、听故事、看少儿节目时,成人千万不要去打扰孩子;当孩子在玩耍中发现了问题向成人提出来,不管是对或者错,对孩子这种独立发现问题的习惯都应予以赞扬,并诱导孩子解决发现的问题。例如,孩子在玩自己的小自行车时,发现方向不听使唤了,向成人提出来,成人应鼓励孩子说:"孩子,自己仔细看看,为什么小自行车不听使唤了?"如果孩子发现了问题,要鼓励孩子想想该如何办,然后协助孩子把它修理好(在孩子没有力量和技术修复的情况下)。

另外,成人应尽量避免不断向孩子提问的不良习惯。有的家长生怕孩子什么都不知道,也希望孩子什么都知道,于是不断向孩子提出:你知道这是什么吗?知道他为什么会这么做吗?要求孩子按照成人的要求提问、探索、思考问题,把成人的认知方式不知不觉地强加给了孩子,这就阻碍了幼儿勤学好问、主动探索等品质的发展。我们成人的责任是引导孩子探索事物，发现问题，按照孩子的思路给予解答，进行强化教育，培养他们主动发现问题的能力和思维习惯，而不是使他们依赖成人或受成人的影响。例如，我们要教孩子理解红绿灯，就不应该简单地告诉孩子"看到绿灯行，红灯停"，而应该把孩子带到有红绿灯的情境之中，让孩子站在马路边，让他们自己独立地发现红绿灯的变化与车辆行人走走停停的关系，并在独立发现问题的基础上，进行强化教育。

（3）培养孩子独立解决问题的初步能力。学会独立发现问题是培养婴幼儿思维能力的第一步，培养婴幼儿独立解决问题的能力则是第二步。

婴幼儿独立发现了问题，他们的小脑海里常常会出现几种想法：第一种："这个问题太难了，我解决不了，算了，不管它。"或者简单地尝试一下如何解决，解决不了就放弃。第二种："这个问题不想自己解决，去问爸爸、妈妈或老师。"一遇到问题就想找人帮助，有依赖心理。第三种："这个问题一定要自己解决，今天解决不了明天再解决。"甚至当成人主动帮助他们时他们反而不愿意。

我们不难看出，第三种对待问题的做法是最正确的。第二种做法是最多的。现实生活中，有不少的家长根本没有培养孩子独立解决问题能力的意识，生怕孩子吃苦、出错，孩子根本没有独立解决问题的机会。当孩子鞋子左脚穿到了右脚，右脚穿到了左脚，成人赶快给孩子换过来，甚至根本不让孩子自己穿鞋、穿衣服；当孩子与其他小朋友闹不愉快了，赶快去安慰孩子，并教他如何做，而不是鼓励孩子自己去沟通，解决问题。

托比的舅舅送了他一辆浅蓝色的小自行车，托比非常喜欢，当成宝贝，不许别人碰。邻居小姑娘露西是托比的好朋友，央求托比好几次，要骑他的小车，托比都没答应。一次，几个孩子一起玩时，露西趁托比不注意，偷偷骑上小车，扬长而去。托比发现后，气愤地跑来向苏珊告状。苏珊正和几个孩子的母亲一起聊天喝咖啡，便微笑着说："你们的事情自己解决，妈妈可管不了。"托比无奈地走了。

过了一会儿，露西骑着小车回来了。托比看到露西，一把将她推倒在地，抢过了小车。露西坐在地上大哭起来。苏珊抱起露西，安抚了她一会儿。很快，露西就和别的小朋友兴高采烈地玩了起来。托比自己骑了会儿车,觉得有些无聊,看到那几个孩子玩得那么高兴,他想加入,又觉得有些不好意思。他蹭到苏珊身边,嘟囔道:"妈妈,我想跟露西他们一起玩。"苏珊不动声色地说:"那你自己去找他们啦!""妈妈,你陪我一起去。"托比恳求道。"那可不行,刚才是你把露西弄哭的,现在你又想和大家玩,就得自己去解决问题。"托比骑着小车慢慢靠近露西,快到她身边时,又掉头回来。来回好几次,不知道从什么时候开始,托比和露西又笑逐颜开,闹成了一团。

从以上案例我们可以看出:成人要抓住各种时机指导婴幼儿养成独立解决问题的习惯,不论遇到什么难题,首先要学会靠自己的力量解决;不要让婴幼儿养成依赖成人,懒于思考的坏习惯,这会严重影响婴幼儿思维能力的发展。

成人要经常告诉学前儿童如下观念:

相信自己能够解决,不要问别人;

不要让别人帮你解决这个问题,要有勇气自己解决;

昨天的问题我解决得很好,这个问题我也能解决。

在孩子坚定了自己解决问题的信心,并进行了多次尝试后,成人可以指导孩子学会思考的方法,教他们一些独立解决问题的策略。

成人可以通过一些问题指导孩子,提出下列问题让孩子思考:

要解决什么问题呢?

以前解决过类似的问题没有?

用了什么工具?

用了什么办法?

这次发现的问题是什么,有几个问题?

解决问题分几步走?第一步应该做什么?

你想要别人帮助你做什么?

(4)在培养孩子常规思维的基础上,培养孩子的创造性思维。

人们解决问题的思维策略主要有两类。第一类是常规思维策略,这是指人们运用已获得的知识经验,按已掌握的现有的方案、方法和程序直接解决问题;第二类是创造性思维策略,是指人们以新的方式组织已有的知识、经验,提出新的解决问题的程序和方法,并创造出新的思维成果。

培养孩子按照常规思维策略和方式去解决问题的能力是孩子思维能力

培养的重要任务,而培养孩子的创造思维,尤其是培养学前后期儿童的(5岁及以后)创造性思维意识尤为重要。在孩子掌握了一定的分析、综合、概括和抽象能力的基础上,培养他们的创造性思维意识。就学前儿童而言,培养他们的创造性思维意识最为重要。只要培养起了这个意识,就为孩子打下了创造性思维的基础。家长可从以下方面去着手引导:

第一,培养孩子创造性思维的意识或创造性观念。具备创造性意识是发展创造性思维的第一步。我们不仅要引导孩子独立发现问题,不断尝试运用已有经验和方法解决问题,而且时刻要有创造性思维的意识。在解决问题时,一旦遇到难题或是遇到未见过的新问题,特别是遇到常规方法不能解决的问题,他们首先应该想到的不是去问成人,而是独立地去思考新的方法,寻找新的解决途径。在培养创造性意识方面,成人要随时对他们进行引导。例如:当孩子遇到问题或解决问题时,可以从以下几个方面去进行引导:

这件事做得很好,想一想还有其他方法吗?

这样做很好,但你想一想是不是还有另外一种更好的方法?

做不好没关系,想一想还有别的方法没有?

做什么事,都要多想几种方法。

这是个新的问题,要用新的方法解决。

这件事情人家是这样解决的,还有不同的方法吗?

第二,培养孩子独立重组已掌握的知识或经验的习惯。重组已掌握的知识或经验是指引导孩子把两种或两种以上的知识或经验有机地组织起来,以达到一种新的目的或功用,或者解决一个新的问题。不过,对于学前儿童来讲,这些重组都是最简单的,成人可以用实例的形式引导孩子逐渐学会重组知识或经验。例如,对孩子提出:"妈妈给你的手绢容易丢,你想想用什么办法可以避免手绢丢失?"又如:"你没有那么高,你想什么办法能拿到书架上的书?"用这些提问开启孩子的创造性思维,让孩子从小就树立起创造性意识。

3.对小学儿童思维能力的培养

儿童思维的发展会经历一个复杂而又漫长的过程,是一个由低级向高级、从不完善到完善的发展过程。其发展情况和速度,在很大程度上取决于正确组织起来的教学和教育工作。从入学开始,对孩子进行知识的传授、智力的提高、情商的培养等就落到了学校和教育工作者身上,因此,不少家长除了关心孩子的学习成绩外,很少关心孩子情感、人格、意志品质、理解、记忆、思维等方面的发展情况,这就造成了学校教育与家庭教育的脱节。其实,学校教育成绩的好坏,很大程度上取决于家庭教育的配合。因为学校教育是针对教育的普遍性开展的,家庭教育是根据孩子的个性特点而进行的,更具有针对性。作为家长不但应该掌握小学儿童思维的一般(普遍)特点,还应根据自己孩子思维发展的个性特点与学校共同做好孩子的思维培养工作。

学前儿童的形象思维的发展已具有一定的水平,其已具有初步的抽象概括的可能。到了小学阶段,儿童开始从以具体形象思维为主要形式逐步过渡到以抽象逻辑思维为主要形式(但这种抽象逻辑思维在很大程度上,仍然是与直接经验和感性经验相联系的,仍然具有很大程度的具体形象性)。这一过渡过程具有3个特点:

第一,在整个小学时期,儿童的抽象思维在逐步发展,但仍然具有很大的具体性,他们所掌握的概念大部分是具体的,可以直接感知的,如数字30或者50的概念,孩子可以直接感知到30是多少,50是多少。

第二,在整个小学时期,儿童的抽象逻辑思维在逐步发展,但仍然带有很大的不自觉性。他们在低年级时虽然学会了一些概念,也能根据概念进行一些简单的判断推理,但还不能自觉地来调节、检查或论证自己的思维过程;他们常能解决一些问题或完成一些任务,却不能说出自己是如何思考,如何解决的。这是由于思维本身是和内部语言发展分不开的。这种内部语言的形成只有在正确的教育、指导下才能逐步从有声思维(把所想的用语言大声地说出来)向无声思维发展。

第三,抽象逻辑思维水平在不断提高,但不平衡。如:到了小学的中后期时,在数学学习中,孩子的抽象思维水平达到了较高的程度,可以离开具体的事物进行抽象思考,但在历史的学习中,仍然停留在比较具体的表象层面上。又如在整数的概念和运算方法上不需要具体事物的支撑,但在学习分数概念和分数的运算上,如果没有实物的支撑,就会感到吃力。

根据小学孩子思维的一般特点,再结合孩子思维的个性特点,应做好以下几个方面的工作。

(1)从孩子进入小学开始,针对学习内容以及生活中遇到的问题和困难,多启发孩子的思维,少越俎代庖。现在有的家长,每当孩子在生活和学习中遇到各种困难时就主动想办法帮孩子解决。这样做,让孩子养成了"懒脑"的习惯,让孩子的大脑慢慢"生锈"。这种不让孩子动脑的做法,不利于孩子大脑的开发,不利于孩子通过思维解决问题而发展思维。为什么有的小学生入学时成绩还可以,年级读得越高,成绩越不好,我想除了学习方法不当、努力不够等原因外,主要的是家长没有发展好孩子的思维,养成了孩子"懒脑"的习惯。在学前期,我们就在培养孩子独立思考的习惯,独立发现问题的能力,孩子入学后,家长更应注重这种独立思维的习惯和能力的培养。如果我们家长不让孩子亲自接触生活实际,不让他们亲自解决生活和学习中遇到的问题和困难,孩子的思维力怎么会有提高和发展呢?

(2)家长应有意识地帮助孩子掌握一些思维的方法和规律。在孩子入学后,很多家长只满足于孩子对某种知识的掌握或某一结论的记忆,忽视产生结论的思维过程和知识的运用,只满足于孩子考试得了多少分,考到班上多少名次,对孩子思维的发展、思维方法的掌握等情况知之甚少,甚至不知。这样的做法岂不误了孩子?难怪有的孩子随着学习难度的加深,越学越吃力。

家长关心孩子的学习,应要求孩子不但知道"是什么",而且知道"为什么"和"怎么用",也就是要明白产生结论的思维过程以及知识如何运用。要达到这一目的,我们家长就应帮助孩子掌握一些基本的思维方法,便于孩子开展思维活动,提高思维能力。如常见的横向思维、纵向思维、比较思维、因果思维、假设思维、综合思维等。这些思维方法的掌握能使孩子的分析、综合、比较、抽象、概括等能力得到训练。

(3)提高孩子的语言水平,这是发展孩子思维力的重要方面。语言是思维的工具,人通过思维使语言表达更准确。这里所说的语言,包括人的外部语言和内部语言以及二者之间的相互转换。家长应鼓励孩子独立思考,学会先想(内部语言)后说(外部语言),先想后做,先想后写,促进孩子发展内部语言,进而变内部语言为外部语言,并通过思维对外部语言进行加工,使用词更恰当、前后更连贯、语句更通顺更符合逻辑而有表现力。家长在指导孩子怎么想、怎么说的过程中,孩子的思维就得到了发展。

(4)鼓励孩子积极参加各种实践活动,多与人交往,特别是与比孩子年纪大的人交往,这有助于孩子思维力的发展。有的家长不想让孩子甚至阻止孩子参加各种活动,原因是怕耽误孩子的学习;不想孩子与同学交往,更怕孩子与大孩子交往,害怕孩子被带坏了,害怕孩子被别的孩子欺负。其实,这些做法对孩子的发展极为不利,至少阻碍了孩子思维的发展。大家都知道"见多思广""见多识广"的道理。孩子在交往等活动中,对发生在自己身边的一切都要做出分析判断,要去应付各种局面,迎接各种挑战,经受失败的痛苦,获得成功的喜悦等。这一过程孩子要经过多少思考,做出多少正确与否的判断,想多少的办法,其思维力能不提高吗?

4.对初中孩子思维能力的培养

初中阶段的学习内容有了较大的广度和深度,这就要求孩子的思维具有一定的目的性和方向性,一定的速度性和灵活性,要求孩子的独立思考能力迅速发展。这些品质得到发展,初中孩子才能完成思维的质变,只有完成了这种质变,初中孩子在繁重的学习中才能游刃有余。为什么有的孩子在小学时成绩还不错,初一也还可以,到了初二就走下坡路了?为什么有的孩子在初一时成绩表现一般,进入初二却越战越勇?这是因为前者在进入初中后,还在用小学时的思维模式(以形象思维为主),没有较快地转到以抽象逻辑思维为主的思维方式上来;后者则较快地实现了这种转变,其思维模式和学习方法符合初中的学习内容。要让我们的孩子较快地适应初中的学习,圆满地完成初中的学习任务,我们家长就应协助学校,发展孩子的思维能力,在初中一年级阶段逐步实现孩子思维方式的转变。如果初中一年级不能实现这个转变,孩子初二、初三可能都将成绩平平。

(1)从消极的"死记硬背"的思维方式转变到积极的"理解记忆"的思维方式上来。在小学时,特别是小学前期,由于学习内容较单一,有的学生凭死记硬背就能完成学习任务,但随着初中学习内容的增多,学习难度增大,要求学生要在理解的基础上进行记忆,这样其才能适应初中的学习要求。我们家长要经常观察孩子做作业和阅读背诵的情况。第一,如果发现孩子做作业精力不集中,拖拖拉拉,要给孩子定出完成作业的时间,坚决纠正其磨磨蹭蹭的坏习惯;还应教给孩子提高作业速度的方法,如集中精力,对整个作业做到心中有数,先易后难等,培养孩子讲效率的好习惯。第二,要孩子阅读课文后,复述课文内容,锻炼孩子的分析、记忆、概括能力,使孩子转变到积极的思维方式上来。

（2）在辅导孩子学习时，家长应结合教材内容提出问题让孩子思考。一是注意材料中的各种关系和联系；二是注意新旧知识的联系，善于把已学的知识运用到新的学习阶段。以这种方式启发孩子从不同角度、不同方面采用多种方法去思考问题、解决问题，增强孩子举一反三、触类旁通的能力。

（3）培养孩子总结归纳的能力和习惯，善于对当前学到的知识进行概括和归纳，注意所学知识的系统化。很多初中的孩子还没有将每天、每周、每月的学习内容进行归纳小结的习惯，浑浑噩噩过日子，每天掌握了多少知识心中无数，一个月落了多少学习账不知道，一学期完了才知所学与学习要求差了不少。有的学生甚至混了一学年，落的学习账已无法还清了。到了初中二年级学习内容再增加，孩子的学习就更加跟不上了。如果孩子有每天小结的习惯，发现失误就及时补救，至少孩子的学习成绩不会有多差。关键是家长如何引导孩子养成这种思维习惯。

（4）家长多抽点时间多与孩子交流，在交谈的过程中，不仅要启发孩子发现问题、提出问题、思考问题，更要要求孩子独立思考问题，有创见性地解决问题，还可通过写观察日记、小制作、拆卸改装不用的家用电器等活动发展孩子的思维力和创造力。

5.对高中孩子思维能力的培养

对高中孩子的思维能力的培养，大部分家长已无能为力了，主要任务落到教师身上，落到孩子的自觉性上。为什么这么说呢？从时间上来讲，孩子大多数都住校，学习任务重，和家长接触的机会与小学初中比要少得多；从学业角度看，由于高中知识的加深，难度增大，大多数家长想从知识这个角度帮助孩子开启思维，显然爱莫能助、有心无力，而学校老师就能较好地开启孩子的思维，如采用一题多解、一题多变的练习方式等。那么，家长是否就无事可做了呢？不是。家长应从以下几个方面鼓励、引导孩子，协助老师做好高中孩子思维的培养工作。

（1）引导孩子多方位、多角度考虑问题，培养他们的辩证逻辑思维。高中孩子的思维已经具有更高的抽象概括性和理论性，但辩证思维还不成熟，对一些问题爱轻率地下结论，也可能出现不顾客观现实的行动。因此，家长应利用周末或者节假日，多与孩子接触、交谈，引导他们养成辩证地看待问题的习惯，如当前学习成绩与将来的就业问题、社会道德问题、社会的阴暗面问题等。

（2）培养孩子发散性思维。这里所说的发散性思维是指与集中思维相对的一种思维方式。发散性思维对问题从不同角度进行探索,从不同层面进行分析,从正反两极进行比较,因而视野开阔,思维活跃,可以产生出大量的独特的新思想。发散性思维的特点是思维的积极性、求异性、广阔性、联想性等。家长在与孩子的接触中,要教育引导孩子：一是遇事要积极地去思考,因为思维的积极性是培养发散性思维的极其重要的基础；二是要在吃透问题,把握问题实质的前提下,打破思维的定式,改变单一的思维方式,运用联想、想象、猜想、推想等方法尽量地拓展思路,从问题的各个角度、各个方面、各个层次进行或顺向或逆向或纵向或横向的灵活而敏捷的思考,从而获得众多的方案或假设。

（3）训练孩子解决问题的各种技巧。高中阶段,来自同学、社会、互联网等中的信息特别多,这就要求孩子能正确地处理各种信息并进行正确的选择。家长在与孩子的接触中,应有意识地利用身边的、社会的或互联网中发生的一些实例,让孩子进行辨别和选择。这样可培养锻炼孩子的创造性思维。

（4）培养孩子创造性的个性。高中孩子思维敏捷,敢想敢做是好事。如果你的孩子没有这种个性,整天默不作声,做事唯唯诺诺、瞻前顾后,这说明你的孩子智力与非智力发展可能都较差,缺乏创造性。因为,富于创造性思维的孩子不仅智力较高,而且还具有一些非智力的个性特征：他们不但有较强的求知欲和探求的精神,而且勤奋、自信、开朗和幽默。作为家长,应从以下几个方面培养孩子创造性的思维。第一,鼓励孩子敢想敢为。第二,对孩子不循常规的思维方式加以保护引导,做得对的要给予肯定和赞扬,即使错了的,也要做到以理服人,有针对性地给予指导。第三,尊重孩子的思维结果,允许不同意见的存在,即使发现孩子的思维不合常规,也应给予尊重,特别对那种"不合常规"的思维方式不能讥笑、阻止,要允许孩子标新立异。这样孩子才可能大胆地去想,乐于独创。

6.对大学孩子思维能力的培养

思维是人脑借助语言对客观事物及其规律概括的间接反映。思维能力是智能结构的核心,对科学研究的发展有重要意义,对大学孩子的成才意重大。大学孩子已经"长大成人",又长期不在家长身边,加上很多知识家长弄不明白,所以家长在帮助孩子方面感到力不从心。其实,对"成人"的孩子,在管理上是应该放松、放宽,但不等于放弃。因为这关系到孩子在科学知识学习上是否有所作为,所以家长应利用电话、微信、网络等渠道,也可以利用周末、节假日与孩子接触的时间,从以下几个方面帮助孩子提高思维能力。

(1)帮助孩子增加思维的广阔性。广阔性是指思维的广度,也就是全面考虑问题。孩子虽然读大学了,但由于缺乏经验,在考虑问题上还是存在舍本逐末、粗枝大叶等不足。因此,家长应以征询的口吻多与孩子探讨关于多角度分析问题,多角度考虑问题等思维问题。例如,如何看待社会上的腐败、金钱、道德等问题,要引导孩子看大方向、看主流。

(2)帮助孩子增强思维的深刻性。所谓深刻性,就是看问题时,能够通过现象看本质,揭示事物的内因和外因,掌握事物发展的规律,预见事物发展的趋势和进程。

(3)训练孩子思维的敏捷性。所谓思维的敏捷性,就是迅速发现问题并当机立断地根据具体情况做出决定,及时解决问题。例如,在交往的过程中,如果发现你的同学、好友有人目光短浅,道德素质低下或人格品质有问题,你就应该当机立断地做出远离此人的决定,因为这样的人一辈子都不会有大的作为,跟这样的人在一起,只会受其拖累,降低你的人格品质。

(4)帮助孩子增强思维的逻辑性。所谓增强孩子思维的逻辑性,就是要求孩子:在考虑问题、做出决断的过程中,论据(材料)要充分,推断要符合逻辑,结论要有说服力。要求:提出问题明确而不含糊,思考连贯而不跳跃;论证有理而不混乱,表达清晰而不矛盾。

(5)帮助孩子加强思维的批判性。根据大学孩子"对别人意见不轻信、不盲从"的特点,家长要告诉孩子:我们在思考问题,做出决定时,要严格地判断所依据的材料是否成立,紧密地验证提出的假设,以实际结果来确定假设的正确性,而不能盲从地,毫无根据地赞成、跟从或者怀疑、全面否定。

(6)帮助孩子增加思维的独立性。要告诉孩子:遇事要独立思考,独立地发现问题和解决问题,不能跟在人家后面,像提线木偶一样听人摆布,也不要人云亦云。

(7)帮助孩子增强思维的灵活性。一个人思考问题、做出决定时,难免考虑不周全,或者与客观实际有较大出入,又或者与现实有较大出入。这时,就应该根据事物的发展变化及时改变原有计划或解决问题的方案,做出变通性的处理。

(三)培养孩子思维能力应注意的几个问题

1.思维培养应从小抓起

人们常说:"三岁看大,七岁看老。"性格培养如此,思维培养也应如此。比如说创造性思维的养成,如果孩子从小就受到压抑,到了初中、高中、大学家长才要求孩子敢想敢为,这是不可能的,因为孩子在初中以前就已养成了畏首畏尾、胆小怕事的思维定式,要改变这种思维定式是很难的。

2.重在培养孩子爱动脑筋的习惯和意识

"思维"这个东西,不像一些东西能说给孩子就给孩子,更不可能教给孩子他就能立马接受,必须像春风化雨、细雨润物一样,使孩子在不知不觉中具有某种思维意识和习惯,所以要循序渐进,一以贯之,切忌急于求成。

现实生活中,大多数家长关心的是孩子的身体和成绩,很少考虑思维对孩子一生发展的重要性,为此,很难有意识地去加以培养。希望家长在关心孩子身体、学习的同时,增强对孩子的思维的培养意识,做到早抓、勤抓,以适应未来的发展需要。因为,读死书的人很难适应网络时代、数字化时代的发展,未来一定属于善于思索、善于创新、善于综合知识、善于整合资源的人。

二十五　如何培养一个爱锻炼的孩子

为什么人们常说"身体在于运动""健康在于运动""青春在于运动"？是因为在运动状态下的人才能保持健康，只有健康的人，才能给生命带来许多精彩。这里所说的运动，就是我们平常说的体育或者体育锻炼。所谓体育，就是通过一定的卫生保健和体育活动使受教育者增进健康、增强体质的教育。通过这样的有目的、有计划的体育活动促进孩子的生长发育，增强其体质，为德育、智育、美育、劳动教育提供物质基础，为其后天的发展提供基础保证，同时，由于体育锻炼需要遵守很多规则，克服很多困难，需要控制调节自己的情绪，需要坚忍不拔的毅力等因素，更有利于孩子意志品质的形成。例如性格内向的孩子参加集体运动，可以改变其孤僻的性格，还能使其养成团结协作的精神；压力大的人参加体育活动，还能舒缓压力。

体育锻炼的好处很多，益处很大，但近些年来，由于受应试教育的影响，家庭在培养孩子锻炼意识和锻炼习惯等方面还有很多缺失。

(一)孩子在体育锻炼方面的缺失

总观现在的孩子，有如下特点：相当一部分弱不禁风，稍遇风寒就感冒，稍遇天热就中暑；胖墩多，戴眼镜的多；个性倔强的多，感情脆弱的多……总觉得现在的孩子比20世纪七八十年代的孩子要"娇贵"多了，更不用与我儿时比了。为什么会这样？一个很重要的原因是孩子缺少锻炼。为什么会造成这种局面，主要原因如下。

1.家长缺乏运动培养意识

有部分家长，有了孩子后，只考虑孩子的吃穿和智力发展，没有从深层次考虑如何提高孩子的体质。由于对孩子担心太多，生怕冷着、冻着，特别是婴儿阶段，稍微有点儿风寒就不带孩子出门，即使出门也将孩子包得严严实实，没让孩子循序渐进地适应气候的变化；孩子读书后，只关心孩子的学习成绩，从未或很少思考体育锻炼对身体、对学习、对智力因素和非智力因素的发展的重要性；从未考虑过如何通过加强锻炼来增强孩子的体质、减少疾病；更少有人从通过体育锻炼培养孩子的乐观精神和坚忍不拔的意志等方面为孩子长远考虑。所以，有些家长根本就没有考虑孩子如何锻炼，更没有长远的锻炼规划。

2.生活节奏过快，父母缺乏言传身教的时间

生活在现代的父母也确实辛苦，要忙工作，忙生活，忙社交，忙得应接不暇，忙得头昏脑涨，在孩子幼小时就把孩子交给隔代家长或者保姆带，除了过问孩子生病与否，哪有时间考虑孩子的锻炼问题。

3.家长就没有运动的习惯，造成孩子思想、行为上的懒惰

有的亲子家长由于平时工作紧张，早上和周末都爱睡懒觉，特别是年轻的亲子家长，孩子都起床了，他们仍然蒙头大睡，甚至睡到上午11时才起床，连早饭都顾不上吃；有的父母根本没有早睡早起、早晚锻炼的习惯，养成的是慵懒、拖沓的脾性，即使有时间，也不爱运动；隔代家长有的没有锻炼的习惯，有的受身体的限制，也不带孩子锻炼。孩子长期生活在这样两代家长的身边，耳濡目染，慢慢就养成了懒惰的习性。

4.孩子活动的空间小，缺乏锻炼的环境

生活在城市里的孩子，每天面临的是高楼大厦，蛛网式的公路，川流不息的车辆；面对的是噪声和受污染的空气；居住的环境没有锻炼器具。种种原因造成了部分家长对孩子安全的担心，生怕孩子出问题，特别是幼儿时

期,不让其锻炼,即使出门,也是提心吊胆,于是,多数时间都把孩子"禁锢"在"安全"的范围里,慢慢使孩子养成了不爱锻炼的习惯。农村孩子的生活条件相对来讲没有城镇的孩子好,但为什么农村孩子的体质普遍要比城镇的好? 主要原因是:一是农村空气好;二是农村孩子的活动空间比城镇的要大,"禁锢"要少得多,父母的担心比城镇的少得多,不管冬夏,孩子们在院坝里打闹嬉戏,慢慢地适应了四季的气候变化,体质也得以增强。当然,不可否认,农村孩子也在慢慢城镇化。

5. 孩子学习负担过重,缺少锻炼的时间

受应试教育和家长望子成龙以及一切"唯分""唯文凭"等思想的影响,从小学开始,一些学校的老师就进行"填鸭式"的教育,在知识方面实行"地毯式"轰炸。课堂上满满地灌,课后全面地补,作业"遍地开花",希望"博种广收"。孩子回到家里,忙着做作业,无可奈何地听父母的询问和"教导",周末参加各种补习班、特长班、辅导班……来自外部的、家庭内部的、孩子内心的压力使孩子变成了一台学习的机器,除了睡觉,这台学习的"机器"就得为学习而运转,孩子很少有时间或者说根本没时间参加体育锻炼,放弃体育锻炼也就成了必然。结果,有的学生学习成绩上去了,眼镜却戴上了,大学通知书拿到了,身体却垮了。由于大学前学习太辛苦,出现了一种较为普遍的现象:"大学前拼命,大学后玩尽兴。"大学学业上只要能毕业就行。这个完全颠倒了教育的规律。

(二)如何培养一个爱锻炼的孩子

所有的家长都希望孩子是一个健康的人,这恐怕是天下父母的一个基本心愿。但是,怎样才能算一个健康的人呢? 按照世界卫生组织的标准大致是:不但没有身体的缺陷和疾病,还要具有良好的心理状态和社会适应能力。很显然,健康指的是生理和心理、适应社会三个方面。我们的下一代,是未来的希望。我们通过教育培养,至少要让孩子身体发育正常,健康无疾病。要做到这一点,父母不仅需要有运动的意识,还需要有运动方面的基本知识;不仅要求孩子从小加强锻炼,培养孩子的锻炼意识,而且要切切实实做到言传身教,让孩子养成锻炼的习惯。

1. 婴幼儿锻炼意识和锻炼习惯的培养

婴幼儿(包括婴儿、幼儿两个时期)是一个人生长发育的重要时期,也是生命最脆弱的时期,因为,婴幼儿的各个器官组织尚未成熟,较柔弱,对外界的适应能力和对疾病的抵抗能力差,容易感染疾病。因此,特别需要加强锻炼,通过有目的、有计划的活动促进其生长发育,增强其体质,为今后的发展打下基础,也为其他方面的教育提供物质基础。

(1)在确保婴幼儿安全等前提下,确保婴幼儿必需的营养,做到科学育儿。首先,最好是母乳喂养,因为母乳是新生儿最理想的食物。母乳是无菌食品,温度也适中,而且含有各种抗体,能增强婴幼儿的抵抗力。其次,还要注意喂养的时间、喂养的姿势、卫生等。

(2)培养婴幼儿良好的卫生习惯和睡眠习惯,保护和促进婴幼儿的正常发育。婴幼儿的卫生和睡眠习惯好像与体育锻炼无关,其实,是有密切联系的,因为这些习惯的养成,直接关系到婴幼儿的身体健康,所以,它也属于婴幼儿体育的范围。卫生和睡眠习惯对婴幼儿健康成长极为重要。道理很简单,吃不好睡不好,不卫生,婴幼儿肯定长不好。但是,很多婴幼儿在这方面存在较为严重的不足,特别是在睡眠习惯方面。例如很多婴儿爱睡"倒瞌睡"。所谓"倒瞌睡"就是晚上该睡觉时不睡,白天却呼呼大睡。婴儿的这种习惯,父母应慢慢地调整。如何调整呢?其实,方法很简单:婴儿如果有白天睡觉的习惯,家长就应在白天多找些婴儿感兴趣的事和物让婴儿玩,尽量不让婴儿在白天睡觉。婴儿白天玩累了,到晚上自然就睡了。这样坚持一段时间,婴儿睡"倒瞌睡"的习惯自然就调整过来了。

(3)注重婴幼儿的早期锻炼,培养婴幼儿的锻炼意识(习惯)。婴幼儿时期的锻炼大致可分为两个阶段:直立行走以前,直立行走之后。

在婴儿直立行走前,不应该经常把婴儿抱在怀中,造成婴儿对成人的依恋。婴儿吃饱以后,在保证婴儿安全的前提下,应常把婴儿放在床上或平坦的地方,慢慢地教他翻身、爬行,还可定时让婴儿参与游泳活动,这样既锻炼了四肢的力量,又锻炼了四肢的协调能力,为直立行走打下基础。

孩子直立行走以后,在锻炼方面大致可以做如下工作:

其一,孩子刚学习走路时,对走路兴趣很大,家长不要怕孩子摔着,而随意将孩子抱起,阻止孩子走路,而应扶着孩子,鼓励其走路。

其二,家长要想办法鼓励孩子走路。孩子学会走路以后,有时也会偷懒,特别是2—3岁这个阶段。但是,如果孩子想到一个什么地方去,在路途不甚遥远的情况下,他们是有积极性的,在成人的鼓励下,自己是能到达目的地的。所以,成人应根据幼儿好奇、毅力差等特点,先激发孩子的好奇心,然后根据路途远近,告诉孩子应走到什么地方,孩子答应后,非特殊情况不得更改约定。如果孩子中途确实有点累,成人应不断地鼓励孩子努力实现自己的承诺。这样既锻炼了孩子身体,又培养了孩子的品格。

其三,制订合理的作息制度,要求并督促孩子按时睡觉,按时起床,按时参加锻炼,初步培养孩子锻炼的意识和习惯。孩子一生爱不爱锻炼,与其他方面的意识和习惯养成一样,与3岁到学前这个阶段的习惯养成有很大的关系。"三岁看大,七岁看老"虽不完全正确,但学前养成的习惯和意识,不管是好习惯意识或者是坏习惯意识,如果在小学到中学阶段没有得到调整,将伴随孩子的一生。例如:一个孩子在小学阶段没有养成有序收拾房间的习惯,到了中学后还没有改变,那么,这个孩子可能将终身不爱收拾房间。所以,要让孩子在幼儿时期慢慢养成锻炼的习惯,初步树立起锻炼的意识。要做到这点,要求家长早上必须按时起床,并带领孩子跑跑步,活动活动筋骨;晚饭后根据孩子的喜好带孩子散散步、打打羽毛球或乒乓球等。家长爱锻炼的好习惯,潜移默化地浸润着孩子,孩子在不知不觉中,就会培养起锻炼意识和锻炼习惯。在此基础上,上学后只要稍加督促,这种意识和习惯将伴随孩子的一生。

其四,积极引导幼儿参加体育锻炼。在幼儿时期,孩子大多数时间都在父母身边,特别是早晚,家长有意识地进行体育锻炼方面的引导,能让孩子习惯上养成、情感上接受、心理上喜欢体育锻炼。如早上起来,放会儿音乐,做做体操;又如利用家长的休息时间,老少一起,开展一些如开火车(游戏)、短跑比赛、爬山(石梯子)比赛等活动。

其五,根据孩子喜好,带领孩子有意识地开展一些专项的体育活动。家长应利用周末、节假日等休闲时间带领孩子参加一些孩子喜欢的专项体育运动,如游泳、爬山、打球等活动。

2.小学孩子锻炼习惯的培养

上学后,孩子的生活进入了一个不同于幼儿期的全新阶段,他们的生活、学习、锻炼都不同于幼儿时期,因为学校要根据儿童的特点提出相应的要求。为此家长应根据学校对孩子在体育方面的要求,结合孩子自身的体质、爱好等特点,从以下几个方面对孩子提出身体锻炼的要求。

(1)在要求孩子认真上好学校的体育课(包括课间操)的同时,根据孩子的特点,选择孩子喜欢的体育锻炼项目,培养孩子的兴趣和习惯,如乒乓球、羽毛球、网球等。

如果你的孩子活泼好动,体质好,又喜欢某项运动,可以让孩子参加一些体育项目的锻炼,如短跑、游泳、球类专项活动等;如果你的孩子体质较弱,不好活动,就应先引导孩子参加一些锻炼游戏,使孩子在游戏中增强体质,培养起他的兴趣和爱好,然后再鼓励孩子参加一些他自己喜欢的体育项目。

(2)给孩子选择锻炼项目,应符合小学孩子的生理特点。小学孩子正是长身体的时候,骨骼尚很稚嫩,骨骼柔弱而柔韧性大,脊柱弹性较大,肌肉力量和韧带力较弱,所以不宜做用力过大、负重过强、憋气、动作很精细的运动,适宜做比较快速、比较灵活的运动,如体操、跳绳、踢毽子等。

(3)根据孩子体质较弱的特点,家长应加强对孩子的指导与保护。例如:孩子喜欢某项运动,家长就应该了解这项运动,给孩子讲明要领和注意事项,并做好示范指导,以免伤了孩子的身体。

(4)注意孩子的站姿、行姿、坐姿,让孩子养成良好的体态。良好的体态,好像不属于体育项目,但我认为是一个锻炼项目,也是日常锻炼、长期坚持所养成的。

老一辈教育孩子,要求"站有站相,坐有坐相"。这个站相和坐相,就是正确的体态。正确的站姿要求:头正,胸微挺,腹微收,两臂自然下垂,两腿自然伸直,两脚间的距离约一脚宽;从侧面看,耳、肩、大腿(上方突出部分)成一线。正确的坐姿要求:两肩平,躯干挺直,两眼向前平视,两小腿与地面垂直,两脚平放地上;如果坐着看书写字,弯曲部分在臀部,而不在腰部或背部,做到身直头正。如果看书,书应平放在桌上,身子不要趴在桌上;如果写字,双臂要等距离放在桌上,本子要摆正,身体不歪斜,胸要离桌一拳的距离。正确的走姿:上肢保持正直,两眼正视前方,两手自然摆动,摆动幅度以30度为宜,前摆手微屈,后摆到自然不能摆动为止。两脚向前迈进,脚跟先着地,然后过渡到脚掌着地。脚尖稍微向外展,保持平衡,不上下颠动、左右摇摆。另外,要注意观察孩子走路,如果孩子走路有"内八字""外八字"脚的现象,要及早纠正。

3.中学孩子锻炼习惯的培养

中学阶段是孩子身体生长发育的重要时期。在这个时期里,家长及时地、科学地指导孩子积极进行体育锻炼,能促使孩子长高,使他们肌肉发达,体型健美,提高对外界的适应能力和对大脑的调节能力。

中学阶段,是孩子青春发育的关键期。这个时期孩子的体格可以走向强壮健美,也可走向衰弱多病,其关键在于家长如何要求孩子。那么,如何才能让孩子体形健美呢?一是保证孩子在青春发育期的营养足够,二是加强孩子的体育锻炼,三是所选锻炼项目、运动量要与孩子身体发育的特点相适应,这样才有助于孩子强健身体的形成。

(1)中学孩子身体迅速发育,骨骼具有弹性,但坚固性差,易弯曲变形。因此,孩子锻炼时活动部位应尽量对称,以免引起脊椎弯曲或身体畸形发展。在开展活动时,不要进行运动量过大的负重练习,避免关节受伤,抑制骨骼的生长。如,不宜开展举重、投掷标枪、投掷铅球等运动。

(2)心肺机能较弱,不宜做长时间的紧张的活动,如长跑、长时间的球赛等,即使要参加这类活动,也应循序渐进,慢慢增加耐力。

(3)中学孩子大脑皮层兴奋性和大脑灵活性高,反应快,适宜进行速度、灵敏和柔韧性的训练。如短跑、体操、游泳等。

(4)家长要善于引导。有的孩子体质较弱,性格较内向,不喜欢参加锻炼。家长要鼓励孩子多参加活动,条件许可,家长应带领孩子参加锻炼,让孩子慢慢体会参加锻炼的好处,从而改变不爱锻炼的习惯。还有一类孩子盲目地追求形体美,而不顾客观性,不讲科学性,对这类孩子,父母要加强正确引导。

其一,个别男孩,为了变得肌肉发达、体格魁梧、体态健美,往往过高地估计自己的力量,常常做一些违背体育锻炼规律,违背体育锻炼科学性的做法,其表现是:通过高强度的负重训练达到肌肉发达的目的;常做一些危险的动作。这种情况,家长要告诫孩子,锻炼要讲科学性,要做到循序渐进。违背规律,不但不利于身体的健康成长,反而会影响身体的正常发育。

其二,有的女孩因一时脂肪增加较明显,身体显得较丰满,害怕别人说她胖,于是喜欢束腰、紧胸;有的因月经初潮后腼腆、害羞而不喜欢体育锻炼。家长应告诫孩子,青春期不要束腰紧胸,这样会影响正常发育,只要坚持锻炼,身体健康就足够了。

其三,有的孩子身材矮小,有自卑感,因而不喜欢锻炼。父母应对这类孩子进行耐心的心理疏导,鼓励孩子多参加体育活动。身体的高矮很大程度上取决于先天基因,但通过锻炼可以使生长基因达到最佳状态。另外,身体高矮与形体健美不是成比例的,有的人身材并不高大,但其形体是美的,有的人虽然有高高的身躯,但要么是肥壮型,肥头大耳加"将军肚",要么是瘦弱型,颈细、头削、身材高瘦。要教育引导身材矮小的孩子,正确对待自己矮小的身材,增强自信,加强锻炼,以健美的身材来弥补矮小的不足。

(5)要教育、督促孩子坚持锻炼,做到持之以恒,切不可因学习忙而放弃锻炼。中学时期,来自大环境的、学校的、家庭的重重压力,使孩子生活得十分辛苦;到了毕业升学阶段,孩子除睡几个钟头的觉以外,整天都沉浸在上课、做作业、补课、考试、上晚自习里,有的学生连吃饭时都在教室里看书,根本没有时间和精力参加锻炼。这种状况在中学阶段不在少数,毕业、升学阶段尤为突出,这不得不引起家长的高度重视。这种状况发展下去,轻者学习成绩越来越差,上课听得似懂非懂,在考试时连早已掌握的知识也想不起来;重者产生神经衰弱,表现是晚上睡不着觉,一动脑筋就头痛。大家都知道,长时间的动脑筋,大脑需要大量的血和氧,如果大脑经常缺血、缺氧,就会产生头痛。解决大脑缺血、缺氧的问题,最好的方法就是适当的体育锻炼,另外就是增加身体必要的营养。因为体育锻炼能改善血液循环、增强心肺功能。另外,体育锻炼时大脑也得到了休息。

明智的家长不但要时时关心孩子的学习状况,更重要的是要时时关心孩子的身心状况,一旦出了问题,家长应及时给予调节,使之恢复到正常状况。如何做?一是给孩子解压;二是告诉孩子,不管学习有多忙,一定要坚持体育锻炼;三是督促孩子坚持正常的生活习惯,如按时睡觉,按时起床,按时参加锻炼;四是调节孩子的饮食,保证孩子的营养。这样孩子很快就能恢复过来。

孩子读大学后,远离了父母,但父母应利用周末、节假日孩子回家的时间,多与孩子交谈,顺便问一下孩子的锻炼情况,鼓励孩子参加体育锻炼,因为一个人有了健康的身体才会有一切。

总之,孩子有各自的生理特点,家长应根据孩子的特点,选好有利于孩子健康的体育项目,做针对性的要求,循序渐进,量力而行,让孩子养成锻炼的习惯。告诉孩子:不管什么项目的锻炼,一曝十寒对身体健康永远不起作用,关键是坚持。

二十六　如何培养一个爱劳动的孩子

恩格斯说,劳动是整个人类生活的第一个基本条件……以致我们在某种意义上不得不说:劳动创造了人本身。这说明劳动是人类社会生存和发展的基本条件之一。一般而言,劳动包括体力劳动和脑力劳动两种。就社会而言,体力劳动和脑力劳动创造了社会的一切财富;就个体而言,个体的生存,个体的发展,个体的成就等都离不开劳动。因此,家长在养育孩子的过程中,应加强对劳动教育重要性的认识,积极加强劳动教育,让孩子成为一个勤劳勇敢、勤奋好学的孩子。

(一)家庭劳动教育的概念及意义

家庭劳动教育是指家长向子女施加的一种以劳动观念、劳动习惯、劳动所必需的劳动知识和技能为主要内容的教育活动。主要以家务劳动的形式,培养孩子热爱劳动、尊敬劳动者、珍惜劳动成果的习惯和思想感情,并使孩子获得一些基本的劳动所必需的劳动知识和技能,让孩子成为一个具有较强独立生存能力的、有责任感、勤劳而又奋发向上的人,从而促使孩子其他方面的全面发展。具体地讲,劳动(主要指体力劳动)能给孩子带来以下好处。

1. 让孩子养成爱劳动的习惯,这是孩子一生取之不尽的财富

同样是孩子,为什么有的长大以后勤劳,用自己的双手创造财富,把自己或家人收拾得干干净净,把家里治理得井井有条,把小家弄得红红火火;为什么有的长大以后懒惰,不但自己邋里邋遢,家里也凌乱不堪,把原本比较富有朝气的家庭弄得混乱穷困。原因就是前者养成了勤劳的习惯,用勤劳的双手不断创造财富,后者养成了懒惰的习惯,坐吃山空,用懒惰的双手不断挥霍着财富。那么,习惯从何而来,关键是从小的培养。如果教孩子从小做一些力所能及的事,孩子慢慢就会养成勤劳的意识,培养起劳动的习惯。有了劳动的意识和习惯,慢慢就会形成不畏艰辛、勤劳勇敢、勤奋好学的精神和美德,这种精神和美德能增长孩子的智慧和毅力,能让孩子战胜生活中的一切艰难险阻。因此,我们家长的任务就是要培养孩子从小对劳动的热爱,这是家长教给孩子的无价"珍宝",比留给孩子黄金要珍贵得多。

2. 在劳动中学到一些劳动生产、生活所必备的知识与技能,能提高孩子的独立生活能力和生存能力

家长教孩子从小干自己力所能及的事,如自己穿鞋穿衣,收拾自己的玩具,整理自己的房间,自己刷牙漱口,长大一点儿后要求孩子自己洗自己的衣服,学习做饭做菜等,不仅仅是为了培养孩子劳动的习惯,更是为了培养孩子生存的技能。孩子长大以后始终是要离开父母,走入社会,独自面对社会生活的,到了那一天,如果孩子连生活的基本技能都没有,他该如何生存下去。我们家长的责任就是在关心孩子成长的同时,让孩子从身边的事做起,从自己的事做起,从生活中的事做起,并在不知不觉中养成勤劳的习惯,并从劳动的过程中学到生产、生活所必备的知识技能,增强将来独自生存的能力。

3. 通过劳动的汗水,净化孩子的心灵,增强对劳动者、劳动成果的情感

从大的方面讲,劳动创造了历史,劳动创造了社会,劳动创造了美好的生活;从小的方面讲,劳动能创造自己(的生命和价值),创造财富,创造家庭;劳动能洗涤内心的肮脏,净化自己的心灵,让人的灵魂变得更加圣洁。马克思说:"体力劳动是防止一切社会病毒的伟大的消毒剂。"道理很简单,

不劳动就不知道劳动的艰辛,不劳动就不知自己生活吃穿来之不易;不知艰辛就不会尊重劳动、爱惜劳动果实,就不会有劳动的情感体验。

4.通过劳动,可促进孩子德、智、体、美、劳全面和谐发展和道德品质的形成

苏霍姆林斯基说:"体力劳动对小孩子来说,不仅是获得一定的技能和技巧,也不仅是进行道德教育,而且还是一个广阔无垠的、丰富的思想世界。这个世界激发着儿童的道德的、智力的、审美的情感,如果没有这些情感,那么认识世界(包括学习)就是不可能的。"劳动,不但劳力而且劳心。在劳动的过程中会流汗,使筋骨劳累,这不但能磨炼孩子的意志品质,而且能增强孩子的智慧。现代教育家陶行知也说:"在劳力上劳心,是一切发明之母。事事在劳力上劳心,便可得事物之真理。"

劳动,对孩子身体的成长、智慧的增长,对孩子的人生,对孩子将来的小家,对我们国家意义十分重大。历朝历代谁不讲"空谈误国,实干兴邦",谁家又不讲"勤劳兴家,懒惰败家"。聪明的父母们,不要光顾给孩子生活之资,给孩子攒积充足的钱财,还应想尽一切手段使孩子劳动,让孩子养成勤劳的习惯,这样,孩子的心灵将终生充满智慧,勤劳的习惯也是孩子通往财富的金钥匙,是孩子取之不尽、用之不竭的无穷宝藏。

哈佛大学一项研究表明,爱做家务(劳动)的孩子,跟不爱做家务的相比,就业比率为15∶1,收入比后者高20%,而且婚姻更幸福。中国教育科学研究院调查也表明,做家务的家庭的孩子比不做家务的家庭的孩子成绩优秀的比例高27倍。这些权威的研究结果表明,劳动对孩子是多么重要。

(二)当前家庭劳动教育存在的主要问题

1.家长把扭曲的劳动观念灌输给孩子

家长对劳动的认识和理解缺乏正确的认识和定位,有的家长认为劳动就是劳累,是低等人做的事,封建社会的"劳心者治人,劳力者治于人"的观念在有些家长心中根深蒂固。家长本身可能就是劳动者,但他们却看不起劳动者,希望孩子也不要成为劳动者。教育孩子时,常常以体力劳动为负面典型教育孩子,如"你不好好读书,将来就像某某人等去下苦力,像某些人一

样去擦皮鞋"。孩子在这种错误的思想观念教育下慢慢长大后,将会从骨子里轻视劳动,鄙视劳动,特别是体力劳动,在行为上也会疏于劳动,成为大事做不来、小事又不做的"四体不勤、五谷不分"的懒虫。现在有一些孩子,大学毕业了,艰苦的工作不愿做,怕吃苦,嫌钱少又没有能力做高收入的工作,于是,成天困在家里啃老,还自觉心安理得。造成这样的结果,做家长的应该深刻反思,承担主要责任。

2.娇惯孩子,使孩子从小养成了懒散的习惯

中国实行计划生育后,多数人把孩子看得十分珍贵。于是什么都为孩子想到,一切都帮孩子做到,什么事都不让孩子做,生怕孩子累到,生怕孩子吃苦。一家人围着孩子转,孩子简直就是天上的星星和月亮。其实,孩子天生是爱劳动的,我们在与小孩子接触的过程中,经常都会听到孩子说"我自己来"的话。但是由于成人太爱孩子,太担心孩子,太不放心孩子,一次次将孩子爱劳动的天性扼杀了。如果父母不娇惯孩子,从孩子幼小时就叫他们做些力所能及的事,特别是做孩子自己的事,慢慢就会培养起孩子勤劳的习惯,可是,很多父母忽视了这些"小事"。

3.忽视孩子独立生活能力和劳动技能培养

在现代生活中,不管是城镇还是乡村,家长都比较忽视从日常生活劳动中培养孩子的生活自理能力的培养,孩子到了成人阶段,连洗衣、做饭都不会。初中、高中生中有几人会做饭,会洗衣服?大学毕业了,有不少人离开了父母,更加不能独自面对生活。父母不让孩子从日常生活中学习、掌握一定的劳动技能,会导致缺乏孩子缺乏生活自理能力和动手能力。

4.受社会价值导向的影响,家庭教育重功利,轻劳动

在追求名利的社会大背景下,家长的劳动教育观念发生偏离,忽略了勤俭持家、勤劳致富、勤奋建国的教育。家庭劳动教育让位于学习,家长忽视对孩子家庭劳动教育的督促和引导。

种种原因,导致了不少孩子行为懒散、思维懒散,这不得不引起家庭教育的重视。希望家长针对孩子的不同年龄特点,坚持不懈地抓好孩子的劳动教育。

(三)家庭劳动教育在各个年龄段的培养重点

1.幼儿阶段的劳动习惯养成

幼儿阶段是各种习惯和性格形成的关键时期,爱劳动的习惯也是如此。家庭教育千万不要错过这个时期,错过了这个时期,以后教育将付出成倍的努力。

在幼儿阶段就对孩子进行劳动教育,这个事情往往被很多父母忽视,特别是在孩子3岁及以前。因为很多父母都会这样想:孩子这么小,有什么事情可教孩子做呢?又怎么忍心让孩子做事呢?就是这种认识,往往耽误了教育孩子的初始的最佳时期。其实,孩子在1—7岁时期,是有很多事可做的。一般来讲,孩子1—3岁就可以开始学习一些简单的劳动,因为孩子在这一阶段是有参加劳动的愿望的,做父母的是不是经常听到孩子说"我自己穿""我自己吃"的话,他们不愿成人帮助和干预。例如:孩子在接近一岁时,就主动拿着小调羹在碗里舀饭,尽管舀得满桌都是饭粒,但他们却干得专心致志。当把饭或菜送到了嘴里时,他们表现得是多么满意和愉快。幼儿这份对劳动的热爱,是多么难能可贵,但很多家长对孩子的这份热爱并没有给予鼓励和保护,反而害怕孩子把衣服弄脏、把家里弄脏或者疼爱孩子,担心孩子自己吃不饱,于是,就制止了孩子自己吃饭的行为,主动给孩子喂食。长此下去,孩子就不愿意自己吃饭了。由于成人什么事都不愿让孩子做,孩子也无法感受到自己动手的乐趣,慢慢就形成了懒惰、自私、自负、以我为中心的"饭来张口、衣来伸手"的不好习惯。这些现象,很不利于孩子的成长。所以,希望成人们不要扼杀了孩子初始的对劳动的主动性和积极性,剥夺孩子学习劳动的机会。家长应从以下几个方面教孩子做一些力所能及的事,从初始阶段培养孩子勤劳的习惯。

(1)让孩子参加自我服务的劳动,使劳动带给他快乐。自我服务就是孩子生活本身所必需的劳动。在1—3岁阶段,要求孩子学会自己吃饭、洗手、穿鞋、收拾玩具等简单劳动;3—7岁左右,孩子应当学会自己穿衣、洗脸、刷牙、梳头、洗澡、穿脱鞋袜、整理床铺和学习用具等简单劳动。孩子在学习这些简单劳动的过程中,每学会一样,家长又适当地给予鼓励,孩子就会觉得自己有成就,并获得劳动带给他的快乐,慢慢地,孩子就会在快乐中逐步养成爱劳动的习惯。

（2）让孩子干一些力所能及的家务活，体会家长做家务劳动的艰辛，让孩子从中体会到为别人做事的快乐。在家庭中，家务事是很多的，有很多的家务事是可以让孩子协助家长做的，就看家长让不让孩子做。如孩子还小（3岁前），可让孩子根据家里的人数摆筷子、端小凳、给家人拿报纸和拖鞋等。孩子在这阶段所做的事，在成人眼里根本算不上什么事，显得那么微不足道，往往被成人忽视。其实，做这些小事是极其重要的，能培养孩子的劳动意识，提高孩子生活自理能力。孩子稍大一点儿后，有了一定的体力，可让孩子收拾自己住的床铺和房间、扫地、拖地、收碗、洗碗、洗小手帕、洗自己的袜子等。孩子平时看见家人在干洗衣、煮饭、打扫卫生等活，累得满头大汗时，孩子的内心是乐意为家人分忧的。这时，如果家长叫孩子帮忙干些孩子力所能及的事，孩子是乐意做的。

在孩子帮忙干完某一件事时，孩子的内心会有以下体验：第一，帮家人干了一件家务事，心中充满了喜悦和自豪感，因为他为成人分了忧，为大人出了力；第二，干这个活出了力，有可能流了汗，孩子从中能体会干活（劳动）的艰辛；第三，孩子在长期的劳动过程中，会领悟到要创造美好的生活，一定要付出辛苦的劳动，一切都不会从天而降，就像创造美好的家庭环境需要付出劳动一样。有了这些美好的内心体验，孩子还会把劳动当成一件苦差事吗？有的家长怕孩子吃苦，担心孩子做不好，看不起孩子做的那点儿事，根本不让孩子做事，结果，孩子慢慢变得不想做事，养成了懒散的习惯。有的孩子长大后懒惰，什么事也不会做，还好吃，意见还多。我们的父母这时抱怨孩子懒散不懂事，把过错怪在孩子身上，这样的孩子岂不冤枉？我认为这个板子应打在有些家长身上。因为是家长教育引导上的失职，才造成了孩子今天的懒惰。

（3）根据孩子的爱好，在条件允许的情况下，开展一些种植和养殖活动。生活在城市的孩子，由于环境条件的限制，对植物的生长，对动物的喂养等都缺乏直观的了解，也不知它们的生长过程，更不知自己一天吃的、穿的、观赏的从何而来，要付出怎样的艰辛。生活在农村的孩子虽然有条件，但往往容易"不识庐山真面目，只缘身在此山中"，因为，在农活包围的情况下，往往容易忽视眼前的动植物。生活在城镇的家长可利用家里的阳台或家里有限的空间让孩子搞些养殖活动或种些花草，告诉孩子种植或养殖的方法和注意事项，让孩子自己去操作，去体验，如养鸟、养兔、养鱼等，又如种植花草、蔬菜等。生活在农村的家长,应把孩子带到田间地头,让孩子观察父母劳动,向孩子介绍一些农作物,也可让孩子在自己的地坝边种植几窝花草或农作物,让他们按时浇水或施肥,也可指定孩子按时喂猫、喂狗、喂鸡。

不管城镇还是农村,父母都应想办法让孩子在幼年时期参加一些(家务)劳动,一是为了培养孩子爱劳动的习惯;二是为了让孩子在劳动中去体验劳动的艰辛和劳动带来的心理愉悦;三是为了培养孩子的观察力和认知能力;四是为了让孩子知道家务活不是一个人的事,而是整个家庭的事,让孩子参与其中,培养孩子的家庭责任感;五是为培养孩子生活自理能力打基础。

2. 儿童阶段的家庭劳动教育

孩子进入小学,进入了成长的关键期。人们常说人"三十而立",其实人的习惯和性格应当说是"三岁而立""十三岁而成"。有见地的人看一个孩子,能从三岁时的习惯和性格看到孩子的一生。所谓"三岁看大"是说这个阶段孩子形成的性格和习惯将影响孩子的一生,也就是说儿童阶段是孩子性格和习惯形成的基础阶段,从进入小学到小学结束阶段,是孩子习惯和性格的初步定型阶段。孩子在小学阶段形成的坏的习惯、性格到后期是很难改变的。因此,家庭劳动教育也应抓住这个关键期。

家长应在幼儿的劳动教育的基础上,继续从以下几个方面进行劳动教育。

在孩子搞好学习的基础上,继续抓好孩子自我服务的劳动教育。孩子读书后,父母把注意力放在了孩子的学习上,从道理上讲是没错的,但是,有的父母重视孩子学习,就忽视了如劳动、行为习惯、生活自理能力等方面的教育。这种现象很不利于孩子的健康成长,如不引起家长的注意,将贻害孩子终身。有远见、真正爱孩子的家长应要求孩子在抓好学习的同时,能自己做好一些生活方面的事。

小学低年级的孩子可在学前自我服务劳动的基础上,继续做好如洗手、洗脸、刷牙、剪指甲、穿脱衣服、系鞋带等自我服务劳动,还要学会削铅笔、包书皮、钉本子、对自己的学习用具进行分类处理、洗小件的衣服等劳动。

小学中年级的孩子自我服务劳动教育的要求应比低年级孩子有所提高,应学会洗头、洗澡,会使用小刀把纸裁剪整齐,保证学习用品美观整齐。

小学高年级的孩子应参加家庭集体劳动,逐步学习生活所必需的劳动技能,提高独立生活能力。如:会做简单的饭菜,洗自己的衣裤鞋袜,帮助家里打扫卫生,整理床铺,买油买粮,种植花草,美化家庭环境等。

家住农村的孩子,到了小学中高年级阶段,特别是高年级阶段,家长应让孩子参加一些田间劳动,如给庄稼除草、给家禽家畜割饲料等;识别禾苗、蔬菜的种类,了解基本的种植方法和步骤等。

家住城镇的孩子,特别是家住大城市的孩子,在小学中高年级时,家长更应想办法把孩子带到菜市场或田间地头去,识别蔬菜、粮食的种类,了解蔬菜、粮食生长过程和生长周期等。这样做的目的,是让孩子体会劳动的艰辛,明白自己吃穿用的东西来之不易,产生对劳动成果的珍惜之情。现在住在城市的孩子,特别是住在大中城市的子女,由于家长的过度保护,根本不知一天吃的、穿的、用的为何物,是如何来的,偶尔到郊外或农村去,错把麦苗当韭菜,错把油菜当菜薹,更有甚者,竟不知大米从何来,"米树子"有多大。像这类笑话是很多的。如果家长对此不重视,那孩子可真成了"四体不勤、五谷不分"的人了。

3.青年阶段的劳动教育

如果家长从幼儿园到小学一直抓孩子的家庭劳动教育,孩子在劳动习惯、劳动技能等方面已有了一定的基础,到了中学、大学阶段,家长只需利用节假日、周末的时间要求孩子继续做好自我服务的劳动和家务劳动就可以了,应把劳动教育的重点转移到公共劳动教育、劳动情感、创造性劳动等方面上去,让孩子爱劳动的习惯和意识得以巩固和升华,使之逐步形成热爱劳动、尊重劳动的思想品德,培养他们的创造精神。

(1)积极鼓励、支持孩子参加公共服务性劳动。孩子进入中学以后,学习任务繁重,加上家长"望子成龙,望女成凤"的心切,部分家长不但不让孩子参加家务劳动和孩子自我服务性劳动,还反对孩子参加公共服务性劳动。原因是怕耽误孩子的学习。其实,这样做既不利于孩子学习,也不利于孩子成长。人非机器,大脑不等于电脑,这是一般人都知道的常识,即使是机器等,工作久了也需要休息和调试。孩子在学习中,处于一种高度紧张的状态,时间长了,不但什么也记不住,还可能神经衰弱。为了缓解孩子的学习压力和紧张的情绪,家长不但应鼓励孩子干一些家务活,做好自我服务劳动,还应鼓励、支持孩子积极参加学校组织的社会服务,如义务交通执勤,到车站、广场等公共场所打扫卫生,当志愿者等。另外,鼓励大学孩子参加社会实践,利用寒暑假打工挣钱,如做家教、收银员等。孩子在这些实践活动中,能接触各式各色的人和物,加深对人和社会的了解。通过这样的活动,既培养了孩子热爱劳动的思想,又培养了孩子为大众服务、为社会服务的品德;孩子既能开眼界,又能长见识,还能检验自己的能力,这些都是从书本中学不到的,也是最难能可贵的。

(2)通过劳动让孩子认识劳动的伟大意义,让孩子明白劳动是光荣的,好吃懒做是可耻的。在小学及以前对孩子进行劳动教育,只是为了让孩子养成爱劳动的习惯,增强孩子独立生活的能力。到了中学及以后,特别是高级中学、大学阶段,就应让孩子明白"人的生存离不开劳动,劳动创造生活,劳动创造社会,劳动创造历史"等道理。劳动是人类社会存在和发展的基本条件,人类生存也离不开劳动,因为人生存所必需的物质如果离开了劳动将无法获取(这里的劳动包括体力劳动和脑力劳动),从而无法生存。孩子如果明白了这些道理,就应该明白自己每天吃的、穿的是用劳动换来的,从而对自己今天的生活加倍珍惜。另外,孩子知道了劳动的作用,也就明白了劳动是光荣的,不劳而获是可耻的。因为一个人劳动不单单是为了自己,还是为了他人,为了社会,为了人类的发展。从这个意义上说,劳动不但是光荣的,而且是自己的权利和义务。

(3)通过劳动让孩子热爱劳动和劳动人民,帮助孩子树立正确的劳动观。在现实生活中,有不少孩子从小到大,根本没机会接触劳动,更谈不上树立正确的劳动观了。作为青年学生,他们的体力和智力发育已基本完善,应当让他们参加一定的体力劳动,帮助其树立起正确的劳动观念。其一,支持孩子积极参加学校组织的公益劳动,让他们到工厂、社区去进行劳动;其二,有条件的家庭,可利用周末和节假日到农村、建筑工地,参加收割、播种、搬砖等劳动,并根据劳动时间、劳动量给孩子劳动报酬。事后,告诉孩子粮食从播种到收获(价值)所要付出的劳动量和艰辛,让孩子体会劳动创造价值的不易,增加孩子对劳动和劳动者的直接的情感体验。树立起孩子正确的劳动观——尊重劳动,尊重劳动人民,爱惜劳动成果;明白任何价值的获取都要付出劳动,付出艰辛;知道用劳动创造价值是光荣的,任何不劳而获都是可耻的;等等。

(4)通过劳动教育,让孩子明确学习知识、运用知识也是劳动的道理,激发孩子学习科学知识的积极性、主动性,为孩子进行创造性劳动打下基础。到了青年时期,孩子已明确劳动分为体力劳动和脑力劳动,也通过基本的体力劳动锻炼明确了体力劳动创造价值的不易。此时,家长应让孩子明确他们今天的学习也是劳动的道理,更应让孩子明确运用科学知识创造价值的巨大作用,如以袁隆平对杂交水稻的成功研制对人类的贡献为例(这样的例子很多),鼓励孩子勤奋学习,树立爱科学、学科学的自觉性和积极性,为孩子以后走向社会进行创造性劳动打下基础。

没有一个人天生就懒,天生就勤快,也没有一个人天生就懂得用劳动创造生活,创造财富,更没有人天生就知道进行创造性的劳动,一切取决于后天的教育,特别是家庭教育。孩子大略从一岁开始,就有了一定的劳动能力,孩子开始劳动和劳动体验,但其结果却千差万别,主要原因在于接受劳动教育的程度不同。望天下父母重视孩子的劳动教育,让孩子懂得"不管到什么时候,不劳动者不得食(少得食),劳动者得食,会劳动者多得食"的道理。

二十七　如何培养孩子良好的意志品质

意志是实现目标的桥梁,是通往成功的渡船,是攀上理想高峰的阶梯。家长们:你们不是希望孩子将来有所作为,走向成功吗?那就从孩子小时候开始培养孩子坚强的意志品质吧!

(一)什么是人的意志品质

"有志者,事竟成,破釜沉舟,百二秦关终属楚。""苦心人,天不负,卧薪尝胆,三千越甲可吞吴。"这是中国古代的一副著名的对联。

上联说的是项羽破釜沉舟、大破秦军的典故。项羽一次带兵与秦军作战,面对比自己强大的秦军和自己军队很多人不愿与秦军作战的心理,其吩咐士兵,每人只需带三天的干粮,把做饭的锅(釜)砸了,把所有渡河的船(舟)沉到河底,把兵营也毁了。战士看到这种情况,就抱着死战的决心和秦军拼杀,结果楚兵以一当十,锐不可当,大破秦军。这个典故表现了项羽那种拼搏到底、义无反顾的决心(果敢性)。

下联说的是越王勾践卧薪尝胆、灭吴雪耻的典故。吴越之战,越国战败,越王勾践被吴王夫差抓去养马。勾践回到越国后,立志报仇雪恨。他唯恐眼前的安逸生活消磨了意志,在吃饭的地方挂上一个苦胆,每天吃饭的时候,就先尝一尝苦胆味;还把睡的席子撤去用草当褥子,以此告诫自己,不要忘了失败的耻辱。后来,终于打败了吴国。这个典故,反映的是自制性和坚持力。

综上所述,我们把人的意志品质归纳为:意志品质是指构成人意志的诸因素的总和。意志,主要包括独立性(自觉性)、果断性、自制性和坚持性(控制力和坚持力,简单地讲即毅力)。

1.意志的独立性(自觉性)

意志品质坚强的人,首先是一个独立的人、自觉的人。这里所说的"独立",是指人格上的独立,意志上的独立,生活上的独立;能独立地、自觉地调节和支配自己的行动;能够广泛地听取别人的意见并进行取舍,吸收有益的成分,独立自主地确立符合实际的目标,自觉地克服困难,执行决定,对行动过程及结果进行自觉反思和评价;能自觉地考虑个人利益同国家利益的辩证关系,让自己的利益服从于国家利益。如:一个自觉性较强的孩子,会对学习定出一个目标,并朝这一目标坚持不懈地奋斗;在朝目标奋斗的过程中,会不断地进行反思和修正,克服一个一个困难,朝着目标奋斗;在朝目标奋斗的过程中,他们会考虑自己的利益、集体利益和国家利益的关系,实现个人利益和其他利益的双赢。

与自觉性相反的意志品质是随意性、独断性。这样的人易受影响,行动缺乏主见,没有信心,经常改变自己的决定;容易受别人左右;盲目自信,拒绝他人的合理意见和劝告,一意孤行,固执己见,对事物缺乏自觉、正确的认识,分不清是非曲直。

2.意志的果断性

意志的果断性是指一个人善于明辨是非,能迅速而合理地采取决定和执行决定的意志品质。有果断性的人,当需要立即行动时,能迅速地做出决断对策,使意志行动顺利进行;而当情况发生新的变化,需要改变行动时,能够随机应变,毫不犹豫地做出新的决定,以便更加有效地执行决定,完成意志行动。

与果断性意志品质相反的是优柔寡断和草率。优柔寡断就是遇事犹豫不决,患得患失,顾虑重重;在认识上分不清轻重缓急,思想斗争时间过长,即使执行决定也是三心二意。草率就是在没有辨明是非之前,不负责任地做出决断,凭一时冲动,不考虑主、客观条件和行动的后果。优柔寡断和草率都是意志薄弱的表现。

3.意志的自制性

意志的自制性是指善于控制和支配自己行动的意志品质。有自制性的人,在意志行动中,不受其他诱因的干扰,能控制自己的情绪,坚持完成意志行动。同时能制止自身不利于达到目的的行动,如孩子在未完成作业之前,即使是小伙伴邀约他去玩或者有很好看的电视节目,他都能克制自己,坚持把作业做完。

与自制性相反的意志品质是任性和怯懦。任性的人自我约束力差,不能有效地调节自己的言行,不能控制自己的情绪,行为常常为情绪所支配。怯懦的人胆小怕事,遇到困难或情况突变时惊慌失措,畏缩不前。现实生活中,具有这样性格的孩子不在少数,这主要是父母娇惯所致。

4.意志的坚持性

意志的坚持性是指在意志行动中坚持决定,百折不挠地克服困难和障碍,完成既定目标的意志品质。具有这样品质的人能根据目的要求,在长时间内毫不松懈地保持身心的紧张状态,在任何情况下,都坚持不变,直至达到目的。在遇到困难时,能激励自己树立起克服困难的信心,始终如一地完成意志行动。具有这种品质的人的总的特征是具有"锲而不舍"的精神。凡有作为、有成就的人,都有极强的意志的坚持性。

与坚持性相反的意志品质是顽固执拗和见异思迁。在现实生活中,具有这样品质的人随处可见,有的顽固,从不总结自己,明知不可为还执迷不悟。有的见异思迁,对自己决定的事缺乏坚定性,容易发生动摇,随意更改目标和行动方向,这山望到那山高,想法很多,目标很多,但从不坚持,不断地更换目标,最后一个都不成功。

从词典上来看,意志力指控制人的冲动和行动的力量。其实,人的意志力还包括承诺、勇气和执行力。

承诺,就是自己许下的诺言,是自己坚定不移并为之奋斗的目标,简而言之,就是自己的理想。很多时候,很多人为什么一生庸碌无为?不是因为他们没有这个能力,而是他们心中没有清晰、明确的承诺(目标),或者有了承诺而不坚持实现自己的承诺,再加上目标不明确而产生的无聊、空虚、焦虑、抑郁、失落等不良情绪的影响,人便失去了意志力。

勇气,就是人们在困难和挑战面前毫不退缩、勇往直前、充满智慧和理智的精神。人们在向目标奋斗的过程中,难免遇到困难,遭受失败,遭遇挫折,只有有勇气才能正视现实,迎接挑战。

执行力。就是完成目标的操作能力。达到任何目标都需要一个过程,而不可能一蹴而就,这需要我们脚踏实地,一步一个脚印朝目标奋进。在这一过程中,如果没有强有力的执行力(即毅力),即使目标再宏伟,方案再完美也只能是空谈,最多是画饼充饥而已。

顽强的意志品质对"成功"来讲极其重要,但是有顽强的意志力不代表凡事一成不变,而应是大目标的坚持不懈与具体事情上的随机应变相结合,也就是说顽强拼搏的精神应包含灵活机变的智慧。

(二)培养孩子意志力的大致方向和原则

意志是许多因素共同作用的结果,包括家长的教育影响,孩子的兴趣爱好、愿望、信心、目标任务、有组织的计划、积极的行动、良好的习惯、人生观和价值观等。任何一个环节做得不好,都会影响孩子的意志品质。培养孩子良好的意志品质要从以下方面入手,做到由简到繁,由易到难,由浅入深,循序渐进。

1.言传与身教相结合

家长,特别是亲子家长是孩子的一面镜子,家长的意志品质的好坏往往影响着孩子的意志品质,这同其他品质、习惯的形成是一样的。在日常生活中,如果家长遇到问题或困难,总是以顽强的精神去解决问题、克服困难;受到挫折从不怨天尤人,总是以积极的心态去应对,去挽回由此导致的损失。那么,家长的这种品质就会传递给孩子,再加上家长平时对孩子的教育引导,顽强的意志力就会慢慢扎根在孩子的心中。如果父母遇到困难受到挫折总是唉声叹气,怨天尤人,用消极的态度去对待困难和挫折,那么,家长的情绪也自然地传递给孩子,不管家长平时怎么教孩子不怕困难,孩子顽强的意志力也难形成。所以,家长要学会承受与面对困难,要学会坚强,给孩子树立榜样。人们常说:学好十年功,学坏一刻钟。父母的不良行为,哪怕是一次两次,可能将影响孩子的一生。

2.监督与鼓励相结合

监督是增强孩子意志力的保证,鼓励是增强孩子意志力的动力。这种监督与鼓励包括两种,一种是来自他人的,如家长或其他人,另一种是自我提示的监督与鼓励。

(1)家长(主要指亲子家长)的监督和鼓励。人不是天生就有顽强的意志力,意志力是教育、环境等诸多因素作用的结果。家长陪伴孩子的时间最多,要不失时机地关注孩子的一言一行,如果孩子做事缺乏坚持性、怕困难,父母在发现孩子意志松懈或受到挫折准备放弃时,就应提醒、鼓励孩子坚持;哪怕是孩子有了一点儿小成就,也应给予赞扬和鼓励,这样就能慢慢增强孩子的信心,逐步培养起孩子顽强的意志力。

(2)培养自我提醒和自我激励的精神。孩子幼小时,自控力是较差的,很多事情都需要成年人的提醒和鼓励。随着年龄的增长,孩子的自控力也会增强,作为家长应根据孩子的成长规律,教会孩子学会自我提醒和自我鼓励。其方法是,让孩子自己选一句最能鼓励自己的话语或一个字贴在墙上或放在桌子上,当遇到困难要放弃的时候,不经意间看见它,就能提醒或鼓励自己克服一时的脆弱,增强顽强的毅力。如孩子爱睡懒觉,上学爱迟到。家长应鼓励孩子,承认自己的不足,让孩子自己写下"勤"或"早"等字,或与此相关的话语,贴在显眼的地方,警醒自己。这件事情,应循序渐进。开始,家长应时不时地监督、提醒,让孩子慢慢养成自我提醒和自我激励的精神品质。

3.从培养孩子兴趣入手

一个人对某件事有执着追求、锲而不舍的精神,多数是缘于他对那件事感兴趣,如一个人喜欢写诗,他在搜集素材、创作诗歌的过程中,尽管会遇到很多困难,但他仍然会昼思夜想、不知疲倦地坚持下去。诺贝尔奖获得者丁肇中说:我经常不分昼夜地把自己关在实验室里,有人认为我很苦,其实这只是我的兴趣所在,使我感到其乐无穷的事情,自然有毅力干下去。以此可以看出,兴趣培养是培养孩子意志力的基础。但家长应注意,不要以为孩子兴趣越广越好,今天让孩子练书法,明天让孩子练舞蹈,没多久又让孩子练钢琴,结果什么都不深入,什么都不专注。如果孩子养成了这样的习惯,长大后就会今天想干这件事,明天又想干那件事,结果成了"猴子掰苞谷,掰一个丢一个",终身一事无成。家长应根据孩子的特点来培养孩子的兴趣,不要贪多,不要看见别人的孩子学什么,就让自己的孩子也去学什么;要善于发现孩子的喜好,在培养兴趣和培养兴趣稳定性上下功夫。只有稳定的兴趣,才能让人系统、深入地去学习某一项知识,并把那件事情坚持做到底,直到成功。

4.从"小"着眼,从习惯入手

育人同于育树,育人难于育树,矫人难于树人。培育一棵树,我们从它还是幼苗时就开始为之浇水、扶正、修枝,这样坚持十年,一棵树就基本长成了。在培育的过程中,培育者想把这棵树培育成直的,就要从幼小时为其修枝、扶正,如果想把它培育成弯曲的盆景,也要在幼小时对其进行修、绑、扎、剪,这样才能达到培育者理想的效果;如果等到树已经长弯了才去扶正,等树长成了才去造型,那不知比幼小时培育要难多少倍,多费数倍的心血和力气也难达到从初始循序渐进地培养的效果。育树如此,育人更是如此,更何况育人不知比育树难多少倍。所以,培养孩子的意志力必须从孩子幼小时抓起,一步一个脚印地培育10—20年左右,可能才有效果。孩子1—7岁时养成的习惯,可能将跟随其一生,不管是好习惯或者是坏习惯都将如此。例如:一个7岁的孩子已经初步养成了做事有头绪、干事有始有终、不怕困难、不轻言放弃的习惯。这个习惯经过长期的磨炼,慢慢就能形成强大的意志力。所以,对孩子意志力的培养不但要从小抓起,而且要从习惯培养入手,更应坚持不懈。孩子一旦培养起了不怕困难、勇往直前、有始有终、不达目的不罢休等习惯,慢慢就会把它变成潜意识的东西,那么,不管遇到什么艰难、苦累的事,他干起来都会觉得开心、愉悦。如一个酷爱书法的人,长期养成了天天练字的习惯,不管多累多忙也从不间断。为什么在别人看来是多么苦累的事,但他却乐在其中?因为练字已成了他的习惯,一切都出自内心,出于自然,他当然不会因对目标(书法艺术)的追求而觉得苦累啊!

5.步步为营,从简单易做的事做起,从一点一滴的小事做起

有些人为什么不能善始善终地把一件事做完、做好?这往往是因为目标太大、太难达成。所以,给孩子制定目标或教育孩子自己制定目标一定要本着由易到难、由小到大的原则,一定要切合孩子的实际。如:孩子在初学

走路时,家长给孩子定出行走几米距离的目标,后随着孩子行走能力的增强,在带领孩子野外活动时,家长要求孩子独自完成攀爬100米石梯的目标。又如:假设孩子记忆力较差,家长应鼓励孩子,坚持一天记一个或两个生字,这样长年累月地记下去,两年下来孩子不但会认识很多的字,其记忆力也会增强,更锻炼了他坚持不懈、坚忍不拔的意志力。所以,如果制定的这个目标切合孩子的能力实际,孩子通过努力能够完成,那么这既能锻炼孩子的意志力,又能培养孩子自信乐观的品质;如果定的目标过难、过大,让孩子看不到希望或通过努力也达不到目标,那么就会让孩子丧失信心,形成畏难心理。

6. 制订合理的计划

现在很多家庭对孩子的教育没有具体的计划和具体的目标要求,或者说即使有也是一些不切实际的要求。面对这些要求,孩子在成长过程中是很茫然的,很多孩子不知二十几年是怎么过来的,如果叫他回头说说这二十来年是按什么计划(目标)走过来的,很多人的记忆都是模糊的。

作为一个有知识、有远见的家长,首先应给孩子从小制订合理的计划或教会孩子合理地制订计划,当孩子有自制计划能力后,要协助孩子制订计划并督促孩子按计划实施。这个计划应该有短期的、中期的、长远的目标;各个计划之间要有必然的联系,大计划涵盖中计划和小计划,各小计划必须服务于中计划、大计划。这个计划大致要包括以下内容:做什么(大目标),什么时间完成,分几个步骤和阶段,采取什么方法和措施,每天的时间安排,每天达到什么目标,每月达到什么目标,最终达到什么目标等。例如制订一个学习计划,这个计划应包括孩子学习的所有内容和可用的时间,如每天应做些什么等。完成了任务,可以给孩子奖励,可以是物质的,也可以是精神的;没完成任务,与孩子一起总结原因,如是计划不切实际还是孩子主观努力不够,如果是学习计划制订不当,就应修改计划,如果是主观努力不够,就应给孩子一个"惩罚",定出补救措施。这种照计划行事的做法如果能长期坚持下去,就会让孩子养成一个良好的习惯。

7. 坚定信心,积极行动

有了计划不付诸行动,这个计划就好比镜中花、水中月。有些人经常计划做什么事,但到了该实施计划时又觉得这也有困难,那也有阻碍,心中打起退堂鼓,结果使计划泡汤。如果制订出了具有可行性的计划,我们就应坚定信心,积极行动起来,朝计划的终点前行。这就犹如登山,只有前进一步,才能缩短与山顶的一步距离,同时,多走一步,你也会多一分信心。多前行一米,你离成功的距离就近了一米。所以,我们一定要坚定地朝着既定的目标前行。

8. 培养坚持、坚持、再坚持的信心

在朝目标前进的过程中,难免会遇到困难和挫折,这时,就有可能丧失达到目标的信心。这时,我们要告诉孩子:"要坚定信心,要坚持,再坚持","成功就在坚持中诞生","也许成功离你只是一步之遥"。有这样一个看图作文:一个人拿着铁锹在沙漠中挖水,挖了几个地方都没找到水,就放弃了。其实,水就在他挖的地方的下面,如果他再坚持往下挖,水就出来了。这个看图作文告诉我们,做事不能浅尝辄止、轻言放弃,应坚定信心,朝着既定目标继续坚持。如果轻言放弃,可能会功亏一篑。当然,越接近目标,遇到的困难会越多,也最是考验一个人的意志是否坚定的时候,在此时,应反复告诫自己,坚持,再坚持一下。结果可能是成功,也有可能是失败。如果是成功,当然可喜可贺,如果是失败也不必忧伤,可从失败中总结教训,为下一次成功奠定基础,但前提是永不放弃。1948年,丘吉尔在牛津大学讲成功的秘诀时说:"我成功的秘诀有三个:第一个是,决不放弃;第二个是,决不、决不放弃;第三个是,决不、决不、决不放弃!我的演讲结束了。"可见,坚定的意志力对成功来讲是多么重要。

9. 培养孩子的独立性,是培养孩子意志品质的关键

良好的意志品质的形成,不是一天两天的事,也不是他人用口头上的教育就能一蹴而就的,它是一个人在独立地面对生活和独立地解决生活中的困难和问题等特定环境中慢慢形成的。譬如:一个十来岁的孩子,面对父亲去世、母亲生活不能完全自理的家庭状况,他一边读书,一边要主动挑起照顾母亲的重担。在读书、照顾母亲生活等一系列活动中,孩子要独立地面对很多问题,克服很多困难,其顽强的意志就在解决这些问题、克服这些困难中慢慢形成了。这只是一个特殊的例子,不足以为证,但每个家庭,不管条

件好与坏,都应让孩子独立做事,独立地面对困难和挫折,这样孩子的意志力才能得到锻炼和加强。千万不要因爱孩子、担心孩子、害怕孩子吃苦受累而什么都不让孩子亲力亲为,让孩子失掉锻炼良好意志品质的机会。

10.培养孩子体育锻炼的习惯

从幼小时候开始,让孩子循序渐进地参加体育锻炼,不仅能让他们拥有一个好的身体和良好的精神面貌,具备承受压力的基础,还可以磨炼他们的意志,特别是参加一些需要毅力和坚持的体育项目,如长跑、游泳、登山等。

11.让孩子吃一点苦,在艰难困苦中磨炼意志

随着社会的发展,大多数人的经济条件和生活条件都较好,即使差一点的家庭,也宁愿苦大人而不愿苦了孩子,所以,"让孩子吃苦"这很难做到。其实,这里所说的"吃苦",是指"苦其心志,劳其筋骨"的体验,而非不让吃饱、穿暖。其一,让孩子正常地吃一日三餐,而非特殊照顾;其二,让孩子穿着简单、朴素;其三,该孩子自己做的事让其自己做,而非父母替代孩子行动,如本该孩子自己走路上学放学,家长不要用车接送;孩子的书包本该自己背,家长不要背在自己身上等;其四,让孩子参加一些特定的活动和体力劳动,体验什么是苦累,如周末带孩子爬山,把孩子带到农村去,让孩子参加力所能及的劳动等。古语云:"天将降大任于是人也,必先苦其心志,劳其筋骨,饿其体肤。"现代教育的物质资源比较丰富,我们虽不能对孩子"饿其体肤",但可以让孩子参加一定的活动和体力劳动,使其从内心深处体会劳动的苦累,这不但能增强其意志力,还能培养他们对劳动和劳动人民的感情。

(三)各阶段意志品质的培养

1.幼儿意志品质的培养

意志力的培养是一个由低到高、循序渐进的过程,而幼年又是打基础的时期,因此意志力的培养必须从幼童抓起。

(1)结合孩子的个性特点,培养孩子的意志力。有的家长有时间喝酒打牌,有时间上网打游戏,却不肯花时间读点心理学、教育学方面的书,不肯花时间和精力去分析研究孩子的个性特点,开展有针对性的教育,要么让孩子

"自由发展",要么一味迁就、娇惯孩子,要么对孩子简单粗暴,以家长的"权威"压制孩子。希望父母们,包括即将做父母的以及孩子的隔代家长抽时间读点书,抽时间多陪陪孩子、研究孩子,做好针对性的教育培养工作。如果孩子做事坚持性差,就应在坚持性方面下功夫;如果孩子懒散,做事浅尝辄止,就应在"勤""恒心"上下功夫……

（2）父母应明确培养婴幼儿意志品质的重要性,调控不利于孩子良好意志品质养成的不良行为。孩子很多不良习惯的养成,其实是父母放任、娇惯所致。如对孩子溺爱,担心孩子受苦、受累,一切都替孩子想到,一切都替孩子做到,从而使孩子失去了行动的机会。结果是让孩子变得怯懦、怕吃苦、怕困难、做事缺乏信心和恒心;又如对孩子百依百顺,满足孩子的一切要求,即使要天上的星星,也想办法给弄来,让孩子变得任性、执拗、缺乏自制力。

幼儿很早就开始了对世界的探索。在这个探索的过程中,他们逐渐形成了自我意志特点。父母如果在孩子意志品质形成的过程中能正确地引导孩子,孩子就会形成好的意志品质,如果方法不当,就会让孩子慢慢养成较差的意志品质。例如:孩子能独立行走后,他们对行走充满好奇和勇气,不管路面平不平,也不管路上有没有水,他们都会往前走,看到梯子就想去爬。这就是培养孩子意志品质的一个契机。如果家长有培养孩子意志品质的意识,就应抓住这个机会,培养孩子敢于探索、勇往直前的意识。但有的父母怕孩子有危险或者怕孩子把衣服弄脏,于是就阻止孩子独立行动,这样孩子失去了自己战胜困难的机会,其不怕困难、顽强的意志精神的实践机会就丧失了。

孩子天生好奇,对有色彩、会发生声响的东西特别感兴趣。孩子一上街,看到这样觉得稀奇,看到那样也觉得可爱,总想要家长给他买。如果孩子想要什么家长就给他买什么,从不拒绝孩子的要求,一切都满足孩子,那么,长此下去,孩子会无所顾忌,肆意索要。这种肆意而为的性格在社会上是会吃大亏的。

为了孩子长大后能独立地面对社会,能在社会上立足,请家长们千万不要娇惯孩子、溺爱孩子,不要无原则地满足孩子的无理要求,以免贻误孩子,抱恨终生。

（3）从生活小事中培养孩子的意志品质。孩子良好的意志品质的形成,是从日常生活的小事中慢慢形成的。

孩子能独立行走了,父母可以在正确估计孩子行走能力的基础上,拟定目标让孩子独立完成。如,在带孩子到外边玩时,在孩子行走兴趣较高的时候,和孩子讲好:"今天爸爸妈妈和你一起到××地方去玩,你能在不要爸爸妈妈背、抱的情况下,自己走到那里去吗?"孩子如果高兴地答应了,就得坚持完成,中间如果遇到困难,只要孩子还能通过努力去完成,就不要改变原定的目标(可鼓励),要让他独立完成任务。在这一过程中,孩子的意志力得到了锻炼,孩子也会学会信守承诺。

孩子上幼儿园了,很多的家长(特别是祖辈们)都要去接送孩子。有的家长抱着、背着孩子上学放学,有的帮孩子提着书包……我认为正确的做法是,首先告诉孩子:"自己的事自己做!"其次,在接送的过程中,让孩子记住上学和回家的路线,及途中应注意的安全事项。在这个过程中,孩子会经历很多困难,遇到一些问题,如果能主动克服困难、解决问题,就会形成良好的意志品质。如果我们一直包办代替,孩子得不到锻炼的机会,那孩子的各种能力如何得以增长?

(4)有意识地开展一些丰富多彩的游戏活动,让孩子扮演特定的角色,培养幼儿的意志品质。如根据孩子心理和生理特点,让他们模仿解放军叔叔站岗。事后,对孩子扮演的角色进行评价,好的地方要及时表扬鼓励,做得差的地方给孩子提出改进意见。经常开展类似活动,有利于培养孩子的毅力和观察力。

(5)指导幼儿克服困难,学习一些有助于完成任务的方法和技巧,让幼儿体验成功的快乐,进一步激发孩子完成任务的积极性,提升孩子的信心。例如,一个3岁左右的孩子,要爬上30级左右的健身梯,是有一定困难的,但只要孩子有信心,也是可以完成的,这要看家长如何鼓励和指导。第一,爬健身梯之前,告诉孩子所要达到的目标;第二,告诉孩子在这个过程中可能会遇到的困难;第三,告诉孩子解决困难的方法,如告诉孩子:在爬梯子的初期,心不要急,不要爬得太快,要匀速用力,因为开始时如果用力过猛,易造成疲劳和肌肉拉伤,那样后面就爬不动了;中途如果确需休息,可适当休息一会儿,切不可久坐,坐一会儿可在原地活动活动;第四,告诉孩子,成功的关键是强大的信心和坚强的毅力;第五,孩子爬上去后,父母应给予一定的奖励。

(6)给孩子订立合理的生活作息时间表,让孩子在日常生活中养成良好的习惯。有的孩子晚上喜欢玩闹,很晚才会去睡觉,其实,这对孩子身体的发育极为不利。父母应做好时间安排,时常提醒,让孩子自觉养成良好的作息习惯。

2.小学孩子意志品质的培养

上学前,因为孩子小,日常活动以游戏为主。孩子进入小学后,他的人生有了第一次转折——以游戏为主转到以学习为主。这时,孩子将面临许多新的困难,为此,家长应帮助孩子形成良好的意志品质,为孩子整个小学阶段的健康成长奠定基础。

(1)让孩子经受一点儿困难。困难是良好意志品质形成的助推器,没有困难,不经受困难就无助于形成良好的意志品质。一个孩子如果一切都受父母的照顾、保护,那么,一旦遇到困难,就有可能畏缩不前。如果让孩子经受一些困难,他的意志会在与困难做斗争中不知不觉地坚强起来。我二女儿的成长就是一个很好的证明。我工作很忙,妻子没有工作,在马路边摆一个小烟摊,我们根本没时间接送孩子上学放学。孩子上小学的第一天,妈妈把女儿送到离家两公里远的乡村学校,以后再没有接送过。一个不到6岁的女孩,每天往返两趟,坚持走8公里的乡村土公路,不管春夏秋冬,刮风下雨,从不间断,从不缺课。四年级下学期,孩子转学到离家更远的煤矿子弟校读书,借住在亲戚家里。一天,孩子为了打消成人认为"孩子小,不放心"的顾虑,放学后,她独自一人乘公共汽车(中间要换乘)回到家里,然后才打电话告诉亲戚。这件事让孩子的妈妈很担心和吃惊,问孩子为什么不告诉借住家的阿姨一声。孩子回答:"你们大人对我总不放心,如果告诉了你们,就不同意我一人乘车回家了。"后来,她考上了重点中学、重点大学,慢慢地进入了社会。从小经历的困难逐渐变成她的财富,现在孩子生活得非常自信乐观。从我的孩子的经历可以看出:让孩子经历一些困难能促成其良好的意志品质、独立和乐观向上精神的形成。

(2)注意孩子自觉性和坚持性的培养。大多小学孩子的自觉性和坚持性都较差,他们做事需要成人的监督和提醒。父母应从孩子进入小学起,让孩子摆脱时时需要成人照顾的习惯,逐渐让他们过渡到独立地、自觉地决定自己的事上来。如何才能实现这一转变,就要靠父母的智慧和决心,靠切实可行的方法和措施。

第一,让孩子独立地参加通过克服困难才能完成的有益的活动。孩子入学后,学校会组织很多有意义的活动,如文艺活动、体育活动、公益活动等。有的家长怕孩子参加活动耽误学习,不想让孩子参加这些活动。其实这样做不利于孩子良好意志品质的形成,因为学校组织的每一项活动都是有积极意义的,只要引导得当,对孩子的成长都是有益的。如学校组织的冬季田径运动会,如果孩子有体育方面的兴趣,通过这类活动,就能锻炼其意志力。

第二,帮助孩子克服困难。孩子想参加学校运动会上的长跑项目,但他的耐力不足时,这就需要父母在旁协助了。如要求孩子每天不能睡懒觉,早上七点半起床,进行半小时的耐力训练。通过一段时间的训练过程,孩子的耐力变好了,他的意志力也会在不知不觉中增强。

第三,帮助孩子对大目标进行分解,制定出若干个小目标,让孩子分步实施,一步一步战胜困难,体会通过努力战胜困难取得成绩的乐趣,以增强信心,为取得最后胜利奠定基础。如孩子计划爬上500米左右的高山,按现有的体力是不能一次性完成的,于是家长要同孩子一起规划出一年的目标,另外分解出3个小目标:用1至3个月锻炼,爬上100米的高山,再用5个月时间锻炼体力和耐力,爬上300米的高山,最后用4个月的时间继续锻炼,并总结前两次爬山的经验,最后征服500米的高山。

3.初中孩子意志品质的培养

与小学生相比,初中生的意志品质更坚定,有了更好的自制力,独立的意识增强,能较好地让自己的行动服从于目标。但是初中孩子的身体、心理等发生了较大变化。这些变化要求初中生具有较好的自控能力和更坚定的毅力。但他们心理准备不充分,意志品质的发展与要求有距离,情绪波动大,个性不稳定,行为带有一定的盲从性,易冲动,不太顾后果,因此,家长应做好针对性的教育。

(1)系统地帮助孩子克服"盲动"的毛病,增强他们自觉、主动和独立调节自己行为的能力。人们常说"初生牛犊不怕虎",初中孩子就如初生的牛犊一样,一方面他们充满热情和活力,什么事都敢作敢为,另一方面也有做事不计后果的毛病。所以初中孩子的家长,要特别注意对孩子的教育引导,特别要注意教育的方式方法,要逐步培养起孩子主动地积极地克服"盲动"

缺点的独立意识。其方法为：

第一，家长应采取平等的、朋友式的交流方式，多与孩子交流，取得孩子的信任。

第二，积极支持孩子参加各种社会活动。在孩子参加活动前，帮助孩子设想这次活动可能出现的不利因素，以及孩子自身应有的态度和应对办法，要求孩子在做一件事的过程中，自觉问问自己这件事做得做不得，后果是什么，自己应承担什么责任，以培养孩子自觉的、自我控制的品质。

（2）在学习上培养孩子有始有终、坚持到底的精神。孩子小学时，家长在培养孩子的坚持的品质方面可能已有了一定的基础。但是，由于环境的变化和学习难度的加大以及学习范围的扩大，孩子会遇到新的困难和矛盾。这就需要父母根据新的情况，采取新的教育措施，培养孩子顽强的意志品质，以满足初中生活、学习的需要。

第一，以典型人物为榜样，让孩子学会坚持。这些典型可以是历史人物，可以是童话、故事中的人物，也可以是现实生活中的代表人物。如历史上以顽强的意志坚持自己的事业的典型：达尔文写《物种起源》花了20多年的时间，司马迁在身体残疾的情况下花了10多年时间写成《史记》。通过这些典型，让孩子看到自己与他们的差距，激发孩子的斗志和坚持力。在做这项工作时，父母切记不要唠叨，应利用同孩子玩耍、交流的时间自然地讲出这些故事和人物，让孩子在不知不觉中与之产生共鸣，从心里佩服这些人，进而向他们看齐。

第二，家长可用名言警句，让孩子自觉用它们来激励自己。如"坚持就是胜利"等。

第三，同孩子一起制定学习目标，协助孩子根据目标制订学习计划，并监督孩子严格执行。

第四，孩子遇到生活和学习中的困难和问题时，让孩子自己解决，家长可提醒或引导，但决不越俎代庖。

第五，鼓励孩子坚持写日记。让孩子以日记的方式，总结每天学习和生活的得失并写出补救的措施等。

（3）培养孩子抵抗诱惑的能力。初中孩子随着生理和心理的变化，知识面和社会接触面的扩大，其思想变得更活跃，但更易受到社会阴暗面等方方面面的诱惑和误导，再加上初中孩子心理发育滞后于身体发育，认识水平与成人相比差距很大,又没有社会经验,如果孩子没有较强的抗诱惑的能力,就会影响学习,甚至走向歧途。因此,家长应把提高初中孩子抗诱惑能力作为重点来抓。

这方面的训练内容很多,需要根据孩子的具体情况而采取相应的措施。孩子在哪方面弱就训练哪方面,但是,不管进行哪方面的训练,都应贯穿始终,这样才会有效果。

比如,抵抗钱物诱惑的训练。平时应给孩子灌输一种理念——非别人许可的东西不拿,非正当之钱勿用,非正义之事不参与,使孩子树立起"君子爱财取之有道"和"志士不饮盗泉之水,廉者不受嗟来之食"的品格。平时,给孩子讲,家里的钱放在抽屉里,如果需要用钱,给爸爸妈妈讲,经同意方可拿。如果发现孩子未经家长同意私自拿钱用,要给孩子严正指出,并严加管教,在原则问题上,家长决不可姑息。

比如,抵抗不良风气诱惑的训练。现在的孩子受到的诱惑有很多,对此,家长都应因势利导。如何才能做到因势利导?这就需要家长关心和了解孩子,经常与孩子交流,做孩子的大朋友;支持孩子正确交往,在交往中观察孩子抵抗诱惑的能力。发现孩子的不良行为及时指出,多方诱导。另外,要找一些交往不慎的案例以劝诫孩子。

(4)父母在对孩子的管理上应增强信任度、民主性和平等性,真正培养起孩子的独立性。初中孩子心理发展有一个突出的特点——强烈的独立性,特别是进入初二、初三的孩子表现特别明显。他们喜欢发表自己独立的见解,对人、对事、对自己都有自己的评价标准;在家庭、在学校、在社会的关系网中,他们都想建立自己的地位;不希望别人干涉他们的事情,希望自己处理自己的事情;对成人的态度非常敏感,父母如果还是像管小孩子那样管教他们,他们往往会非常不情愿。因此,初中时期的孩子时常出现顶撞家长的现象,很多家长为此深感不安。其实,这些表现都是初中孩子心理发育中的正常现象。

这个阶段,孩子希望家长理解他们、信任他们、尊重他们,希望家长给予他们更多的自主、平等的权利,这是孩子心理发展中独立意向支配的必然结果。

第一,改变传统的"老子说,儿女听"的管教模式,与孩子建立起友好的、平等的关系。经常带孩子一起游玩,在友好、平等的氛围中进行交流沟通,让孩子觉得家长是他可信任的大朋友。

第二,改变过去对孩子一味命令的教育模式,建立起"信任、尊重、商讨"式的教育管理模式。家长对孩子要多观察,少唠叨,遇事多用"是否""建议"等词语与孩子商量,充分尊重孩子的意见。当然,这种管理不是"和稀泥",对无礼顶撞、无理取闹、有失礼教等行为要严肃批评教育。

第三,家长应尽量安排一些事情让孩子放手去做,让他们体验成功和失败,从而使他们在实践中培养起独立的生活能力,增强孩子的责任感。即使孩子坚持己见最后做错了,也不要埋怨孩子,更不可说风凉话挖苦孩子,应注意保护孩子的自尊心,即使批评也要注意时间、场合,应积极与孩子一同找失败的原因和补救的方法,让孩子觉得家长是在诚心帮他。

4.高中孩子意志品质的培养

高中孩子比起初中孩子在生理和心理上又成长了一大截,但高中孩子情绪上仍具有冲动性、爆发性和隐蔽性,因此,需要从以下方面培养孩子坚强的意志力。

(1)帮助孩子培养理智、达观的生活态度,克服情绪的冲动性和压抑性。孩子读高中后,父母不管离孩子多远,也不管有多忙,都要经常关心、了解孩子,只有知道了孩子所想、所为,才能采取适当的教育方法予以规劝等。孩子情绪不稳定,学习的压力大,交往的烦恼多,这些都需要父母及时地教育和疏导。父母应利用节假日、周末,同孩子多进行平等、友好的交流,让孩子觉得父母是可信的朋友;要正面地告诉孩子,高中阶段是人生的一个过渡阶段,人生的路很漫长,不可能一直是平坦的,我们都会经历很多困难、挫折和失败;要教孩子学会思考,领会生活的意义,使自己尽快地成熟起来;遇到困难或挫折时,要冷静应对,学会坚强。

(2)加强目的性教育,增强高中孩子的意志力。每个人都应该有自己的目标和追求,这样学习才能有动力,才有顽强的意志去克服前进路上遇到的各种困难。目的越明确,孩子所走的路就越踏实,如一个高中生从进入高中开始就定下"大学毕业后继续深造,争取以后做一个某方面的高端型的研究型人才"的目标,那么,他在学习中不管遇到多大困难,都会想办法去克服。所以,家长要帮助孩子预设好心中目标,这样孩子学习起来就有方向,有动力。

(3)加强道德情感教育,增强高中孩子的意志力。道德情感是人们根据自己所掌握的道德规范对社会中的真假、美丑、善恶现象表现出的喜怒、爱憎、好恶等情感。它可分为正义感、责任感、羞耻感、荣誉感、集体主义情感、爱国主义情感等。

道德情感有以下作用：

第一，激发、引导道德认识。首先，道德情感对道德认识有一种激发作用。它促使一个人积极接受某种道德教育，努力掌握相关的道德知识，并推动道德知识转化为道德信念。其次，道德情感对道德认识有一种引导作用。个体接受某种道德概念或准则之前总带有某种倾向性，这种倾向性促使个体乐于接受某种道德概念或准则，而拒绝另一些道德概念或准则，或者乐于接受某人的教育，而不愿接受另一人的教育。例如，孩子对学习的认识。从大的角度讲，学好知识是为了发展自己的国家，为国家做出贡献；从小的角度讲，是为了自己将来有本事自食其力，建立一个好的家庭，创造美好的人生。

第二，调节、控制道德行为。道德情感对道德行为的调节和控制可通过情感的信号功能和感染功能实现。一个人可以通过他人的情绪、情感表现，了解他人的愿望和需求，并据此做出相应的情绪、情感反应，并促使自己采取相应的道德行动。

高中孩子的情绪具有冲动性、爆发性和隐蔽性。当他们有了好与坏、美与丑、正义与非正义、该做与不该做等情感体验，就能增强辨别是非的能力，控制自己的冲动的行为。为此，父母主要应从以下几个方面着手。

首先，以父母典范作用培养孩子的道德情感。如果父母处处表现出对老人的尊敬、对他人的尊重、对弱小的爱护与同情，那么，孩子在父母的影响下，心中慢慢就会产生尊敬父母长辈、尊重老师和他人、同情弱小等情感。

其次，以父母的真情培育孩子的道德情感。情感的一个特点，就是感染性，一个人的情感可以感染其他人，使其具有同样的情感，并产生感情上的共鸣。父母对孩子纯粹的爱，会激起孩子对父母的爱，从而使孩子乐于接受父母的教育。

最后，让孩子在实践中体悟道德情感。父母不但要让孩子学习有关道德的知识，而且要带领孩子多参加实践，让他们在实践中体悟道德情感。如，带领孩子看望孤寡老人，帮助需要帮助的人；支持孩子积极参加力所能及的社会公益劳动等，让孩子在实际行动中感受道德情感的互助性，从而在行动中尊道循德。

(4)注意个性分析,采用不同方法培养高中孩子的意志力。

教育应根据不同学生不同的个性特点,采取相应的教育措施。如果孩子胆小怕事,做事拖拉,易受暗示,那就得培养他们勇敢、果断的品质;如果孩子性格暴躁、易冲动,就得从礼让、冷静思考、权衡利弊等方面去培养他的人格品质;等等。

(5)家长应使"他教"变为孩子的"自教"。随着孩子生理和心理的发展逐步成熟,旧有的督促式的教育方式应逐步转变成自我教育方式。

5.大学孩子意志品质的培养

孩子上大学了,很多家长都放心了,对孩子意志力方面的教育也放松了。其实,这是家庭教育的一大误区,也是现代家庭教育的一大败笔。现代中国教育有一个怪现象:从读小学开始到高中结束,孩子都以顽强的毅力坚持学习,一旦考上大学,有的孩子意志一下松了下来,认为考上大学,该歇口气了,于是,各科成绩只图过得去,不图过得硬,能毕业就行,以致毕业了但没有学到真正的知识,只混了个文凭,其能力很难适应社会发展。其实,大学学习才是人生最重要的学习,是孩子独立于世、贡献社会的本钱。大学生顽强的意志品质是有效地克服各种困难、保持高效的学习效率、取得优秀成绩的重要品质之一。对此,我们家长如果想让孩子将来有能力独立于世,切不可忽视对大学孩子意志品质的培养。建议父母从以下几个方面提醒孩子有意识地加强自我锻炼。

(1)明确目的,学会坚持。上大学究竟是为了混一个大学文凭,还是努力学好专业知识,努力增强各方面的能力,将来有本事独立于世、贡献社会?这个问题,家长必须告诉孩子一个明确答案。要告诉孩子:考上大学只是人生的起点,而不是终点;大学才是真正学专业知识和本领的时候,而不是休闲港湾;绝不能有"这下好了,可以歇歇气了"的想法。

(2)增强自觉性和独立性。孩子考上大学,离家远了,离开父母的时间也相对地长一些了,父母对孩子的督导也相应地少了,家长就应告诫孩子:你现在已经是"大人"了,要善于调节、控制自己的情绪和行动;要自觉地、积极主动地达成自己所定的目标;遇到困难和问题要自己想办法解决,要多思考;要有主见……

(3)增强自制力。自制力就是自己控制自己欲望和行动的能力。面对诱惑,能顶住;面对困难,能抗住;面对难题,能解决。

(4)增强果断性。孩子进入大学包括大学后步入社会,都会遇到很多是是非非的问题,这就需要孩子明辨是非,及时做出选择和决断。对于性格比较柔弱的孩子,要加强果断性训练。要告诉孩子,深思熟虑不是优柔寡断,果断抉择更不是冒失和武断。

对大学孩子意志力的培养不能像小学孩子、中学孩子那样事无巨细地时时叮嘱和督促,要靠大学孩子的自我训练,家长所要做的是提醒和引导。

二十八 如何培养孩子诚实守信的品格

一个人,不管智慧有多么超群,不管能力有多强,没有诚实守信的品质,都不会走得太远。从重要性来讲,诚实守信胜于能力。作为家庭教育,必须把孩子的诚实守信品格的培养当成重点来抓。

(一)诚实守信的概念及其作用

诚实守信,简而言之就是诚信,是一个人在人与人的交往过程中表现出来的实事求是、信守承诺、言行一致。

诚实守信不但是中华民族的传统美德,也是现代中国公民的基本道德规范之一。从个人来讲,诚信是道德的底线,守法的基础,社交的规则,和谐的前提。从社会及其关系上讲,统治者讲诚信,国泰民安,为民者讲诚信,和谐发展;经商者讲诚信,商机无限;为友者讲诚信,高朋满座。总之,从个人到社会,从日常生活中的小事到定国安邦的大事都离不了诚信。从培养孩子的角度讲,诚实守信的品德,会使孩子在今后的人际交往、生活、工作中受到欢迎、尊重和信任。这对孩子的身心健康成长无疑有重要作用。

我们历来讲"言必信,行必果","一言既出,驷马难追"。在中国几千年的文明史中,人们不但为诚实守信的美德大唱颂歌,而且努力地身体力行。

家长应从以下几个方面抓好诚信教育,为孩子的发展铺好路,奠好基。

1.说老实话

说老实话就是真实地表达自己内心的想法或客观地阐述事实,也就是讲真话。它不但表现为不说谎,而且表现为不讲大话、不讲空话、不夸夸其谈、不信口开河。在生活、交往和工作中要"慎言",也就是说话之前要考虑自己将要说的话是否符合客观实际,自己的承诺是否能兑现,避免失信于人。

2.办老实事

办老实事就是踏踏实实做事,不弄虚作假,不投机取巧,不打折扣,对自己说过的话、许过的诺言、做过的事负责任。办老实事容易得到他人的信任,为自己赢得友谊,迎来成功。

诚实守信之人不说假话,不做假事,不欺人,不自欺,但并不是不假思索地直白说话、做事,而是根据一定的原则和社会道德标准灵活地讲诚信。

(二)诚实守信教育的主要内容

1.守时

守时是日常生活中最常见的诚信现象,如参加活动或约会准时等。在学习上表现为不迟到早退,按时完成作业,等等。在工作上表现为不迟到早退,按时完成工作任务,等等。不守时的人,是不受欢迎的,不容易得到他人的认同和信任。

2.守约

守约就是约定好了的事情一定要做到,签订了契约一定要按照要求执行,承诺了的事情一定要履行,即使遇到了困难,也应尽力完成。我们在履行约定时,如果确实由于某些不可抗拒的因素无法履行或无法完全履行约定,应及时告知当事人并与当事人协商处理。例如《郁离子》中记载了一个因失信而丧生的故事。

> 济阴有个商人过河时船沉了,他抓住一根大麻秆大声呼救。有个渔夫闻声而至。商人急忙喊:"我是济阴最大的富翁,你若能救我,给你一百两金子。"待渔夫将商人救上岸后,商人却翻脸不认账了。他只给了渔夫十两金

子。渔夫责怪他不守信,出尔反尔。富翁说:"你一个打鱼的,一生都挣不了几个钱,突然得十两金子还不满足吗?"渔夫只得怏怏而去。不料想,后来那个富翁又一次在原地翻船了。有人欲救,那个曾被他骗过的渔夫说:"他就是那个说话不算数的人!"由于没人救他,商人被淹死了。

要做到守约,就应在做出承诺之前,仔细衡量自己履行诺言的能力和可能出现的不利因素,努力减少失约的可能性。一旦做出承诺,就应千方百计地履行自己的诺言。

3. 守法

守法就是按照法律的要求办事,不坑蒙拐骗,不撕毁契约,不损害他人利益。每个人在向对方做出承诺前就应明白:法律规定了每个公民的权利和义务,保障了每个公民的平等权利,一旦做出承诺,就有履行诺言(契约)的义务,任何欺骗、失约都会受到相应的惩罚和制裁,如果抱着侥幸心理投机取巧也许会为自己赢得暂时的利益,但最终还是要为不诚信付出代价。

4. 不自欺欺人,不说假话欺骗他人

讲诚信就得说老实话,办老实事,不欺骗他人。但这还不够,还应正视自己的缺点,正确估计自己的实力,考量自己的处境。例如大家熟知的"掩耳盗铃"的故事就是一个自欺欺人的例证。

我们在教育孩子诚信时,应教育孩子真诚地表达自己的意见或情感,不欺瞒他人。

5. 言行一致,表里如一

言行一致、表里如一就是内心的想法和行动相一致,不是口是心非,不是出尔反尔。一切内心的想法或口头的诺言最终都应落实到行动上,所以,看一个人是否诚信,重在看他的行动。

(三)孩子不诚实的原因

1.社会环境的影响

凡是有生命的东西,都是在一定的环境中生存的。孩子成长的环境中有诸多的"虚""假"包围着他们,如交际圈里的假话、套话等,孩子会受这些因素的影响,如没有好的引导,便可能养成说谎等不诚信的习惯。

2.家庭环境的影响

家庭是社会的细胞,也是社会的一个缩影,如果家庭成员平时不注意自己的言行,就会给孩子带来负面影响。

(1)父母、祖辈之间不实的言行会导致孩子说谎。如祖辈在家带孩子,孩子不小心把孩子爸爸或妈妈的心爱物品打碎了,祖辈们怕孩子的妈妈或爸爸惩罚孩子,教孩子不要说是自己打碎的。祖辈们本是好心,但孩子看见成人撒谎,可能会跟着撒谎。

(2)成人不兑现对孩子的承诺,导致孩子不诚实。家长在养育孩子的过程中,因为各种原因,常常忽视了对孩子的承诺,又不对孩子做合理的解释,久而久之,给孩子留下"大人说话不作数"的印象,从而让孩子在不自觉中也学着不信守承诺。

(3)家长不当的教育,使孩子言行不一。根据奥苏贝尔的强化理论,操作性活动受到强化后,其明显后果是这一操作性活动的频率增加了,而在反应之后不予强化,则反应就会减弱。这种强化情况大致有两种形式。第一,反面强化。在孩子撒谎以后,家长非常生气,将孩子责骂一通。第二,正面强化。孩子言行一致,父母给予表扬、奖励。

(四)如何培养孩子的诚实守信的品格

1.早抓诚信教育

诚实守信既是一种品行,也是一种习惯,同其他习惯一样必须从小教育,如果等孩子长大了才抓就晚了。家长们,对孩子品质和习惯的教育千万不要错过了最佳教育时期。卢梭说:"人生当中最危险的一段时间是从出生到十二岁。在这段时间中还不采取摧毁种种错误和恶习的手段的话,它们就会发芽滋长,及至以后采取手段去改的时候,它们已经是扎下了深根,以致永远也把它们拔不掉了。"下面就是一个从小不教育孩子学好而导致孩子走向毁灭的典型的例子。

> 一个小孩的妈妈不懂从小教育孩子诚实的重要性,不但自己经常在孩子面前撒谎,还鼓励孩子占别人的小便宜。一次,孩子的爸爸抓了几条鱼回来,由于没有佐料,母亲便叫孩子去偷别人的小葱。孩子偷了小葱没被别人发现,妈妈还夸孩子能干,有本事。后来孩子的胆子越来越大,开始偷鸡摸狗,骗人钱财。再后来,孩子由于抢劫杀人被判处了死刑。临刑前,这个孩子要求见妈妈一面。这个妈妈来到孩子面前,孩子狠狠地咬了妈妈一口,并说:"妈妈,是你害了我……"

这个例子,虽属个例,但也值得父母们警醒。当发现孩子有不诚实的言行时,就要对其进行正面的教育引导,切不可认为他还小,将来就会改过来的,更不可鼓励,不然,孩子那种不诚实的行为慢慢就会变成一种习惯,到那时,纠正起来就困难了。

2.从小事培养孩子的诚实品质

培养孩子诚实的品质,既要求家长有长期坚持的耐心,与时俱进的细心,又要渗透、扎根于孩子日常生活的点滴中,贯穿于孩子生活的全过程。邹韬奋曾说:"一个人的信用可丧失于一朝一夕一事一语,但培养信用却在平日之日积月累,而不能以一蹴几,故欲凭空一旦取人信用是不可能的事情。"所以,对孩子的诚信教育,应从以下小事入手。

家长应要求孩子从小说真话;未经同意不拿家里的钱花;做错了事时,要勇于承认自己的错误并及时改正;借别人的东西要还;与朋友交往要坦诚,答应别人的事要认真办到;学习上要守时,按时、按质、按量完成作业,不抄袭,不舞弊;等等。《我不能失信》这篇小学课文便是以诚信为主题,讲述了宋庆龄小时候为了履行对朋友小珍的诺言,放弃去伯伯家看鸽子的故事,赞扬宋庆龄诚实守信的可贵品质。可见,宋庆龄父母的教育是成功的。

一个人诚实守信的品质是在日常生活的小事中培养起来的。家长的职责是:从生活中的点滴抓起,发现孩子有不诚实的地方要及时教育、引导。

一是孩子自己答应了的事,家长一定要监督孩子执行。二是告诉孩子,答应了别人的事如果经过再三努力仍没有做到,就应该诚恳地向对方说明原因,并表示歉意。最重要的是,家长要教育孩子在答应别人之前一定要慎重考虑,综合衡量自己有没有能力做到,要量力而行。如果自己没有能力做到,就不要轻易答应;如果自己有能力做到,也应该留有余地,不要轻易夸下海口。这样,孩子在答应别人做某事时,就会有所考虑,更为谨慎。

在陪伴孩子的过程中,家长应时时不忘孩子惜时守信的习惯养成。在日常生活的陪伴中,有很多不起眼的小事是可以用来培养孩子的诚信品质的,就看家长是否有培养的意识。例如:家长每天带孩子在外面玩,在玩以前就可以和孩子讲好,今天玩到11点30分回家。说好后,到了时间一定按时回家,哪怕是孩子哭着不愿回家,家长也应坚持。不过,要注意,小孩子没有时间概念,在11点20分时,家长要提醒孩子:"宝贝,离回家时间还有10分钟哦!"还有5分钟时,家长可再提醒孩子一次。当然,给孩子定闹铃也是一个办法。我在带我的外孙女时,随时注意自己说话算数,同时也要求孩子说话算数,如:间隔一天坐一次摇摇车;睡午觉之前讲一个绘本故事,晚上只讲三个绘本故事就睡觉。开始,孩子总想多玩一次,或多讲一个,但坚持几次以后,她就会遵守承诺。总之,家长要从点滴做起,从小事做起,塑造孩子的诚实之心。

3. 成人为孩子树立诚实的榜样

家长要培养一个有责任心,以诚待人的孩子,就要以身作则,做诚实的表率。常言道"身教重于言教",家长的行为对孩子来说是无声的教育、有形的榜样。为了培养孩子诚实的习惯,在日常生活中,在社交活动中,家长一定要做到诚实守信,如果家长经常说话不作数,就会给孩子留下不诚实的印象,孩子慢慢也会有样学样。有的家长为了哄孩子,随意向孩子许诺,事后又不兑现,还编些理由糊弄孩子。这样做,一两次可以把孩子糊弄过去,几次后,家长就会失去孩子的信任,孩子还会养成不诚信的习惯。所以,家长在向孩子许诺之前一定要三思,不能言而无信,答应孩子的事情,就一定要说到做到,如果不能兑现承诺,应及时向孩子解释,让孩子从内心理解和原谅父母。

> 曾子是我国著名的思想家。有一次,他的妻子要出门,儿子要跟着一起去。妻子觉得孩子跟着很不方便,想让孩子留在家里,于是对儿子说:"好儿子,你别哭,你在家里等着,妈妈回来杀猪给你炖肉吃。"儿子听说有肉吃,就答应留在家里。曾子把这一切看在眼里,记在心里。当曾子的妻子回到家时,看到曾子正在磨刀,就问曾子磨刀做什么。曾子说:"杀猪给儿子炖肉吃。"妻子说:"那只是哄孩子高兴的,怎么能当真呢?"曾子语重心长地对妻子说:"你要知道,孩子是欺骗不得的。如果父母说话不算数,孩子长大后就不会讲信用。"于是,曾子与妻子一起把猪杀了,给儿子做了香喷喷的炖肉吃。

这件事情告诉我们,在日常生活中,父母应为孩子树立言行一致的榜样。

4.要营造诚实守信的家庭氛围

父母要做有心人,为孩子营造诚实守信的家庭氛围,以感染孩子。第一,要注意家庭成员之间相互监督。第二,对孩子要信任和尊重。孩子尽管年龄小,但他同样会体会到家长对他的尊重和信任。从小受到尊重、信任的孩子,会更加懂得怎样去尊重、信任别人和怎样得到别人的信任。

父母应在生活的点滴中言传身教,让孩子看得见,做得到。同时,父母要告诉孩子不诚实的危害。比如说"撒谎":在别人面前说假话,可能让你一时蒙混过关,但事情的真相迟早会被发现,真相大白之后,你不仅处于一种尴尬的境地,还会失去老师、父母、同学、朋友对你的信任,久而久之,别人就不愿意再接近你了。

父母应营造民主和谐的家庭氛围和教育氛围。老少之间相处和睦、父母间相敬如宾、对孩子进行民主式的管理教育是孩子诚实品质形成的重要条件。如果家里老少不和、父母不和,会给孩子带来负面影响,使孩子面对长辈左右为难。

5.根据孩子的年龄特点,以历史人物、现实生活中诚实守信的典型事例,从正反两方面教育孩子,培养孩子诚信的品质

从古到今讲诚信获益和不讲诚信受损的例子很多,只要家长有心,经常给孩子提供这方面的正反实例,孩子在不知不觉中就有机会养成讲诚信的

好习惯,但是,这要根据孩子的年龄特点,循序渐进地进行。在孩子还小时,可给孩子讲讲童话故事或其他小朋友讲诚信的故事,孩子上学后,学识增加,阅读能力增强,家长可提供诚信方面的书籍让孩子读。这样,孩子诚信的品质就可以不断得到培养。

6.利用合理的教育方法

所谓合理,就是符合孩子的年龄特点、心理特点和个性特点。从年龄上来讲,在儿童时期应重点抓"诚实"教育,如不说谎话,不说假话,勇于承认错误,学习上守时,作业不抄袭,考试不舞弊等;青年时期(中学、大学)除了继续以上教育外,重点应放在"诚信"教育上,如说话算数,敢于负责任,敢于面对自己的不足(不自欺)、慎言、守约、守法等。从心理特点上讲,父母应把孩子心理的说谎期的不诚实和其他时期的不诚实区别开来,分别采用不同的方法。从个性特征上讲,只有根据孩子的个性特点采用针对性的教育才有效果,这就需要父母在掌握一般的教育方式方法的基础上根据孩子的个性特点采用针对性的措施。下面,根据孩子的普遍特点谈谈几种方式方法。

(1)如何面对四五岁的孩子在心理探索期的"说谎"。

其一,四五岁的孩子有时会把童话故事、别人讲的事或完全是自己想象的事说成是自己看到的事。比如,有个孩子回家说:"今天,我看见哈利·波特拿着一把金色的宝剑,一下就把学校外面的大树给劈断了,非常吓人。"家长明知道孩子说的不是事实,也不可指责,不要立马揭穿,也不能鼓励,应平静地听着,让孩子失去撒谎的兴趣。等几天(或更长时间)后,父母应帮助孩子发现自己的话是不成立的,谎言是要被别人揭穿的,慢慢地,孩子就失去了撒谎的成就感,也就不再撒谎了。

其二,四五岁的孩子故意说假话作弄别人,家长应该怎么办?有些小孩喜欢作弄与自己关系好的玩伴,比如指着小伙伴的头说:"哎呀!你头上有好大一条青虫。"结果把小伙伴吓得大哭。家长如果遇到这样的情况,一定不要说孩子不诚实,也不要打骂孩子,应该用语言及时制止,然后告诉孩子:"你的行为是不对的,会给别人带来伤害,假如别人这么作弄你,你会有怎样的感受?"并让孩子给被作弄的小伙伴道歉。

其三,孩子在四五岁时"偷拿"别人的东西怎么处理?四五岁的孩子开始广泛地与人互动,他们会好奇别人在想什么。于是,就可能会把不属于自己的东西拿走,看别人是否发现,发现后有什么反应。有的家长会把孩子的这种行为定性为"偷",一般会对孩子进行严厉的责骂,甚至是体罚。其实,这是孩子进入心理探索期的一种现象,家长不必为此紧张、焦虑,更不能对孩子打骂或责罚,因为孩子的心理探索期很快就会过去,父母的焦虑和简单粗暴的方法只会促使孩子更想撒谎。如果父母发现孩子偷拿了别人的东西,要心平气和地询问孩子的想法,同时耐心地向孩子指出:"没经别人同意就拿别人的东西是一种不好的行为,会给别人造成伤害,假如你心爱的玩具被别人拿了,你会伤心吗?"孩子知道自己错了后,家长应同孩子一起把东西送回去,并要求孩子向别人道歉。

总之,孩子在四五岁这个心理探索期里,会出现一些不诚实想象,这属于正常现象,家长应耐心地倾听孩子叙述,弄清原委,想办法让孩子了解事实真相,不可轻易"戴帽子""打棍子",让孩子感到难堪。

(2)教育引导与立规矩相结合,奖励与惩罚相结合。对孩子的教育引导,不能单单停留在口头上,还应和孩子一同立好规矩。同时,这些规则一旦提出就要严格执行,不能朝令夕改,如孩子做好了要给予奖励,做错了要给予适当的惩罚。这样长期坚持下去,孩子慢慢就会养成诚实的习惯。奖励可以是精神上的,也可以是物质上的。同时,在惩罚前,要向孩子讲明惩罚的充分理由,让孩子心服口服。总之,以促使孩子改正错误为原则。

7.满足孩子合理的要求

每个父母都希望自己的孩子诚实守信,但是,许多孩子却表现得不尽如人意。究其原因,可能是由于某种需要未被满足引起的。

作为父母,应该了解孩子的需要,尽量满足其合理的部分。父母应认真倾听孩子的心里话,从这些话中了解孩子需要某物的真实原因。再判断原因的合理性,并根据家庭实际情况有选择性地满足孩子。在这一过程中,一定要让孩子也清楚家里的实际情况,让他们自觉从实际出发,提出合理要求。

8.要信任孩子

信任是孩子诚信品质形成的基础,如果家长对孩子不信任,就可能加深孩子的不诚实。有的家长要求孩子在房间里做作业,又担心孩子偷懒,就每隔几分钟进去看一下;他们要求孩子去买东西,也总担心孩子用多余的钱买零食吃,而一直盘问孩子。家长的这些行为往往导致孩子用撒谎来对抗,这就更加滋长了孩子的不诚信。

> 苏联伟大的教育家马卡连柯非常注意对孩子的信任,他认为,信任可以培养孩子的诚信。有一次,马卡连柯派一名学生去别处取一笔数额不小的钱。这名学生由于曾经是小偷,在同学的眼中是另类,几乎没人与他来往,他非常渴望得到信任。接到马卡连柯的任务后,这名学生简直不敢相信这是真的,他问马卡连柯:"校长,如果我取了钱不回来了,你会怎么办呀?"马卡连柯平静地回答:"这怎么可能?我相信你是一个诚实的孩子。快去吧!"当这名学生把钱取回来交给马卡连柯的时候,他要求马卡连柯再数一遍。谁知,马卡连柯却说:"你数过了就行。"接着随手把钱扔进了抽屉。事后,这名学生是这样描述自己的心情的:"当我带着钱走在路上时,一路上我在想,要是有人来袭击我,哪怕有十个人,或者更多,我都会像狗一样扑上去,用牙咬他们,撕他们,除非他们把我杀死!"

马卡连柯就是运用信任的方法培养了这名学生诚信的品质。因为,只有信任才能换来诚信。

9.培养孩子正确的诚实观

不管哪个社会、什么时代都有老实人吃亏、偷奸耍滑的人获益的现象,更不乏坑蒙拐骗的行为,这些都会对孩子诚实品格的形成有负面影响。家长要鲜明地表明自己的态度,要让孩子坚信,弄虚作假的行为是必将受到惩罚的。这样,孩子长大以后才能成为一个光明磊落的人。第一,要告诉孩子坑蒙拐骗、偷奸耍滑能获得好处的现象是极少的,也是暂时的,做这些事情的人最终是会受到严惩的。第二,给孩子树立诚实守信的社会主流思想。社会的发展、人们的生活和工作需要诚实守信。第三,帮助孩子识别坑蒙拐骗等不诚实行为,以免孩子被不诚实行为所骗。

德莱塞说:"诚实是人生的命脉,是一切价值的根基。"尊敬的家长们,你们一定要掌握好孩子的人生命脉,为孩子打好人生的根基。

二十九　如何培养孩子正直无私的品质

美国第十八任总统格兰特说:"非常情况下能否坚持原则,常常是判断一个人道德水准的重要依据。"在人际交往和商业行为中,正直诚实是无价的。希望各位家长重视对孩子正直无私品格的培养,为孩子走向成功打下坚实的基础。

(一)正直无私的概念及其含义

正直是指一个人为人处世时公平公正、坚持原则、实事求是,为人坦诚。正直无私看似由两个不同的词组成,但它们相互联系,互相支撑。只有具备正直品质的人,才能无私;说话、办事不藏私心,才能真正做到正直。正直无私大致包含以下内容。

第一,为人坦率,不讲大话、假话,在大是大非面前敢挺身而出,坚持真理,实事求是。我们平时说一个人直率,就是说一个人表里如一,言行一致,不说假话、空话、大话,不做假事。

第二,善恶分明,有原则性,富有同情心。在处事交往的过程中,不但能依照法规坚持自己的原则性,还具有同情心、同理心,能灵活、公平、恰当地处理事情。有同理心和同情心非常重要。只有设身处地站在他人的角度去体会他人的感受、情感和需要,才能做出正确的判断和恰当的处理,做到善恶分明。

第三，为人胸怀坦荡，光明磊落，所想所为不是为个人或小集团的利益。一个人要做到内心坦荡，就要不藏私，不昧良心；上对起国家，下对得起人民；身正，且做事合理、公平、公正。

(二)如何培养孩子正直的品格

1.发挥典范作用，注重对孩子潜移默化的影响

人们常说：有其父必有其子，有其母必有其女。其实这道出了一个道理——父母对子女的影响是巨大的。有的孩子的性格大大咧咧，说话嗓门大，如果你仔细观察，你会发现，其实是因为他的父母就是这个样子，孩子长期生活在他们身边，耳濡目染，在不自觉中就学到了他们的样子。所以，家长要教育孩子做一个正直的人，首先自己就要具备正直的品格，时时给孩子树立好榜样。"己身不正，焉能正人？"家长应该做到：对同事和亲友不说谎、不作假；答应了人家的事，一定要想办法完成；办事客观、公正，充满人情味，具有同情心和同理心；看问题客观，不强词夺理；在孩子面前信守诺言，不为达到某个短期效果而欺骗孩子；有过错，要敢于在孩子面前作自我批评；不袒护、包庇孩子的过错；不在孩子面前说别人的坏话等。总之，要让自己(家长)的一言一行都成为孩子学习的榜样，让孩子在心中佩服你，这样，孩子会在潜移默化中学到正直的品格。

2.对孩子从小重视正直品格的培养

一个人要做到正直无私，首先就应讲原则。一种品格的形成是长期的、循序渐进的，必须从小开始培养，然后让其逐步形成。

(1)讲原则的雏形教育是帮孩子树立规则意识。孩子在幼儿时期最爱玩的是有色的、带声响的玩具，看到这类玩具不管是谁的都想据为己有，这时孩子如果想把不属于自己的玩具拿走，家长应告诉孩子："宝宝，你是不是觉得这玩具好看、好玩？你觉得好玩就再玩一阵，但一定不能把它拿走，因为，这玩具不是给你买的，不属于你。你如果喜欢，我下次给你买一个，行吗？"这句话看起来很简单，其实它能让孩子学习到"不是自己的东西不能要"的规矩。在陪伴孩子的过程中，类似于此的、需要"讲原则"事是很多的，例如：未经同意不能私自玩他人的玩具，未经家长同意不得接受人家的东西

等。这些小事看起来微不足道,但它们都关系到孩子将来待人处事是否具有原则性的问题。

(2)培养孩子开朗的性格和宽广的胸怀。因为只有心胸开阔和具有同情心的人,才能真正做到正直处事。正直的品质是孩子很小的时候从所经历的一些小事中学习到的。

(3)对孩子的表现进行公允的评价。例如:孩子与妈妈约定好"吃饭时不准敲碗",但在一次吃饭过程中他却把碗敲得叮叮当当地响,结果受到了妈妈的严厉批评,还被罚站反思角,最后他主动地承认了错误,受到了妈妈的表扬。在这件事情中,父母对孩子的不礼貌行为进行批评教育,如严厉批评、罚站,对孩子主动承认错误进行表扬。只有这种公允的评价才能让孩子明白对错,从而养成好习惯。

(4)教育引导孩子心中有他人。现在不少家长在各方面尽量满足孩子,造成孩子以自我为中心。为了避免出现这样的情况,家长在养育孩子的过程中,要做到以下几点。

第一,爱孩子要讲原则,不能无条件地满足孩子。家长应先定下一些"不准"的原则,如违反安全原则的,有损道德的,都不能做。孩子如果有违反原则的行为,家长绝不能姑息迁就,也不能简单粗暴地进行教育。要向孩子说明"不准"的道理,多从正面进行引导。有一个典型的教育案例:父母面对家中几个非常调皮的孩子,定出了几条规则,谁违反了就照规则办。其中有个小女孩违反安全的规定——骑玩具车到公路上去,父母就按规定罚小女孩站反思角,但小女孩非常不听话,又哭又闹,坚决不站反思角,父亲将其抱到反思角,小女孩又跑回来。父母的处理方式为:不发火,也决不放弃。孩子跑回来,父亲又将其抱到反思角,这样来回反复,一直到孩子放弃反抗,并按规定站满时间,承认自己错了,向家长道歉为止。父亲为什么要这么做?主要是为了养成孩子"守规矩""讲原则"的习惯。在现实生活中,很多家长面对这样的孩子,一是狠不下心,二是容易急躁,三是易中途放弃,致使孩子养成不良习惯。

第二,在平时的生活小事中让孩子"心中有他人"。比如给孩子买了好吃的,要教他先分给爷爷奶奶(或外公外婆)、爸爸妈妈或他人;在与小朋友、成人的相处中,教他们学会礼让,不说假话,勇于承认错误,替他人着想(换位思考);等等。孩子小,成人给他讲正直无私的道理他可能并不明白,只有让他从亲历的小事中去体验,才能让孩子慢慢养成好习惯。家长可借生活中发生的一些小事引导孩子,让孩子"心中有他人"。

3.培养孩子有策略的正直品格

随着知识的增加、接触的人增多、交往面的拓展,孩子越来越深地融入社会,为今后孩子能更好地服务社会,应让孩子学会有策略地应对社会的多面性。

(1)培养说话的艺术。耿直的人说话办事往往是"扛竹竿进巷子,直来直去",容易得罪人,让人难堪,也给自己带来很多麻烦和误解。如果把相同意思的话用不同的方式来说,说"好"了,最起码可以给人带来欢乐,缓和气氛,赢得别人的好感和信任;从更大的角度讲,它能让孩子获得更多的成功。家长们在日常的生活中,可从以下几个方面培养孩子说话的艺术。

①培养孩子的幽默感。在日常生活中,我们会看见或遇到很多事,如果我们对这些事用比拟、夸张、借代等修辞方式来表述,它就会变得妙趣横生。当然,如果要培养孩子的幽默感,父母做到以下几点。

第一,有意识地培养孩子开朗的性格。

第二,有意识地培养孩子幽默的说话方式。

第三,提供诙谐幽默的书籍让孩子学习。

②培养孩子说话的技巧。

第一,先扬后抑。在批评人或给别人提意见时,先指出别人的优点,然后建议性地提出需要改进的地方。这样做既说明了别人的不足,又能让对方易于接受。

第二,以退为进。当指出别人的错误时,可先说:"一般情况下,你的解决方法是没问题的。"以后退的姿态视人。接下来说:"因为这件事情比较特殊,因此选另一个办法会更好。"从而以退为进地指明解决方法。

第三,主动自责。在集体活动中,若某人的失误导致了活动失败,这时,可主动站出来说:"这次活动的失败不光是××的责任,我在活动中的协调工作也没有做好,如果大家能在下次活动时集思广益,全力以赴,我们就可能反败为胜!"

(2)当原则遇上人情时,我们一定要坚持原则,在可变通的情况下,可适当变通。

(3)为人处世多替他人考虑。一个人处事讲原则,这是没错的,但是,不能生搬硬套。要做到在大事上讲原则,在日常生活小事上,在不违背原则的基础上要相互包容,相互体谅。应做到以下几个方面。

①你想别人怎样对待你,你就该如何对待别人。

②学会倾听。

③学会换位思考。

正直无私的品质,在事业上,能助你走向成功,使你深受他人爱戴和拥护;从自身来看,能使你获得内心的安宁与宁静,坦然面对困难和挫折,以超脱的心态面对人生。做父母的不应仅仅要求孩子成为一个聪明的人,更要把孩子培养成一个正直无私的人,让他们能光明磊落地做事、做人。

三十 如何培养孩子乐观豁达的品质

乐观豁达是一种积极向上的信念、态度和精神,表现在对自己与他人、现在和将来、历史和现实、顺境与逆境、病痛和灾难等方面。

随着现代经济社会和科技的发展,人们的生活节奏变得越来越快,而这种快节奏的生活带给人们的心理压力也会特别大。面对如此多的压力,如果没有豁达的心态、开朗的性格、乐观的精神,势必会影响个人事业的发展和身心的健康。因此,为了孩子今天的成长和明天的成就,家庭教育和学校教育应及早培养孩子乐观豁达的精神品质。

(一)乐观的作用

1. 乐观有助于孩子无所畏惧,负重前行

在学习和生活中,孩子会遇到困难,会遇到挫折和失败,如果他们具有乐观的心态,会一笑掩悲观,莞尔覆沮丧;会振作朝前看,奋力向前追。而悲观的人,会沉浸在挫折和失败里不能自拔。

2. 乐观有助于事业的成功

《哈佛家训》告诉我们:积极的心态可以让你获得成功的人生。心理学家也认为:一个人有什么样的心态,他就可以成为一个什么样的人,他就能够拥有一个什么样的人生。因为,决定一个人能否成功的因素不仅仅是能

力,还有能否始终乐观地面对自己周围的事物,身处逆境时能否依然积极乐观地寻求改变逆境的方法,时刻保持积极进取的精神,在乐观中吸取继续走向成功的力量。

不管干什么事业,都不会是一帆风顺的。当遇到困难、遭受挫折的时候,乐观的人,能很快从挫折和失败的痛苦中振作起来,去迎接新的挑战,从而收获成功;悲观的人,只会一蹶不振,从而慢慢走向失败。决定一个人能否成功的因素不仅仅是能力,更重要的是他能否始终乐观地面对自己周围的一切,身处逆境时能否依然积极乐观地寻求改变逆境的方法,时刻保持积极进取的精神,爬起来走向成功。

(二)如何培养孩子的乐观品质

1.把握乐观教育的关键时期

3岁以前的儿童的内抑制是发展得很慢的,约4岁起,由于神经系统结构的发展,更重要的是由于语言的掌握,内抑制开始蓬勃地发展起来,这就使他们不但能够综合分析外界的事物,而且有可能更好地控制、调节自己的行为。这就为4岁左右的儿童提供了乐观的心理基础。所以,4岁左右是培养孩子乐观品质的基础期,也称为"启蒙期"。

请注意,"4岁左右"是"启蒙期",并不代表4岁前就可忽视培养孩子乐观豁达的性格。许多实验都证明,正常情况下,健康的4岁幼儿具备了培养其乐观品质的条件。

2.营造和谐的家庭氛围

家长良好的心态、积极乐观的处事风格,和谐欢快的家庭氛围,都在潜移默化地影响孩子的情绪。例如,家长幽默风趣,常把一些比较严肃的事用诙谐的方式表达出来,让家庭充满浓浓的暖意,那么生活在这样的环境里的孩子,自然会受到快乐的熏染。让家庭生活时时处处都充满欢乐,可使孩子更积极健康地成长,拥有乐观开朗的性格。

3.以温和的态度正确疏导孩子的情绪

家长在日常生活中要以温和的态度对待孩子。与孩子谈话时,要和颜悦色,使孩子感到可亲可敬,心情舒畅;不要经常厉声厉色地斥责孩子,以免孩子对父母望而生畏;不要向孩子传递负面情绪,不要把工作、交往中不愉快的情绪带到家里来;家庭成员之间要和睦相处;家长在教育孩子时,必须尊重孩子的愿望,以理服人。特别是在孩子情绪不好时,家长要用温和的态度平复其心情。例如,孩子在吃饭时或睡觉前想多看一会儿电视,就大哭大闹,有的家长会马上把电视机关掉,责令孩子立刻吃饭或睡觉,这样很可能会使孩子伤心或产生抵触情绪。其实,家长可以以温和的态度与孩子商量,如:"再看5分钟就睡觉,好吗?"这就给孩子留有情绪变换和思考的余地。让孩子感受到爱,那么孩子不仅会主动改善情绪状态,而且会更乐观地看待世界。

4.正确看待孩子的不良情绪,帮助其正确应对不良情绪

家长要先理解孩子的不良心境,与孩子的心情产生共鸣,即心理学上的"共情",以此获得孩子接受你的教育的先决条件,然后设法让孩子从不良情绪中转到正常的精神状态中来。孩子经常保持良好的精神状态,利于他们的身心健康发展。假如孩子做了错事,家长可以严厉地对其进行批评教育,但当孩子认识到了错误并表示愿意改正时,家长应及时给予表扬,使孩子尽快恢复正常的情绪。当孩子受了委屈而不高兴时,家长应设法转移孩子的情绪,可以用一种孩子喜欢的事物去吸引他,使其忘掉不高兴的事情,转忧为喜,恢复良好的情绪状态。例如孩子对你说:"外公,我想妈妈了!"并哭闹着要见妈妈,这时你可以给孩子讲:"宝贝,你有这么长时间没有看见妈妈了,你想妈妈的心情我能体会,也能理解,但是,妈妈是有工作的人,要遵守上班的规定,所以,上班期间不能回来陪伴你,你能理解妈妈吗?"在疏导孩子之后,要想办法转移孩子此时思念妈妈的情绪,将他的注意力转移到其他高兴的事上来,你可以对孩子说:"宝贝,你不是喜欢蜗牛吗? 走,我们到那边树林中去找蜗牛,好不好?"总之,家长要运用智慧和耐心,转移孩子的负面情绪,用正面情绪替代负面情绪。

5.帮助孩子建立自信

自信是乐观的前提。乐观的人,往往都充满自信;自信心强的人,不管遇到什么困难,都能以乐观的态度来面对。所以,培养孩子的自信,能帮助

孩子以乐观的态度来面对未来的挑战。为此家长应从以下几个方面帮助孩子建立自信。

第一,多些具体的赞美,一句恰当的夸奖就能给孩子带来巨大的愉悦。

第二,对孩子的期望适当。

第三,不要对孩子控制过严。

以上几点都是从幼儿到儿童阶段应注意的问题。随着孩子的"长大",特别是进入青春期后,来自学习的、生活的、交往的、家庭的、社会的矛盾和压力,会给孩子带来一系列的忧愁和苦恼。这些都将较严重地影响孩子的身心健康和学习进步,对此,家长应教会孩子正确看待烦恼,树立自信、乐观的心态。

6. 帮助青春期孩子建立几种思维方式(心态),掌握几种方法

(1)当遇到不顺时,换种思维方式(心态)看世界。人生活在社会中,如何看待这个社会,如何看待自己等完全取决于其思维方式(心态)。所以,当遇到不顺心的事情时,不妨换一种思维方式(心态)来看问题,可能心境就会不一样。

①正确地认识自我。在日常生活中,人常常会把自己与他人作比较,认为自己无论如何都不及他人时会产生悲观或忧愁情绪,如:不管我怎么努力,我的学习成绩就是比不过人家。其实,这可能是忽视了自己的长处和优点造成的。"尺有所短,寸有所长。"如果能正确认识自我,就不会全盘否定自己。另外,"人无完人,金无足赤。"每个人都有自己的缺点与不足,永远不要因为自己有种种不如意就失望、悲观。要以乐观的态度直面自己的缺点与不足,同时发挥自己的优点与长处,就能扬长避短,收获属于自己的成功,就会自信、快乐。"生活不在于你拥有多少,而在于你珍视多少。"哲学家尼采是一个矮子,作家海伦·凯勒双目失明,可他们都在乐观力量的支撑下,成了非常有成就的人。

②以积极乐观的态度看待成绩和成就。在家长眼里,孩子的学习成绩、明天的工作成就是最重要的。家长不但自己要正确地看待孩子的学习成绩或工作成就,而且要让孩子以积极快乐的心态来对待自己的成绩或成就。因为悲观和乐观的归因不同。这会直接影响一个人的动机和心情,甚至影响他的能力。例如,某甲和某乙在同一个年级,两个人数学考试都不及格。

乐观的某甲把考试不及格的原因归结为：平时努力不够，在计算上有些粗心大意，只要自己加倍努力，成绩就会提高；悲观的某乙则把考差的原因归结为：我笨，不管我怎么努力都不行。于是，某甲依旧积极学习，某乙选择了放弃努力。

③给自己定一个适当的目标。有的孩子眼高手低，好高骛远，所定目标容易脱离实际。家长应当让孩子在正确认识自我的基础上定一个适当的目标，并为达成目标而努力奋斗。要在学习和工作中获得快乐，就需要给自己的目标一个合理的定位，还要有"合理的成就动机"，这是追求目标的基础和内在动力。所谓目标定位，就是正确地评价自己的水平和能力；成就动机的"合理"，就是根据自己的水平和能力，设想能达到的目标。如我估计我有挑50千克重担的能力，那我就设想，通过我的努力能把这50千克重担挑到目的地；如果我只有挑30千克重担的能力，我却要同他人一样设置挑50千克的目标，那结果只能是费力又达不到目标。成就动机可以使一个人努力奋斗，但如果成就动机不符合自己的客观实际，目标过高，可能因环境条件、自身能力所限而导致失败，从而削弱信心，使自己陷入悲观中。目标过低，就会因达成目标太轻松，从而缺乏激情和动力。

(2) 换种心情体验生活。在学习和生活中，与其他人相比，往往会因为不尽如人意，从而产生悲观情绪。如果我们换一种心情来看待问题，一切都会释然。比如：甲与乙相比，甲有一个聪明的头脑，什么难题一点就通，学习成绩好；乙头脑要笨一些，一道难题需要老师反复讲才能懂，但他有一个比甲更强健的身体。如果乙想：我虽然头脑没甲聪明，但我的身体比他好！这样看问题，乙不就释然了吗？

①知足者常乐。如果一个人永远不知满足，那他永远都是一个悲苦的人。当然，我们讲知足，不是在现有基础上的安于现状、不思进取，而是要懂得取舍，懂得放弃，懂得适可而止，懂得享受工作和人生带给我们的快乐。

②以感恩的心态看待一切事物。所谓感恩，就是对生活给予的美好等表示感谢。一个人从生到死，有太多的东西值得感谢，如父母的生养之恩，别人的帮助，社会的给予，大自然的馈赠，等等。有些人只知一味地索取，头脑中塞满了私欲，天天抱怨这抱怨那，好像所有的人都对不起他，这样的人很难感到快乐。其实，人只要为自己今天拥有的一切而感恩，就会有一个积极快乐的心态。

现在的孩子,由于生活条件的优越和父母的娇惯,形成了"以我为中心"的心态,他们不懂得体谅父母养育的辛劳,不懂得生活的艰辛,成了不懂感谢、不愿感激、不会感动的人。作为家长,有责任教育孩子,让他们成为知恩、感恩的人。对此,家长应从以下两个方面来做。

第一,知恩培养。要知感恩,必先知恩。从孩子一出生,父母就倾注了所有的爱,可是等孩子长大了,有的却不知父母为他们所做的一切,反而埋怨父母给予的太少,没给他们存多少钱,没给他们买房子、车子。如果要想孩子知恩,必须在给孩子爱的同时,做到以下几点:其一,必须对孩子进行尊爱教育,让他们懂得对长辈要尊敬,对他人要有爱心;其二,要让孩子懂得分享;其三,要让孩子参加力所能及的劳动或带孩子参观别人劳动,让孩子体验劳动的艰辛和创造财富之不易;其四,不溺爱孩子,适当让孩子吃一点儿苦;其五,让孩子参加一些感恩活动,给孩子讲一些知恩感恩的故事。

第二,家长发挥模范的作用,让孩子知道感恩。譬如,不管工作多忙、多累,都要利用休息时间带上孩子去看望父母双方的老人;到了老人家里,要主动帮老人干一些活儿;等等。

(3)每天给自己一个希望。希望是什么?希望就是我们心中积极的美好的愿望,是激发生命激情的催化剂。每天给自己一个希望,我们就能够乐观地面对自己的生活,勇敢地面对生活中的困难与不幸……作为家长,我们自己心中要充满希望,要对孩子充满希望,应告诉孩子:"假如生活欺骗了你,你不要悲伤,不要生气!……请相信,欢乐之日将来临。"(普希金语)不管遇到多大的困难,受到多大的挫折,都要心怀希望,并为之奋斗,这样就会有一个丰富多彩的人生。

(4)告诉孩子几个保持乐观的小方法。

①转移注意力。告诉孩子,当遇到苦恼的事无法排解时,可先将苦恼的事放下,去做其他的事,当心情平复后再冷静思考应对办法。

②微笑待人。笑是人类最美好的表情。不管是陌生人还是熟人,你都对他报以微笑,你也会收获美好的笑容;当你对所有的人和物都报以衷心的微笑,你会发觉整个世界都在向你微笑;笑还能改善人际关系,使生活变得和谐顺畅。所以,家长应教会孩子笑,如笑对他人,笑对生活,笑对人生等。

华盛顿曾说,一切的和谐与平衡,健康与健美,成功与幸福,都是由乐观与希望的向上心理产生与造成的。家长们,请让你们的孩子拥有微笑,拥有欢乐,这才是他们拥有健康、幸福和成功的前提。

三十一 如何培养孩子自立的品质

自立是生存的基本条件,是成功的保证。孩子想要在社会中生存下去,就得依靠自己的力量;孩子要想在未来的社会中取得更高的成就,就得有自立、自强的精神,为此,家长教育必须注重孩子自立品质的培养。

(一)自立的含义和作用

> 李××的爸爸遭遇车祸身亡,车主在事后仅给了1万元的丧葬费。她的妈妈精神受了刺激,离家出走,不知所终。家里只剩下在高校读书的17岁李××和读初中的妹妹悦悦相依为命。"没了爸爸和妈妈,我决不能让妹妹辍学。"于是,李××带着妹妹一起进了城,在学校附近租了一间小平房,一边读书,一边在学校食堂打短工,供妹妹读书。虽然不知道前面还有多少困难在等着她,但她选择了勇敢面对。她认为:"痛苦、悲伤不能解决眼前的问题,生活还要继续,人生的路还要继续走下去。作为长女,我应该担起这个家的重任,苦累算什么。"

从上述事例中,我们可以看出自立的含义:自立是指个体从自己过去依赖的事物中独立出来,自己行动、自己做主、自己判断、对自己的行为和承诺负起责任。其中包括了两个方面:一是不依赖,自己拿主意,自己行动;二是对自己的主张和行为负责。

1.摆脱依赖,走向独立

孩子在小的时候,一般是在父母及其他长辈的照料下生活,孩子依赖家长是很正常的。但他们终会长大,离开家长的庇护,进入社会,独立生活。如今社会竞争激烈,孩子只有摆脱这种依赖,逐步走向独立、自强,才能更好地在社会中生存和发展。摆脱依赖,既是摆脱物质的依赖,又是摆脱心理的依赖。只有摆脱了物质和心理上的依赖,才能获得真正的独立。孩子走向独立是一个过程,不是一蹴而就的。同时,它需要成人的引领,更需要自我的逐步强大。

2.培养自立的品质,从自立走向自强

父母生养孩子,不仅仅是希望孩子将来一日三餐吃饱饭,更是希望他能在生活自理的基础上创造出更加灿烂的人生。而自立是一个人成就一番事业的基础,对一个人的成长和成功起着十分重要的作用。同时,只有自立了,才能走向自强。一个人只有自强不息,才能做到坚忍不拔,不畏困难与挫折,勇往直前;才能做到志存高远,向着远大的理想不懈奋斗。家长应从孩子未来发展的角度去思考培养孩子自立品质的问题。譬如:邰丽华的故事。邰丽华是一个活泼可爱的女孩,2岁时因高烧失去了听力,从此成了聋哑人。6岁生日时,爸爸送了她一双舞鞋,她非常开心。15岁才有机会正式训练舞蹈,开始了她的舞蹈生涯。她的遭遇如此不幸,但她从来都不自暴自弃,虽然缺少"两只耳朵",但她靠自强自立的精神和坚忍不拔的意志摘取了舞蹈事业成功的花朵,在舞蹈上创造出不平凡的业绩。

3.能自立,才能敢于对自己的言行负责

自立的人是一个自我做主的人,自我决断的人,自我行动的人,敢于负责的人。自立是负责的前提。负责就是自己承担决定和行为的后果,不逃避、掩饰、推卸。无论结果是好还是坏,都不找借口,坦然、勇敢地面对。孩子在成长的过程中,会遇到各种各样的事情,长大后独立面对社会,更是会遇到很多困难、挫折。或多或少,他们都有需要承担的责任。例如:在学校当上了纪律委员,就努力维护班级的秩序;不小心打破了东西,就承认错误并道歉、赔偿。

(二)孩子需要哪些方面的自立

孩子从出生到步入社会,要经过从牙牙学语到独立用语言进行交流,从不知道做什么到自己决定做什么,从依赖家庭到在社会上独立的过程。在这个过程中,家长应帮助孩子实现生理的自立、心理的自立和社会的自立。

1.生理的自立

生理的自立就是有一个健康的身体,有生活自理能力。它主要包括两个方面:

第一,行动能力。从零到六七岁,孩子从不会站立发展到能走、跑、跳、蹲等;从不会抓握东西发展到能抓住东西不放、能做比较复杂的技巧性的动作,如玩游戏、写字等。

第二,语言能力。孩子从第一声啼哭到牙牙学语,由说出不完整的语句到用语言进行流利的交流。

在行动能力和语言能力发展的同时,其神经系统也随之发育起来,这就为孩子学习生活技能打下了基础,如吃饭、穿衣、叠被子、整理房间、收拾自己的学习用具等。也就是说孩子不但要能说、能走、能跑,还要将这些动作和技能用到日常生活中去,完成基本的生活任务。

生理自立能为心理自立和社会自立打下基础,为心理自立和社会自立提供保障。因此,家长首先要保证孩子生理的自立。

2.心理的自立

所谓心理自立,简单来说就是在心理上能做到自己判断、自己做主、自己负责。孩子在生理自立发展的同时也会逐步提高思考、分析、判断、自己做主、自己行动、自己对自己的行为负责的能力。

要想孩子具备生活上的自立、行为上的自立、学业上的自立、道德上的自立、工作上的自立、社会上的自立等,家长就应掌握合理的教育方式,做好正确的心理引导,让孩子树立起自立的心理。

3.社会的自立

社会自立就是一个人在行动上能做到不依赖他人,自己判断、自己做主、自己负责。随着年龄的增大,孩子与社会的接触也日益增多,不可避免地要与社会发生关系,这就要求孩子学习社会交往所必需的知识和态度、行为规范、责任和义务等,具备独立参与社会事务的能力。例如:在学校能热爱师长、团结同学、勤奋学习;在家庭中能尊老爱幼、孝敬父母;在社会上能遵纪守法、关爱他人;等等。当然,孩子要具备独立于社会的能力,需要一个漫长的逐步培养的过程,这也是一个循序渐进的过程。孩子在上学前,在家长的悉心的照顾和教养下,能初步具备身体的、行为的、语言的自立,但心理的、社会的自立,则需要在家长的教育下、环境的影响下才能进一步发展和稳固。

(三)如何培养孩子自立的品质

自立与自信、自强、诚信等品质一样,其形成也是一个复杂、曲折、反复的过程,同时还受多种因素的影响,家长应根据孩子的具体情况从以下几个方面抓好孩子的自立品质的培养。

1.从培养孩子生活自理能力入手

孩子长大以后能否自立,取决于身体、心理、习惯、品质等因素,而这些因素又是从幼年时期开始筑基的,就如建高楼奠基一样。为此,家长应在孩子1至7岁这个阶段为其打下自立的基础。

(1)科学养育。健康的身体是孩子自立的前提。人们常说"身体是革命的本钱"。离开了健康的身体,不能说就无法自立,但至少能说"离开了健康的身体会使自立变得非常困难"。在同等情况下,身体健康的人自立一般要比一个身体不健全的人容易得多。从这个角度讲,"健康是自立的基础之一"。离开了健康的身体,一个人可能连生活都不能自理,他如果要自立,不知要比常人难多少倍、付出多大的代价。所以,培养孩子应把身体健康放在第一位。

那么,健康的身体来自何处?主要来自科学的饮食和好习惯的养成。

一说到"科学"饮食,有的父母就认为是要从营养学的角度给孩子搭配膳食,以医学的角度看待孩子的卫生。一家人为孩子的营养和卫生担心,认为这不能吃、那不能用;热天怕热到,冬天怕冷到;这也不能去,那也摸不得。

结果，孩子弱不禁风，一遇到天气变化就感冒、发烧。这在很大程度上是家长太担心、太溺爱孩子所致。这里讲的科学的饮食，是指根据孩子的具体情况，顺其自然地喂养孩子，而非照搬书本。孩子1岁前，最好是母乳喂养，因为母乳喂养能增强孩子的免疫力，有助于孩子智力的发展。在母乳足够的情况下，不要刻意增加孩子的营养。孩子能吃饭后，可以吃软烂的菜羹等，粗细配搭为好。孩子3岁后，家长就不应给孩子"开小灶"，大家吃什么，孩子就吃什么。有的家长由于担心孩子被饿着或担心孩子营养不良，就尽量买"高档"的食品、补品供孩子享用，让孩子养成了不好的饮食习惯。这些对孩子的身体并没有什么好处。

(2)让孩子有规律地生活。比如，从小养成按时就餐的习惯。现实生活中，有不少孩子的家长总担心孩子被饿着，随时喂孩子，甚至"哄骗""强迫"孩子吃饭，结果孩子该吃饭的时候不吃，不该吃饭时哭着要吃。父母应该注意从母乳喂养孩子时就让孩子慢慢养成按时进餐的习惯，逐步形成生活规律，这样才有助于孩子的身体健康。

(3)培养孩子对环境的适应能力。比如，培养孩子从小适应气候变化的能力。婴幼儿时期，有的家长担心孩子，怕孩子着凉、受热，不准孩子出门或少出门。结果，孩子即使一直在家里，但不知为什么，还是在不知不觉中生病了。其实，这很可能是因为孩子无法适应气候的变化，体质始终很弱。生物都是要适应气候变化的，人也不例外。孩子还在襁褓中时，家长就应根据不同的季节把孩子抱到外面去晒晒太阳、吹吹风，让孩子慢慢增强抵抗力和适应气候变化的能力，这样，孩子的体质才能不断增强。人们常说："温室里培养不出参天大树"，"不经风雨，怎见彩虹"。只有让孩子在四季的变化中锻炼，才能让他们拥有强健的身体。

(4)培养孩子从小爱锻炼的习惯。锻炼不但能增强体质，还能磨炼孩子的意志，能为孩子自立打下生理基础和心理基础。一个人要想具有强健的体魄，就必须坚持长期的锻炼，养成爱锻炼的习惯。习惯从哪里来？一般要从小养成，如果等到上学了才由学校去培养，那就比较难了。譬如：孩子正式入学前，长期在父母身边睡懒觉；等到上学了，家长才要求孩子按时起床、早起锻炼，孩子一般都办不到；有些父母晚上打牌、玩电脑到深夜，周末常常睡到中午才起床，这又如何能教出一个具有锻炼习惯的孩子呢？父母如果要培养一个爱锻炼的孩子，可以从孩子能直立行走开始，每天定时带孩子参加锻炼,这样坚持几年,一直到孩子上学,孩子基本就养成了爱锻炼的习惯,只要坚持下去,孩子就可能有一个强健的体魄。

(5)培养孩子的动手能力,使孩子养成爱劳动的习惯,为孩子打下自立的技能基础。勤劳是自立的前提,没有一个自立的人是懒惰的。勤能补拙,勤劳能创造财富。所以,应让孩子从小开始就做一些力所能及的事情,尽量做到自己的事情自己做,让孩子从中学到一些基本的生活技能,培养他们爱劳动的习惯。

家长要引导孩子,提高孩子的劳动兴趣。我的大外孙女3岁左右时,有一天在我家同我玩,我带她到阳台看我养的花,她躲在花后面说:"外公,我们来藏猫猫,好吗?"我说:"乖乖!我们藏猫猫可以,但你看,花后面的墙壁脏了,如果不把墙壁擦干净,你的新衣服就会弄脏,我们一起把墙上的灰擦干净,再来藏猫猫,好吗?"她一听,非常高兴地同意了。她还主动分配任务,说:"外公,你擦上面的,我擦下面的。"我们俩把阳台的墙、玻璃门擦了一遍,还把阳台的一盆君子兰和一盆红雪竹清洗了。她干得很认真,还不断提醒我哪里没擦到。我们俩藏猫猫后,又到菜地里拔了萝卜。这一个上午,她基本是在劳动中度过,但她很开心。

让孩子多动手参加一些劳动,可以培养孩子的动手能力,增强孩子的自信;孩子通过动手,能尽早熟悉他在生活中碰到的事物,尽早掌握基本的生活技能,为自立打下基础。

教孩子勤动手、勤劳动应注意以下事项。

第一,和孩子一起劳动,不要让孩子认为劳动是对他的一种惩罚。

第二,对孩子的劳动成果及时给予赞许和表扬。

第三,适当地把控劳动的强度和劳动量。

(6)给孩子创造良好的环境,让孩子敢于表达,敢于交际。

2.培养孩子的责任意识

具有责任心是自立者的一个重要特征。能自立者必是一个对自己负责、对他人负责、对社会负责之人。

(1)从幼儿抓起。孩子还小时,家长们不但要教孩子勤动手,尽量做到自己的事自己做,还应要求孩子对自己所做的事负责。

(2)在孩子心中树立主人翁意识和民主意识。

(3)教孩子学会换位思考。

(4)教会孩子正确评估自己,正确看待自己。可从以下几个方面做起。

首先,恰当地估计自己的实力,不夸大,不推卸责任。

其次,要引导孩子学会正确归因,这样他才能成为一个负责任的人。归因方式往往直接影响一个人责任意识的指向。如,我出门被院坝边的石头绊了一跤。正确归因是我自己不小心,责任在自己;不正确归因则是院坝边的石头的错,如果没有院坝边的石头自己是不会摔跤的。前者把责任归到自己身上,能担当,会总结教训,下次就不会犯类似的错误;后者把责任归到他人/他物身上,推卸责任,形成依赖的习惯,以后可能还会犯类似的错误。让孩子学会正确归因,有助于孩子的成长。

(5)帮助孩子根据自己的爱好,选择一条适合自己走的路。

3. 培养孩子的自信心,为孩子自立打下心理基础

自信是一种积极的心理状态和人格品质,它是自立的前提,可以说没有自信就不可能有真正的自立。孩子只有打好这个心理基础,做到正视自我、相信自己,才能无惧困难,走向自立,勇敢追求自己想要的未来。

4. 让孩子学习一些情绪控制的方法,培养孩子的情绪自立能力

一个人要自立,就是能掌控、调节自己的情绪,不被不良情绪所控制,做情绪的主人。在现实生活中,有的人在顺境的时候,在别人的想法和做法符合自己的意志的时候就开心,就什么都好说、好办,一旦遇到什么不开心、不符合自己心意的事时,就无法控制自己的情绪,在家、在朋友面前,在大庭广众之下任意而为。对此,家长应注意以下几点。

第一,不能对孩子的不良行为听之任之,要做到该管的一定要管,该纠正的一定要纠正。

第二,要教会孩子控制情绪的几种主要方法。例如:合理地宣泄不良情绪;转移不良情绪;等等。

5. 率先垂范,科学教育

(1)家长率先垂范,为孩子树立自立的榜样。

(2)多表扬鼓励,多尊重赏识,少批评指责。

(3)教育合理有度。可从以下几点做起。

第一,教育孩子一定要有规矩。所谓规矩,就是要有一定的章法,根据孩子的年龄和个性特点,规定孩子哪些能做、哪些不能做、哪些该怎么做。

第二,启发式的引导,民主型的管理。启发式的引导有助于孩子独立思考问题,民主型的管理能增强孩子的自信,为孩子自立打下心理基础。

培养孩子独立的人格,这既是家长的责任,又是一项伟大的工程,不能操之过急;既要从小抓起,又要从日常生活的细微处入手;既要注意连续性、严肃性,又要注意科学性;家长既要用心,又要细心。

6.在艰苦环境中培养孩子的自立能力

一些教育专家在参加某次"全国关心下一代研讨会"上形成了一种共识:现在这一代的孩子在许多方面如文化教育、知识量、信息量等方面,水平都大大超过了上一代,但他们又普遍缺乏一种吃苦耐劳、在困境中自立的精神和能力。

有位学者说了一句震撼人心的话:"再富不能富孩子。"这句话和"再穷不能穷孩子"看似对立,其实是统一的,因为出发点都是为了孩子的健康成长。有人说"孩子要穷养",并不是说放着好日子不过,非要让他们过回艰苦年代的苦日子,而是强调不溺爱孩子,不什么事都包办代替,不无条件地满足孩子,不要使他们成为"手不能提,脑不能动、欲望无穷"的人。应创设一些艰苦的环境,让孩子在实际生活中锻炼他们的自立精神。

第一,家长对管放要合理适度,不要万事操办,要让孩子学会一些基本的生活自理能力。

第二,让孩子接触一些"劣性刺激",如让他们体验饥饿与寒冷、明白胆量与生存是什么,从而锻炼他们吃苦耐劳的精神,增强他们与困难做斗争的勇气。

第三,让孩子到社会中去,接受现实生活的考验。世界太大,学校太小,为了培养孩子的自立精神,应当提倡他们尽早走出家门,走出校门,到社会大课堂中去经受锻炼。

第四,教授孩子一些基本的处世技能和生活技能。如认识常用小工具以及安全使用的方法,认识家庭住址以及父母联系方式,如何识别和回避坏人,等等。

在生活中,不管生活好与坏、条件好与差,孩子都会遇到很多困难和问题,孩子的自理能力就是在这些困难和问题中慢慢形成的。孔子的成长就是很好的例子。

> 孔子出生在春秋时期的鲁国。孔子的父亲晚年纳一小妾名叫颜征在,生一男孩名叫孔丘,即后来的孔子。但是,不久,孔子的父亲因病去世,童年短暂的幸福生活就这样结束了,此时,孔子刚满3岁。家道中落,母亲带着他来到鲁都曲阜生活。生活十分艰苦,母亲告诫孔子:一个人有用与否不在于他的衣着,而在于他的才学,不要把心思放在穿衣吃喝上,应把精力放在学知识和本事上。孔子在外祖父的指导下学习六艺,外祖父也告诫孔子:"一个人要像一棵树一样,立得直,要自立,只要自己看得起自己,就不会被别人看不起。"外祖父的话给他很大的震撼,使他体会到只要能自立,只要学到了自立的知识和本事就会受到人们的尊重。

孔子六七岁学礼乐,十五岁而志于学,三十而立,后成为一代宗师。孔丘也不是生来就是"圣人",而是在艰苦困境中锻炼成自信、自立的人的。相比之下,现在的很多孩子生活环境过于优越,从小就生活在一个甜罐子里头,事情基本都是父母包办,上学了还没有基本的自理能力。

在学习、生活中如果遇到一点点挫折就承受不了,孩子将来怎么能自立呢?所以,家长要留给孩子足够的时间和空间,让孩子自己面对生活中、学习中出现的问题和困难,要创设一些艰苦的环境锻炼孩子,以此增强他们的自立能力。

"骐骥一跃,不能十步;驽马十驾,功在不舍。"对孩子的教育必须一步一个脚印,只要坚持不懈,孩子就能逐步成为一个真正能自立的人。

三十二　如何让孩子获得自信

自信是成功的第一要诀,是一个人获得成功的内在驱动力。在人生之路上,当遇到曲折坎坷时,只有自信的人,才能激发出内在的勇气和信心,才能健步如飞、勇往直前、义无反顾地奔向心中的目标。所以,家长应把培养孩子的自信作为教育的重点。

(一)自信的概念和作用

1. 自信的概念

自信就是自己相信自己,既包括对品德的自我肯定,也包括对能力、身体以及人际关系等方面的自我肯定。例如:无愧于心的品德自信——相信自己有高尚的品德,既无愧于心,也无愧于他人;底气十足的身体自信——完全相信自己的身体素质、动作力量等,相信自己的身体具有胜任某项工作(运动)的先决条件;胸有成竹的能力自信——心中肯定自己具有胜任某项工作或完成某项任务的知识和能力。

2. 自信的作用

(1)自信是人们获得成功的基石,是实现梦想的翅膀。邓亚萍身材矮小,不适合体育运动,但她凭着自信和努力赢得了"世界乒坛皇后"的桂冠,实现了自己的梦想。可见,自信之重要。中国西晋著名文学家左思的故事就是一个很好的例子。

  左思,姓左名思,字太冲,在小时候是个笨孩子,而且长相丑陋,行为笨拙,常常被周围的小孩所嘲笑。他读书领会得很慢,怕被别人嘲笑,于是就囫囵吞枣似的学了下去,成绩很差,和别人有很大差距。

  父亲一直希望左思能够像其他孩子一样在学堂里学到知识,但是,看到如此情形,叹着气说:"这孩子领悟力差,不是读书写文章的料,叫他用功练字吧,能够抄抄写写,将来也能谋个事做,能够有个饭碗。"但是,他练字,又总怕写不好,父亲骂他,心里一紧张,就更写得不成样子了。于是,父亲想,这孩子在文字上是干不成什么事情了,就让他学鼓琴吧,吹吹打打,将来到乐队里跟着人也能混碗饭吃。

  可是,左思对鼓琴根本就没兴趣,也学不好。有一天,左思又在写写涂涂,练了半天字也不见有什么长进,心里也很不是滋味。父亲虽然看到儿子样样学不会,有点儿不高兴,但毕竟是爱着孩子的。每当看到他受到其他同龄孩子的嘲笑和讥讽时,也很难过。看孩子努力又气馁的样子,又很心疼。

  他低头思索,偶一抬头,看到了院里一只螳螂正从树根往树上爬,于是灵机一动,觉得可以以此来教育孩子。他立即叫来左思,问:"思儿,你看那是什么?"父亲朝螳螂的方向指去。左思朝父亲所指的方向望去,他看到一只螳螂拖着细细的腿,一点点地艰难往上爬,花了好大的劲和好长的时间才爬上去。父亲说:"猴子爬树能一跃而上,螳螂虽然不能像猴子那样快,但是一点点地还是爬上了树,只要努力就会成功。"听了父亲的话,望着树上的螳螂,左思突然悟到了什么。

  在父亲的积极引导下,左思重拾学习的自信,坚持不懈地努力,读书、练字、作文,做什么事情都比别人付出得多,最终成了与陆机齐名的伟大文学家。

  (2)自信是力量的源泉,是事业成功的保证。缺乏自信的人,不管智力高低,都缺乏奋斗意识和创新意识。为什么有的孩子从小学到大学成绩一直很不错,而到了工作实践中却一事无成呢?为什么有的孩子学习成绩一般,甚至很差,却能在他从事的事业中获得成功?主要的原因是前者对所从事的事业缺乏自信,后者对自己所从事的事业充满着必胜的信念。缺乏自信的人,容易缺乏奋斗意识和创新意识,因为怕担风险,所以不管做什么事都患得患失,容易安于现状,止步不前。自信心强的人,能从自己喜欢的小事做起,一步一个脚印,不断地尝试和创新,有不达目标决不罢休的勇气,所以,事业上总能"芝麻开花节节高"。在我教的学生中有成绩好的,也有成绩差的,有升入大学深造的,有初高中毕业就创业的,现在回头看,学习成绩的好与差与事业成功与否并没有直接的联系,唯有自信非常关键。例如我教的两个学生,一个高中毕业,一个初中毕业,他们在读书时都成绩平平,没有读大学。高中毕业的从修钟表开始创业,初中毕业的从卖醪糟汤圆开始创业。这两个学生都有一个共同点:在创业的路上充满自信,不断奋斗;不以事业"不名"为耻;不怕困难,脚踏实地做好每一件事;能不断地总结自己,永不为今天的成绩而满足;待人坦诚,能适应各种环境。如今他们过得很好,仍然信心百倍地奋斗着。我举这样的例子,并不是说学知识不重要,而是说有一颗自信的心更重要。

威尔逊说:"要有自信,然后全力以赴——假如有这种信念,任何事情十有八九都会成功。"在人生的旅途中,信念就好比航标灯射出的光芒,在朦胧浩瀚的人生海洋中,指引着我们走向辉煌。只要自信建立的信念之旗不倒,一切艰难险阻都无所畏惧。相反,信念之旗倒下,人的精神也就垮了,最终变得萎靡不振,做事畏首畏尾,一事无成。

(二)孩子在自信方面存在的主要问题

1. 自馁

所谓自馁就是因不相信自己而产生的一种畏缩心理。具有这种心理的人由于怀疑自己的能力,产生自我怀疑,往往忽视自己的优点,夸大自己的缺点,从而产生自卑。其表现是:过低地评价自己,轻视自己,不相信自己,常感到自己无能。所以,具有这种心理的人做事常缺乏主动性、积极性,遇到困难就退缩不前。

自馁的主要表现为以下三点。

(1)胆小怕事。不管做什么事,总不敢独立操作,总要依赖成人(主要指家长)才敢去做。例如:幼年玩耍时,总离不开成人,一旦离开了就不知所措;不能独自与同龄人玩,即使一起玩,也不能与同龄人快乐地交流;性格孤僻,怕见生人,在不熟悉的人面前不知说什么,动作扭扭,说话结巴、脸红;不敢独自外出办事(包括上学),总担心安全问题或别人伤害自己;在上课时或在众多人面前从不主动发言;等等。

(2)怕困难。一帆风顺时兴高采烈,一旦遇到困难或遭受挫折就愁眉苦脸,缺乏战胜困难的信心和勇气,也不善于总结教训,遭受挫折后长时间沉浸在失败的痛苦中,甚至一蹶不振。

(3)不善于发现自己的长处,纠缠于自己的短处,常为自己的不足而自卑。例如:常为自己的长相不漂亮、身材不婀娜或伟岸而烦恼,也因此羞于与人交往,即使与人交往也显得底气不足;常因自己的学习成绩差埋怨自己或父母,在参加社会活动或与人交往时表现得羞怯、不自在。

2. 自负

所谓自负就是自以为了不起,是过于自信而表现出来的盲目自大的心理状态。具有这种心态的人往往过高地评价自己,看不到自己的不足和缺点,认为自己了不起,在行为上往往表现为刚愎自用。自负的人听不进别人的意见或建议,常被眼前的小小胜利蒙蔽眼睛,其结果往往是失败。就像"夜郎自大"的故事:西汉时期,西南地区有个面积很小的夜郎国,人口稀少,土地稀薄,国王非常骄傲,自以为夜郎国是天下唯一的大国。西汉朝廷派唐蒙出访夜郎国,夜郎国国王竟不知高低地问:"汉孰与我大?"唐蒙哑然失笑。由于夜郎国以为自己是最强大的,不把别人放在眼里,最终走向了亡国的命运。

自负的主要表现为以下三点。

(1)骄傲自满。孩子还小的时候,表现为有一点儿成就就得意忘形,受到表扬就认为自己了不起,认为自己"天下第一",其他人都不放在眼里,谁的话都不听;随着年龄的增长,逐步变得说话脱离实际,喜欢在众人面前表现自己;有了成绩就趾高气扬、踌躇满志,遇到困难或挫折就垂头丧气,甚至一蹶不振;干事缺乏耐心和恒心,不善于总结,不善于交际,很难成功,易招致失败。

(2)刚愎自用。具有这种性格的人,往往只有理论知识,缺乏实践经验,说起理论来一套一套的,自认为比别人强,常看不起别人,听不进别人的良言和劝告,我行我素,往往也会招致失败。例如,三国时的"马谡失街亭"的故事。马谡是三国时的将领,他与哥哥马良,都在刘备手下做官。马谡爱好谈论军事,丞相诸葛亮很看重他。公元228年春,诸葛亮率军伐魏,派马谡去驻守战略要地街亭,马谡不听副将良言,致使街亭失守,伐魏失败。事后,诸葛亮斩了马谡,并向后主刘禅上表,要求免去自己的丞相职务,降级三等,以处罚自己用人不当、造成败绩的重大过失。

(3)夸夸其谈,盲目自大。这种人常常过高地估计自己的能力,过低地看待别人的长处,不懂"尺有所短,寸有所长"的道理。

例如,卖油翁的故事。

> 从前,有一个名叫陈尧咨的人擅长射箭,当时世上没有人能和他相比,他也凭着这一点自视甚高。一次,他在自家的射箭场射箭,有个卖油的老翁放下挑着的担子,站在一旁,不在意地斜着眼看他,久久不离去。老翁见到陈尧咨射出的箭十支能中八九支,只不过微微地点点头赞许。陈尧咨见后问道:"你也会射箭吗?我射箭的技术难道不精湛吗?你怎么敢轻视我射箭的本领?"老翁说:"凭我倒油的经验就可懂得这个道理。"于是老翁取过一个葫芦立放在地上,用铜钱盖在葫芦的口上,慢慢地用勺子把油倒进葫芦,油从铜钱的孔中注入,却不沾湿铜钱。老翁于是说:"我这点儿手艺也没有什么别的奥秘,只是手熟罢了。"

每个人都有自己的长处和短处,有的人只不过在某些方面有一定长处而已,切莫自恃才高,否则将后患无穷。

3.家长对孩子自信教育的重要性认识不够、重视不够

当今的父母、学校乃至整个社会,绝大多数对孩子的教育都是功利化教育。从幼儿园开始,就要求孩子多得几朵"小红花"、几颗"星星",入学后只重视孩子的学习成绩,大学毕业后只关心孩子找个什么工作,能挣多少钱,很少关心孩子自信品质的培养。主要原因是:一是社会上某些唯分取人、唯文凭取人现象的影响;二是家长对自信缺乏正确的认识,认为只要孩子学习成绩好,身体好就行了,没有意识到自信对孩子成长、成才、成功的重要性。

4.家长对孩子自信品质的培养不够

(1)父母娇惯孩子,包办一切,孩子不能在失败和成功中获得自信的体验,丧失了提升自信的机会。孩子的自信来自何处?多数源于实践中的失败与成功,源于失败时家长的一声勉励,源于成功时的一声赞扬。家长对孩

子生活的包办代替，无形中剥夺了孩子实践的机会，也就剥夺了孩子养成自信品质的机会。

(2)盲目比较，不利于孩子自信心的建立。在现实生活中，凡是在众人相聚的地方，人们谈论最多的是孩子考了多少分，在班上是多少名，读的是什么学校，在什么单位工作，每月挣多少钱，等等，很难听到关于孩子特长、行为、习惯、意志品质等方面的讨论。家长对孩子的唯一要求就是成绩，成绩，成绩！并把成绩的好坏作为评判孩子优劣的标准。有的家长爱在孩子面前把自己孩子的不足拿去与别人的长处相比，弄得孩子信心全无，颜面扫地。这些很不利于孩子自信品质的建立。

(三)如何才能培养孩子的自信心

1.让孩子在得失的体验中慢慢建立起自信心

父母可以在保证孩子安全的前提下，允许他们进行一些尝试，鼓励他们做一些力所能及的事情。如孩子开始学爬时，他对爬是很感兴趣的，家长应根据孩子的能力，鼓励他爬向某一目标；又如孩子开始学习走路时，最想自己去走，不想要父母搀扶，这时，父母不要因为怕孩子把衣服弄脏，怕孩子摔倒，而不让孩子自己走，应鼓励孩子大胆去走他想走的路，让孩子迈出信心养成的第一步。随着孩子的成长，像吃饭、穿衣、洗脸等生活上的事，都应鼓励孩子自己动手。也许，孩子在开始做这些事情时会出错，但不要紧，家长不要直接指出错误，更不要粗暴地纠正，而要从旁提醒孩子，让他自己判断是否错了。孩子就是在错误(失败)和成功中建立自信的。

2.不吝赞扬和勉励，少些埋怨和指责

在孩子动手动脑的过程中，当他们有点滴进步时，做出微小成绩时，家长不吝给孩子一句实实在在的褒奖；当孩子遇到困难、遭受挫折时，父母给予及时的安慰或鼓励，这样，孩子的自信心会大增。有的教育家说好孩子是夸出来的，这确实很有道理。因为，人的自信心有时是需要外部支持的，我们成人往往如此，何况小孩子呢？比如，当幼儿喝饮料时，他自己动手把瓶盖拧开，喝了以后又努力将瓶盖拧上。家长发现这件事后，就可以针对孩子自己拧瓶盖这件事及时地夸奖孩子："宝宝真行，自己能将瓶盖拧下和拧上

了,宝宝做其他事情也会行的!"简单的几句鼓励就能增强孩子自己动手的自信心。家长在要求、鼓励孩子做些力所能及的事同时,应注意观察孩子,当他们有进步时,哪怕是些微小的进步,都应常用"孩子,你真行""真能干""还应继续努力""不要灰心""下次一定会做得更好"等话语夸奖、激励孩子,这样孩子就会慢慢相信自己能行。当孩子在某件事上反复失败时,当孩子受到委屈、遭受挫折、做错了事时,应用"孩子,没做好没关系,相信你下次一定有进步!""你有什么委屈可以告诉妈妈,让妈妈和你一起分担,好吗?""如果你不告诉妈妈也可以,但你千万不能往心里去,好吗?""错了没关系,相信你下次一定不会再犯这样的错误!"等话语去鼓励孩子。家长的信任、真情能抚平孩子心理的伤痕,让孩子变得自信起来。千万不要在孩子面前唉声叹气,一定不要有皱眉、摇头等表示失望的表情和动作,更不能用"哎!你真笨,怎么反复教你你都不懂!""笨死了,真拿你没办法!""一边去,看我怎么做的!"等话语责骂孩子,甚至动手打孩子,以防伤害孩子的自尊和自信。

　　要求孩子要自信,家长首先要充分表现出对孩子的信任,这样孩子心里才有底气和信心。就像我对我的孩子,不管怎样,我都充分地信任她们,即使她们的想法、做法不正确或有欠缺,我也只是善意地提出自己的看法供她们参考,这样,她们在做什么事以前也乐于告诉我。在孩子读书时,尽管她们学习退步了,成绩考差了,我也总是心平气和地告诉孩子:"自己想想为什么学习退步了?什么原因造成这次考试成绩不理想?孩子,我相信你自己一定能找到原因,也相信你一定有能力把学习成绩再提高一步,缩短你与好成绩的差距!"由于我对孩子的充分信任,孩子对"我一定能学好"的信心一直很强,也从未让我过分操心。我的二女儿初中读的是普通学校,凭着自信和努力,以超出重点中学录取线30分的成绩考上重点高中,之后顺利地考上重点大学(重庆大学)。她从到大学报到,到毕业找工作,从没让父母操心。我曾记得,我二女儿大学毕业后,自己联系上了工作单位。去面试时,我提出跟她一起去,可孩子想了想说:去也可以,但去面试的话,你们一定不能去。就这样,孩子比较委婉地拒绝了我们陪她去。之后,孩子顺利地进入该单位工作。我想,孩子这一切表现,很大程度源于她的自信吧!

　　家长对孩子由衷的赞扬、信任和鼓励,是孩子战胜困难的动力,是孩子自觉进步的法宝,是孩子获得成功的秘诀之一。一句"你真棒!""我们充分地信任你""我相信你会做得好!"也许能成就孩子的一生。元末大画家王冕的母亲对他的勉励,成就了一代宗师。

　　王冕是我国元朝末年的大画家。他特别擅长画荷花,画的荷花栩栩如生,深受人们的喜爱。王冕原来是个牧童,父母也根本不懂什么画画,他完全是自学成才,但是在这个过程中,母亲对他的鼓励和支持也是很重要的。

　　王冕家境贫穷,七岁父亲去世。母亲精打细算,省出钱来送王冕上学。后来母亲积劳成疾,王冕只好弃学去给人家放牛,他边放牛边读书。就这样日复一日,过了三四年,王冕已经读了不少书。

　　一个夏天的正午,王冕又去放牛。这一次他把牛赶到一个荷塘边,让牛在塘边吃草,自己坐在塘边树荫下看书。突然,天上乌云密布,顷刻间大雨滂沱。王冕看书入了迷,没有注意到天气的变化,来不及躲雨,就干脆摘一片荷叶盖在头上,在雨中站着。幸好夏天的雨来得猛也去得快。雨过天晴,荷塘的景色变得十分清新可爱。王冕细看眼前的荷塘,不禁呆住了。荷塘里,被水冲洗过的荷叶青翠欲滴,从荷叶中脱颖而出的粉红的荷花,有的袅娜地盛开着,露出嫩黄的小莲蓬。一阵微风吹来,高出荷叶的荷花随风摇曳,婀娜多姿,荷叶上的水珠也随着荷叶的摆动而滚来滚去,晶莹剔透,非常可爱。一下子,他看得入了迷,嘴里喃喃地说:"真美啊,我要是能把它画下来多好啊!"晚上回到家里,白天见到的荷塘美景依然不断地浮现在王冕的脑海中,他想把它画下来的欲望越来越强烈,可是他又不会画画,该向谁去学画画呢? 母亲见到儿子怅然若失的样子,关切地问道:"冕儿,你怎么了?"王冕便把白天见到的荷塘美景以及自己的想法告诉了母亲。母亲听罢,笑了笑,"孩子,世上没有一开始就会的事情,也没有学不会的事情,既然你想画荷花,可以自己学呀。你进学堂才两年,不是也懂得了不少道理吗?""对呀!"听了母亲的话,王冕茅塞顿开,同时也信心倍增,一拍脑袋,"明天我就开始学画画儿"。

　　第二天,王冕又把牛赶到荷塘边,因为没有纸笔,他折下树枝当笔,以沙地为画板,坐在荷塘边,一边观察着荷花,一边在地上画……

　　从此以后,王冕平时节省下来的钱,除了买书,还用来买纸笔、颜料。每天出去放牛,他都随身带着纸笔、颜料,天天对着荷塘不停地画荷花。但一连画了几天,都画得不像,他不禁有些气馁,有时还气得把笔扔在地上,把纸都给撕破了。一天早上,他出门时没有像平时那样带着纸笔、颜料,母亲提醒道:"孩子,你忘记带什么东西了?"他沮丧地告诉母亲:"我不想画荷花了,我一连画了那么多天荷花,都画不好。"母亲含笑说:"孩子,你呀,太天真了,凡事哪能一蹴而就,何况你是自学的。娘知道你已经很努力了,画得很好了,只是如果可以再努力点儿,再用心点儿,你肯定会画得更好!继续画吧,娘相信你能画好。"于是,王冕又拿了纸笔和颜料出去了,又像往常一样坐在荷塘边画荷花,依然画不好,但是这一次他没有掷笔,也没有丧气。想起母亲的鼓励,他鼓励自己:"我一定要画好,一定能画好。"

不论晴天或下雨,王冕都坐在荷塘边仔细地观察荷花的各种姿态,反复地画着,长此以往,他坐的那块草地上的青草都枯萎了,成了一个浅坑。日子久了,他的画技渐长,画得跟真的一样。

王冕从一个牧童成为一个画家,完全是自学的。"世上没有一开始就学会的事情,也没有学不会的事情。"母亲适时的鼓励是非常重要的。先是发现孩子的兴趣,及时鼓励孩子去做,当孩子泄气时又对孩子加以肯定和勉励,以增强孩子的信心。

家长们,想要你们的孩子具有自信的品质,你们就要学会鼓励孩子。

3.有意识地让孩子承担一些责任,能增强孩子的自信

孩子勇于担当,敢于负责,既是能力的体现,更是自信的表现。赋予责任能在培养孩子敢于担当的精神品质的同时,树立孩子的自信心。

其一,在孩子幼小时,让他自己收拾玩具和书籍、打扫卫生等。这不仅能锻炼孩子的动手能力,还可使孩子从中获得自信,知道有很多事"我能做",而且"我有能力做好"。

其二,在孩子稍大一些、有独立办事能力时,在安全有保障的情况下,让孩子上商场购物、到菜市场买菜等。这样可以培养孩子独立办事的能力,从而获得信心。

其三,让孩子参与安排家庭事务,如商量周末游玩计划或节日家宴的菜谱等。孩子从中不但可以学会自立,还可以找到生活的自信。

其四,让孩子组织自己的生日宴会或同学聚会,可培养孩子的胆量、说话能力、社交能力,更能增强孩子的自信。

4.扬长避短,增强孩子自信

(1)让孩子学会相信自己,从而增强自信。每当孩子遇到困难或遭受挫

折时,一部分家长不是鼓励孩子,让孩子自己去解决问题,去寻找受挫的原因,而是代替孩子解决问题,或者指责孩子,慢慢让孩子丧失了自信,遇事总是自信心不足。譬如:当孩子课业表现或学业成就不理想时,假若经常受到亲子家长的责问或惩罚,孩子就会产生莫名的罪恶感,进而损伤自信心,最终成绩日愈低落,对学习缺乏兴趣。其实,明智的家长应该懂得一个道理:学习成绩的好与坏,只反映智力的某一个方面,每个人的智力发展都是有方向性的,在同一方向上是有差别的。尺有所短,寸有所长。家长何必因孩子学习成绩不好就抱怨或指责孩子呢?家长如果把自己与同龄人、同时代的人相比,就会发觉自己有比他人强的地方,也有很多地方不及他人。那为什么父母在孩子的问题上就如此看不开,非要拿孩子与别人比较呢?为什么不仔细观察孩子,研究孩子,发现孩子的长处,欣赏孩子的长处呢?

有的孩子,在学习上尽管花了很大的力气,可成绩还是不如他人,其原因可能是记忆力不够好、理解力不强,但他可能在模仿能力、动手能力、文艺体育、身体条件等方面比别人强。家长的责任就是要善于发现自己孩子的长处,欣赏自己孩子的长处,以孩子的长处为起点,树立孩子的自信心,让孩子接受自己,正视自己的缺陷或不足,做到扬长避短,使孩子的长处得以充分展现。

李白曾经放歌"天生我材必有用",我们也完全可以相信孩子"天生其人必有才,天生其才必有用"。家长要善于发现孩子的长处,给予孩子生活的信心,帮助孩子克服缺陷带来的自卑心理,增强其自信和动力,那孩子一定会在自信的引导下有所作为。

(2)以"勤"补拙,以"毅"补拙。所谓"勤",即勤劳、勤奋;所谓"毅",即毅力、意志。人与人相比较,都会有不足。那么,如何才能赶上并超过比自己强的人呢?唯一的办法是比别人多花时间和精力,也就是人们说的"勤奋"。只有拥有顽强的意志、矢志不渝的毅力和勤奋不辍的坚持,才能缩短与强者的距离。一分辛劳一分收获,多一分收获,就多一分信心;收获越多自信越强,最后定能追上比你强的人,甚至超过他。

一个有自信的人,不但要正视自己的缺陷,而且要挑战自己的缺陷,以"勤"和"毅"战胜自己的缺陷,挑战自己的不足。萧伯纳就是一个成功挑战自己缺陷的人。

英国杰出的戏剧家萧伯纳以幽默的演讲才能著称于世,但其实他20岁时胆子很小,到别人家做客总在门前徘徊很久都不敢按门铃,更不要说当众演说了。他第一次参加演讲,结果极其糟糕,他觉得自己就是一个十足的傻瓜,蒙受了莫大的耻辱。他发誓每周都要当众演说。从此,人们在学校、市场、公园、码头等地方,或在几千人聚集的场合,或在只有几人的地下室,经常看见他激情演讲的身影。在12年中,演讲次数就达1000多次。正是他坚持不懈的努力,以及令人惊叹的勤奋,使他终于成了一代著名演说家。

"宝剑锋从磨砺出,梅花香自苦寒来。"为了孩子的明天,家长们应从孩子幼年开始,在勤劳、勤奋和意志方面为孩子打下基础。

(3)锻炼孩子的胆量。有的孩子做事畏首畏尾,在生人面前扭扭捏捏,不敢开口说话,怕参加集体活动,不敢一个人外出办事等,其实,这些表现可能都是不自信在作祟。如果孩子有以上行为,家长要有意识地锻炼孩子,慢慢培养起孩子的自信。

第一,从孩子幼年开始,只要在孩子安全的前提下,不要限制孩子的行动,应鼓励孩子大胆去做。如,2至3岁时,假如孩子不敢从一级石梯上往下跳,这时,家长就应鼓励孩子:"孩子,不要怕,有我保护着你,你大胆地往下跳吧!"也可鼓励孩子做想做又不敢做的事,以锻炼孩子的胆量。

第二,创造机会,锻炼孩子。首先,家长可以从培养孩子讲礼节礼貌开始。孩子具备基本语言能力后,家长要教会孩子使用常用的文明用语,养成见到小朋友、长辈等主动打招呼的习惯。其次,家长应鼓励孩子多参加朋友聚会,并要求其积极发言;孩子到了小学高年级及以后,可鼓励孩子自己组织一次生日聚会;在家宴时,可让孩子当主角主持宴会并讲话。

对于胆小的孩子,关键是迈出"大胆"的第一步。在开始某种活动前,家长应多给孩子打气,告诉孩子:"家长充分地信任你,相信你一定行,不管做得好与坏,我们都高兴!"另外,要给孩子自信的心理暗示,在做某种事之前,告诉孩子要在心里告诉自己,"我不怕,我行,我行,我一定行!"孩子只要成功一次,自信就会增加一分,其他事情也如此,因为成功就是自信的积累。

5.培养孩子正确的成败观

不管是谁,不管干什么事,都希望成功,但追求成功的过程往往伴随着挫折或失败。一次次的成功可能会使人产生自负和骄傲自满的情绪,从而招致失败;一次次的失败又会使个体的自信心受到打击,甚至使人一蹶不振。自信是成功的积累,是一次次成功经验的结晶;同样,不自信的积累也可能招致失败,失败了如果不能总结出失败的原因,就可能再次失败,从而使自信心受到重创。那么,如何才能让孩子做到胜不骄败不馁?这就要让孩子学会总结成功的经验或失败的教训,成为一个善于总结、不骄不躁的人。

(1)找到合理的成功、失败的原因。成功,值得高兴与庆贺,但不能盲目乐观,应保持清醒的头脑,总结出成功的原因,明确明天努力的方向,做到胜不骄,这样才是真正的自信,不然,就变成自负了。失败固然值得惋惜,但不能气馁,不得妄自菲薄,应坦然地面对失败,总结出失败的真正原因,吸取教训,迎头再战。这才是自信者所为,成功者所为。

从孩子的幼年时代起,家长就应引导和教育孩子进行归因,这对于孩子成长、成才和成功极其重要,家长可从以下几个方面去做。

第一,从孩子日常生活的小事入手,正确诱导孩子进行合理的归因。在幼儿时期,假如孩子不小心被某种东西绊倒了,要诱导孩子找出被绊倒的正确原因。例如,孩子不小心被家里的凳子绊倒了,因此大哭。家长应说:"宝宝,为什么哭了?是不是自己不小心被凳子绊倒了?没关系,一会儿就不痛了,下次走路一定要小心。"切不可为了哄孩子不哭就说:"宝宝!是不是凳子把宝宝绊倒了?宝宝乖,不哭了,看妈妈收拾这个凳子。"像后者这种错误诱导的情况,隔代教育者容易犯。如果孩子遇到不顺心的事,家长都像后者这么引导,孩子将来慢慢会成为一个不会正确归因的、蛮不讲理的人,可能成为一个失败的人。所以,对孩子的教育没有小事,特别是在孩子的幼年时期。因为孩子这时就是一张白纸,家长怎样画,他就成怎样的人。为此,家长一定要把教育时时、事事放在心中,抓住生活的每一个细节,加以正确的引导,让孩子学会正确归因。

第二,引导孩子进行自我归因。孩子上学后,接触的人多了,经历的事也多了,需要掌握的知识难度也不断加深,这给孩子提供了很多成功的机会与遭受挫折和失败的机会,这就要求孩子慢慢学会自我归因,为以后的学习成长铺路。如果孩子考试考好了,家长要教育孩子不要盲目乐观,更不能跟着孩子盲目乐观,要告诉孩子:"孩子,这次考得好,值得庆贺,值得高兴,值得表扬,但你要在心中想一想,这次为什么考得好,有哪些地方可以继续发扬,还有哪些需要注意的问题。以后不管做什么事,做了以后都应这样想一想,好吗?"如果孩子遭受了挫折或失败,一定要安慰、鼓励孩子,并协助孩子寻找出失败的真正原因。

(2)自信来源于成功,合理的目标是成功的基础。前面已经说过,孩子的自信来源于成功,成功一次,自信就增加一分。因为,自信来源于成功的体验,成功的体验又来源于目标的实现和满足,所以,要想获得成功,就要制定出能获得成功的目标。一个人如果没有目标,就犹如航船没有方向,一辈子都不会走向成功。如果目标过高,尽了最大的努力也达不到,这样也会招致失败,从而丧失信心;目标过低,就能轻而易举地实现,这样,不能给人带来成就感,激发不了自信心。因此,制定目标一定要合理。所谓合理,就是要通过努力能够实现,既不过高也不过低。所以,家长对孩子的要求应考虑如下问题:

第一,不管是给孩子制定学习目标、锻炼目标还是其他目标,一定要清楚孩子的能力、水平,要制定孩子通过努力能够达到的目标,让孩子有成功的机会。

第二,要教育孩子结合自己的能力水平制定合理的目标。教育的最终结果是由开始的扶着走到孩子自己能走,家长应逐步放手让孩子自己给自己制定切合自身实际的目标。

(3)胜也如常,败也如常。孩子从一出生开始,就要经历无数的成功和失败,有的人成功了能保持清醒的头脑,越战越勇;有的人却飘飘然,不可一世。有的人失败了会很快地从失败中站起来,奋勇前行;有的人却一蹶不振,自信全无,从此垮了下去。这是因为他们对待成败的看法不同。家长在这方面要做好以下几个方面的工作。

第一,培养孩子谦虚的美德,做到胜而不骄。骄傲自负的人往往目中无人,刚愎自用,这样的人往往会招致失败。谦虚的人往往头脑清醒,目光远大,能预见成功路上的困难和问题,能防患于未然,所以能不断地取得成功。世界上有作为的人几乎都具有谦虚的美德。被人们称为"力学之父"的牛顿,是一位大科学家,发现了万有引力定律,热学上确定了冷却定律;数学上提出了"流数法",开辟了数学史上的一个新纪元。对于他的成功,他却谦虚地说:"如果我看得比笛卡儿要远一点,那是因为我站在巨人的肩膀上。"他还说:"我只是像一个在海边玩的小孩子,有时很高兴地拾着了一颗光滑美丽的石子儿,真理的大海还远远没有被发现。"伟大的科学家尚且如此谦虚,更何况我们一般人呢？所以,家长要告诫孩子:当你取得了一点儿成绩的时候,要时时牢记"谦受益,满招损"的古训;要知道,知识的海洋无穷无尽,你学到的还不及沧海一粟,时时保持谦虚的美德,你才能不断地获得成功。

第二,培养孩子冷静的思辨力、坚韧不拔的毅力,让孩子做到败而不馁。人们常说:行船不可能一帆风顺,总会遇到逆流和风浪。在人生的道路上也一样,也会遇到很多意想不到的困难和问题,不知要经历多少次失败。作为家长,从小就要注重孩子"成败观"的培养,特别是经得起失败的心理素质的培养。取得了成绩,不骄不躁,喜不露于色;失败了,能面不改色心不跳,能冷静地思考、总结失败的原因,找准努力的方向。这既是一种胸怀、一种智慧,也是一种品质。家长可从几个方面进行培养:一是让孩子经受艰苦的磨炼;二是让孩子经受失败的体验;三是当孩子遭受失败后家长应给予安慰和鼓励;四是让孩子具有宽广的胸怀;五是培养孩子顽强的意志品质;等等。

6.教会孩子正确认识自己的强大内心

孩子的事情,尽量让孩子做主,家长只给予建议,慢慢让孩子养成有主见的人格品质。要告诉孩子:无论做什么事,一定要对自己有一个清楚的认识,也就是说要有自己的主见,不能因为别人的批评或议论而迷失自己,改变自己,失去自己的主见。人在成长的道路上,要靠自己强大的自信支持自己的行动,而不是让别人左右你的思想,改变你的行为路径。

心理学家认为,外部因素可以影响一个人的决定,而真正起决定作用的还在于一个人的内心。

7.告诉孩子建立自信的一些小方法

(1)暗示自己。在做某件事时,心中反复告诫自己:"我行,我一定行。""别人都能成功,我也能。""加油,加油！离成功已不远了！"类似话语能增强我们的信心。

(2)说话时正视他人。有的人与人说话时不敢看对方,这往往是自卑、害怕、心虚等的表现,这种表现表明了自身的不自信。

(3)多参加活动,在活动中多表现自己、锻炼自己。

(4)在沮丧、恐惧、无助、尴尬的时候和场合,学会用巧妙的方法来应对。

自信带给人爽朗的性格,给予人大海的情怀,赋予人智慧的头脑,铸就人成功的人生。

三十三　如何让孩子获得自尊

（一）自尊的概念及其作用

自尊即尊重自己，包括对自己尊严和价值的维护。

1. 维护自己的尊严

在生活中，在与人的交往中，应把自己与交往对象放在平等的位置上，做到理直气壮、不卑不亢、不畏手畏脚。一个有自尊的人，当他的尊严受到侮辱时，他会不屈强权，奋起反抗，抵制别人侮辱的行为。

例如《晏子使楚》的故事。

> 晏子，春秋末期齐国人，善于辞令，曾作为齐国使臣出使楚国。楚国人因为他身材矮小，想侮辱他，就在城门旁边特意开了一个小门，请晏子从小门中进去。晏子说："只有出使狗国的人，才从狗洞中进去。今天我出使的是楚国，应该不是从此门入城吧。"楚国人只好改道，请晏子从大门中进去。晏子拜见楚王，楚王说："齐国恐怕是没有人了吧？"晏子回答说："齐国首都临淄有七千多户人家，人挨着人，肩并着肩，展开衣袖可以遮天蔽日，挥洒汗水就像天下雨一样，怎么能说齐国没有人呢？"楚王说："既然这样，为什么派你这样一个人来做使臣呢？"晏子回答说："齐国派遣使臣，各有各的出使对象，贤明的人就派遣他出使贤明的国家，无能的人就派遣他出使无能的国家，我是最无能的人，所以就只好出使楚国了。"楚王想羞辱晏子，请晏子喝酒，喝得正高兴的时候，两名公差绑着一个人到楚王面前来。楚王问道："被

绑着的人是干什么的?"(公差)回答说:"(他)是齐国人,犯了偷窃罪。"楚王看着晏子问道:"齐国人本就善于偷东西的吗?"晏子离开了席位回答道:"我听说过这样一件事:橘生长在淮河以南就是橘,生长在淮河以北就叫枳,只有叶子相似,它们的果实的味道却不同。这样的原因是什么呢?(是因为)水土条件不相同啊!这个人生长在齐国不偷东西,一到了楚国就偷起来了,莫非楚国的水土使百姓善于偷盗吗?"楚王笑着说:"圣人是不能同他开玩笑的,我反而自讨没趣了。"

2.对自我价值的肯定

一个善于肯定自我价值的人,敢于行动,不怕磨难和挫折,不轻易认输,即使是面对逆境,他也会信心满怀,笑迎风浪,用自己的光和热去照耀生活。

一个自尊心强的人,即使是处在弱势的情况下,也能做到面对强权不卑不亢,理直气壮。因为他对自己充满信心,坚信自己的价值,相信自己有干好某件事的能力。

例如《毛遂自荐》的故事。

> 秦国大军攻打赵都邯郸,赵国虽然竭力抵抗,但因为在长平惨败后,力量不足。赵孝成王要平原君赵胜想办法向楚国求救。平原君决心亲自去楚国跟楚王谈判联合抗秦的事,打算带二十名文武双全的人跟他一起去楚国。他手下有三千名门客,可是真要找文武双全的人才,却并不容易。挑来挑去,只挑中十九个人,其余都看不中。正在他着急的时候,有个坐在末位的门客站了起来,自我推荐说:"我能不能来凑个数呢?"平原君有点惊异,说:"您叫什么名字?到我门下来有多少日子了?"那个门客说:"我叫毛遂,到这儿已经三年了。"平原君摇摇头,说:"有才能的人活在世上,就像一把锥子放在口袋里,它的尖儿很快就冒出来了。可是您来到这儿三年,我没有听说您有什么才能啊。"毛遂说:"这是因为我到今天才叫您看到这把锥子。要是您早点儿把它放在袋里,它早就戳出来了,难道光露出个尖儿就算了吗?"旁边十九个门客认为毛遂在说大话,都带着轻蔑的眼光笑他。可平原君倒赏识毛遂的胆量和口才,就决定让毛遂凑上二十人的数,当天辞别赵王,上楚国去了。平原君跟楚王在朝堂上谈判联合抗秦的事,毛遂和其他十九个门客都在台阶下等着。从早晨谈起,一直谈到中午,平原君为了说服楚王,把嘴唇皮都说干了,可是楚王说什么也不同意出兵抗秦。台阶下的门客等得实在不耐烦了,可是谁也不知道该怎么办。有人想起毛遂在赵国说的一番豪

言壮语,就悄悄地对他说:"毛先生,看你的啦!"毛遂不慌不忙,拿着宝剑,上了台阶,高声嚷着说:"合纵不合纵,三言两语就可以解决了。怎么从早晨说到现在,太阳都这么大了,还没说停当呢?"楚王很不高兴,问平原君:"这是什么人?"平原君说:"是我的门客毛遂。"楚王一听是个门客,更加生气,骂毛遂说:"我跟你主人商量国家大事,轮得到你来多嘴?还不赶快下去!"毛遂按着宝剑跨前一步,说:"你用不着仗势欺人。我主人在这里,你破口骂人算什么?"楚王看他带着剑,又听他说话那股狠劲儿,有点害怕起来,就换了和气的脸色对他说:"那您有什么高见?请说吧。"毛遂说:"楚国有五千多里土地,一百万兵士,原来是个称霸的大国。没有想到秦国一兴起,楚国连连打败仗,甚至连堂堂国君也当了秦国的俘虏,死在秦国。这是楚国最大的耻辱。秦国的白起,不过是个没有什么了不起的小子,带了几万人,一战就把楚国的国都——郢都夺了去,逼得大王只好迁都。这种耻辱,就连我们赵国人也替你们害羞。想不到大王倒不想雪耻呢。老实说,今天我们主人跟大王来商量联合抗秦,主要是为了楚国,也不是单为我们赵国啊。"毛遂这一番话,真像一把锥子一样,一句句戳痛楚王的心。他不由得脸红了,接连说:"说得是,说得是。"毛遂紧接着补了一句:"那么合纵的事就定了吗?"楚王说:"定了。"毛遂回过头,叫楚王的侍从马上拿鸡、狗、马的血来。他捧着铜盘子,跪在楚王的跟前说:"大王是合纵的纵约长,请您先歃血(歃血就是把牲畜的血涂在嘴上,表示诚意,是古代订立盟约的时候的一种仪式)。"楚王歃血后,平原君和毛遂也当场歃血。楚、赵结盟以后,楚王就派春申君黄歇为大将,率领八万大军,奔赴赵国。

(二)自尊在个体行为中的表现形式

1. 自尊是一种良好的心理状态,表现为自我尊重和自我爱护

一个有自尊的人,对自己的长相、穿着打扮、为人处世、工作态度、业绩、社会交往、家庭等,都从内心感觉比较满意,认为这些值得自己好好珍惜。

2. 自尊还包含要求他人、集体和社会对自己尊重的期望

自尊指既不向别人卑躬屈膝,也不允许别人歧视、侮辱自己,它是一种好的心理状态。一个人只有不气馁,不灰心,不放弃,自己相信自己,自己尊重自己,才可以通过进一步的努力,找到自己的人生价值,赢得别人的尊敬,感受自尊的快乐。

3. 自尊还包括尊重别人和尊重自己的事业

一个人要获得他人的、社会的尊重，首先就应尊重他人和尊重自己所从事的事业，为他人、为社会做出自己的贡献。如果一个人不懂得礼节礼貌，是很难得到别人的尊重的；如果不尊重自己从事的工作（学习、职业等），把工作做得一塌糊涂，也同样很难得到他人和社会的尊重。所以，家长应教孩子从小做好以下两个方面的事情。

(1) 尊重每一个人。家长应该从孩子的幼儿时期开始，教给孩子待人接物的最基本的礼节礼貌，教他们以礼待人，微笑对人，从而让他们养成理解他人、同情他人、帮助他人、包容他人和宽恕他人等人格品质。要让孩子知道，礼貌和微笑是社会的通行证。当你尊重别人时，也会赢得别人的尊重。美国诗人惠特曼说过，对人不尊重，首先就是对自己的不尊重。希望别人怎样对你，你就该怎样对别人。但应注意，尊重他人并不是谄媚和低三下四，而是理解与包容，是一种高明的解决问题之道，是一种自尊自爱的体现。

(2) 尊重自己所从事的"工作"。这里的"工作"，包括孩子的学习和未来的职业等。孩子又该如何尊重自己的"工作"呢？就是要以主人翁的精神，认真负责的态度和敬畏之心来对待学习和"工作"。家长应该告诉孩子：工作（学习）不是一种负担，而是一种权利和义务，如果丧失了工作（学习）的权利，一天无所事事，也无所用心，这对一个人来说是最悲哀的事。我们要通过努力工作来实现自我价值。孩子知道了这个道理，就会认真对待自己的学习，长大后也能认真对待自己的工作（职业）。

4. 廉耻感

所谓廉耻，就是羞耻的感觉。如，当做了一件自己认为对不起别人的事后，从内心感到对不起别人，行为上表现为不好意思、羞于面对。自尊始于知耻，有了羞耻心，人才能节制自己的行为，不做庸俗卑贱的事情，有尊严地生活；有了羞耻心，人们会为自己的不当行为感到难为情；有了羞耻心，做错了事会感到惭愧；有了羞耻心，辜负了他人的期望会觉得内疚。

羞耻心是一切道德品质和人格形成的情感基础，是做人的基本要求，是一切行为的底线。人们常说："一个人不要命好办，不要脸就难办了。"这里的"脸"，指的就是人的羞耻心。可见，羞耻之心对一个人来说是多么的重要。

人知耻,才会限制自己的行为,知道什么可为、什么不可为、哪些做得、哪些做不得;人知耻才能化"耻"为"力",才能奋发向上,有所作为。越王勾践有在吴国做奴隶的耻辱,才有卧薪尝胆、励精图治,最后灭掉吴国的成就。

5.荣誉感

荣誉感是受到他人赞赏时所产生的满足感和自豪感。人都是要面子的,有些人把面子看得很重。所谓面子,就是一个人的名声,如别人对你的道德、行为的评价,对你的成绩、成果的肯定等。一个人无论做什么,处境如何,都希望自己的所作所为得到他人肯定,获得一个好的名声(荣誉)。人们往往会凭着这些荣誉感推动自身更上一层楼,超越自我,完善自身。例如孩子在读书时,由于德、智、体等诸多方面成绩都不错,被学校评为了"三好学生",孩子可能就凭着这个"三好学生"的荣誉,自己鞭策自己,在内心暗暗地想着要更加努力,争取在德、智、体等方面取得更好的成绩。

6.成就感

成就感就是在某方面做得比别人好时的一种自我满足的感觉。成就感和荣誉感有相同之处,但又有不同之处。荣誉感多源于外界对自身成绩的肯定和给予的奖励,如学生学习好,学校把他评为"三好学生"等,一个人工作努力,被单位评为"先进工作者"等;成就感多源于自身因在某方面成绩突出而产生的内心感受,有些是社会某个领域承认的,有些是与他人比较而产生的。

(三)自尊品质的培养

1.对孩子多关心和尊重

对孩子的关心和尊重是培养孩子自尊的基础。家长应从孩子年幼时起,从日常生活的细小事情上着手培养孩子的自尊。

(1)从孩子的仪表仪容入手。第一,让孩子保持干净,使孩子看上去朴素大方、生机勃勃、精神抖擞,但切记不要让孩子养成奢侈、浪费的习惯。第二,让孩子养成讲卫生的习惯。第三,从培养孩子行、走、坐的姿势入手,让孩子有良好的行为姿态。第四,让孩子养成文明礼貌的习惯,让孩子做到语言优雅、文明礼貌。第五,家长要给孩子做出榜样,对孩子自尊的建立起到潜移默化的作用。

(2)孩子虽小,但家长要处处表示对孩子的尊重。

(3)孩子有话要讲时,家长要有耐心听完。

(4)多和孩子单独说说知心话。

(5)家长平时与孩子相处时,要以平等的方式进行交流。

(6)不当众批评孩子。孩子做错事是难免的,也是常有的,作为家长,一定要掌握好教育孩子的方式和方法,还要注意掌握分寸,分清场合,不要动不动就训斥、挖苦孩子,更不能在众人面前批评教育孩子,切忌在大庭广众打骂孩子,这样很伤孩子的自尊,让孩子很久都无颜面对他人。

2.让孩子通过一些活动获得成就感

多让孩子参加有益的活动,比如:带孩子到公园去露营,让孩子给家里种的花草、蔬菜浇水,让孩子给家里养的小动物喂食,带孩子参加公共卫生志愿服务活动,让孩子参加剪纸、画画、写字、制作贺年卡和生日礼物等活动。并且家长要给予及时的表扬,鼓励孩子不半途而废。孩子在这些活动中动手又动脑,这不但能锻炼孩子的动手能力、思维能力,还能使孩子获得成就感,从而增强孩子的自信心和自尊心。

3.家长要多表扬孩子

成人都希望听好话,喜欢听激励和赞扬的话语,何况是小孩子呢？陈鹤琴曾说:"无论什么人,受激励而改过,是很容易的,受责罚而改过,比较的是不大容易的,而小孩子尤其喜欢听好话,而不喜欢听恶言。"(陈鹤琴《家庭教育》,商务印书馆2019版,第28页)所以,对孩子要多表扬,少指责。俗语云:"数子十过不如奖子一功。"在孩子动手动脑的过程中,父母要仔细观察孩子,善于发现孩子的点滴进步,哪怕是取得了小小的成绩,父母也应及时地给予赞扬,激发孩子的积极性,让孩子在不断进步中增强自信。赏识教育倡导者周弘说得好:哪怕天下所有人都看不起你的孩子,但你都应该眼含热泪地欣赏他、拥抱他、赞美他。做父母的不要为孩子的笨拙而苦恼,应为孩子的点滴进步而自豪,因为一句由衷的赞美,一句简单的鼓励,会成为孩子下一次进步的动力,能让孩子获得自信和自尊。

对孩子多赞扬、赞美、鼓励,很多家长也知道这么做,但是,很多赞扬的方式、方法是欠妥的:一般多是"泛泛而赞",缺乏针对性,孩子听了后只知受到赞扬,却不知因什么受到赞扬。赞扬应具体,可让孩子明白什么行为是好的,从而让孩子明确努力的方向。

4.让孩子正确地认识自己

正确地认识自己,就是了解自己的内心世界,明确自身存在的价值,对自己的能力、气质、性格和优缺点有一个客观、全面的认识。在现实生活中,要做到这一点是不容易的。如果夸大对自己的认识,就容易产生虚荣的心理,形成自满和自我陶醉。这种人常因自满而招致失败。如果自我贬低,就容易自己看不清自己的能力,常认为自己无能,把自己看得一无是处。这种人本来可以取得某件事情的成功,但因自我贬低而丧失自尊和自信,结果可能是一事无成。所以,家长应引导孩子客观地看待自己,做到正确地看待自己的优点和才能,坦然接受自己的缺点和不足,以达到尊重自己、重视自己、保护自己、发展自己的目的。

(1)正确认识自己。人们常说:金无足赤,人无完人。所以,不要老是抓住自己的缺点不放,认为自己这不好,那不足。应该认识到自己的长处,学会扬长避短。这样你就会尊重自己,充满自信。

第一,找出自己的优缺点。

第二,辩证地看问题。

第三,自我评价与他人评价相结合。在认识自己的过程中,自己对自己的评价可能会出现一些偏差,不妨多听听朋友、同事对你的评价。如果他们的评价与你自己的评价差不多,说明你对自己的评价是较准确的;如果相差较大,就应"自省",找出偏差,加以纠正。

第四,经常总结和反省自己。善于总结,能明得失;自我反省,能提高对自己的认识。

(2)坦然面对不足。如果自己都不能接受自己,这些不足就会成为一个人的思想负担,它会像一块大石压得你喘不过气来;如果能坦然面对,悦纳自己,你就会有一个好心情,就能从内心善待自己,就会觉得处处充满阳光,干起事来就会有决心和毅力。

5. 告诉孩子维护自己自尊的一些基本方法

(1) 在任何时候都不应自暴自弃。

(2) 应经常对自己说:"我承认我的不足,但我有我的优点。"

(3) 要学会拒绝,敢于说"不"。

(4) 当尊严、人格、合法权益受到伤害时决不妥协和让步,并积极地去维护。

(5) 正确对待批评。自己做错了事要敢于承担,勇于接受批评;如果不是你的错,也不要委屈自己。

(6) 不随波逐流,不趋炎附势,在任何时候、任何地方都"挺直脊梁,抬头做人"。

(7) 善待自己。爱惜自己的身体、生命和荣誉;远离毒品,不赌博,不酗酒等。

(8) 做自己力所能及的事,发展自己的兴趣爱好,开发自己的潜能,争取在自己的特长方面有所突破。

6. 父母以身作则

孩子长期生活在父母身边,家长的一言一行对孩子有着潜移默化的作用。比如,一个家长长期在强势的人面前唯唯诺诺、点头哈腰,显得没有主见和骨气,家长的这种自卑和软弱肯定会影响孩子。所以,如果要想孩子将来活得有尊严,有骨气,家长必须以身作则。

(1) 树立榜样。父母是孩子的第一任老师,因此,父母应为孩子树立好榜样,让孩子有样学样。

(2) 对老人和他人的尊重。经常带着孩子去看望夫妻双方的父母,做到关心、孝顺;尊重其他人,与他人和睦相处。

(3) 对孩子的尊重。我们中国的很多家长,对孩子爱得多,尊重得少。比如孩子出生后,对孩子的饮食起居进行无微不至的照顾,害怕他们冷着、热着、饿着;担心他们身体的成长和智力的发育等。但是很少有家长从内心把孩子当成是一个独立的社会个体,尊重他们。

家长要特别注意的一个问题是:如何把孩子放在平等的位置来对待?在这方面很多家长是做得不够的,甚至可以说很差。因此,家长应该多反思自己的行为,从而在行动上在心理上有所改变。

7.家长如何帮助孩子逐步建立自尊

其一,肯定孩子的价值。

其二,带着同理心去倾听孩子的述说。孩子有事要向家长倾诉(申辩)时,家长一定要有耐心,让孩子把事情的前因后果说清楚。孩子说完后,与孩子一起分析,找出解决问题的方法,提出修改意见。

其三,把孩子每次的犯错误都变成一个学习的机会,而不是变成一个谴责的机会。

其四,在教育孩子的过程中家长要学会向孩子道歉。要让孩子知道是人都会犯错,犯错后应该勇于承担,并试着找出应对之策。

自尊是人的精神脊梁,是通往成功的桥梁。家长们抓住自尊教育不放松,才能帮助孩子树立起精神脊梁,才有助于孩子走向成功。

三十四 如何培养孩子的自爱品质

(一)自爱的含义

　　自爱就是爱惜自己,包括自己的生命、身体、名声、荣誉等。就是悦纳自己。做自己生活的主人,并对其承担责任;直面自己的优缺点等。

　　如果你以快乐、积极的心态去看待周围的一切,那你一定认为环境是优美的,人与人之间相处是融洽的、和谐的;反之,则会讨厌自己生活的环境,既不会爱自己,还会埋怨他人。

　　一个爱惜自己的人,一定是一个意志坚强和不服输的人;一个爱惜自己的人,一定是一个奋勇向前的人,一个有作为的人;一个爱惜自己的人,一定是一个既爱他人,又爱国的人。

(二)孩子在自爱方面存在的问题

1. 心胸狭窄,脾气倔强,动不动就发脾气,常生自己的气

　　在现实生活中,有些孩子常因一点儿小事不合自己的意,便不依不饶,又哭又闹,生闷气,甚至离家出走、肆意妄为。例如,孩子一回家就玩电脑、看电视,父母看不惯批评了几句,然后他就开始生闷气,最后负气离家出走。一家人一起在农家乐吃饭,孩子不愿意去卫生间解手,非要到野外去解手,又哭又闹。这些孩子不能悦纳自己,自然也就不可能悦纳他人。这也是不自爱的一种表现形式。

2.轻视自己,认为自己一无是处,常常自暴自弃

有些青少年学生,或因学习成绩不好,或因身体有病,或因身体有残疾,或因家庭问题等原因,形成了自卑的心理。这样的孩子,常常轻视自己,久而久之便破罐子破摔,甚至自暴自弃,走上违法犯罪的道路。例如,我曾经接触过的一个孩子,本来聪明伶俐、能说会道,但因其长相和身体残疾的问题,缺乏自信,总认为别人看不起他,后来变得性格暴躁、脾气古怪,不求上进,动不动就与人打架。

3.缺乏主见,不能按自己的意愿生活

在现实生活中,有的孩子没有主见、胆小,主要表现在:玩耍时,从来都是跟在其他小朋友的后面,人家玩什么、说什么,他就玩什么、说什么,别人让他做什么,他就做什么,从来不会反对,一离开其他人就不知道干什么。因为始终在别人"后面",久而久之就会失去自我。就像《木偶奇遇记》的主人公匹诺曹,没有恒心、缺乏主见,经不住诱惑,做事总是半途而废。有的孩子胆大,但缺乏鉴别力和控制力,没有自己的想法,做事不计后果。主要表现在:面对别人不敢做的事,他人一怂恿,他就什么也不想地去做了。

4.对自己信心不足,缺乏担当和责任心

有些孩子在小时候对自己不自信,做事畏手畏脚,总是思前想后,拿不定主意,而这时若没有人帮助他们解决这个问题,时间一久,他们可能就会变得不求上进,缺乏担当和责任心,因为担心自己做不到,做不好,便不会主动、独立参与实践活动,也会更加不自信。

5.不爱惜自己的声誉和身体

孩童时代,由于父母的溺爱,有的孩子养成了骄横、自负、好吃懒做的习惯,常因一点儿小事不合自己之意就怄气,甚至以绝食等方式去威胁家长;长大了,因为遇到挫折、困难而灰心丧气,甚至自暴自弃,丝毫不爱惜自己的声誉和身体。例如:某对夫妻溺爱孩子,孩子从小就自负而胆大妄为。他们见孩子喜欢手机,在孩子初中一年级时就给她买了手机,孩子没有心思读书,整天就用手机上网,在身体尚未完全发育成熟时,过早地接触到网上结

交的朋友,结果陷入网恋的泥潭不能自拔,最终离家出走,还未成年便怀孕了。

6.心理承受能力差,受到挫折或受到打击就轻视自己的生命

孩子从出生后,父母对其爱护有加,什么都不让孩子干,什么都给孩子考虑到。孩子没有经受过挫折和失败,没吃过苦,一直在父母的呵护下长大,这样的孩子,一旦遇到不顺心的事、受到挫折或打击就难以承受,有些人甚至会走向极端。

(三)自爱品质的培养

自爱主要包括两方面,即爱物质的自我和精神的自我。一个自爱的人,能将物质和精神有机地结合。

1.帮助孩子正确认识自身的价值,做到自知

此处的自知,就是我们平时说的"自知之明",简单地讲就是认识自己,了解自己,包括了解自己的强项和弱项,知道自己的优点和缺点,知道自己能做哪些事,不能做哪些事;能够把握自己的情绪、动机、脾性,有较强的自律能力、自尊心和自信心。

只有正确认识自己,才有可能准确而真实地认识外界,才能有效地利用、改造周围环境,才能更好地生存下来,进而不断求得发展,甚至突破、超越自我,做一个真正对国家、对社会有用的人。不过,要正确认识自己并非易事。当代中国的很多孩子都处于家庭的核心地位,不少孩子都任性而为,这就容易滋生出自以为是、自私、任性、目中无人等不良品性。这些在家里做惯了"小皇帝""小公主"的孩子走入学校或进入社会后,往往习惯于事事以自我为中心,不能正确认清自己角色的改变,由此极易导致同学关系、师生关系、朋友关系不睦,工作后这些孩子的同事关系、上下级关系会很紧张,从而影响孩子的学习、生活和工作。为此,家长应从以下几个方面从小培养孩子的自我认识能力。

(1)让孩子正确认识自己在家庭、学校和社会中所扮演的角色及各种角色的差异所在。在家庭中,孩子是家庭的一分子,与其他家庭成员既是平等

的关系,又是长辈和晚辈(或平辈)的关系。这就从客观上要求,父母及长辈既要关心、爱护孩子,又要平等地对待孩子,不能以长辈身份压制孩子;孩子应接受父母及长辈的关心和爱护,也应尊重、理解长辈的这份爱心,乐意接受他们的教诲。在学校,在社会上,孩子的角色又发生了一些变化,与同学之间,与社会上其他人之间,是相对平等的关系,这就要求孩子必须以尊重换尊重,以平等换平等,以爱心换爱心。孩子找准了自己在家庭、在学校、在社会上的位置,明确了自己在其中应扮演的角色,才能明确自己该做什么,不该做什么,才能与他人和平相处,不然,孩子将来进入社会是要吃苦头,摔跟头的。

第一,不要把孩子当"小皇帝""小公主"来养。父母应关心、爱护孩子,使孩子能健康成长,但不能无原则地爱孩子,不能给孩子特殊的待遇,不能无原则地满足孩子的要求。不然,孩子就会觉得自己才是最重要的,甚至为所欲为。

第二,让孩子学会尊重他人,养成爱他人和自爱的习惯。家长爱孩子的同时,要教孩子懂得孝道、礼仪、谦让和坦诚。孩子懂得了这些,自然就能明白自己该做什么,能做什么,懂得如何与他人交往。

第三,帮助孩子克服自私、自大的毛病,让孩子从以自我为中心中走出来,学会与他人快乐相处。我们生活的世界是一个相互联系的整体,没有任何人能独立于这个整体之外。孩子要明确自己在家庭中所扮演的角色,知道自己该做什么,不该做什么,在社会上也是如此,只有这样才能融入集体,融入社会。做家长的应让孩子从小学会如何与人相处,这对孩子的性格形成和将来适应社会都是非常有好处的。

家长们一定要多让孩子与小伙伴一起游戏、一起玩耍、一起交往,让孩子在交往中去体味融入集体的快乐!这是孩子们成长过程中应该接受的"培训"。

(2)帮助孩子增强自我认同感,悦纳自己。现在有的孩子不懂得如何爱惜自己,当面对一些困难时,常常自怨自艾、自暴自弃。为此,家长应注意以下几点。

①提高孩子的自尊心、自信心。

②让孩子正确认识自己的优缺点,悦纳自己。每个人都有自己的长处和短处,只有认识到自己的长处和短处,才能悦纳自己。只有悦纳自己才能

更好地自爱；只有悦纳自己，才能明确自身存在的价值；只有明确自身存在的价值，才能在奋斗的过程中充满信心和力量。

客观地认识自己，不可盲目自大，也不可妄自菲薄。客观地认识自己就是要了解自己的内心，明确自己存在的价值，对自己的优点、缺点等有一个客观、全面的了解。孩子如果对自己的评价过高，就会产生自负心理；如果自我贬低，就会轻视自己，就会妄自菲薄，这样会使孩子干事缺乏信心，缺乏动力。

在日常生活中，父母应注意以下几个方面：第一，让孩子学着了解自己，比如，了解自己的外貌、身高、体重、喜好等。第二，自评与他评相结合。这样做能让孩子更清晰地认识自我。第三，不要对孩子限制太多，应支持孩子多交往，在交往中慢慢学会悦纳自己，悦纳他人。第四，让孩子拥有良好的心态。父母应对孩子的优缺点给予客观评价，既不能把孩子的优点放大或缺点缩小，也不能把孩子的优点缩小或缺点放大。为了使孩子有一个良好的心态，家长在日常生活中切忌过分、不符合实际地夸奖或贬低孩子，同时，家长还应多启发、多引导，让孩子尽可能地认清自我，悦纳自我。

2.培养孩子独立的能力

独立的能力包括独立地生活的能力和基本的生存技能，如离开父母、亲戚、朋友后的生活自理能力、社交能力等。这是孩子自爱的基础。因为，一个人要做到自珍、自爱，首先就是他们要有自珍、自爱的本钱。有了这个本钱，才能做到自爱。如果孩子连基本的生存能力都不具备，什么事都要依赖他人，那自珍、自爱就无从谈起。为此，家长应及早抓好以下几个方面的事情，让孩子逐步走向自由独立。

(1)让孩子自己的事情自己做。

(2)让孩子适当参加一些家庭劳动，掌握基本的生活技能，如煮饭、做菜，洗衣，买生活日用品等。这样，既能让孩子学到一些基本的生活技能，又能让孩子养成好的习惯。

(3)多给孩子自由独立的空间，让孩子们自由、自主地成长。

(4)多让孩子参加活动，多与人交往，在实践中认识自己，了解他人。

3.增强孩子的心理承受能力

(1)让孩子多交往。在家时,家人大多会依从孩子的意愿,在社会上,则没人会无条件地顺着孩子的意愿,这样孩子就会遇到很多挫折和不顺心的事。让孩子多交往,多与外界接触,孩子会在交往接触中学会面对困难,学会主动地解决问题,这有助于提高他们的心理承受能力。

(2)和孩子一起制定合理的奋斗目标,并鼓励孩子为达成目标勇敢前行。

(3)培养孩子乐观的生活态度。积极的心态可让人获得成功的人生。决定一个人成功的因素不仅仅是能力,更重要的是乐观的生活态度。用微笑面对一切,把失败、困难转化为促进自我前行的动力,那么我们终将有所收获。

(4)协助孩子学会多元思维方式。让其面对同一种境况有多方考量。

(5)培养孩子的自信,做命运的主人和生活的主角。

(6)培养孩子沉着应对的心理素质。孩子在成长过程中,难免会遇到逆境,难免会失败。从孩子小时候开始,家长就应培养孩子不要着急的脾性和善于总结的习惯,做到遇事不慌,冷静思考,沉着应对。通过回顾和全面分析,发现问题的症结所在,然后找到解决的对策。

(7)寻找消除和缓解心理压力的正确途径。俄国著名诗人普希金曾写过这样一首诗:"假如生活欺骗了你,不要悲伤,不要心急!忧郁的日子里需要镇静:相信吧,快乐的日子将会来临。"这首诗曾经使许多人爱不释手,并且给许多处于忧伤、愁苦、烦恼中的人以激励和启迪。实际上,这首诗告诉了我们,当心理压力过大时,我们更应用乐观的心态去迎接这个挑战。

4.让孩子学会控制自己的情绪

对自我情绪的良好控制能帮助我们摆脱焦虑、恐惧、盲目乐观和悲观。家长们可以从以下几个方面去努力:

(1)营造和谐的家庭情感氛围;

(2)建立平等的情感关系;

(3)为孩子创造与同伴交往和游戏(活动)的机会和条件;

(4)教给孩子一些控制情绪的方法,如转移法,冷处理,自我默念法等。

5.让孩子敢于担当

敢于担当就是我们平时说的有责任感,没有责任感的人是不可信任的。为了把孩子培养成一个敢于担当的人,家长应做好以下几件事。

(1)给孩子树立一个敢于担当的榜样。

(2)让孩子自己的事情自己做,自己做错了事自己负责,父母不要包办代替。

(3)孩子学会在自己身上找原因。在生活中,孩子会遇到很多不如愿的事,家长应引导孩子从自身的角度寻找原因。

(4)让孩子了解家庭的经济情况,听取孩子对家庭的建议。父母可以适当地与孩子谈谈家里的花销以及人事来往等情况,并让孩子谈谈自己的看法,或者请孩子出主意想办法。当父母经常聆听孩子们的意见,采纳孩子的有价值的建议的时候,孩子对家庭的责任感就会增加。

(5)让孩子学会关心他人,善待他人。

(6)让孩子做力所能及的家务劳动,培养孩子对家庭的责任心。父母要把每件要求孩子做的事情,向孩子交代清楚,保证孩子能完全理解;耐心指导孩子做家务,以鼓励、表扬、奖励等方式对孩子的行为予以肯定。

(7)鼓励孩子参加群体活动,让他们在活动中逐步增强责任感和树立勇于担当的精神。

6.安全意识教育

(1)应该对孩子进行必要的安全意识教育,给孩子定下规矩。大多孩子不知道什么事情能做,什么事情不能做;不知道什么地方能去,什么地方不能去;也不知道什么东西能玩,什么东西不能玩;偏偏喜欢做一些危险的尝试。为此,家长应事先给孩子定下规矩,如不能随意玩火;在没有成人的带领下,不能到河塘玩水;不准去摸、去钻电源开关;等等。

(2)教给孩子一些安全常识,让他们养成一种好习惯。比如,出门时关好门窗和煤气灶,看看电源是否拔掉,水龙头是否拧紧;过公路时看红绿灯,做到绿灯行,红灯停;没有红绿灯时要仔细观察来往车辆;放学回家的路上,不要吃陌生人给的食物;学会一些逃生知识。

(3)培养孩子胆大、心细、沉着、冷静的品格。要做到这一点,是比较难的,也是必须的。

对孩子进行以上几点方面的教育引导,除家长给孩子讲自我防范知识外,可给孩子购买一些有关"儿童行为习惯""儿童情绪管理与性格培养"等方面的故事绘本。这些绘本中就有不少关于小儿自我防范方面的故事,如"不要随便吃陌生人给你的东西"等,家长可以用讲故事的方式让孩子学习有关安全的知识。

7.让孩子学会独立,学会自强

人们为什么会错失机遇,因为犹疑、拖延的毛病;人们为什么容易驻足不前,因为没有设定更高的目标;人们为什么不敢面对未来,因为缺乏信心;人们为什么墨守成规不敢突破,因为内心不想去突破;人们为什么不能发挥潜能,因为无力超越自己! 人们常说:人的最大敌人不是别人,而是自己。

(1)培养孩子的独立能力。前面说了,一个自爱之人,必是一个独立的人。孩子长大后要能独立面对社会,独立面对生活,能做自己的主人,就应从小养成自己的事情自己做,自己的事自己做主的习惯。

(2)培养孩子自强不息的品性。胜人者力,自胜者强。自胜表现在两个方面:其一是敢于自我否定,能破茧而出,羽化成蝶。否定别人容易,否定自己往往很难。一个人只有不断地反省自己,弥补自己的不足,才能达到自我完善,自我超越。其二是面对复杂多变的环境,不改初衷,坚守信念。 仅仅敢于自我否定是不够的,学会坚守信念也许更加重要。

"自爱之河千帆过,些许沉舸永消没。潜心打造启方舟,笑渡逆流安家国。"愿我们家长高扬智慧之帆,打造出坚固之舟,让儿孙乘风破浪,安度人生之旅。

三十五 如何培养孩子的自我意识

（一）自我意识的概念、作用及其内在关系

自我意识是由自我认识、自我体验和自我调节三种心理成分构成，它调控着个体的心理活动和行为。

自我意识包括以下三个方面：首先，自我意识是认识客观事物的条件。一个人如果不知道自己以及自己与客观事物的区别和联系，他就不可能认识外界客观事物。其次，自我意识是人的自觉性、自控力的前提，对自我教育有推动作用。人只有意识到自己是谁，应该做什么的时候，才会自觉自律地去行动；一个人意识到自己的长处和不足，就能够发扬优点，克服缺点，取得自我教育的积极效果。最后，自我意识使人能不断地自我监督、自我修养、自我完善。可见，自我意识影响着人的道德判断和个性的形成，尤其对个性倾向性影响较大。

自我认识是自我意识的认知成分，它是自我意识的首要成分，也是自我调节控制的心理基础，它又包括自我感觉、自我概念、自我观察、自我分析和自我评价。自我分析是在自我观察的基础上对自身状况的反思。自我评价是对自己能力、品德、行为等方面社会价值的评估，它最能代表一个人自我认识的水平。

自我体验是自我意识在情感方面的表现。自尊心、自信心是自我体验的具体内容。自尊心是指个体在社会比较过程中所获得的有关自我价值的

积极的评价与体验。自信心是预估自己的能力是否适合所承担的任务而产生的自我体验。自信心与自尊心都是和自我评价紧密联系在一起的。

自我调节是自我意识的意志成分。自我调节主要表现为个人对自己的行为、活动和态度的调控。它包括自我检查、自我监督、自我控制等。自我检查是主体在头脑中将自己的活动结果与活动目的加以比较、对照的过程。自我监督是一个人以其良心或内在的行为准则对自己的言行实行监督的过程。自我控制是个体对自身心理与行为的主动的掌握。自我调节是自我意识中直接作用于个体行为的环节,它是一个人自我教育、自我发展的重要推手,自我调节的实现是自我意识的能动性的表现。自我意识的调节作用表现为:启动或制止行为;心理活动的转移;心理过程的加速或减速;积极行动加强或减弱;动机的协调;根据自己的计划监督检查自己的行动;等等。

(二)幼儿的自我意识特点及相关的教育内容

0岁到2岁前,婴幼儿的自我意识是极其低下的,不知道什么是"你"和"我",只笼统明白自己的名字(多为乳名),不会用代词"我";到了2至3岁,他就学会了用代词"我",这是自我意识萌芽的标志;3岁以后开始产生内心活动的意识,如懂得"愿意"和"不愿意"等。

幼儿的自我评价依赖于成人对自己的评价,特别是在幼儿初期,他们往往不加考虑地轻信成人对自己的评价。幼儿自我评价带有主观性,从比较笼统逐渐向具体和细致的方向发展,从对外部行为的评价向内部行为的评价发展,从局部评价向较全面的评价发展,从无依据的评价向有依据的评价发展。作为家长,都爱夸自己的孩子(夸就是对孩子的评价),这是很正常的,但应注意,对孩子的评价(褒贬)一定要适度,要中肯,不过高,也不过低。因为幼儿的自我评价能力很低,成人对幼儿的评价在幼儿的个性发展中起重要的作用,所以成人对幼儿过高过低的评价都是有害的。

幼儿的自我控制力较低。3至4岁的孩子坚持性和自控力较差,5至6岁的孩子在这两方面有一定发展。其发展趋势是:从主要受他人控制逐步发展到自我控制;从不会控制发展到自我控制;从简单的控制手法发展到一定的控制策略。根据幼儿自控力的特点,家长应循序渐进地发展孩子的控制力,在此期间,家长应注意自身对孩子的影响。

在幼儿自我体验中,成人的暗示起着重要的作用,年龄越小暗示作用越明显。一个3至4岁的孩子,认识能力低,不知什么做得,什么做不得,什么是对,什么是错,往往会做出一些不当的举动。成人在开始发现这些不当行为时,就应给以禁止性的暗示。每当孩子将实施这一行动时,就加以制止性的暗示,多次以后,孩子看到这一暗示就会在头脑中形成"不能这样做"的意识。为此,家长应充分注意采用积极的暗示促进幼儿良好的道德情感的发展。

在自我认识过程中,大多幼儿都会提出"我是谁?""我是好孩子吗?""我该如何做?"等问题。作为家长应配合幼儿园教师对孩子做好积极的教育引导:第一,给幼儿正确的评价;第二,开展各种活动引导幼儿自我意识的萌芽;第三,以各种方式培养孩子独立思考的习惯;第四,给孩子创设自我评价的机会。总之,要让孩子全面地认识自己,了解自己。从家长这个角度讲,就是接纳孩子,尊重孩子,肯定孩子,引导孩子,做到"教"与"育"的有机结合,使他们向积极的方向发展,让幼儿快乐健康地成长。

关于培养幼儿的自我意识的方向、方式和方法,英国教育家奥德丽·M.柯蒂斯提出的学前教育的"七大目标"说得很全面,现根据这七大目标,结合家庭教育的实际需要,提出以下幼儿自我意识教育方向和方法,家长们可根据这七大目标结合孩子的实际情况开展幼儿教育引导工作。

1.幼儿自我意识培育的方向及其活动内容

奥德丽将学前教育目标确定为七个主要方面,即发展幼儿的自我意识;发展幼儿的社会能力;发展幼儿的文化意识;发展幼儿的交际能力;发展幼儿的运动和知觉能力;发展幼儿的分析和综合能力;发展幼儿的审美能力和创造意识。

发展幼儿的自我意识是家庭教育的重要任务之一。为了较好地做到这一点,家长应从以下诸方面让幼儿掌握与身体和感觉、情感相关的一些知识。

(1)知道身体各部位的名称,能区别它们各自的功能;认识到所有有生命的动物都要进食、排泄等共同特征。

(2)知道不同的人有不同于他人的外表,但同时也具有共同的生理特征。

(3)所有人的能力都是有限的,如大多数人能走、跑,但不能飞。

(4)理解身体的变化:生理现象有始也有终(死亡);睡眠和清醒是两个阶段。

(5)掌握感觉意识方面的知识。幼儿需要知道一定的词语,使他们可以讨论嗅觉、味觉、触觉、听觉和视觉。

(6)了解身体的局限:知道身体会疲劳、生病;认识身体与生理病痛之间的关系,思考对付身体状态不佳的办法。

(7)培养理解、接受和交谈如"愉快""悲伤""惊奇"等情绪情感的能力。让幼儿了解、懂得人有时会发怒或发火的事实是重要的。

(8)认识情感和社会行为之间的关系。如,有的孩子学会用脚踢让他愤怒的人,这样可以缓解一下他个人的情绪,但很可能会引起报复。

(9)在不影响别人的情况下,适当发泄负面情绪。

(10)敏感地察觉他人的情绪和需要。

发展自我意识的活动:

(1)家长可利用孩子婴儿时(出生时)的照片,让孩子(幼儿)观察现在的自己与照片中的自己有什么不同。

(2)认识自己的身体。材料:一些纸、蜡笔,或者一块水泥地面配上彩色粉笔。玩法:在纸或水泥地上画出躺着的家长或幼儿的身体图,对图形的轮廓进一步描摹后,让幼儿说一说身体的不同部位的名称,比较身体各部位的大小,比较自己和家长身体轮廓的差异。在描绘身体轮廓时,允许幼儿变换不同姿势,如躺下或蜷缩成一团,以此增加活动的趣味,帮助幼儿把身体大小与姿势联系起来。

(3)让幼儿说出喜欢自己的什么地方。家长谈论身体的某一部分前,让幼儿理解为什么我们要知道这些,然后鼓励幼儿描述他们喜欢自己身体的哪一部分,这部分有什么用处,我们如何保护它,使用它。这样做的目的主要是让幼儿明白:身体是一个整体,其各部分是相互联系的,并意识到自己的身体和别人的身体是有区别的。

开展以上活动的目的是培养孩子对年龄、性别以及年龄与身体之间的关系等意识。

幼儿对年龄的意识是较有趣的。理解身体随年龄而变化这一点对幼儿来说是较困难的。幼儿对生命、生长、死亡等概念的理解是逐渐产生的,他们只能用简单的办法来处理这类复杂问题。

关于性别意识,许多4至5岁的幼儿仍然不能完全知道性别的恒常性。2至3岁的孩子倾向于把积极方面(如外表漂亮)归于女孩,而把消极方面(如自私、好战)归于男孩。一旦儿童确定了自己的性别,他们会很快地学着做成人期望的行为和扮演相应的性别角色。

幼儿生活在人与人的关系中,不可避免地会与别人相处,受到他人评价等。因而他会产生相应的情绪情感。幼儿的情感体验也是其自我意识发展的重要方面。长期以来,由于受皮亚杰观点的影响,我们一直认为幼儿是以自我为中心的,难以从别人角度考虑问题。但近年来有研究表明,3至4岁的幼儿已经显示出对成人或同伴的理解和同情,即使经常捣乱的孩子,当看到老师难过时也会主动安静下来。

(4)放松运动。家长让幼儿依次识别身体的各个部分,并指向它们,最后让他们充分地放松,摆动身体。此后,让幼儿坐下来,安静地体验身体放松的感觉。

(5)闻闻罐头瓶里的气味。材料:手帕(要干净),几瓶有气味的罐头,如:花制的(百花香)、果制的(苹果、柠檬)、香料制的(肉桂)。玩法:把幼儿的眼睛蒙起来,让他们闻一闻所有罐头,然后说一说闻到了什么气味。有的孩子可能会识别出某种罐头的气味。然后组织幼儿讨论哪种气味是他最喜欢的。在做这一活动前可简单介绍一下鼻子的构造。

(6)"听我说"。家长说出身体的某个部分,让幼儿迅速指向相应部分。如家长说:"摸摸耳朵,再摸摸鼻子。"此活动可以训练幼儿听力,又可帮助幼儿识别身体的不同部位。

(7)照照自己。材料:镜子、装满水的深容器、亮晶晶的银箔等。玩法:告诉幼儿,可以运用不同的方法看到自己。家长先演示,然后让幼儿玩,做各种尝试。如,扮鬼脸;投块小石头入水使水面漾起波纹后再看自己的变化。之后,组织幼儿交谈所看到的自己,再聊聊自己喜欢哪一个,为什么。但要注意,有些幼儿或许会惧怕影像,对此,应作妥善处理。

(8)跟着学。家长可以做任何动作或摆出任何姿势,让孩子模仿。这一活动的目的在于把视觉与身体意识联系起来。

2.发展幼儿的社会能力

(1)交往技能。这里主要是培养幼儿判断自己或他人的行为是否能被接受以及理解行为后果的能力。

成人在幼儿社会性技能的发展上能起什么作用呢?

首先,家长应根据幼儿的个体差异做好引导工作。由于生理条件、生存环境和言语等许多条件的差异,幼儿在社会交往方面也存在差异。有的幼儿能与别人保持和谐关系,但不一定喜欢集体活动或长时间地与伙伴一起玩。有的幼儿害怕加入集体活动,或在集体中表现得拘束、紧张或冷漠;有的幼儿喜欢独处或只同熟悉的人一起玩。所以,家长要善于把握幼儿交往的不同特点,与幼儿积极交谈,鼓励他们表达自己的感受,创造条件,让幼儿体验与别人交往的乐趣。

其次,为幼儿提供真正相互了解的机会,让幼儿了解彼此的好恶、愿望等。家长要经常带领孩子参加群体活动,并根据孩子的特点协助孩子选择交往的对象,以帮助孩子开展社交活动。因为有的孩子胆大,有的孩子胆小,有的孩子沉静,有的孩子毛躁……只有与适合孩子性格的人交往才更有可能获得交往的成功体验。有研究表明,孤僻的幼儿与比之年龄小的孩子进行一对一的游戏极有利于提高他们的社会性水平。当他们重新回到自己同龄组时,其社会性技能明显得以发展,这尤其表现在游戏时。

(2)与人合作和解决冲突的技能。幼儿生活在社会中,不可能不与人发生冲突;许多事情必须与人共同努力才能完成,这就需要合作的能力和妥善解决冲突的能力。而一旦幼儿意识到他将成为社会的一员,并且学会了为小组做贡献的技能时,他就要对别人施加一定的影响。由此,他意识到,他的力量不只影响自我,还会影响到他人的生活。他会产生一种驾驭别人的力量感,即别人要听他的指挥。幼儿想影响别人的欲望不可避免地会导致与他人的冲突,而这并非坏事。按照皮亚杰的观点,与伙伴的冲突是幼儿减少自我中心思维的基本要素。幼儿必须认识到,即使是好朋友,也会存在分歧,而必须协调彼此的观点来进行合作。

大多数3至4岁的幼儿,解决冲突的方法不外乎两种:要么退缩回避;要么拳脚相加。家长要从以下方面帮助幼儿认识到解决冲突的办法有多种。

其一,帮助幼儿理解限制行为的各种规则以及制定规则的原因。

其二,帮助幼儿认清冲突的原因,并设想另外的替代方法及其结果,让孩子明白折中的重要性和使用暴力、攻击解决冲突的消极性。

其三,可以游戏的方式让幼儿理解合作的意思,如二人带球跑(走)比赛。通过游戏,让孩子意识到两人或多人一起合作、解决问题或完成某项任务的重要性和有效性。

其四,鼓励幼儿去帮助别人。

其五,为幼儿提供一个强调合作、关心和分享的学习环境。

其六,当幼儿间发生冲突时,家长可出面协调。但是,让幼儿自己来解决,会更好。如果发现幼儿孤立无援,怏怏不乐,则不应视而不见、放任自流,但也不能介入过多。

(3)学会同情、关心别人。家庭教育中,有的活动开展是会受到限制的,如果有条件可开展如下活动:

其一,三脚同行。材料:围巾或长的绳子。玩法:让幼儿两人一伙,并排站成一行,把相邻的两条腿绑在一起。先让幼儿自由地练习行走,由简单到复杂。通过活动,培养幼儿的合作意识。

其二,学习关心和爱。孩子的爸爸、妈妈、祖辈受了伤或生病了,要鼓励孩子去问候;在亲子活动中,看见花、草、虫、鱼、猫、狗等,家长要教育孩子爱护它们。有条件的家庭可以让孩子养鱼、养龟、养猫等,培养他们的爱的意识。

其三,警察游戏。材料:与警服相似的帽子、深色裤子、宽松外衣、蓝衬衫。玩法:组织几个小朋友,其中一名小朋友当"警察",戴上帽子,组里的其他幼儿中,一人扮演"失踪"的孩子,一男孩当"父亲",一女孩当"母亲"。这对"父母"向"警察"描述"失踪"孩子的服饰、头发颜色、外貌等特征。扮演"警察"的幼儿提出一些问题,让"失踪"的小孩说出其"父母"的姓名、家庭的地址等。这个游戏需要家长邀约几个小朋友一起参加。

3.发展幼儿的文化意识

(1)了解社区生活。努力为幼儿创造与社会紧密联系的每一个机会,让幼儿多去参观消防队、邮局、保健中心、警察局、养牛场等。在带领孩子参观的同时,家长可给孩子做一些简单的介绍,让孩子慢慢认识社会,发展孩子的社会意识。

(2)了解服装。服装是反映不同文化群体特点的最明显的标志之一,各国的民族传统服饰都极具特色。家长在陪伴孩子逛街时,让孩子注意观察行人穿的不同服装,也可以让幼儿观看照片等。家长可与孩子讨论这些服装的特点,并指出穿这些服装的季节。

(3)了解住房。搜集一些不同住宅的照片,如楼房、平房、帐篷、小木房等。家长可引导孩子观察自己家的住房和图片上的房屋,使幼儿了解房子的不同。

(4)欣赏音乐。有条件的家庭,可让幼儿欣赏用不同乐器演奏的各种音乐,这样可以进一步提高幼儿的文化意识。同时,也能帮助幼儿认识不同的乐器。

(5)认识一些蔬菜和调味品,学习烹调。在日常生活中,可向幼儿介绍一些应季的水果和蔬菜。与幼儿一起讨论它们的味道和形状有什么不同,问问他们喜欢什么,为什么喜欢等。挑选一些调味品,如酱油、醋、盐、鸡精、咖喱粉和香油等,让幼儿闻一闻、尝一尝。

(6)了解节日。每个国家都有自己的节日。节日包含了不同的文化传统。了解各种节日,是让幼儿体验文化差异的重要方式。

春节——中国的传统节日。在春节期间,中国人会互相拜年等。

中秋节——中国的传统节日。这一天,人们有赏月、吃月饼等习俗。这一天也是家人团聚的日子。

端午节——中国的传统节日,这一天,人们开展划龙舟、吃粽子等活动。

4.发展幼儿的交际能力

(1)通过语言发展幼儿的交往能力。

其一,倾听幼儿的谈话。在孩子说话时,家长应耐心倾听,孩子没说完前最好不要打断孩子。如果家长没有听清楚,可耐心地询问孩子;孩子说错了,应及时纠正。

其二,给幼儿提供谈话的材料。家长在陪伴孩子的过程中,每一天都会经历很多事情,只要家长有心,随时都可以激发孩子说话的欲望。

充分利用图片。图片能激发幼儿谈话和想象的欲望。让幼儿通过观察图片,表达对图片内容的理解;试着编故事,并讲给别人听。

参观一些有趣的地方,也能为幼儿提供有价值的谈话内容。家长在带孩子外出前,可先给孩子提出要求,如注意观察经过了哪些地方,看到了什么东西等,回来后,向家长和其他小朋友描述自己所看到的和对其的看法。这样做能帮助幼儿清晰而流畅地表达自己的观点。

其三,鼓励交谈和对话。幼儿和成人一样,如果谈话的内容与自己的兴趣一致,与自己的生活经验相关,那么,他们的谈话积极性也会变高。研究发现,幼儿在家中谈话特别多的一个原因是环境熟悉,有更多的话题。当谈到小弟弟的出生、蚂蚁搬家、买新玩具等方面的事时,幼儿往往会表现得更轻松、愉快。所以,家长应分享他们经历的有趣的事,对孩子说话要多鼓励,不可禁止幼儿说话。当然,家长要妥善引导,提供话题,启发思路,让孩子体会到与人交谈是非常快乐的。

其四,为幼儿提供发展听力的机会。掌握与别人交谈的技巧对幼儿来说十分重要。

(2)通过音乐、运动和舞蹈发展孩子的交往能力。在言语表达系统建立以前的很长时间内,幼儿是通过非语言的方式,如动作、表情等来表达其感情和需要的。

其一,让幼儿听听音乐。尽管学前儿童难以学会民歌等,但他们听各种不同的声音和感受音乐的节奏是可能的。所以,有条件时,可让学前幼儿听听音乐。

其二,鼓励他们创造音乐。家长们不仅应该让幼儿听音乐,而且应该鼓励他们创造自己的音乐。

其三,参与社会性表演游戏。通过参与社会性表演游戏,让幼儿懂得在我们的社会中人人都扮演着不同的社会角色,让幼儿明确不同的社会角色的定位。

(3)利用艺术形式,幼儿可以表达新的思想和感情。

可以利用下面四种艺术形式来鼓励幼儿交流。

其一,素描:铅笔、粉笔、粗大蜡笔等。

其二,油画、水彩画:刷子、手指。

其三,塑像:黏土、面团、橡皮泥。

其四,拼贴:树叶、贝壳、石头、纸盒、布片、果实、木块、珠子、糨糊等。

(4)发展幼儿交往能力的活动。

其一,给幼童提供有关运动的字词:伸展、弯腰、转、走、跳、滚、跃、扭、蠕动、倒下、匍匐、缩、伸直等。活动:让孩子在家里(也可在野外)慢慢地绕着屋子里的某样东西转,当家长说到某个字词时,孩子就做出相应的动作来。这项活动能帮助幼儿增加词汇量,且能促进他们区分不同的运动形式。

其二,谈论一幅画。家长可提供有人物的日常生活情景画,问幼儿图片上发生了什么。如果幼儿回答合理,再和他们讨论:"接着还会发生什么?""图片上的人在想什么?""为什么他(她)会这样?"等。

其三,听音命名。用录音机把幼儿熟悉的、日常生活中的各种声音(如钢琴和鼓笛等乐曲,电话铃、洗衣机等电动机械发出的声音,水龙头漏水声,关门声等)录下来,声音中间要有停顿时间。玩法:让幼儿通过命名来区分声音。如果幼儿给出的名称正确,则问下一个声音。

其四,自发地舞蹈。让孩子听各种录音磁带,鼓励幼儿随着音乐自由表达,他们愿意怎么动就怎么动。

5.发展幼儿的运动和知觉能力

应发展幼儿的哪些运动能力和知觉能力呢?

(1)发展大运动技能。

让幼儿适量做走、爬、跑、跳、单足跳、快跑、跳绳等活动。

(2)发展平衡技能。

让幼儿完成单足站立、推、拉等任务。

(3)发展操作技能。

让幼儿穿脱衣服、扣纽扣、拉拉链、刷牙、用餐具等;搭小积木,如搭建塔、路、阶梯等;运用拼板玩具发展手眼协调能力;使用铅笔、钢笔、画笔等;使用剪刀;适当地管理小动物;描画图形,如画垂直线、水平线、圆形、方形、三角形等;向容器里倒水或从容器里将水倒出来;穿线、缝纫等。

(4)发展感知运动能力。

①视觉能力:

包括手眼运动的协调能力,即能熟练地协调使用手和眼的能力;对图形背景的感知觉能力,即将图形从不易清楚地分辨的背景中识别出来;认识形状恒常性的能力,即认识到某形状在任何情况下都保持一定的特性;认识空间位置差异的能力;认识空间中物体之间关系的能力。

②听觉能力:

训练幼儿听声辨位等能力。

③触觉能力和运动觉能力：

触觉经验在幼儿生活中是非常重要的，幼儿到5岁时，其触觉辨别能力已发展得很好了。例如，蒙住幼儿的眼睛，用指尖轻轻地碰下幼儿的手或胳膊，幼儿能够正确地指出触点。

运动觉也叫动觉，它是主体辨别自身姿势和身体某一部位的运动状态的内部感觉，如一个3岁孩子想要从一级石梯上面跳下来，在跳之前内心就感觉到有把握跳下来不会摔跤，有了这个动作的感觉，他才有信心跳。运动觉在人的感知、言语、思维过程中，在各种动作技能（包括生产操作、体操、舞蹈等）的掌握和运用中，都起着极其重要的作用。

感知运动技能的发展需要练习。家长可以通过提供多种机会，促进孩子感知运动技能发展。有证据表明感知运动方面的练习会提高幼儿的学业成绩，增强幼儿的自信。

（5）发展感知运动技能的参考活动。

①跨越岛屿。在室外的水泥地上，用粉笔画出几个"岛"，其余地方当作"河流"。也可以在草地上放几块木块，代表"岛"。各个"岛"之间的距离各不相同（不太近，也不太远）。玩法：用一个简单的故事作基础，随着情节的展开，要求幼儿从一个"岛"移动到另一个"岛"。鼓励幼儿用不同方法在"岛"之间移动，距离小的可小步跨过，距离大的可跳过去。从一个"岛"移到另一个"岛"时，可以互相帮助。

②"感觉袋"。材料：一个布口袋，若干件儿童用品。玩法：在布口袋中放入几样幼儿熟悉且形状相近的东西，然后让幼儿把手伸到口袋中去摸。摸到什么东西，猜出其名称。

③"少了什么"。材料：一些常见的小物件和一个盘子。玩法：允许幼儿花一点儿时间看看、摸摸盘中物品。然后让幼儿转过身去，悄悄取走盘中某一物品，看幼儿能否发现盘中少了什么。

④辨别红绿灯。材料：红、绿、黄三种颜色的圆形纸板各一块。玩法：成人举起某种颜色的圆形纸板，让幼儿做对应的动作。规则：看到红色纸板停步，看到绿色纸板前进，看到黄色纸板后退。

6.发展幼儿的分析和综合能力

（1）帮助幼儿发展分类技能。

①向幼儿提供探究和向成人或伙伴描述各种物体特征的机会,如物体的大小、形状、功能、气味、声音、手感等。

②鼓励幼儿描述各种材料的相似点与不同点。

③鼓励幼儿自己决定如何分类。

④帮助幼儿理解"某些"和"全部"的区别。

(2)发展幼儿的空间关系技能。

①给予幼儿组合和拆卸物品的机会。

②鼓励幼儿对一些有序物品进行重新排列,组成新形式。

③鼓励幼儿从不同的角度观察事物。

④帮助幼儿了解转动自己身体的方法。

⑤和幼儿一起讨论具有立体感的照片,使他们更形象地理解空间关系。

(3)培养幼儿的时间知觉。

家长可以利用多种方法来培养幼儿的时间知觉:

①鼓励幼儿在连续性活动中描述过去的事件和预测将要发生的事件。

②向幼儿介绍生活中的重要事件,如生日、假日等。

③向幼儿介绍季节变化。

④让幼儿了解计时器的用途。

⑤帮助幼儿理解简单的因果关系。

(4)发展分析、解决问题的能力的参考活动。

①观看阴影和倒影。晴天,带幼儿去看影子,观察哪个物体的影子最长,哪个物体的影子短。如果有水坑、水池,还可与他们一起讨论有关倒影的问题。鼓励幼儿观察平静水面中的倒影,并注意当水面泛起涟漪时倒影会发生的变化。

②相同和不同。选一些只有一方面不同的物体。例如,颜色、形状、大小均同,只有重量不同的积木块;手柄不同,其他方面均相同的勺子;颜色相同,仅孔数不同的纽扣;等等。玩法:把材料摆在桌上,让幼儿一一给它们分类。例如,把所有的勺子摆出来,让幼儿仔细看看它们是否一样,比较后做出结论。在活动中,鼓励幼儿摆弄材料,并讨论它们的异同。

③"过河"。准备几块木板、适合做"桥"或"船"的材料。玩法:假设幼儿面前有一条河,鼓励幼儿思考,如何才能做到不湿衣服而渡过"大河"。(在河边附近放置些可让幼儿选用的材料,以便当他们想出解决问题的办法时,可

以造船或建桥）。

7.发展幼儿的审美能力和创造意识

发展审美和创造意识的参考活动：

（1）欣赏画。材料：一组不同流派的绘画作品。玩法：与幼儿讨论他们观看画时的感觉。他们是不是感到幸福、悲痛、激动、惊讶、愤怒、恐惧？最喜欢和最不喜欢的图画分别是哪一幅？为什么？

（2）颜色匹配。材料：一组不同颜色的材料。玩法：要求幼儿先将相似颜色的材料挑出来，然后再挑出其他颜色的材料。让孩子思考：为什么将这些颜色的材料放在一起看起来很好看？

（3）每天睡觉前可给孩子讲睡前故事。

（4）常让幼儿听儿歌、民歌，朗诵诗歌等。

（三）小学孩子自我意识的特点及相关的教育内容

1.小学孩子自我意识发展的特点

大多数小学孩子仍处于由具体性向抽象性、由外显行为向内部世界的发展过程之中，他们的抽象概括性评价和对内心世界的评价能力都在迅速发展，稳定性在逐渐加强。从顺从别人的评价发展到有一定独立见解的评价，评价的独立性随年级的升高而升高；从比较笼统的评价发展到对自己的某个方面或多个方面的优缺点进行评价；开始具有对内心品质评价的倾向。在自我体验方面，小学孩子的自我体验与自我意识的发展总趋势比较一致；自我体验与自我评价的发展具有很高的一致性，自我体验的发展与自我认识、自我评价的发展密切相关。可总结为以下三点。

（1）自我评价由"他律性"向"自律性"发展。

（2）从正确评价他人行为向正确评价个人行为发展。

（3）从依据行为结果进行评价向把动机与结果结合起来进行评价发展。

2.小学孩子自我意识培养的主要方面

（1）引导孩子正确认识自我，评价自我。孩子上学后，由于社会接触面的扩大，个体对人的认识就有了强弱、好差之分。家长应从以下几个方面加以正确引导。

①引导孩子正确地比较。人们常说:有比较才有鉴别;人们还说:人比人气死人。这就说明不同的心态,不同的比法,会带来不同的效果。从正面效应上讲,同比自己好的人比,就会发现自己的差距,可激发其向上的力量;与差的比也能看到自己的长处,能增强自信。从负面效应上讲,前者可能带来的负面效应,即气馁,丧失自信;后者又容易产生自满情绪。为了避免比较带来的负面效应,家长应引导孩子注意比较中的几个问题:第一,注意可比性。如同班、同龄、同性别的人相比。第二,注意比较的条件。第三,要横向比较,也要纵向比较。例如:既要与比较方同期相比,也要与自己过去相比。第四,要培养正确的心态。通过比较知道自己的长处和短处,让孩子拥有"知耻而不馁,知耻而后勇,知荣而不骄"的心态。

②要求孩子正确对待别人对自己的态度和评价。他人对自己的态度和评价是孩子认识自己的重要因素之一,家长必须引导孩子正确对待他人对自己的态度和评价问题。为此,家长要注意以下主要问题:一是家长对孩子的褒奖要符合客观实际,拔高会助长孩子的虚浮意识,贬低会压抑孩子的情绪,让孩子气馁和信心不足。二是不要给孩子限制太多,应鼓励孩子,支持孩子与别人交往。三是家长要引导孩子正确对待别人对自己的态度和评价。要告诉孩子:要以一种平和的心态对待他人的态度和评价,做到"有则改之,无则加勉"。

③引导孩子通过对自身实际状态的分析,了解自己的长处和短处。

(2)让孩子悦纳自己。一个能正确地认识自己、评价自己的人,既能了解自己又能悦纳自己。

(3)培养孩子的自我调控能力。自我调控包括自我检查、自我监督、自我控制等。

①增加行为的目的性,减少行为的盲动性。首先,家长应给孩子讲清做一件事的目的和重要性,并帮助孩子制订切实可行的计划,再指导监督其完成。其次,当孩子完成了一件事后,家长应协助孩子进行总结,让孩子养成爱总结的习惯。孩子做得好的地方,家长要及时给予肯定和鼓励,做得不够的帮助其找出原因,督促其改正。总之,要切合实际地多表扬,多鼓励,少指责,少打击。

②让孩子养成良好的行为习惯。家长应对孩子的行为提出要求,定出

规则;要求孩子按规则行事,并实施监督;孩子做得好的,要给予及时肯定和赞扬,做得差的,要严格督促其改正。

③培养孩子正确的归因方法。不同的归因方法对孩子的自我调控能力有不同的影响。在孩子的成长过程中,家长应引导孩子寻找合理的归因方法,这样才能使孩子更好地进行自我控制。

④为孩子创设良好的心育环境。家长的行为方式,家长的心理,家庭环境和社会环境,家长对孩子的褒贬等因素,都会影响孩子的心理,影响孩子的自我调控。所以,家长要为孩子营造一个"家庭和睦温馨,家庭成员间真诚相待,家长遇事冷静,对孩子采用民主式管理"的心理成长环境。

(四)初中孩子自我意识发展的特点及相关的教育内容

1.初中孩子自我意识的特点

从初中开始,孩子日益能够自觉地认识自己和评价自己的个性品质、内心体验,从而能够独立地支配和调节自己的行动。与小学比,初中孩子的自我意识有了新的进一步发展,他们开始对人的精神世界和个性品质发生兴趣,产生了了解别人和自己的需要。在自我评价方面,大多数孩子在评价自己时不仅能够做到外部特征与内部特征相结合,而且能从优点与不足两方面来评价自己。但是初中孩子的自我认识还不够全面,评价自己和别人的能力还不稳定,发展还不成熟,容易简单片面地看问题,常常顾此失彼。在自我体验方面:初中孩子有极强的自尊心和强烈的独立意识。在自我调控方面,初中孩子的自我控制力有所增强,有主观自控的愿望,但自制力水平不是很高。主要表现在以下三点。

(1)自我意识迅猛发展并趋向稳定。

(2)自我意识呈现交错性特点。

(3)自我评价能力提高。

2.初中孩子自我意识的相关教育

(1)帮助初中孩子完善自我评价能力。初中孩子由于思维的独立性和批判性的发展,开始自觉地对别人和自己进行评价,但他们自我意识发展尚不成熟,在自我评价时往往出现过高或过低的现象,这时,家长应予以指导,完善孩子的自我评价。

在提高孩子自我认识的过程中,家长应针对初中孩子自尊心强、独立意识强等特点,注意以下几个问题。

①尊重他们的"独立"意识,注意保护他们的自尊心。

②放下家长的架子,经常与孩子进行友好、平等的谈话和沟通,与孩子建立起朋友式的关系。

③正确评价初中孩子的学习情况。

(2)让孩子在成功或失败中增强自我体验,增强自我调控意识,提高自我调控能力。

①除原则问题外,该放手时则放手。

②引导孩子慎重交友。

③在平等的基础上,给予孩子客观的批评和有效的监督。

其一,放下家长的架子,与孩子平等相处,与孩子交朋友,充分取得孩子的信任。

其二,对初中孩子,既要管,又不能管得过死。

其三,既要批评,又要尊重孩子的人格。总之,既要批评教育,又不要伤害孩子的自尊。

其四,既要严格要求他们,还要对他们进行有效监督。

(五)高中、大学孩子自我意识的发展及相关的教育内容

这时,孩子的自我意识进入了一个新的发展时期,他们越来越关注自身,不仅自我意识的能力和水平提高了,而且自我意识的内容进一步丰富和深刻。

1.引导孩子走向真正的独立

孩子到了高中以后,独立意识得到进一步发展,能明确地意识到自己是一个独立的人,会要求独立地处理自己的事情,对理想、前途、人生、社交等有自己独特的看法,并希望得到成人的认可和支持。对此,家长应尊重孩子的想法,改变过去"事事过问,事事管"的教育方法,改变质询式的、命令式的交流方法,放下身段,以朋友式、民主式、征询式的方法与孩子进行有效沟

通，以间接的、委婉的方式给孩子提出建议和批评，从而引导其走向真正的独立。

2.针对"自我"分化的特点，引导孩子认识真正的自我

在高中、大学阶段，儿童时期和初中前期的那种较稳定、较笼统的"我"被打破了，它被分化成了两个"我"：观察者的"我"和被观察者的"我"。观察者的"我"往往是理想的"自我"；被观察者的"我"往往是现实的"自我"。这种"我"的分化，使青年期的孩子主动地对自己的内心世界和行为进行观察分析，定义"我"应该是怎样的一个人，而现实的"我"与理想的"我"却存在矛盾和差异，于是他们对这种差异进行调整，但往往出现矫枉过正的情况。为此，家长应从以下两个方面加以教育引导：其一，教育引导孩子正确地分析自己，正确地估价自己。其二，注意对孩子"自我分化"中容易出现的"自我炫耀""冲动""妄自尊大""我行我素"等给予纠正。

3.正确对待自己的外在形象，注重内在素质修养

外表是成熟青年期的孩子自我认识的重要部分，因此这个阶段的孩子喜欢照镜子，或者花更多的时间去打扮自己。他们不再像童年期那样，父母买什么衣服，就穿什么衣服，而开始有了自己的喜好。家长应正确对待孩子的这些特点，加以引导，增强其自信。第一，不要轻易把孩子关注外表的行为视为一种不良行为，而是要引导孩子正确认识自己的外表，要让孩子明白：比外表更重要的是内在品质。第二，教育引导孩子客观对待自己的不足，发挥自身的优势，做到扬长避短。成熟青年期的孩子对外表的关注通常会随着年龄的增长而减弱。在正确的引导下，大多数孩子会慢慢习惯于自己的外表，认可自己的外表，而慢慢上升到首要地位的则是"我"的另外一些特征，如智力、才能、意志品质等。

4.关注成熟青年期孩子的内心世界，塑造良好的个性品质

成熟青年期特别是高中时期的孩子对自己的优缺点非常关心；注重周围的人对自己的评价；常以名人、伟人为效仿对象，或以名人、伟人的名言警句来鞭策自己；常以写日记的方式表达自己的内心世界。虽然这个时期的孩子已开始关注自己的内心世界，开始深入认识自己，但认识水平还不高，

甚至出现一些偏差,如因得到了负面评价而丧气,盲目模仿名人等。根据成熟青年期孩子个性成长的实际,家长应注意以下几点。

(1)教孩子学会扬长避短。成熟青年期的孩子大多习惯于把自己的想法隐藏在心中,但是,又很在乎别人对他们的评价。因此,作为成熟青年期孩子特别是高中孩子的家长,除关心他们的学习成绩外,应花更多的时间与孩子交流,走进他们的内心,引导他们正确地看待自己的优点和缺点,正确地对待别人对其的评价,做到扬长避短,乐观自信。

(2)引导孩子正确对待名人、明星。进入青春期后,有的孩子把名人、明星作为崇拜的偶像,这本是无可非议的,但是,有的孩子不顾自己的条件,只盲目模仿其外表。对于孩子的这种追星行为,家长要加以正确引导:其一,不可简单地否定和批评这种行为。其二,把孩子引导到正确的意识上去:我们应该通过名人、明星的外表看到他们内在值得学习的品质。

5.注意保护孩子的自尊心

自尊心是成熟青年期孩子自我意识最敏感、最不容许别人侵犯的部分。这个阶段的孩子绝大多数都期望在集体中居于适当的地位,得到重视和较好的评价。这种获得承认的需求,如果不能以合乎社会角色规范的方式得到满足(比如在学习、工作、业余爱好中取得成绩,赢得荣誉等),就可能以不符合社会角色规范的方式去得到满足(比如寻衅滋事、打架斗殴等)。成熟青年期的孩子在日常生活中的很多矛盾、纠纷和攻击行为,往往都是由自尊心受到威胁引起的。因此,对成熟青年期孩子的自尊心应给予关心和保护,而不要挫伤。要根据孩子自尊心强的特点,引导他们努力学习和积极参加活动,在其中收获自尊;还要让他们懂得"要得到别人的尊重,首先要尊重别人"的道理。

6.帮助孩子建立自信,克服自卑

到了成熟青年期,孩子的自我意识逐渐增强,对自己的关注度很高。他们常常梦想着怎样一鸣惊人。这种欲望往往是与本人的能力有距离的。在这种心理基础上,处在成熟青年期的孩子,特别是高中阶段的孩子很容易因为各种各样的事而产生自卑感,甚至一些在成人眼里根本算不了什么的问题,孩子却会因此产生自卑感。如自己的个子太矮、学习不如人、打扮穿着不时尚等。自卑感强的人,常有如下表现:性格怪僻,沉默寡言;贬低别人,抬高自己;善于伪装,工于矫饰;回避现实,自暴自弃;等等。如果你的孩子有上述表现,应尽快帮助孩子树立信心,摆脱自卑感,以免影响个性的健康发展。

  自我意识的形成,幼年、少年期是基础,成熟青年期是关键。希望家长一如既往地关注孩子的自我意识教育,特别是在理想、道德、择业、交往、人生观、价值观等方面,让孩子们能够形成完善的自我意识。

三十六 如何培养孩子的责任意识

(一)对责任的理解和责任的意义

责任意识是责任在人的头脑中的主观反映形式,它既是一种能力,又远胜于能力;既是一种精神,更是一种品格。简单来讲,责任就是一种担当,在一定的层面包括一个人应该做好的分内事和应该做好一件事而没有做好时所承担的后果。

责任意识是一种自觉意识,也是一种传统美德,表现平常而又朴素。比如"天下兴亡,匹夫有责"强调的是热爱祖国的责任意识;"择邻而居"讲的是孟母历尽艰辛,勇于承担教育子女的责任。一个人,只有尽到对父母的责任,才是好子女;一个公民只有尽到对国家的责任,才是好公民;一个领导只有尽到对下属的责任,才是好领导;一个家长只有尽到了养育子女的责任,才是合格的家长;一个学生只有尽到了学生的责任,才是一个合格的学生。只有每个人都认真地承担起自己应该承担的责任,社会才能和谐运转、持续发展。

责任意识的范围很广,大到国家大事,小到孩童做的一件微不足道的小事。如小孩收拾好自己玩过的玩具,父母养儿育女,教师教书育人,医生救死扶伤,工人铺路建桥,军人保家卫国……人在社会中生存,就必然要对自己、对家庭、对集体甚至对祖国承担并履行一定的责任。责任有不同的范畴,如家庭责任、职业责任、社会责任、领导责任等。这些不同范畴的责任,有普遍性的要求，也有特殊性的要求。责任只有轻重之分，而无有无之别。

责任意识在我们的生活中无处不在。从普通的家庭到社会各个角落，无不演绎着负责任的担当精神。子女赡养年迈的父母，父母养育幼小的子女；有的忠于职守，坚定不移地完成自己神圣的使命，有的矢志不渝，用热血谱写为民为国的壮歌；有的朴实无华，默默无闻，有的则感人至深，诠释着责任意识的最高境界。如党的好干部牛玉儒以"生命一分钟，敬业六十秒"的誓言书写了他勤政为民、忘我工作的精神，桥吊工人许振超在普通岗位上创出世界一流的"振超效率"是他对责任意识的最好诠释，还有乡邮员王顺友在大凉山二十年如一日地用脚步丈量他平凡的工作，公安卫士任长霞以炽热情怀书写执法为民的人生壮歌，导弹司令杨业功用赤胆忠心浇铸共和国的和平之盾，科学家马祖光在实验室里以生命之火点燃科学之光，艺术家常香玉用德艺双馨的人生唱响"戏比天大"的责任豪情，等等。这一切，让我们从他们身上感受到一种品格，一种境界，感受到了他们对事业、对国家、对人民高度负责的责任意识。

另外，一些不负责任带来的后果，也让人们痛心疾首：一起起惨痛矿难给人民的生命财产带来重大损失，一种种假劣食品导致许多无辜百姓身心受到损害，一次次严重污染造成难以挽回的生态灾难，一次次操作失误或脱离客观实际的计划造成无可挽回的损失，等等。从这些事情中，我们看到的是什么？是共同的祸根——责任的缺失！这不仅表现在对个人的不负责上，更表现在对家庭、集体甚至国家的不负责上。

负责能成就家庭和事业，甚至一个民族，而不负责也会给家庭、事业，甚至国家带来损失，甚至是毁灭。人存于世，无不担当责任，谁也逃不了应有的责任，但是，在现实生活中，还有一部分人对责任进行曲解：

有人认为，讲责任太沉重，担责任太累，担责任越少越好。这种认识是不全面的。常言道："天地生人，有一人当有一人之业；人生在世，生一日当尽一日之勤。"作为社会人，不可能脱离责任而生存。你不扛枪我不扛枪，谁来保卫国家；你不劳动我不劳动，谁来创造财富；你不担责我不担责，谁来推动社会进步。有收获必有付出，有享受必有奉献，这是生活的法则。尽力履行你的职责，你就会知道你的价值。逃避责任、坐享其成、虚度光阴，这样的人生是没有价值的。勇敢地担负起自己的责任，人生才会充实，生活才有意义。这样的人生才称得上"潇洒走一回"。

还有人认为,责任是一种束缚,限制个人自由,阻碍个性发展。这种把责任和自由割裂开来、对立起来的认识,也是不正确的。责任与自由是不可分割的。享有自由,就意味着负有责任;履行责任,才能享受更充分的自由。天底下没有为所欲为、无拘无束的自由。责任限制的是一种主观上的任性,彰显的恰恰是自由。主观上的任性,行动上的随心所欲,最终会导致不自由。

还有一些似是而非的认识:别人不负责,我想负责也负不起来,所以,无法负责任;大家都不负责,我一个人负责有什么用;别人对我不负责,我对别人负责是犯傻。凡此种种,是对责任的歪曲理解。我们只有将自己应承担的责任先担负起来,才能影响和带动周围的人负责,形成一种人人负责的氛围,而不能用自己的不负责去淡化负责的氛围。

我们仔细地想一想,为什么有的孩子学习的主动性、积极性特别差?为什么有的孩子不愿意主动做好自己的事?为什么有的人总是怕担责任?为什么有的人总是推卸责任?原因是他们没有把该做的事当成自己的事,在头脑中没有责任意识。一个人一旦有了责任意识,他就会把学习、工作当成自己的事,就会对自己的言行负责,就会把握自己的行为,做自我的主宰。天下没有做不好的事情,只有没有责任感的人才觉得事事难做。责任感的轻重决定了人的积极性、主动性的程度,决定了完成任务的质量和数量。

(二)孩子在责任心方面存在的主要不足

1.心中只有自己,没有他人

有些家庭,一家几代人围着孩子转,孩子要什么就给什么,孩子什么都不用想,家长早就给孩子想好了一切,孩子基本上处于"衣来伸手饭来张口"的状态。而成人的溺爱与娇惯,会使孩子养成"唯我独尊"的性格。其表现形式为:自负、自私,如只顾自己享乐,有好吃的、好玩的一人独享、独占;不尊敬长辈,不知关爱他人,缺乏爱心和同情心;对父母的辛劳和良苦用心视而不见。

2.依赖性强,动手能力差

孩童时期,什么事都离不开成人,像吃饭、穿衣、收拾玩具、整理书包、收拾自己的房间等分内之事都要依靠成人;十几岁了,甚至上了高中、大学还离不开父母的照顾……

3.胆小怕事,缺乏担当

自己做错了事,不敢直面错误,总是想办法掩盖失误、逃避惩罚;做事、交往、参加集体活动等,不敢大胆、独立面对,甚至考上了大学,像独自到校报到等事都需要父母陪护……

4.学习缺乏积极性、主动性

从开始读书,就没把读书看成是自己的事;做作业要父母或他人督促;认为读书是帮父母或老师读的;背书、做作业是为了过父母关和老师关,是为了完成任务才做。总之,没把读书看成是自己的责任,缺乏积极性、主动性。

(三)责任意识培养的主要方面

1.孩子的责任意识必须从小抓起

让孩子从小自己的事情自己做,就是在培养他们的责任意识。比如,当孩子能自己吃饭后,吃饭就成了孩子自己的事,吃饱就成了他自己的责任。成人应给孩子鼓励和赞扬,让孩子自己吃饭,那孩子的"吃饭是自己的事""吃饱是自己的责任"的意识就形成了。责任意识同品质、习惯一样,是从小一步一步慢慢形成的。不能因为孩子小,就放弃第一步的培养,这将给以后的培养带来一定的难度。

2.在培养孩子的爱心的过程中,培养孩子的责任感

现实生活中,有不少的家长都发出这样的感叹:现在的孩子不知怎么了,我们那么爱他,他却不理解,甚至有时还有"敌对"情绪,动不动就向家长发脾气、生闷气;对家长的难处,从不知体谅和同情,一味地要求满足自己……这种现象,其实很大程度上是家长的错爱所致。家长爱孩子是人之常情,天经地义。但是,绝不能给予孩子错误的爱,如偏爱、溺爱、武断式的爱等,这些爱可能让孩子变得自私、自负,心中只有自己,这样的孩子缺乏责任

意识和担当精神,是不会知道感恩和回报、体谅和同情的。如果家长在给予爱的同时,要求孩子懂得尊敬、孝敬,懂得回报和分享,懂得同情与关爱,那孩子长大以后才不会变成不懂感恩的人,才有可能成为一个有责任感的人。

3.要求孩子做事有始有终

做事有始有终,不但是一个好习惯,而且是有责任、有担当的表现。一个人做一件事,不管有多难他都能坚持不懈地做下去,如果他没有责任担当精神,没有坚强的意志力和持之以恒的精神,他是不可能做好的。让孩子做事有始有终,能让他们在做的过程中懂得坚持的好处,明确责任的重要性。

4.在社会活动中培养责任感

社会活动是孩子接触社会的途径,同样更是培养其责任意识的有效途径。孩子生活在社会中会发现很多现象,比如在公园里看到有人乱丢垃圾。这时家长就要针对这种现象告诉孩子,乱丢垃圾是一种不良行为,公共卫生需要大家努力维护,还要让孩子把垃圾捡起来扔进垃圾桶。因为孩子也是社会的一部分,也有责任保护身边的环境。另外,家长还可以组织一些社会活动。比如:6月5日世界环境日,利用这个特殊教材,带领幼儿去外面宣传环保,鼓励孩子争做"环保小卫士"。

5.父母要为孩子树立良好的榜样

爱模仿是幼儿的天性,也是孩子发展的主要途径之一,对身边的一些行为,孩子是会看在眼里,记在心里,慢慢付诸行动的。好的榜样能促使孩子逐渐形成良好的行为习惯,如家长无论是在家里,还是在公共场所,从不乱丢垃圾,看到地上有垃圾还会主动捡起来放到垃圾桶里,那么孩子一般也会养成这样的习惯。责任心的培养,是在潜移默化中形成的。父母对待学习、工作态度认真和有责任意识,自己以身作则,才是孩子良好的学习榜样。

6.放手让孩子去做,让孩子在实践中学会对自己的行为负责

有的家长爱孩子,这也怕出问题那也怕出问题,所以为了孩子的"安全",就这也不行,那也不准。这样长期把孩子禁锢在身边,使孩子失去了实践和独处的机会,长期下去,孩子不但不能独立处事,而且胆小怕事,更不要

说勇于承担责任了。家长们爱孩子,管孩子,除了道德品质、人身安全外,其他的应放手让孩子去做,让他们在实际生活中学会担当,学会负责。因为在实践活动中,很多实际问题会"逼迫"他们去动脑筋,去解决问题。这是培养孩子的责任感的好时机。就拿军训来说吧。军训仅仅一周,可是孩子可能会因此发生很大的变化。因为在这一周里,孩子要独自处理生活、学习中的大事小事;学会合理安排自己的时间;学会整理床铺;假如生病还要想办法自己找药吃,还可能懂得关心其他生病的孩子陪着去医务室;学会与同寝室同学团结协作,懂得了"一荣俱荣,一损俱损"的道理;同时,经历了艰辛,还能增强对父母的理解与关爱,更懂得体贴和感恩。这一切,孩子在父母身边是很难学到的,因为,在父母的视线里,孩子如同在树荫下,看不清自己的真实形象和在阳光下的影子,甚至不知道自己的高度和能力。父母们,如果你们希望自己的孩子能独立地处事,能更清楚地认识自己,就请你们放开孩子的手,让孩子在实践中肩负起自己的责任。

责任感的培养,方式方法很多,也是一个漫长的坚持过程。总的来讲,只要家长坚持"从我(孩子)做起"、从小(孩子小时候、身边的小事)做起、坚持不懈地抓下去,将来孩子一定是一个富有责任感的人。为此,家长应试着把孩子生活中的每一项责任放到孩子身上,让他自己去承担。例如:孩子看到今天没有他喜欢吃的食物,就说"我今天中午不吃饭"。家长反复问孩子后,他还是说不吃。孩子过了一阵后,又说要吃东西,这时家长就应坚持不让孩子吃,因为孩子应对他说过的话负责。如果家长心疼孩子,担心孩子饿着了,允许他晚饭前吃东西,家长就在无意中帮孩子推卸了责任,让孩子觉得自己无须承担责任。如果在其他生活小事上也如此,慢慢就会让孩子缺失责任心,这对孩子以后的成长是很不利的。

三十七　如何培养一个社会化的孩子

孩子出生后,什么也不懂,随着孩子的成长,家长逐步教孩子学习语言、文化,让孩子学习如何做人,学习社会或群体规范,使孩子逐步具备能适应社会生活的知识、能力、态度、情感和行为。这样,孩子长大后才能适应社会,成为社会中真正的一员。家长应知道,孩子不是你的私有财产,而是一个具有社会性的生命体,而家长的责任就是把他培养成合格的社会成员。人的社会化的形成受到家庭教育、学校教育和社会教育的影响。社会化是个体由自然人成长、发展为社会化的人的过程。此处的社会化的人,是指一个能适应社会的人。儿童时期是心理、人格、习惯以及各种能力等的奠基时期,抓好青少年时期的社会化教育就显得极其重要。

(一)社会化教育的内容

儿童阶段(通常指0至14岁)是孩子通过个人和社会的相互作用,获得语言、思维、情感等能力和最初行为的方式,逐步了解社会、掌握生存能力的阶段。儿童社会化是人的社会化过程中的第一步,大致包括五个方面。

其一,基本生活技能的教育。使孩子掌握吃饭、穿衣、语言表达等人类最初的行为与交流方式。

其二,促使自我观念发展的教育。使孩子能分清自我与非我及两者的关系。

其三，养成良好的生活习惯的教育。使孩子逐渐懂得约束自己的行为。

其四，培养良好的道德品质的教育。使孩子逐步适应社会规范，具备社会公德。

其五，社会角色适应性教育。使孩子能够成功地扮演适当的性别角色、游戏角色、学校角色、社会角色等。

(二)孩子在社会化进程中存在的主要问题和家庭教育的缺失

1.孩子在社会化进程中存在的主要问题

(1)语言表达能力差，不善沟通。

(2)生活自理能力差，依赖性强。有的孩子长期在父母的羽翼下生活，平时饭来张口，衣来伸手，连生活的基本技能都没学会，离开了父母就不知如何生活。

(3)独立性差，胆小怕事，缺乏担当。做事畏首畏尾，前怕狼或怕虎，不敢独自外出办事；做错了事不能勇敢地承认错误等。

(4)优柔寡断，缺乏自信。自己打算做某件事情，但总担心自己做不好，左右摇摆，拿不定主意；在处理事情上，缺乏决断。

(5)性情古怪、冷漠、倔强，心理承受能力差。

(6)以自我为中心，缺乏敬心、孝心、同情心。

(7)人际关系紧张。这里说的人际关系主要指亲子关系、师生关系和同学关系。

亲子关系紧张。孩子还在幼年时期，亲子关系的矛盾并不突出，但随着孩子的成长，家长对孩子的教育方式不当或管理方法不妥，慢慢使亲子之间的矛盾外显，加上孩子进入青春期(叛逆期)，这种紧张的关系就形成了。其表现在：家长与子女之间沟通越来越困难，孩子有什么想法不向他们吐露；孩子听见家长说话就"烦"等。

师生关系紧张。教师和学生之间，缺乏相互的理解和沟通，造成学生与教师之间的误会；教师对学生的不理解、不信任使学生产生对抗心理；教师对学生横加指责、轻视学生等现象给学生带来心理压力，使之产生心理上的对抗。

同学之间关系紧张。现在入学的孩子大多是独生子女,在家庭中长期受宠,加上物质条件和经济条件的不断好转,大多数孩子都没有吃过苦,没经受过艰苦环境的磨炼,有的孩子形成了"以自我为中心"的性格。这就造成了同学之间关系不融洽,甚至有的关系紧张。

2.家庭在孩子社会化教育引导方面的缺失

(1)家庭教育方式的不当,造成孩子社会化的缺失。

(2)家庭模式对孩子社会化形成的影响。随着时代的发展,家庭模式发生了变化,如独生子女成家后,男女双方的父母没人照顾,于是,出现了祖、子、孙共同生活的家庭模式,此外还有单亲家庭模式。这些家庭模式对孩子的社会化有较大的影响。

单亲家庭模式对孩子社会化的影响。单亲家庭,特别是离婚后的单亲家庭对家庭所有成员都会造成压力,对儿童的影响更大(特别是对男孩)。父母离婚后,男孩常表现得不守秩序、自控力差。父母离婚后,女孩也开始这样的反应。造成这种现象的原因是:在父母离异以后,孩子很少感受到双亲的爱,缺乏安全感、自尊感。

(三)如何对孩子进行社会化的培养

1.家长转变教育观念,注重对孩子的社会化培养

孩子从出生到走入社会,大部分时间是在家庭中度过的。在这一过程中,家庭生活和家庭教育交织在一起,对孩子具有启蒙性、持久性、情感性和感染性的教育作用,对孩子智力、道德、品格和能力的发展具有重要的影响。从这个角度来讲,家庭教育是儿童社会化发展的基础。然而,在现阶段的家庭教育中,较为普遍的是重视孩子的知识学习、智力开发,在品德、能力、社会性培养等方面却较薄弱,有的家长甚至没有这方面的培养意识。等孩子长大了,发现孩子虽然读了很多书,但不爱说话,不知如何与人沟通,不知如何与人交往。这样的孩子如何能融入社会?因此,家长应转变原来的教育观念,更加关注孩子的社会化培养。

2.让孩子初始的社会化在和谐的家庭中得到发展

家庭是社会的缩影,是孩子获得社会性的基础,对孩子社会性的形成和发展有着重要的作用。个体从出生起就生活在这个小社会中,大部分时间都在这个家庭的小社会中与人沟通交往,家长的一言一行、家庭成员之间的相互关系、家庭的氛围等无不影响着孩子,对孩子的语言、情感、角色、经验、知识、技能与规范等方面均起到潜移默化的作用。家庭是孩子获取社会知识的第一课堂。一个经常吵闹不休的家庭,会给孩子造成残酷的心灵折磨,早期的无意识的情绪体验和伦理颠倒的丑恶攻击会在孩子的心理和个性上留下深深的烙印。一个家庭,子孝孙贤,夫妻和睦,老幼平等,互敬互爱,充满着浓浓的暖意,孩子会在其中受到感染,社会性的种子会在这里萌芽、生长。如果生活在和谐的家庭中,受到父母的关爱,孩子会得到潜移默化的社会化影响。所以家庭成员之间应相互体谅、相互包容,尽最大可能保持家庭的和睦,营造和谐的家庭气氛,为孩子提供良好的成长空间。

3.注重孩子独立生活能力的培养

(1)注意孩子自我服务能力的培养。自我服务能力就是生活自理能力,是独立生活能力的前提和基础之一。父母应创造条件让孩子多动手,让孩子做他们力所能及的事。如自己吃饭、穿衣、整理书包等。孩子在做这些事的过程中,不但能养成勤劳的品质,还能锻炼意志,增强责任感,为他们以后克服困难打下良好的心理基础。

(2)培养孩子吃苦耐劳、自力更生的精神。除了让孩子独立完成自己的事情外,家长还应让孩子参加一定的家庭劳动,如帮父母买菜等(但要考虑孩子是否具有这个能力);也可利用假期带孩子到农村、工厂去参观或参加力所能及的劳动。

(3)该放手时则放手,让孩子独立支配自己的事务。除安全、道德、不良习惯等方面的问题外,其他事情家长应放手让孩子去做。让孩子在各种活动中去体验成功和失败给他们带来的苦与乐,从而增强他们的适应能力,锻炼他们的意志和毅力,为他们将来踏入社会做好铺垫。

4.注重孩子语言表达能力的培养

语言是交际的工具,是孩子发展社会化必备的条件之一。

第一,父母应多与孩子谈话交流。

第二,要培养孩子阅读、看书的习惯,不要让孩子沉迷于看电视、玩手机。孩子看书阅读不但能增长知识,而且能了解语言是如何表达的,事物是怎样描述的,从而间接地提高社会化水平。

第三,给孩子创造说话的机会,锻炼孩子说话的胆量和口才。

第四,利用现代通信工具,锻炼孩子说话的能力。

5.培养孩子的交往能力

交往是孩子由自然人发展成为一个社会人的前提条件之一。没有交往,其社会化就不可能形成和发展。因此,家长在培养孩子时,千万不要忽视了对孩子交往能力的培养。

6.鼓励孩子参与活动,适应社会角色的转变

"自我中心"的问题往往与父母不恰当的教养方式有关。帮助儿童走出"自我中心",父母需要学习、采取科学的教养方式。家长要帮助孩子从"自我中心"中走出来,从孩子很小开始,就应把孩子视为一个独立的人,不要一切事情都围绕着孩子转。应让孩子走出去,多接触他人,多参加活动,从而从"自我中心"中走出来,实现角色的转变。

7.让孩子学会关心他人

父母、长辈长期围绕着孩子的意志行事,会让孩子只懂得接受别人的爱,只让别人关心自己,而不知道爱别人和关心别人。所以父母应从小培养孩子的爱心,在照顾和关爱孩子时教育孩子懂得关心他人,教会孩子如何关心他人,而不是一直做一个被关爱的人。先从关心长辈开始,比如送上一句暖心的问候,寒冷时端上一杯热茶,帮一些力所能及的忙,等等。只有懂得了如何关心长辈,才会逐渐关心他人、心中有他人。

8.从小教育孩子做一个值得信赖的人

社会是由人与人之间的相互关系构成的,而这种关系是靠人们相互之间团结协作来维系的,这种团结协作的基础就是人与人之间的相互信赖。因此,如果父母要把孩子由个体人发展到社会人,就要从孩子幼年开始着

手,逐步对孩子进行诚信方面的教育引导,做好以下几点:

第一,要求孩子说到做到,培养他们诚实守信的性格。

第二,让孩子学会"将心比心"、处处替别人着想。①从小教育孩子勇于担当。3岁的孩子已经有了一定的独立性,随着年龄的增长,他们的独立意识慢慢增强,凡事都想按自己的意愿来做。但由于能力有限,这对他们来说还有一定的难度。孩子遇到挫折,往往会哭闹着发脾气或者沮丧失望。这个时候,家长不要急于帮孩子解决困难,应利用这个机会,让孩子学会面对困难、承担后果。②允许孩子犯错误,但不允许其推卸责任。孩子在成长的过程中,犯错是难免的,也是正常的,这时正是家长对孩子进行责任教育的好时机。家长要引导孩子找到犯错的原因,告诉孩子勇敢地承认错误并承担后果,让孩子想办法补救自己所犯的错误。③让孩子在实践中自我锻炼。孩子入学后,社会接触面不断扩大,这时,家长要鼓励孩子参与与其他人的交往实践。因为,孩子在交往实践中,能更真切地体会到什么是自己应该承担的责任,怎么做才能更好地承担自己的责任。另外,家长应经常交给孩子一些适当的工作任务,让他扮演一定的社会角色,在集体活动和社会工作中担负起力所能及的责任。

培养孩子的社会性,方式方法很多,内容也很多,包括情感培养,如爱国情感、劳动情感、集体荣誉感、道德情感等;应让孩子学习一些社会规则和行为礼仪等,特别是当孩子进入青年期后,更应针对孩子的实际情况进行这些方面的教育。

三十八 如何培养一个遵纪守法的孩子

每个做家长的,对孩子都有一个希望——将来成"龙"成"凤"。这是大多数家长培养孩子的最高目标,然而,家长在拟定培养孩子的目标时,不能只有最高目标,而没有最低目标。每个家长都应做这样的打算:通过努力,即使不能把孩子培养成栋梁之材,也至少不能让孩子成为无用之才,成为家庭和社会的累赘,也就是说至少成为一个自食其力的遵纪守法的好公民。

遵纪、守法是两个不同的概念,但又有必然的联系。纪即纪律,指的是人们共同遵守的秩序和一定的行为准则;法即法律,是指体现统治阶级意志,由国家强制力保证实施的社会阶层的规则和人与人之间关系的规范。遵纪是守法的前提,守法是遵纪的结果。从一般情况来讲,一个从小自觉遵守各种秩序和行为规则的人,长大后多半会是一个守法的人。所以,为了孩子将来成为一个遵纪守法的好公民,对孩子进行早期的遵纪守法教育,树立孩子的遵纪守法意识,为孩子的一生筑起一道安全防护墙,也是家庭教育的责任之一。孩子是父母的希望,是祖国的未来和希望,父母有责任和义务将孩子培养成一个既有知识、有文化、有强健的体魄、有健全的人格,又知法、守法的合格人才。未成年人是一个特殊的群体,他们的健康成长直接关系到家庭幸福、社会发展。然而,未成年人犯罪率逐年呈上升趋势,这不得不引起家庭和社会的高度重视。

(一)当前未成年人违法犯罪的现状和特点

未成年人犯罪,是一个法律术语,大概和我们平时说的青少年违法犯罪差不多,只不过后者所指范围更广。据《中华人民共和国刑法》,在我国,未满14周岁的未成年人犯罪只对情节恶劣的故意伤害、故意杀人罪承担刑事责任,已满14周岁未满16周岁的未成年人只对8种较为严重的犯罪承担刑事责任。已满16周岁的人对所犯的所有罪行承担刑事责任。

近几年,未成年人犯罪率居高不下的现状,已引起各国政府的高度重视和社会的广泛关注。据有关部门统计,我国青少年犯罪在全国刑事立案的比例一直较高,约为65%,处于居高不下的局面。特别值得注意的是,14至18岁的少年发案率上升较快,14至18岁成为违法犯罪的高发年龄阶段。

(1)从犯罪主体来说,未成年人犯罪日益向低龄化方向发展。由于发育年龄提前和频繁接受不良文化影响等原因,20世纪90年代以来未成年人违法犯罪的初始年龄比70年代提前了两到三岁。近年,不满14周岁的未成年人实施杀人、强奸、抢劫等严重危害社会治安的犯罪行为的情况日益增多。

(2)未成年人犯罪作案的手段呈现凶残化和智能化的趋势。所谓凶残化是指一些未成年人在作案时,不计后果,手段凶残。所谓智能化,一是指未成年人在犯罪时使用的工具越来越先进;二是指实施高科技犯罪的未成年人越来越多地采用一些现代化的技术和手段进行犯罪,例如网络犯罪等;三是指未成年人的反侦查能力不断增强,很多未成年人在实施犯罪之前会精心部署,作案后伪造现场,毁灭、转移证据。

(3)从犯罪类型来说,暴力犯罪、财产犯罪和性犯罪是未成年人犯罪的主要形式。

(4)从犯罪的组织形式来说,团伙犯罪是未成年人犯罪的主要形式。未成年人由于缺乏足够的体力、智力、胆量和经验,单独作案往往难以成功。而结成团伙可以壮胆,减少作案阻力,使犯罪易于得逞。当前,有的未成年人犯罪团伙拥有严密的组织系统、作案纪律和防侦破措施。随着骨干成员年龄的增长,这种团伙很可能会演化为带有黑社会性质的、有组织的、专业化犯罪组织,对社会会产生极大的危害。

(二)青少年违法犯罪的原因

1. 主观原因

(1)道德意志薄弱。青少年时期是心理发展从不成熟到成熟的过渡时期。在这一时期,青少年正处在高度的社会化进程中,身心发展都尚未定型,可塑性很强,抗腐蚀的能力较差,如果受到外部的不良诱惑和熏染,就容易走向反面,形成"孤注一掷""偏激浮躁""仇视报复"等心理。

(2)是非观念模糊。青少年由于社会阅历浅,缺少必要的是非观念,分不清什么是对,什么是错,什么能做,什么不能做;往往以"义气"代替健康的友谊,为朋友不惜"两肋插刀";易冲动,不计后果,常为一点儿小事大打出手。

(3)价值观念扭曲。由于受社会消极因素的影响,一部分青少年形成了畸形的价值观,如"老实吃亏""人不为己,天诛地灭""天大地大钱最大""法不责众"等观念。把互助友爱、无私奉献视为傻瓜的做法,把自私自利、唯权唯钱当成自己的价值取向。不正确的价值观、人生观必然导致不正确的行为,成为违法犯罪的心理动因。

2. 客观原因

(1)家长的生活方式不当或行为不端。如家长挥霍浪费、参加赌博、搞封建迷信活动等,会对孩子产生潜移默化的不良影响,为其违法犯罪心理的形成提供环境基础。

(2)家长监护不力,"寄存"孩子现象突出。有些父母因在外打工或工作太忙,无暇顾及孩子,便将孩子"寄存"在外婆家、奶奶家或其他亲戚家,孩子从小就感受不到父母的爱,这容易使孩子产生妒忌心理,形成孤僻的性格;另外,由于父母长期没在孩子身边,有些"寄存"处的监管人认为孩子可怜,于是容易处处迁就孩子,对孩子缺少正确的教育引导和有力的监管,这容易让孩子产生放纵的心理。以上各种因素加上外界的引诱,为一些孩子创造了违法犯罪的客观条件。

(3)家庭环境恶劣。比如,父母离异造成孩子性格异化、心理扭曲。父母离异已成为现代文明社会中一个不容回避的现实问题。父母离异后,一些孩子或无人照管,或遭"后妈""后爸"的冷眼和排斥,这在一定程度上影响了他们的心理健康。

(4)家长教育方法不当。一些家长对孩子有求必应,对其过分宠爱,使孩子产生了唯我独尊、目中无人的心态。由于缺乏正确的教育引导和合理的监管,孩子慢慢养成了"恶小而为之"的习惯。等孩子的问题成堆后,家长又以"恨铁不成钢"的心态,以极端粗暴的方式进行压制,甚至是恶语相向、威胁恐吓、棍棒加身。可以这样说,这种先放纵后严厉的家庭教育方式,是很多家庭教育的一个怪圈。很多青少年的失足都与此有关。

(5)学校教育失误。如果说家庭是孩子心灵成长的土壤,那么,学校就是塑造孩子美好心灵的生态场。如果学校的教育方法不当,也可能使学生染上不良习气,甚至走上违法犯罪的道路。从目前来看,一些学校的教育还有诸多弊端,主要表现在以下几个方面:一是教育思想不端正。一些学校片面追求升学率,随意加重学生的课业负担,忽视学生的全面发展。学生的学习压力重,厌学情绪严重。近年来,未成年人犯罪的一个显著特征就是"低龄化",原因便是一些青少年中学毕业后,不能升学,又不愿进入职业技术教育学校,只好走向社会,而进入社会后,受不良风气或不法分子影响,走向违法犯罪的道路。二是监管不力。一些学校管理不善,规章制度不健全,对学生的不良行为不能进行及时的教育,导致问题沉积、校风不正,甚至产生违法犯罪团体。三是一些教师职业道德水平不高。由于受社会不良风气的影响,少数教师忘记了为人师表的责任,利欲熏心,唯利是图,违规收费。该讲的重点不在课堂上讲,留待补课时讲,谁不交钱补课,谁就学不到关键知识;向学生推销商品,向家长索要财物,学生若不能满足其欲望,将直接或间接地遭受歧视,这或多或少地会使部分学生产生对抗心理。四是教育方式不当。少数教师对违纪学生缺乏耐心的说服教育,要么不管,要么实施体罚和变相体罚,轻则讽刺挖苦、罚做作业,重则谩骂殴打、处以罚款、赶出学校。有些学生由于惧怕,最后干脆逃学,流入社会,最后走向违法犯罪的道路。

(6)社会诱因。社会的影响在孩子的心灵成长中担任着一个重要的角色。我们常说社会是一个大染缸,这在一定层面上不无道理。特别是我国改革开放以来,各种"舶来品"蜂拥而入,加上我国体制转型和法治建设的相对滞后,社会环境受到了一定程度的影响,一些青少年面对社会的不良风气,不能理性辨别,参与赌博、吸毒等违法活动,甚至模仿电影、电视中的角色,结伙打架、偷盗勒索。

(三)对孩子守法意识的培养对策

1.营造良好的家庭氛围

家庭是孩子的第一学校,孩子的性格、行为习惯、道德情操等,都是在家庭的潜移默化中慢慢形成的。因为,孩子一出生,首先接触的就是家庭环境,作为家庭环境营造者的家长,要认真对待、重视家庭环境的塑造,要时刻注意自己的一言一行,并不断学习,提高素质,为孩子树立生活的榜样。

(1)营造互敬互爱、夫妻和睦的家庭氛围。一个家庭,一般有老有少。孩子的父母,在营造家庭氛围中起着至关重要的作用。做得好,可为孩子营造出健康成长的环境,做得不好,就可能为孩子提供学"坏"的土壤。如果家庭中长幼有序、互敬互爱,这就会在孩子的心里播下一颗善良的种子,这颗种子会在和睦的家庭土壤中发芽生长;如果在家庭中,老不爱幼,子不孝老,长幼之间、夫妻之间经常横眉冷对、吵得面红耳赤,甚至谩骂、殴打,这不但会给孩子造成心灵创伤,而且会给孩子提供学"坏"的土壤,给孩子幼小的心灵播下暴力、复仇的种子。这颗种子在家庭的土壤中同样会发芽生长,为孩子以后违法犯罪提供了可能。

(2)为孩子树立生活的榜样。在日常生活中,父母要时时检点自己的言行,为孩子树立生活的榜样。如文明礼让,惜时守信,勇于担当;严于律己,宽以待人;不赌博,不酗酒,不打人骂人,不发布不正当言论,不在他人面前说长道短;遵守社会规则,讲求社会公德;等等。

2.有原则地爱孩子,让孩子慢慢养成遵守规则的习惯

我国计划生育实行"二孩""三孩"政策后,由于养育孩子成本过高,有些夫妇不愿再生孩子,孩子于是变得越来越"宝贵"。父母对待独生子女大致出现了两种情况。一是无原则的爱,二是强制性的爱。无原则的爱容易使孩子自大、自私、能力低下;强制性的爱容易使孩子情绪低落,缺乏自信,听不进别人的意见,脾气暴躁,有暴力倾向。这两种类型的爱的教育结果,为孩子违法犯罪提供了可能。因此,在教育孩子的过程中,应注意以下几个问题。

(1)从遵守家庭规则做起,逐步让孩子学习一些社会规则。父母爱孩子,天经地义,但为了孩子的将来,爱也是要讲原则、讲艺术的。孩子刚来到这个世界上,就如一张白纸,你给他画成什么样的,他就会是什么样的。所以,从孩子能直立行走和说话开始,就应为孩子定出某些规则,如:不说脏话,不打人骂人,对人有礼貌,尊敬长辈,危险的地方不能去,危险的东西不能摸,不属于自己的东西不能随便拿,等等。很多家庭没有家训,这对孩子的长期教育是不利的。如果没有家训,家长心中都不明确要把孩子培养成什么样的人,孩子就更不知道该如何学做人了。当今的家庭教育中,很多家长在培养孩子的问题上,由于没有最基本的培养规划,对孩子今天要求这样,明天要求那样;要么是要求过严,要么是放之过宽;要么是缺乏针对性,要么是缺乏时效性。这对孩子道德品质和行为习惯的形成是不利的。所谓家训,就是要求家庭成员如何做人的长期的、基本的规定,如道德准则、行为准则等。在传统的家庭教育中,比较重视孩子教育的家庭都是立有家训的,并且代代相传。这样,既利于好的家风的传承,也利于孩子好的道德品质和行为习惯的形成。

(2)教育孩子既要尽情享受自由,又要严格遵守纪律。家长要求孩子从小学习按规则(要求)行事,但首先要有"规则",其次是"规则"要符合教育孩子的实际,符合教育的规律。现代家庭教育提倡孩子"自由"发展,但这个"自由"是相对的,是在不违反原则的基础上的自由。而自由发展要求在不违背基本道德、不违背安全原则和良好的行为规范的基础上给孩子自由发展的空间。不能把父母的成功经验和成长模式照搬到孩子的身上,最多只能把它提供给孩子,供孩子借鉴。家长在教育孩子的问题上,不能太强势。如果要求孩子这不准,那不行,一切都必须按家长的要求做,孩子就成了一部受家长操控的机器,慢慢就会缺乏自信,这样教育孩子早晚是要出问题的。很多家长或许有这样的经历:从孩子三岁或者更早些开始,就要求孩子完全按家长的要求做,孩子在儿童时期表现得很听话,学习成绩也不错,但后来变得越来越不听话,越来越不想学习,越来越叛逆。这其实是家长的教育出了问题。家长教育孩子,既要让孩子懂得遵守基本规矩,又要让孩子享有自由发展的空间。所以,家长除了在道德、人格品质和安全方面对孩子做出基本要求外,在其他的方面应给孩子自由。但应注意:一旦规定(要求)做出,就应督促孩子执行。在原则问题上家长决不能让步。在孩子入学后,家长应要求孩子遵守学校纪律,同时,家长要经常与学校老师联系,了解孩子在学校遵章守纪的情况,若发现问题,积极配合学校做好及时的教育疏导工作。另外，还应教育孩子遵守社会规则，如爱护公物、遵守公共秩序、爱护公共卫生等，这样，孩子慢慢就会成长为一个具有独立个性又自觉守纪的人。

3.注重孩子行为习惯的培养

有的孩子走向违法犯罪的道路，与孩子养成不良行为习惯有很大关系，下列不良行为习惯应引起家长的注意，家长如果发现孩子有这些行为，应及时给予纠正：小偷小摸、爱占小便宜，这种行为发展下去，孩子可能走向盗窃、抢劫之路；经常夜不归宿或离家出走，这种行为可能使孩子处于危险的境地；交友不慎，容易使孩子走上歪门邪道；经常旷课、酗酒、赌博、抽烟都是孩子违法犯罪的重要诱因。

为了避免悲剧在自己孩子身上重演，家长们应让孩子从小养成良好的行为习惯。

第一，家长起好带头作用，为孩子树立好榜样，要求孩子不要做的，家长首先不要做，要求孩子做到的，家长首先要做到；

第二，不要娇惯孩子，也不要压制、打骂孩子；

第三，关心孩子，时时观察孩子，发现孩子的不良行为，要及时教育引导孩子，纠正他们的不良行为；

第四，要关注孩子在家庭外的活动，经常与学校老师，特别是孩子的班主任老师联系沟通，了解孩子在学校的表现，如发现异常情况，要耐心询问孩子，同学校一起做好疏导和矫正工作。

一个孩子从小就养成了良好的习惯，家庭教育就有了成功的基础，不能认为孩子学习成绩不好就意味着教育是失败的。要相信，三百六十行，行行出状元，只要孩子有好的行为习惯，有强健的体魄、强大的心灵和坚强的意志品质，就一定是一个对社会有用的人，如果孩子走上了违法犯罪之路，那才是教育的失败。

4.注重孩子道德品质的培养

孩子能不能遵纪守法，与他具备的道德品质关系密切，一个尊爱他人、善良的人是很难做出违法犯罪的行为的。从很多未成年人违法犯罪的案例中我们也不难发现，他们将别人的财物据为己有，视别人的生命如草芥，就是因为这些人道德品质低下，不懂得尊重他人，连起码的爱心、善心都不具备。例如：某中学的一名高二学生放学回家，因母亲不停唠叨他的成绩排名问题，拿起一把铁榔头，将母亲杀害。这个学生，只因为母亲的念叨，就将母亲杀害，单从道德角度来讲，此人连起码的孝心、爱心、善心、尊重、宽容都没有。这是道德品质教育严重缺失的恶果。

从以上案例我们可以看出，对孩子进行道德品质教育是多么的重要，作为家长千万不要忽视了孩子的道德品质教育问题。

(1)爱心教育。一个有爱心的孩子，会懂得回报，会关心他人，珍惜生命，会对社会做出贡献。一个从小就爱父母、爱小动物、爱花花草草的孩子，很难去伤害鲜活的生命。所以，从孩子的幼年开始，我们就应培养他们的爱心；随着孩子年龄的增长，要逐步培养他们爱长辈、爱他人、爱环境的习惯。因为，懂得了爱，孩子才懂得珍惜、尊爱，才会爱惜自己和他人的生命。

(2)善良教育。善，是人的本性，是做人的基本要求，也是人类社会的基本要求。可以说，世间没有了善，必将邪恶横行，充满仇视和杀戮。也正是因为有了善，才有了国与国之间、人与人之间的团结协作、相互体谅、共同发展；才有了人与人之间的和谐共存。孩子有了善心，才懂关心和同情，才会有明辨是非的标准。可是，有些父母担心孩子会因为善良而被人欺负，从而忽视对孩子的"善"的培养。其实，这种想法是极其错误的，这不但会害了孩子，也会害了父母自己及其他人。所以，在日常生活中，家长要注意培养孩子的同情心、同理心、怜悯心、包容心和仁爱之心等。

(3)责任教育。有责任才会有担当，才会在做事前考虑后果。家长不能娇惯孩子，不要以为孩子小就可以凡事都替他包办，孩子自己的事情应放手让他们自己做，还可叫他们做家长的小帮手，干些力所能及的事，比如家务劳动。通过劳动，孩子不但能提高动手能力，还能明白劳动的艰辛和劳动创造财富的不易，从而慢慢懂得感恩，慢慢学会对自己的行为负责，懂得团结协作，懂得如何扮演自己日后的社会角色。

(4)教育孩子懂得尊重。懂得尊重才知平等，懂得尊重才知爱惜自己和他人。家长应从孩子懂事起，就开始教育他们尊重家人，尊重朋友和同学。应告诉孩子：人与人之间是平等的，既是相互联系的，也是各自独立的。在家里，父母亲人为你付出，在社会上，其他人也会从不同角度为你付出，如一个人的吃、穿、用等都不是能够靠自己独立解决的，所以尊重和感谢别人是理所应当的，也是必需的。另外，还应让孩子明白，他是父母生命的结晶，也是父母的希望和寄托,从情感上讲,他的身体、生命不完全属于他自己;另外,他来到这个社会,不单单是一个个体,更是社会的一分子,所以要尊重自己的身体,爱惜自己的生命,这既是对自己的尊重,也是对父母和社会的尊重。孩子如果懂得这些道理,就会爱惜自己,尊重他人。

家长在增强孩子的遵纪守法意识时,也应注重对孩子诚实、合作、谦虚、简朴、宽容等道德品质的培养。

5.注重对孩子进行社会公德教育

所谓社会公德,就是在人类社会公共领域中,所有社会成员必须共同遵守的、最基本的、简单的行为准则。大部分孩子在出生后,长期生活在父母身边,所以要对孩子进行社会公德教育,首先,父母要做好榜样,如父母带着孩子出行或办事,应主动遵守公共秩序,依序排队,礼貌待人,主动谦让。其次,父母要有公德教育的意识,不失时机地对孩子进行教育,让孩子在不知不觉中养成遵守社会公德的习惯。如,看见孩子用小刀在公共设施上乱刻乱画,父母应及时制止并告诉孩子:这些东西是大家共同所有,每个人都有使用的权利,也有保护它的义务。如果家长经常地对孩子进行这方面的教育引导,孩子会在不知不觉间养成遵守社会公德的习惯。

社会公德教育的主要内容包括:遵守公共秩序;爱护公共财物;尊老、敬贤、爱幼;见义勇为,助人为乐;等等。

6.防止和纠正孩子之间的不良交往

家长鼓励孩子之间进行交往,目的是提高孩子的社交能力,但是交往是要讲原则的:交良友、挚友,不交恶友、狐朋狗友。如果交友不慎,结交了恶友,孩子容易染上不良习惯,甚至走向违法犯罪。有关部门对违法犯罪青少年的犯罪动机的调查表明,青少年由于朋友的怂恿、挑拨而犯罪的所占比例最大,约占三分之一。因此,家长要特别注意引导子女多结交些品学兼优的朋友,发现孩子有不良交往时要采取适当的方式干涉,甚至断绝他们的往来。

7.配合社会进行法治宣传教育

法治教育的内容和形式有很多,例如:社会上严厉打击重大刑事犯罪的活动;报刊上关于违法犯罪的典型事件及其执法过程的报道;家庭周围出现的违法犯罪事件;影视中涉及法律问题的内容;等等。家长应利用这些材料,采取通俗易懂、生动形象、孩子喜闻乐见的形式具体地宣传法律知识。同时注意把法治宣传教育与道德教育结合起来,与公民的权利和义务教育结合起来,培养子女的法治观念和守法习惯。让孩子学会按照法律的要求去分析、判别各种社会现象,知道什么能做、什么不能做。

三十九 如何培养孩子的消费意识

消费意识,也可以称为消费观念,是人们使用其可支配收入的指导思想和态度以及对商品价值追求的取向,是消费者主体在进行或准备进行消费活动时对消费对象、消费行为方式、消费过程、消费趋势的总体认识评价与价值判断,简而言之,就是对消费的认识和看法。比如,在金钱和物质都比较充足的情况下,不同的认识就会导致不同的结果(做法)。具有正确消费观的人认为:尽管现在生活物质比较丰富,但还是应该具有勤俭节约的精神,因为勤俭节约不单是中华民族的传统美德,更是对劳动成果的珍惜,是对劳动创造者的尊重。节俭不是节衣缩食、当苦行僧,而是对财物进行合理分配。节约也不是当守财奴,而是有计划、有安排地消费,不铺张浪费。所以具备正确消费意识的人认为勤俭节约的生活才是最舒适的生活。具有不正确的消费观的人认为:"我现在不缺钱,我在花钱时为什么要考虑合理不合理,生活上为什么不能奢侈一点儿?"随着改革开放的深入发展,不少人富裕了起来,而有的人早把勤俭节约的精神抛之脑后。目前,社会上普遍存在的消费意识(潮流)有奢侈消费、超前消费、借钱消费等。这些消费意识正在无声无息地影响着我们的孩子,家长必须高度重视这个问题,一旦孩子形成了不正确的消费意识(习惯),其一生都会受到不良影响。

(一)消费现状

1. 过度消费方面

(1)玩具消费。高到上千元的电动玩具车,低到一两元的竹蜻蜓,孩子的玩具种类应有尽有。虽然孩子玩玩具,有利于智力开发,但是家长应根据孩子的智力特点、爱好以及家庭经济情况选择玩具。并不是玩具越多、越贵,孩子的智力发展就越好,再好、再贵的玩具如果没有合理的引导,都不会对孩子的智力发展起作用。不少父母在孩子玩具消费上的不理智,导致孩子产生了不健康的消费意识。

(2)零食消费。现在很大一部分孩子不好好吃正餐,对零食却情有独钟。不管是学前儿童,还是小学生、中学生,甚至是大学生都爱吃零食。很多学校,到放学的时候,周边的副食店、小吃摊生意都十分火爆,消费者大多是学生。

(3)人情消费。不知从何时起,青少年之间也流行起人情消费,如小学甚至是幼儿园的同学过生日要送礼物。孩子花父母的钱,请自己的客,消费再多也不心疼。这些成人间的人情世故,导致孩子过早看重物质,对友谊进行物化,模糊了孩子对友谊的美好向往,助推了不健康消费意识的产生。

(4)假期游玩消费。现在比较流行"候鸟"式的生活方式,不少孩子跟随祖辈也变成了"候鸟"。每当寒暑假来临时,祖辈花几千上万的钱,带着孩子到环境优美、空气清新、气候宜人的地方去住上一段时间,等假期结束再回家。但酷暑或寒冬都是对孩子的一种锻炼,孩子的适应能力、意志力都可以在"冷、热"中得到提高。为什么古人提倡"冬练三九、夏练三伏"?因为这样不仅可以强身健体,还能磨炼意志。

(5)通信、网络消费。现在的孩子,很少有不上网的,不少孩子在小学阶段就拥有了手机。孩子由于年龄小、好奇心重、控制力差,很容易在网络中迷失自己、胡乱消费。

2. 浪费现象

(1)吃、穿、用方面的浪费。现实生活中,人们逐渐富起来,铺张浪费的现象也逐渐增多。

吃的方面。在这方面,孩子的浪费是很大的,仅从学校食堂就可以看出浪费现象有多严重。某所学校目前中午有1100多名师生在食堂就餐,早上和晚上各有900多名学生在食堂用餐,食堂一天要用掉约350公斤大米,几百公斤菜。每天早、中、晚餐过后,楼梯口的4个泔水桶都被装得满满的。浪费触目惊心!

穿的方面。有的孩子每天换一件衣服,有的衣服甚至只穿了一次,觉得不合意,就再也不穿了。现实生活中有这样一种说法:女孩子要富养。有些女孩的家长在吃、穿、用、玩方面尽量以名贵、豪华、奢侈的标准满足孩子的需求。结果,让孩子养成刁蛮、娇气、霸道、以自我为中心等性格。

用的方面。水电的浪费仅次于粮食浪费。孩子看了电视、用了电脑、开了空调很少会主动关闭电源;很少随手关灯,家里没人,灯却亮着;有时家里明明只用一盏灯就够了,却把所有灯全部打开;凡要用水就把水龙头开到最大。这一系列现象在孩子中普遍存在,反映出孩子缺乏节约意识。

(2)学习用具方面的浪费。孩子还没入学,家长就为孩子购买画板、画册、蜡笔、胶泥等辅助学习用品,并且不断重复购买,有的用了一次就不用了,或者不知去向了。孩子重复购买学习用具,使用后不妥善保管,丢了又要求家长购买,书包脏了自己不清洗却要求买新的,这些行为都反映了孩子的浪费习惯。

3.消费观念

消费观念其实就是对消费的认识。比如有人认为在家、在学校吃饱了的,不应随意到小摊上购买吃的,一是不利于身体健康,二是该节约的要节约,没有必要消费;有人则认为小摊上的小吃确实比学校、家里的饭菜好吃,何必节约这点儿小钱。当然,还有其他几种认识:"父母的钱来之不易,要省着花""大家买我就买"等。

家长如果不对孩子的消费意识加以正确引导,将会给孩子带来如下危害:首先,不利于孩子的全面发展,会损害孩子的身心健康;其次,加重家庭经济上的负担与压力;再次,孩子养成奢侈浪费的习惯后,一旦经济条件跟不上消费欲望,容易违法犯罪。

(二)造成不当消费的原因

1.家庭因素

(1)家长的消费观念和消费习惯对孩子的影响。随着改革开放的深入,人们逐步富裕了起来,消费观念也随之发生改变,有些人认为现在生活条件、经济条件都好转了,不需要再精打细算了。有的父母在开支方面大手大脚,如生活上铺张浪费,人情交往上讲排场,等等。由于孩子长期生活在父母身边,父母不正确的消费意识和消费行为对孩子产生了潜移默化的影响。

(2)用满足孩子的需要来弥补心里的愧疚。有的父母因为工作太忙,根本没有多少时间来陪伴孩子,所以对孩子感到有些愧疚,于是就以经济和物质的满足来弥补对孩子的亏欠。另一种情况是:父母离异,给孩子造成了伤害。父母双方都想给予孩子加倍的爱,于是就用物质来满足孩子,只要是能满足的就尽量满足。孩子在吃、穿、用、玩方面要求什么,父母就尽量给孩子什么。这种错位的爱,不利于孩子正确消费意识的形成,更不利于孩子的成长。

(3)家长缺乏底线思维助推了孩子不良消费习惯的形成。孩子天生好奇,看见别的孩子有而自己没有的东西就要求父母给他买。有时,父母觉得某样东西太贵,不适合自己的孩子,也知道不应该无休止地满足孩子的要求,但怕被其他人笑话,为了面子,还是咬牙给孩子买了,这种"无底线"思维,让孩子觉得获得是容易的,也是应该的。

(4)以满足孩子的需要来填补自己儿时的遗憾。有的父母年少时家庭条件很苦,过了不少的苦日子。现在自己经济条件好了,生活富裕了,不希望孩子过和自己原来一样的苦日子。于是,什么都给孩子买好的,什么都满足孩子,以此来弥补自身的遗憾。结果造成孩子非好的不吃、非名牌不穿等坏习惯。

(5)错误的认知使孩子形成不正当的消费意识和习惯。我国长期的计划生育政策,使孩子显得极其珍贵,家长把孩子看得特别重要,把孩子视为"小太阳""小皇帝",在物质上尽量地满足他们,在行为上迁就他们。家长的溺爱、无条件的满足,让孩子丧失了自我控制的能力,使他们的消费欲望无限膨胀。

2.社会环境因素

(1)新旧体制转换时期,社会上追求高档次消费,以及随之而来的攀比风对孩子产生了很大的影响。改革开放使一部分人先富裕了起来。在这些先富起来的群体中,一部分人的文化素质并不高,也缺乏修养。这些人在吃、穿、用、住、行方面追求高档消费,并相互攀比。这类人中有的人作风败坏,生活腐化,道德低下,行为任性,常为面子一掷千金。在普通民众中,也出现了不切实际的、不合时宜的"月光消费"和超前消费,如每月的钱提前用光,没有钱了再想办法借,贷款购买家电、家具,贷款购车,贷款购房等。这种社会风气不可避免地吹进家庭和校园,对孩子产生了误导,会给思想品德尚未定型的青少年学生造成负面影响。孩子特别是青少年学生富于幻想,不满现状,这时如果缺乏正确的、有力的思想引导,他们便会片面地比吃、比喝、比穿、比玩、比派头,形成不良的消费行为习惯。在学前孩子的对话中,我们能经常听到他们相互攀比的言语,如"你有自行车,我有小汽车""你家有小汽车,我家的小汽车比你家的更好"等,在中小学生中,有的比谁穿得好,谁穿的牌子有名,谁家钱最多。

(2)一些学校的德育工作走过场,流于形式,对学生树立正确的消费意识帮助不大。目前,一些学校受社会大环境的影响,忽视勤俭节约教育,很难听到"艰苦奋斗""勤俭持家""奢为耻、俭为荣"等声音。这也是导致一些孩子产生不正当消费意识的主要原因之一。

(三)科学的消费意识的培养

培养孩子科学的消费意识、勤俭节约的好品质,有利于孩子的健康成长。因为,节俭可以使人集中精力,把身心投入到学习和事业上去;节俭可以培养一个人坚强的意志和战胜困难的不屈不挠的精神;节俭有助于体察他人的疾苦,培养对他人的爱心,有利于健康人格的形成,这对于孩子的成长极为重要。家长应从以下几个方面去加以培养。

1.帮助孩子认识钱的用途和来源

有的孩子饭来张口,衣来伸手,从来不知饭从何来,钱从何来,这是教育上的失职,家长应该让孩子明白,他们吃的、穿的、玩的都是要用钱买的。为了让孩子认识钱的用途,家长可让孩子亲自参与购物活动,让他们在购物活动中体会钱的用途,家长也可以在随同孩子购物时,有意识地少带一点儿钱,造成缺钱拿不走货物的尴尬,让孩子体会缺钱的难处。

家长不但要让孩子明白钱的用途,而且还应让孩子知道钱的来源和挣钱的艰辛。家长平时与孩子相处时,可以告诉孩子自己一个月挣多少钱,需要上多少天班,每天应工作多少时间;带孩子到乡下时,告诉孩子田里种的是什么菜,卖多少钱一斤,农民伯伯把它种出来,要花多少时间;也可让孩子亲自参与力所能及的挣钱活动,去体会挣钱的艰辛,如卖报纸、卖气球等。

2.帮助孩子树立节俭、有计划的消费意识

现在有些人对节俭存在一些误解,以为节俭是贫穷的产物,以奢为荣,以俭为耻,凡事爱讲排场,其实他们并未真正理解节俭的含义。节是节制而有度,俭是节约不浪费,这是一种理性的生活态度。

(1)定规矩,贵坚持。"没有规矩,难成方圆",任何一个集体、一种行为都应有一定的规范。勤劳俭朴不但是一种品德,也是一种良好的行为习惯,所以从孩子幼年开始,就应给其设立勤俭方面的规范要求,并督促其坚持贯彻,从而帮助其逐步养成勤俭节约的好习惯。如进餐时不挑食、不剩饭菜;洗手时不玩水;知道爱护公物,保护公共环境;看完电视、用完电脑及时关掉电源;爱惜书包、文具……幼儿的动手能力明显增强后,培养重点应在"勤"字上,如自己穿脱衣裤、系鞋带、叠被子、帮助大人做力所能及的小事等;上学、上街如果路途近就尽量步行。总之,尽量让孩子做到"自己的事自己做"。定出规矩后,家长就应坚持、督促。孩子做得好的要及时表扬,做得差的要及时提醒。习惯的养成不是一朝一夕之事,持之以恒,久而久之,习惯自然就形成了。

(2)教给孩子科学的消费态度。我们教育孩子在生活中节俭,并不是要求孩子过"苦行僧"的生活,而是让孩子根据自己的消费能力和需要有选择、有节制地消费;能根据自己收入的实际情况,做到消费有"度"、消费有"理";在平常生活中,不攀比,不铺张,不浪费。这不单是培养一种理性、科学的消费态度,而且是培养一种好品质。这种消费态度的培养,孩子应从小开始,从日常生活小事做起,如不浪费饭菜,随手关灯,爱惜玩具、文具,有计划地使用零花钱等。

（3）教育孩子克制自己的欲望，抵制不良诱惑。社会的诱惑有很多，人的欲望也是无止境的，满足了现在的欲望后，就会产生新的欲望，永远都不会有终结，而虚荣心也会越来越膨胀，这就显示出控制过度的欲望的重要性。得到一个玩具可以让孩子获得满足感，学会一首歌曲也可以让孩子获得满足感，如果能升华这种满足感，把"我想拥有什么物质"转化为"我学会了什么""我能创造什么"，甚至是"我可以帮助什么"，就能实现多种自我价值。

①在生活中体会父母的艰辛。"衣来伸手，饭来张口"是很多孩子的现实写照。对这样的孩子，父母应想办法让孩子们走进生活，体会父母生活的艰辛，体会挣钱的不易。只有这样，孩子自己才能改变不良的消费习惯，抑制膨胀的消费欲望。例如，开展"调查爸爸妈妈的一天"的活动，然后让孩子写出体会。

②开展家庭小会计活动。家庭小会计活动就是让孩子当一个月家。有的孩子不理解父母的节俭和"斤斤计较"，认为父母"抠门""吝啬"。这是因为孩子们不知父母持家的难处。父母可利用假期，让孩子学习当一个月的家庭"小会计"。在这一个月中，家庭所有的开支计划，都尽量让孩子参与，每一项开支都让孩子做出详细的记录。到了月底，孩子主持开一个家庭会议，向全家人公布这个月的开支情况。也许，让孩子当当家，他就会知道父母持家的难处，对父母的"抠门"多一些理解和谅解，对自己的无理消费感到羞愧，增加对父母的钦敬。

3.正确使用零花钱，养成有计划的开支习惯

现在很多青少年，每月都有零花钱，加上父母平时奖励、过年的压岁钱，算来的确是一笔不小的收入。小一点儿的孩子的零花钱由父母掌握、支配，大一点儿的孩子由自己掌握、花费。这些钱，如果利用得好，可以让孩子养成计划开支、节约开支、适当理财的好习惯。所以，家长对孩子零花钱的使用应加以正确引导。

（1）协助孩子管理零花钱、正确支配零花钱。有的家长认为，给孩子钱就是让孩子用的，至于该怎么用，那是孩子的事。其实，这是家长不负责任的表现。家长给孩子零花钱，是为了方便孩子解决学习、生活中的不时之需，如笔、纸、橡皮等学习用品用完了需要及时购买，某天学校开展活动不能

按时吃饭,肚子又确实饿了,需要购买食物等。但由于孩子年幼,控制力较差,外面的诱惑也多。因此,孩子很难合理支配零花钱。这就需要家长协助孩子管理、使用好零花钱,让孩子通过合理支配零花钱养成良好的消费习惯。

①限制零花钱,防止孩子养成大手大脚的习惯。首先,不能无条件地满足孩子,不能孩子一要就给,不能要多少就给多少;其次,了解孩子的正当需求,根据需求给孩子零花钱;最后,对孩子的不正当要求,要敢于拒绝,并客观地向孩子说明理由,加以引导。

②利用零花钱,让孩子养成存钱的习惯。孩子每天或每月用剩的零花钱、取得优异成绩时父母奖励的钱、过年的压岁钱等,家长可要求孩子把这些钱存起来,以供不时之需。家长可给孩子一个存钱罐,要求孩子把多余的钱存进去,并按期清点。家长也可以代为保管这些钱,并按银行的存款利率给孩子累计利息;做好账目登记,每一两个月向孩子公布账目;对孩子做得好的地方,给予及时的肯定和赞扬。这样的方式可以提高孩子存钱的积极性,使孩子慢慢养成存钱的习惯。

③合理开支零花钱,让孩子养成比较消费、计划消费的良好习惯。在孩子使用零花钱时,要教育和引导孩子:购买东西要以需要、实用为主,不要攀比,不要追赶时髦;在选购东西时,要货比三家;一般不要轻易动用自己的结余,非用不可的情况下,一定要做好计划安排。

如何管理孩子的零花钱,如何引导孩子正确使用零花钱,方式方法很多,但不管采取哪种方法,都应以帮助孩子养成勤俭的消费意识为目的。下面这个例子,很值得家长们借鉴。

> 小华的父母长年在国外工作,他一直由爷爷奶奶照看,8岁的时候才回到爸爸妈妈的身边生活。爷爷奶奶对小华十分宠爱,小华可以说是要风得风要雨得雨,于是渐渐地养成了花钱大手大脚的习惯。第一次一起过年的时候,爸爸妈妈给了小华压岁钱,小华打开红包看到只有区区一百元就非常不高兴。小华的父母觉得小华继续这样下去对他的成长十分不利,要采取一些必要的措施。
>
> 于是爸爸妈妈给小华规定好了每周的零花钱是多少,不能超出这个数目。但是每周规定的零花钱对小华来说只是一天的开销,于是花光爸爸妈

妈给的零花钱后，小华就会找爷爷奶奶要钱，爷爷奶奶对小华可以说是有求必应，还责怪小华的父母对孩子太严格。就这样，随着年龄的增长，小华也越来越肆无忌惮。小华的父母认为再不采取有效的措施，后果将不堪设想。

于是，小华的爸爸首先和自己的父母进行了沟通，让两位老人认识到了培养小华正确金钱观的重要性。希望两位老人多多配合自己对孩子的教育。老人们虽然有些不忍心但最终答应了小华爸爸的要求，配合教育小华。

一天，小华对爸爸说："爸爸给我买台电脑吧，要那种小小的笔记本电脑，你看琳琳就有一台。她还可以用电脑画画呢。"小华爸爸认为这是教育儿子的一个好机会，于是将计就计对小华说："好儿子，你要买电脑学习新的知识，爸爸支持你。""真的吗？"小华非常高兴，因为平时爸爸从来没有这么痛快地答应过小华的要求。"是的，但是因为电脑是为你买的，所以你也要承担一半的经费。我们合资来买。""啊？"听到这里小华立刻垂下了头。"我没钱啊！""没钱不要紧啊，你可以将平时的零花钱尽量攒积起来，而且马上就要过年了，到时候你还有红包拿啊。而且将来电脑的使用权是按出资的比例来分配的哦。所以，如果你想长时间用电脑的话，那就不可以叫爷爷奶奶或者爸爸妈妈帮忙。如果大家帮忙的话，那么你分到的时间就会很少。"小华思考后，认同了这个方案。

从此，小华将每周的零用钱拿出一部分放到他从来没有用过的存钱罐里。虽然小华偶尔还是会向爸爸妈妈要钱，但他已经知道要省着花了。

到了过年的时候，小华将得到的压岁钱都存到了存钱罐里，并没有像往年那样没有几天就把压岁钱花个一干二净。

一天，小华神秘兮兮地拉着爸爸来到他的房间，关上门后，小华将他装得满满的存钱罐拿了出来，这些钞票中有一百的大钞也有一些零零碎碎的零钱，点完之后一共有3000多元，小华非常兴奋地看着爸爸说："爸爸，这些钱够买那种小小的笔记本了吧？""还是不够哦。"听到这个，小华立刻就垂头丧气了。"可是爸爸可以先帮你把钱垫上，之后你再慢慢地把钱还给爸爸。你看怎么样？""那我使用的时间是不是就少了啊？""不会，只要你给爸爸写张借条，那么这电脑就相当于是我们两个一人一半买的，那使用的时间也是一人一半。""太好了。"于是小华很认真地给爸爸写了一张借条。

在买电脑的时候，小华也不像之前买东西那样只要看到喜欢的不问价格就买了。这次小华在爸爸的带领下学会了货比三家，最后父子俩买到了合意的电脑。

小华也很遵守约定，定期按比例把当初借的钱还给了爸爸。小华就这样渐渐养成了有计划地支配自己的零花钱的习惯。

④利用零花钱,让孩子有孝心、有爱心,懂得分享的快乐。孩子的零花钱,虽然是父母或其他家里人给的,其所有权是孩子的,但我们不能放任孩子乱花钱或成为守财奴,而应该引导孩子合理支配零花钱,从而培养孩子的孝心和爱心,让孩子体验分享的快乐。例如:每到父母、祖辈生日或者重大节假日,动员孩子给长辈买一个小小的礼物,表示对长辈的问候或祝福;也可动员孩子将自己的部分零花钱用于对生病的老人、同学或有困难的人的捐款,帮助有困难的人。这样做,不仅培养了孩子的孝心(敬老之心)和爱心,而且能让孩子体会到正确使用金钱给他人和自己带来的快乐,孩子长大后就能成为金钱的主人而不是金钱的奴隶。现实生活中,有的人很富有,但就是不快乐;有的人不但富有,而且过得也快乐。原因就是,后者是金钱的主人,能驾驭金钱,用自己的财富给别人带来快乐,所以自己也快乐;前者是金钱的奴隶,被金钱所束缚,不能合理地利用金钱造福社会和他人,这样的人,难以跳出自己用金钱建造的"心狱"。父母培养孩子的目的,是希望孩子不但心中有自己,而且心中有他人;不但有爱心,而且有孝心;以后不但富有,而且过得快乐。

(2)利用零花钱,让孩子学习理财。近些年来,有的孩子在春节可以拿到几千上万元的压岁钱。孩子得到压岁钱,本该是一件高兴的事,但有的家长怎么也高兴不起来:如果把这么多的钱交给孩子,他们还没有自控能力,可能会胡乱花掉,可能养成大手大脚的消费习惯,如果交由家长保管又担心孩子不乐意。其实,家长不必忧虑,这正是一个教孩子理财的好机会,不但能培养孩子的消费意识,还可以教会孩子健康的理财态度,培养孩子的财商,增强他未来生存和适应社会的能力。

①早期的理财教育。

第一,引导孩子认识钱及其作用。可以带孩子一起购物,让孩子付账、买单。并且,要多用现金消费。这种做法特别适合7至9岁的孩子,因为这时的孩子很擅长做加减法运算。

第二,教会孩子有计划地开支。建议:孩子3岁时,家长可以给些钱供其自由支配,让他明白应该如何用钱。每周给孩子10元零用钱,并帮助他做计划:6元放进存钱罐,3元自由支配,1元捐给慈善机构。孩子的其他开支也应有计划。孩子开始时通常不能理解为什么一定要这么做,父母得帮助他们认识到理财的重要性,养成良好的习惯,这对孩子今后的人生至关重要。购买东西要有计划,但有时候购买的东西不在预算中(如给孩子买了双鞋子,是因为刚好赶上打折),这时关键在于要给孩子解释自己消费的决策过程,让孩子看到家长能够灵活地花钱。最聪明的做法是,不光要指导孩子如何做预算和省钱,还要知道如何聪明地花钱。

②真正的理财教育从孩子自己开户、自己管理和自己支配自己的钱开始。

只有懂得如何管理、支配自己的钱时,才算是真正的理财。在孩子还小时,家长给孩子买存钱罐,让孩子学习存钱,家长保管这些钱并依照银行利率定期给孩子结算利息,让孩子在家长的监护下享受存钱带来的乐趣;在孩子有了一定的自制力后,可由家长协助孩子将钱存到银行里,以孩子的姓名办理银行卡,以便孩子在成人的带领下,学习使用银行卡。

其实教育孩子理财的过程就是让孩子知道节约的过程,体验财富积少成多的过程,这将会对孩子未来的人生产生积极的影响。理财的方式方法很多,但一定要加以正确的引导,绝不可一切以钱为手段,一切以钱为目的。古人云:"君子爱财,取之有道。"这个"道"就是"道德""正道"之意,是不可违背的原则。

授之以鱼,不如授之以渔。父母留给孩子再多的财富,如果孩子不能正确使用,最终也会被挥霍一空,所以培养孩子理财的能力相当重要。

4.家长要正确引导孩子的人情消费

人与人之间的交往,需要表达和沟通。在交往和沟通的过程中,适当互赠礼物能够加深相互的印象,增进感情。但究竟怎样的礼物才能最恰当地表达心意,却是个问题。由于孩子思维简单,他们常认为(很多成人也这样认为)赠送的礼物越贵重,就代表两个人的关系越亲密。对此,家长应让孩子明白以下三点。

(1)礼物的珍贵程度和昂贵程度不一定成正比。赠送礼物的目的和意义在于表达心意,而贵重与否只是外在的形式。有时候,给朋友或同学一些切实的帮助,或者送给他们自己亲手制作的物品,更能让对方感受到重视,也更容易令对方感动、珍惜。

(2)过于贵重的礼物会给对方带来心理压力。人们在交往的过程中,付出和收获应在一定程度上是对等的。在大多数人的印象中,一对朋友,如果一方感觉自己的付出得不到相应的回报,关系就会很难维持下去。而实际上,如果一方感觉自己得到太多而无法回报,那么这段关系同样很难维系。其实,送给朋友、同学过于贵重的东西,或者宴请朋友花了比较多的钱,有可能给对方增加心理负担。对于这点,孩子们很少能够考虑到。家长要让孩子明白,赠送礼物是为了让对方感觉到其被重视和需要,而不是为了给对方增加负担。"君子之交淡如水。"真正的朋友贵在相知、相扶、相互体谅,是不会计较这段友谊能带来多少财富的。如在大夏天过生日,几个要好的同学聚在一起,过生日的人给每个同学买一支冰糕,大家同样是快乐的。

(3)正确看待成人间的人情交往。现在人情消费已成了家庭的主要消费之一。例如:生日请客,升职请客,迁居请客,结婚请客,婴儿百天请客,孩子周岁请客,孩子考上重点中学、考上大学请客,等等。成人的人情消费对孩子的影响很大,不少家长对此已有所认识,尽量避免陷入人情消费网中。因此,家长们应对孩子进行正确的教育引导,真诚地告诉孩子:"你没有经济收入,不能学成人的人情消费,要把主要精力放在学习上,踏实地学知识、学文化、学做人。"

5.家长以正确的理财和消费行为来影响孩子

孩子不懂得节俭,不能全怪孩子,大部分责任也在家长身上。现在有些家长认为"在孩子身上不应该节俭,孩子不会用钱就不会挣钱"。于是,家长不仅迁就孩子大手大脚花钱,就连家长自身也产生了不合理的消费心理——攀比、从众、追时髦、喜新厌旧等。在行为上表现在大手大脚、铺张浪费、爱面子、讲排场、超前消费等方面。

父母是孩子的第一任老师,也是终生的老师。一方面父母有责任和义务对孩子进行教育;另一方面,父母的一言一行无不对孩子起着潜移默化的作用。所以,父母在节俭教育上应做到以下几点。

(1)营造节俭的家庭生活氛围。在日常生活中,父母要以自己的节俭行为影响孩子,用自己艰苦朴素的作风感染孩子。如在生活开支上精打细算,量入为出,合理安排;在穿着上注重舒适、简洁、大方、实用,不攀比,不赶潮;在人情交往方面,重义轻利,重情轻物;在生活细节上注重节俭;等等。家长节俭的行为和家庭节俭的氛围会给孩子润物细无声的教育,让孩子在不知不觉中养成节俭的作风。

（2）父母要用适当的方法教育孩子节俭，让孩子认识到节俭的价值。不少父母对孩子进行节俭教育，要么讲先驱、祖辈或自己如何在艰苦环境下勤劳俭朴地生活，如何艰苦奋斗；要么空洞地要求孩子要艰苦朴素；要么指责孩子在消费上的不良行为。这样教育孩子，孩子是很难明白的，也是很难接受的。因为孩子们并没有经历那个年代，空洞的说教和指责只会引起孩子的反感，强化他们的不良消费行为。所以，教育孩子节俭，一定要结合时代特点，通过浅显、实际的事例使他们真正理解节俭的意义与作用。给孩子讲节俭不能简单地讲节约，讲艰苦奋斗，讲吃苦。"节俭"的"节"是指有节制、有计划、有安排、有尺度，而非简单的节约；"俭"是简朴、节约，是不铺张、不浪费，而非"节衣缩食"和"过苦日子"。教育孩子要结合生活的实际，在生活的实践中去体验节俭的作用，慢慢养成节俭的习惯。

（3）父母要用正确的理财行为影响孩子。父母是家庭的主心骨，是孩子的依靠，更是孩子学习的榜样。因此，为人父母者要学会当家理财，这样才能撑起一个家。所谓当家理财，就是根据家庭收入，合理安排家用，利用结余开辟正确的生财之道，如在保证家庭正常开支的基础上，利用家庭的结余买理财产品、投资项目或把钱存入银行取利息等。在孩子入学后，父母就应将家庭的经济收入情况、计划开支情况、理财情况等告诉孩子，让孩子同父母一起参与当家理财活动，从小学习当家理财。"当家才知盐米贵，养儿方知父母恩。"要想孩子懂得节俭，将来具有当家理财的本领，就让孩子首先跟着父母学吧！

要让孩子树立正确的消费意识，具备勤俭节约的良好品质，并非一朝一夕所能办到的，必须从孩子小时候抓起，一以贯之，使孩子形成正确的消费意识并学会独立地当家理财，也让孩子把中华民族勤劳俭朴的美德传承下去。

四十　如何培养孩子的交往能力

21世纪,素质教育已成为全球教育发展的新焦点。交往能力是素质教育中不可缺少的一部分,也是人生存发展不可缺少的能力之一,因为良好的交往能力可以为孩子的全面发展提供有力的保障和动力,可以极大地促进孩子整体素质的提升。从个体来讲,社会交往是生长发育与个性发展的需要,是完成个体社会化的过程。社会交往,可以使孩子了解和认识人与人之间、人与社会之间的正常关系,学习社会道德准则,帮助孩子克服任性、以自我为中心等不利于社会交往的行为,能增强孩子的行为调节能力和社会活动能力,为孩子走向成功打下坚实的基础。

(一)孩子社会交往的现状

1.交往范围窄

孩子接触的成人对象主要是父母、祖辈、叔姑、本班老师和自己熟悉的其他老师;同龄、同班交往最多的一般是与自己性格、爱好相近的同性同伴,年龄越大越如此。

2.交往机会少

现在的孩子多数是独生子女,在家没有兄弟姐妹可以交往。家长工作又忙,与孩子交往的时间也有限。即使家长在家,也是大人忙家务,孩子自己玩。即使孩子有时也想与同楼、同院的小伙伴玩,但有些家长很少同意,一是怕孩子吃亏,怕有危险,二是担心吵到别人,害怕把别人家里弄乱了、弄脏了。所以,孩子之间交流的机会也相当少。

3.交往技能差

有时孩子也想结识朋友,扩大交往的范围,但由于不懂得遵守行为准则,不懂得尊重别人,不会礼貌待人,致使交往屡屡受挫。这些孩子主要表现为以下几种类型:

(1)霸道型:这种类型的孩子往往给人的印象是霸道、不明事理、占有欲强,甚至有些自私。如好玩的、好吃的一人独霸,不愿与人分享;看到别人手里好玩的、碗里好吃的,想强行占为己有;我行我素,将自己的意志强加给别人,完全不顾别人的感受。

(2)软弱型。有的孩子不敢在生人面前大声说话,缺乏主见,在交往活动中,不敢大胆发表自己的见解;遇到困难,往往不知所措;受到委屈,不敢反抗,不敢跟老师说,也不轻易告诉家人。

(3)害羞型。有的孩子在众人面前表现出胆小、害羞、不自信,甚至是逃避,如不愿与父母的亲戚朋友见面,即使见了面,也总想躲得远远的;不爱说话,遇事缺乏主见,做什么事都跟在别人后面,别人怎么做,他就怎么做。

(4)表里不一型。有的孩子因为在家时家里人对其千般呵护、万般疼爱,所以能放开胆子表现自己;离开家,他心里缺乏安全感,不能适应新的环境,不具备单独面对新情况的能力。

(二)交往能力的培养和要求

出生在同一时代、类似环境下,为什么有的孩子善于交往,适应能力强,有的孩子交往能力弱,很难适应新的环境?那是因为后天的培养方式不同。从目前社会交往能力差的孩子的情况来看,原因主要在于家庭、环境、教育等几个方面,如父母自己不注重交往,不关注生活环境的影响;学习压力大,孩子缺乏交往的时间;等等。那么,如何解决孩子交往能力差的问题呢?家长应从以下几个方面去努力。

1.培养孩子独立思考、独立解决问题的能力

当孩子因别人不愿把玩具给他玩而向家长哭诉时,当孩子未经别人同意抢走其他孩子的玩具时,当孩子抱怨、强求或者哭闹时,家长该怎么做呢?最好的方法是引导孩子自己解决问题,不要教孩子做什么,而要引导孩子自己思考怎么办,从而让他们能自己决定该做什么、不该做什么,以及为什么要那样做。

> 孩子甲看到孩子乙手里的小汽车非常好玩,甲就告诉妈妈:"妈妈,我想把他的汽车拿来玩一下,但他不给我,妈妈,你去说一下,让他借给我玩玩,好吗?"妈妈听后,微笑着对孩子说:"宝宝,那漂亮的小汽车是人家的,人家同意拿给你玩,那是再好不过了。你如果打心眼儿里想玩,就自己想想,如何才能让人家高兴地把小汽车给你玩。"

这时,孩子甲可能气馁地放弃玩人家的小汽车这件事,也可能会动脑筋想办法,让孩子乙高兴地把小汽车给他玩。也许,孩子甲会拿着自己的小手枪在孩子乙面前摆弄或炫耀,等孩子乙想玩他的小手枪时,就用自己的小手枪换小汽车。这样引导,就是让孩子自己想办法去解决问题。

擅长解决问题的孩子早在4岁,有的甚至在3岁时就能很快地从挫败中振作起来,考虑通过其他的途径来获得他们想要得到的东西,即使不能够得到自己想要的东西时,他们也可以较好地应对挫折。如果受挫,他们会找其他的事情来做,因此家长无须告诉孩子做什么,孩子自己会思考该怎么做。这就锻炼了孩子独立思考和独立解决问题的能力。

"独立思考、独立解决问题"能力的培养,是把解决问题的技巧教给不善于解决问题的孩子,而对于那些已经能初步解决问题的孩子,则鼓励他们继续发展这些技巧。

2.为孩子创造良好的交往环境

(1)利用生活中的自然环境,帮助孩子建立宽松和谐的同伴关系。与同伴交往是人际交往的重要形式,幼儿时期是交往的初始阶段,也是奠基时期。基础打好了,可以为孩子以后的发展提供无限的可能。因此,家长应改变"囚笼"思维,为孩子创设良好的交往空间,把孩子带到生活社区或者游乐

场、儿童乐园等地方去,让孩子在这些地方锻炼性情和胆量,结识新的伙伴,锻炼他们的交往能力。总之,家长应利用一些自然发生的情景,帮助孩子寻找游戏伙伴,鼓励孩子多结交新朋友。

(2)为孩子创设良好的心理环境。有的孩子交往能力低,并不是因为他们不想与人交往,而是因为没有正常的交往心理,对交往信心不足。因此,家长应从孩子的幼儿阶段开始,为孩子提供良好的心理环境,如对孩子进行民主式的管理、与孩子交朋友、多与孩子交流、多给孩子提供交往的机会等,培养孩子敢说、敢想、敢做、敢玩的精神,增强孩子与人交往的信心,帮助孩子养成交往的习惯。

3.让孩子掌握一些基本的交往规则

在人与人的交往中,如果不按照规则去做,交往就会受挫。如:到别人家做客,首先要遵守的规则就是礼貌和尊重。如果到别人家里去,未经同意就乱翻、乱动人家的东西,就是不懂礼貌,对别人不尊重。这样的人肯定不受欢迎,不会再被邀请去别人家里做客。古语云:"己所不欲,勿施于人。"家长一定要告诉孩子,在交往中,要站在他人的角度想问题,要设身处地替他人着想;对自己要求一定要严格,如果人家有错,也要以宽容之心待之。然而,孩子的规则意识从哪里来？这要靠家长在日常生活中潜移默化地影响和有意识地教育。所以,家长在与人的交往中要规范自己的行为,做孩子的表率,使孩子在交往中逐渐增强规则意识,体验到成功交往的快乐。

4.让孩子掌握语言这个基本的交流工具

语言是人际交流的重要工具,对于一个生理正常的人来讲,离开了语言,就无法交流了,至少有很大的交流障碍,如一个完全不懂外语的人,离开了自己的母语范围,连正常生活都做不到,更谈不上与人交往了。所以,掌握好语言这个交际工具对交往十分重要。

家长要想孩子掌握语言这个交际工具,主要应注意以下几个方面:把握培养孩子语言能力的关键期,注意有目的、有计划地培养和训练孩子的语言能力,不可拔苗助长,急于求成,也不可不闻不问;创造良好的语言学习环境,提升家庭成员的语言水平、文化修养等;加强对孩子的口语训练,如教孩子唱歌,讲故事,看图说话,看物(景)说话等。

家长要多带孩子、鼓励孩子到社会和大自然中去,为孩子创设说话的环境。现实生活是语言发展的基本源泉,离开现实生活,语言将会枯竭。新鲜的环境、丰富多彩的现实生活,既充实了孩子说话的内容,又为他们创设了说话的情境。家长要引导孩子有目的地观察生活,在感性认识的基础上,激发他们说话的欲望。抓住一日活动中的每一个环节,让孩子自由选择观察对象,进行随机教育,这是口语表达能力培养的有效方式之一。例如,让孩子亲自看看雨景、听听雨声、踩踩雨水,谈谈自己的体会;指导孩子亲手种植植物并仔细观察它们的动态、生长过程及变化特点等,让孩子将看到、想到的都说出来,以提高其综合表达能力。

家长应鼓励孩子多参加活动,锻炼孩子说话的胆量。很多孩子交往能力差,是因为语言贫乏、胆小。家长应创设一些条件让这样的孩子锻炼说话的胆量,克服胆小的毛病。如,在幼儿时期,让孩子担任不同角色,在孩子的青少年时期,让孩子组织自己的生日宴会或同学聚会,等等。

(三)各个时期交往能力培养的重点

1.幼儿(学前孩子)交往能力培养的重点

幼儿直立行走后,社会交往范围逐渐扩大。他们在与周围的人的相处过程中,自然会掌握一些交往常识,习得一定的交往技能,克服交往障碍,学会交往。幼儿的交往能力是多方面的,家长应注重以下几点的培养,为孩子在青少年时期的成功交往打好基础。

(1)和睦相处。和睦相处是社会交往活动所必需的基础。与人为善、平等互助是做人的起码要求,也是良好人际关系形成的基础。孩子在家要懂得如何与家人相处,在幼儿园要懂得如何与同学和老师相处。家长应帮助幼儿摆脱"自我中心"的心理状态,让幼儿正确对待与人相处的情感、态度,教给幼儿与人相处的正确的行为方式。欲达此目的,要从家庭做起,从家长做起。第一,家长不要"惯"孩子;第二,要树立民主式的家风,与孩子形成"朋友式"的关系,让孩子体会到和睦家庭、平等相处带来的快乐;第三,家长应打破"圈养"(不让孩子出门)的状态,带孩子到社区、游乐园等幼童较多的地方去结识新朋友,让他们在实践中锻炼和睦相处的技能;第四,家长要培养孩子谦恭、礼让、合作、明理、诚信等良好品质。

（2）礼貌待人。礼貌是情感的润滑剂。不管认识不认识，一句诚挚的问候、礼貌的称呼、真诚的询问就会赢得对方的好感。如看见别人的滑板车放在那里没有人玩，如果想玩，就礼貌地对人家说："姐姐（妹妹），我想玩一下你的滑板车，可以吗？你如果喜欢我的布娃娃，我也给你玩，我们交换一下，好吗？"这样有礼貌、真诚地询问，人家一般是乐于同你交换的。如果再这样相处一段时间，人家自然乐意同你交往。所以，礼貌在交往中显得十分重要。首先，从家庭做起，家庭成员之间互敬互爱，为孩子做出榜样，让孩子受到潜移默化的教育，自然形成礼貌待人的良好习惯。其次，要求孩子尊敬长辈，礼貌地对待同学和老师。最后，让孩子养成文明用语的习惯，学会使用"您好（你好）、请、请问、谢谢、再见"等礼貌性语言，让礼让、谦虚、真诚等待人接物的方式成为习惯。

（3）助人为乐。关心他人、助人为乐既是一种习惯，也是一种品德，从交往角度来看也是一种技能、一种态度，它对交往起着极大的助推作用。家长要让幼儿学会帮助别人并形成一种积极态度，让幼儿获得因为帮助他人自己也感到快乐和满足的情感体验，从而强化这种行为方式，形成良好的行为习惯，为交往创造良好的条件。这种习惯要从小开始，从小事做起，慢慢养成，忽视不得，也急不得。如在家时，孩子看到妈妈在拖地，主动来帮忙，妈妈应对孩子的这种行为加以赞扬，并鼓励孩子说："宝宝，你帮妈妈拖地，做得很对，妈妈真高兴！你以后看见别人需要帮助的时候，也应像今天这样主动帮忙，就更乖了！"别看这是发生在幼儿生活中的一件小事，如果引导得好，坚持下去，就可能变成孩子的一种习惯，一种美德。如果家长对孩子的这一行为不加以肯定和引导，甚至说："去去去！妈妈正忙，别来捣乱！"就会抹杀孩子的积极性，甚至扼杀一种美德的雏形。

2.小学孩子交往能力培养的重点

孩子入学后，接触的人多了，面也广了。在这个阶段，孩子能和同学、朋友一起玩，一起参加各种活动，极其重要，如果一切顺利，孩子的学习能力和社会适应能力会有很大提高。因此，家长在这个阶段，不要只关心孩子的学习，应把孩子交往能力的培养放在同等重要的位置来对待。

（1）让孩子融入集体。所谓"融入集体"就是"合群"，就是能和别人交朋友，这是孩子交往能力的具体体现。在现实生活中，有的孩子在同龄孩子中总显得郁郁寡欢,跟谁都玩不到一起。这样一来,孩子容易形成孤独、自私、胆小、懦弱、不关心集体和他人的不良性格,缺乏交往能力。

孩子能不能合群,决定因素之一是家庭的教育引导。在孩子入学前,有的家长溺爱孩子,随时都把孩子限制在自己周围,不准孩子到外面玩,不准孩子与其他小伙伴交朋友,也不欢迎别的小朋友到家里来玩。在孩子进入小学后,更是望子成龙心切,除了学校学习外,不是让孩子参加各类特长班、兴趣班,就是要求孩子一放学就回家,回家就做作业,孩子完全在家长的控制中,这对孩子社会性的发展、交往能力的提高都是十分有害的。

家长应有意识地让孩子走出家庭的小天地,在孩子学习之余,鼓励、支持孩子和社区的小伙伴或学校的同学交往,结识新朋友。有好吃的、好玩的,要鼓励孩子与小伙伴分享;鼓励孩子与他们一起游戏,一起玩耍,共同遵守约定、规则;如果孩子之间发生矛盾,家长不应乱干预,应鼓励孩子自己解决交往中的矛盾。只有多交往,学会解决交往中出现的问题,孩子才能融入集体。

(2)鼓励孩子参加集体活动。参加集体活动不仅能培养孩子的集体观念,还能锻炼孩子的胆量,让孩子学会谦让、互助、体谅、关心、遵守活动规则等,让他们增知识、练胆量、长才干。

3.青年期孩子交往能力培养的重点

本书把孩子进入初中到大学毕业这个时期合称为青年期,此处重点介绍中学阶段孩子的交往能力培养重点。初中后期到高中阶段,孩子的独立意识增强,对父母也渐渐疏远,喜欢自己选择伙伴和结交朋友。但是,在这个阶段孩子的认识能力发展还不成熟。他们既无多少交往经验,又无多少社会阅历,因此在交往中很容易出问题。这个时期的孩子在交往中往往从自己的好恶出发,由于幼稚、鉴别力差,不清楚什么是正确的交往,不懂得交友的意义,往往把冲动当勇敢,把"哥们儿义气"当友谊,为了"朋友"不惜"两肋插刀"。人们常说:中学阶段(特别是初中后期到高中前期)是人生的危险期,因为此阶段的孩子,身体发育处于第二高峰期,处于半成熟、半幼稚的时期,心理上又具有强烈的独立意向,渴求摆脱父母对他们的束缚,但又不完全具备独立生活和处理问题的能力,辨别力较弱,控制力较差,易冲动,易受不良分子利用。所以,家长一定要重视孩子在这一时期的交往问题,让孩子度过危险期。

"友情是天堂,没有它就像地狱;友情是生命,没有它就意味着死亡。"这是威·莫里斯关于友情的经典语录,说明了友情的重要性。青年期孩子的身心发展特别需要友情,但由于他们认识能力发展不成熟,既无交友经验,又无社会阅历,因此在朋友的选择上容易出问题,这就需要家长给予及时的指导,增强其交往能力。

(1)从小帮助孩子树立正确的友谊观。每个孩子都希望自己有朋友,但怎样的人能成为朋友,不少孩子在认识上是不清楚的。有的把外貌好作为自己选择朋友的条件,有的把经济条件好、家庭背景好作为选择朋友的条件,有的把讲义气、"吃得开"当成择友的条件……这些认识并不利于孩子的交际。家长有责任帮助孩子树立起正确的交友意识,以免孩子交错朋友。

①应告诉孩子,交朋友不能只看他的外表,而应重在看他的人品,看他在兴趣、爱好、理想、情感、观点诸方面是否与你有许多共同点。比如人品方面,为人诚恳,谦虚好学,乐于助人,有理想,遇事冷静,不随波逐流,等等。

②让孩子明白真正的友谊是真诚相待、互相学习、互相帮助、共同进步,而不是相互隐瞒、相互袒护,更不是"哥们儿义气"。

③让孩子明白真正的友谊是不计报偿的。交朋友不是为了名利,不是为了依赖,而是为了相互帮助,共同进步。

④家长要引导孩子与亲近的朋友相互教育,取长补短。所谓相互教育,就是朋友之间能毫不避讳地指出对方的不足,也善于发现朋友的优点,把朋友当成自己学习的榜样。

⑤让孩子明白患难见真情的友谊观念。真正的朋友带来的不但是顺利时的你好我好、你欢我乐,更是逆境时的支持,困难时的帮助,困苦时的接济。比如,当你遭遇不幸时,能表示同情,给你安慰和鼓励,当你失败时,能给你鼓励和帮助。

⑥让孩子明白如何建立友谊,如何维护友谊。友谊就如共同培育的花朵,需要双方去培育和浇灌。首先,要用忠诚去建立和维护友谊,这是美德,也是交友择友的前提;其次,需要共同努力;再次,选朋友要讲原则,如违背原则,宁可舍去;最后,每个人都有不足和失误,在不违背原则的基础上,朋友之间要学会谅解。孩子如果知道了这些,他自然会选对朋友,获得真正的友谊。

（2）关心孩子的交友情况，支持孩子交友。在孩子进入青春期以后，许多父母都会高兴地想：现在好了，孩子长大了，什么都懂了，该松一口气了，除了拿钱供他上学吃饭穿衣外，其他的可以不管了。其实，这种想法是错误的。初中阶段的孩子正处于身体从未成熟向成熟、性格从未定型向定型变化的时期，这一阶段是孩子人生旅途中的一个关键时期。在这一时期，一些孩子误入歧途的一个重要原因就是交错了朋友。所以，在孩子的交友问题上家长应做好以下几个方面的工作。

①对孩子的交往情况做到心中有数。大致掌握孩子的交往情况，说起来很简单，但真正做到的不多。作为孩子的监护人，家长应该从关心孩子、对孩子负责的角度出发，做好以下工作：第一，经常与学校的班主任、科任老师联系，了解孩子在学校的表现以及交往情况。第二，在同孩子郊游、交流时，关心孩子的交往情况，如同孩子玩耍时，问问孩子学习是否快乐、与哪些同学比较亲近、朋友住在什么地方、朋友之间在一起常聊些什么话题等。在与孩子聊天的过程中，间接地了解孩子的交往情况，这样既拉近了与孩子的关系，又掌握了孩子交友的大致情况，还可以趁此机会告诉孩子交友时应注意的问题。了解孩子的交友情况，一定要在亲近、和谐的氛围下进行，如果以直接的、教训的方式进行，会引起孩子的误会，让孩子认为父母在侵犯他的隐私，引起孩子的反感。

②欢迎孩子的朋友到家中来玩。从孩子有了自己的小伙伴时开始，家长就应欢迎孩子的小伙伴到家里来玩。这样，家长既能了解孩子的朋友，又能拉近与孩子的关系。特别是到了中学时期，这就更为重要。因为，中学孩子特别注重友谊，都希望自己有好朋友，希望自己的朋友能得到家长的认同和信任。不管是家长邀请，还是孩子主动邀请朋友到家来玩，家长都应满怀热情地接待，多与孩子的朋友交谈。通过接触、交谈，了解孩子的朋友的性格、爱好以及道德品质，同时也可趁此机会勉励孩子们互相学习、互相帮助，以增进孩子们之间的友谊。对于读大学的孩子，家长虽然不方便邀请孩子的朋友到家做客，但还是应该通过与孩子的交谈，了解他们的交友情况，并告诉他们如何正确交友和交友中值得注意的问题。

③告诫孩子：谨慎结交校外朋友。社会上的一些不法青年，整天游手好闲，无所事事，恶习很多。他们往往假装耿直、大方、讲义气，专门寻找中学生交朋友。孩子由于涉世不深，辨别力差，意志薄弱，容易被"大方""义气"

迷惑,加上不法青年的威逼利诱和怂恿,孩子很容易成为不法青年的"猎物"。所以,家长一定要告诫孩子,不要轻易与校外的人交朋友,一旦出现问题,家长应耐心引导孩子,坚决、果断地让孩子远离这些人,如果有人故意纠缠,告诉孩子不要私自处理,一定要告诉家长或向警察求助。

④与孩子一起商讨交友原则。孩子在接触社会的过程中,会接触来自学校老师、同学及社会的方方面面的信息,会与一些人交往成为朋友。但是,孩子交怎样的朋友,确实是很多家长所担心的问题。担心归担心,孩子交友毕竟是孩子自己的事,家长唯一可做的就是让孩子明确什么样的人可交往,什么样的人不可交往,这就是交友的基本原则。有了这个原则,才能避免孩子交友的失误。

那么,青年期孩子的交友有哪些基本原则呢?应根据孩子的特点,主要从以下十个方面去考虑。

交真诚率直者,不交虚伪狡诈者;交和善热情者,不交邪恶冷漠者;交明礼诚信者,不交霸道失信者;交心胸旷达者,不交小肚鸡肠者;交严己宽人者,不交放纵自私者;交谦虚礼貌者,不交狂妄蛮横者;交善学进取者,不交厌学懒散者;交志趣高雅者,不交志短低俗者;交直言批评者,不交阿谀逢迎者;深交"雪中送炭"者,慎交"锦上添花"者。

总的来讲,交友择友看心灵,不看外表;看关键不看平时;看逆境不看顺境。以上这些基本原则只是一个大概,不一定每一条都适合自己的孩子,家长不能像教科书一样灌输给孩子,更不能依样画葫芦地拿去"套"孩子的交友情况,或因此阻碍、指责孩子,应该根据这些原则对孩子的交友情况进行仔细分析,和风细雨地加以诱导,让孩子通过具体的事明白其中的道理,这样孩子就能自己掌握交友的原则了。例如,家长了解到孩子与一个学习不努力、惹是生非又蛮不讲理的孩子比较亲近,家长想制止孩子与其交往,如果家长以命令的方式阻止孩子与其交往,那一定会引起孩子的反感,还会造成孩子的逆反心理——与父母对着干。如果家长以商讨的方式与孩子交谈,对孩子说:"孩子,假如有两个人,一个学习很努力,又肯帮助人,又懂道理,从不惹是生非,另一个不愿学习,经常同几个调皮孩子一起惹是生非,欺负弱小。如果让你选择交朋友,你认为哪个好?"孩子听了后,一般都会选择前者做朋友。所以,家长要树立一个观点:做任何事情都应讲方式方法,一定要通过具体的事例,以商讨的口吻加以诱导,让孩子明白所以然。只有这样,才能把家长的要求变成孩子自觉的意识和自觉的行动。这才是教育的最佳效果。

(3)选择品行端、行为正、学习努力的同学做朋友。

孩子进入中学后,其道德品质、行为习惯,学习积极性等是向好的方面发展还是向坏的方面发展,与孩子的"小圈子"(要好的同学朋友)有很大关系。如果孩子的"小圈子"里是一群人品优良、行为习惯良好而又上进好学的孩子,孩子在群体良好环境的影响下,在好的氛围熏陶下,不但优良之处能得到强化,使优变得更优,而且身上存在的缺点还能自觉改正;如果孩子的"小圈子"里是一些学习上不思进取、行为习惯又差的孩子,那他不但学习成绩可能每况愈下,还会沾上一些不良习气。这就是群体效应。因此,家长一定要了解孩子的"小圈子",了解他们是一群什么样的人,鼓励孩子结交心灵美、行为美和学习努力的同学。如果发现孩子的朋友圈不利于孩子的学习成长,要及时做好孩子的疏导工作,促使孩子自觉地远离他们。

(4)交诤友,不交佞友。

诤友,就是能直言规劝你的朋友,即勇于当面指出你的缺点错误,敢于为你"泼冷水"的人。每个人生活中都离不开朋友。从心理学角度讲,朋友是一个人最本性的内心需求,朋友之间应在精神上相互理解、生活上相互关心、工作上相互帮助。但生活中的"朋友"有很多种,有的是泛泛之交,有的能肝胆相照,有的只是酒肉朋友,有的能坦诚相对,直言你的不足。人在一生中,可能会结识很多朋友,但知心朋友却很难有几个,交上几个诤友就更难得了。诤友,可能有时不给你留面子,当面指出你的不足或提醒你要注意的问题,可能会给你带来尴尬,或许让你下不了台,但是他能时时警醒你,让你少走弯路,少犯错误。在你得意时,提醒你不可忘形,甚至给你毫不留情的批评,让你醍醐灌顶;在你深陷困境、身心疲惫时,给你真诚的帮助、激励,为你指点迷津、让你受益终身。身边有几位诤友是一个人的福分。

佞友,即花言巧语的朋友。这种朋友虚伪,无原则,善于察言观色,阿谀逢迎,对你说的话让你感觉舒服、受用,但会使你得意忘形,丧失警惕。如当你考了好成绩时,他会说:"某某同学,我没看错,你就是跟一般的人不一样,你就是聪明,你一努力就超过了那么多的同学,你真让我崇拜……"听了这样的话,你心里会觉得舒服,很容易变得骄傲自满,这就为失败埋下了伏笔。家长应告诉孩子:遇到这类人,一定要慢慢地、委婉地、悄悄地远离他。

身边有几个"诤友"随时监督提醒,也算是人生的一大幸事。但如何才能多交诤友,远离佞友呢?

首先,交往要讲原则。在与人交往时,头脑要时刻保持清醒,重交情,但决不违反原则。其次,重友情,但不凌驾于别人的利益之上,这是交友的底线。最后,要择友而交,知心识面。面对形形色色的朋友,需要练就一双慧眼,多了解、观察、分析。做到重义轻利,择信而交,保持慎独自立,认真处理好友谊与原则的关系。

(5)交益友,不交损友。

益友,就是对你有益的朋友。那么,哪些是对孩子有益的朋友呢?孔子说,世界上对自己有帮助的朋友有三种:友直,友谅,友多闻。

友直:"直"就是正直、真诚、坦荡和刚直不阿,总结起来就是"阳光",没有一丝谄媚之色。与这样的人做朋友,他的人格力量可影响你的人格,可在你痛苦时给你安慰,顺利时给你警醒,怯懦时给你勇气,犹豫时助你果决。

友谅:谅,信也,就是诚恳、厚道、不虚伪。这种朋友为人忠诚,讲信用,干事踏实,能宽容他人,不刻薄。与这样的人打交道,你会感觉如沐春风,很有安全感。在当今社会,这种人尤其可贵。然而,厚道也被一些人讥为过时,并与"无能"画上了等号。或许,刁钻之人、油滑之人,一时可以得利,但绝不可能长久。所以家长要教育孩子,做一个厚道之人,多与诚恳之人交朋友,远离投机取巧、弄虚作假的人。

友多闻:"多闻"就是见多识广、有学问、肯学习钻研。与这样的人做朋友,可以扩大自己的视野,坚定学习的信心,增长自己的知识;让努力学习的精神得到进一步的提升。

损友,就是对自己有损害的朋友。具体来讲,大致是三类人:谄媚逢迎、溜须拍马的人;虚伪、狡诈、做事没有原则的人;言过其实、夸夸其谈的人。

与道德高尚、心地善良、博学多才、优秀智慧的人做朋友,可以让孩子积极向上、明辨是非、严于律己;可让孩子身心愉悦,充满欢乐;可激发孩子的学习斗志,让孩子学而不厌,学而不倦。结交那些趣味低级、不三不四的朋友,孩子会染上恶习,会变成一个信仰缺失、价值观扭曲、道德沦丧、误入歧途的人。朋友有同化作用,古人道"与善人交,如入芝兰之室,久而不闻其香;与不善人交,如入鲍鱼之肆,久而不闻其臭""近朱者赤,近墨者黑",说的就是这个道理。

(四)培养孩子交往能力值得注意的几个问题

1.不因噎废食

面对青春期孩子交友的问题,不少家长都感到头痛,害怕孩子交上不良朋友,影响学习和成长,特别是担心孩子交上坏朋友而误入歧途。有这种担心也属正常,因为交上不良朋友,确实有碍孩子的健康成长,有使孩子变坏的可能,但是家长不能因噎废食,一直干预、限制或阻止孩子交朋友,原因很简单,总不可能把孩子关在"笼子"里,不与外界接触,那样就更不利于孩子的成长了。大家都明白这样的道理:不尝其果,不知其味。孩子不知交往,以后又如何融入社会呢?诚然,孩子在交往中,可能会有一些失误,但总的来讲,利大于弊。家长只要指导得当,让孩子掌握选择朋友的原则和标准,相信孩子的"抗污"能力会逐步提高,也相信他们能把握自己,更相信他们能够通过交往得到锻炼,增长才智,增强交往能力。

2.择其善者而从之,其不善者而改之

"朋友遍天下,知心能几人。"这句话告诉我们:第一,交往的范围要广,交友可多;第二,一边交朋友,一边要取舍。家长不但要鼓励孩子多交朋友,还应告诉孩子,根据交友、择友的原则和标准,要一边交朋友,一边选择朋友,要选择善友、良友和诤友继续交往,发现恶友、损友、谄友要及时与之疏远,甚至断绝来往,以免受到他们的不良影响。

3.正确对待中学孩子的异性交往

朋友交往中有男有女是很正常的现象,男女之间的友谊是一种特殊的表现形式。在中学时期,不少家长对男女之间的交往是持反对态度的,原因是害怕孩子早恋影响学习。现实是中学时期的孩子中确实有一些早恋现象,不过,不能因为有孩子早恋就阻止男女同学之间的正常交往,关键是家长如何正确引导孩子。

首先,家长应破除"男女授受不亲"的旧观念。对孩子男女同学之间的交往不必大惊小怪,只要交往是出于正当的、纯洁的目的,就没有必要担心或阻止男女同学之间的交往。

其次,要告诉孩子"男女有别"的基本事实。要求孩子在男女同学之间

的交往中注意彼此之间的接触与同性朋友之间的接触的区别。

最后,教育孩子注意交往的目的,防止早恋和"情感越界"。早恋确实会影响孩子的生理、心理发展和学习,这就要求孩子树立目标意识,牢记自己的学习任务和交往的目的——男女同学之间交往的主要目的是在学习上互相学习、相互帮助,而不是情感上的相互爱慕、相互慰藉。

4.慎交网友

现在是信息时代,很多人都热衷于上网,在网上获取信息,在网上交友,这本来无可非议,但学生由于涉世未深,容易被虚拟的现象迷惑,上当受骗。希望家长经常提醒孩子注意以下几个方面的问题:其一,不要轻易在网上告诉别人自己及家庭的真实信息。其二,不要轻信网上的信息,以免上当受骗。其三,最好不要网上交友,因为网络是一个虚拟的世界,你无法了解对方的真实情况,如果贸然见面,当发现有问题时,已避之不及;如果非要与网友见面,就必须在父母的同意和护送下,或与可信任的同学、朋友,最好是与自己的长辈结伴而行。其四,要以学业为重,适当控制上网时间,一般每天不超过1小时。

(五)学习一些必备的交往礼仪

1.交往的要求

(1)用语文明。在待人接物时,要会使用文明用语,不强词夺理,不恶语伤人;谈吐文雅,不说粗话、脏话;与人交谈时要谦虚,尊重对方。比如:征求意见说"请指教",麻烦别人说"打扰了",请人指点说"赐教",请人帮忙用"拜托",求人原谅说"包涵"等,要让孩子在实践中多运用文明用语。

(2)态度亲和。态度亲和能增添人的魅力,在日常生活中我们如果态度真诚,待人和气,就会给对方一种亲切感、受尊重感,由此会拉近彼此之间的距离,对方自然也会以同样的方式回应我们。比如在与人交谈的时候,要看着对方,语调平和,面带笑容,这是基本的礼仪。这样会使对方感到温暖愉快。

(3)举止端庄。举止端庄能反映我们高雅的气质,反映我们的道德素养和文明程度。只要我们做到内在真心诚意,外在彬彬有礼,就可能在交往中受到欢迎,广交朋友。比如站姿,要身体与地面垂直,提胸、收颌,双肩放松;双臂自然下垂或在身体前交叉,眼睛平视前方。比如坐姿,应该上身保持端正,腰背挺直,肩放松;双脚自然并拢,双手自然地放在膝盖或椅子扶手上。如果在与人对话时语言粗俗、手舞足蹈,别人一看就会得出"没教养"的结论,从内心就不愿与你多说什么了。

(4)待人平等。在现代礼仪中,平等原则是基础,是最重要的。我们在相貌、智力、家境等方面存在着差异,但是每个人在人格和法律地位上都是平等的。我们在交往中要做到平等待人,不盛气凌人,也不卑躬屈膝。

2.掌握一些常规的礼仪

我国是文明古国,历来崇尚礼仪。礼仪的内容主要包括礼貌和礼节仪式、容貌姿态、服饰举止等。在长期的社会实践中,人们对不同的对象、场合、时间、活动提出了不同的言行要求,这些言行要求后来固定下来,形成了具体的礼节和仪式,合称为礼仪。它主要指为了表达相互尊重而体现在语言、仪容、仪态、风度等方面的约定俗成的共同认可的规范和程序。

(1)个人礼仪。个人礼仪包括仪容、服饰等。

①对仪容的大致要求是:

头发:头发的修饰应根据身高、年龄、脸形、胖瘦、着装、职业等因素而定。

面容:如男士应及时剃胡须。

手臂和腿部:在正式场合女士不宜穿半袖装或无袖装,不宜光脚穿鞋子,不宜穿拖鞋、凉鞋、无跟鞋。在正式场合下,男士着装不宜暴露腿部,如穿短裤。在庄严的场合下,女士的裙长应过膝。

②服饰有"五应"原则。应时原则:与时代相应;应季原则:与四季相应;应景原则:与活动地点相应,与环境相应;应事原则:日常、普通场合着休闲装,严肃、庄重场合着正装;应己原则:符合自己的性别、年纪、肤色、形体。着装忌讳:低、短、露、紧、异。总的来讲,穿着应得体,适度。

(2)待人接物的礼节,做客的礼仪。

进入室内之前应敲门;未请入,不可闯入;未请坐,不可坐下;雨伞等物,应留于室外或主人指定处;主人有事,应速退出;旧客去时,新客应起立相送;室中贵重之物,未经主人允许,勿要拿起玩弄;坐姿自然,不要坐得笔挺却不敢动弹,也不要毫无坐相,跷腿抖腿,这会让主人难堪;做客不可始终不出声;不要时常看手表,不要做出心烦意乱的样子;说了告辞,应立即起身;等等。

(3)迎客的礼仪。

有人敲门,应回答"请进"或到门口相迎;客人进来,应起立热情迎接;如果家中不够干净整齐,显得凌乱,要做些必要的整理,并向客人致歉;敬茶须双手端送,放在客人右边。如果是酷热的夏天,要递扇子或开电扇、空调;吃饭时来客,要热情邀请客人一同进餐;向客人介绍自己时,姓名职务等必须介绍清楚;须将年轻者向年老者介绍;客人来时,如自己恰巧有事不能相陪,要先打招呼,致以歉意,并安排家属陪着,再去干自己的事;分手告别时,应说"再见"或"慢走",应目送客人离去。

(4)招呼的礼仪。

首次见面,双方均应问好;对方主动问好,一定要回答;见面时通常互相握手,参加大型活动时因人多,也可与主人握手后,向其他人点头致意,不需一一握手;握手时,对主人、年长者、身份高者、女士先伸手,对客人、年轻者、身份低者可先问候,待对方伸手再握手;多人同时握手注意不要交叉,待别人握完后再伸手;在室内握手,男士应脱帽;参加庆典等大型活动时遇到熟悉的重要人物要尊重,一般不要匆忙前去打招呼,待对方主动表示,再回应作答;参加单位或朋友举行的活动,到达、离开时应主动与主人打招呼;日常生活中,与熟人见面,应互致问候,酌情寒暄。

礼节礼仪内容很多,这里只针对常见的礼仪做一个简单的介绍。孩子小时,要学好交往中的礼节和礼貌用语,到了青年期,要掌握仪容、仪表和待人接物等方面的要求。家长们更应在实践中,为孩子起好带头作用,让孩子在潜移默化中学习、掌握这些内容。然而,在家庭教育中,有的家长忽视了这方面的教育内容,这会给孩子交往带来阻碍,让人觉得孩子"没教养"。

"十年树木,百年树人。"培养孩子的社会交往能力,塑造完整人格,不是一朝一夕之事,它需要各方面的教育力量相互配合、相互促进、相互提高,更需要从孩子小时候抓起,并根据孩子的个性特点,持之以恒地坚持下去。

恶朋为伴履薄冰,益友相随天下行。善交善择记古训,远离小人洁自身。愿我们的孩子在成长中多交益友,广结善缘,为今后踏入社会奠定坚实的基础。

四十一 如何培养孩子的生活自理能力

生活自理能力是指孩子为自己生活服务的能力,如:自己吃饭、喝水;自己穿、脱衣服;自己上厕所;自己收拾自己的东西,整理自己的房间;等等。生活自理能力是自立能力的重要组成部分,是孩子自身发展的需要,也是孩子以后在社会中赖以生存及发展的最基本的能力。对孩子进行有目的、有计划、有组织的生活自理能力的培养,有益于孩子更好地适应周围环境,有利于他们更好地生活,为他们一生的发展打下良好的基础。

(一)孩子生活自理能力的现状

目前的孩子,大多数都是独生子女,即使现在放开了生养三个孩子的政策,愿意继续生育的家庭也不多,孩子仍然显得珍贵。孩子出生后,往往一家人围着孩子转,生怕孩子有一点点的闪失,大小事情都不让孩子沾手,家长对孩子言听计从,百依百顺,事事包办代替,对孩子的需求有求必应。这就让孩子失去了锻炼的机会,慢慢养成了衣来伸手、饭来张口的习惯,典型的表现有以下几方面。

1. 不能独立完成吃喝拉撒等基本的生活任务

吃喝拉撒是人的第一需要,是人的本能反应,更是自己的事,在自己具有这个能力的情况下,是不该让别人帮助解决的。然而,有的孩子却把它当成了他人的事,依靠他人来完成。不过,小孩子是不懂这个道理的,他们只本能地感觉有人帮他完成任务,比自己完成任务好,于是吃饭要别人喂,衣服、鞋袜要别人帮他穿、脱;想解手了只会叫"我要解手";想喝水了只会放开喉咙叫"我要喝水"。这种现象,在当今的幼儿中不在少数。比较典型的是:1至4岁基本上依靠成人完成吃饭的任务;4岁至上学前还不能完全独立完成自己生活上的一些事;上学了总要父母接送,不敢自己上学,不敢独自回家……如果家长还不重视这些问题,不纠正孩子的依赖行为,那孩子独立的品质如何形成,将来进入社会如何能独立?

2.生活上还离不开家长

由于有的家长从孩子幼儿时期起就忽视对孩子生活自理能力的培养,孩子一旦离开了父母及其他监护人,就不知该如何生存。如:已是初中生了,还不敢独自外出办力所能及的事;上高中、大学了还不会洗衣、煮饭,不会购买生活日用品等。总之就是离开家长就不知如何生活,比较典型的例子就是一些父母陪读的孩子。

3.不会收拾自己的东西,整理自己的房间

现在不少年轻人,在外面穿得十分光鲜,但在家里却比较邋遢,如起床后不叠被子,不收拾自己的房间,衣服鞋袜穿脏了不及时洗,脱一大堆放着,实在没有换的了,才去洗。为什么会出现这种状况,就是因为他们从小没有养成收拾自己东西的习惯。不难发现,有些孩子玩了玩具后,把玩具丢了一地,用了画笔后,随手一丢……有的家长总是帮孩子收拾好,很少要求、督促孩子自己收拾自己用过、玩过的物品等。由于长期缺乏家长的教育引导,孩子慢慢形成了懒散的习惯,长大后就出现了上面的现象。其实,孩子养成这种不良习惯,责任很大一部分都在家长身上。

4.缺少起码的生活常识

有的孩子,由于从小受父母的娇生惯养,很少深入生活实践,不知吃的、穿的、用的为何物。譬如,常吃常用的东西不知其名称和生长过程,不知物品的来源和形成过程,错把麦苗当韭菜,误把豆苗当野草,甚至不知大米、面粉从何而来。

(二)孩子生活自理能力低下的原因

1.家长代替孩子做事

一般孩子在一两岁时,总喜欢自己动手,什么都想去尝试一下,如看见成人拿着筷子吃饭、夹菜,总想自己也用筷子吃饭、夹菜,但有些家长总担心孩子把衣服、桌子弄脏,担心孩子自己吃吃不饱,于是就主动喂孩子。仔细想想,是家长"扼杀"了孩子勤劳的本性,阻碍了其生活自理能力的发展。人饿了要进食,吃了要拉撒,这是自然规律。当孩子具备了自己吃饭、自己拉撒的能力,成人就不应该代替孩子去完成,如果代替了,就违背了自然规律和生长规律。家长的一片好心,反而阻碍了孩子生活自理能力的发展。

2.家长没有创设有利于提高孩子生活自理能力的环境

小孩子使用家具,要克服很多困难,如他们必须站在椅子上才能取放书籍。这些成人化的设施设计,不但不能让孩子轻松体验到成功,增强自信,反而使他们心生畏惧,充满挫败感。家长可以根据小孩子的生理特点进行一些设施改进,让孩子比较轻松愉快地完成各项生活任务的尝试,如添置适合孩子搬动的小椅子,适合孩子使用的抽水马桶,等等。很多成人都忽视了这个问题,更没有注意孩子(特别是幼儿)尝试生活自理的困难。国外有一则新闻:某一年,英国发起了一次成人体验幼儿生活的活动,在展览馆里,所有的家具都按成人和儿童的比例放大,让参观展览的成人去体验儿童生活自理的困难。比如有的成人用了许多力气才爬上高高的椅子,到柜子上拿一样东西不亚于一次爬山活动,使出浑身力气才能挪开一张椅子。所以每位家长都应反思一下,我们是否为孩子提供了适合他们的环境。

3.家长没为孩子创造学习的机会

在孩子的幼儿阶段,家长就应逐步让孩子在吃喝拉撒睡、收拾自己的玩具和学习用具等方面具备自理能力。随着孩子的成长,还应逐步让孩子具备煮饭、做菜、购买生活日用品等方面的能力,但这恰恰是现阶段许多孩子都缺乏的能力。究其原因,一是家长缺乏对孩子生活自理能力的培养意识;二是家长对孩子娇惯或有过多的限制;三是家长只重视孩子的学习成绩,忽视对孩子生活能力的培养。家长在孩子学习之余,没让他们学习煮饭、做菜等生活技能,没有放手让孩子与社会接触,去学习生活、交往的技能。

(三)如何培养孩子的生活自理能力

1. 从幼年抓起

孩子的生活自理能力,是孩子通过后天的模仿和学习循序渐进地获得的。孩子生下后什么也不懂,你要求他做什么,教他怎么做,他将来可能就会做什么。在最基本的生活习惯和技能上更是如此。而幼年期、少年期恰恰是这些习惯养成和生活技能形成的关键期。所以,从孩子直立行走和用手拿东西开始,就应注重孩子的习惯养成,逐步培养起孩子的生活自理能力,如自己吃饭、穿衣等。如果等到孩子大一点(7岁后)才开始培养,就会事倍功半,有的不良习惯可能会跟着孩子一辈子,如生活邋遢的习惯。所以,家长千万不要因为孩子小就迁就孩子、放纵孩子,忽视对孩子生活习惯和生活能力的培养。

2. 从小事做起

(1)让孩子学会自己进餐,学会使用餐具,进餐时坐姿自然,保持桌面的干净,并能够基本做到不挑食。孩子到了一岁后,总喜欢模仿家长拿着筷子或调羹吃饭,在一开始做不到大脑和手的协调,往往把饭菜弄到桌子上,把衣裤也弄得脏兮兮、湿漉漉的。很多家长害怕把桌子、屋子、孩子的衣裤弄脏,还担心孩子花了很长时间仍然吃不饱,于是就主动喂孩子饭。如果孩子不愿意家长喂,家长总是千方百计地哄孩子吃,追着孩子喂。其实,家长的一片好心是办了坏事。一是扼杀了孩子探索的精神;二是阻碍了孩子"自己的事情自己做"的习惯的养成;三是直接向孩子灌输了依赖的思想,传递了懒惰的信息。不少孩子在一岁到一岁半时,就会自己用筷子或调羹吃饭,但到了三四岁时,却不能自己认真吃饭了,这就是家长喂饭给孩子造成的后果。对幼儿来说,从学习吃饭转变到有规律地进餐是有困难的。家长的责任就是教会孩子自己吃饭,让孩子养成按时就餐的习惯。

第一,正确指导孩子使用筷子或调羹,告诉孩子如何才能把饭菜送进嘴里。

第二,发现孩子有进步,哪怕微小,都应为他喝彩或鼓掌。

第三,在孩子能自己使用工具吃饭后,不要因担心孩子吃不饱而去喂孩子。

第四,不要随意给孩子零食吃,要让孩子养成按时就餐的习惯。如果孩子在该吃饭时不吃或不吃饱,要告诉孩子下一顿饭要到什么时间才能吃,中间不能吃零食。在孩子答应的情况下,家长要"狠"下心肠,不到下顿饭时决不允许孩子吃东西。这样,既可以培养孩子讲信用的品质,也能让孩子尝到"不好好吃饭"带来的"饿"的代价,以后就不会不按时吃饭了。

第五,尽量为孩子准备可口的饭菜,让孩子吃饭时就吃饱;如果达不到孩子的要求,也不能放任孩子不吃,可以用鼓励的语言激励孩子:"宝宝真乖,宝宝多吃食物,一定长大个儿,不生病。"

小孩子不好好吃饭、吃饭挑食等问题,家长最头痛了。可以尝试根据孩子的口味每天变换着花样给孩子做饭菜,并随时采取讲故事、唱儿歌等方法调动他们的积极性。

(2)培养孩子自己拉撒的能力。孩子在3岁前,自己要解决拉撒问题是有一定困难的,但3岁以后就应该学习自己解决拉撒问题了。经过一段时间的实践,一般孩子3岁半左右就可以独自解决拉撒问题了。然而现在很多孩子到五六岁了还不能自己解决拉撒问题。主要原因是家长没有放手让孩子去实践。很多家长对孩子不放心,担心孩子自己脱不了裤子、擦不了屁股把裤子弄脏。其实每个人的成长都需要锻炼,你不给他机会,孩子永远也学不会。家长一定要相信自己的孩子,相信孩子是很聪明、很能干的。只要家长教育引导得当并坚持让孩子去做,孩子一定会努力做好自己该做的事情,让4岁左右的孩子自己解决拉撒问题是完全可能的。不过,在让孩子学习自己解手的过程中,应尽量用辅助工具解决孩子的困难。

(3)从孩子3岁开始,逐步培养他们自己洗脸、洗手和漱口刷牙的生活技能。在孩子具有动手能力后,家长应要求孩子做自己力所能及的事,在洗脸、洗手、刷牙方面,应让他们逐步具备自己动手的能力,至少在他们正式入学前应该具备这个能力。家长不要老是因担心孩子洗不干净而帮孩子洗脸洗手,这样会让孩子形成依赖的思想。自己勤洗脸、洗手,坚持刷牙,这不但是能力问题,而且是讲不讲卫生的习惯问题。在这个问题上,家长应考虑孩子的身体条件,为孩子创设适合他们自己动手的环境,如准备孩子适用的洗漱用具、水龙头或者小凳子等。

(4)培养孩子自己穿脱衣服、鞋袜的能力。现实生活中,3至5岁的幼儿要自己穿脱衣服和鞋袜,是件比较困难的事情。但是,一般来讲,孩子在3岁后就逐步具备穿脱衣服和鞋袜的能力了,那么为什么不少孩子六七岁了还要成人帮忙才行呢?其实,主要是因为孩子学习、体验的时间太少。

为了孩子早日具备这个能力,家长应注意以下几点。

第一,应要求孩子逐步解决自己的穿脱问题。

第二,和孩子一起穿脱衣服、鞋袜,一边示范一边讲方法要领。通常孩子都喜欢模仿大人的样子,如果家长和孩子一起做,孩子就可以学到正确的穿戴方法。

第三,寻找适当的时间练习。早晨时间短促,并不是训练的好时机,所以家长可以在周末的白天找个清闲的时候,边示范,边让孩子练习。

第四,建立奖励机制,激发幼儿的学习兴趣,孩子在穿脱方面哪怕有一点微小的进步,家长也应不吝赞扬之辞。

第五,准备好适合、方便孩子穿脱的衣裤、鞋袜。紧身裤或背带裤孩子穿脱起来比较困难,最好不用。

(5)培养孩子整理物品的能力。当孩子初具动手能力时,家长就应要求孩子:在哪里拿的东西,用完后应主动放回;玩了玩具后,要将玩具收拾整理好,放回原处;学习完后,收拾整理用过的学习用具;孩子稍大一点儿时,要学习整理自己的衣物和床铺。以上这些事,孩子开始做时,是有一定困难的,但只要家长对孩子的要求一如既往、不时紧时松,只要耐心地示范和引导,只要多鼓励赞扬,孩子一定能把自己的事情做好。

3.在孩子学习之余,逐步让孩子学习掌握必需的生活技能

孩子入学后,身体不断发育,知识不断增长,按理说生活自理能力也应一同增强,但是现在很多孩子到了中学甚至是大学,生活自理能力却仍处在幼儿时期的水平,他们不会洗衣、买菜、煮饭,不知油盐酱醋,到大学毕业了还不能独立生活。这些都是家长单方面强调读书的重要而忽视对孩子生活基本技能培养的后果。试想,如果家长只让孩子读书学习而不教给孩子生活基本技能,那孩子离开家长,走向社会后又将如何生活?难道家长能照顾孩子一辈子?所以,明智的家长在注重孩子读书学习的同时,也应注重如下生活自理能力的锻炼培养。

(1)干一些力所能及的家务,如与父母一起打扫房间、一起收拾碗筷等。父母和孩子一起劳动可以提高孩子的劳动兴趣,使家庭气氛融洽,亲子关系

密切,还能培养孩子的劳动热情和团结协作精神。当孩子具有动手能力时,看见成人拖地擦物,有时也会拿着扫帚东扫扫西扫扫,拿着抹布东擦擦西擦擦。这时,如果家长对孩子的行为给予赞扬,加以鼓励,如果家长长期坚持与孩子一起做家务,并一边做一边给予正确的方法指导,那孩子一定会养成做家务的习惯,学到打扫卫生这项技能。只不过在现实生活中,从主观上讲,很多家长缺少从小事培养孩子爱劳动、讲卫生习惯的意识。这就抹杀了孩子天生的劳动积极性,慢慢使孩子变得懒散。

(2)学习一些生活必备的技能,如,择菜、切菜、用微波炉等。这些事,看似是些微不足道的事,但从孩子的一生来看,却是大事,关系到一个人能不能自立的问题。人一日三餐,离不开吃喝,如果连饮食这一环都要依靠他人才能解决,就不是小事了。现实中有这样的例子。一个人几十岁了,孩子都成人了,还弄不来菜,煮不好饭,一旦离开能煮饭的家人,就只好吃方便面或者到饭馆去吃。这样的人能算自立吗?所以,家长们在关心孩子学习成绩的同时,应利用孩子学习之余的时间,大胆让孩子实践,教孩子做菜、煮饭;给他们讲如何用电,如何用火,如何使用电器。

(3)学会采购生活日用品,如米、面、油、盐、酱、醋等。现在物质丰富了,生活日用品种类越来越多,如何购买这些东西有一定的学问,涉及营养、商标、质量、价格、真假等问题。所以,不要把购买生活日用品看成是小事,甚至是可有可无之事。在培养孩子的过程中,千万不要忽视了如购买生活日用品这样的小事。家长可以在周末,在孩子学习之余,带着孩子买买菜,逛逛生活超市;教他们认识各种菜;教他们辨别一些日用品质量好坏的方法。也可以让孩子单独上超市或市场去购买油盐酱醋等生活必需品。在孩子学习之余,让孩子学习掌握一些生活技能,既丰富了孩子的生活,又丰富了孩子的生活知识,可为孩子将来走向独立打下坚实的基础。

四十二　如何培养孩子的语言表达能力

语言是指生物同类之间由于沟通需要而产生的具有统一编码解码标准的声音信号。不难看出,不管是汉语、英语、法语还是其他语种,都是用来沟通、交流的。语言是沟通的媒介,是交际的工具,在人与人的交往中起着重要的作用。所以,掌握好语言这个交际工具对交往十分重要。

虽然,语言作为一种交际工具十分重要,但一个人仅仅会使用语言,比如能说话,是远远不够的,还必须具有驾驭语言的能力,这样才能达到沟通、交流的目的。所以,家长们要通过一定方式的教育培养来提高孩子的语言表达能力。

(一)语言教育的误区

当孩子叫第一声"爸爸"或"妈妈"的时候,作为父母的那种喜悦心情是无法用言语表达的。但随着孩子会说的越来越多,许多家长把注意力转向了如何培养孩子的兴趣和专长上,忽略了对孩子的语言表达能力的培养。其实,培养孩子的语言表达能力,就是要让孩子语言表达得流畅、敏捷、精确,这一方面能反映孩子现有的思维能力,另一方面也能促进孩子大脑发育以及思维能力的发展。然而,很多家长却忽视这个问题,踏入了以下语言教育的误区。

1. 孩子长大自然会说话

有的家长认为：一个生理正常的孩子，能说话是正常的事，不管他人教与不教，只要生活在适当的环境里，孩子长大了，自然就能把话说清楚。这种说法看上去没大问题，但其实忽略了正确的、科学的教育引导对孩子大脑发育和思维发展的重要性。从人的意识的特点来看：第一，人不但能直接感知具体的事物，形成感觉、直觉和表象，还能间接地认识事物的本质联系和规律，形成抽象的逻辑思维，从而使自身的认识由感性的水平上升到理性的水平。第二，人不但能意识到客观世界的存在，对外在刺激物进行综合分析，而且能意识到自己主观世界的存在，对自己的心理活动进行分析，从而使自己的思想行动都成为自觉的、有目的的活动。从人类心理发展历史来看，劳动以及和劳动一起产生的语言是人类产生意识的主要推动力；从个体心理来看，儿童活动的发展以及在活动中由于交际的需要而掌握成人语言的过程，就是儿童意识发展的过程。例如，从孩子生下来开始，母亲不断在孩子面前念叨"宝宝""乖乖""笑一个""妈妈"等话语，等孩子长到3个月时，妈妈在孩子面前说："宝宝，给妈妈笑一个。"孩子很可能就笑了；到6个月时，孩子离开妈妈就会不安或者哭闹。这说明，在妈妈与孩子的交流过程中，孩子在3个月大时就有了"笑"的意识，在6个月大时有了"妈妈"的意识。如果妈妈或爸爸不与孩子进行交流，那孩子头脑中就不会有"妈妈""爸爸"的意识，没有"妈妈""爸爸"的意识，就不会在1岁左右喊出"妈妈"或"爸爸"。"狼孩"的故事就说明了环境、教育引导（与孩子相互的交流）对语言发展的重要性。

1920年，在印度加尔各答，人们发现了两名狼哺育的女孩。年长的估计8岁，年幼的1岁左右。大概都是在出生后不久就被狼衔去的。两人回到人类世界后，被送到孤儿院里，分别取名为卡玛拉与阿玛拉。她们的言语、动作姿势、情绪反应等方面都表现出很明显的与狼一起生活的痕迹。

她们不会说话，不会直立行走，只能依靠四肢爬行。她们惧怕人，对狗、猫似乎特别有亲近感。白天她们一动也不动，一到夜间，到处乱窜，像狼那样嚎叫，几乎没有人的行为和习惯，而具有不完全的狼的习性。

这两个狼孩回到人类社会以后，辛格牧师夫妇俩为使两个狼孩能转变为人，做出了各种各样的尝试。

阿玛拉回到人类社会的第2个月，可以发出"波、波"的音，表示饥饿和口渴。遗憾的是，回到人类世界的第11个月，阿玛拉就死去了。

卡玛拉在2年后，才会说两个单词（"波、波"和叫牧师夫人"妈"），4年后掌握了6个单词，第7年学会了45个单词。她动作姿势的变化也很缓慢。1年4个月时，只会使用两膝步行。1年7个月后，可以靠支撑站起来。实现不用支撑的站立，是在2年零7个月后。到两脚步行，竟用了5年的时间，但快跑时又会用四肢。5年后，她能照料孤儿院的幼儿了。她会为跑腿受到赞扬而高兴，为自己做不好想做的事情（例如解纽扣）而哭泣。这些行为表明，卡玛拉正在改变她身上狼的习性，逐渐获得了人的感情。卡玛拉一直活到17岁。但她直到死时都还没真正学会说话，智力只相当于3至4岁的正常孩子。

在大脑结构上，这两个狼孩和其他正常的同龄人没多大差别。一个10岁儿童的大脑在质量和容量上已达成人的95%，脑细胞间的神经纤维发育也接近完成。狼孩是因为长期脱离人类社会，缺乏语言发展的环境，没有语言交流，大脑的功能得不到开发，才会智力低下。尽管辛格夫妇做了很多努力，狼孩的语言能力还是极其低下。

这个例子有力地证明了早期的、正确的、科学的教育引导对孩子思维的开发和语言的形成的重要性。

2.认为会说话就是"耍嘴皮子"，这种能力没必要专门培养

有的家长认为孩子会说话就是会"耍嘴皮子"，没必要花精力去培养孩子的这种能力；孩子把话说出来，只要让别人听得懂就行了。这种把会说话片面地理解为"耍嘴皮子"的观点是极其有害的，会阻碍孩子的发展。会说话是指说话看对象、分场合、讲艺术等，而不是只会说"油腔滑调"的空话、废话。

俗语云："好话一句三冬暖，话不投机半句多。"这也说明了会说话与不会说话的不同结果。所以，家长千万不要把语言表达能力看成"耍嘴皮子"，一定不要错过培养孩子语言表达能力的最佳时期（1至7岁）。在现实生活中，有不少初中、高中、大学孩子不善言语，不会说话：在不熟悉的人面前，从不主动说话；与人交谈也只用简单的语言应对；在非说不可的情况下，说几句话就急得脸红脖子粗；说话吐词不清、简单生硬……这些现象，在现实生活中是不少的。

3.执着于对"少说多做"的偏狭理解

个别家长认为:现在不是提倡"少说多做""埋头做事"吗?为什么还要专门培养孩子的说话能力呢?其实,这是一种偏狭的理解。少说多做指的是实干的工作精神和踏实的工作作风,这是应该培养的,但是这并不是说具有实干精神的人,就不需要能说会道,就不需要交流;难道能说会道的人就没有实干精神吗?如果片面地理解"少说多做",忽视孩子语言表达能力的培养,就会影响孩子的语言、思维的发展,孩子将来会很难与人沟通,很难融入社会。

在现实生活中,有的家长不注重孩子语言表达能力的培养,他们将与孩子交流的任务"交给"了冷冰冰的玩具、电视或电脑,把给孩子讲故事的任务"交给"了录音机,自己却沉浸于玩电脑、玩手机。请不要忘记,孩子是一个鲜活的生命,他们不仅仅需要玩各种无生命的"物",更需要与具有情感的"人"交流,需要在社交场合中学习,需要在各种语言环境中锻炼成长。

(二)语言表达能力培养的几个重要环节

1.不可忽略婴儿期的语言表达能力培养

孩子刚一出世,就会哇哇地啼哭;饿了或不舒服的时候,就会大哭大叫;从两三个月开始,当他们吃饱或感觉舒服时,就会发出"啊""咦"的声音。但是,这不是婴儿真正的语言,真正的语言发展是从听懂成人说出的词开始的。例如,孩子出生大约一个月后,妈妈经常笑着对孩子说:"宝宝!宝宝!笑一个,笑一个!"由于妈妈经常带着深情的微笑呼唤孩子,妈妈"笑"的动作和声音多次刺激孩子的大脑,孩子的大脑就在动作的形象和声音之间建立起了暂时的联系。到三四个月时,当孩子听到"宝宝""笑一个"时,就笑了。到五六个月时,为了锻炼孩子腰、腿的力量,成人抱着孩子的双臂,做起坐或站立的动作,一边做一边说:"嗨哟哟!嗨哟哟!"几天时间后,如果孩子是躺着的,成人拉着孩子的双手,对孩子说"嗨哟哟!嗨哟哟!",这时孩子就会将头抬起,双脚举起,做出要起来的样子。如果成人将孩子抱起在膝盖前做站立之势,说"嗨哟哟、嗨哟哟",孩子就会双脚用力,做出站立之势。约1岁时,孩子在将声音和动作联系起来的基础上,能对词的内容做出反应,逐步开始明确词的意义。如,成人抱着孩子叫他"跳"一个,孩子就会在成人的扶持下跳起来。这说明孩子开始明白词的意义,但要产生真正的语言要求孩子不但能明白这个词,而且能说出这个词。

由于成人在婴儿面前总是为自己的语言加上动作,婴儿也就在模仿成人的动作时逐步开始模仿成人的声音。经过成人的不断强化,婴儿从单纯地模仿发音逐步发展到自己能够说出一些词。为什么婴儿最先说出的是"妈妈"或者"爸爸",不但因为爸爸妈妈是他最亲爱的人,也因为在与成人的交往中,他常常听到这些词,有更多的模仿机会。由此可见,婴儿说出词的能力是从模仿成人的词开始的,其语言是在互动过程中产生的。所以,根据语言产生的这一特征,家长,特别是妈妈在婴儿喂养及照料的过程中,应主要做好以下的事:

仔细观察、分析婴儿的一颦一笑、一哭一闹,明白孩子的需求,以满腔的热情、十分的关爱和恰当的语言满足孩子的需要。婴儿出世不久就有与人交际的需要,如婴儿感觉需要妈妈时,他就以哭叫的方式表达他的诉求,当妈妈把他抱起后,他就安静了。尽管婴儿这时还没有系统的语言,但仍能以特有的表达方式向成人述说他们的需求。如果成人不明白婴儿的意思,就无法让他的需求得到满足,使他归于平静。所以,家长不但要根据婴儿的情绪变化,明白他所表达的意思,并且要在满足婴儿需求的同时,以适当的语言并配合动作与之交流,开发婴儿的语言能力。成人说的话,会对婴儿思维和心理的发展起到积极的作用。我的外孙女在三四个月大时,就爱看发光的和有色彩的物品,我们平时抱着她,指着天花板上的灯说:"宝宝,看,那是灯。"并一边打开开关让灯亮起来,同时指着开关说:"这是开关,开了灯就会亮。"由于我们经常这样告诉她,在她七八个月大时,我们抱着她站在开关面前,她就会主动用小手去摸开关,企图打开开关,使灯亮起来。这是因为成人的语言、动作,灯的明暗等反复刺激她的大脑神经,从而使她的思维得以发展。

2.把握好语言表达能力培养的关键期

从一岁到一岁半是语言理解阶段,也就是孩子对成人说的话从不懂到懂的发展过程。孩子从听懂到说出成人说的词是需要一个理解过程的,也是不断发展的,如"妈妈"这个词,一些婴儿一岁左右才将它说出来,但只是说出单词,还不能说完整的话。这说明幼儿的语言表达能力发展得较慢,他们在这一阶段所掌握的词句多为单词句或两个单词组成的句子,如"肚肚饿""狗狗跑""爸爸走""妈妈笑"等。

语言发展跃进阶段:从一岁半到三岁末是儿童语言发展跃进阶段,也就是说儿童语言的发展在这个阶段突飞猛进。在这个阶段,儿童能基本掌握一些单句和简单的复合句,并能用虚词表达语法关系,如"我喜欢狗狗""我不去""妈妈,我以为你哭了呢"等。这个阶段是儿童语言形成的关键期,孩子能不能把话说得流利、清楚、有序,把意思表达清楚,就看家长如何教育引导。我的二外孙女还不到三岁,她已经能完整地表达自己的意愿和要求,并且在说话的过程中能较准确地运用一些程度副词和方位名词,学会了一些简单的因果关系和简单的推理等,例如,她会说:"你们不要这样说,我很烦!""这里很好玩!"我问她:"你为什么现在就想吃东西?"她回答说:"因为我饿了。"看见另一个孩子在哭,我问她:"妹妹,你知道那个弟弟为什么哭了吗?"她会说:"也许是他想妈妈了,也许是他饿了吧!"有的孩子在一岁至一岁半时,能清楚地表达自己的意思,但到后来却不善表达,说话也含混不清了。其原因可能是:家长对孩子没有语言培养意识,没有进行系统的培养;孩子在学说话的过程中出现口齿不清、表达不清楚的问题时,家长没有发现,没有及时给予纠正;孩子被管得过严,情感受到压抑;等等。

语言发展完善阶段:从四岁到七岁是儿童语言发展完善阶段。所谓完善,指的是儿童能将话语说得符合基本语法关系和逻辑关系。这个阶段的孩子说话,不但掌握了时间、空间的联系,而且掌握了原因和结果、手段和目的、部分和整体等关系。如:"我不想去奶奶家,他们那里太不好玩了!""昨天下午爸爸、妈妈、外婆带我到沙滩去玩,我的鞋脏了,妈妈的鞋也脏了,大家的鞋都脏了。"但这个阶段儿童掌握的语法结构,还是从语言习惯得来的,而不是从语法规律上来掌握的,儿童只有在上学后,才能逐步掌握语法规律。

根据以上分析,我把二至三岁末确定为儿童学习语言表达的关键期。一旦错过了这个关键期,孩子的语言发展就会很缓慢,甚至受阻。因此,家长应在儿童语言表达能力培养的关键期中注意以下几个问题。

(1)家长要有目的、有计划地培养和训练孩子的语言能力,不可拔苗助长,急于求成,也不可不闻不问。譬如:在孩子零到一岁这个阶段,教孩子说一些单音节词和简单的双音节词,如"吃""喝""饿"等和"妈妈""爸爸""爷爷"等。在孩子一到三岁这个阶段,帮助孩子从说短语发展到说一个完整的句子,教孩子说含时间、假设、因果等关系的简单的复合句,例如从说"吃饭"发展到说"我吃饭了"或者说"我已经吃饭了",再发展到说"我不吃了,因为我已经吃饱了"等,还能说明白"前""后""左""右"等简单的方位词等。家长教孩子说话就应根据孩子说话的特点,拟定一个切实可行的计划,做到有计划、有目的地培养孩子的语言能力,不能因为孩子能说简单的句子了,就不积极教孩子说话了,或者基本不注重孩子语言能力的培养了,这样就会错过孩子二三岁时语言发展的关键期。

(2)为孩子创造良好的语言学习环境。家庭语言环境对孩子语言能力的提高极其重要。家庭语言环境包括家庭成员的语言水平、文化修养,父母对孩子教育的兴趣等。家庭成员如果不善言语,或者说话粗俗、词汇贫乏,必然会影响孩子。在家庭中,和孩子接触最多的一般是孩子的父母,而父母对孩子的影响是巨大的,所以父母应注意提高文化修养,注意用语,使自己的话成为孩子模仿的典型。家长与孩子说话时,要特别讲究说话的艺术,为孩子语言能力的发展提供模仿的条件。家长对孩子说话时应语速适中,口齿清楚,语调温和亲切;尽量少用严厉的语调对孩子说话;不恐吓孩子;家庭成员之间说话尊卑有序,和颜悦色;对孩子多鼓励,少指责;多用征询的语气,少用命令的方式;等等。

(3)以多种方式加强孩子的口语训练。比如多与孩子交谈,多向孩子提问让孩子回答;教孩子学一些简单的歌谣,并在开始学习前,先教孩子歌词,后教他们唱;在陪同孩子在外玩耍的过程中,多教孩子识别常见的事物,对孩子提出观察的任务,回家后让孩子讲述所见所闻;教给孩子常用的文明用语,并让他们在实践中加以运用。一岁半以前的孩子主要掌握的是单词句,用一两个词代表一个句子,如家长把孩子带到外面玩,孩子说"帽帽""鞋鞋",完整的意思是"帽帽掉了""鞋鞋掉了"。到一岁半后,孩子掌握的词汇量不断增加,开始出现多词句。由于交际的需要,孩子需要逐步掌握交际中的语法习惯或语言结构,别人才能听懂他的话。例如成人说:"雨水把狗狗淋湿了。"但孩子就只说:"雨,狗狗湿。"成人经常对孩子说:"乖乖,我们回家咯。"孩子可能只说:"回家乖乖咯。"这类情况,在孩子学说话时是很多的。另外,很多家长在教孩子说话时,容易根据孩子说话的语气和习惯说"儿童化语言"。如把吃饭说成"吃饭饭",把洗脸说成"洗脸脸",把洗脚说成"洗脚脚",等等。请家长们注意,在孩子这样说时,不能强化这种说法,如孩子说"我要吃饭饭",家长不能跟着孩子说"好,我喂你饭饭",应该先告诉孩子"好,我喂你吃饭"或"我给你饭吃",再告诉孩子是"吃饭"而不是"吃饭饭"。这种不符合规范和语法习惯的儿童化语言,对孩子的语言发展是不利的,家长们应尽量避免。家长如果发现孩子有这样不符合语法习惯的语言,就要立即予以纠正,并且教给孩子正确的说法。

儿童两三岁时,对说话有很高的积极性：喜欢与成人说话；喜欢在玩玩具时自言自语；喜欢问这是什么,那是什么；喜欢听童话、故事等。这个阶段的儿童不但能理解与直接感知的事物有关的语言内容,而且能理解描述他所熟悉的、但不能直接感知的事物的叙事性语言,如童话、故事的语言等。家长应根据孩子掌握语言的特点,多与孩子交流,积极巧妙地回答孩子的提问,多让孩子认识了解常用、常见的物品,多给孩子唱儿歌、讲故事,让孩子在积极发展语言能力的同时,不断丰富知识。

3.语言发展完善期的语言表达能力培养

语言发展的完善期,一般在学前期,即入园(幼儿园)期。一般的孩子三岁就开始上幼儿园了。从入园开始,一般家庭都没有专门的语言表达能力培养计划,家长把这个任务交给了幼儿园老师,其实,这是一种错误的做法。孩子入园后,实践活动(游戏、学习、劳动等)进一步复杂化,交际范围不断扩大,但学前期的儿童语言发展还有一定的不足,比如对抽象的、概括性的词的理解和运用能力还比较差；对比较复杂的表示因果关系等的句式的运用还较困难。这些问题虽然可能在幼儿园老师的教育下得到较好解决,但不可否认家庭与幼儿园配合抓好孩子语言教育的重要作用,因为孩子大多数时间都在家里,很多交往活动都发生在家里,再加上孩子对亲情的依赖,家庭有着巨大的培养孩子语言能力的责任。因此,家庭应做好以下几个方面的工作。

(1)帮助学前孩子提高抽象、概括的语言能力。在孩子与成人的交际中,孩子语言中的词汇数量不断增多,范围不断扩展,如对与食物、动物、交通工具、人体各部分等内容相关的词汇掌握得比较多,但对抽象性和概括性的词、表示关系的词的掌握和运用还不够,如"统统""全部""个别""非常""而""都""偏偏""由于""因为""所以"等。尽管这些词有时也出现在口语中,但孩子还不能在不同的场合中正确地运用,有些词孩子尽管能听懂,但不会运用。例如,"愧疚""惭愧"等词,成人说:"由于考虑不周,我没有把事情做好,心里好愧疚!"学前儿童听了,也许知道愧疚是"对不起"的意思,但却很难加以运用。父母在同孩子生活或玩耍时,一是要给孩子讲讲同义的词、近义的词以及这些词在不同场合中的运用方法。二是要教孩子运用关联词和表示因果关系的词,如爬山的时候,指着石梯说:"这个石梯,爸爸一步能跨三级而你不行,因为你的腿没有爸爸长,力气也没有爸爸大,等你长大了,你一定比爸爸还行。"三是要根据具体的语言环境,创造机会让孩子练习,帮助孩子理解和学习,如孩子同奶奶、爷爷、爸爸、妈妈一起出去玩,回来后家长让孩子说说全家人回家的情况,孩子会说:"爷爷回来了,奶奶回来了,爸爸妈妈回来了,我也回来了,我们全部都回来了。"

(2)提高学前孩子连贯性语言表达能力。孩子三岁及以前的语言主要是对话语言,带有很大的情境性,例如孩子对成人提问,成人给予解答;成人问什么,孩子回答什么。进入学前期后,孩子的实践活动增多,独立性也大大增强。这对孩子的语言提出了更高的要求。孩子要能将自己看到的、听到的、经历过的事情以及自己的体验和想法说出来,要能连贯地说话。这个要求对于学前初期的孩子来讲,还是很高的。学前初期的孩子的表达能力一般是较差的,同婴儿时期差不多,带有很大的情境性。对他们所见所闻之事的表达,往往是东一句西一句,不连贯,比如描述外婆家的狗:"外婆家,狗狗,好乖!我去,它就跳,我高兴!"孩子活动范围的扩大和交际体验的增加,从客观上要求孩子能用连贯性的语言把所见所闻和内心看法、想法表达出来,让听者不必去考虑情境就能领会他所说的意思。当然,孩子要达到清楚连贯地叙述一件事情的语言水平是需要一个过程的,也是需要专门的学习训练的。在学前前期,孩子的语言还处在情境性语言向连贯性语言的过渡期,如果这个过渡期过渡得好,到了学前后期,孩子的连贯性语言就能取得支配地位。所以,家长应配合幼儿园,培养孩子连贯性语言表达能力。

第一,让孩子练习看图说话。把图片按一定顺序排列,让孩子按先后顺序看图说话,不但可以锻炼他们有顺序地说话的能力,还可以让他们形成冷静、耐心的性格,克服毛躁的情绪。

第二,利用孩子熟知或感兴趣的事,让孩子叙述整个事情的始末。孩子对熟知或者感兴趣的事,容易记住,也乐于说出来。但如果家长没有让孩子说出来，孩子一般是不会自己说出来的，这样就达不到培养孩子连贯性语言表达能力的目的。所以，家长要有培养孩子连贯性语言表达能力的意识。可以让孩子亲身经历一件他喜欢的事，事先给孩子提出要求，事后让孩子有序地说出自己的经历。例如：利用春光明媚的星期天，带孩子到江边去放风筝。事先告诉孩子留意：什么时间去的，有哪些人同行，江边是否还有其他小朋友放风筝，人们是如何将风筝放上天的，什么时间结束的，感受如何等。回到家后，要求孩子按照事先的提示把放风筝的经过说出来。开始时，孩子可能说得不完整，也有遗漏的地方，但这不要紧，孩子说完后家长可做简单补充。孩子说得好的地方，家长应予以肯定和赞扬；孩子在叙述时，家长应专心听，不可中途打断；孩子即使说得不好，家长也不可责骂或表现出不满，哪怕孩子说得一塌糊涂，但只要孩子敢说，就是进步，就值得肯定和表扬。让孩子叙述自己所经历的事，不单单锻炼了孩子说话的能力，更重要的是培养了孩子的观察能力，锻炼了孩子的记忆力。

第三，给孩子讲故事，然后让孩子复述故事。孩子都喜欢听故事，但一般情况是成人讲了，孩子听了，事后就忘了。因为，成人在讲故事前没有给孩子定出任务，提出要求。如果家长在满足孩子爱听故事的愿望的同时，向孩子提出听后复述故事的任务，不但能锻炼孩子的说话能力，而且对孩子记忆力的发展也大有好处。

培养学前孩子语言的连贯性，不仅仅能提高孩子的语言能力，还能发展孩子的逻辑思维能力，家长应通过与孩子的日常交往，有意识地、细心地加以培养。

(3)多给孩子创造说话的机会。孩子入园后，不少父母松了一口气，就疏忽了对孩子的家庭教育，特别是语言教育。有的父母认为：孩子上幼儿园了，在幼儿园有老师管，不用自己操心；回到家里，孩子有其他老人照料，有玩具玩，用不着担心。有的孩子从幼儿园回到家里后，很少出门，很少到大自然中去观察环境，很少找其他小朋友玩。这对提高孩子的语言表达能力极为不利。有的孩子在一至两岁时，与同龄孩子相比，语言能力并无差异，但长大后，却不善言辞。极有可能是孩子在语言关键期和语言完善期的语言发展不够或者性格受到压抑。家长如果希望自己的孩子将来是一个能说会道的人，就应利用空闲时间，多带孩子到社区、游乐园等地，为孩子创设说话的环境。不管是在哪里，一群小孩子在一起玩，一般在不知不觉间就能成为朋友,他们在一起会无话不谈,一个个说话头头是道,因为同龄人有共同的语言,容易引起情感的共鸣。这对提高孩子的语言能力、交往能力是大有益处的。

4.入学后的语言表达能力培养

从入学到走入社会是一个漫长的过程,在这个过程中,孩子有很多语言锻炼的机会,但是由于受"考分至上""文凭至上"的影响,很多父母只关心孩子的学习成绩和名次,希望孩子将来考上一所名牌大学,出来找一份好工作,能捞权挣钱,名利双收,光宗耀祖。因此,很多父母从孩子上学后,就没把继续培养孩子语言能力的事放在心上,唯一关心的是孩子的学习成绩,这就导致不少孩子,特别是中学阶段的孩子出现足不出户、不问世事、不与人交往、沉默寡言、性格孤僻等问题。重视孩子的学习成绩是对的,但也不能忽视对孩子语言能力、交往能力、品性等的培养。如果家长只重视孩子的学习成绩而忽视了其他方面的培养,孩子将来即使能读名牌大学,拿到一个比较高的文凭,也不会有大的作为。因为,一个人不管文凭有多高,知识有多丰富,如果不会利用语言进行交往,道德品质低下,没有健全的心理素质,缺少开拓创新和顽强的意志力,是很难赢得他人赞同,做出成绩的。

现实生活是孩子语言发展的基本源泉,离开现实生活,语言将会枯竭。孩子只有到社会、大自然中去,将自己看到、听到、感觉到的一切事物用词句表达出来,他的语言才能变得丰富多彩。即使在孩子学习比较忙的情况下,父母也应从以下几个方面继续培养孩子的语言能力。

(1)让孩子到社会环境中去丰富他们的语言。新鲜的环境、丰富多彩的现实生活,既能充实孩子说话的内容,又能为他们创设说话的情境。所以,父母应利用空闲时间,带孩子、鼓励孩子到社区、公园、游乐场所、朋友家或大自然中去,引导孩子有目的地观察和体会,激发他们说话的愿望,让他们把看到的、听到的和自己的看法说出来;让孩子抓住一日活动中的每一个环节,自由选择观察对象,进行随机对话练习。这些是语言表达能力培养的有效方式。

(2)鼓励孩子多参加活动,锻炼孩子说话的胆量。父母应为孩子创设一些条件让孩子锻炼说话的胆量,克服胆小的毛病。在幼儿时期,让孩子担任不同的游戏角色,锻炼孩子的胆量;在青少年时期,让孩子组织自己的生日宴会或同学聚会,或者让孩子担任家宴的主持人。很多的家长,没有给孩子创造这样锻炼的机会,一是害怕孩子说不好,让孩子难堪,二是根本没有语言能力培养的意识,导致孩子成人了还不敢在生人面前说话或从不主动说话。即使到了大学阶段,家长也应鼓励孩子积极参加大学社团活动,鼓励孩子利用假期做社会调查、做家教等,这些活动不但能提高孩子的语言表达能力,而且有利于他们综合能力的提高。

（3）多与孩子进行朋友式的沟通,在平等友好的气氛中锻炼孩子的语言表达能力。在幼年和少年前期,孩子对父母的依恋较重,这时他们与父母无话不谈,显得十分亲热,但到了少年末期及青年期,由于独立意识增强,大多数孩子就不主动与父母交流了,有的甚至叛逆了,一听到父母说话就觉得"烦",这就是有些人认为的"代沟"。其实,这是父母对孩子的认识不够、尊重不够、理解不够,没有与孩子平等相处所造成的。父母处处以长辈的姿态居高临下,总是以家长式、命令式等方式要求孩子,容易导致孩子不愿与父母交流,这也是培养孩子语言能力的一大障碍,阻碍了孩子语言能力的继续发展。父母要充分认识孩子青少年时期的发育特点,与孩子建立起平等的朋友式关系,这样孩子才能与父母进行和平的沟通。只有通过交流、沟通,孩子才能提高语言表达能力。例如:利用周末,多与孩子谈谈社会、家庭、学习、生活,征询孩子的意见等,让孩子觉得父母是他的"好哥们儿""好姐妹",是值得信赖的好朋友。这样,聊天就会很顺利,既融洽了家长与孩子的关系,又锻炼了孩子的语言表达能力。

(三)语言表达能力培养中几个值得注意的问题

1.注意纠正孩子说话中的错误

在初学说话时,有的孩子d、g不分,h、f不分,将鸡公说成"鸡东",将外公说成"外东",将"路滑"说成"路发"。另外,孩子在2至3岁时容易发生口吃。家长要注意防止孩子口吃。如果孩子出现说话含糊不清的现象,家长要注意:不要把它当成笑话讥笑孩子,不要重复孩子的错误(这样会强化孩子的错误),更不可责备孩子。家长应告诉孩子正确的读音,孩子即使不能立马改正过来,只要不断受到正面引导,不久就会改正过来。如果孩子说话结巴,切忌厉声责备,甚至打骂,否则孩子受到刺激后着急,会更张不开口,说话更结巴。家长应该鼓励孩子慢慢讲,想清楚了再说,把话说清楚,或者换一种方式讲,改变自己的语言习惯。

2.应将训练孩子说话与训练孩子的思维结合起来

语言和思维是相互依存的,语言现象是一个完整的信息输入、处理和输出的过程。在"听"的过程中,语言仅仅是以声音的形式存在,并作为第一信号刺激并作用于人的听觉器官,它只是一种输入信号,其本身并无任何意义。在人们"听懂",即理解其中含义时,它才成为真正意义上的语言。"说"是人在思维的基础上,把自己想要表达的意思通过发声器官输出,同时不断调整自己的思维的过程。孩子在游戏过程中自言自语,就是孩子通过外部语言来思考的具体表现。家长在培养孩子语言能力的过程中,要边教孩子说话,边向孩子说明此话的含义,否则"鹦鹉学舌"似的训练,不但无法促进孩子思维的发展,时间久了还会使他产生厌学情绪。例如:教孩子喊"妈妈",就指着妈妈说:"宝宝,这是你妈妈,是生你、养你的,你最亲近的人。"又如指着电灯对孩子说:"宝宝,这是电灯,晚上会给我们带来光明。"这样,一边教孩子说话,一边启发孩子的思维。

3.既要培养孩子的语言表达能力,又要培养孩子认真倾听的习惯

培养孩子认真倾听的良好习惯,是提高孩子语言表达能力的基础,如果听都没有听清楚,那又怎么能清楚地表达出来呢?例如,给孩子讲故事,要求孩子听后说出故事的大概内容,如果孩子没有认真听,他是不可能复述出来的。那么,如何培养学龄前儿童良好的倾听习惯呢?开始可以选择一些故事性强、幽默有趣的故事讲给孩子听,随着时间的推移、知识的积累,可以选择文字性较强、情节丰富的故事。在听故事时,孩子往往满足于故事情节,常常听完就算了,这样是不能提高孩子语言表达能力的。家长在给孩子读故事前,应给孩子提出认真倾听、听后复述的要求;在读故事时,对一些新词、新句加以强调,并让孩子自己说几遍;在孩子复述前,有意识地引导孩子回忆故事主要情节,然后再让孩子复述。这样,不仅能让孩子懂得如何去倾听故事,而且还能真正发挥故事的教育作用,使孩子获得智力和情感上的满足,在不知不觉中学习故事中的生动语言。

4.在培养孩子口头表达能力时,应培养孩子的扩散性思维

儿童好奇心强,思维正处于极其活跃的阶段,因此培养孩子的扩散性思维就成了语言教育的重要部分。家长在教孩子说话时,应为孩子树立一个"要和别人说得不一样"的观念,培养孩子多方位思考问题的习惯。不论是一个词语,还是一句话,都应鼓励孩子说得不同。家长可经常选择富有想象力的、创造性的事物和问题来启发孩子的思维,激发孩子学习语言的兴趣,如:"天下雨了,你没带伞,该怎么办?""天上的白云像什么?"等。扩散性思维的培养又能促进孩子养成自觉留心观察周围事物的习惯,这就能为语言表达能力的提高提供好的素材。

语言表达能力的培养是一个漫长的、循序渐进的过程,轻视不得,急不得。希望家长们根据自己孩子语言发展的实际情况,努力培养孩子的语言表达能力。

四十三　如何培养孩子的创造力

创造力是根据一定的目的和任务,开展能动的思维活动,产生新认识,创造新事物的能力。例如创设新概念、创立新理论,创新新方法,创作新作品,更新技术、设备等。对个人来讲,创造力既是一种能力,又是一系列连续的复杂的高水平的心理活动,是一个人不断进取、获得成功、为社会做出贡献的必备条件;对国家和民族来讲,创造力是推动生产、促进科学和文学艺术创造发明的重要力量。一个国家、一个民族的创造力的高低关系到一个国家和民族的经济、文化乃至社会的发展速度和水平。从矮房到摩天大楼,从马车到宇宙飞船,这一切都离不开创造。爱因斯坦曾说,由没有个人独创性和个人志愿的统一规格的个人所组成的社会,将是一个没有发展可能的不幸的社会。管理大师德鲁克也说:对企业来讲,要么创新,要么死亡。从人类社会发展的历史看,人类社会就是一部不断发展、不断创新的历史。综上所述,创造力对人、对人类社会的发展至关重要。家长们,你们不是希望孩子将来有一番作为吗?那请记住,一定不要忽略对孩子创造力的培养。

(一)创造力培养方面的主要误区

1.对孩子实行灌输式教育

在孩子的成长过程中,很多家长经常把自己的经验和好恶灌输给孩子,对孩子严加管教,要求孩子按父母的思路成长,目的是"不想让孩子走弯路"。有这样想法的不在少数。

有专家指出,上一代把自己的人生经验传输给下一代,是人类的本能惯性。也许很多家长传递的经验本身是正确的,但由于家长对教育的本质缺乏正确认识和把握,传输的方法不科学,阻碍了孩子的主动性和创造力发展。

对孩子限制太多、管得太严,长期下去,孩子的思维处于一种僵化的境地,这就会逐渐扼杀孩子的创造力。像这样教育孩子的家庭,现实生活中不在少数。

2. 给孩子唯一的答案

孩子会说话以后,总有问不完的问题。其实,这是孩子的好奇心使然,也是孩子探索精神的表现。作为家长,如果能对这种好奇心加以正确的引导,对孩子创造力的培养是大有益处的。然而,由于家长知识的欠缺或者忙的缘故,要么不能正确地回答,要么搪塞过去,要么给予唯一的答案,很少带有启发性地回答孩子的问题。好奇就有疑问,有疑问就应得到正确的解答,在给孩子解答问题的过程中,如何引导孩子发挥想象就是一门学问了。假如,孩子看到天上的月亮问你"那是什么"。唯一的答案是"月亮"。但还可以问问孩子:"孩子,那是月亮,你想想,它挂在天空中,亮亮的,还像什么?"也许,孩子会说"像一面镜子""像灯""像船"……有想象就会觉得一切都有无数种可能,帮助和启发孩子寻找一个问题的不同解决方案,是点燃创造性思维的热情的必要道路。在家庭教育中,很多家长忽视了这个问题。

3. 用奖赏作为激励孩子的手段,不能激发孩子的创造力

在家庭教育中,许多家长都把奖赏作为激励孩子做事、学习、上进的一种手段,在教育过程中,给孩子适当的、具体的、不带许诺性的夸奖,有助于孩子自尊、自信的建立。但是,家长如果无原则地许诺或者用物质奖励的办法鼓励孩子,那么孩子会把做好某件事当成是完成家长交给自己的一项任务,目的是得到家长许诺的东西。这样孩子做事就没有原动力,更不会有创造力。如果他们能把某件事当成自己的事来做,他们会更有创意,也会更加享受其中的美妙过程。如,一个画家要完成一幅画,如果他不是为了完成任务或者为了赚钱,他会尽力发挥他的想象,他会把快乐融入整个绘画的过程中,这样,他的作品一定会更有创造力。

4.错爱让孩子缺乏创造性思维

放纵、娇惯、严厉控制等管教方式都是对孩子的错爱;这些错爱会影响孩子健全人格的形成,束缚孩子创造性思维的发展,限制其创造力的发挥。

5.让电脑、电视、手机充斥孩子的生活,阻碍了孩子创造性思维的发展

在高科技时代,有的家长认为让孩子玩高科技的产品,有助于孩子大脑的开发和智力的发展。也许,一些产品对孩子的大脑开发有一定帮助,但是由于孩子年龄小、控制力比较弱、鉴别力较弱,他们过早、过多接触这些东西,会"上瘾",忘记"主业",或者过早接触一些坏思想,学到一些坏习惯。另外,很多所谓的高科技产品,其程序是死的,表面上可以和孩子互动,当孩子回答对了问题就会发出"嘟嘟"的声音,但只能给孩子一样的答案、一样的声音,这会限制孩子想象力的发展。

(二)孩子创造力的培养

富有创造力的人具有好奇心强、求知欲强、思维流畅、善于变通而富有独创性、联想极其丰富等特点。家长应该根据这些特点,从以下方面着手培养孩子的创造力。

1.学前期让孩子好好地玩耍,让创造性思维从这里起步

人的创造力的发展开始于婴幼儿期(学前期),这也是创造力形成的关键期,因为此时形成的创造性思维习惯会影响人生发展的全过程。有研究结果表明:3至5岁是孩子创造性能力的高速发展时期,4岁时孩子的创造性思维测试得分最高,而5岁以后有逐渐下降的趋势。这是因为,在婴幼儿期,孩子在幼儿园或者家庭中的主要活动以玩耍为主,家长和老师很少约束孩子的玩耍活动,孩子有很多自由的空间去随意地玩、随意地想、随意地发挥。而这时家长和老师也不会对孩子的想法或行动进行过多的干预,孩子不会因为自己的胡思乱想而遭到别人的否定和指责,所以创造性思维发展得很好。如果有了幼儿时期的创造性思维基础,加上入学后学校以及家庭的培养,孩子的创造力能得到良好发展。

玩耍是幼儿的主要活动,在玩耍中,孩子的创造力日益提高,从单纯的模仿发展到创造,他们逐渐利用自己的创造性思维展开新的玩耍情节,创造性地扮演角色,创造性地制作玩耍道具等。所以,家长在这个时期除了考虑孩子的安全问题外,不但不要限制孩子玩,还应创设好的环境让孩子玩,使其创造性思维能得到发展。例如:孩子爱好手工制作,喜欢画画,他在制作手工或画画的过程中,一定会异想天开,不断地翻新花样。比如给纸飞机安个降落伞,给人画上两个翅膀,等等。所以,在孩子的学前期一定要让孩子快乐地玩耍。不过,家长应注意以下几个问题。

(1)正确引导孩子的好奇和好动。孩子与生俱来的好奇心促使他们一刻也停不下来,总是摸摸这儿、动动那儿,这时家长千万不要因为怕孩子弄乱了或弄坏了东西而粗暴地制止他们,应该鼓励孩子探索,同时对孩子提出的千奇百怪的问题给予正面的回答和解释。好奇、好动是幼童的天性所决定的,这是他们创造性思维发展的前提,家长在教育他们注意安全的同时,应鼓励他们多动脑,多动手,大胆地玩、大胆地开展游戏,使孩子会玩、善玩、敢玩,让孩子的创造性思维在玩耍中得到发展。

(2)不要以学习为由,占用孩子玩耍的时间和空间。现在的不少家长,以不让孩子输在起跑线上为由,在孩子不到3岁时就给孩子找好幼儿园,让孩子学舞蹈、学钢琴、学绘画,回到家里识数、背诗歌,看有助于智力开发的书画等。由于孩子玩的时间被大量占用,捕捉蝴蝶,玩木头、石块、布娃娃,或与父母打闹等活动都没有了。孩子的童年应是玩的童年,是快乐的童年。孩子过早地接受知识的灌输,还没进入正式的学习,就已经对学习产生了厌倦,有不少孩子一开始就不愿去上学,入学后学习成绩每况愈下,我想很大的原因就是孩子丧失了对学习的兴趣。

(3)不要以"忙"为由,以"智力开发"为由,让手机、电脑或电视等占据孩子的生活。孩子过早地接触手机、电脑、电视等,不但不能提高孩子的智力,反会使孩子变得思维僵化(前面已有分析)。作为新时代家长,应该放下望子成龙的迫切心,让孩子回归自然,让他们有大量的时间去玩泥巴、捉虫子、在院子里奔跑、在海滩上嬉戏,做他们自己喜欢做的事情。在自由玩耍中,不但四肢的灵巧性得到了锻炼,而且因四肢运动与大脑思维之间的生理联系,大脑中最富创造性的区域也得到了开发。

(4)家长在带领孩子玩耍的过程中,要善于发现孩子的创造能力,并给予及时的鼓励、引导,使孩子的创造性思维(创造能力)得以不断发展。孩子的特殊才能很多是在玩中表现出来的。

> 16世纪末,荷兰的一位眼镜商有一个聪明好动的孩子,很顽皮。这个孩子经常到磨镜房玩耍。一天,他和磨镜片的工人一起玩镜片,把近视镜镜片和老花镜镜片放在一起,想看看镜片的变化。他一会儿拉开一点儿距离,一会儿又放近一点儿。当他一前一后举起镜片向前望时,不由得惊奇地大叫起来。原来,透过两层镜片,远处的景物被拉在近前了。眼镜商从儿子的玩耍中发现了镜片的奥妙,望远镜就这样被发明了出来。

其实,在玩的过程中我们能发现孩子的一些特殊兴趣,如果能够因势利导地培养、强化这种兴趣,就可能培养出孩子特殊的才能,使孩子在某些方面有所突破,做出特殊的贡献。

(5)在玩的过程中,不要轻易打扰孩子。孩子要具有创造力,首先必须有专注的思维力,就是我们平时说的注意力。那么,孩子的注意力来自何处?其实它来自孩子的兴趣,来自后天的培养。家长们在与孩子玩耍的过程中可以发现,幼儿对什么都好奇,做什么都比较专注,比如孩子最初学习用调羹进食,尽管开始不能顺利地把调羹放到嘴里,但孩子会毫不气馁地反复试。在这个过程中,孩子是很专注的。又如孩子在玩玩具的过程中,发现玩具上的一个小洞时,他会用手指专注地抠,总想探索里面的东西。这类专注的例子有很多,但由于成人不断干扰,孩子的专注力逐渐被破坏了。很多成人都没注意到这个问题,往往在孩子集中精力做某件事时,一会儿给孩子说这个,一会儿教孩子那个,这会"好心办了坏事"。现实生活中,很多孩子干什么事精力都不集中,父母为此大伤脑筋。其实,除患多动症外,大部分孩子在最开始精力是比较集中的。建议家长们在孩子吃饭、学习、工作(玩)时,一定不要轻易打扰孩子,如果要告诉孩子什么,就等事后再说。

(6)不娇惯、压制孩子,不要给孩子太多的限制。对孩子管得过严,孩子必然世面见得少,接触面不广,思维必然受到限制。这样成长起来的孩子,循规蹈矩,胆小怕事,做事总难突破常规思维。被娇惯的孩子一般依赖性强,动手、动脑能力差,生活自理能力差,并且懒惰、自私、自负;被压制的孩子一般感情压抑,情绪低落,其思维是放不开的。试想,这样的孩子能有创造力吗?

提倡让孩子玩,是希望孩子在玩的过程中,培养起动手、动脑的习惯,活跃思维,养成活泼开朗的性格,这样才有利于他们创造力的发挥。

好玩是孩子的天性,不让孩子玩,等于在泯灭他们的天性,扼杀他们的灵性,同时也让孩子失去了创造的驱动力,一切创造发明也就无从谈起。

2.培养孩子动手、动脑的习惯

具有创造力的人,首先应有一个敏捷的头脑,其次是勇于实践的习惯。所以,家长要教育、引导孩子养成动脑、动手的习惯。

(1)教孩子做力所能及的家务。在做事之前,告诉孩子,不管事情做得对与错,多问几个为什么,这样孩子慢慢就会变得爱动脑、爱动手。

(2)多与孩子玩游戏,让他们养成动脑、动手的习惯。玩游戏(并非电子游戏)的过程能充分调动孩子的触觉、视觉、听觉等感觉器官,长期下来,能充分开发孩子的大脑。幼儿时期正是大脑开发的黄金时期,家长如果能抓住这个时期对孩子的大脑进行针对性的训练,将有利于孩子创造力的开发。目前,对幼儿进行多维度专项训练,激发其无限潜能的游戏书(绘本等)有很多,从语言、逻辑思维、记忆、图形、空间、规律、创意等方面设计训练,通过轻松好玩的游戏促进孩子大脑的开发。家长们如果有心,在陪伴孩子的过程中随时都可以训练孩子,达到开发孩子创造力的目的。例如在陪孩子玩耍的过程中,可以随时教孩子做手操,其中之一是:把右手大拇指和食指伸直,其余三指握拢,做成手枪状,"开枪"打左手;同时,左手大拇指贴近手心,其余四指伸直;左右手动作互换,交替进行。开发大脑的方式方法很多,如脑筋急转弯、猜谜语、一题多解等。

3.培养孩子敢于质疑的精神

质疑精神,就是怀疑的精神。要不满足于已有的答案和现状,向已有的答案和现状提出质疑,如孩子质疑成人说的话、质疑课本、质疑权威等。这种精神是开启创新之门的钥匙,可以说离开质疑就没有创新。对这种精神的培育恰恰是如今的家庭教育和学校教育比较缺乏的。按照家庭教育的传统习惯,父母倾向于教孩子听话,做一个听话的好孩子。如果孩子不听话,处处提出为什么,并为之争论不休,家长就会认为他"犟"。其实这恰恰是孩子创新思维的表现,引导得好,孩子将来多会有所成就。然而,在应试教育和功利教育的影响下,有几个家长还有创造力培养意识呢？家长、教师整天围着孩子转,想尽办法让孩子多考点儿分,进入一所好大学,最后能找一份好工作。这样培养出来的大学生、研究生有几人在创造性方面做出了成就呢？现在大家炫耀的是毕业后一年挣多少钱,而不是有多少创新发明。这实在是让人痛心。

其实,培养孩子的质疑精神,并不影响孩子的学习成绩。从个人发展的角度讲:第一,这有利于培养孩子的学习能力,因为孩子在质疑的过程中,能逐渐学会并掌握科学的学习方法,提高学习能力;第二,这有利于培养孩子的思维能力,因为质疑精神能促使孩子经常去发现问题和提出问题,而问题一旦产生,孩子就会为解决问题而积极思考;第三,这有利于培养孩子的创造力,因为孩子在积极思考、质疑和解疑的过程中,已突破了思维的惰性,发展了求异思维和创新思维,为培养创造力奠定了基础;第四,这有利于孩子以后的工作和生活,因为在生活和工作中不断质疑的人,会发现和思考工作和生活中存在的问题与不足,会想办法改变现状,成为更好的人。

从国家和民族的角度讲,质疑精神与民族的创新能力息息相关,与人类文明进步的步伐息息相关。质疑是创新的第一步,没有质疑就没有创新,没有创新就没有民族的兴旺、国家的强盛。肖川教授在他的名作《教育的理想与信念》中说:如果一定要说什么素质最为重要,那我只能说这样的素质:批判性的思考力、创新的能力、开拓新生活的能力、选择与合作的能力。在他所说的人最重要的四种素质中,排在第一位的是"批判性的思考力",也就是人的质疑精神。他还说:用心呵护和极力弘扬批判性的思考力是教育情境中的灵魂。可见,培养孩子的质疑精神是一件大事,是一件极有意义的事情。家长应从以下几个方面进行培养。

(1)正确对待孩子的"为什么"。孩子天生好奇,遇到什么都爱问是什么、为什么,这是孩子对世界的探索,是爱质疑的一种表现。作为家长,应支持、保护孩子这种勇于问"为什么"的习惯。首先,家长应为孩子有这种习惯而感到高兴,应引导孩子将这种习惯保持下去;其次,对孩子提出的一系列"为什么",家长如果能比较准确地回答,一定要为孩子解疑,如果不能及时回答,要客观地对孩子说:"妈妈(爸爸)也不清楚,等我搞清楚后再回答你。"

如果不便回答,要比较委婉地告诉孩子这是什么现象,并鼓励孩子长大后自己探索。千万不能对孩子表示出不耐烦:"你哪里来那么多为什么,真烦!"如果这样,孩子敢于质疑的好品质可能就被你扼杀在摇篮里了。

(2)鼓励孩子质疑。读书后,随着书本知识和社会知识的增加,孩子对已知领域和未知领域的疑问越来越多。但是,固有的一些习惯又限制了他们的质疑。传统教育习惯要求孩子"做听话的好孩子、好学生"。其实,这种"听话"的要求扼杀了孩子的创造力。作为新时代的家长,我们在教育孩子做到尊敬长辈和老师的同时,也应引导他们"不盲从迷信"。应告诉孩子:"金无足赤,人无完人。"任何东西都可能有正确的一面和不正确的一面。对别人说的、做的,书上写的,要敢于怀疑,善于解疑。家长对孩子的质疑精神应给予肯定和支持。

孩子读书后,所接受的知识似乎都是完全下了定论的。如果培养的孩子都死记硬背前人结论,那还如何发展?文明如何推进?如果牛顿没有质疑毕达哥拉斯定理,物理学又怎会上一个台阶;如果哥白尼没有质疑"地心说",又怎么会有后来天文学的突飞猛进。所以,我们要教育孩子相信科学、尊重权威,也要教育孩子不要迷信科学、迷信权威,教育孩子不但要学会听讲,更要学会用大脑去分析和思考,敢于提出自己不同的想法。

"学问",要求多学多问,问就是发现问题。发现了问题却把它搁置起来不去解决,就等于没有发现问题;发现了问题想办法加以解决,这就是学习和探索的过程。所以,发现问题,通过探索,解决问题,这样学问才不断加深,这一过程的关键就是探索。人们将知识比作海洋,说明知识是无止境的。一个人知识再多也有不知道的地方,而质疑就是探索知识的一种途径。基于这点,巴尔扎克认为,打开一切科学的钥匙都毫无疑问是问号,而生活的智慧,大概就在于逢事都问个为什么。

善于质疑、敢于质疑,这是好事,但应注意以下两个方面的问题。

第一,敢于质疑不是胡乱怀疑,更不是怀疑一切。要在尊重科学的基础上提出疑问;质疑不能脱离被质疑对象的实际,也就是不能毫无关联地质疑,不能毫无根据地怀疑。

第二,要正确引导孩子。孩子具有质疑精神,对此我们不但不能打击孩子,还应把孩子往探索、创新的路上引。

在一堂美术课上,一名教师教学生们画苹果。教师刚画好苹果,一名学生就提出:"老师,你为什么不把苹果画成方形的呢?"这位教师微笑着问:"你准备画方形的苹果吗?"学生回答说:"是的,因为我在家里看见妈妈不小心把苹果碰到地上摔坏了。我想,苹果是方形的该多好呀!"教师鼓励说:"你真会动脑筋,祝你早日培育出方形苹果。"

学生把苹果画成方形,显然脱离了生活实际。而这位教师却循循善诱,引导学生说出画方形苹果的原因,并且鼓励学生"早日培育出方形苹果",这不但没有打击孩子质疑的精神,而且巧妙地把孩子引向了探索之路。

4.鼓励孩子在生活实践中大胆想象、大胆实践

有些家长和教师对创造力的认识一向受到"非凡论"的影响,将创造力与科学技术的重大突破和发明联系起来,认为创造力是少数天才人物的专长,是特殊能力的表现。例如,哥白尼发现日地运转规律,创立日心说;巴斯德发明狂犬病疫苗;达尔文发现生物进化规律,创立进化论;等等。有的家长认为只有像哥白尼、达尔文这样的天才才能算得上具有创造力,而我们大多数都是一般的人,没有这样的天才头脑。如果这样看创造力,我们普通人这辈子确实很难有所创造,因为我们几乎不可能达到牛顿、爱迪生、爱因斯坦这些人的水准。在这个问题上,香港城市大学岳晓东教授说得很实在。他说,其实,创造力是多元化的、生活化的,在生活中无处不在。我们应该将创造力与日常生活的革新结合起来,把创造力当作是人人与生俱来的能力,需要不断加以开发和利用。他还举了一个生活中的实例:"每年春节前后,香港的中餐馆都会上一道菜,叫作'金银满地'。它其实就是炒鸡蛋,其中蛋黄为金,蛋白为银,图个吉利,突出表现了生活创造力!"在现实生活中,针对日常生活的创造发明是举不胜举的。所以,家长在培养孩子创造力时,要打破创造力"非凡论",以一颗"平凡心"看待创造力,这样才能让孩子大胆去想象,大胆去创造。

5.聚合思维与发散思维培养相结合

心理学中,聚合思维以逻辑思维为基础,十分强调事物之间的相互关系,试图形成理解外界事物的种种模式,追求问题解决的唯一正确答案;而发散思维则以形象思维为基础,不强调事物之间的相互关系,也不追求问题

解决的唯一正确答案,它试图从不同角度思考同一问题,提出不同的答案。换言之,聚合思维就是逻辑思维,就是演绎、归纳思维,而发散思维就是想象力,就是形象思维。例如,在聚合思维中,1加1只能等于2;但在发散思维中,1加1可以有各种答案,如等于3(如夫妻结婚生子),等于1(两个人齐心协力,拧成一股绳),等于0(两个人闹矛盾,互相拆台)。而在汉语中,它还可以等于二、十、王等,凡此种种都是发散思维或想象力的表现。在思维能力的培养过程中,聚合思维和发散思维不可偏废,单单发展聚合思维,就只有知识而不能灵活运用知识,缺少创造性;如果没有知识作为基础,发散思维又成了无源之水。所以,家长要教育和引导孩子既要重视知识的学习,又要根据已学知识进行大胆想象、大胆实践。这样,才能做到聚合思维与发散思维同步发展,做到既有知识基础,又有创新能力。

6.培养直觉思维能力

所谓直觉思维是指不经过一步一步分析而突如其来的领悟或理解。很多心理学家认为它是创造性思维活跃的一种表现,在创造发明的过程中具有重要的地位。直觉思维在学习过程中,有时表现为提出怪问题,有时表现为大胆的猜想,有时表现为一种应急性的回答,有时表现为设想出多种新奇的方法、方案,等等。

直觉思维是在逻辑思维的基础上发展起来的,是在大脑收集、储存大量知识、经验并对其进行概括的基础上的瞬间反应。所以,直觉思维在人进入青年期以后出现得比较多,因为这和人的知识经验有很大关系。这种直觉在幼童时代是很少产生的,因为幼童的知识和经验不够。到了青年期,孩子由于知识不断积累、经验不断丰富、感觉又敏锐、记忆力又好、想象极其活跃,在学习和工作中,在发现和解决问题时,可能会出现突如其来的新想法、新观念。为此,家长要在孩子小时候就经常促使孩子进行直觉思维,如根据家人近几天在家的表情,问孩子的直觉是什么。当然,刚开始时孩子的直觉和实际会有出入,但是不要紧,重要的是让孩子逐步具有直觉思维。另外,直觉思维是一瞬间产生的,容易被忽视,也容易被遗忘,要帮助孩子及时捕捉这种瞬间思维,譬如:不管在做什么,哪怕是在床上睡觉,也要及时把它记录下来。要让孩子根据自己的知识和经验,经常开发大脑这个思维机器,发展直觉思维。

7. 让孩子敢于幻想

心理学家认为,人脑有四个功能部位:一是接受外部世界感觉的感受区;二是将这些感觉收集整理起来的贮存区;三是评价收到的新信息的判断区;四是按新的方式将旧信息结合起来的想象区。只善于运用贮存区和判断区的功能,而不善于运用想象区功能的人就不善于创新。据心理学家研究,一般人只用了想象区15%的功能,其余有待开发,所以培养孩子的幻想能力大有可为。想象力是人类运用储存在大脑中的信息进行综合分析、推断和设想的思维能力。在思维过程中,如果没有想象的参与,思考就会发生困难。特别是创造想象,它是由思维调节的。爱因斯坦说过:想象力比知识更重要,因为知识是有限的,而想象力概括着世界的一切,推动着进步,并且是知识进化的源泉。世界上第一架飞机的发明,就是从人们幻想造出飞鸟的翅膀而开始的。幻想不仅能引导我们发现新的事物,还能促使我们做出新的努力和探索,去进行创造性劳动。青年人爱幻想,进入青年期后的孩子要珍惜自己的这一宝贵财富。幻想是构成创造性想象的准备阶段,今天你幻想中的东西,明天就可能出现在你创造性的构思中。心理学研究表明,开发孩子大脑的想象区大有可为。家长在同孩子一起生活和玩耍时,要允许孩子异想天开,要合理引发孩子大胆新奇的想法,不胡乱指责,不给孩子扣胡思乱想的帽子。最重要的是家长要有一颗"童心",对一个问题,要诱导孩子多角度思考,寻找多种答案。例如父母可引导孩子说出"砖头有多少种用途",答案越多越好:造房子、砌院墙、铺路、刹住停在斜坡的车辆、压东西、垫东西、当锤子用、搏斗的武器……其实生活中的每一件事物,都可以用来启发孩子的多角度思维,这就是创新性思维的训练。

8. 培养思维的流畅性、灵活性和独创性

流畅性、灵活性和独创性是创造力的三个因素。流畅性是指面对刺激能很流畅地做出反应的能力;灵活性是指随机应变的能力;独创性是指对刺激做出不寻常的反应的能力。这三个因素是建立在广泛的知识的基础之上的。20世纪60年代,美国心理学家曾采用急骤的联想或暴风雨式的联想的方法来训练大学生们思维的流畅性。训练时,要求学生像夏天的暴风雨说来就来一样,迅速地抛出一些观念,不容迟疑,也不要考虑质量的好坏或数量的多少,评价在结束后进行。速度愈快表示愈流畅,讲得越多表示流畅性

越高。这种自由联想与迅速反应的训练,对思维,无论是质量,还是流畅性方面,都有很大的提升,可促进创造性思维的发展。家长在训练孩子思维的流畅性、灵活性时,要注意娱乐性和趣味性,例如训练孩子数青蛙的嘴、眼、腿。父(母)说:"一只青蛙。"孩子回答:"一张嘴。"父(母)说:"两只眼睛。"孩子接着说:"四条腿。"如此一人一句递加地数下去。在数时,应不假思索地快速接力,中间不能有停顿。类似的方法是很多的。经常同孩子玩这样的游戏,有利于孩子思维的发展。

　　孩子自身发展离不开创造力,国家和民族的发展需要创造力。不管从哪个角度讲,家长都有责任和义务把孩子培养成一个有知识、有文化、遵纪守法的创新型人才。

四十四 如何培养孩子的心理承受能力

随着社会变革的深入,生活节奏的加快,竞争的日益激烈,每个人都必然要承受一定的心理压力。比如:来自家庭的、社会的、自己的压力;来自生活的、工作的压力。面对压力,心理承受能力强者能勇敢面对,最终成就一番事业;心理承受能力弱者则会沮丧、失望,甚至是绝望。为什么面对同样的挫折和失败会出现不同的结果?除了知识、机遇以外,一个很重要的原因是心理素质问题。有句话说得好:在21世纪,知识很重要,比知识更重要的是素质,比素质更重要的是心理承受能力。我们的孩子能否适应未来发展,能否在日益激烈的竞争形势中立于不败之地,关键在于其心理承受能力。

(一)心理承受能力及其作用

从字面上讲,心理承受能力就是心灵承受事情的能力,从心理学角度讲,所谓心理承受能力是个体对逆境引起的心理压力和负性情绪的承受与调节的能力,主要是对逆境的适应力、容忍力、耐力、战胜力等。

读书也好,工作也罢,人都处在各式各样的压力之中。心理承受能力强者,能用各种方法缓解、消除压力,获得事业上的成功和健康的身心,快乐地生活;心理承受能力弱者,会产生各种心理障碍与心理疾病,很难适应社会,整天活在忧虑中。特别是青少年,面临来自学习、升学、就业、社会、家庭等方面的压力,他们心理承受能力的强弱,将直接影响他们健全人格的发展。

因学习压力大而逃学、辍学、出走的青少年有很多,情绪失控走极端的也常见诸报端。提高孩子的心理承受能力,使之适应社会环境,保持心理健康就显得极为重要。

(二)孩子心理压力形成的原因和基本特征

生活、学习和工作都会给人带来压力,这是谁也避免不了的。有压力,就需要承受,承受得住,就会把压力变为动力。但是,家长如果要缓解、消除孩子心中的压力,最起码要知道造成压力的原因,然后结合孩子的个性特点做好疏导工作。

1.原因

引起心理压力的原因是多种多样的,包括物理、心理和社会等多方面因素。平时那些尖锐的噪声、刺眼的亮光等物理刺激均会引起诸如烦躁、不安、焦虑等心理压力。同人类认识活动相联系的某些事件(如工作、学习)造成的失望、失败等则是引起心理压力的最重要的心理和社会原因。我们要研究的心理压力形成的原因主要是指这方面的因素。

在现实生活中,由生活事件引起的心理压力,其原因是多方面的,但学习和学业无疑是当代孩子最大的压力源,而压力的强弱在孩子的各年龄段有所不同。孩子都需要科学的方法和强大的心灵去适应和承受这些压力。

2.基本特征

(1)客观性。人生活在社会上,就会有压力,这是不以人的意志为转移的。只要你生活在这个世界上,不管你愿不愿意、喜不喜欢,不管你是什么身份,不管你是生活在偏远宁静的山村,还是生活在繁华喧闹的现代化都市,都摆脱不了心理压力。因为,生活中每个人都会遇到不如意、不顺心的事。

(2)阶段性。在我们每个人从童年到老年的整个人生历程中,无时不充满着心理压力。在不同的年龄阶段,人们会承受不同的心理压力。一般一个人在童年、老年阶段压力较小,青少年、成年阶段压力较大。

(3)渐进性和往复性。当我们遇到不顺心的事给自己造成了压力时,如果不加以释放和消除,心理压力就会像滚雪球一样越滚越大、越滚越沉,但如果我们能正确对待,并且通过一些行之有效的方法加以释放,那么心理压力就会逐渐减少,直到完全消除。压力的积累和消除都体现了渐进性。原有的压力消除后,新的压力又会接踵而至,又慢慢由积累到消除,循环往复。这个过程体现了往复性。

(三)心理承受能力差的主要表现形式

1.畏惧

畏惧,是指在心理压力面前,表现得极端软弱和害怕。例如,有的孩子学习成绩差,就害怕教师、家长、同学、朋友提及学习方面的问题,只要提及这方面的事,他就会有如临大敌之感,或心跳加剧,或无地自容,或发脾气,仿佛这类问题就是一只张开血盆大口的老虎,随时都有可能把他吞掉。

2.回避

回避,是指面对心理压力采取消极躲避的办法,以此来缓解心中的不安。经常回避压力的人,实质上是意志最薄弱、立场最不坚定的人。这种人,在人生的长河中不但不能给他人留下深刻的印象,反而可能遭到他人的唾弃。事实上,一个人不管采用什么样的方法回避压力,都不能解决根本问题,心理压力得不到释放。即使回避了某一个压力,新的压力也会随之而来。总之,人的心理压力是永远回避不了的。

3.焦虑

焦虑,是指把某个问题或某件事一直放在心里,反复地想,有"惶惶不可终日"的感觉。主要表现为烦躁不安、紧张恐惧、判断力降低;还伴随有生理反应,如胸闷、恶心、失眠等。焦虑会使人体自身免疫力下降,为病菌的侵入提供机会,如易患各种传染性疾病,甚至发生癌变。焦虑严重的人,精神萎靡不振,还可能患精神分裂症。

4.放任

放任就是以听之任之、消极避让的态度来对待压力。在行为上表现为:

玩世不恭,做出一些"出格"的举动,如酗酒、抽烟、打架等。放任的人,缺乏自信和拼搏精神,严重者,甚至会走向犯罪的深渊。比如,有些孩子对于自己学习成绩不好的问题,平时表现得无所谓,但只要有谁提及他的学习问题,他就会表现得极其难过,但过了又无所谓了。这样的孩子往往对学习问题尽量躲避,却热衷于不良交往或惹事、打架。

(四)培养孩子心理承受能力的主要途径

1.培养孩子健全的人格和健康的心理

所谓健全的人格就是自立、自强、自尊、自信和永不气馁、永不屈服、永不放弃的意志品质;所谓健康的心理,就是指一个人的心理状态处于和谐的状态。

(1)现代心理健康标准具体分为以下十个方面:

具有充分的适应力;

能充分地了解自己,并对自己的能力做出适当的评价;

生活的目标切合实际;

不脱离现实环境;

能保持人格的完整与和谐;

善于从经验中学习;

能保持良好的人际关系;

能适度地发泄自己的情绪和控制自己的情绪;

在不违背集体利益的前提下,能够有限度地发挥个性;

在不违背社会规范的前提下,能够恰当地满足个人的基本需求。

(2)健全的人格和健康的心理在生活中表现为:

在沉浮的生活中,过得坦然,不管苦与乐,不管得意或失意,都不动摇生活的信念;

能够适应生活中的变化,不怕困难,不怕挫折,把困难和挫折当成生活赋予自己的考验,坦然接受;

能积极开拓创新,把不断创新视为生活的必然要求;

既不满足于现状也不蛮干胡来;

对生活、对事业充满热情和信心,胸有大志而不想入非非,富于幻想而不忘实干；

有成绩不自满,有缺点不自卑自贱；

对长幼、同事充满爱心,家庭和睦,婚姻美满,同事关系融洽等。

任何事情都有两个方面:生活中有苦与乐,事业有成功与失败,学习有好与差等。成功当然使人快乐,但失败带给人的并不完全是痛苦,如果能从失败中找出教训、探索出成功的道路,又何尝不是快乐的事。家长教孩子做人,教孩子读书学习,首先就应注重培养孩子健全的人格和健康的心理。

2.培养孩子的弹性毅力

什么是弹性毅力呢？简单地讲就是心理承受能力的韧度。在自然界,我们经常会看到,一场飓风之后,有的大树被连根折断,有的树被刮得前俯后仰,事后却安然无恙,后者就是有韧劲和弹性。我们在生活、学习和工作中也需要这样的韧劲和弹性。这种韧劲和弹性体现在我们做任何事,都要对结果做好正反两方面的充分的估计,既不一厢情愿地把全部的希望都押在成功上,更不可期望值过高,要充分估计各种可能出现的最坏结果和自己可控制、可承受的范围。当然,这不等于我们被动地去接受失败的结果。敢于承认和面对挫折与失败,并把挫折和失败控制在最小的范围之内,或把不利因素转化成有利因素,正是智者的表现。当然,天下任何事情都不是一蹴而就的,对待挫折和失败要有一种不屈不挠的意志和永不服输的精神。爱迪生发明白炽灯泡,失败了一千多次,他没有气馁和失望,在面对别人的冷嘲热讽时,他说:"不,先生,我只证明了这一千多种材料不适合。"在他的心目中,只要试验下去总归能找到一种适合的材料,正是这种百折不挠的毅力使他获得了成功。

要培养孩子的弹性毅力,家长就不要整天围着孩子转,不要事事都为孩子担心。应让孩子从家庭生活的小圈子里走出去,从父母的羽翼下走出去,让他们在生活的实践中去尝试成功与失败,让他们在成功与失败中锻炼弹性毅力。

3.培养孩子的应激能力

世界上的很多事情,往往会出乎人们的预料,当现实超出预料时,人就处在高度应激的状态。在这种应激状态下,心理承受能力强者,能镇定自若地想办法应对;心理承受能力弱者面对突如其来的变化,则会惊慌失措。孩子在学习的过程中经常会遇到超出自己预料的困难和挫折,这就要求孩子具备较高的应激能力。家长从孩子小时候起就应注重培养孩子的应激能力,让孩子在生活、学习实践中加强应激能力训练。应激能力既包括我们编制计划时,制订各种预案和对策的能力,也包括对预案外的突发事件的快速反应和应对能力。俗话说计划赶不上变化,尽管我们在制订计划时考虑得很多也很周全,但总归有些事是我们不能完全预测到的,这就需要我们有一种随机应变能力。它既需要一种处变不惊、遇事不慌、镇定自若和举重若轻的气概,更需要一种求真务实、脚踏实地的作风。要提高自己的应激能力,挫折和失败恰恰给我们提供了最好的教材。所以,如能从失败的痛苦中,品尝出快乐来,并把它转化成有利因素,那才是上乘的思想境界。

什么是应激能力?又该如何进行培养呢?简单地讲应激能力就是随机应变能力,就是当人遇到某件事情的时候,大脑立即根据以往的经验和自我思维来处理这件事情的能力,属于下意识的反应。从它的概念来看,首先要有"以往的经验",才能快速做出反应。为此,家长应让孩子多参加实践,以此积累经验。首先,应从孩子的幼儿时期开始,凭家长的经验,培养孩子的应激能力,如提问并引导孩子:同爸爸妈妈一起进商场,不小心走丢了,该怎么办;在家睡觉,醒来后没有看见爸爸妈妈该怎么办;等等。其次,家长可模拟经验事件,有意识地让孩子经受实践的锻炼,以此培养孩子的机变能力和胆量。孩子读书后,这方面的锻炼机会就更多了。如上学路上陌生人递来食物怎么办?一人在家有陌生人敲门怎么办?考试中如果遇到没有做过的难题该怎么办?等等。最后,对孩子该放手时则放手,孩子自己的事让孩子自己做,因为只有实践才能锻炼孩子的机变能力。

4.培养孩子宽广的胸怀

一个人要有良好的心理承受能力,除了具备强大的心理素质、坚强的意志品质外,还要具有宽广的胸怀,其中也包含对科学文化的容纳。只有这样,待人才会更加宽厚,遇事才会更加明理,对工作、生活等各方面带来的心理压力,才能做到宽容大度。孩子从出生到成人后走入社会,难免会遇到不如意、不顺心的事,难免会遇到困难、遭受挫折和失败。如果孩子心中容不下事,什么事都斤斤计较,其学业、事业势必会受到影响,人际交往、生理和心理的健康也会受到影响。所以,家长应注意以下几个方面的培养。

(1)培养博爱之心。家长培养孩子的爱心,不仅要要求他们爱父母、爱家庭,还要要求他们爱他人、爱社会、爱大自然等。因为,一个人只有心中充满爱,才能具有宽广的胸怀。

(2)养成乐观豁达的性格。一个人在学习、生活、工作等中,难免遇到很多不顺心的事,如果每件事都往心里去,那一定会感到疲惫。但有很多事情又是难以回避,无法避免的。如果没有乐观豁达的性格就无法面对,就无法解决摆在面前的困难和问题。为此,家长应做到以下几个方面。

第一,家长以乐观的态度和开朗的性格对孩子产生潜移默化的影响;

第二,从孩子幼儿时期开始就要培养孩子乐观的性格,在陪伴孩子的过程中,家长要以开朗、干脆、果敢为要求培养孩子,让孩子做到该哭就哭,该笑就笑,想说就说……不打击孩子,不压抑孩子;

第三,支持孩子多和他人交往;

第四,不给孩子太多的学习压力,让孩子快乐地学习和生活;

第五,多让孩子参加集体活动和文娱活动;

第六,多带孩子到大自然中去陶冶情操;

第七,教育孩子不拘泥于小事,要大事讲原则、小事讲风格等。

5.坚定的目标意识教育

一个人有明确的目标和坚定的信念,就会有强大的心理承受能力。一个人有了明确的目标,并相信自己的目标一定能实现,那么即使有再大的压力,再大的困难,他也能承受,因为他相信一定有办法克服眼前的困难或解决问题。美国杰出的思想家史坦利说过这样一句话:"每一个问题都蕴含着解决的种子。"这句话强调了一个重要的事实,即每一个问题内部都自有解决的办法,我们身边的许多成功人士,他们之所以能获得成功,就是因为他们在各种压力面前有着坚定的信念,相信自己一定能够战胜压力、获得成功。

如果好好审视历史上那些成功的人物,就会发现他们都有一个共同的特点:目标明确,不轻易被困难所打败,不退却,不达成他们的理想、目标、心愿,就决不罢休。

有了目标,可以通过多种方式去努力实现,虽然会遇到很多困难,经历很多曲折,但只要坚定不移地追求所期望的目标,就一定能承受住来自各方面的压力,最终得到自己想要的。为此,家长应从孩子幼年时就开始树立他们的目标意识,并培养他们"不达目的决不罢休"的决心和勇气。

(1)在孩子学爬、学走时就应培养孩子的目标意识。孩子学爬、学走时,对爬或走都是非常有兴趣,非常执着的,这时家长应根据孩子的能力定出目标,鼓励孩子达到所定的目标。在孩子向目标爬、走的过程中,家长不要去干预,也不可因心疼孩子在途中就把他抱起来。如果发现孩子到达目标有困难,应鼓励孩子坚持爬、走到目的地。

(2)平时让孩子做游戏或帮家长做家务,应向孩子说明目标任务,让孩子养成做事前设定目标任务的习惯。

(3)孩子上学后,要协助孩子定出学习的目标。但应注意,目标要明确、贴合实际、易于操作,还要分长远目标和近期目标。目标定出后,要定期督促孩子检查目标任务的完成情况,对做得好的要及时表扬肯定,对做得差的,要鼓励孩子改正。

6.教给孩子科学的方法,增强他们的心理承受能力

压力是人在学习、生活和工作中不可避免的,也无法逃避的问题,特别是中学生,他们学习的压力特别大。家长不仅要主动给孩子减压,还应让孩子掌握一些缓解压力的方法,如藐视压力法、分散注意法、欣赏生活法等。

心理承受能力不是天生的,它与后天的培养和环境的影响关系紧密,家长们不要只注重孩子的学习,培养孩子对待生活的乐观态度和豁达的心胸也同样重要。

养育优秀孩子

教子之方
育孙之法

下

姚富霖 著

西南大学出版社

四十五 如何培养孩子的情绪调控能力

情绪调控能力是人的重要品质之一,这种能力能使人及时摆脱不良情绪,保持积极的心境。然而,人的情绪调控能力在各个年龄段是不同的。家长应根据孩子不同时期的情绪(情感)特点,做好针对性的教育,提高孩子的情绪调控能力。情绪调控能力主要表现在两方面:一方面是能对自己情绪中那部分对人对己可能产生不良影响的情绪冲动加以适当调控,如任性、执拗等;另一方面是积极的情绪调节,比如常常鼓励自己保持快乐、愉悦、积极向上的心境。总的来讲,要让孩子的情绪既有调控,又有宣泄,把情绪调控在一个与年龄相称的范围内,以促进孩子情感的健康发展。

(一)情绪与情感

关于情绪、情感,在科学界并无公认的定义。不同学科的专家对情绪、情感都有不同的看法和定义。

本书以下提出的定义主要是从心理学和生理学上进行界定与探讨的。

1.情绪

什么是情绪?在心理学上,情绪是指由外在的刺激或内在的身体状况,所引起的个体自觉之心理失衡状态,包括喜、怒、忧、思、悲、恐、惊这七种。

2.情感

情感是态度这一整体中的一部分,它与态度中的内向感受、意向具有协调一致性,是态度在生理上的一种较复杂而又稳定的评价和体验。情感包括道德感和价值感两个方面,具体表现为爱情、幸福、仇恨、厌恶、美感等等。

3.情绪与情感的区别

人们一直将情绪和情感作为一个统一的心理过程来讨论,但从产生的基础和特征表现上来看,二者有所区别。首先,情绪出现较早,多与人的生理性需要相联系;情感出现较晚,多与人的社会性需要相联系。婴儿一生下来,就有哭、笑等情绪表现,而且多与食物、水、温暖等生理性需要相关;情感是在幼儿时期,随着心智的成熟和社会认知的发展而产生的,多与求知、交往、艺术陶冶、人生追求等社会性需要有关。其次,情绪具有情境性和暂时性;情感则具有深刻性和稳定性。情绪常由身旁的事物引起,又常随着场合的改变和人、事的转换而变化。所以,有的人多变,喜怒无常。情感可以说是在多次情绪体验的基础上形成的稳定的态度体验,如对一个人的爱和尊敬,可能是一生不变的。因此,情感特征常被作为人的个性和道德品质评价的重要方面。情绪具有冲动性和明显的外部表现;情感则比较内敛。人在情绪左右下常常不能自控,高兴时手舞足蹈,郁闷时垂头丧气,愤怒时又暴跳如雷。情感更多的是内心的体验,深沉而且久远,不轻易流露出来。

4.情绪和情感的联系

情绪和情感虽然不尽相同,却是不可分割的。因此,人们时常把情绪和情感联系在一起。一般来说,情感是在多次情绪体验的基础上形成的,并通过情绪表现出来;反过来,情绪的表现和变化又受已形成的情感的制约。例如,当人从事一项工作的时候,总是体验到轻松、愉快,时间长了,就会对这份工作建立起深厚的感情。人们会因工作的出色完成而表现出欣喜的情绪,也会因为工作中的疏漏而表现出悲伤或不愉快的情绪。同样是完成了某项工作,如果对这项工作有情感,人们表现出来的是发自内心的愉悦情绪,没有情感则不能产生这种愉悦。由此可以说,情绪是情感的基础和外部表现,情感是情绪的深化和本质内容。所以,孩子的情绪调控能力培养是与孩子的情感培养紧密相连的。

(二)情绪对孩子的影响

情绪分积极情绪和消极情绪。积极情绪的主要表现为热情大方,情感丰富,乐观向上,有希望,有信心,等等。消极情绪主要表现为消极自卑,怨恨,恐惧,嫉妒心强,动不动就生气,动不动就发怒,有时还迷信、贪婪,等等。以上两种情绪不能同时主导人的意识,必有一种处于支配地位。两种情绪都将影响孩子的学习和身心健康。

1.情绪对智力的影响

积极乐观的情绪有助于智力的发展,消极悲观的情绪会抑制智力水平的提高。科学研究表明,情绪积极、乐观的儿童的智力水平要比情绪悲观、忧郁的儿童的智力水平高。在学习中,应该保持一种积极的情绪,做到"快乐学习",这样会提高学习效果。在教学中,我们不难发现,学习成绩优异者或有发展前途者十有八九都是活泼开朗者,那些一天到晚都忧心忡忡、郁郁寡欢者最终很可能会"名落孙山"或以后的工作也平平淡淡。

2.情绪对健康的影响

具有积极情绪的人性格开朗,活泼有朝气,对自己有信心,精力充沛,因此抵抗力强,一般小病难以侵入;具有消极情绪的人由于性格低沉,常常郁郁寡欢,体力与精力低下,常感到劳累,抵抗能力差,而这最终会对健康造成影响。

3.情绪对理智的影响

情绪犹如双刃剑。一方面,情绪高涨可以充实人的体力和精力,提高个人的活动效率和能力,促使人健康成长。另一方面,情绪低落也会使人感到难受,抑制人的活动能力。再者,消极情绪还会降低人的自控能力,特别是在外力的作用下,人可能会失去理智,做出一些令自己后悔甚至违法的事。

(三)孩子各年龄段的情绪特点及情绪调控能力的培养

情绪调控能力作为孩子社会性发展的重要内容,并不一定随孩子年龄的增长而提高，其发展更多是受教育和环境的影响。情绪调控是一种必须通过学习才能掌握的知识和技术，而它的学习又不同于认知教育，它更多地强调感受、感知、体验、理解和反应，在教育过程中更多地强调情感经验的积累。所以，从教育途径上，应更多地考虑周围情境的氛围以及教育方式的自然性。

家庭是以骨肉亲情为纽带的特殊社会组成形式。家长与孩子之间有着特殊的情感关系，家庭是孩子的第一所学校，也是人生情感习得的启蒙学校，是人类情感最美好、最丰富的资源所在地。从个体情感发生上来看，儿童情感起源于家长的抚爱和家庭温馨氛围的熏陶，良好的家庭情感氛围是孩子形成初步的情绪调控能力的重要条件。一般来说，孩子在家庭中，尤其在家长面前更容易表达其情绪和情感，不论愉悦还是忧伤，高兴还是愁闷，随时随地都会表现出来，在幼年、童年阶段表现得尤为突出。这说明在某种程度上，孩子在家庭中的情绪是不受抑制的，是自由奔放的，原因就在于特殊的家庭情感氛围。家长与孩子之间的血缘亲情使他们之间有较高的亲和力，孩子的情绪表达（主要指不良情绪）一般不会招致惩罚或其他严重后果。而在社会氛围中其情感表达会受到一定程度的抑制，无端地发泄情绪容易受到惩罚或得到不好的评价，譬如教师的批评等。而且，孩子在与他人交往的过程中免不了会产生一些消极情绪，有时又因惧怕惩罚而控制着，往往把积压的情绪带回家里，向家长发泄，从而使他的情绪达到某种微妙的平衡。人们经常会遇到这样一种情况，即孩子常因一些琐碎的小事而跟家长怄气、大哭大闹，恐怕也有这方面的原因。正是因为如此，我们应充分发挥家庭在孩子情绪调控能力形成中的特殊作用，创设良好的家庭情感氛围，让孩子在潜移默化的实践和自然感受的体验中形成初步的情绪调控能力。

1.各年龄段通用的情绪调控能力培养手段

（1）营造宽松和谐的家庭情感氛围，是帮助孩子形成情绪调控能力的重要保证。家庭是以血缘关系为纽带联系起来的情感共同体，每个家庭都有其特定的情感氛围，表现为家庭内部的一种稳定的、典型的、占优势的情绪状态。家长是家庭情感氛围的重要主体和创造者，在营造氛围的过程中，必须处理好家人之间的关系。家里长幼之间要相互友爱、和睦相处。这不仅能使孩子生活在温馨的家庭氛围中，得到关心爱护，获得爱和尊重的体验，从而心情愉快,产生主动向上的积极情感,还能为孩子处理消极情绪提供榜样,对孩子学习情绪、理解情绪和处理情绪产生潜移默化的影响,这是培养孩子初步的情绪调控能力的前提。如果长幼之间经常争吵、关系紧张,孩子极易产生焦虑不安、自卑、恐惧等不良情绪,这不仅不利于孩子形成初步的情绪调控能力,久而久之还会影响到孩子的心理健康。

家庭情感氛围的一个组成部分是亲子关系,即父母与子女之间的关系。亲子关系是孩子接触到的第一种人际关系。亲子关系不和谐可能会给孩子的学习情绪带来意想不到的困难,甚至会导致孩子长大成人后情绪调控能力低下。在一些家庭中,亲子关系具有明显的不平等性,父母处于主导地位,子女处于次要地位,两方属于支配与被支配的关系,这不利于和谐的亲子关系的建立。现实生活中,亲子关系的不和谐主要表现为父爱、母爱的扭曲。一是对孩子溺爱,二是粗暴之爱,这两种爱都会让孩子产生负面情绪。当子女有了负面情绪需要宣泄时,父母又用强制的手段去控制、阻碍子女的情绪表达和宣泄,而且父母的不良情绪还会感染子女。在家庭中,父母应设法跳出亲子关系中因父母与子女的地位的不平等性而产生的权力陷阱,应认清孩子情绪产生背后的真正原因,以理智的方式博取子女的信任,成功地开启亲子沟通的大门。

正常的父母之爱应该是一种理解、尊重、理智之爱。孩子是自己情绪情感的主人,父母要理解和尊重孩子的情感需要和情感体验,父母和子女之间需要的是情感的交流、沟通,而不是情感的"统治"。当家长知道孩子因负面情绪哭闹、使气时,应控制和管理好自己的情绪,对孩子的哭闹行为要充分尊重和理解,这样才能安抚孩子的情绪。如果以暴躁、武断、独裁、威胁或惩罚的方式对待孩子的哭闹,不但压抑了孩子的情绪表达,而且向孩子传递了负面情绪。孩子的情绪没有发泄出来,抑郁纠结,逐渐积累,这样下去是危险的。

(2)不要给孩子学习压力,让孩子快乐地学习和生活。现在很多孩子从童年到青年生活得并不快乐,究其原因,主要是社会和家庭的"功利化"教育给孩子带来了学习上的压力和思想上的压力,让孩子产生厌学等情绪。

孩子来到这个世界上,对这个全新的世界感到新奇,对自己感兴趣的东西展现出了非凡的好奇心。他们为了探索未知的领域而由爬到站起来,为了更快获得自己想要的东西而开始行走。在这段时期,孩子的学习之路充满了好奇心和快乐。幼儿时期,他们对于自己想要的东西表现出很强的好奇心,越是够不着越想去拿,当拿到这个东西时,他们表现得特别高兴,因为,满足这种好奇心就会带来快乐。幼儿时期的孩子在学习速度上是惊人的,人们常用"一天一个样"来形容,原因正是他们在做着自己喜欢的事情。这种充满好奇心和快乐的学习,可以说,使得孩子从进入幼儿园开始就发生了改变。孩子从父母和老师那里获得了学习的目的就是获得好成绩的观念,在心中种下了好成绩是未来幸福生活的保证的观念。此时学习对于孩子来说,并不意味着快乐,而是为了获得"成功"而不得不履行的义务。于是,孩子有了"怕学不好"的忧虑,有了"怕辜负父母"的担心,有了"怕将来成不了才"的焦虑。有了这些担心和忧虑的包袱,孩子怎么快乐得起来呢?

最开始,新的知识总能给孩子带来无限的欣喜。然而,随着年龄的增长、知识的不断获取和知识领域的扩大,孩子有了学习的压力、人际交往的压力等诸多压力,这使孩子不时地经历情绪、情感上的困扰,受到孤独、失望、忧郁、焦虑、愤怒、嫉妒等不良情绪的侵袭。这些不良情绪对孩子的学习、生活等难免产生影响。虽然这是成长过程中避免不了的,但若不及时调整,这些不良情绪将会变成严重的情绪障碍,从而阻碍个体身心的健全发展。为了孩子能正确面对来自各方面的压力,有一个健康的身心,能成为"自己情绪的掌控人",家长应从以下几个方面去培养孩子的情绪调控能力。第一,从孩子幼儿时期就开始培养他们乐观的心态、豁达的心胸、干练的办事作风等。第二,不要唠唠叨叨地把孩子的学习时时挂在嘴上。第三,不要轻易给孩子增加学习负担,如给孩子规定考试分数和名次等。第四,发现孩子的兴趣爱好,尊重孩子的兴趣爱好,培养孩子的兴趣爱好。

(3)让孩子加强身体锻炼,保持健康的体魄。身体是革命的本钱,没有一个健康的身体,一切都是空谈。健康的体魄可以使孩子充满青春的活力,增强孩子情绪的稳定性,所以家长应要求孩子养成爱锻炼的习惯。家长可以从幼儿时期开始培养孩子爱锻炼的习惯和有规律的生活习惯;在孩子读小学后,结合体育课的要求,让孩子在锻炼的基础上,完成体育学习任务;在孩子进入青年期后,根据孩子的年龄特点,合理安排孩子的学习时间和锻炼时间,孩子的饮食营养搭配要合理。

(4)创造条件和机会让孩子与同伴、朋友交往和游戏,在实践中增强其情绪体验。孩子在成长过程中需要与他人交往,如果长时间独处,会产生不可名状的孤独感。渴望交流又得不到交流的状况可能导致慢性的情绪压抑,交往不顺或交往受阻可能导致孩子忧虑和抑郁。这些都需要家长的疏导。积极与他人交往不仅可以愉悦孩子的身心,也能为孩子提供实践情绪调控的机会。朋友、同伴是孩子最有效的榜样,这种榜样对孩子有较强的吸引力和感染力,也易于孩子接受和模仿。另外,孩子的情绪调控能力可以在与朋友、同伴的交往中得到提高,因为他们的不良情绪可能导致他们失去朋友和同伴,所以他们会主动改变自己的不良情绪去适应群体生活。尽管在交往中孩子们之间难免会发生一些小冲突,但正是这些"小冲突"可以让孩子学会如何与别人协调、如何抑制自己不合理的欲望、如何处理同伴关系、如何调控自己的情绪等。喜爱游戏是孩子的天性,家长应鼓励孩子到群体中去开展游戏和活动,但必须强调一点,这个游戏并非电子游戏。群体之间的交往活动以及游戏,其趣味性能使孩子感到愉快,能让孩子学习控制情绪和遵守规则,因为在游戏中,他们会心甘情愿地服从角色分配,服从规则要求,约束自己的行为,控制自己的情绪。如果不这样,孩子就会遭到排斥,失去参与活动的机会,这有助于孩子逐步形成情绪控制机制。另外,游戏本身就是孩子缓和紧张情绪、宣泄消极情绪的有效方式,在游戏中孩子会借助动作、语言等体验积极情绪,发泄消极情绪,在内心产生一种满足和快乐的感受。

(5)逐步培养孩子的社会责任感、道德感,以促进其情绪的健康发展。责任感、道德感都属于道德的范畴,对孩子形成积极情绪和克服消极情绪都很重要,家长应从孩子幼儿、少年时期开始培养;在孩子进入青年期后,在培养孩子责任意识的基础上,应逐步从道德意识的培养上升到精神品质的培养上来。通过培养,让孩子具有责任感,并使之成为孩子的优秀品质。譬如关于学习的问题,从责任的角度讲,学习是孩子自己的事,既然如此,孩子自己就有责任把学习搞好。如果把这种责任上升到精神层面,孩子就能自觉地约束自己的不良行为,就会积极主动地完成学习任务。家长的责任就是要在培养孩子责任意识的基础上继续培养他们负责任的精神。又譬如,有人告诉孩子,说某某同学经常说他的坏话,叫孩子去打某某同学。有责任精神的孩子听了后,可能就会理智地分析情况,从道德感角度考虑:这件事情是不是真的?这件事即使是真的,有必要打人家一顿吗?即使打他一顿,又能解决问题吗?万一打出了问题,要承担责任,这么做岂不是得不偿失?这样做理智吗？道德吗？试想,孩子如果遇事能这样仔细分析考虑,他做事还会冲动吗？他的情感、情绪还不能健康发展吗？家长要通过生活中的实例从道德角度培养孩子的情感,让孩子遇事从道德感、责任感等角度去思考和处理问题。

2.各年龄段主要的情绪特点和情绪调控能力的培养

孩子各个年龄段都有其独特的情绪特点,家长只有根据不同的情绪特点展开教育工作,才能达到预期的效果。

(1)幼儿情绪的主要特点和情绪调控能力的培养。

①幼儿期是情感教育的黄金期,帮助幼儿形成初步的情绪调控能力是幼儿情感教育的目标之一,也是幼儿情感教育的重要内容。总的来讲,幼儿的情绪调控能力是比较弱的,其特点为：

其一,易激动性(易于爆发激情)。如孩子刚刚还手舞足蹈、笑嘻嘻的,不知为什么,突然一下就哭起来了；

其二,易感性(情绪容易被周围事物所感染)。如,孩子在妈妈的怀里高高兴兴地玩玩具,但由于受旁边小孩的哭泣的感染,他也莫名地哭了起来；

其三,易表现性(内心体验和外部表现的一致性)。幼儿感觉不舒服会表现出不高兴的样子,喜怒哀乐都挂在脸上,从不隐瞒。

②幼儿情绪调控能力的培养,应根据幼儿情绪的具体特点来进行,这样才有针对性,才会有效果。

其一,创设积极的教育环节,是帮助幼儿形成初步的情绪调控能力的关键。首先,家长应帮助幼儿学习以恰当的方式表达自己的情绪。情绪是什么,情绪是好是坏,幼儿是不会自己去探究的,而家长要让幼儿认识各种情绪及其后果,特别是要使幼儿对一些过激情绪有初步的认识和看法。比如,动不动就吼叫、动不动就伸手打人、动不动就不吃饭等,家长要耐心地给孩子讲这些情绪和行为对自己、对他人的危害,这是培养孩子情绪调控能力的第一步。在认识情绪的基础上再教给孩子一些情绪表达的方式、方法。例如,每当孩子耍脾气、乱吼叫、动手打人时,家长要控制好自己的情绪,心平气和地给孩子讲："宝宝,你这些行为是不对的,有什么想法和要求,应心平气和地向家长或他人倾诉,不乱发脾气,也不憋在心里,这样才是对的。你想一想,如果我看见你发脾气,也发脾气骂你,甚至打你,你会怎么想？我们这样做对不对？"家长如果经常这样示范,向孩子主动谈论自己的情绪、情感,并经常与孩子一道讨论彼此的情绪感受,就可以既指出孩子错误的情绪表达方式,又告诉孩子正确的情绪表达方式;既给孩子提供与同伴交流的范例,又为孩子提供学习情感语言的机会。

其二,家长要为孩子创造条件,让孩子在自我实践体验中培养情绪调控能力。孩子对情绪的认识和情绪的表达往往不一致,这体现为情绪表达的滞后性。因此,让孩子在自我实践、自我体验中进行情绪调控的训练就显得尤为重要。虽然从孩子的情绪健康角度来讲我们应使孩子保持积极的情绪状态,但为了促进孩子的情绪发展,培养孩子初步的情绪调控能力,我们又应该让孩子全面体验各种情绪(既要有积极的情绪体验,又要有消极的情绪体验),以丰富孩子的情感世界。只有面对一些负面的消极情绪时,孩子才有可能从实践中学习情绪调控。为此,家长可考虑这么做:

面对孩子的各种需要,家长要客观分析,满足其合理要求,拒绝不合理要求。一是应满足孩子合理的要求,让孩子获得积极的情绪体验,但应预先给孩子提出要求,如:需要什么东西和有什么想法应主动向家长提出来,但不能看到喜欢的东西就要拥有。二是当孩子提出不合理的要求时,家长要坚决拒绝,让孩子获得消极的情绪体验。但家长应要向孩子讲清楚没有满足其需要的理由,让孩子自己评判自己行为的对与错,逐步培养孩子明辨是非的能力。只有能够对自己的情绪做出价值的评判时,孩子才有实现情绪调控的可能性。当然生活中家长也应教育孩子适度节制各种欲望,抵制各种诱惑,让孩子既有需要得到满足的体验,又有需要得不到满足的体验。这样孩子慢慢就能正确对待欲望和需求的关系,就能学会对自己的情绪和行为进行适当的调节。

其三,创设良好的物质生活环境。良好的物质生活环境将为幼儿学习情绪调控提供物质上的可能性。它包括整洁有序的生活环境,宽敞明亮的活动空间,合适的图书资料及玩具,等等。幼儿的情绪具有情境性和感染性的特点,良好的物质生活环境可使幼儿产生积极的情绪体验。

其四,给孩子购买一些情绪调控方面的绘本或故事书,让孩子从故事中学习情绪调控。

(2)小学孩子情绪的主要特点和情绪调控能力的培养。

随着年龄的增长以及活动内容的变化,与幼儿时期相比,上小学以后的孩子的情绪及其表现形式有了新的变化,这就需要家长在幼儿情绪调控能力培养的基础上,根据新的变化情况,采取不同的培养措施。

①小学孩子情绪的主要特点及其主要表现：

其一，情绪体验不断增加，情感的内容不断丰富。这时，他们会因掌握某方面的知识而产生满足感，会因考试获得好成绩而体验到成功的喜悦。相反，如果学习不好，则可能因此产生挫折感，体会到痛苦、悔恨、羞愧等情绪。在集体生活中，会因与同伴、老师之间的关系融洽而感到高兴，也会因与同伴、老师之间产生矛盾、误解而感到沮丧。总之，与学前孩子相比，小学孩子增加了各种各样的情绪体验。

其二，小学孩子的情感表现比较外露（容易激动），但是他们的情绪体验正在逐步变得深刻。随着年龄的增加，儿童的归因能力不断增强，愤怒的情绪开始逐渐减少，并更加现实化。比如，父母因为天气不好取消了郊游、野餐的计划，学前儿童会因此对父母发怒，谴责父母说话不算数，而小学孩子则可能因为了解到实际原因而产生失望、沮丧的情绪；学前儿童常因为父母定下的有关吃饭、睡觉、洗澡的各种规定而愤怒，小学孩子则经常因为在交往中或在学校中受到戏弄、讽刺、不平等待遇等而产生愤怒；学前儿童常用哭泣等直接的方式来表达自己的不满，小学孩子则逐渐学会以语言来表达自己的心情。

其三，小学孩子的情绪具有很大的冲动性，他们不善于掩饰，不善于控制自己的情绪。但是与学前儿童相比，他们的情感已经逐渐内化，小学高年级孩子已经能逐渐意识到自己的情感表现以及随之可能产生的后果，控制和调节自己的情感的能力也逐渐加强。

随着儿童对学校生活的适应，他们的情绪逐渐稳定下来，小学孩子尚未面临升学、求职等压力，因而其基本情绪状态一般是平静而愉快的。但是，由于学习中遇到困难、学习成绩不理想、家长给了很大压力、同学之间的误解等，有的小学孩子常出现愤怒、抑郁、紧张、焦虑、恐惧等不良情绪。

②小学孩子情绪调控能力的培养。

其一，家长要多关心孩子，多了解孩子，及时疏导孩子的不良情绪。对小学孩子来讲，学习是他们的主要活动，因而大量与学习活动和学校生活有关的事便成为小学孩子情绪产生的根源。第一，各项学习任务，如：上课听老师讲授知识、做作业、背诵课文等。学习任务顺利地完成，小学孩子就会迅速产生愉快的情绪，反之则会产生消极的情绪。第二，在集体中学习和生活，孩子在集体中的地位以及与同伴、老师之间的关系处理得如何，学校、教师、同学会对孩子提出怎样的要求或做出怎样的评价,等等,这些都会引起小学孩子的复杂多样的情绪体验。第三,家长过高的期望与孩子学习的实际情况的差距会给孩子带来惭愧和焦虑的情绪。以上诸多方面都会使孩子随时经历情绪、情感上的困扰,受到孤独、失望、忧郁、焦虑、愤怒、嫉妒等不良情绪的侵袭。这些不良情绪会对孩子的学习、生活等产生影响。因此,家长应根据孩子的实际,多关注、关心孩子,及时做好疏导工作。

其二,除了不给孩子增加学习负担外,家长还应与孩子平等相处,常进行朋友式的沟通。按传统的方式,下(小辈)对上(长辈)应言听计从、绝对服从。在现实生活中,有不少家长对子女仍然保持着居高临下的姿态,家长式的作风还笼罩着不少家庭。这样的情况下,就算心中有再多的高兴与烦恼、欢乐与苦闷,孩子也是不愿告诉家长的;孩子不告诉家长,家长就无法了解孩子的情绪;不了解孩子的情绪,家长就无法做有针对性的教育和引导工作。另外,家长应是孩子最亲近、最信赖的人,是孩子宣泄不良情绪的最佳对象,然而如果家长一直居高临下地管理孩子,孩子又如何与家长交流呢?这样,孩子的不良情绪得不到安抚和宣泄,孩子会变得更加烦恼与苦闷。那么,如何才能避免以上情况的产生呢?总的来讲家长应放下家长的架子,多些关心,少些唠叨;遇事多用征询的口吻,少些命令;多些体谅和帮助,少些指责和抱怨;帮孩子减负,多鼓励孩子,成为孩子心灵上的朋友。

其三,家长要学会倾听,学会耐心地鼓励和引导孩子。孩子在学习、交往的过程中,产生失望、焦虑、愤怒、嫉妒等不良情绪是难免的,也是正常的,关键是如何使这些不良情绪得到有效的调控。家长的任务就是发现、了解孩子的不良情绪,想办法让孩子的不良情绪释放出来。要达到有效调控孩子不良情绪的目的,首先,家长不能带着不良情绪,特别是在孩子带着情绪向家长倾诉时,一定要耐心地听孩子讲,听后多鼓励和引导孩子。例如孩子某次没考好,家长一定不要带着不良情绪抱怨、指责甚至打骂孩子,应该根据孩子的实际情况,心平气和地对孩子讲:"这次没考好,不要紧,谁都有失误的时候,只要你知道为什么没考好就行了,我们相信你,下一次你一定不会犯同样的错误。"还可以这样说:"孩子,你的成绩虽然与好成绩有差距,但还处于中等偏上的位置,这还是值得肯定的,只要你觉得尽力了就行了,快乐就行,我们希望你快乐地学习、快乐地生活。"用这些商讨性的、鼓励性的语言与孩子交流,孩子会想"我没考好,爸爸(妈妈)不但没有生气,还这么理解我、鼓励我,我还有什么理由生自己的气,还有什么理由不努力克服自己学习上的不足呢?"这样,考试带来的不良情绪就能得到宣泄。其次,孩子有烦恼,主动给家长讲,是为了获得最信任的人的同情或理解,如果家长表现出不耐烦或者未听完孩子吐露心声就开始指责孩子,那孩子肯定不愿再说了,以后就更不愿意主动倾诉了,而孩子的不良情绪没有得到排解,对孩子的身心发展是没有好处的。所以,当孩子带着情绪向家长倾诉时,家长一定要耐心地听孩子诉说,对说得对的或值得同情的点,家长可微微颔首表示理解和赞同,等孩子说完了,家长要对孩子的情绪进行客观的评价,孩子认识上有偏差的要客观指出,而针对那些需要给孩子指导的地方,家长应以商榷的口气告诉孩子,让孩子自己斟酌,切不可直接要求孩子怎么做。

(3)初中孩子情绪的主要特点及情绪调控能力的培养。

①初中孩子的身心处于变化剧烈的阶段,他们的情绪变化大。归纳起来,初中孩子的情绪主要有以下特点。

其一,情绪反应比较强烈,常为一点儿小事而激动、振奋,或愤怒、生气、大吵大闹,在行为上容易冲动和鲁莽。

其二,情绪持续时间较长。如果受到挫折、遭到批评或被误会,他们可能整天或数日闷闷不乐。

其三,情绪转变较困难,不容易从一种情绪状态转变到另一种情绪状态。

其四,情绪、情感反应逐渐由外倾型向内倾型转化。

其五,情绪、情感内容与日俱增、日渐丰富。由于身体的快速成长和性的加速成熟,他们渴望像成人一样的意识强烈,要求像成人一样参加社会活动,追求远大的目标和理想。由于活动范围的扩大、交往的增多,他们会经历生活、学习、交往中的成功与失败带来的欢乐苦恼等情绪体验,而这些体验在初中孩子的内心表现得越来越复杂。

其六,高级情感在各种活动中得到发展,但不成熟、不稳定。如友谊感、道德感、集体荣誉感等。

②初中孩子情绪调控能力的培养。

其一,家长应尊重初中孩子类似"成人"的心理特征,改变以前事事关心、事事过问的态度,仔细观察孩子,协助孩子分析情绪产生的原因,帮助孩子"解疙瘩"。初中孩子自以为长大,极其反感家长过去那种什么都要问、什么都要管的做法,因为他们认为家长小看了他们。家长必须了解初中孩子这一特点,改变以前那种"指手画脚"的习惯,把过去那种"命令""指令"式方法改为"征询""建议"等方式,增强对孩子的管理的民主性和平等性,以此减少初中孩子的叛逆或抵触情绪。

其二,珍惜初中孩子的热情,帮助孩子养成自己调节情绪的能力。初中孩子的情感、情绪日渐丰富,兴趣、爱好极其广泛。他们想要他人像对待成人一样对待自己,喜欢追求远大的目标。家长要根据初中孩子热情高、爱好广泛、情绪不稳定、动机简单、控制能力弱的特点,做到既"尊重",又合理引导,帮助孩子提高调节自己情绪的能力。

初中孩子与小学孩子相比,情绪稳定性有所增强,但他们情绪变化大,个性不稳定,行为的冲动性大。他们有时行为莽撞,容易受到暗示和诱导,别人一唆使,就可能做出不得当的事,并且做事不考虑后果。

初中孩子因一些小事或误会而闹矛盾或打架的现象是比较普遍的。因此,家长要特别注意初中孩子行为的盲目冲动性和不计后果性,加强对初中孩子自制力和自控力的培养,让孩子顺利度过初中这个"危险期"。

其三,与孩子建立起"朋友"式的和谐关系,在交流沟通中了解孩子的情绪特点,做好针对性的引导工作。家庭教育容易走进两个误区:第一,在孩子还小时,家长对孩子过于关心,事无巨细都要过问,孩子自由活动空间小,一直在家长的羽翼下生活。第二,孩子进入青年期后,不再言听计从了,家长就觉得孩子难管了,不再像以前那样听话了,不再像以前那样亲近家长了,于是对孩子放任不管了。这都不利于孩子健康成长,前者会使孩子缺乏独立性,压抑孩子的情感、情绪或助长其不良情绪。后者会使家长与孩子之间产生隔阂,由于缺乏沟通,家长就无法了解孩子的情感、情绪,孩子的不良情绪就得不到及时、有效的调控。

家长应了解初中孩子情绪发展的特点,根据特点改变教育管理的方法。只有让孩子觉得家长是可信、可敬的人,孩子才会与家长沟通;只有通过沟通,家长才能了解孩子的情绪;了解了孩子的情绪特点,家长才能做针对性的疏导,才能让孩子的不良情绪得到有效的调控。在仔细观察孩子的情绪变化后,深入分析,查找原因,解除困惑,做到既"管"孩子,又尊重孩子,实现对孩子不良情绪的疏通和引导。

其四,培养孩子正确的目标意识。正确的目标能帮助孩子克服内部困难和外部困难,让孩子自觉、主动、独立地调节自己的情绪和行动,让孩子的行动服从于目的和任务,如一个学习目标明确的孩子,一般不会因一点儿小事而生气。家长应帮助初中孩子树立起"为什么读书""为谁读书"的意识。学习有了目标,孩子才不会轻易受到干扰和诱惑;如果有干扰和诱惑,他也会根据自己的原则果断地处理;目标明确,他才会自觉地控制自己的情绪,强迫自己去完成应当完成的任务。

其五,初步培养孩子的旷达之心。"忍得一时之气,免得百日之忧。""忍"虽然能抑制冲动的情绪,但长期的忍让也会使情绪压抑,久而久之情绪终会爆发。应将"忍"逐步转化成一种品德、一种旷达的胸怀,这样才不会让不良情绪积累。初中孩子已初步明白道理,家长可以向他们讲一些或者推荐一些有关"严于律己,宽以待人"的实例,让孩子学习。孩子的心胸宽阔了,很多影响情绪的事就可以一笑而过,这对初中孩子克服情绪的冲动性大有益处。

(4)高中孩子情绪的主要特点和情绪调控能力的培养。

高中是孩子的情绪过渡期,与初中时期比较,高中孩子的情绪调控能力有所提高。概括起来,高中孩子的情绪主要有如下特点:其情绪产生具有强烈的冲动性和爆发性,孩子常因一点儿小事而大动干戈,也可以因一点儿小事而振奋,这是因为他们控制力较差;情绪不稳定又固执,容易从一个极端走向另一个极端;情绪比初中孩子更隐蔽,有些性格内向的孩子由于不能正确对待自己和人际关系,常感到孤独。

虽然高中孩子的情绪发展存在一定的不足,但其意志力一般比初中孩子强,大多数能做到:动机与效果统一;学习行动的动机与他们的职业选择及未来生活道路相一致;增加执行决定的稳定性。另外,很多高中孩子远离家长,学习也比较忙,这就决定了高中孩子调控情绪的方法——以自我调控为主。所以,家长应从以下几个方面培养孩子的情绪调控能力。

①培养孩子理智、达观的心境和不怕挫折的意志力。高中是孩子人生旅程的过渡时期,学习、升学的压力特别大,由此,孩子的焦虑情绪特别多。家长应利用空闲时间带孩子外出,与孩子交谈,缓解孩子的压力和焦虑。

学习紧张、学习成绩不好,一般是高中孩子最大的压力源,家长在这个阶段不能给孩子施加压力,还要尽力抚慰孩子,比如问孩子"是否习惯学校的伙食""坚持锻炼没有""过得是否快乐"等,让孩子感受到家长的关心和家庭的温暖。同时,应告诉孩子:你现在正处于人生的过渡时期,今后的路还很漫长,不管做什么,都会有困难和失败的时候,不管是成功还是失败,都要正确面对;要学会思考生活,领会生活的意义,即使没能考上大学,也还有其他路能走。只要尽力了,生活快乐就行。孩子只要能以这种豁达的心态面对学习、生活以及交往中的成败,就能较好地缓解压力,避免消极情绪(如焦虑)的产生。

②对高中孩子孤独情绪的疏导。孤独情绪又叫孤独感。所谓孤独感,就是人因某种需求得不到满足而产生的内心体验。在高中阶段,以下几种情况容易使人产生孤独感:一是与群体的交往不顺利的人容易产生孤独情绪。人在社会化的过程中,逐渐形成社会心理,产生交往动机,使自己的行为社会化、群体化。如果社交需求得到满足,群体行为得到强化,人就产生喜悦、安心、友爱等情绪,否则,就会产生孤独情绪。二是学习成绩不好的人容易产生孤独情绪。由于学习成绩差,孩子会认为老师不喜欢自己,认为比自己学习成绩好的同学看不起自己。三是性格内向和身体有缺陷的人容易产生孤独情绪。性格内向的人胆小、害羞,不善与人交往;身体有缺陷的人容易自卑,不敢与人交往,经常孤独自处。四是"心理断乳期"带来的孤独情绪。高中孩子觉得自己已经长大,在精神上想独立支配自己,力图摆脱成人的监护,但由于长期都依赖于父母师长,一旦要独立处理问题,就会产生茫然、失落、孤独无助之感。有孤独情绪的高中孩子经常对着镜子凝视自己,常把自己的内心体验写在日记里,由于对自己要求苛刻,过于注意别人对自己的评价和印象,从而产生错觉,不能正确对待自己和不能正确处理人际关系。

孩子读高中了,有的家长认为孩子已经长大,可以放手了,因此除了过问孩子的学习成绩外,很少观察孩子的情绪变化进而给予相应的帮助,这是许多家长的一大失误。面对以上诸多情绪问题,家长更应做好以下几个方面的工作,让孩子快乐、健康地学习和成长。

其一,多关心孩子的生活、交往和心理问题。家长应放下家长的架子,多与孩子进行平等式的沟通,只有这样,家长才能了解孩子,做针对性的疏导工作。家长一定要尊重孩子,未经孩子同意,不可翻看孩子的日记,不可随意打听孩子的隐私;要多与孩子一起聊聊人生,谈谈生活。

其二,帮助孩子建立自尊和自信。

其三，鼓励孩子大胆参加群体活动。

其四，对孩子的嫉妒心加以及时的引导。嫉妒是一种自卑、消极的情绪，伴随着苦涩的内心体验。嫉妒的产生，是虚荣心与自尊心作怪（自己一心追求的为他人所有，这种现状使他的自尊心难以接受，虚荣心得不到满足，于是通过嫉妒来"补偿"自尊心所蒙受的"损失"）。嫉妒情绪会让人丧失理智，导致错误的判断。比如，别人受到表扬或称赞，等于自己受到批评或谴责，甚至认为别人取得的成绩不真实。嫉妒会使人产生不道德的行为。嫉妒心强时，内心充满沮丧，进而记恨他人，最后可能发展到仇视他人，并外化为报复行为。

高中孩子自尊心特别强，追求个人在同伴中的威信和荣誉的欲望强烈，爱攀比，对荣誉、名声特别敏感，所以容易产生嫉妒心。一个人不服气，在心中暗暗较劲，在行动上奋起直追，这种好胜心能使人进步。但一个人不服气，不把人家的成绩当成鞭策自己的动力，不用行动去追赶他人，只在心里哀伤、怨恨，这就是嫉妒了。高中孩子的家长，要注意观察、了解孩子，尽量做到以下几点：第一，多与孩子交谈，多与学校教师联系，了解孩子的实际情况，做好针对性的教育和引导工作。第二，如果孩子好胜心强，要及时给予引导。要告诉孩子，不服气就应该用行动证明自己不比别人差，不能只在心里哀怨、忧伤，甚至仇视比自己强的人，这样既会伤害自己，还会伤害别人。第三，培养孩子豁达的心态。群体中的人与人之间在长相、体形、智力等诸多方面都会有差距，这本来属于正常现象，然而有的孩子对此却非常敏感，常因自己不如人家而埋怨自己、嫉妒别人，常发出"既生瑜，何生亮"的哀叹。这既不利于孩子学习，更不利于孩子身心的发展。家长如果发现孩子有这种情绪，应早日做好疏导工作，告诉孩子：要正确地看待自己，正确地看待他人，要客观地看待自己的短处和别人的长处，要懂得"尺有所短，寸有所长"的道理；善待自己，尊重别人；要互相学习，取长补短。

(5)大学孩子情绪的主要特点及情绪调控能力的培养

孩子上大学了，不少家长就认为自己可以高枕无忧了，于是家庭教育流于形式，或者说连形式都没有了。其实，大学阶段是一个人道德品质以及世界观定型的重要阶段，而一个人世界观和道德品质的发展对其一生的影响极大，情绪也是如此。所以，家长不能放弃对大学孩子的家庭教育，更不能忽视大学孩子的情绪问题。当然，解决大学孩子的情绪问题，要以孩子自我调节为主,家庭引导为辅。

孩子读大学后,很少在家长身边,但家长(主要是亲子家长)一定要对他们进行以下方面的引导,帮助大学孩子实现情绪的自我调控。

其一,正确认识大学的学习。大学以前的学习学的都是基础,大学学的是专业知识,是立业、兴家、兴国的本钱,并且这些知识全靠个人自觉学习。所以,要忠告孩子:切记不要有"自暴自弃"的情绪,也不要有"贪玩"的想法,切记不要把大把的时间用于上网、闲逛、打游戏等。要把学知识变为自觉的行动,把时间用在自学和锻炼上。

其二,了解社会,保持达观的态度,客观地看待社会。

其三,朝着既定目标前进,保持火一样的热情。

其四,自省自察,克制欲望。人们常说"外面的世界很精彩,外面的世界很无奈",这指出了社会的诱惑力和复杂性。来自社会的物欲、情欲、权欲等都将给孩子很大的诱惑,加上孩子缺乏经验,控制力稍弱,就容易被不当欲望侵袭。所以,家长应引导孩子时时检讨自己的思想和行为,自觉克制欲望,克服不良情绪,自觉抵御某些不良欲望的干扰,心情舒畅地朝既定目标前行。

其五,疏解就业压力大带来的情绪。

(四)主要的情绪调节方法

从孩子小时候开始,家长根据孩子各个时期的特点,坚持培养孩子的情绪调控能力,其目的是最终实现孩子情绪的自我调控。家长可根据孩子的年龄特点,教给孩子一些情绪调控方法。

1.转移法

转移就是把注意力从引起不良情绪的事情转移到其他事情上,这样就可以使人从消极情绪中解脱出来,从而激发积极、愉快的情绪反应。

(1)当情绪不好时,可以做一些自己平时感兴趣的事,参加一些自己感兴趣的活动,如散步、游戏、打球、下棋、听音乐、看电影等,使自己从消极情绪中解脱出来。

(2)转移话题或回忆高兴、幸福的事,或者通过改变环境来达到目的。

当情绪不好时,到室外走一走,到风景优美的环境中玩一玩,这会使人精神振奋、忘却烦恼。即便不走出去,如果能够改变自己所处的环境,也可以带来心理的转变,如收拾书桌、改变房间布局,都不失为好办法。

2.宣泄法

宣泄情绪的方法有很多。

(1)哭泣宣泄。哭,是一种有效地缓解紧张、烦恼与痛苦情绪的方法。科学研究表明,人在哭泣时体内会发生一定的化学反应,从而缓解痛苦。哭泣过后,人的情绪能够得到很好的放松。所以,当孩子遇到烦心事,情绪无法排解时,不妨让孩子痛快地哭一场。

(2)倾诉宣泄。一份快乐,两个人分享,就变成了两份快乐;一份痛苦,两个人承担,就变成了半份痛苦。把不愉快的事情隐藏在心中,会增加心理负担。找人倾诉烦恼、诉说衷肠,不仅可以使自己心情舒畅,而且还能得到别人的安慰、开导以及解决问题的建议。倾诉是心理调节中最广泛、最有效的运作方式。找一个知心朋友,将自己的委屈坦率地说出来,能使自己慢慢地感到踏实,帮助自己缓解压力。

(3)运动宣泄。当一个人情绪低落时,往往不爱动,越不动注意力就越不易转移,情绪就越低落,容易形成恶性循环,因此可以通过跑步、快走等运动来缓解不良情绪。体育运动不仅可以使人得到锻炼,而且可以使人的情绪得到改善,摆脱情绪困扰。

(4)书写宣泄。书写可以使人与自己的情感世界联系起来,从而充分地表达感情,将压抑的情感发泄出来,得到解脱。

另外,情绪低落、心情郁闷时,对着旷野大声吼叫、大声唱歌或者打一套拳,也不失为宣泄的好方法。

在现实生活中宣泄不良情绪的方法有很多,至于哪种方法最有效,则因人而异、因事而异、因时而异。

3.学会幽默

幽默的作用有二:一是生活的调味剂。幽默感强的人,可以通过调侃自己,减轻心理上的挫折感,求得内心的安宁。二是定神剂。以幽默的态度应对现实,往往可以使本来紧张的情绪变得比较轻松。

我们知道,具有幽默感的人常常能用一种轻松愉快的态度来对待生活和事物,所以他们常能保持愉快的心境。许多令人烦恼、厌恶的事物,如果能用幽默的办法对付,往往可使不快的情绪荡然无存。家长平时可以给孩子购买一些幽默笑话集、漫画书,孩子在心情烦闷时,可以通过看漫画或喜剧表演、讲笑话、自我解嘲等方法,驱散心头的不快。家长要注意培养孩子的幽默感,在与孩子沟通的过程中经常用诙谐的语言、富于表情的动作来感染他们。

4. 主动控制情绪

调控情绪最好的方法是学会自我调控。自我调控情绪的方法很多,这里只给大家介绍以下几种。

(1)自我暗示。自我暗示是运用内部语言或书面语言的形式来自我调节情绪的方法,也就是说,自己在内心与自己对话。语言暗示对人的心理乃至行为都有着奇妙的作用。当不良情绪要爆发或感到心中十分压抑的时候,可以通过语言的暗示作用来调整心理,使不良情绪得到缓解。当你将要发怒时,可以反复地暗示自己"忍下去,不要发怒,发怒有害无益";当你陷入忧愁时,可以暗示自己"忧愁没有用,无济于事,还是振作起来吧";进考场后,暗示自己"不要紧张""我一定能考好"。用这些自我暗示法能使自己的情绪稳定,家长们不妨告诉孩子多试试这样的方法,也可以将"三思而后行"等克制情绪的话语写成条幅贴在墙上,时时提醒孩子控制情绪。另外,情绪之潮将决堤时,要告诫自己一定要"忍",要用理智的方法控制情绪。每当有不良情绪时,最好先想一想原因,想想自己的做法能否解决问题,想想这样做有什么好处。同时强迫、命令自己"冷静,冷静,再冷静"。平时,要告诉孩子,遇到问题,不要着急,先忍下来,然后冷静思考,学会冷处理。家长要用实际的案例告诉孩子忍与不忍的不同后果,让孩子从利弊中权衡得失。

"忍"能让人避开很多祸端,但应注意,事事都忍,会造成情绪压抑,也会伤害自己。如果在"忍"后加上合理宣泄或自我解嘲,或许能将不良情绪变为自我激励的动力。这样,不但不会使不良情绪郁积,而且还能让情绪保持稳定,使人发愤图强。

(2)自我激励。所谓自我激励,就是要鼓励自己无论在多么艰难困苦的环境下,都要始终保持一种积极进取的心态,激励自己不断向前迈进。这是用理智调控情绪的一种方式,是一种精神动力,也是保持心理健康的一种方法。一个人在消极的情绪中,通过名言、警句进行自我激励,能够有效地调控情绪。时下,中学生都喜欢在自己的房间里或笔记本里写一些名人名言,来作为自己的座右铭,时刻激励自己,或者经常读一些名人传记,从中得到鼓舞,从而增强自己战胜困难的勇气和信心,这些都不失为自我激励的好方法。

(3)换位思考。换位思考,就是打破思维的定式,站在别人的角度上思考问题。扮演别人的角色,体会别人的心态与思想,就会增加相互间的理解与沟通,防止一些不良情绪的产生。心理换位法的作用是消除自己不能调节的情绪。比如,与别人发生了争执,不妨站在对方的立场想一想:"如果我是对方,会是什么感受?"这就是角色互换,将心比心。学习生活中的许多误会、对别人苛刻的要求和同学间的小矛盾等大多是由于只考虑了自己的感受,没有站在别人的角度思考问题。家长从孩子小的时候就应告诉孩子:"当你因一点儿小事对他人耿耿于怀时,不妨站在对方的角度想一想。当你怒火中烧,想对他人大发脾气时,应当想一想:如果他对我这么发脾气,我会是什么感受?"这样,孩子学会换位思考,愤怒的情绪一般很快就能平息下来。

(4)学会升华。当一种欲望和行为不能直接表现出来,不被社会所允许,或是遭受严重挫折时,为了避免心理创伤而暂时压抑自己的欲求和痛苦,继而把心理导向崇高的境界,这就是升华心理。简单来讲,就是把不良情绪转化为积极有益的行动。升华法是一种高水平的发泄方式,是将情绪激起的能量导向对人、对己、对社会都有利的方向。比如,同学、老师都说一名学生身体差,体育上很难达标,所以这名学生下决心暗自努力,把身体锻炼好,要用实力给他们有力的回击。

(5)顺其自然。养成一种平和的心态,在有些事情上告诫自己:"没办法的事,顺其自然吧!"做一件事,尽力而为,不为其他事情所左右,这样那些不良情绪自然就会消失。

(6)学会笑口常开。有人认为,人不是因为高兴才笑,而是因为笑才高兴。不是因为悲伤才哭,而是因为哭才悲伤。因此,我们在学习生活中要多笑勿愁。不要因为几件不顺心的事就悲观,情绪低落,甚至厌世。当情绪不好时,要学会用简单的方法去排解它,告诫自己不要去理睬它,要学会自我安慰。

人生是一幅五彩的油画,情绪是那绚丽多彩的调色板。希望孩子们能调节好各种情绪,把自己的人生点缀得五彩缤纷,给自己增加无穷的乐趣。

四十六　如何培养孩子的集体主义观念

集体主义,是主张个人从属于社会,个人利益应当服从集体和国家利益的一种思想,也是一种精神。集体主义精神是社会主义道德建设的核心,是社会主义经济、政治和文化建设的必然要求;是调节集体利益和个人利益关系的主要精神。它的最高标准是一切言论和行动符合人民群众的集体利益,这是共产主义和无产阶级世界观的重要内容。我们培养孩子的集体主义观念,就是在孩子心中树立起以下思想:不管在何时何地,不管是顺境还是逆境,不管是贫穷还是富贵,都不能忘记家庭、集体和国家;当个人利益和集体利益发生矛盾的时候要服从集体利益,一切行动和言论以集体为重、个人为轻;个人应关心、爱护集体,为集体积极工作,为集体创造价值;集体应保障个人的正当利益的实现,保证个人价值、荣誉和尊严得以合理实现,满足个人不断提高的物质、文化需求。

一个好的集体,可以更好地激发个人的集体荣誉感和自豪感,可以激励个人进一步投身集体活动。作为中华民族的一员,我们会因中华民族的文明、富强而感到自豪、自信,同时也会为实现这个民族的进步和发展而充满无穷的精神动力。

我们的国家由无数的个体、无数的家庭、无数的集体组成,任何国家利益、集体利益都与每个个体和家庭息息相关,可以说是"一损俱损,一荣俱荣"。一个有集体观念的孩子,在任何情况下,都会想着家中父母及其他成员对他的养育和关爱,都会想着集体的温暖和帮助,都会想着国家给他的力量和支撑,他也会因此而充满信心和勇气。因此,家长在养育孩子的过程中,一定不要忘了对孩子进行集体主义的教育。

(一)孩子集体主义观念淡薄的成因

1."以自我为中心"的环境成因

目前大部分孩子多为独生子女,家长的溺爱使孩子逐步形成了以自我为中心的思想格局。家长对孩子溺爱不是哪一家、哪一户发生的个例,而是整个大环境都是如此。所以,现在很多孩子做事只考虑自己,很少顾及他人的感受;凡事依赖他人而又不愿为他人服务;凡事推诿,不愿承担工作责任和社会责任。

2.青少年身心发展特殊性因素

孩子进入中学后,一方面,身体发育逐步走向成熟,独立意识增强,但心理发展尚未完全成熟,又缺乏社会经验和生活经验,他们在纷繁复杂的社会生活中,思想认识不可避免地存在片面性,加上市场经济的竞争性和利益驱动性的影响,导致有的青少年集体主义观念淡化,甚至个人主义膨胀。另一方面,身体发展逐步成熟与心理发展滞后,使他们心里充满矛盾,有时既自我肯定又自我否定。这时,家长如果不加以正确引导,加强孩子自身的修养,孩子极有可能从"自我意识"走向"自我扩张"和"唯我主义"。

3.社会环境因素

其一,市场经济体制的建立和其他领域改革的双重影响。一方面,市场经济的竞争性和利益驱动性,促使青少年形成了竞争意识、效益意识、信誉观念、公平观念和法治观念等。另一方面,市场经济的竞争性和利益驱动性也容易导致部分青少年集体主义观念淡薄,有的甚至存在严重的个人主义倾向,为了眼前利益和自身需要而置组织纪律、集体利益而不顾。

其二,西方思潮和不良风气的影响。受西方"个人主义""个人奋斗"以及"自我实现"思潮和一些社会不良风气的影响,有的青少年过分注重个人价值的实现,对自己有利的事就做,对自己没好处的事则不闻不问或避而远之,缺乏牺牲精神和奉献精神,有的甚至损公肥私。

其三,舆论导向片面性的误导。一些媒体在报道事业有成的名人时,往往只描述其个人奋斗史,很少讲到国家、组织、他人的帮助和支持。这种重个人轻社会、重个性轻共性的宣传导向,使部分青少年对集体的力量和作用产生了怀疑,往往热衷于脱离实际、脱离社会和他人的自我完善、自我设计和自我奋斗。

4. 教育的缺失

教育的缺失包括两个方面:一是家庭教育,二是学校教育。

家庭教育过于强调"智"的重要性,淡化了品德教育和行为养成教育。有些家长过分注重孩子的智力发展和个性发展,片面强调孩子的自我意识和自我奋斗,而很少对孩子的集体主义观念和集体主义精神加以教育引导,从而导致孩子集体主义观念的淡薄。

很多学校的教育目标是升学率,一切活动基本围绕升学率展开,看重的是学生的学习成绩,把品格教育放在无关紧要的位置,放松了对孩子的集体主义教育,致使部分孩子曲解集体主义的真正内涵,不能厘清集体和个人之间的关系,片面地认为集体主义就是扼杀个性、牺牲个人利益。

5. 市场经济的冲击

社会主义经济的转型引发了社会主义利益关系的巨大变化,原来的国家、集体和个人三者之间的利益关系已被纷繁复杂的多元化分层利益关系所代替。股份制和其他非公有制企业蓬勃发展,其分配形式在表面上很容易使人误解,使人们过分专注于个人利益。在现实生活中,有的人一切以个人利益为出发点,对集体主义失去了基本的认识。

6. 网络改变了人们的生活方式,影响了青少年对集体生活的热情

网络的发展,电脑、手机的普及,给人们的学习、休闲、娱乐、购物、交流等带来了方便,但同时,也把人们"封闭"在虚拟的环境中,导致他们对身边的人和事漠不关心,把自己同集体隔离起来。

(二)家庭集体主义观念培养应注意的几个问题

1.培养孩子集体主义观念必须结合新时代的特点

随着时代的变化,集体主义精神内涵也在变化,对孩子集体主义观念的培养应跟上时代发展的步伐,结合新时代的特点,弘扬新时代的集体主义精神,纠正过去那种"只讲集体利益,忽视个人权益,只讲给集体做贡献而不讲集体对个人的回报"的错误做法。新时代的集体主义精神包括集体和个人两个方面:一方面,集体应使个人的正当利益得到保障,保证个人价值、荣誉和尊严得以合理实现,满足个人不断提高的物质利益和精神需求;另一方面,每一个个体都应关心集体、爱护集体,发扬光大以集体利益为重的价值取向,不断增强集体的向心力和凝聚力。前者是前提,后者是必然结果。很多人没有厘清二者之间的关系,甚至把它弄颠倒了。有的集体领导者,包括家庭这个小集体的领导者——家长,常常颠倒了这个关系,认为个人应无条件地服从集体,为了集体牺牲个人利益是应该的,这完全违反了新时代集体主义精神的原则。我们从家庭这个角度来看,家庭是一个社会单位,孩子是这个小集体里的一员。家庭应给孩子足够的爱,应保障孩子合法、合理的权益,如与家庭成员平等的权利、生存的权利、自由活动的权利、学习的权利、劳动的权利、参与家庭事务管理的权利等。这样,孩子才会觉得家庭这个集体没有把他排斥在外,才会把自己当成这个集体的一部分,才会自觉维护这个集体的荣誉,为这个集体积极贡献自己的力量。如果家庭不能保障孩子的合法、合理权益,让孩子觉得自己不是这个集体的一部分,那他肯定不愿意维护这个集体的荣誉,也不愿意为它积极工作。我们要培养孩子的集体主义观念,就必须弄明白这个关系,而且不能颠倒这个关系,颠倒了,其结果必然是个人对集体失去信任。

2.从爱家庭发展到爱集体

家庭是一个社会基本单位,是孩子最早接触、最多接触的一个小集体。在这个集体里,与孩子紧密相关的是孩子的父母、祖父母、外祖父母和其他亲戚等。我们培养孩子的集体主义观念,首先就要使孩子爱父母及其他家人,以增强孩子的爱家意识,这样孩子上学后才能爱班级、爱学校,长大后才能爱集体、爱国家。试想,一个连家庭都不爱的人,他能爱集体、爱国家吗?

那么,如何才能让孩子爱家庭呢?第一,父母不要娇纵孩子,因为娇纵出来的孩子容易自负、自私,心中只有自己,没有他人,缺乏同情心和怜悯心,这样的孩子是不可能爱家庭成员和家庭的。第二,父母要教育和引导孩子有礼貌、懂礼节、知孝道、爱家人。家人爱孩子,孩子爱家人,这是血浓于水的亲情。孩子应理解父母及其他家人对自己的爱和付出;应明白自己有责任和义务尊重他们、回报他们。比如,有理解长辈、尊敬长辈的孝心,能主动帮家里做力所能及的家务为家庭分忧;努力学习,积极工作,为家庭争光;等等。孩子在小时候就懂得爱家人、爱家庭,长大后,才会懂得爱集体、爱国家。第三,父母及其他家人要给孩子充分的爱,包括悉心养育,满足其合理的需求,让孩子感觉到家庭的温暖。第四,对孩子进行民主式的管理,充分地尊重孩子。第五,父母及其他家人要多带孩子外出游玩或参加群体活动,体验集体生活的乐趣。

3.集体主义教育要切合生活实际,避免空洞的说教

我们说集体主义观念的培养很重要,可是对孩子来说,集体主义观念极为抽象。如果家长只抽象地给孩子讲道理,那孩子就很难明白集体主义及其好处。家长应运用孩子生活中碰到的一些生动的事例,启发、诱导他们,从而使他们逐步明白什么是集体以及集体的作用等,使他们慢慢地形成集体主义观念。

一位幼儿园老师给孩子们讲集体主义的道理的案例就很生动有趣:

幼儿园里,睡午觉起床后,老师对大班的小朋友说:今晚吃一顿新鲜饭——"千人饺"。小朋友们乐坏了,叽叽喳喳、蹦蹦跳跳,成了一群小麻雀。老师宣布:小朋友也得动动手,帮老师做饭。有的小朋友擦桌子,有的端水,有的来回"运输",稍大一点儿的还能慢慢地捏几个饺子。晚饭时,热腾腾的饺子端上来了。老师说:小朋友们请坐好,现在开始吃"千人饺"。小朋友们心里感到很奇怪:"千人饺"该有一千人呀,怎么这两三口能吃完的饺子叫"千人饺"?第二天,老师上课时解释:"千人饺"的意思,是一千个人做出来的。小朋友们问:是老师和我们一块儿包的,才二三十个人,怎么是"千人"呢?老师耐心地告诉孩子说,饺子是我们班包的,是集体的劳动成果,但包饺子的面粉是哪儿来的呢?是面粉厂工人用机器加工出来的,面粉厂又有很多人,这又是一个集体;而面粉的原料是小麦,小麦是农民种出来的,从小

麦种植到收割,是一个集体协作的过程;再说饺馅,猪肉是养猪场生产的,韭菜是地里种出来的,这同样需要很多人干活;还有煮饺子用的锅,吃饺子用的酱油、醋,都是工人造出来的;等等。所以我们把这顿饺子称为"千人饺"并不夸张。这小小的一碗饺子不是一个集体的劳动成果,而实际上是许多集体的劳动成果。这位老师对孩子进行的集体主义教育,就很贴近生活的实际,从日常生活中的小事入手,用浅显易懂的例子让孩子明白了集体主义的含义及作用。

(三)不同年龄段的集体主义教育的重点

培养孩子的集体主义观念,必须根据孩子不同年龄段的特点,有针对性地进行。

1.学前孩子、小学孩子集体主义观念教育的主要方面

学前和小学是培养孩子的集体主义观念的初级阶段,孩子通过接触群体去感受群体的乐趣,为以后的集体主义教育打下基础。这个阶段主要是通过集体游戏和群体活动让孩子产生对集体的好感。

(1)教孩子"合群"。所谓合群,就是能与其他孩子一起玩。合群,是社会性发展的重要内容,是集体主义教育的前提。因此,应从以下几个方面去着手培养。其一,孩子还不能独立行走时,家长不管有多忙,都应多带孩子到家以外的地方玩,给孩子与其他同龄孩子接触的机会,这样有利于开阔孩子的视野,有利于锻炼孩子的交往胆量。其二,孩子能独立行走后到小学前期,家长应当设法使孩子建立起对他人的信赖感,有意识地让孩子走出家庭的小天地,与社区、大院或邻居的小伙伴一起活动并与之交好。其三,到了小学后期(高年级),孩子的独立生活能力增强,这时重点是引导孩子学习交友,与他人和平相处。另外,家长要真诚、热情地对待孩子的朋友。

(2)鼓励和支持孩子参加学校、班级和少先队活动。孩子读书后,其视野比幼儿时期更开阔,同学增多,活动也更加丰富。这时,家长千万不要只顾孩子的学习成绩,忽视了儿童爱玩、爱参与各种活动的天性。有的家长怕影响孩子的学习成绩,不支持孩子参加各种活动,有的还限制孩子的活动。可家长应懂得,一个没有朋友的人,长大后是很难适应社会的,他的人生道

路也是寂寞和苦恼的。因此,为了孩子的将来,家长应鼓励和支持孩子参加集体活动,帮助孩子在活动中多结交朋友。

对小学孩子来讲,面对的集体主要是班级、学校、少先队。培养孩子爱集体,就是培养孩子的集体主义观念。为达此目的,家长可从以下几个方面去教育和引导孩子:要关心自己生活的集体和集体成员;要学会在集体中生活、学习和活动;在集体生活中要团结、谦让、互助互爱;遵守集体决议,遵守学校纪律,遵守活动规则;要认识到作为集体成员的责任,珍惜、维护集体荣誉,为集体争光;要积极参加集体活动,在活动中增知识、长才干、练思想。

2.中学孩子集体主义观念教育的主要方面

中学孩子独立意识增强,在思想上企图摆脱成人的束缚,喜欢与同伴交往,并特别喜欢在朋友面前表现自己,注重朋友的评价。因此,中学阶段的集体主义教育应主要针对这一特点进行。

(1)让孩子明白:交往不要局限在一两个朋友的小圈子中,不要在小圈子中讲"江湖义气"和"哥们儿义气",而要依靠集体,从集体中获取力量,从众多的朋友中获得丰富的知识。

(2)让孩子明白:要通过交往活动交朋友、建友谊;在集体中,要讲团结、顾大局、识大体,不拉帮结派,不搞小集团;要在集体中发挥自己的智慧,体现自己在集体中的价值和地位;在集体交往中,要大方、文雅、严肃、认真。

(3)支持孩子参加学校组织的公益活动。公益活动是直接服务于社会而无报酬的无偿劳动。支持鼓励孩子参加公益活动,有利于培养孩子自觉自愿为公共利益服务而不计报酬的高尚情操,有利于孩子树立为人民服务的思想和助人为乐的精神。孩子参加这样的活动,可以增加接触社会的机会,加深对社会的理解,还可以了解自己的实际能力,认识自己的能力和特点;公益活动中要接触形形色色的人,还可以开眼界、长知识,学到很多课堂上学不到的东西。

(4)对中学高年级的孩子讲集体主义,必须结合时代的特点,讲清楚新时代的集体与个人之间的关系,以激发孩子的学习积极性。个人利益与集体利益密切相关,是一个有机的统一体。集体利益是个人利益的基础,个人利益只能在集体利益的不断巩固和发展中才能实现。具体来看,国家发展得越好、越富裕,每个人的物质生活水平就提高得越快,个人利益才会更有保障。这就要求中学孩子,一方面必须把集体利益放在首位,做到个人利益服从集体利益。另一方面,自己也应明确努力学习科学文化知识的责任和义务,将来能回报国家、集体以及家人,同时也实现自己的价值。

3. 大学孩子集体主义观念教育的主要方面

大学是孩子道德品质以及各种价值观定型的重要阶段。所谓集体价值观,简单地讲,就是集体对个人的真正意义。在孩子上大学前,我们就一直对孩子进行集体主义观念的教育,孩子们基本明白了集体离不开个人、个人离不开集体的道理。在孩子进入大学后我们应让孩子明白大学这个集体对个人的真正意义。

(1)集体为个人的才能和良好品德的发展提供了条件。大学的培养目标和个人的奋斗目标有相当高的一致性,如大学的目标之一就是为国家培养有道德、有理想、有知识、有文化,能为国家、民族做贡献的高端人才,而个人也是为成为这样的人才而上大学的;大学为个人目标的实现,为个人才能的发挥和发展提供了场所和条件;集体的纪律和要求促进了个人品德的良好发展;同时,个体的发展及其贡献又为集体带来荣誉和利益,个人价值在集体中得以体现。

(2)集体为个人的学术发展提供了良好的氛围和条件。大学不光是知识集中的地方,而且是科研成果、学术成果聚集的地方,它不但学习氛围浓厚,而且文化底蕴深厚,这些都为大学孩子的学习和研究提供了极为有利的条件。另外,应让孩子明白,现代科技成果往往不是个人能够完成的,很多研究需要通过"合作"方能取得成效。

每个人都是社会中的人,离开了社会,人就不能成为真正意义上的人。无数个个体、无数个家庭、无数个集体汇集成我们的社会,让我们的孩子从爱家庭开始,去拥抱社会,融入社会这个大家庭吧!

四十七　如何提高孩子的学习兴趣

在青少年中,厌学、恐学、学习动力不足的不在少数,一般表现为得过且过、"做一天和尚撞一天钟"、能毕业就作数,比较典型的表现是旷课、逃学、自愿放弃学习,严重的是离家出走。很多家长不明白,现在孩子的学习条件那么好,他为什么就是不愿学习。其实,这有家长的原因、社会的原因和孩子自身的原因。作为家庭教育者,我们应该明确孩子不愿学习的原因,提高孩子对学习的兴趣。

(一)孩子缺乏学习兴趣的原因

孩子来到世界上,可以说世界上的一切对他们来说都是新奇的。当孩子还不会直立行走时,还不能用完整的语言表达自己的好奇时,他们对光亮、颜色、能发声的东西都特别敏感,他们用小手按开了电源开关,看到电灯亮了就非常兴奋;他们发现了玩具、生活用品等后总想去摸,发现墙壁上的小洞后总爱用手去抠、去钻;看到家里的箱子和盒子,总想把它们打开,把里面的东西翻出来……这是孩子的好奇心使然,然而随着孩子的成长,为什么这种好奇心,这种主动学习、探索的兴趣却慢慢地消失了?有些孩子甚至对学习产生了抵触和抗拒的情绪,我认为,有如下原因。

1. 对文化知识的传授过早、过杂

不少家长,在孩子正式入学前,一会儿教孩子背诗,一会儿教孩子数数,一会儿让孩子上绘画班,一会儿又让孩子上音乐班……孩子正式入学前,主要任务就是玩,应让孩子在玩耍中认识事物,在玩耍中开发智力,在玩耍中提高适应能力,在玩耍中体验成功与失败。这对孩子大脑的开发和能力的提高有重要的作用。由于孩子还没有发育到接受正规教育的时候,过早向孩子传授文化知识就违背了孩子成长的规律,可能对孩子造成伤害。

学习是要靠行为和思维的,由于孩子身心发育没有达到接受正规教育的水平,如果施教者违背发育规律强行进行教育,孩子可能会出现接受困难等现象。施教者多反复强调要记住所教知识,但孩子学(记)起来较困难,个别施教者会对他们采用语言暴力和行为暴力手段,这就可能让孩子产生"我笨,我傻,我不行"的心理。教育心理学家调查发现,有一半以上在学习上有困难、缺乏自信心的学生,学习困难的原因是学习太早,失去学习兴趣,产生厌学情绪。

2. 家长对孩子过高的期望给孩子带来无穷的心理压力

如果家长在孩子身上寄予很高的期望,同时不断地指出他们的不足之处,多次以后,就会使孩子失去勇气和自信;相反,如果家长适度地向孩子提出要求,并及时鼓励孩子,会使他们充满活力和自信,并且产生要多学(做)一点儿的欲望。

在孩子的理解中,只有他达到了父母的要求,他在父母的眼中才有地位,才变得重要。于是,孩子为达此目的,会努力去做,但这样做又觉得很吃力,心里总不痛快,又不敢公开抗争,还特别在乎别人对自己的评价。孩子生活在矛盾和心理压力下,失去了一个儿童应有的天真和无忧无虑的生活,如果这种状态持续下去,将会给他带来性情烦躁、厌学等不良后果。

3. 孩子学习起来感到吃力,慢慢丧失了学习的兴趣

孩子如果要对学习有兴趣,首先他要学得懂,感觉到学习的快乐。孩子如何才能轻松愉快地完成学习任务,很重要的一点就是自己想学、自觉地学、有规律地学,简单地说,就是要养成好的学习习惯。例如自觉读书的习惯,上课集中精力不受干扰的习惯,先做作业后玩耍的习惯……如果孩子没

有养成这些习惯,学习起来可能就会感到困难和吃力,慢慢就会丧失学习的兴趣。

4."依赖"的习惯让孩子体验不到独立解决问题后的快乐

现实生活中,很多家长忽视了对孩子独立性的培养,使孩子养成了"依赖"的习惯。这种习惯自然会延伸到学习上。例如,孩子读书遇到不认识的字,遇到不会做的题,总是问"妈妈(爸爸),这个字读什么？这道题怎么做?"有的家长对孩子学习不放心,总爱站在孩子的身边,看着孩子做题,还美其名曰"辅导"。当孩子遇到不懂的地方时,家长总爱主动地告诉孩子答案。这样,孩子慢慢养成了需要别人督促、遇事就向他人寻求答案的"依赖"习惯。孩子的这种依赖习惯,抑制了孩子独立解决问题的能力,孩子不能体验发现问题、探索问题、解决问题的学习过程给自己带来的快感,留在心里的是"学习是个苦差事""学习没趣"的感觉。

5.学习目标功利化

目前,学习目标功利化的情况十分普遍,一些孩子为名为利而学,为完成父母的愿望而学,对知识的本身却不感兴趣。这样,孩子就很难体会到获取知识给自己带来的快乐,只把学习视为完成任务一样的苦差事。

6.孩子的学习方法差

学习方法,很多也是一种学习习惯,如学习不受干扰的习惯;把新旧知识联系起来进行学习的习惯;预习的习惯;等等。有的孩子由于上课精力不集中,事先又没有预习,难以抓住重点、难点,老师讲解后一片茫然,经常为完成作业而苦恼。有的孩子不能合理地安排、利用时间,整天弄得手忙脚乱,成绩还上不去。由于孩子缺少正确的学习方法,很难完成日益繁重的学习任务,久而久之,孩子自然就没有学习兴趣了。

(二)提高孩子学习兴趣的主要办法

1.营造利于孩子学习的家庭氛围

肥沃的土壤才能长出好庄稼,良好的家庭环境才可能培养出品德良好、聪明活泼的孩子。

首先，在家庭的装修布置上多体现点书香和儒雅。例如：购置书架、书桌，当然最好有书房；书架上放一些书和基本的文化用品；装饰上励志、劝学的条幅等。其次，家长要以身作则，热爱学习。如果家长一边要求、督促孩子要努力学习，一边一有空余时间就打麻将、斗地主、刷微信、打游戏等，那么孩子感兴趣的恐怕不是如何学习，而是如何玩。如果家长在空闲时间，捧一本书或一份报纸，细细品读，或者端坐在书桌前，写写画画。那么，家长良好的学习品质很可能会影响孩子，孩子也就逐渐能产生看书、学习的兴趣。

2.不可强迫孩子学习

俗语云："强扭的瓜不甜。"学习也是这样，强迫孩子学习，只能增加孩子对学习的反感和厌恶。特别是在孩子正式入学前，不可强制把孩子送入兴趣班，不可强制要求孩子背诗、写字、绘画和识数。在学前期，除了让孩子了解文明礼貌等方面的规矩外，应主要让孩子尽情地玩，这对孩子身体、智力的发展都有益处。

3.利用孩子的好奇心，培养孩子的学习兴趣

(1)在比较准确地回答孩子所提问题的同时，要激发孩子积极探索的欲望。

成人应充分利用孩子的好奇心来激发孩子的学习兴趣。有的孩子把挂钟拆开，有的孩子不停问为什么。家长若不了解孩子的特点，把这些行为看成淘气、捣乱，对孩子批评、责骂，就会阻碍孩子智慧幼芽的生长，挫伤他们求知的积极性。另外要积极回答孩子的提问，家长如果一时不能准确地回答，应诚实地告诉孩子："孩子，你提的这个问题比较复杂，我也没弄明白，让我们共同查阅资料把它弄明白，好吗？"如果有些问题的答案孩子理解不了，或者不好正面告诉孩子，如"妈妈，你和爸爸走到一起，为什么就有了我？"等问题，家长切不可回避，也不可胡编乱造哄孩子，更不可责骂孩子，应正面地告诉孩子："这是人的正常的生理现象，随着你慢慢长大，不断学习，以后你自然就会明白的。"如果家长回避、哄骗、责骂孩子，那以后孩子遇到不懂的问题时也许就不问了，这样就会挫伤孩子的学习积极性和好奇心。

(2)在孩子正式入学前，特别是3岁前，多带孩子到图书馆、文化宫、少年

科技馆等具有文化气息的地方去,接受文化氛围的熏陶。如果到图书馆去,应让孩子在图书馆内自由选择他们喜欢的图书;常把孩子喜欢的图书、画册等买回家供孩子在家中翻阅。这样,让孩子慢慢爱上书,提高他们主动学习的兴趣。

(3)给孩子制造学习的"饥饿感""神秘感"。

以幼儿为例①,幼儿天生好奇,总爱对他们不知道的而又感兴趣的东西进行一番探索,总有问不完的问题,比如,"太阳和月亮都会发光,为什么阳光热,月光不热?""小鸟为什么会飞?我为什么不会飞?",等等。家长对孩子提出的千奇百怪的问题除了给孩子正面回答和解释外,一定要给孩子留出思索的空间,如给孩子解答"小鸟为什么会飞,我为什么不会飞"的问题时,家长可以告诉孩子:"小鸟和你虽然都是动物,但小鸟有翅膀,而你没有。小鸟有翅膀就会飞的问题,等你上学后,学到了一定的知识,自然就会明白。"这样,就可以给孩子制造一种求知的"饥饿感",增加孩子想学知识的欲望。

在正式入学前,有的孩子急于学习知识,如在书上或广告牌上看到某字,孩子问家长"那是什么字?怎么读?"家长应为孩子具有这种求知欲而感到高兴,但是,家长最好不要把孩子所问的那个字的更多信息告诉孩子。正确的做法应该是:孩子问到什么字,就告诉孩子那个字的正确读音,至于怎么组词、是什么意思,就先不要告诉孩子,可以让孩子自己回家查字典。这样做可以让知识对孩子有一种"神秘感",激发孩子探索知识的欲望。

4.根据孩子的智力实际,协助其制定切实可行的学习目标

目标对激发孩子的进取心十分重要。没有目标便没有动力,但目标必须适当。目标过低,孩子没有动力,目标过高,孩子达不到会挫伤信心。例如,给一个三年级的孩子规定语文要考95分以上,数学至少要考97分,力争考"双百",并许诺考到"双百"给多少物质奖励。这种规定和许诺都没有考虑到孩子的实际情况,不利于孩子学习。其一,这个目标是不是和孩子的智力实际相匹配值得考量,如果目标过高,孩子通过努力达不到会伤害孩子的自信心,目标过低则不能充分调动孩子的积极性。其二,目标太单一,因为

---

①本书在讲述某些问题时,因作者资料的局限性,多以作者熟悉的幼儿为分析对象,文中其他地方也可能存在类似情况,特此说明。

除了学习成绩,孩子还应在做人、做事上有一定的目标,如不迟到、不旷课、文明、礼貌、友善友爱、不怕困难、自己的事自己做,等等。这些非智力目标对孩子走向成功有着极其重要的作用。其三,以物质奖励作为诱惑,容易使孩子为了奖励而学习,而不是因为对学习感兴趣。正确的做法应该是:第一,除制定好非智力目标外,孩子在学习方面"尽力"就行,等孩子学习一段时间后,再根据孩子的智力情况、努力情况定出下一阶段的学习目标。这个目标要在孩子通过努力能达到的范围内,这样孩子才会有学习的信心。第二,目标要根据孩子学习的实际情况不断地调整,让孩子永远对目标充满信心。第三,不要以金钱、物质作为奖品,应以精神奖励为主,以让孩子感受到精神愉悦为原则,如孩子达到学习目标,可带孩子到他喜欢的地方去玩。第四,制定学习目标要以孩子为主体,家长只是协助,要让孩子高高兴兴、信心十足地接受目标,这样孩子才能为之奋斗。

5.培养孩子的成功感,让孩子体验学习的快乐

尝试成功,体验成功的快乐,是激发孩子进取心的又一要素。著名物理学家杨振宁曾说过,他不赞成有人说他学习"刻苦",因为他在学习中从没感到"苦",相反,体会到的是无穷的"乐"。学习若能给孩子带来快乐,那么孩子一定会喜欢学习。例如:一个孩子喜欢画画,他用蜡笔在纸上涂抹,尽管他在那里画了很久,但他仍兴致勃勃,为什么?因为他的心里充满了绘画给他带来的快乐。我们成人也有过这样的体验,你读到一首优美的诗,决心把它背下来,尽管费了很大的劲,最后终于把它记住了,这时,背诗的辛苦全忘了,心里充满的只是记住了美好诗句的喜悦。那么,如何才能让孩子的学习充满快乐呢?

(1)学习的目的很重要。孩子学知识究竟为谁,这个问题很多家长没弄明白。孩子学习知识应是为了充实自己、提高自己,以后有能力、有本事。如果是为了自己而学,孩子就会因为学到一样东西而感到高兴。例如,一个小学孩子背下了乘法口诀,他觉得自己已经掌握了乘法的要领,这时他会因为掌握了一项技能而感到快乐;如果是以期末考98分为目的,尽管掌握了乘法的要领,他也感觉不到快乐,他不知道期末究竟能考多少分,他会为考多少分时时担忧。现在的学校教育、家庭教育大多趋向于以"考分"为重,这会让孩子迷茫。这学年能考得如何,小学毕业后读什么样的初中,初中毕业后

读什么样的高中,高中毕业能否考上一所好大学,大学毕业后能否找到一份好工作,工作后能否挣到钱等一系列问题摆在孩子面前,会让孩子天天担忧。这样,孩子怎么能快乐地学习呢?另外,孩子学习就是为了完成家长、老师的任务,所做的努力,没有一样不是为了达成家长、教师的愿望,这样,孩子能快乐吗?因此,为了避免孩子产生"学习是苦差事""学习是为了完成他人的任务"的意识,从孩子入学开始,家长就应该向孩子灌输"学习是自己的事""自己的事自己做"的思想,增强孩子做学习的主人翁的精神。

(2)多鼓励,多表扬,少指责,少批评,让孩子体验成功感。再笨的孩子都有他的闪光点,家长要善于发现孩子的闪光点,不要动不动就说"这么简单都不会,光知道玩"。对孩子不要指责和抱怨,不要"恨铁不成钢"。家长如果老说孩子不行、笨,会让孩子觉得自己很差,这样会让孩子忧虑、压抑,厌恶学习。如果孩子是真的做错了,家长当然也要指出,要让孩子明白大人为什么要批评他,让他明白道理。那么,家长如何做才能让孩子对学习充满信心呢?

①家长要对孩子充满信心。家长一定要相信自己的孩子有能力把学习搞好,在行为、语言、神态上都表现出对孩子的尊重和信任。不在孩子面前唉声叹气,不无故指责孩子,不说孩子傻、笨,特别是不当着众人的面说孩子不行。家长对孩子的信任,是对孩子莫大的鼓舞,是孩子取得学习进步的心理基础。处处信任孩子,时时鼓励孩子,孩子会在家长的信任中改正自己的缺点,发扬自己的优点,一步一步取得成功;如果家长在孩子面前经常叹气,经常说孩子笨,那么孩子会信心尽失,最后真成了"笨孩子""傻孩子"。

②抓住孩子微小的成绩鼓励孩子。一个人,总有他的长处,一个再笨拙的孩子,通过学习也能取得成绩。家长就应该抓住孩子学习上的微小进步,多肯定、多鼓励、多表扬,这样孩子在家长的不断肯定和不断鼓励中一定会不断进步。例如孩子做十道算数题,哪怕只对了两道,家长也应该肯定孩子的成绩:"孩子!你看,你已经做对了两道,说明你是有能力把题做对的,爸爸(妈妈)相信,只要你自己找出错误的原因,再努力一点儿,下次你一定能做对三道题、四道题,甚至更多。"孩子的"闪光点"有很多,家长只要不只盯着短处,就会发现孩子的长处,只要多表扬孩子的长处(微小进步),面对孩子的不足,多鼓励,孩子的学习信心慢慢就会增强。有了信心,就会有学习进步,越有进步,对学习的兴趣就越浓。

③让孩子多获得成功的体验。孩子对学习没有兴趣,主要原因之一是孩子没有尝到学习的甜头,没有体验到成功给他带来的快乐,所以他们一直把学习当成"苦差事"。那么,如何才能让孩子把学习变成"乐事"呢?

第一,一开始就应让孩子学懂。一般只要在孩子入学前没强迫孩子学习,一开始上学,孩子都会对学习充满兴趣,对知识充满渴望,如当他们学到了"b""p""m""f"后,回到家里,会高高兴兴地告诉父母,今天学到了"b""p""m""f"。那么,为什么有的孩子后来对学习就不感兴趣了呢?主要原因是孩子学不懂,学起来比较吃力,慢慢就害怕学习了。为了让孩子保持学习的兴趣,家长在孩子开始上学时,就要尽可能地帮助孩子掌握好知识,一开始就让孩子学懂,这样既增强了孩子的自信心,又使他体验了学习的快乐。

第二,学习上要劳逸结合。学习和工作一样,需要有张有弛,这样才能保持旺盛的精力。所以,家长应根据孩子的年龄特点,把握孩子的学习时间。儿童注意力稳定性的持续时间为:5至6岁时,约为10至15分钟;7至10岁时,约为15至20分钟;11至12岁时,约为25至30分钟;12岁以上能超过30分钟。家长要根据孩子注意力的时间规律,把握孩子的学习时间,如果不顾客观实际,要求孩子长时间学习,孩子就会感到累,感到烦躁。经常这样,孩子就会觉得学习是一件"苦差事"。所以,不管孩子学习有多忙,都不能让孩子长时间地做作业或阅读,应让孩子学习一段时间后听听音乐、活动活动,同孩子说说话,或者让孩子做些自己喜欢的事。总之,让孩子觉得学习不累。

第三,千万不要以学习的方式惩罚孩子。有的家长和老师,为了教育孩子改正错误,往往以罚作业的方式惩罚孩子,以为这样既教育了孩子,又让孩子加强了学习。其实,这是一种扼杀孩子学习积极性的做法,会给孩子造成"学习是一种不光彩,不愉快的事"的心理认知。儿童的想法很简单,他不可能认识到罚他做作业是在教育他,他只会认为"学习也是一种惩罚"。

第四,放低目标要求,让孩子能获得成功。学习,百分之五十靠先天的智力,百分之五十靠后天的信心和勤奋,所以孩子的学习成绩不够理想,家长要做具体的分析,不能一味地指责孩子没尽力学习。应根据孩子的智力发展实际,放低对孩子的目标要求,让孩子通过努力获得成功,让他们从成功中获得快乐的体验,同时也增强他们学习的信心。例如,孩子半期考试语文只考了65分,家长应协同孩子分析分数不理想的原因,在找准原因的基础上,给孩子提出期末考试的目标:"孩子,这次半期考试没考好,没关系,我们已经找到了原因,我相信,只要你再努一把力,期末一定能考上70分。你有这个信心吗?"家长放低目标要求,减轻了孩子精神上的压力,他对70分的目标也能充满信心。孩子通过后半学期的努力,期末考试考了72分。孩子达到了目标,获得了语文考试的"成功",他心里一定是快乐的。这时,家长应营造一个快乐的场景以奖励孩子,与孩子一起分享快乐,并给孩子提出下一个可行的目标,让孩子在不断的成功中继续快乐地学习。

第五,不比较,多表扬,不迁就,少批评。孩子有了恰当的目标后,就会朝着目标奋斗。家长应看到孩子在奋斗过程中的点滴进步,给予及时的肯定和鼓励,而不是等到孩子完全达到目标后再表扬。对孩子的错误,家长不能回避和迁就,应严肃、中肯地指出其错误所在。对孩子的批评,应就事论事,不应笼统地说孩子是个"笨孩子""差学生""木脑壳"。这种评价事实上是全面否定了孩子,使孩子看不到希望,从而丧失了进取的勇气。另外,切忌将孩子和别人比较,这种做法最容易让孩子感到沮丧。

第六,面对孩子学习的失败(退步),不指责,多鼓励。家长应正确对待孩子学习上的失败,正确对待孩子的考分,因为一次考试不能说明孩子学习成绩的好与坏,今天的高分不等于明天的成功,今天考试失败不等于明天也失败。孩子学习上失误或者失败,心中本就懊悔和忧郁,如果家长表现出不满情绪,甚至是责骂孩子,那孩子心中岂不更加悲凉,压力岂不更大?孩子在懊悔、自责的负面情绪中和强大的压力下学习,其学习成绩将会更加糟糕。所以,为了不让孩子在"失败"中消沉下去,家长应理智地看待孩子学习上的失败。其一,知道孩子学习失败后,家长要保持冷静,不在孩子面前表露出颓丧、失望的情绪,应一如既往地保持对孩子的热情和信任。其二,不埋怨、不指责孩子,不询问孩子失败的具体细节。其三,安慰孩子,鼓励孩子,如以同情的态度对孩子讲:"孩子,我明白你现在的心情,也理解你的情绪,但你不要长时间沉浸在自责之中,事情已经过去,任何自责和悲伤都于事无补;你要自己找出失败的原因,重拾信心,这样才能明确明天的努力方向;我(们)相信,你一定能勇敢地从失败中站起来,更相信,你能尽力提高自己的学习成绩……"如果家长能从以上几个方面给孩子安慰和鼓励,孩子就有信心总结教训,重新振作,这对提高孩子的学习成绩是大有益处的,至少比埋怨和指责孩子效果要好。

6.培养孩子好的学习习惯(详见《如何培养孩子良好的学习习惯》)

学习是艰苦的,如果能把学习变成一种习惯,而且有好的学习方法,孩子便不觉得苦了。好的学习习惯包括自觉学习的习惯、观察的习惯、记忆的习惯、预习的习惯、总结的习惯、自己的事自己做的习惯等。

7.注意把孩子不当的兴趣吸引到学习上来

每个人在少年儿童时期都有自己特别感兴趣的事,有的爱玩汽车,有的爱搭积木,有的爱唱歌、跳舞,有的爱玩游戏……孩子有自己的兴趣爱好,这本来是好事,但有的兴趣爱好如果不加以正确引导和节制,就会影响孩子的智力发展和良好人格的形成。

(1)入学前,要节制不良兴趣,逐步将兴趣转移到正途(如与学习有关的)上来。入学前,家长应控制孩子看电视的时间和玩电子游戏的时间,如果孩子已经无法控制自己,家长应让孩子干其他的事,转移他们的兴趣。如叫孩子协助父母做家务,带孩子到野外玩耍,让孩子与社区、邻居的小朋友一起做游戏,让孩子阅读喜欢的图书等。家长如果对孩子玩手机、玩电脑的兴趣不加以控制,孩子一旦"成瘾",难以纠正,将严重影响学习。

(2)读书后,把孩子的兴趣引导到学习上来。孩子有各种各样的爱好,有的爱好暂时与学习无关,有的爱好对当前的学习帮助不大,有的甚至会影响当前的学习。家长应了解孩子的兴趣爱好,想办法把孩子的兴趣转移到学习上来。譬如,家长知道孩子喜欢汽车,喜欢驾驶,就对孩子讲:"孩子,你喜欢汽车和驾驶,这很好,但你现在应该努力地学习、钻研,去了解汽车是如何发动的、汽车的构造原理是什么等。你如果不努力学习,将来又如何能实现自己的驾车梦呢?"这样就可能把孩子原有的兴趣引导到学习上来。又如孩子对语文不感兴趣,而对数学、物理、化学等非常感兴趣,家长可以叫孩子编写数学应用题,让孩子体会语文基础知识的作用,从而增强孩子对语文基础知识学习的积极性。

8.发展孩子的自我期许

自我期许就是自我期盼和期待,简单地讲就是自己认为自己是什么样子以及将来会成为什么样子。人总是在无意间调整自己的行为,以符合内心中自己的形象。如果孩子心里认为自己是一个积极向上、聪明、优秀的学生,那么他就可能表现得和他想象中的自己一样;相反,如果孩子心里认为自己是一个普普通通、没有什么出息的人,那么他就可能表现得消极、随便。也就是说,有什么样的"自我期许",就可能会产生什么样的行为和表现。而孩子的自我期许主要来源于家长传递给孩子的期待和评价,来源于家长对孩子的信任和鼓励。所以,家长应做好以下几点工作。

(1)家长经常以好的希望暗示孩子。如,当幼儿主动翻开画册看画时或者主动拿起笔在纸上涂鸦时,家长应及时地说:"我们小宝宝主动翻开书学习,真棒!将来一定是一个爱学习的好孩子。"家长经常对孩子这样讲,就给孩子传递了一个"我要做爱学习的好孩子"的信息,久而久之,"爱学习的好孩子"就成了孩子的自我期许。

(2)家长多从正面鼓励孩子。如发现孩子看到会旋转、会发声的东西,总要摆弄半天,甚至拆开,家长应对孩子讲:"宝宝,你这种钻研精神值得表扬,你将来一定能成为一个肯学习、会钻研的人。"家长如果能这样对孩子进行鼓励,孩子就可能朝"肯学习""会钻研"的方向发展,慢慢成为"肯学习""会钻研"的人。

(3)让孩子发现自己的优点,增强自己的自信。家长在养育孩子的过程中,应让孩子从小养成总结优点的习惯。譬如,让孩子每周或每月总结一下自己的优点。如果孩子找不准自己的优点,家长可以提示孩子,帮助其归纳出来。这样,孩子就能明确地看到自己的长处。

发展孩子的自我期许对激发孩子的学习兴趣有很大作用,但是在发展孩子的自我期许时,家长的诱导一定要切合实际,与孩子的行为相吻合,脱离实际的暗示、诱导会让孩子摸不着头脑。例如:孩子专心摆弄他感兴趣的东西,父母夸孩子说:"宝宝真棒!你真是个聪明能干的乖孩子!"这句赞扬只是泛泛而谈,缺乏具体的事由,孩子听了不知所以然,这非但不能传递家长对孩子的期望,培养孩子的自我期许,还有可能助长孩子的虚浮和傲气。

培养、激发孩子学习兴趣的方式、方法还有很多。家长应了解孩子,知道孩子的个性特点和兴趣,采用不同方法,提高孩子的学习兴趣。

四十八　如何培养孩子良好的学习习惯

什么是学习习惯？学习习惯是指孩子在一定的学习情景下自动去进行某些活动的特殊倾向，也是一种自觉学习的行为方式。比如自觉阅读的习惯、自觉做作业的习惯、集中精力听讲的习惯等。

一个人养成的好的习惯，是一辈子都用不完的宝贵财富。中国青少年研究中心的专家孙云晓曾指出："习惯决定孩子的命运。"习惯的力量是巨大的，人一旦养成一个习惯，就会不自觉地在这个轨道上运行。如果是好习惯，那么人将会终身受益，如一个人养成了看书、读报的习惯，那么，不管在何处，每当空闲时，他都会自觉地拿起报纸或者书籍看一会儿，不看的话，就会总觉得心里欠着什么，这就是习惯的作用。

好的学习习惯，是孩子搞好学习的关键。如果孩子有集中精力听讲、积极思考、复习、预习等好习惯，一定能较好地掌握老师在课堂上传授的知识，成绩应是比较理想的；如果孩子上课思想涣散，不认真听讲，不随着老师的思路认真思考，那他是不可能理解、掌握教师的授课内容的，成绩应该也不够理想。

好的学习习惯，利于知识的积累，有助于孩子走向成功。人获取知识不可能一蹴而就。孩子在刚出生时，可以说是一无所知，但随着不断地学习，就可能逐步成为一个有知识、有文化、有能力、能自食其力，同时也能为家庭和社会做出贡献的人。人生的过程，就是一个学习积累的过程。没有一个人从娘胎里出来就有知识和经验，这都是需要后天学习积累的；成功人士之所以能够成功,很重要的一个原因就是积累了丰富的知识和经验。

总之,良好的学习习惯能给人带来诸多好处,有利于激发孩子学习的积极性和主动性;有利于孩子提高学习效率;有利于孩子创新精神的建立和创造能力的提高;等等。因此,为了孩子有一个好成绩,将来有一番作为,两代家长都应在培养孩子良好的学习习惯上多下功夫。

(一)学习上的不良习惯

1.学习缺乏计划性

学习需要有计划性,如一个人知道该干什么、不该干什么、先干什么、后干什么,有计划安排,有目标。学习成绩差的孩子,他们不知道一天该干什么,更不明白先干什么,后干什么,每天浑浑噩噩过日子。如,临到上课了才慌慌忙忙地从书包里找书出来,结果发现,上课要用的书被忘在家里了;回到家里不知是先做作业还是先玩,经常玩到天黑才想起该做的作业还没有做。

2.不能定时学习

在学校,学习跟着安排的课程走,那是孩子无法选择的,但不在学校的时候,学习在很大程度上就靠孩子自己了。如果在这些时间里孩子能养成定时学习的习惯,那将对其知识的巩固和增长起到很大的作用。有些学习差的孩子,学习时间不固定,有时学习完全凭情绪,高兴时学到深夜,不高兴时什么也不干。这样三天打鱼,两天晒网,学习是不会有收获的。

3.学习上喜欢"暴饮暴食"

平时学习得过且过,不求甚解,喜欢集中复习、临考突击。由于平时学习欠账多,结果考得一塌糊涂。

4.稀里糊涂,不懂装懂

一天学习下来,不清楚哪些地方学懂了,哪些地方没懂;似乎懂一点儿,但又没完全懂;又爱面子,不好意思向老师或同学请教。

5.学习上不细心

上学忘了带课本和学习用具；抄写中明明是"b"，却把它写成"p"；答案明明算出是"36"，却把它写成"26"；有时考试在草稿纸上演算后，却忘了把答案抄在试卷上；书写潦草，经常出错。这种学习上"丢三落四"、粗心的现象是比较普遍的，似乎是孩子学习的一种通病。

6.学习精力不集中

有的孩子总爱东摸摸、西搞搞，难以集中精力学习。主要表现为：上课时思想经常开小差，做一些与学习不相关的事或者做小动作影响别人；做作业时或东转转、西看看，或一边做作业一边听歌，或一会儿站起来，一会儿上厕所，或到处搭话。总之，不能专心致志地学习。古人云："目不能两视而明，耳不能两听而聪。"如果同时做两件事情，那结果是两件事都做不好。例如，在上数学课时，如果一边听讲，一边偷偷看与数学无关的书籍，那结果一定是数学没听懂，对所看书籍内容的印象也是模糊的。

7.没有观察和记忆的习惯

观察和记忆是紧密相连的，没有仔细的观察，就不可能有清晰的记忆，所以，观察是记忆的前提，也是记忆的基础，如果一个人的观察能力不强，那么他的记忆能力也是比较弱的。有的孩子学习成绩不好，就是因为没有观察和记忆的习惯。如，经过了一个地方，回头家长问孩子，在路上都看到了些什么，他一无所知，因为他根本没有观察，当然不会注意到在路上有些什么，更谈不上记住什么了；老师讲的内容，左耳朵进，右耳朵出，孩子根本不知道学了些什么。

学习上的不良习惯的表现还有很多，如不复习、不总结、不预习、不做笔记等。

(二)良好学习习惯的培养

良好的学习习惯和其他习惯一样，必须从小培养。根据儿童心理发展特点，1至7岁是培养孩子良好学习习惯的最佳时期，错过了这个时期，就会事倍功半。

1.培养孩子主动读书(学习)的习惯

书对孩子的影响实在不可低估,书不仅教给他知识,带他认识世界,还对他的语言能力、思维能力、理解能力、性格发展都有正面影响。良好的读书习惯,将使他终身受益。那么,应从哪些方面来培养孩子读书的习惯呢?

(1)主动读书(学习)的环境熏陶。在家庭环境布置上,多营造一些文化氛围。休闲时,家长可根据自己的爱好,读报、练字、写诗、唱歌……一方面陶冶自己的情操,另一方面营造家庭文化氛围,更重要的是让孩子受到潜移默化的影响。

(2)每晚睡觉前给孩子讲一个故事;双休日经常带孩子去书店或图书馆看书,或者与孩子一起学习书法等。

(3)陪孩子一起学习。有空时,陪孩子一起看书或一起看图编故事,培养孩子对书画的兴趣。在一开始,家长可边说边指着相应的图画,然后慢慢地过渡到读图书上的文字,使孩子对文字产生兴趣,但应注意,这主要是为了培养孩子自觉学习的兴趣和习惯。如果学前孩子问到什么字,家长就只告诉孩子那个字是什么,其余的不必告诉孩子,要让孩子对未知领域葆有一份探索欲,以此激发孩子探索的兴趣。

(4)与孩子一起进行角色扮演,即家长带孩子根据儿歌、故事情节,模仿某一角色进行动作表演。家里人还可以分别扮演不同角色,可以角色互换,可以重复几次。常这样做,可以让孩子认识到书中的故事可以用来做游戏,从而更喜爱看书。

(5)启发孩子提问。给孩子讲故事前,先给他下达一个或两个任务,让他听完故事后回答。另外,让孩子创编故事,如故事快要讲完时,留个结局让孩子自己创编,以此培养孩子的想象力。最后让孩子提问,让孩子把不明白的地方、不懂的地方提出来问家长,以此培养孩子不懂就问的学习习惯。

以上几种方法可以引导孩子看书,培养孩子自觉学习的习惯,家长不妨去试一试,不过,这需要家长付出很多的精力,更需要很大的耐心和毅力。

2.培养孩子主动探索的习惯

很多家长教育孩子,总爱把自己知道的一切都告诉孩子,想让孩子一下就能明白所有事。其实,这种方法不利于培养孩子主动学习的习惯,不利于孩子探索精神的培养。我们先来看一个例子。

一位妈妈买回来一个菠萝,好奇的孩子被这个从未见过的东西吸引住了,这位妈妈可能会用两种方式来对待好奇的孩子。一种方式是,妈妈告诉孩子:"这是菠萝,是可以吃的;它的外面很硬,有很尖的刺,你不要去摸它;它很重,你提不动它;它是圆的,你可以滚动它;你闻一闻,它是不是很香啊?现在我们把它拿到厨房去切开,切好后用盐水泡一泡,就可以吃了;它吃起来又香又甜。"另一种方式是,妈妈告诉孩子"这是菠萝",然后就把菠萝放在孩子面前,自己先去处理其他事情去了。好奇的孩子一定会对这个菠萝"采取行动",比如他可能伸手摸了一下菠萝,又赶紧把手缩了回来,并且对着妈妈喊:"妈妈,这个菠萝很刺手,我被它刺了一下。"妈妈回应说:"是的,孩子,菠萝会刺手,不要紧的。"孩子又抓起菠萝的叶子,把它拎了起来,可是菠萝很重,孩子很快就把它放下了。"妈妈,这个菠萝很重,我拎不动它。""是的,菠萝很重。"孩子又尝试着滚动菠萝,结果真的把它滚动了,他高兴极了:"妈妈,我让菠萝滚动起来了。"妈妈也很高兴:"你真能干!""妈妈,我闻到一股香香的气味,菠萝是不是可以吃?""对,孩子,菠萝是一种水果,是可以吃的。""怎样吃呀?""把皮削掉,切成一片一片或一块一块的,用盐水泡一泡,就可以吃了。""让我试一试……真好吃!"

这两种方式,你主张哪一种?你常用的是哪一种?它们有什么区别,会产生不同的效果吗?我们不妨来分析一下。第一种方式,妈妈直接告诉了孩子答案,孩子可能很快就学会了如何处理菠萝,但是,关于菠萝的知识是妈妈直接告诉孩子的,不是孩子自己发现的。将来孩子如果遇到不知道的东西,就可能会像这次认识菠萝一样等着他人告诉他关于那个东西的知识。第二种方式,孩子通过一系列的实践,加上询问妈妈,最终也认识了菠萝和菠萝的特点与作用。但是两种方式的结果很不一样:第一种方式,孩子很快学到了知识,可是他是被动接受的,容易养成学习上的惰性,体验不到学习的快感,慢慢会产生厌学的情绪;第二种方式,孩子也学到了知识,速度比较慢,但是孩子又同时学到了认识事物的方法,还学到了要根据事物的不同性质选择不同的认识方法的思维方式,更重要的是,他体会到了主动学习、主动探索的乐趣和成功感,久而久之,就能形成主动学习、探索的习惯。

大部分的家长,可能都在不自觉中采用了第一种方式,这其实就剥夺了许多孩子自己主动学习、探索的机会。在我们的生活中,经常都有这种可以让孩子主动学习的机会,关键在于我们家长是否善于把握。比如三四岁的孩子,非常喜欢在吃饭的时候帮忙分发筷子,开始的时候他可能一双一双地拿,来回地跑,并不断地念叨:"这双是给爸爸的,再拿一双给妈妈,最后拿一双给我。"心急的家长可能会对他说:"傻孩子,你一次多拿些,一共拿6根,不就不用多跑几趟了?"其实,家长没有必要直接告诉孩子"拿6根",只需要加以引导,等待孩子自己去总结,让孩子有机会自己动脑筋思考问题。当然,孩子自己总结,需要花较长的时间,如一次拿6根筷子的问题,孩子可能要来回跑几周甚至几个月才想到:每次都做一样的事情,是不是可以合起来做呢?于是他尝试着多拿一些,可是要么拿多了,要么拿少了,这样又过了几个星期才真正弄明白,每次要拿6根才刚刚好。在这个过程中,孩子学会了自己思考,自己总结,自己解决问题,并且体验到了思考的乐趣。花点儿时间等待一下孩子,其实是很值得的。所以,家长应从以下几个方面帮助孩子养成主动学习、探索的习惯。

(1)把活动时间留给孩子。在孩子活动时间的安排上,不少家长喜欢按照自己的想法去为孩子设计,如什么时间吃早餐,早餐后休息半小时,在成人陪同下到社区活动一小时,回家后歇20分钟看少儿节目,然后玩玩具……总之,把孩子的时间安排得满满的。其实,家长没有必要这么累,要多留一些时间让孩子自己安排,如果孩子还小,想不出什么活动,家长可以多提几个建议让他选择。

(2)培养孩子的主动性。在生活中,应多让孩子亲力亲为。在他们历练的过程中,哪怕是失败,也是他们的一笔财富。

3.注意力的训练

良好的注意力是孩子成长、学习中不可忽视的一个重要因素。就学习来讲,一个注意力涣散的孩子,是几乎不可能有良好的学习成绩的。在幼儿时期养成良好的注意力,是孩子长大成人后成就一番事业的基础。幼儿的天性就是好动、好玩的,他们很难专心致志地去做某一件事情。因此,在进行"集中注意力"的针对性训练时,一定要创造出"层层递进,出人意料"的梯度感,不让孩子的心神涣散。注意力的训练方法,在平时生活中就有很多,家长要有培养意识。譬如:拿两块长方形积木,让孩子把一块积木立在另一块积木上。这个小游戏,不但能锻炼孩子的注意力,而且能锻炼孩子的耐心。

4.观察力和记忆力的训练

观察和记忆同属智力的组成部分,但同时也是一种(学习)习惯。例如,同样在没人要求、没有目的的情况下,有的人经过一个地方,能说出所遇见的主要事物,有的人尽管经过了很多次,但对这个地方仍然没有印象,原因是前者已养成了观察和记忆的习惯,后者则没有这个习惯。智力很大程度上是先天性的,习惯是后天养成的,后天习惯的养成可以弥补先天的不足,促进智力的发展。

观察和记忆紧密相连,互为依托,又相互制约。观察是为了保证信息的有效输入,是记忆的前提,没有观察就没有记忆。记忆是观察结果的储存和检验,观察力很差的人,记忆力也不强。观察是通过眼睛看、耳朵听、鼻子嗅、嘴巴尝、用手摸等方式有目的地认识周围事物的过程,这个过程越认真、越仔细、越全面,记忆效果就越好。所以,培养孩子记忆习惯的同时,也要培养孩子观察的习惯。

5.学习方面的习惯养成

从孩子入学开始,家长就应教育、引导、督促孩子养成好的学习习惯,如上课认真听讲的习惯、先做作业后玩的习惯、不懂就问的习惯等。习惯一旦养成,便会在不知不觉之中持续下去,犹如物理学中的惯性力量,这对提高孩子的学习效率有很大的作用,特别是在初中及以后,作用更大。所以,家长应注重孩子以下学习习惯的养成。

(1)预习的习惯。提前预习,是培养自主学习的精神和自学能力,提高听课效率的重要途径。现实生活中,很多家长在孩子初入学时比较忽视预习习惯的养成问题,认为低年级孩子的学习任务就是识字、识数、算数等,没有必要预习,于是就放弃了预习的要求。在成人眼中,小学阶段的学习内容似乎都十分简单,都没有预习的必要,但从学习习惯的养成来讲,从孩子读书开始就应要求孩子预习,使之慢慢变成孩子自觉的行为。如果等到小学高年级或者初中才要求,那就晚了。所以家长应从孩子入学开始,就给孩子提出预习的要求,并督促其长期坚持下去,如每天坚持把第二天要学的新内容看一遍,逐渐形成一种习惯。随着知识的不断积累,孩子有了一定的自学能力,家长此时可以给孩子提出预习的具体要求,如通读一遍新课内容;利用工具书解决生字、难字的问题;明确新知识的要点、重点,便于课堂内有针对性地掌握知识。

（2）认真听讲的习惯。学生学习的关键是课堂的40或45分钟的听课效果，这是教师的经验之谈。有的孩子在课堂之外好像一整天都在玩，但学习成绩还是比较好，有的孩子课余时间好像都在学习，但学习成绩并不好，原因在哪里？根本原因在于前者是集中精力利用好了课堂时间，学懂了应该掌握的知识，作业也尽可能在课堂上完成。这样，玩的时间就多，活动时间就多，大脑得到的休息就多，所以，学习能取得事半功倍的效果。后者多半是上课时间思想开了小差，没有弄懂或者没有完全弄懂应该掌握的知识，做起作业就会感到困难，耗费大量的课余时间，学习起来事倍功半。教与学应该同步，因此学生在课堂上要集中精神，专心听教师讲课，认真听同学发言，抓住重点、难点、疑点，边认真听边积极思考；哪怕已经提前学过了，也还是要认真听，要把教师的思路、其他同学的思路与自己的思路进行对比分析，找出解决问题的最佳途径，并在这个过程中，尽量多理解、记忆一些东西。如果在课堂上东张西望或者做与课堂无关的事，就等于放弃了宝贵的课堂时间，这样的孩子学习成绩当然不会好到哪里去。

专注地听别人讲话并能积极地思考也是一种习惯，如果孩子养成了这种习惯，对学习将有极大的帮助。所以，家长应从孩子幼儿时期就培养孩子的这种习惯。譬如，对孩子讲话时，要求孩子认真地听，听的过程中不能做别的事，也不能插嘴，事后让孩子复述内容；给孩子讲故事时，要求孩子专心听，不能做别的事情，不要想别的事情，并要求孩子复述故事内容。

（3）积极思考、积极回答问题的习惯。优异的学习成绩永远属于学习上的有心人。这个"有心"，是指心中时时装着学习，时时思考有关学习的问题，时时思考如何解决学习中遇到的问题。"学而不思则罔，思而不学则殆。"这是大教育家孔子所提倡的一种学习方法。它指的是一味读书而不思考，就会因为不能深刻理解书本的意义且不能合理有效地利用书本的知识，甚至会陷入迷茫之中；而如果一味空想，不去进行实实在在的学习和钻研，则终究是沙上建塔，一无所得。这就告诫我们，要把学习和思考结合起来，善于提出问题，积极思考在学习过程中碰到的问题，积极思考教师和同学提出的问题；要通过大脑进行信息加工，总结出事物的一般规律和特征，这样才能学到切实有用的知识。

（4）善于提问的习惯。《论语》中说："敏而好学，不耻下问。"意思是聪敏又好学的人,向地位比自己低、学识比自己少的人请教,也不感到羞耻。这里的"问"就是善于质疑,善于向他人请教的意思。家长要积极培养孩子的这种习惯,有了这种习惯,孩子才能在质疑中增长知识、求得真理,在询问中解疑惑、长才干。善于提出问题、敢于大胆质疑、不懂就向他人请教是孩子主动学习的表现,是学习能力强的体现,是创新精神的表现。所以,家长应保护孩子的质疑精神。

(5)互相帮助、相互交流的习惯。同学之间互相交流学习、互相帮助、取长补短,有利于共同进步,能激发他们的学习积极性。所以,家长要鼓励、支持孩子与同学开展互帮互学、互相交流的活动。这样不但能取人之长补己之短,而且能调动双方的学习积极性。

(6)先做作业后玩耍的习惯。先做作业后玩耍或者先玩耍后做作业只是时间先后的问题,但会导向不一样的结果。前者反映了学习的积极性和主动性,后者反映了学习的消极性和被动性,其结果是完全不一样的。先玩耍后做作业者,往往是玩够了才想起作业没做,做作业的时间会很紧迫,于是,要么草草了事,要么抄别人的作业交差了事,这说明这样的孩子没有把学习放在重要的位置。而先做作业后玩耍者则是把学习放在首位,多半会认真负责地完成作业。所以,家长不要小看孩子作业时间安排的"先""后"问题。应该从孩子入学开始,就督促孩子先做作业后玩耍,坚持一段时间后,这种行为慢慢就会变成孩子的自觉行动。

(7)独立完成作业的习惯。作业是教学活动的重要组成部分和自然延续,是学生最基本、最经常的独立学习实践活动,也是反映学生学习情况的主要方式。孩子的作业一般包括两大部分,一是书面的,二是思考或实践操作的。

做作业的目的是巩固所学的知识,是为了培养独立思考的能力,不是为了向教师交差,更不是为了应付家长。有的孩子做作业的目的不明确,态度不端正,往往是能拖就拖,能抄就抄。会做的题马马虎虎地做,不会做的题就抄答案,甚至不做。这些不良的习惯不仅会严重影响孩子的学习效果,而且会影响孩子良好人格的形成。所以家长要重视孩子做作业的问题。其一,教育孩子做一个诚实的人:在做作业上做到"知之为知之,不知为不知";不能借助他人之手,不能抄别人的作业。要告诉孩子,抄别人的作业,是盗窃别人的劳动成果,就像小偷偷别人的东西一样让人鄙视。其二,明确做作业的目的。在学习上,应让孩子从小明白"学习是自己的事""做作业更是自己的事""自己的事应该自己做"的道理,让孩子有责任意识和担当精神。其三,教给孩子独立完成作业的方法。例如:做习题时认真阅读习题和要求;结合已学知识,思考解题方法;把难题暂时放在一边,等把其他较容易的题做完了再集中精力攻克难题;实在做不出来就借助工具书或向他人请教,直到弄懂为止。

这里必须强调一个问题:个别家长看到孩子很快就把作业做完了,马上又给孩子增加新的作业,这种做法不可取。因为这样做,一是打击了孩子学习的积极性,二是"逼"孩子养成学习拖拉的习惯。孩子会想:"反正作业做完了家长还要给我'布置作业',我何必要抓紧时间完成作业给自己找事做。"家长这样做,可能是为了让孩子多学点儿知识,并把相关的知识掌握得更牢固。但家长应该明白,孩子毕竟是有思维的活生生的人,家长把他当成学习的机器和木偶,他内心情愿吗?

(8)养成善于反思、总结的习惯。学习是一个循序渐进的过程,也是一个不断总结积累的过程。优异的成绩和成功眷顾善于反思、总结的人,而且善于反思、总结的人即使失败也能从失败中再站起来。不善于反思、总结的人很多时候失败了却不知道为什么失败,只能让自己沉沦再沉沦。家长应让孩子明白这些道理,让他们从小养成善于总结的习惯,这对孩子的一生都极为重要。

其一,做题、考试后反思的习惯。在读书和学习的过程中,尤其是在复习备考的过程中,教师会指导学生进行强度较大的练习,但做完题并非终点,重点在于将知识引申、扩展、深化,因此反思是解题之后的重要环节。一般说来,习题做完之后,要从以下五个层次进行反思。

第一,题是如何做出来的?解题用的是什么方法?第二,为什么这样做?这样解题的依据、原理是什么?第三,解题的思路是什么?怎么想到这种方法的?还有没有其他方法?哪种方法更好?第四,这些方法适用于其他习题吗?第五,错误的根源是什么?解答同类试题应注意哪些事项?如何改正常犯的错误?进行了这样五个层次的反思,孩子才能"吃一堑,长一智",不断完善自己。

其二,归纳小结的习惯。孩子每天睡觉前,应尽量把当天所学的东西像放电影一样在头脑中过一遍,检验对所学知识的掌握情况,如果有没有掌握的，及时翻开书看一下，以加深记忆；每周都做总结，一章学完后再总的复习一下。对记忆性知识的复习，每一遍用时不需太多，但是复习的次数要多，以加深印象。每章、每节的知识是分散的、孤立的，孩子要想形成知识体系，课后必须总结归纳，把各章知识连起来，融会贯通。

(9)整理错题的习惯。整理错题，就是把平时的作业、测验、考试中比较典型的错题用错题本记下来，写出犯错的原因、正确的解法、相似的题型以及解题的技巧和办法等。这样做的目的是使自己不再犯相同的错误。在学习中，很多孩子都没有这个习惯，很多家长也没有这方面的培养意识，以致孩子不断犯相同的错误。这应该引起家长的重视。

(10)不断学习的习惯。知识是从每天学一点点开始积累的，可以说从孩子出生开始，就在学习知识了。这种积累从幼儿的自由探索开始，到死才终止。如果在某个阶段终止了学习，就可能跟不上时代发展的步伐，就可能被时代淘汰。何况在知识经济时代的今天，信息和社会都在发生日新月异的变化，一个人只有通过不间断的学习，时时为头脑"充电"，才能不落伍，才能跟上时代的步伐，才能获得成功。因此，家长应从孩子幼儿时就开始培养孩子爱读书、爱思考、爱探索的习惯，目的就是培养孩子不断学习、终身好学的习惯。但是，现实生活中，有不少人成家立业后，就没有了学习的兴趣，把宝贵的时间浪费在应酬交际上，以致一生无所作为。为了避免这种"未老先死"的现象发生在孩子身上，家长在培养孩子良好的学习习惯的同时，要将孩子喜欢学习的好习惯上升到"终身学习"的精神层面上来。

学习上的习惯还有很多，如写日记、做笔记的习惯，摘抄的习惯，细心的习惯，计划安排的习惯，客观看待自己、正确看待他人的习惯，按时就寝、按时起床、按时学习的习惯，等等。

好的学习效果、好的学习成绩从培养良好的学习习惯开始。如果家长真正注重孩子的学习，请把培养孩子良好的学习习惯和生活习惯放在首位吧！诺贝尔奖获得者、智利诗人米斯特拉尔说，许多需要的东西我们可以等待，但是儿童不能等，他的骨骼正在形成，血液正在生成，心智正在发育，对儿童我们不能说明天，他的名字是今天！

家长们！让我们从孩子小时候抓起，从现在做起，从小事做起，让孩子逐步养成学习的好习惯。

四十九　如何培养一个爱学习的孩子

从孩子刚有一定的表达能力时起,不少家长就开始教孩子识数、认字、背诗……从孩子将要进幼儿园时起,不少家长就开始为孩子选师、择校,希望孩子有一个好的学习环境;从孩子正式入学时起,不少家长就不放弃任何能提高孩子学习成绩的时机和环节,如监督做作业、不让孩子干与学习无关的事、为孩子补课、为孩子请家教等。总的一句话,希望孩子爱学习、学习成绩优异,将来成龙成凤,出人头地,能胜过父母,超越他人。然而,为什么家长拼命为孩子的学习操心,有的孩子还是不喜欢学习呢? 我认为除了孩子自身的原因、社会的原因外,主要原因在于家长对孩子的学习问题缺乏正确的认识、教育和引导。

(一)孩子为什么不爱学习

1.幼年的伤害

(1)家长的干涉和阻止把孩子爱学习和探索的精神扼杀在摇篮中。婴幼儿时期,孩子总喜欢看看这、摸摸那;一堆沙子,他们会玩很久;发现一只蚂蚁、一条蚯蚓,他们也会较长时间地蹲着观察;喜欢问"这是什么?""那是什么"和"为什么"……孩子稍大一点儿,特别喜欢或热衷于某一样东西或喜欢干某一件事,比如喜欢小汽车、小火车、收音机等;喜欢把玩具或收音机等拆开来看个究竟。对孩子的上述行为,有的家长不理解、不支持,甚至横加干涉和阻止。其实,这既是孩子好奇心和探索精神的体现,更是孩子将来好学的基础和原动力,但家长的"这不行,那不准",使孩子这种探索好学的精神在成长的岁月中慢慢被磨灭了。

(2)注意力在不断的干扰中丧失。有的孩子读书后,上课不能专心听讲,常东张西望,心不在焉,似听非听,哪里有一点儿响动就分心;做作业时不能全神贯注,东摸摸西搞搞,边做边玩,粗心大意;做事有始无终,常半途而废或虎头蛇尾;常走神、发呆,脑子里不知想些什么,常常不知道老师提问的内容……孩子为什么会出现这些状况呢?除了生理和环境因素外,一个重要的原因是孩子的注意力在婴幼儿时期受到了影响。比如,婴幼儿时期的孩子在集中精力玩积木、玩游戏、看画册、看电视、玩泥巴、乱涂鸦时,家长总是不断地问这问那,要求这样,要求那样,甚至是无话找话地找孩子聊天,让孩子不能专心地做他喜欢做的事。本来婴幼儿精力集中时间就很短,精力不稳定、易分散,加上外界的不断干扰,孩子的注意力就在这不断的干扰中慢慢地分散,甚至丧失。

(3)过早的知识传授和不当的要求让孩子丧失学习兴趣。一些父母,对孩子希望值高,希望他们聪明能干,将来能出人头地,于是,很早就热衷于所谓的"智力开发",希望孩子"不输在起跑线上"。还没有正式入学前,就对幼小的孩子进行读、写、算的训练,给孩子报读各种兴趣班。从表面和短期看,早点儿让孩子学习知识,孩子确实能鹦鹉学舌似的死记硬背些东西,但并不理解,一阵子后就忘了;从长远看,过早地给孩子传授知识会给孩子带来很大的学习压力,降低了孩子的学习兴趣,挫伤了孩子的自信心。

近年,越来越多的孩子在正式入学前就参加各种特长班,被迫放弃了玩具、游戏,面对艰深的知识,产生了害怕学习的畏惧心理,慢慢丧失了学习的兴趣。

2.大量的负面暗示让孩子丧失了"我能学好"的自信

有的家长对孩子的期望值过高,但结果孩子的表现却事与愿违,于是他们常在孩子面前唉声叹气,并常以讥讽的语言指责孩子。比如说孩子"真胆小""真笨"等。这些负面的语言在无形中给孩子贴上了标签。这些标签会对孩子产生一种心理暗示,让孩子认为"自己能力差,不如别人好",进而产生自卑的心理。长期的自卑加上自我怀疑会让孩子深信自己确实很笨,结果就真的成为"什么都学不会"的笨孩子了。

3. 只满足孩子的物质需要,孩子体会不到学习的快乐

有的家长忙于自己的事业发展和赚钱养家,从而忽视了对子女的陪伴和教育。有些家长因为不能经常陪伴孩子,就对孩子物质上的需求一味地予以满足,以此来弥补对孩子的亏欠。这不但会让孩子养成自负、自私的性格,还会使孩子情感匮乏、性格孤僻,更重要的是由于家长很少陪伴孩子,很多时候,孩子在情感上未得到家长的理解和支持,不能亲身体验家长的爱,这会造成亲子关系紧张,再加上家长一味以物质付出作为资本来要求孩子提高学习成绩,孩子体会不到学习给他带来的快乐,更不会有学习的积极性了。

4. 受父母的影响

有的父母自身不检点,说话粗俗,生活态度消极;不关心时事,不爱学习;无所事事,无所追求,有空余时间不是上网、玩游戏,就是打麻将;生活懒散,行为拖沓;不求进取,追求吃喝玩乐。孩子长期生活在这样的父母身边,耳濡目染,自然会受到他们不良行为的影响,而人生观和价值观受到影响,孩子可能就会学着父母那样得过且过。孩子如果有了这样的精神状态,还有心学习吗?

5. 学习的目的性不明确

不管干什么事,都应有方向和目标,这样,做起事来才会有动力。有的孩子为什么不爱学习,一提学习就头痛,其中一个最大的原因就是他们不知道为什么要学习、为谁学习。现实生活中,主要有两种现象。

一是为父母而学。有的父母从孩子2至3岁起,就让孩子学这样,学那样,也不管孩子喜不喜欢,具不具备这方面的才能,只要别的孩子在学,自己的孩子也要学,孩子是无法(无权)选择的;从孩子读书开始,有的家长整天挂在嘴上的就是考试分数和名次,一旦孩子分数不理想、排名落后,这些家长就显得十分焦虑,不是唠叨就是唉声叹气,个别的甚至对孩子实施暴力惩罚。这都会让孩子认为学习不是自己的事,学什么、学习达到什么程度都是家长的要求,学习是为了完成家长的心愿。

二是为老师而学习。我们常常发现,学生如果喜欢哪一位老师,就愿意上哪位老师的课,就会认真完成这门课的作业,进而产生学习这门课的兴趣。我们常常听到学生说这样一句话:"我一点儿都不喜欢某某老师!我才不听他的课,给他完成作业呢!"这些孩子学习不是为了自己,而是因为喜欢某位老师。

由于"为谁而学"的问题没有得到解决,他学起来当然是被动的。

学习既然不是自己的事,孩子就会这样想:"如果你对我好,对得起我,我就努力学习,如果你惹得我不高兴,我就不学。"有这样认识的孩子,能主动学习吗?

6.缺乏战胜困难的意志和决心

不管孩子聪明与否,在学习中都会遇到困难,就看如何去面对,如何去克服。不怕困难的孩子能迎难而上,怕困难的孩子就一味后退,多次失败和退让后就会使其丧失自信。孩子天生是爱学习的,为什么后来怕学习了,就是因为不同的教育方式和成长环境造成孩子意志力薄弱。

7.缺乏学习的方法和技巧

有的孩子学习成绩上不去,不是因为他们不认真学习,而是因为没有掌握学习的方法和技巧。这些孩子"读死书",不去寻求适合自己的学习方法和技巧。例如,利用课间时间做作业。从表面看起来,这样的孩子学习是努力的,但细想一下,这种学习方法是有问题的。一堂课45分钟下来,孩子如果在课堂上认真听老师讲课并积极思考问题,到下课就已经比较累了,就需要利用课间10分钟进行调节和休息,为下一节课做准备,不然,下一节课就很难集中注意力,学习效果就会变差。读书和记忆也是需要方法和技巧的,如理解记忆、重点(主要词句)记忆、分层记忆等方法。如果不讲方法和技巧地死记硬背,学习效果是会事倍功半的。

8.学校教育的影响

现代的教育,对学校教育质量的评估往往以升学率为主要依据,评判教师的业绩以学生的考分为依据,在这种形势下,许多学校也以追求升学率为主要目标,许多教师以提高学生考分为主要目的。这样的教育很难做到面向全体学生,更难做到针对厌学学生的特点和学困生的特点进行教育,教师把主要精力都放在成绩优秀、有升学希望的学生身上,成绩比较差的学生就管得少。学习成绩比较差的部分学生就会感到被冷落了,更加觉得学习困难,于是,更加害怕学习。

9.受教师教育价值观的影响

学生学习成绩好能给老师带来效益和荣誉,客观上造成了学生学习机会的不均等。成绩差的学生上课发言的机会明显少于成绩好的学生;教师对成绩好的学生的关注度明显高于成绩差的学生;有的教师甚至只要求成绩差的学生不破坏纪律,不影响别人就行,对于其学习成绩、思想道德、意志品质等方面则不闻不问。教师对学困生的消极态度会使他们失去学习的兴趣、信心和动力。

10.受到不良社会风气的影响

不良的社会风气和社会文化也会对孩子的学习产生一定的负面影响。如社会上的"一切向钱看"的思想,"没有文化照样找大钱"的个别现象等。

(二)让孩子喜欢学习的方法与措施

1.让孩子保持探索的精神

从小时候开始,孩子就不停地用手抓这样、拿那样,他们好像对一切都感兴趣。这表示孩子开始了对物质世界的探索。这种探索的精神就是孩子将来学习的原动力。

不知家长有没有注意到,出生约3个月后,孩子开始喜欢有颜色的、能发出声响的东西。他们将物体拿在手中反复触摸,并且不时地用嘴去咬,以此感受物质的特性;1.5至3岁,孩子就开始探索物品与物品之间的关系,比如,哪些可以装在哪些里面,哪些可以排成一排,哪些可以垒在一起,怎样能把瓶盖拧开,怎样能将瓶盖拧紧,怎样利用物品的组合变出另外的物品等。孩子的这一切行为都是在对物质进行探索。他们在探索这些物质的特性时,每个细胞都处于感知和思考的状态,所有的感觉器官都在为他们的大脑收集有关事物的信息。在这个信息收集的过程中,孩子的感觉器官被高度地整合起来,大脑开始进行恰当的工作。在工作的过程中,肢体和大脑需要和谐的配合,从而使大脑的工作能力不断增强,并创造适合个体的思维方式,这将为日后大脑工作和文化知识的学习打下良好的基础。然而,有的家长不知道它的重要性,也不知如何支持、保护孩子探索的行为。家长应根据孩子对物质探索的具体情况,采用相应的措施,让孩子保持探索的渴望。

(1)给孩子独处的机会,促使孩子探索世界。孩子出生后,家庭成员因为喜欢孩子,不是这个抱就是那个抱。这样做的结果是:孩子没有独处的机会,也不会注意到身边的物体。孩子如果长期没有物品的刺激,没有独处的机会,时间久了,就会沉浸在与成人身体相贴的舒适感觉中,对其他东西没有探索欲望,对物品也会视而不见,一旦不抱他了,他就会哭。成人这么做,不但自己累,也会让孩子错过对物质的探索期,让孩子养成懒于动手、动脑的不良习惯,更为严重的是为后天孩子"不爱学习"埋下隐患。为了避免这样的情况,在孩子0至2岁期间,应让孩子有独处的时间,增加物品的刺激,培养孩子最初的探索精神。因为,这时引领孩子去探索物质比引领孩子去探索人的身体更重要。

(2)根据孩子的特点,提供相应的环境和物品,让孩子保持探索的兴趣。孩子在各个时期,对物品的探索需求是不同的,每个孩子的需求也是不一样的。如0至1岁,孩子一般喜欢颜色鲜艳的、能发出声响的、黏黏糊糊的、会动的物品;孩子到3岁左右,需求有了很大的改变,各个孩子的需求也千差万别,有的喜欢车,有的喜欢船,有的喜欢猫,有的喜欢狗,有的喜欢枪……家长应仔细观察孩子的特点,为孩子提供他们喜欢的、适合他们探索的材料,如玩具、泥土、画笔等;提供适合孩子发展创造力的家庭环境,让孩子保持探索的精神。

(3)孩子在探索的过程中,往往能专心致志、聚精会神。这个时候,成人千万不要去干扰孩子,如一会儿问孩子"饿不饿",一会儿问孩子"冷不冷",一会儿又去指挥孩子该怎样做,不该怎样做……孩子如果经常这样被打扰、被阻止,很可能会变得畏首畏尾、瞻前顾后,而且很可能养成注意力易分散的习惯,这样会直接影响孩子将来的学习和工作。

2.让孩子精神愉悦,快乐成长

在孩子成长的过程中,家长应给予孩子正确的爱,也就是说除了满足孩子的物质生活需求外,还应培养孩子健康的情感,使其快乐地成长,身心健康。因为,家长对子女的爱,尤其是赋予了崇高社会责任的爱,是开启孩子心扉的钥匙,是促进孩子奋进的催化剂,是孩子学习的精神支柱和动力。家长可以从以下方面努力。

(1)母乳喂养。母乳喂养对母亲和孩子都有诸多好处,它能增强婴幼儿的抵抗力、免疫力,更为重要的是能促进婴儿智力的发展和增进母子感情。母乳中含有多种可以促进儿童发育的活性物质,首先是母乳中牛磺酸的含量比牛奶中的含量要高出10倍之多。牛磺酸对婴幼儿大脑发育、神经传导、视觉机能的完善和钙等物质的吸收有良好的作用,是一种对婴幼儿生长发育至关重要的营养素。其次是母乳中含有的长链多不饱和脂肪酸,能促进婴幼儿眼睛和大脑的发育,从而促进其智力的发展。另外,在哺乳过程中,母亲的声音、心跳、气味和肌肤的接触能刺激婴儿的大脑,激发起人类独有的感情和高级神经中枢的综合活动,不但能增进母子感情,而且有利于小孩心理和社会适应性的发展,还能促进婴幼儿早期智力的开发。

(2)亲子陪伴。父母应该多与孩子接触,与孩子平等相处,建立起良好的亲子关系。不管有多忙,不管孩子是在婴幼儿时期还是在青少年时期,父母都应多陪伴孩子,多与孩子接触。在陪伴的过程中,孩子多大,父母就是多大,也就是要以一颗童心与孩子玩耍、游戏、交往,与孩子形成一种朋友式的平等关系。在陪伴孩子的过程中,要培养起的不单单是孩子与父母的亲密关系,更重要的是孩子在与父母的接触中,自然地接受和合理地模仿父母良好的情感表达、情绪调控、行为习惯,从而转化为行为的动力。因此,在亲子陪伴中,父母应尽量做到以下几点:一是注意自身对情感的调节和调控,丰富情感的内容;二是把情感与自己的行为联系起来,通过日常的言谈举止正确地表达情感;三是以良好的行为方式引导孩子,让孩子模仿学习,明辨是非;四是在陪伴中注意观察孩子的行为方式、情感、性格等的发展的动态过程,利用各方面条件协调配合,促进孩子各方面的良好发展。

(3)和睦的家庭关系。孩子爱不爱学习,有没有信心学习,都与和睦的家庭关系有着重要的联系。很多孩子学习差、厌学、有学习障碍都是由家庭不和、父母关系紧张、父母离异造成的。乌鲁木齐市少管所曾做过一项调查,发现40%的孩子是由于父母离异无人管教而走上了犯罪道路。离异家庭的儿童一般具有以下特点:爱哭;放荡不羁,到处乱跑;过分胆小和焦虑;

冷漠,情绪低落,很少能快乐起来;悲观,觉得低人一等;孤独,经常发呆;易烦躁发怒;厌学;等等。

研究表明,在夫妻和睦、民主平等的家庭里长大的孩子会表现出情绪稳定、情感丰富、性格开朗、团结友爱、自信心强等特征。因为,在充满爱心的家庭里,孩子有安全感,能感到温馨愉快。同时,和谐的家庭还满足了孩子的归属感需求,他会感到自己在家中被爱和受尊重。托尔斯泰也认为,夫妻间的和睦是成功地教育儿童的首要条件。因此,父母在家庭中要做到敬老爱幼,长幼之间、夫妻之间要互敬互爱,给孩子做出榜样;夫妻双方都应增强责任心,要想到自己担负着维系家庭、养育子女的责任,不能为了自己快乐就置家庭、孩子于不顾;家庭成员要提高修养,以坦荡、宽广的胸怀待人处事,要互相谅解和支持。总之,家庭成员要努力营造和谐的家庭氛围,为孩子创造一个利于学习的家庭环境。

3.不要过早地、有意识地向孩子传授文化知识

孩子在入学前正处于物质的探索期和文化敏感期,家长应帮助孩子保持对物质探索的热情和急于学习知识的渴望,让孩子一开始上学就能被书中的知识所吸引。如果在孩子入学前就教他们识字、读书、背诵诗词,教他们音乐、美术和绘画等,并向孩子提出一些学习要求或"考核"目标,长此下去,就会给孩子带来心理负担和心理压力,让孩子觉得学习是一件"苦差事"。如果幼儿长期处在机械的读、写、算的状态中,想象力也会被扼杀。因此,对孩子进行教育和引导时,家长应遵循孩子生理和心理发育的规律,切不可揠苗助长。

(1)孩子1至2岁期间家长主要应做的事:

①根据孩子的喜好和需求,为孩子提供不同的工作材料,多让孩子独自玩耍,引导孩子对物质产生探索的渴望,逐步增强他们的探索能力。

②与孩子的交流,以单一的语言为好,不宜让孩子处在多种语言环境之中,如果给孩子提供的语言环境过于复杂,容易给孩子的语言发展带来困惑。

(2)孩子2至3岁期间父母主要应做的事:

2至3岁是孩子探索物质与人的关系的时期,比如,从对物品外观的探索等转向对物品使用的探索等。由于孩子对物品的运用没有经验,其能力与

想象的还有差距,很多时候结果都事与愿违,孩子会因此特别苦恼,但他们仍然要坚持按自己的想法去做。不少家长认为,这时期的孩子特别犟,特别不可理喻(孩子的第一个执拗期)。其实,这是人类生存本能需要的一种特质,对孩子的成长十分重要,因为,这种"犟"是孩子探索发展的必然,是孩子追求完美、精益求精精神的体现。这种精神是孩子将来学习、生活和工作所必需的。如果引导得不好,会影响孩子精益求精品格的形成。所以,家长应从以下几个方面去应对孩子的"犟"。

①面对孩子的不近情理,家长要耐心倾听,心平气和地教导孩子。如果家长生气,向孩子发火,甚至打骂孩子,孩子会摸不着头脑,不知道家长为什么生气。也许,因为家长生气,孩子会停止哭泣,停止对痛苦的表达,但这很可能使孩子变得精神不振,慢慢形成做事犹豫不决、拖拉等行为习惯。

②面对孩子的不近情理,家长不宜给孩子讲客观理由,可提供一些积极性的建议,让孩子自己思考如何解决。如孩子乘电梯因按不到按钮而哭泣,可给孩子建议:"宝宝,你可以找一个小凳或木箱垫在脚下,或者请谁帮忙把你抱起来让你能按到电梯按钮。"但不可对孩子讲"你还小,个子不够高"等客观理由。如果经常这样,当孩子以后再遇到困难的时候,就可能找客观理由逃避。

③面对孩子的不良情绪,家长应想办法让孩子感到愉悦。如孩子正在为不能把珠子垒到积木搭建的屋顶上而生气,家长可以提出:"宝宝,我们用积木来修一条高速路,好吗?"这样可以转移孩子的注意力,让孩子快乐起来。

④多带孩子到图书馆、博物馆、科技馆等具有文化气息的地方去,让孩子主动翻阅他喜欢的图书。家长应主动给孩子讲孩子喜欢的故事,让孩子从小受文化的熏陶并爱上读书。

(3)在孩子探索文化关键期家长主要应做的事:

大致在5至7岁这个阶段,孩子对物质的探索慢慢脱离了物质的本身,他们开始思考用一些符号、模式、声音来表达物质,表达自己的思想、精神和他人的思想、精神等。如果没有从小被逼迫学习文化知识,这个时期的孩子会自然地、自觉地、迫不及待地对文化学习产生兴趣,喜欢识字、绘画、音乐、舞蹈等。这个时期是孩子的文化敏感期。在这个敏感期中家长应做的事有:

①孩子问什么就回答什么,问多少就回答多少,并告诉孩子,等他读书后会知道很多道理,知道更多有趣的事,让孩子保持对知识的渴求。

②在孩子需要帮助时,最好做得比孩子差,让孩子觉得你比他差,增加孩子学习的动力。

③在这个时期(包括以前),不要今天教孩子这样,明天教孩子那样;不要不断地去考他。经常这样,会让孩子紧张、害怕,他们就不愿学,不愿问了。

④在这个时期,要让孩子获得成就感,并让他感受到愉悦。比如,孩子问了家长一个字,或一句话怎么读,当这个字或这句话再出现的时候,家长让孩子念出来,并给予及时的赞扬。这样,孩子在入学后,会对学习感兴趣,自然地进入学习状态。

下面是德国的学前教育情况,可供大家参考学习。

一个德国孩子要在幼儿园里度过将近4000个小时。在这期间,德国孩子都学到了些什么呢?

孩子们参观了警察局,学习了如何报警,如何处理遇到坏人的情形,了解了警察的作用。

孩子们参观了消防局,跟消防员们一起学习灭火知识、躲避火灾的常识;参观了邮局,知道了一封信是如何从家里到达邮局,又被投递出去的;参观了市政府,认识了市长,看了看这个为他们服务的市长是什么样子的。

他们去自由市场,拿着钱,学习怎样买东西,区分了自由市场跟商店的不同。

他们去花圃,参观花草的种植,学习分辨花草植物。

他们去看马戏、儿童歌剧和魔术。

他们参观图书馆,学会了如何借书、还书。

他们去坐有轨电车,学会记住回家的路线。

他们每周都跟老师去超市买东西,选择货物,学习付钱。

樱桃收获的时节,孩子们跟老师去采摘樱桃。

南瓜收获的时节,孩子们跟老师一起做南瓜汤。

……

最终孩子学会了自己修理玩具,自己管理时间,自己制订计划,自己搭配衣服,自己整理东西,自己找警察。

举德国幼儿园的教育的例子,主要是为了说明:在孩子入学前,家长应利用孩子的触觉、嗅觉、听觉、视觉、味觉等开发孩子的智力以及动手、动脑的能力,保持孩子的好奇心和探索精神,让孩子在入学时就有一颗旺盛的求知心。

4.用家长喜欢学习的行为习惯影响孩子

孩子将来爱不爱学习,与家长的言行有着极大的关系。孩子从出生到成人,与父母及家庭成员相处的时间最多,并且父母一般是孩子最亲近的人,是孩子最信赖的人,所以,父母的一言一行无不影响着孩子。明清之际的著名思想家陆世仪曾说:"教子须是以身率先。每见人家子弟,父兄未尝着意督率。而规模动定,性情好尚,辄酷肖其父。皆身教为之也。念及此,岂可不知自省。"所以,家长应该明白身教重于言教的道理,也应好好打算如何为孩子做出学习的表率。

家长应戒除沉迷电子产品、赌博、酗酒等不良习惯,在工作之余多读书、看报、写字;经常带孩子逛书店,常买自己喜欢、孩子喜欢的书籍;为孩子做出榜样,供孩子模仿学习。请看一位高考"状元"的家长说的一段话:"大家都来向我讨教经验,其实我没什么经验,没给孩子请家庭教师,孩子没上辅导班,我们自己也辅导不了。如果说经验的话,就是从孩子上学以后我们就给他创造了良好的学习气氛。只要孩子一学习,我们不看电视、不玩手机,陪着孩子学习到很晚。孩子看到妈妈每天都埋头读书学习,非常专心,不好意思再打扰妈妈的学习,自己也埋头读书。孩子说:'家里充满了读书的气氛,就像图书馆一样,这种气氛对我是一种压力,是一种净化,它使我养成了专心学习的好习惯,渐渐地,我的学习态度越来越端正,最终在高考中取得了好成绩。'"可见家庭学习气氛对孩子学习精神的形成有着非常重要的作用。

5.从"自己的事自己做"开始,端正孩子的学习态度

"自己的事自己做"不单单是一个习惯问题,也是一个态度问题、责任意识问题。有的孩子学习不好,并不是头脑不聪明,而是学习态度和对学习的认识出了问题。他们认为学习是家长、老师的要求,并不是自己的事。其实,它在一定程度上都是家长娇惯出来的。从孩子小的时候开始,家长什么事都不让孩子做,所以孩子从小就不需要负责什么,只知道"衣来伸手,饭来

张口"。结果孩子就变得什么事都不想做,什么事都不会做,什么都不想学,什么困难都无法克服,什么责任也无力担当。为了避免这样的结果,家长应从孩子有动手能力时就开始让孩子多动手,力所能及的事特别是孩子自己的事就放手让孩子做,让他们慢慢养成"自己的事自己做"的好品质,为孩子将来的学习打下一个基础。比如,在玩耍中培养孩子"自己的事自己做"的习惯,只要家长督促、坚持孩子那样做,久而久之,孩子头脑中慢慢就会形成"自己的事自己做"的责任意识,如果能把这种"意识"延伸到学习上去,那孩子就能具备学习的主动性。

6.要多鼓励,多指导,少指责,少埋怨,少打击

对孩子的学习问题,家长应客观地看待,不应一味地采取高标准、严要求。望子成龙、望女成凤是可以理解的,但不切实际的高标准、严要求不但对孩子没有帮助,弄得不好还会适得其反。在学习问题上,关键是看孩子有没有尽力。如果孩子已经尽力了,尽管成绩不尽如人意,离家长的要求差得很远,家长也不能揠苗助长,更不能挖苦、责骂孩子。不然,可能会害了孩子。一是会使孩子丧失自信、自尊,失去学习的原动力。二是可能让孩子压力过大,造成抑郁。三是可能让孩子走极端——出走、轻生等。有的家长,自己读书时成绩就普普通通,但非要要求孩子学习成绩达到优秀,这似乎不合理。这些家长忽略了,智力是会遗传的。从遗传这个角度看,你怎能怪孩子学习不努力呢?从另一个角度讲,如果我们在尊重客观的基础上,对孩子进行恰当的引导,也许会使孩子学习成绩大幅提高,甚至达到优秀。所以,家长们应从以下几个方面去努力。

(1)切合实际地夸孩子。人们常说:"好孩子是夸出来的。"确实如此,因为夸孩子,能增强孩子的自信心,这样孩子会更愿意为自己设立较高的目标。人一旦有了目标,有了自信,离成功就更近了;如果孩子读书一无目标,二无自信,得过且过,那他终将一无所获。如果不切实际地夸孩子,可能会助长孩子的傲气,让孩子变得自负。所以,夸孩子也要讲艺术。

①夸具体的点。所谓具体,就是把孩子做了某件事描述出来,并对这件事进行评价,而不是泛泛地、笼统地、不明就里地夸奖孩子。比如家长看了孩子的作文后说:"文章的开头开门见山,很好,你能想出这样的开头实在不容易;中间的描述能感觉出你是经过了仔细观察的。结尾的一句话用自己

的感受来点题,比较精彩,也很恰当……"这样,把孩子在作文中值得赞扬的地方和孩子所花费的辛苦一一说了出来,孩子听了,才会明白自己哪里做得好,才会变得自信。如果家长看了作文后只说:"孩子,你作文写得真棒!"孩子就会不明就里,久而久之,就会变得自负。

②夸努力不夸聪明。"你真聪明!"是家长夸孩子惯用的评语。如果经常这样夸孩子,只会让孩子觉得好成绩是与聪明画等号的,一方面,他会变得"自负"而非"自信";另一方面,他面对挑战时很可能采取回避的态度,因为不想出现与聪明不相符的结果。美国的研究人员让幼儿园的孩子解决了一些难题,然后对一半的孩子说:"答对了8道题,你们很聪明。"对另一半说:"答对8道题,你们很努力。"接着给他们两个选择:一种是可能出一些差错,但最终能学到新东西的任务;另一种是有把握做得非常好的任务。结果三分之二被夸聪明的孩子选择容易完成的任务;90%被夸努力的孩子选择了具有挑战性的任务。

③夸事实不夸人格。现实生活中,人们夸赞孩子常用的话是"宝宝真乖!""宝宝真帅!"等,这样的话是典型的"夸人格"。很多家长虽然是无心将其挂在嘴边,但它在无形中给孩子扣上了一顶大帽子,这对孩子来说是一种压力。我们成年人不也是这样吗?在大会上,领导如果不断地夸奖你,开始你可能还沾沾自喜,但慢慢地就会感觉到压力,为了做得完美,让自己疲惫不堪。那么,什么是夸事实呢?如,孩子玩耍后主动把玩具收拾起来,家长看到后夸孩子说:"宝宝玩了玩具后主动让玩具回家,你表现真棒,希望继续努力。"

④把值得赞赏的行为用一个简短的词去总结。如要求孩子玩半个小时就回家,孩子玩了半个小时就回来了,家长可说孩子"守时";孩子把自己喜欢吃的糖果分享给长辈们,家长可赞扬孩子"有孝心"或"有爱心";看见别的孩子向水池里乱扔石头,孩子能克制自己,坚持不那样做,家长可说孩子"有主见""有毅力"等。以上例子并不是标准答案,要根据实际情况和家长的感受而定。在孩子的生活中,会出现很多值得家长赞扬的事情,这需要家长仔细地观察,并向孩子说出自己的感受,让孩子对自己有一个全新的认识。

⑤在要求孩子完成某件事情前,估计孩子会出现的问题,提前夸奖鼓励孩子。一般来讲,夸奖是事后对孩子的肯定,但有时候在预见到孩子对某些事情可能有抵触或害怕时,可以事先夸夸孩子,用表扬来打预防针,可能会

有意想不到的效果。家长在养育孩子的过程中可经常使用这种方法,如在第一次送孩子上幼儿园时,就先对孩子说:"我们宝宝是一个勇敢的孩子,比别的孩子强,去幼儿园一定不会哭。"

(2)对孩子要多鼓励,多引导。有的家长看孩子事情没做好,想到孩子成绩不理想就唉声叹气,把哀怨、愤怒表现在脸上,讽刺孩子,骂孩子是笨蛋等。家长的这些负面情绪都会给孩子的心灵造成伤害。家长教育孩子时应多从正面鼓励和引导孩子。

家长可以通过亲情的感召和鼓励,把"家长要孩子学"变成"孩子自己要学"。发自内心的力量才是真正的力量。所以,面对孩子的"不如意",家长应从以下几个方面去努力。

第一,面对孩子的错误认知,家长要多引导。孩子因为年纪小,对事物的认识往往不全面,甚至会出现错误,并认死理。家长如果不及时疏导可能会使孩子的情绪一落千丈。比如因误会,孩子对某位老师产生错误认知等。我的女儿在读初中时就经历过这么一件事。孩子在学校表现不错,是班上的生活委员,但因某一次给班上提出生活管理的建议而没有被老师采纳,孩子就认为老师不信任自己。于是,就闹情绪,不认真听这位老师的课,不做这位老师布置的作业。这个错误认知如果继续发展下去,势必影响孩子的学业。我知道这件事后,并没有指责孩子,而是心平气和地给孩子讲道理,以解开孩子的心结。首先,我肯定孩子积极提出建议的出发点是没错的,是积极的表现。其次,帮孩子分析她提出的建议未被老师采纳的原因:"可能因为老师忙,没有发现你的建议;也可能是你提的建议不如别人提的建议好,老师采纳了别人提的建议,而忽视了你的建议,这说明你还要继续努力。"最后,给孩子讲清楚老师要面对的情况:"班上几十个学生,最终只能综合采纳几个人的建议,老师这样做并不是在针对你一个人,老师也没有不信任你,因此,你没有理由生老师的气。"通过以上分析和引导,孩子很快就改变了错误的认知,回到了积极学习的轨道上。

第二,要让孩子正确地面对失败。家长如何看待孩子学习上的失败并与之沟通,这也是一门艺术。在学习和生活中,失败和受挫都是难免的,关键是孩子如何从错误和失败中走出来。孩子年纪小,本身不具备自我评价的能力,大多时候都是靠他人对自己的态度来进行自我认识。当孩子学习遇到困难或者遭受失败时,家长应控制自己的情绪,和颜悦色地与孩子沟通,要告诉孩子:"学习遇到困难甚至失败都是难免的,但没有关系,只要你不气馁,并从中找到原因就行了,至于学习成绩,只要你尽力就行了。"不少家长,面对孩子的"不争气",很难心平气和、客观地对待孩子,要么阴沉着脸,要么火冒三丈;要么唉声叹气,要么挖苦讽刺。其实,这样对待孩子是有百害而无一利的。下面摘录了《教育孩子最不能说的五十句话》中与学习有关的内容(有删改):

揭孩子短的话——小时候就笨,上学了还这么笨。类似话语:冤枉你啦?不好还怕说;笑话人家考得不好,忘了上次你不及格了?

威胁孩子的话——下次再考这点儿分,我再也不管你了,随你的便好了。类似话语:再哭妈妈就不要你了,把你送人算了。

强迫孩子的话——(为你的学习)我花了这么多钱,你一定要坚持到底。类似话语:再不好好表现,我们就不喜欢你了。

否定孩子的话——天生不是学习的料;你怎么越学越笨;这么简单的题都错了,你还有什么用。

误导孩子的话——学习好比什么都强。类似话语:别人的话你都不要信,就听我们的就行;咱家可就靠你了。

抱怨孩子的话——我的脸都让你丢尽了。类似话语:你真是让我伤透了心;你不小了,怎么这么点儿事也做不好;怎么才考这么点儿分。

误解孩子的话——我能冤枉你吗?类似话语:一定是你的不对,你必须认错;你有什么可狡辩的,谁相信你的话。

侮辱孩子的话——你真是笨孩子。类似话语:你真是猪脑子,你真是无可救药。

讽刺孩子的话——你考试能及格就谢天谢地了。类似话语:你也太"聪明"了吧;这种事只有你做得出来;这么简单也不会,你可真行。

哀求孩子的话——妈妈求求你了。类似话语:爸爸求你好好学习,行不行?

放弃孩子的话——我对你不抱任何希望。类似话语:你自己看着办吧,这个家也不指望你了。

利诱孩子的话——只要学习好你要什么都行。类似话语:你少玩点儿游戏,就多给你零用钱;若考100分我就给你买礼物。

怀疑孩子的话——这次进步了几名,是不是老师多给了你几分啊?类似话语:你实在无法让我相信。

拿别人和孩子比较的话——人家比你强多了。类似话语:看人家小强又听话,学习又好,瞧你,啥也不行!

情绪性的话——真笨! 我怎么生了你这么个孩子。类似话语:我烦你,你离我远点儿;恨不得没生你;不想再看到你。

对孩子不耐烦的话——(这个问题)我给你讲了多少遍,怎么还不懂!类似话语:这件事我重复说了多少遍了!

伤害孩子自尊的话——(你真是)头脑简单、四肢发达,你能干什么。类似话语:就你那两下子还能做成什么事啊;养你这样的孩子,我真是倒了八辈子的霉。

抹杀孩子好奇心的话——你哪来的这么多为什么。类似话语:别什么都想试试;不让你动的东西你别动;别什么事都问。

阻拦孩子求知的话——你烦不烦,问个没完没了的。类似话语:你怎么什么都问呢?

以上话语很伤害孩子,不利于孩子学习,家长在教育孩子的过程中,应尽量避免说出这种话。

(3)让孩子获得成功的快乐体验。科学研究发现,当孩子获得成功时,大脑会释放出"脑内吗啡",这种化学物质会使孩子想重复这一快乐的体验。因此,家长应该尽可能地给孩子创造条件,让孩子有实践的机会,有成功的机会,以此增强孩子能学好的自信,增加孩子在学习上的快乐体验。比如,在和孩子玩象棋、跳棋的时候,可以让着孩子一些,让他有机会赢;在孩子想要帮忙做家务时,不要嫌弃孩子手脚慢,做得不够好,应该尽可能地多给机会让孩子表现和锻炼;当孩子成功完成一个小任务或者获得一些成功时,家长就应该夸赞孩子,让孩子感到快乐。正如某位教育学家所说:"为孩子找一棵矮点儿的苹果树,让孩子踮起脚,伸手就可以摘到苹果。"孩子通过自己的努力摘到了苹果,他心里一定是高兴的。这些都是对孩子良好行为的一种强化。特别是在学习上,家长应想办法让孩子多获得成就感。

7.对孩子进行温柔而有边界的管教,提高孩子的感知力

温柔而有边界的教育就是一种"正面管教"。正面管教的概念出自简·尼尔森的著作《正面管教》。《正面管教》的英文书名直译为"积极的纪律",要

让纪律的环境带来积极的作用。这本书贯穿着一种态度——和善而坚定。简单地讲,就是"温柔而有边界"的教育。所谓"温柔",就是家长对孩子不生气、不发火、不打骂、不严厉、不娇纵,让孩子清楚地知道家长是爱他的。所谓"有边界",就是在自由的情况下有界限,让孩子知道哪些界限不能超越,超越了就要担责任,就要付出代价。现实生活中,有不少家长在教育孩子的过程中,只是一味地娇纵、放任孩子,没有给孩子明确规定出哪些是不能做的事情,如果违反了要受到怎样的惩罚,要负怎样的责任等。所以,孩子慢慢养成了"以我为中心"、自负、怕困难、自我控制力差、沟通能力差等人格特点。这为孩子学业失败、事业无成奠定了基础。作为家长,我们怎样做才能避免这样的结果?家长在教育孩子的过程中既要让孩子知道家长是爱他们的,又要让孩子跟着家长学会生存的技能和与他人互动的方法;知道哪些情况下是自由的,哪些规定哪些事是不能违反的。《正面管教》提出,家长通过"温柔而有边界"的教育,应使孩子具有七项重要的感知力和技能。

(1)对个人能力的感知力:孩子在做某件事情时觉得"我能做这件事""我有能力把它做好"。

(2)对自己在重要关系中的价值的感知力:孩子觉得"我是有价值的""我的贡献是有价值的""大家需要我"。

(3)对自己在生活中的力量或影响的感知力:孩子能感到在自己生活中"我是有力量和影响的""我是能够解决发生在自己身上的事情的"。

(4)内省能力强:不但有能力理解他人的情绪,而且能够利用这种理解做到约束自己和控制自己。

(5)人际沟通能力强:善于与他人合作,并在沟通、协作、协商、分享、共情和倾听的基础上建立友谊。

(6)整体把握能力强:以责任感、适应力、灵活性和正直的态度来对待日常生活中的各种限制和行为后果。

(7)判断能力强:运用智慧,根据适宜的价值观来评估局面。

以上七个方面的能力能使一个人充满自信、自尊,掌握生活基本技能,这是孩子搞好学习、走向成功的关键。要让孩子具有这样的能力实属不易,这需要家长付出汗水和心血,也考量家长的智慧。

8. 家长辩证地看待孩子的学习成绩,树立正确的成才观

对孩子的学习成绩(分数),家长要做到心态平和、淡定。要知道孩子的分数只是阶段性检测结果,人生路很长,这一次甚至是许多次的考试成绩的好坏,只是表明孩子这一个阶段的结果而已。有的学生小学成绩特别好,到了初中成绩就慢慢下滑了,慢慢变得很平常了。在初中学习成绩一般的,到了高中,成绩可能就噌噌往上升,高考还能考个特别好的大学。所以说孩子的学习成绩不是一成不变的,关键看家长如何辩证地看待孩子的学习成绩,如何给予引导。如果因孩子考出了好成绩而一味夸赞,不注意引导孩子看到自己的不足或可能出现的问题,就可能造成孩子的自满,导致孩子学习成绩下滑;如果孩子成绩变差了,家长只是对孩子一通埋怨,甚至指责打骂他,不帮助孩子找出成绩变差的原因、寻求解决的办法,就可能让孩子失去学好的自信,使孩子的学习成绩越来越差。所以各位家长,不要太纠结于孩子一时的成绩,应该放开你们的心胸,冷静地面对,细心地分析,悉心地关怀,热心地帮助,正确地评价,积极地鼓励,让孩子始终保持一种良好的心态去面对学习。为此,家长应做好几件事情。第一,最好不要给孩子定硬性的学习指标;第二,不要拿孩子的考试成绩来判断孩子将来能否成才;第三,不要拿自己曾经的学习成绩或他人的学习成绩与孩子比较。

(1)要运用发展的眼光,以辩证的观点看待孩子。孩子这学期学习成绩不好,也许下一学期就有转变。人生的路很长,并不是哪一次考试就是终点,也不是哪个阶段就是终点,人生有的是翻盘的机会。小学成绩不好,初中可以翻盘;初中成绩不好,高中可以翻盘;高考成绩不好,即使没有考上大学,到社会上去工作同样可以翻盘;年轻时业绩不好,到中年也可以翻盘。关键是家长如何对孩子因势利导。孩子是否具有可持续发展的后劲和活力,关键看家长能否激活孩子的学习积极性,能否激活孩子内在的发展潜力。为此,家长需要对孩子有耐心、恒心和信心,要打持久战。人才的开发是一场特殊的"马拉松",心急吃不了热豆腐,不要幻想一口吃成个胖子,要鼓励和引导孩子树立"马拉松"意识,要努力再努力,要敢于笑到最后,不要因一时的成败论英雄,要让孩子明白:即使没有考上大学也应如此。关键是要培养孩子坚忍不拔的意志和终身学习的习惯,使孩子具有上进心,这样孩子即使在学校期间学习成绩不够优秀,踏入社会后也可能取得成就,获得成功。

(2)科学分析孩子每次的考试结果,协同孩子找出得与失,科学引导孩子。正确地分析孩子的考试分数,不被表面现象迷惑。

①了解测试目的。测试目的不同,反映出来的问题就不同。不能简单地以一两次分数的高低,来判断孩子学习进步或退步,忽略孩子能力发展方面的问题。比如,学期中的进度测试题的难度,往往要小于诊断性测试和期末终结性测试。因此,期中考试的高分,并不一定就预示期末考试也会得高分。

②认真分析分数的真实性。家长有必要与孩子一起,认真分析此次考试孩子本人甚至全班、全校考试的分数真实性。只有对分数的真实性有了深刻的认识,才能依据"修正"以后的分数来分析问题,得出正确的结论。譬如,孩子语文考了78分,如果与其他科比或者单从分数看孩子语文成绩是不好的。但是,如果全班平均成绩只有70分,说明考试难度大,知识范围广,主要是为了考查学生的能力。从这个角度看,78分的成绩并不差。

9.根据孩子的个性特点,教给孩子学习的方法

所谓个性,就是一个人区别于他人的稳定的、独特的、本质的特性,如能力(智力)、性格、兴趣等。由于人与人之间有能力、性格、兴趣等的差异,适合他们的学习方法也就不同。

学习上的能力,其实质是智力。它是获取知识、运用知识和解决问题时所必备的条件。如果孩子智力发展得好,家长就应帮助孩子按计划学习、持之以恒地学习。因为,智力发展好的孩子一般很难有计划地学习,他们高兴就积极地学,心里不痛快就不努力学习。如果孩子的智力发展相对要差些,家长就应帮助孩子树立自信,因为,这些孩子一般反应较慢,理解力相对弱一些,一开始学习成绩可能比不上别人,他们容易气馁。

个性特点也指性格特点。它是对现实的稳定态度及与之相适应的行为倾向。性格又分为内向和外向两种类型。外向型的孩子一般性格开朗,能比较畅快地把心里话说出来,但有学习无计划、做事以情感为中心、轻下结论和容易浮躁等缺点。内向型的孩子一般情绪稳定、喜欢思考,学习计划性较强,但不善言谈、不善交往,有时还有容易自卑的缺点。

对性格外向的孩子,家长应帮助他们加强学习的计划性,并督促他们坚持执行计划,直到养成习惯为止;在学习上还应督促孩子在沉稳、踏实方面

下功夫。外向型的孩子一个人学习较困难,家长应帮助孩子营造互帮互学的集体学习氛围和克服粗心大意、不求甚解的毛病。

对性格内向的孩子,家长应创造条件让孩子多参加活动,提高孩子交际的能力,帮助孩子养成善交流、善交际的习惯;让内向的孩子看到自己的长处和短处;从孩子擅长的学科入手,让他们看到自己所取得的成绩,树立孩子的自信心;帮助孩子和志趣相投的同学和朋友相互学习,弥补他不善于集体学习的不足。

爱学习是儿童的天性,儿童也具备天生的学习能力。如孩子一出生就具备了语言学习机制,他们从哇哇啼哭到基本掌握自己的母语,只需用他生命最初的短短两三年,无论这种语言有多么复杂,这是多么神奇的一件事情!家长要注意教育的方法,不打击、伤害、扼杀孩子的学习积极性,将孩子那颗喜欢探索、喜欢学习的心保持下去,让孩子成为一个喜欢学习的人。

五十　如何培养孩子良好的行为习惯

行为习惯是行为和习惯的总称,包括在长期的学习和生活中逐步形成的不易改变的行为本能和习惯本能。本章所讲的重点在孩子的行为本能上。

著名心理学家威廉·詹姆斯说:"播下一个行动,你将收获一种习惯;播下一种习惯,你将收获一种性格;播下一种性格,你将收获一种命运。"由此可见习惯对人一生的重要性。习惯的力量是异常强大的,不良的习惯导致孩子偏离正道,而好的习惯可以使孩子在人生道路上奋勇向前。所以,家长务必在道德品质、身体健康、人际交往、学习和事业等方面大力培养孩子良好的行为习惯。

(一)孩子应具备哪些好的行为习惯

好的行为习惯,能成就孩子的一生,我们从福特应聘的故事中就可以看出这一点。

福特大学毕业后,与其他几人到一家汽车公司应聘。由于其他几人学历都比他高,当前面几个人面试完之后,福特觉得自己没有什么希望了,对是否去面试,他有些犹豫。但福特想:既然来了,总得去试试吧。于是,他敲门走进了董事长的办公室。一进办公室,他发现门口地上有一张纸,便弯腰捡了起来。捡起来后,他发现这是一张带有污渍的纸,于是顺手把它扔进了废纸篓里,然后才走到董事长的办公桌前,说:"我是来应聘的福特。"董事长说:"很好,很好!福特先生,你已被我们录用了。"福特惊讶地说:"董事长,我觉得前几位都比我好,您怎么把我录用了呢?"董事长说:"福特先生,前面三位的确学历比你高,而且仪表堂堂,但是他们的眼睛只能看见大事,而看不见小事。你的眼睛能看见小事,我认为能看见小事的人,将来自然能看见大事,如果只能看见大事却忽略很多小事,这样的人是不会成功的。所以,我才录用了你。"福特就这样进了这个公司,后来成为总裁。福特把这个公司改名为"福特公司",使美国的汽车产业在世界上占有一席之地。

福特本人的才、貌不及同时应聘的其他几人,但由于他具有注意"小事"的好习惯而被董事长录用,其他几人因缺少这个好习惯而未被录用。从这个故事中,我们可以看出,一个人具有良好的行为习惯是多么的重要。我们不要把福特捡起一张没用的纸放进纸篓的事看成一个简单的行为,而应该把它看成一种品质、一种素质。因为,每一种优秀品质都是由重复千百次的行为形成的。所以,家长一定要从孩子小的时候开始就注意孩子以下行为习惯的养成。

1. 举止文明的习惯,包括立、行、坐、姿势和表情等

站得直,行得正,坐有姿,表情自然,面带微笑;尊敬长辈及他人,见到长辈或他人能主动问好;见到升国旗、听到奏国歌时能自觉肃立;能自觉使用"请""您好""谢谢""对不起""再见"等礼貌用语;在接受别人的帮助时,能微笑着向别人致谢;向别人请教时有礼貌,态度诚恳;不打架,不骂人,不说粗话、脏话,不在公共场所喧哗;等等。

2. 诚实守信的习惯

诚实守信,答应了就要努力去做;确有困难时,应向对方说明缘由,用诚挚的态度向对方表示歉意;借了别人的东西要按期归还;说话要算话;等等。

3. 尊重他人的习惯

能耐心听他人说话,不随便打断他人说话;用心听对方说话,不一边听一边考虑自己的事;听到别人的批评时,不激动,能平静地听别人把话说完;

不打扰别人的学习、休息、工作和生活,一旦妨碍了他人要及时道歉;未经允许,不乱动别人的东西;不给他人起绰号,不歧视其他人;等等。

4.守时惜时的习惯

晚上按时睡觉,早上按时起床;放学后按时回家,不在外面闲逛玩耍;回家后,马上完成老师布置的作业,当天事,当天毕;做事有计划,不盲目,不拖沓;等等。

5.懂得感恩的习惯

听从父母、老师的教诲,不顶撞父母、老师;能体会长辈的艰辛,尊敬、孝敬他们;懂得感恩回报,如,有好吃的食物能与长辈及他人分享;努力学习,以优异的成绩报答长辈的养育之恩;尊重劳动者,尊重他人的劳动成果;等等。

6.勤俭节约的习惯

不随便向家长要钱,不乱花钱买零食、玩具等;珍惜粮食,不挑食,不浪费饭菜;节约用电、用水,做到人走灯灭;在吃、穿、用等方面,根据自己的家庭经济情况量入为出,做到不赶时髦、不攀比等;不管家庭经济条件好与差,都要努力学会合理开支、计划开支和当家理财。

7.爱护财物的习惯

爱惜玩具、爱惜学习用品,不损坏、不乱丢物品,不在课本上乱写乱画,不随便撕扯作业本;爱护家庭、他人、集体的财物,开关门窗要轻,物品轻拿轻放,爱护学校、公园的花草树木和公共设施,不乱踩绿地,不攀折花木;不在墙上、桌子上、凳子上乱写、乱画、乱贴;等等。

8.遵守秩序的习惯

上下楼梯,轻声慢步,靠右有序行走;过马路做到红灯停,绿灯行;不乱穿马路,不在马路上追跑、打闹;在路口注意避让车辆;购物、乘车时自觉排队,不插队;集会时按指定位置就座;在公共场合遵守纪律,不大声喧哗……

9.勤于动手的习惯

自己收拾玩具;自己整理书包等学习用品;自己收拾房间,叠被褥;自己洗衣物;把用过的东西放回原处;主动参加一些力所能及的家务劳动和义务劳动;等等。总之,做到"自己的事情自己做""力所能及的事帮着做、主动做"。

10.锻炼身体的习惯

每天定时锻炼;积极参加集体活动和课内外文娱、体育、科技活动;做好"两操";学习运动常识,做好自我保护;在运动中听从指导教师的安排,在活动中不做具有危险性的动作;不参加危险性较高的活动。

11.讲究卫生的习惯

勤洗澡、洗头,勤剪指甲,勤换衣服;睡前刷牙,饭前便后洗手;定期整理和清洗书包;爱护环境,不随地吐痰,不乱扔杂物;见到废纸等垃圾要主动捡起丢到垃圾箱里;不在小摊上买零食,不吃变质食物,不喝生水;等等。

12.意志品质方面的习惯

做事有始有终,不虎头蛇尾,不半途而废,不朝三暮四;做事有信心,有不达目的决不罢休的勇气;遇事冷静,不急躁,不冒进,有恒心和耐心;上进心强,不怕困难,敢于担当;等等。

13.积极参加群体活动和乐于助人的习惯

参加群体活动,不但能锻炼一个人的胆量和语言交际能力,还能让人学会倾听不同意见,学会理解别人、尊重别人、帮助别人。这样的孩子长大后在人际交往方面,会有更多的优势。

14.有错反省、有错必改的习惯

孩子在成长的路上,犯错是难免的,关键是错了要知道自省,不再犯同样的错误。如果有了自我反省、自觉改错的习惯,那孩子就能从错误、失败中重新站起来。具有了这种习惯(品质),孩子才可能一步步走向成功。

15. 敢于尝试,敢于怀疑的习惯

世上没有十拿九稳的成功,人生总带有很大的随机性,各种影响因素往往变幻莫测,难以捉摸。所以,要想成功就得有敢于尝试的勇气。在不确定的环境里,冒险精神是最宝贵的品质。所以要鼓励孩子尝试,也鼓励孩子怀疑,培养孩子勇敢自信、敢于担当、独立思考的精神。

16. 控制自己的情绪的习惯

人有七情六欲,有情绪是难免的,关键是如何把控情绪,这对孩子身心和事业的发展有着极其重要的作用。

17. 自律的习惯

自律就是按照规矩和要求自己约束自己,自己管理自己。这不单是一种习惯,而且是一种优秀的品质。一个人,如果不懂得自律,那么就不会有纪律和规矩。自律是一切家庭教育要达到的最终目的,也是孩子学会做人、搞好学习、走向成功的必备素质。试想,一个人从来到这个世界上开始,会面对多少要求和规矩,多少条规和法律,多少诱惑和欲望,如果没有自律的品质,怎么能抵抗来自内心的、外界的这些诱惑,怎么能自觉接受条规戒律的约束,怎么能有一往无前的勇气,义无反顾地朝人生的目标奋斗呢?所以,家长应不遗余力地培养孩子自律的习惯。

良好的行为习惯,涉及人的方方面面,上面所举只是常见的习惯,希望家长根据孩子的实际情况进行教育培养。

(二)如何培养孩子良好的行为习惯

1. 转变"重智轻德"和"重考分轻行为习惯"的培养观念

对孩子的培养包括德、智、体、美、劳和心理素质等诸多方面。在这之中,不能说谁重要,谁不重要。它们之间应该是相互依存、互为补充的,尤其是在社会不断发展的今天,孩子的全面发展就更为重要。

父母养育孩子,最主要的不就是为了孩子将来能成就一番事业,也就是我们平时说的获得成功吗?其实,一个人要获得成功,一是靠智力,二是靠好的非智力因素。而非智力因素指的是情感、意志、性格、思想、品德、行为、

习惯等。美国哈佛大学心理学系教授丹尼认为：人的成功，智商因素只占20%，而情商，也就是我们说的非智力因素占80%。并且，智力因素和非智力因素是相互依存、相互促进的，忽视对非智力因素的培养，最终会使智力因素得不到真正的发展。

然而，在现阶段的家庭教育中，不少家长往往只重视孩子智力的开发，只重视考试成绩，而忽视或者减弱了对孩子道德和行为习惯等的培养，结果，致使有些孩子养成了不良的行为习惯，这不但可能阻碍孩子的智力发展，而且可能耽误孩子的一生。例如，一个智力比较高的孩子，如果从小就接触麻将和赌博，慢慢养成了爱打麻将、爱赌博的行为习惯，那么他在学业上几乎不可能有所成就。这种爱赌博的行为习惯，可能使孩子将来事业无成、家庭败落，更可能使孩子走向犯罪的深渊。为人父母者应该明确，生养孩子究竟是为了什么？是把孩子培养成一个有道德、有文化、有健康的身体、有强大的心理素质的全面发展的有用之才，还是把孩子培养成道德低下、高智低能、身体孱弱、心理扭曲、行为怪异的无用之才？回答肯定是前者。既然如此，在教育问题上，家长就应把培养孩子的理念重心转移到道德优先的全面发展上来。苏霍姆林斯基说："培养全面发展的、和谐的个性的过程就在于：教育者在关心人的每一个方面特征的完善的同时，任何时候也不要忽略这样一种情况，即人的所有各个方面和特征的和谐……在这个和谐里起决定作用的、主导的成分是道德。"苏霍姆林斯基这段话说明了在对孩子的培养中道德培养的重要性，也告诉了我们行为习惯培养的重要性。很多行为习惯是道德的外在表现形式，人有无道德或道德的高低是由行为表现出来的，如扶危济困的道德情操，是由某个人救济危难和帮助他人解决困难的行动表现出来的。所以，家长培养孩子良好的行为习惯，同时，也是在培养孩子的道德情操。

2. 良好的行为习惯必须从小抓起

在教育孩子的时间问题上，人们总说"三岁看大，七岁看老"，这说明了孩子幼儿时期教育的重要性。因为幼儿时期是孩子人生的初始阶段，好的或者不好的习惯都是从头学起。七岁前的孩子，模仿能力强，可塑性强，自控能力较差，因此幼儿期既是孩子养成良好行为习惯的关键时期，又是沾染不良行为习惯的危险期。如果不适时培养孩子良好的行为习惯，便会错失良机。如果在这个阶段让孩子养成好的行为习惯,有利于孩子以后的发展,所以能"看大";如果七岁前养成了不良行为习惯,到七岁时还不能纠正,这些不良习惯以后就难以改正了,有的可能终身难改,所以,能"看老"。这种看法虽然有点儿绝对,但不可否认,七岁前形成的不良行为习惯,在七岁后,纠正起来要难得多。

养成良好的行为习惯是一个人走向成功的关键,也正如成功人士常说的一句话:"习惯成就人生。"苏联著名教育家克鲁斯卡尔娅曾说过:"童年时代的一些最初印象会在人的一生中留下痕迹。"可见幼年教育的重要性。20世纪七八十年代,75位诺贝尔奖获得者聚会巴黎畅谈各自走过的人生之路时,一位科学家说他自己的一些良好习惯是在幼儿园时期养成的,如:礼让、道歉、观察,乃至勤洗手这样的小事,这些良好习惯挥之不去,伴其一生,改不了了,也不能改了。由此可见,在幼儿时期养成良好的行为习惯的重要性。伟大的教育家陶行知先生认为,教育要从小抓起,幼儿好比幼苗,必须培养得宜,方能发芽生长;否则幼年受了损害,即不夭折,也难成材。所以,小学教育是建国之本,幼稚教育尤为根本之根本。教育家陈鹤琴说:"我们知道幼稚期(自生至七岁)是人生最重要的一个时期,什么习惯、言语、技能、思想、态度、情绪都要在此时期打了一个基础,若基础打得不稳固,那健全的人格就不容易建造了。"为此,从孩子小时候开始,家长都应该重视孩子良好的行为习惯的养成。

3.坚持正面教育

什么行为是对的,什么行为是不对的,对幼儿来讲,是分不清的,因为,幼儿没有这方面的知识,也没有经验可借鉴。因此在培养幼儿良好的行为习惯时,家长应正面引导孩子。让他们知道什么是正确的,什么是错误的,该怎么做,为什么要这样做等;如果孩子没有按家长的要求做,或者做得不对,家长应正面教育,指出错误,提出改进建议。切记不能对孩子发脾气,更不能讽刺、挖苦孩子,这样会伤害孩子的自尊心。下列现象在家长教育孩子的过程中经常发生,而这些现象会对孩子造成不同程度的伤害。比如,经常拿自己的孩子与别人家的孩子比;孩子犯错或者成绩不好时,挖苦、讽刺孩子;等等。

有的家长总是对自己的孩子不满意,觉得别人的孩子比自己的孩子聪明、能干、乖巧,总是抱怨自己的孩子这不对、那不行,有时甚至当面对孩子说:"真笨,你看某某孩子成绩又好,又听话。我怎么养了你这么个不争气的孩子?唉!是我上辈子欠你的。"类似的话可能造成如下后果:一是让孩子丧失自信、自尊;二是给予孩子"笨"的暗示,长此以往,孩子就会认为自己真的很笨,失去奋斗的动力;三是带给孩子茫然、沮丧的情绪;四是增加孩子的负罪感,孩子因为自己"不如人家"而感到对不起家长。家长如果发现自己的孩子真的有点儿"笨",或者有"不如人"的地方,应该尝试如下方法:一是客观地评价自己的孩子,不拿自己孩子的短处去比人家孩子的长处,而是要看到自己的孩子的长处,或者尽量寻找孩子的闪光点,从正面鼓励孩子,增强孩子的自信,保护孩子的自尊;二是客观地看待孩子的"笨",从正面心平气和地与孩子沟通,在信赖的基础上给孩子提出改进的建议;三是应对孩子充满信心,即使孩子犯了错误,也不在孩子面前表现出急躁、不满、抱怨的情绪,更不能挖苦、打击孩子。

当孩子做得不对或表现不好时,不应在孩子面前说气话、说反话。如:孩子的手本来很脏,而妈妈却说:"你看你的手,真够干净的啊!"又如,孩子期中考试考了60分,父亲知道后,阴沉着脸说:"你考得真不赖,比50分还多10分。"这些带有讽刺意味的反话会令孩子感到窘迫或无地自容,对孩子的自信心、自尊心打击很大,也会给孩子带来无形的压力,增加孩子的心理负担,同时,自毁父母在孩子心中的形象,拉大子女与父母之间的感情距离。遇到这些情况,正确的做法是:第一,父母要表达对孩子极大的关爱,至少不能表现出不满的情绪;第二,正面指出孩子不好(不对)的事实,并让孩子分析原因;第三,耐心地听孩子讲原因;第四,给孩子鼓劲,如:"孩子!你的学习成绩确实不太好,爸爸(妈妈)听了你的分析,觉得有一定道理,现在你已找到了没有考好的原因,爸爸(妈妈)相信你下次一定会比这次考得好。说实话,爸爸(妈妈)当年还不及你呢!"用类似的语句与孩子交流,孩子更能接受,也就会有信心继续努力下去。

4.家长从自身做起,起到言传身教的作用

孩子很多行为习惯都是在家长(主要是父母)的影响下形成的,不管是好习惯,还是坏习惯。人们常说:"孩子是父母的影子。"就是说孩子的性格、行为习惯等都与父母有相似之处。这是因为,孩子一般在父母身边的时间

最长,关系也最亲密,父母的言行对孩子的影响极大,孩子的行为习惯除一小部分是受社会环境及其他人影响而形成的外,大部分是受父母影响而形成的。因此,有了孩子,父母就得检点自己的言行,改正自己的不良爱好,以良好的行为习惯去影响孩子。凡是要求孩子做到的,家长首先要做到,如要求孩子不说脏话,家长说话就应文明,不说脏话,不说粗话;凡是会对孩子造成负面影响的,家长首先不做。下面这个案例,就很能说明身教重于言教的重要性。

一个妈妈与孩子上街,看到有一个人把垃圾随手扔在地上。妈妈想以此教育孩子要爱护公共卫生,就对孩子说:"孩子,你看那个人多不讲卫生,将垃圾随手乱扔,这是不道德的行为,知道吗?"孩子听了没有回应。没过多久,孩子要吃冰棒,妈妈就给孩子买了一根。吃完后,孩子就把棒子随手一扔。妈妈批评他说:"孩子,你吃了冰棒后应将棒子扔进垃圾桶,爱护公共卫生。"孩子听后说:"这里没有垃圾桶。"回到家里,妈妈思考了一个问题,为什么要求孩子做到将果皮纸屑扔进垃圾桶这样的小事就那么难呢?妈妈反复思考后明白了:空洞的说教的效果是不大的,施教者应该率先垂范,给孩子做出榜样,这样效果可能会好一些。为此,这位妈妈决定以身作则地示范给孩子看。有一天他们母子一起上街,妈妈将口香糖放进嘴里后,顺手将糖纸扔在果皮箱,可孩子却把糖纸随手一扔。妈妈看到后,没有直接批评孩子,而是把糖纸捡起来扔进了果皮箱。孩子看见了,也没说什么。再往前走,妈妈看到一个人将香蕉皮扔在果皮箱旁,就过去捡起来,把它扔进果皮箱里,并对孩子说:"垃圾一定要扔进果皮箱,掉在外面是不卫生的,如果我们每个人都将果皮纸屑乱扔,我们这个城市将有多脏,你说是不是?"孩子听了,点了点头。最后他们母子一起回家,孩子将零食包装袋一直握在手中,回到家才把包装袋扔进自己家里的垃圾桶里。妈妈问为什么把包装袋带回来才扔,他说:"路上没有看到垃圾箱。"

随手将垃圾扔进垃圾桶的行为习惯的养成是如此,其他行为习惯的养成不也是如此吗?要孩子养成尊老的习惯,父母首先就应关爱老人、孝敬老人;父母如果不尊爱老人,那其子女将来也可能不尊爱老人。

5.讲究爱的方式

一般来说,父母爱孩子,天经地义,但由于思想观念、教育理念、教育水平等的差异,不同的父母爱孩子的方式各不相同。大致说来,不当的爱大体有以下几种形式:一是溺爱,二是专制型的爱,三是任其自由发展型的爱。这几种爱都失之偏颇,都不利于孩子良好行为习惯的养成,因此,父母在养育孩子的过程中,主要应做好以下几点。

首先,做到爱严结合。所谓爱严结合,就是在爱孩子的同时,也在安全、道德和行为习惯方面提出要求,做出"规定",并督促孩子严格执行。这是原则和底线。当孩子提出合理的要求时,父母应该支持他、满足他;如果孩子提出的要求是不合理的,父母该明确地拒绝他,不管他用什么方式对抗,父母都应该坚持拒绝的态度,不能心软。特别是在隔代教育中,家长更应该注意这一点。例如:孩子边吃饭边看电视,这是不好的习惯,也不利于身体健康。父母应以身作则,隔代家长也要有一致的认识。

其次,家庭教育应与学校教育同步,父母与教师一起给予孩子恰当的爱。教师对学生就如父母对子女,教师的职责是传道、授业、解惑,父母的职责除了不直接传授书本知识外,又有何不同呢?简单地讲,在教孩子如何做人的问题上,父母与教师的目标是完全一致的。从孩子上幼儿园起,教师就应注重对孩子道德品质和行为能力的培养。如,进入幼儿园后,教师就要求孩子学习自己吃饭、穿衣、解手;要求孩子团结小伙伴;要求孩子学文明、讲礼貌,做到不打人、骂人,不欺负同学等。所以,家长应了解学校对孩子的要求和孩子在学校的表现,努力使家庭教育与学校教育目标同步,这样,教育才会有效果。而有的家长,从把孩子送进幼儿园开始,就长长地舒了口气,认为把孩子交给学校就万事大吉了。这些家长口口声声说爱孩子,这难道是对孩子的爱的体现吗?其实,这是对孩子不负责任的表现。如果爱孩子,就应知道学校对孩子各方面的要求,配合学校和老师实施同步的教育,这样才能使教育事半功倍。道理很简单,如果幼儿园老师要求孩子"自己吃饭""自己的事自己做",回到家里,这些事又继续由父母包办,那么,孩子良好的道德品质和行为习惯能养成吗?学校教育还会有效果吗?

6.从自理能力入手,教给孩子简单的生活技能

美国的一个儿童博物馆张贴有一句醒目的格言:"我看到了就记住了,

我做过了就理解了。"这句格言告诉了我们实践的重要性。孩子如果要养成良好的梳洗、整理物品等生活习惯，就要亲自做这些事，家长如果不让孩子实践，他们是永远都不会主动去做的，所以，家长应为孩子提供练习的机会。同时，家长在要求孩子实践的过程中，应教给他们简单的生活技能，促使他们尽快学会自理。

7.多鼓励,少指责

孩子在成长过程中，难免有不听话的时候，难免有犯错误的时候，难免有失败的时候，难免有偷懒的时候，难免有不如父母之意的时候。面对孩子的不足，父母是看到孩子的"闪光点"，给孩子充满爱意的鼓励，还是"恨铁不成钢"，以抱怨，甚至是打骂的方式对待孩子，结果是完全不一样的。给孩子以鼓励，能调动孩子的积极性，让他树立信心、看到希望。南京某工厂的技术员周宏采用"赏识教育法"，把自己双耳几乎失聪的女儿培育成高才生的故事，说明了鼓励孩子的重要性。

> 周宏有一次在检查女儿的作业时，发现女儿十道应用题只做对了一道，但是，他没有像有些家长那样向孩子发火，而是在做对的那道题上打了一个大大的钩，并表扬她："你真行！第一次做应用题就对了一道，爸爸像你这么小时，碰都不敢碰呢！"八岁的女儿听了爸爸的鼓励，高兴极了，信心倍增，对应用题乃至数学产生了兴趣。后来，就是这位做十道题错九道的失聪小女孩，能背出圆周率小数点后一万位。十岁时，她创作了六万字的科幻童话。许多家长涌到周家求取教育子女的经验，周宏深有体会地说："哪怕天下所有人都看不起你的孩子，但你仍然应该真心地欣赏他、拥抱他、赞美他！"周宏把这个归纳为"赏识教育法"。

鼓励孩子，根本的一点就是父母要从内心把孩子放在平等的位置，尊重孩子的兴趣，尊重孩子的选择，看到孩子与众不同的"闪光点"，并给予及时的鼓励和表扬，增强他们的自信心，减轻他们的心理压力。

鼓励孩子，就是允许孩子"犯错误"，允许孩子"失败"。孩子"跌倒"了，家长要给予鼓励和安慰，让他爬起来，分析原因，找到不足，并给他指明方向，帮助他继续前行。

教育领域的专家说过:"孩子的自信心,除了自身的能力外,往往来自他人的鼓励和信任。"当孩子有一点儿小小的进步时,一句"你真棒!"或许胜过千言万语。心理学的研究表明,孩子在三岁前,行动的成功与智力的发展,几乎都离不开家长适当的鼓励。到十岁后,经常受鼓励的孩子的智力发展状况,将比三岁前未受过鼓励的孩子要好。同时,学习动机、学习兴趣及上进心也会发展得比较理想。

鼓励,既要有实实在在的评价,又要有积极正面的引导;鼓励就是要看到孩子的长处,即使孩子不"乖",也应去发现孩子的优点并予以鼓励,不能打压孩子。孩子可能因父母一句赞扬而"醒悟"和"开窍",也可能因此获得改正缺点、克服困难的动力。明末清初的教育家颜元曾说过:"数子十过,不如奖子一长。"每个人都有上进心和荣誉感,所以受到表扬就会高兴,就可能会顺其自然地朝着被肯定的方向继续努力,以求得更多的表扬。

8.教给孩子适当的行为标准,培养孩子的自律习惯

人们常说:"没有规矩不成方圆。"这就是说任何事都应有一定的原则和标准。对于孩子良好行为习惯的养成问题,家长应根据孩子的不同年龄特征和学校的行为要求,提出相应的要求和标准,包括必须做到的和禁止做的。

总的来讲,给孩子提出要求,定下规矩,并进行较长时间的监督检查,就是要让孩子知道什么样的行为是对的、可以做的,什么样的行为是不应该做的、是禁止的,最后达到即使在没有人要求、监督的情况下,依然可以按照正确的准则规范自己行为的状态。这时,孩子的自律习惯就基本形成了。

9.发现孩子的不良行为习惯要及时矫正

对一个家庭来说,孩子是很珍贵的,家长也会对孩子抱有极大的期望,但由于家长教育方法、方式不当,不少孩子养成了不良的行为习惯。有些不良行为习惯如果不及时纠正,就会对孩子今后的身体、学业、人际关系等产生较大的负面影响。其实,我们在培养孩子良好行为习惯的同时,也是在矫正孩子的不良行为习惯,所以,发现孩子的不良行为习惯要及时矫正。譬如动不动就使气的习惯,爱伸手打人的习惯,不打招呼就拿别人东西的习惯,等等。

10. 常抓不懈，注意主次，做到管与不管相结合

教育孩子养成良好的行为习惯，不能事无巨细，也不能急于求成，更不能时断时续。应该分清主次，循序渐进，常抓不懈。所谓主次，就是凡涉及身体安全、影响良好的道德品质和行为习惯形成的问题就是主要方面；除此之外为次要方面。除了主要方面外，其余的就不要管得过多、过细，要多给孩子留出自由活动、自由发挥、自己体会的时间和空间，让孩子有体验、实践的机会。

良好行为习惯的养成除了要做到以上诸多方面外，还离不开家庭环境和社会环境对孩子的影响。社会环境家长无法改变，但营造一个利于孩子良好行为习惯养成的家庭环境是能做到的。

行为习惯涉及人生的方方面面，内容也很多，本书所举的只是一部分。良好的行为习惯既是道德、品格的外在表现形式，更是做人的基本要求。希望家长在培养孩子时，从行为习惯入手，把孩子培养成品德高尚、人格健全、素质全面的有用之才。

五十一　如何培养孩子的批判性思维

批判性思维在孩子学习、生活等方面的各个环节中发挥着重要作用，是孩子走向成功、走向未来的关键，对国家的发展也起着重要的作用。因此，为了国家和孩子的将来，家长应注重对孩子批判性思维的培养。

(一)批判性思维及其培养的必要性

1.什么是批判性思维

批判性思维是一种思维方式，是指对自己或别人的观点进行反思、提出质疑的过程，其核心在于反思。因此，批判性思维实质上是一种产生新观点、新方法的"反思性思维"和"创新性思维"。批判性思维由批判性技能和批判性精神两个方面构成。

批判性技能包括：抓住中心思想和议题；判断证据的准确性和可靠性；判断推理的质量和逻辑的一致性；察觉出那些已经说明或未加说明的偏见、立场、意图、假设及观点；多角度考察合理性；在更大的背景下检验实用性；评定事物的价值和意义；预测可能的后果；等等。

批判性精神包括：独立自主；充满自信；善于观察；乐于思考；不迷信权威；头脑开放；尊重他人；等等。

2.为什么要培养孩子的批判性思维

思维是人脑借助于语言、表象和动作等对客观事物的概括和间接反映。概括和反映的深度、广度、准确度、灵敏度,是思维的批判性、广阔性、深刻性、逻辑性、敏捷性、创造性等品质整合的结果,是智力水平高低的客观体现。从个体来看,批判性思维是孩子发展的需要;从社会角度看,批判性思维更是国家发展的需要。

(1)批判性思维能为孩子的发展打下基础。批判性精神是一种习惯和品质,是批判性思维的基础,一个人如果没有充满自信、乐于思考、敢于挑战权威的习惯和精神,不管他的知识水平有多高,都不可能在学习和工作中发现问题,提出新的见解。然而,这种精神(习惯)从哪里来?等到孩子上学后由学校来培养,已经晚了。因为,很多习惯和精神品质,包括思维的习惯都是从小(幼年)养成的,至少孩子进入青年期前的这个阶段是极其重要的。首先,孩子年龄小,可塑性大,各种行为习惯和思维方式都没定型,如果早期教育引导得好,孩子就会形成好的习惯和思维方式;如果听之任之,任其发展,就可能错过培养好习惯的宝贵时期,甚至使孩子形成不良的行为习惯和思维方式,而这会增加以后纠正的难度。其次,这个时期孩子一般与家庭接触最多,在家待的时间最长,教育效果最好,这能为孩子良好习惯和优秀品质的养成打下基础。

(2)国家发展需要批判性思维。一个国家要发展,一个民族要壮大,离不开发展和创新;要发展和创新就需要千千万万个具有创造力的人,而批判性思维则是创造力的核心。简单地讲,离开了批判性思维就无从谈创造。我国的发展需要数以万计的具有开拓创新精神的人才。然而,这种精神正是很多孩子所缺乏的。因为我国教育缺乏对批判性思维的训练。所谓的批判性思维,是能力型考试的一个最重要的关键词,指的是那种能抓住要领、善于质疑辨析、基于严格推断、富于机智灵气且清晰敏捷的日常思维。它的核心问题是逻辑知识与逻辑思维能力之间的关系,或者说是知识和能力之间的关系。

孩子是祖国的未来,是明天的希望,孩子的素质如何,关系到国家的发展。因此,每个教育工作者、每位家长对此必须有一个清醒的认识:国家的发展需要有批判性思维的创新型人才。

(3)成功需要批判性思维做基础。大多数父母都希望孩子能获得成功。

那么,孩子如何才能走向成功,却是很多家长不清楚的,或者说在认识上出现了偏差。多数家长认为只要孩子学习成绩好,能读一所好学校,将来就能成功。于是,跟着学校考试的指挥棒转,把孩子长期关在学校里,关在家庭里,让孩子死记硬背,争取考高分,这就从时间和空间上限制了孩子思维的发展,使孩子成了一个装知识的"工具"。在这样的"规范"下长大的孩子,不敢质疑书本知识、前人的结论,对未知领域更不敢大胆地设想,即使有再多的知识,也是不可能获得成功的。因为这样的孩子缺乏敢想、敢怀疑、敢创新的基础。

家长应该明确:批判性思维是人生获得成功的基础。因为,具有批判性思维的人能以理性的方式去思考和行动,不管是在生活、专业、学术领域,还是意识形态领域,都敢于独立思考,有独到的见解。如果没有批判性思维,孩子就不会质疑已有的结论,只能对领导说的、书上说的照本宣科,对自己"不求有功,但求无过"。这样的孩子不管有多少知识,将来都只能是一个装知识的"箱子",一辈子平庸而过。

(4)家庭进行批判性思维教育能够弥补学校教育的不足。长期以来,我国的学校教育受到应试教育的影响,大多数孩子养成了不敢"越雷池一步"的思维模式,抑制了孩子的怀疑与反思等多元思维的发展。这从某种程度上禁锢了孩子的思维,让越来越多的孩子成了知识的奴隶,而知识的厚度体现不出能力的深度,这就是人们常说的"高分低能"的现象。

知识不过是人类的工具,占有工具并不是教育的主要目的,教会孩子使用工具才是培养人才的标杆。就如渴了需要喝水,我们教育的最终目的不是供水以解孩子之渴,而是教给孩子挖井找水的本领,让孩子自己找水解渴。然而现实的教育基本上很难做到这一点。学生一旦离开教师,离开书本就不知如何"找水解渴"了。当前,我们已意识到了教育的弊端,正在进行改革,然而,改革也需要时间。有些家庭从孩子上初中或高中开始就把孩子送出国读书,有些家庭就只会被动地等待,其实这两种方式都是不够明智的。孩子过早出国读书,接受西方的教育,虽然有好处,但语言、生活习俗、文化等方面的差异会给孩子的生活、学习、社交带来困难,影响孩子的身心健康;而被动地等待中国教育的改革,就可能耽误了孩子。所以,家长应转变教育方式,从孩子幼年时期开始就注重批判性思维的培养,以弥补现实教育的不足,这样才不会耽误孩子。

(5)在互联网时代,孩子需要批判性思维。信息全球化已经成为一种不可避免的发展趋势,深刻地影响着我们生活的方方面面。现在的孩子,不到一周岁,就对手机、电脑和电视有一种天然的热爱,更不要说青少年了。

而孩子的互联网使用能力和技术创新能力关系到我国在信息时代的全球地位和影响力。应将未成年人新媒体素养的培养,提升到国家安全、社会创新管理和国民素质养成的层面。

一方面,孩子要接受学校和家庭的教育,另一方面又要面对来势汹汹、不请自来的媒介(其中就有网络),特别是新媒体的信息。这对孩子、对家长、对教师,都是巨大的挑战。因为在这些信息中有不少不良信息,它们必然会对孩子造成很多不良影响,给教育带来极大的压力。对于价值观尚未形成的孩子来说,如果不用"批判性思维"看待来自各方面的信息,他们就可能接收到不良信息,沾染上不良的行为习惯。所以,培养孩子批判性思维,提升他们的"新媒体素养",不仅关系到孩子的健康成长,而且关系到国家安全、社会管理和国民素质养成等层面的重大问题。

(二)家庭教育如何培养孩子的批判性思维

我国的基础教育,如果单从分数看,是很不错的。然而,我国学生参加美国高校入学考试,及格比例并不高,这就显示出中美两国之间学生能力差异的问题。我国的家长普遍期待孩子能填对唯一的答案,考试得高分;美国家长一般却期望学校能够让孩子获得批判性思维,学会与人沟通。

中国的家长对此应该有一个清醒的认识,如果希望孩子将来事业有所发展,人生有所建树,就必须注重孩子批判性思维等能力的培养,而不是让孩子成为一个装知识的"口袋"。那么,培养孩子的批判性思维有哪些方法呢?可参考如下几个方面的内容。

1.培养孩子独立思考的能力

一个人有独立思考的能力,就是能理性地思考、尊重客观事实、遵循逻辑、不盲从、有反思能力。人们常说"这个孩子有主见,思维活跃,思考有深度",说的就是独立思考的能力强。

独立思考的能力,可以帮助孩子更好地应对陌生环境或解决突发问题。

同时,独立思考的能力也能让孩子有更健康的心理状态,因为很多心理问题都始于不好的思维习惯、思维陷阱和偏差。比如,孩子学习成绩不太好,他就容易产生消极的想法,甚至是抱怨自己或别人:"爹妈为什么给了我这么一个笨脑壳,没办法,我天生就这么笨,再努力也赶不上学习好的同学。"

孩子独立思考能力的培养始于幼儿阶段,家长应该从以下几个方面培养孩子的独立思考能力。

(1)从生活小事入手培养孩子的独立思维。孩子长大后是否有独立思维,要看孩子是否从小养成独立生活的能力。家长应从吃、喝、拉、撒、穿等生活小事入手,培养孩子的生活自理能力,逐步培养他们独立思考的习惯。比如孩子在自己反复穿衣的过程中,就会反复地思考"如何才能把它穿好",这样孩子就养成了独立思考的习惯。如果父母每次都帮孩子把衣服穿好,孩子就不需动脑筋了。其他的生活小事也是如此。所以,家长应该根据孩子的年龄估计其已具备的实际能力,尽量让孩子做到"自己的事自己做"。现在的很多家长在这方面做得不够,使孩子养成了"衣来伸手、饭来张口"的依赖行为习惯,这不但忽视了孩子独立能力的培养,而且阻碍了孩子独立思维的形成。在独立思维的培养上,我们可以向德国学习。

比如,德国的家长也关心孩子的饮食,但跟中国家长不同。他们一般不硬逼孩子多吃饭,他们的孩子从能够拿得动勺子那一天起,就开始自己吃饭了,即使孩子把食物弄得满脸、满身都是,家长也不会去管。

孩子喜欢吃哪样或者不喜欢吃哪样,都由其自身决定。德国家长把孩子当成与自己平等的人,尊重孩子个人的意愿。

这就体现了德国家庭教育的一个核心目标:培养孩子的独立思维。孩子可以自己决定喜欢吃什么,不喜欢吃什么,或者自己是否吃饱。如果明明没有吃饱,却因为贪玩而不再吃,那么过一会儿他就要挨饿,因为那是他自己的选择,他必须自己承受后果——挨饿。

(2)在生活小事和玩耍中提问启发孩子。在幼儿期,孩子的思维具有很高的直观行动性,也就是说他们的思维离不开对事物的直接感知,并依赖于自身的行动和一定的情境。家长在陪孩子玩的过程中,就应该启发孩子的思维。比如在天气比较冷的时候给孩子一个布娃娃,但如果只给一个布娃娃,那孩子就只是单纯抱着布娃娃玩;如果家长在提供布娃娃的同时,又问孩子:"宝宝,你看布娃娃穿得这么少,天又这么冷,你认为她冷不冷?饿不饿？渴不渴？如果她冷了、饿了、渴了,该怎么办呢？"同时又向孩子提供布娃娃的衣服、小碗、小勺等物品,这样孩子就会打开思路,思考家长提的问题,还会动手使布娃娃更"舒适"——给布娃娃穿衣,给布娃娃喂饭、喂水。

家长应基于幼儿的年龄特点,根据幼儿的基本经验,紧密贴合现有素材进行设问、提问,在学习内容与幼儿的理解能力之间架设一座桥梁,让素材(某种玩具或其他东西)成为激发幼儿思考的工具。在提问时,家长应注意以下几点。

第一,围绕孩子感兴趣的话题设计提问,问题要简洁明了、有意义。如果提问不明确,与素材的关系不密切,就会使幼儿无从回答。比如问孩子布娃娃冷不冷、饿不饿,既结合了当下的气候,又使孩子能清楚地理解问题。如果问孩子"布娃娃的爸爸妈妈是谁？"或"布娃娃有几岁了？"那幼儿就会茫然,不知道怎么回答。

第二,问题要重点突出。比如拿出一个头是圆的木偶问孩子："木偶的头是什么样子的？像什么一样？请用手画一画或比一比,再跟我学一学。"这样会使幼儿很快掌握圆的基本特征和画法。

第三,问题难度要适中。家长提出的问题要符合幼儿的年龄特点,使幼儿能够接受,同时需要幼儿付出一定的努力才能回答出来。比如在引导3岁左右的幼儿学习儿歌《小手在哪里》的活动中,第一步,家长问："小手在哪里？"幼儿回答："小手在这里。"然后,逐步过渡到综合提问："小手和小脚能做些什么动作？"幼儿可以结合生活经验回答："小手可以拍一拍,可以拿东西吃。"

第四,提问要有创意、具有启发性,能激励幼儿展开想象、进行创造。尤其在语言活动中,家长要善于抓住故事中有利于幼儿想象的因素提出问题,使幼儿能从不同角度、不同途径来探索问题的多种可能性。比如给孩子讲"拔萝卜"的故事,主人公一出现,就这样引导幼儿："请你帮他们想想,他们拔出大萝卜后会怎样呢？"或者问孩子："他们把萝卜拿回家会做些什么？"这是发散性的问题,幼儿可以通过自己的联想和想象,从不同角度出发来思考,而家长要采取接纳的态度对幼儿的回答表示理解和支持,这样既有利于培养幼儿的创造性思维,又使幼儿得到心理上的满足,增长自信心。

家长提问引导孩子提出问题是开启幼儿批判性思维的关键。家长向孩子提出问题的目的是引导孩子思考,进而引导孩子提出问题。家长提出一些问题,孩子可能给出多种答案,对此,家长不能简单地给予肯定或否定,而要帮助孩子理出头绪,让孩子自己去思考。如讲《小猫钓鱼》的故事时,妈妈可以问孩子小猫为什么钓不到鱼。孩子可能会回答:"小猫不会钓鱼""河里没有鱼""小猫不喜欢钓鱼""小猫钓鱼不专心"等。这个问题,孩子的回答是否正确其实无所谓,关键是他学会了独立思考。

引发孩子思考的方式、方法很多。比如,利用生活中的基本常识给事物分类,可以问孩子"蔬菜应放在冰箱的哪一层?""你能指出哪些是妈妈的衣服,哪些是爸爸的衣服吗?"等等。除了在幼儿期帮助孩子认知事物,还可以鼓励孩子区分异同、回忆事情。比如,睡前跟孩子一起回顾这一天发生的事情;外出散步时,比较自己的小区和别的小区的异同;让他找找家里有哪些变化……这些都不需要特殊的安排,只需家长随口的一两句话就可以帮助孩子进行独立思考,进而养成独立思考的习惯。

(3)真诚、平等地对待孩子,培养孩子爱提问的好习惯。家长向孩子提出的问题是否能引起孩子的思考,孩子思考后是否敢于回答,关键就在于家长与孩子之间的关系是否亲近、融洽。所以家长应真诚、平等地对待孩子。如果家长经常以高压的方式对待孩子,就会失去孩子的信任,这样,孩子心中有什么奇思妙想也不会在家长面前表露出来,久而久之,孩子就会养成沉默寡言的性格,思想慢慢就会僵化。家长用真诚、平等、尊重的态度对待孩子,是孩子向家长提问的基础。家长可以说说自己对某事的感受,也问问孩子的真实感受和想法,并且对孩子的回答少做评判,让孩子感到家长是真心想知道他的感觉,这样,孩子就愿意把自己的想法告诉家长,愿意与家长一起交流。如果家长对孩子提出的问题有不同意见,也应以"我觉得""我认为""我喜欢"等方式说出自己的看法,少强调对与错,少批评和指责。家长应有"孩子的看法和感受与大人的同等重要"的意识。除此以外,家长要认真、真诚、充满热情地回答孩子提出的问题,因为孩子希望得到家长的肯定和鼓励。孩子是否爱问问题,很大程度上取决于他提出问题后得到了怎样的反馈:是被认真对待了,还是被敷衍搪塞了;是带来了有趣的、平等的讨论,还是招来了更多的说教;是感到自豪、被认可了,还是感到难堪、出丑了。孩子每时每刻都在转动脑筋,无时无刻不在察言观色。孩子能提出一些奇思妙想,说明孩子是能独立思考的,如果这不但得不到家长的赏识和鼓励,反而招来一顿教训甚至是责骂,那孩子独立思考的习惯可能就此被扼杀。

所以,家长要从以下几个方面认真培养孩子爱提问的习惯。

第一,根据孩子的年龄特征回答孩子提出的问题。孩子在成长过程中会有不同的发展阶段,家长在回答孩子的问题的时候一定要根据孩子的理解能力来回答。如果回答得太浅显、太平淡,孩子听了觉得没兴趣;如果回答得太深奥,孩子无法理解,同样会觉得没意思。所以,家长要选择恰到好处的回答方式,对于难度较大的问题,可以适当利用一些故事或者比喻帮助孩子理解。

第二,保护孩子提问的"热乎劲"。孩子小,注意力集中的时间较短,情绪也易变化。孩子发问,是因为当时对该事物有强烈的印象,如果家长不想办法保持孩子提问的"热乎劲",过一会儿,也许孩子会把问题忘得一干二净。

第三,想办法让孩子养成独立思考的习惯。前面讲了,孩子发问时,家长要以诚恳的态度回答。但应注意,不是有问必答,因为长期这样会使孩子产生依赖心理。在热情回答孩子的一些问题时,可以用反问的方式让孩子思考,等孩子思考后,再从正面回答孩子的问题,让孩子养成心中有疑问先自己思考的习惯。

第四,正确对待不会回答的问题。当回答不了孩子提的问题时,家长不可敷衍,不能以错误的答案误导孩子,应如实承认"我现在暂时回答不了这个问题",同时尽快想办法回答孩子,也可同孩子一起查阅资料,让孩子逐渐养成查阅工具书的习惯。

(4)要控制住给出一切答案的欲望。当孩子有了一定的思考能力后,家长要逐渐地少教多问。即使回答孩子的问题,也尽量不要给出全部回答,而是要把孩子的大问题简化成多个小问题,降低问题难度,引导孩子主动去分析推理,让孩子自己得出答案。

2.培养孩子分析、收集和整理信息的能力

当今正是信息爆炸的时代,来自同学和朋友的、社会的、媒体的各种信息无时无刻不包围着孩子。这些信息中,有的对孩子的生活、学习和成长有利,有的则有负面作用。如何最大限度地避免不良信息对孩子的影响,是摆在家长面前的一大课题。有的家长采取杜绝的方法,尽量让孩子少与信息源接触,如尽量让孩子不与社会接触、不让孩子上网等。现代社会,瞬息万

变,每一个人都生活在千变万化的信息之中,如果不获取足够的信息,如何能更好地学习、工作和生活呢?家长有责任帮助孩子形成分析、收集和整理信息的能力,让孩子能以批判的思维去面对各种信息,选择有用的营养供自己吸收,远离无用的糟粕。

(1)在生活中为孩子建立起基本的道德行为标准,逐步增强孩子明辨是非的能力。从孩子嘴能说、脚能行、手能拿开始,家长就应对孩子的言行做出要求。随着孩子年龄的增长、活动范围的扩大,家长应根据孩子的特点,在原有要求的基础上做出相应的道德行为要求。如团结小伙伴,勇于承认错误,不说谎,自己收拾玩具,等等。孩子上学后,家长应根据学生行为规范,与学校一起抓好孩子的道德行为养成,逐步让孩子明白,哪些行为是对的,是能够做的;哪些行为是错的,是不允许的。有了这些道德行为做基础,孩子在接受各类信息的过程中,就能较好地辨别哪些信息是好的,是自己可以接收的;哪些是不对的,是自己应该拒绝的。

(2)支持孩子多参加社会活动,让他们在实践活动中增强辨别能力。人的辨别能力从哪里来,一是间接地从书中、从别人的得失中获取,二是从自己所经历的成功或失败的实践中获取。家长如果一直把孩子关在家里或学校里,孩子就失去了与社会接触的机会,那孩子就很难弄清楚是与非、对与错。所以,家长在注重孩子学习的同时,应积极支持、鼓励孩子参与社会实践活动,让他们在活动中增强辨别能力。家长不要担心孩子在社会活动中会学坏,只要孩子具有基本的道德行为水准,他们是有抵抗能力的。即使在社会实践活动中受到挫折,也是值得的,因为孩子可以"吃一堑,长一智",可以"经历风雨,见彩虹",从这个角度讲,挫折和失败也是孩子的一笔财富。

(3)对孩子看电视、上网等问题,既不能一味禁止,又不能放任自流,要根据孩子的年龄特点控制好时间和内容。

(4)教给孩子收集、分析和整理信息的方法。独立思考、批判性思维中,很重要的一点就是能有效地整理信息,并且能运用已有知识,加工理解信息,得出自己的结论。所以思考的第一步,是对信息的捕捉和整理。当今时代,信息来源极其广泛,包括报刊、书籍、网络和社会活动等各个方面,面对浩如烟海的信息,孩子要靠自己去寻找、查阅、选择、摘录。那么,该如何培养孩子收集、分析和整理信息的能力呢?第一,让孩子学会有针对性地进行信息的收集。不能毫无目的地乱找、乱翻。第二,要对收集方法进行指导。

要教孩子如何打开电脑,如何打开网页,如何查找自己所需要的资料。第三,指导孩子分析和整理信息。

3.培养孩子独立解决问题的能力

很多思考是在独立做事的行动中发生的。因为独立做事情,孩子就不得不去想解决办法。有时孩子畏难、向家长求助,家长可以态度上支持,行动上有所保留。可以根据具体情况,给孩子提供一些解决的思路,或者把任务分为几个步骤,帮孩子承担一部分。如果是孩子能够自己完成的事情,家长可以离开孩子一会儿,看到孩子自己做好了,再肯定、鼓励孩子。不要因为担心孩子做不好就不要孩子做,如果家长什么都为孩子想得周周全全,办得妥妥帖帖,孩子就会变得懒散,独立做事的能力就差,其独立思维自然也就差了。所以,家长应该给孩子留出充分的个人空间和独立做事的时间,这样才能锻炼孩子独立解决问题的能力。

一个具备批判性思维能力的人,不但具备独立思考的能力,还应当具有不满足于现成答案、敢于质疑、不迷信权威的精神。没有这些,孩子就不可能成为一个具有批判性思维能力的人。所以,家长要正确对待孩子的"离经叛道"。

对于批判性思维的培养,家庭教育主要是针对孩子的前期(幼年),后期的教育责任在于国家教育,重任落在老师身上。另外,需要强调的是:批判性思维的培养不能操之过急,应与培养孩子意志品质、交往能力、道德等同时进行;家长要有足够的耐心,要尊重孩子成长的节奏,悉心培养,耐心等待。

五十二　如何培养孩子的阅读能力

让孩子从小养成阅读的习惯,在闲暇时,读几本好书,不仅可以帮助孩子提高智商和情商,开阔孩子的视野,丰富孩子的知识,提高孩子的学习成绩,还可以让孩子修身养性、陶冶情操。书籍就像一块巨大的宝藏,我们永远也开发不完!

(一)阅读的作用

1.阅读能使人快乐

有的人为什么对书能产生浓厚的兴趣,首先是因为读书能给他带来快乐。读书时,人的思绪会随着书的情节而起伏,精神会因书中的精彩情节而振奋紧张,情感会随书中人物的喜怒哀乐而波动。一本好书为什么有这么大的魔力,就是因为读者在读书的过程中,能享受读书给他带来的快乐。有的人不爱读书,讨厌读书,拿到书就打瞌睡,他觉得读书是一件烦人的事、痛苦的事,因为他对阅读根本没有兴趣。对一些人来说,不能带来乐趣的阅读根本不可能继续下去。这种情况在孩童身上更为明显,倘若有一本书可以带给他快乐,他便会聚精会神地阅读,甚至可以达到废寝忘食的程度。李利安·H.史密斯说,孩童是一群只为了乐趣而阅读的"厚颜"读者。应该相信,无论哪一个人,不管他用什么办法,都无法让孩童继续阅读那些无法带给他们乐趣的书籍。

好书能给孩子带来持续的、长期的快乐。一杯好喝的饮料、一朵美丽的花、一段优美的音乐等,都会给人带来很多的快乐,但是这些快乐中,没有一种快乐可以和一本好书所带来的快乐相提并论。比如我们童年时所阅读的《阿尔卑斯山的少女》《小王子》等,不论过了10年还是20年,依然让我们记忆犹新,回想起时仍能让我们感到快乐。

2.阅读能帮助孩子提高思考力

思考力,也叫独立思维能力,它是创造力的重要组成部分。在现代教育中,重要的不是知识量,而是思考力。不管是对家庭教育,还是对学校教育,开发思考力已成为最重要的课题。

在开发思考力的方法中,有"读书过程论"的理论。在通常情况下,人们在阅读时,会一面阅读书本,一面重新诠释书中字句的意义。

首先,在读字的阶段,通过认字、组词等来提高思考力。当一个个单字呈现在孩童眼前时,推测、判断字的声音是什么,与前后联系组成哪些词,这些词或词组又含有哪些意义等就会引起孩子的思考。比如,当眼前出现一个"阅"字时,脑海里马上会知道要念yuè,在意义方面,可组成阅兵、阅卷、阅览、检阅、批阅、查阅等词。这样一个过程,自然使孩子的思考力得到了锻炼和提高。

其次,通过阅读,启发孩子不同的想象。在阅读中,当人们读到某个人或某件事时,就会把自己遇到的或者经历过的事与之联系起来。比如,同样是念"父亲"这个词语,但并不是每个人都会想象出同一个父亲的样子,人们会根据自己的情况来想象。当读到朱自清的《背影》时,孩子的头脑中会浮现"憨厚、踏实、佝偻着腰的老父亲"的形象。读者会因书中的父亲联想到自己的父亲,不同的读者就会想象出不同的父亲形象。小朋友想象的父亲,会是一位年轻、充满活力的男性;而年纪稍大的人,想的是一位年老的,也许走路有些蹒跚的男性。由此可见,同样是"父亲"二字,对不同的读者来说,具有不同的意义。

总之,在阅读活动的整个过程中,读者会想象字的意义,并推敲文章没有用文字呈现的内容,还会思考作者为什么写了这句话,评判作者所写的对与错。另外,对作品的情节、内容、结构等加以有创意的想象——假如是我,我会怎么写? 当然,这已到了阅读的高级阶段。

不管是哪位读者,只要是认真阅读了的,读后都会有一套自己的想法,并能将这种想法运用于自己遇到的各种问题中。所以,阅读能使自己的头脑更灵活,思考力更强。

3.阅读能提高孩子的情商

衡量人类精神领域的能力的方法有两种,一种是衡量所谓"知道或不知道"的智商指数;另一种是衡量如何感受,又如何行动的情商指数。所谓情商,又称情绪智力,这是心理学家提出的与智力和智商相对应的概念。情商主要是指人在情绪、情感、意志等方面的品质,还包含了交往、自制、热忱、坚持,以及自我驱动、自我鞭策等能力。总的来讲,人与人之间的情商并无明显的先天差别,更多的是受到后天培养的影响。

现在学校的考试,大部分都在衡量孩子的智商。孩子们同在一个班级,用同样的方式念书,成绩却迥然不同,原因在于记忆力、理解力、思考力的差异,以及各自的努力程度不同等。长久以来,我们的学校教育,都专注于"知道或不知道"的方面,也就是说,透过测试记忆力、理解力以及思考力,实行单一的教育评鉴。智商高的孩子,由于在记事、计算、理解方面有很强的能力,所以考试成绩好。不过,在现实生活当中,比起记忆力以及计算能力,我们更需要忍耐心、同情心、持久力、情绪自我抑制力、社会交往力以及道德心等。如果没有这些能力,一个人就算在学校是成绩优良的好学生,进入社会之后,也很容易变成无法适应社会的人,这就是现实教育中的"高分低能"现象。现在,一些有识之士,认识到了教育的弊端,提出了素质教育。我国正在进行课程改革,提倡全面提升孩子的综合素质,对此,家长也应有一个清醒的认识,应跟上教育发展的步伐。在注重孩子智商发展的同时,加强对孩子情商的培养。而阅读就是提升孩子情商指数最有效的方法之一。历史上的伟人们的事迹可以证明这一点。

以美国前总统林肯为例,他小的时候会把妈妈借来的书籍,看到三更半夜,是个典型的爱阅读的少年。

钢铁大王安德鲁·卡内基,为了满足看书的欲望,到书店去打工。

发明大王爱迪生10岁的时候,就已经读过《罗马帝国的兴亡史》,以及莎士比亚和狄更斯的名著,是个名副其实的阅读王。

而富兰克林阅读过的书籍,则是多得数不尽,甚至有传闻说,当他看完一本书后会把书卖掉,然后再用这笔钱去买另一本书来看。

还有弗洛伊德,8岁起就开始读莎士比亚的作品。

上述事例充分证明,在这些伟人的成功路上,阅读发挥了极其重要的作用。同时这些事例也告诉我们,他们的成功并不只是因为有高智商,还因为有高情商。

那么,阅读又是如何增强人的感性能力的呢?读者在看书的时候,可能会间接地获取他人的经验。而这种间接的经验,能够提升读者的感性及想象能力,进而使读者拥有更多耐心与勇气。人们在阅读过程中,自觉不自觉地学到书中成功的经验,吸取别人失败的教训,学习伟人的行为方式。因此,孩子在童年时期如果能多读优良的书籍,就等于是把世界上的伟人当作自己的老师。夸张一点儿说,这样的孩子在童年时期,人生就已经成功了一半。

4.阅读能开启人的智慧,引导孩子走向成功

通过阅读,人们可以了解历史、思考现实、预测未来。其中,预测未来,对年龄幼小的读者来说,是一项具有重要意义的事。孩子通过阅读,常常会对照书中自己崇拜的偶像,想象自己长大以后会变成一个什么样的人,在行动上也会模仿书中偶像的行为方式。一项调查显示,许多成功人士,都是在小学的时候受到所阅读的书籍的影响,从而决定了自己将来的发展方向。

5.阅读有助于孩子内在价值观的形成

从小喜欢看科学方面的书籍的小朋友,可能会对科学知识非常敏锐,并且从科学的角度去思考,对科学世界有浓厚的兴趣,以后可能会朝理工方向奋斗;喜欢看童话或小说的人,他们关心的一般是哲学或社会学方面的知识,以后可能向哲学、文学、艺术方面奋斗。例如,美国前总统林肯在一个偶然的机会下读到斯托夫人的《汤姆叔叔的小屋》,之后,他彻底了解到黑人制度的矛盾,并对黑人产生同情。1860年,林肯当选为美国总统。当时,整个美国被黑人问题所笼罩,林肯在任期间主导并废除了美国黑人奴隶制。

6.阅读能励志

阅读,不但能丰富知识,还能提振人的精神,增强人的意志力,难怪人们

常把书比喻成精神食粮。特别是人在逆境中,倘若能读到一部励志之作,就可能增强自己的毅力,提升自己的自信心,把自己培养成一位生活的强者。比如奥斯特洛夫斯基的《钢铁是怎样炼成的》,书中的主人公保尔不屈不挠的精神激励过无数人;被称为现代保尔的张海迪,更是现代励志的典范,激励着无数人励志奋进。

7.阅读能怡情

闲暇之余,品读一篇美妙的散文,它可能会使你走进风景秀丽的田园风光之中,也可能让你感受到异域风情,或者让你沉浸在春花秋月的美景中,无论远古还是未来,仿佛都能让你身临其境;若是有幸读到几首好诗,品几阕好词,更能让你心旷神怡。这就是读书的乐趣。喜爱读书,就等于把生活中寂寞无聊的时光换成巨大享受的时刻,从而陶冶自己的情操,使灵魂得以净化。

8.阅读有助于提高写作能力

读书破万卷,下笔如有神。从阅读与写作的关系上来看,的确如此。每一本书都是作者智慧的结晶,读书多了,你就可能集众人之长,可能就会写作了。一般来讲,读书多的人多是会写作的人,而能写出好作品的人大部分是读过很多书的。一个勤于读书的人,看了足够多的好作品后,哪怕只是东家模仿一点儿,西家拼凑一点儿,再加上一点点自己的领悟与润色,最后拿出来的成品,也足以令许多人拍案叫好。

9.阅读有利于民族的发展和振兴

读书不但能明白过去(历史)、预知未来,还能增强民族自尊心,激发民族自豪感。中华民族有五千年文化传承,有我们取之不尽、用之不竭的文化源泉。如果我们人人能读书,养成读书的习惯,那一定能实现中华民族的复兴梦。世界上很多国家都意识到了读书对民族发展的重要性。1960年,日本一位儿童读物作家发起"亲子读书运动",要求父母每天最少陪孩子看20分钟的书,这个运动带动了"家庭文库"(家庭图书馆)的发展,也扭转了当时日本儿童把漫画当成"主食"的情势,发展成一个社会的再造运动。

(二)阅读的现状

读书有很多好处,这是不争的事实。从过去到现在,有关读书的益处的论述层出不穷。然而,当下喜欢读书(学习)者却不多见。人们谈的是"钱",玩的是游戏,看的是微信。车站、餐厅、地铁里,随处可见"低头族",几乎无人读书。即使有个别人在读书,大多读的是与自己晋级、评级考试相关的非读不可的书,读名著、经典的少之又少;而学生的读书情况也不够理想。现实生活中,大部分学生认识的歌星、影星比作家、诗人多;大部分学生花在课外阅读上的时间远不及他们看电视、上网的时间;大部分学生对小说、娱乐杂志等休闲类书刊感兴趣,而忽视一些质量很高的文学作品及名著。

孩子读书情况有如下特点:第一,相当一部分孩子不喜欢阅读,没有养成自觉阅读课外书籍的习惯;第二,即使阅读课外书籍,也多是读休闲娱乐类的书,不喜欢读经典名著;第三,课外阅读时间太少;第四,很多孩子把时间用在了看电视、上网、玩游戏等方面;第五,阅读的功利性较强,表现为孩子为完成任务、为考试、为学习、为升学、为就业等而被迫读书;第六,课业繁重,孩子缺乏阅读的时间。

随着互联网的发展和电脑、手机的普及,人们在生活、学习、娱乐上表现出对它们的过分依赖。学习上、生活上有什么问题,在网上一搜索就能得到答案。但是,这种知识的获取是不成系统的、不连贯的,是碎片化的,如果要获得系统的知识、增长智慧,还是要靠纸质书的阅读。特别是在青少年的成长过程中,阅读纸质书更是教育与自我教育、认识与自我认识的一条不可缺少的基本途径。但我们不得不看到,自20世纪末以来,全国范围内的电子传媒的普及,尤其是互联网的全面普及,正在对传统的纸质媒介的阅读功能造成巨大冲击。调查显示,现代人花在书籍阅读上的时间,已经大不如从前了。这样发展下去,是很危险的,因为它不利于孩子的学习和成长,不利于孩子人生观和价值观的形成,所以,每位家长都应警醒,要重视孩子的阅读。

(三)如何培养孩子的阅读能力

西方一位教育名人曾经说过:"阅读是一种终身教育的好方法。培养孩子的阅读兴趣,让孩子喜欢读书,是父母献给孩子最好的礼物,也是家庭教育成功的标志。孩子喜欢阅读胜过纯粹的学校教育,胜过一台计算机,胜过最高级的大学文凭。热爱阅读可以改变孩子的一切,使孩子一生受益。"那么,家长如何才能将这个"礼物"送给孩子,让孩子对这个"礼物"感兴趣呢?总的来讲,应从以下几个方面去进行。

1. 培养读书的习惯

高尔基曾说:"对于有文化的人,读书是高尚的享受。我重视读书,它是我一种宝贵的习惯。"从高尔基的话里我们可以看出,阅读是一件快乐的事,喜欢阅读的人,不但把阅读当成了一种习以为常的事,而且把它当成了一种精神享受。有的人不管有多忙,茶余饭后或者睡觉前,总要看看报纸,翻翻书,不然,就总觉得心里欠点儿什么。其实,这就是一种习惯。习惯并非孩子生来就有的,它是在后天环境熏染下慢慢形成的。

通过培养孩子的阅读习惯,提高孩子的阅读能力是家庭早期教育的重要任务,因为阅读能力是孩子学习成功的重要条件之一,所以家长应在孩子入学前,从以下方面培养孩子的阅读习惯,为孩子入学做好准备。

(1)从婴幼儿开始抓起。阅读,应当是人最早的本能动作之一。阅读始于识字之初,甚至是识字之前,当孩子还未满一周岁时,就已有阅读的欲望。如,当父母抱着孩子在外面玩,孩子看到街上闪动的广告牌时,就会指着广告牌发出"呃、呃"的声音。又如,孩子刚开始学说话时,妈妈指着画册上的"一"字告诉孩子这就是"一",多教孩子几次以后,孩子可能就记下了"一"这个字。尽管孩子还不知道"一"的含义,但当他翻开画册时,就会指着画册说"一"。这就是阅读的雏形。当然,这并不代表这时应该教孩子识字。孩子渐渐长大,认字的水平越来越高,当他已经不满足于正确地读出一个字的成就感,而开始对阅读的内容产生好奇时,他就可以开始读书了。如果家长从这时开始引导孩子,孩子就会慢慢变得喜欢阅读。例如,当孩子与父母一同乘电梯时,当孩子与父母一同进入商场时,当孩子与父母一同玩耍时,如果孩子指着电梯里或其他地方的字或者画发出"一"或其他字的音时,父母应指着"一"字告诉孩子:"对,这就是'一',宝宝真爱学习!"并把"二""三"和其他简单的文字说给孩子听。这样,也许不能让孩子认识这些文字或数字,但能激发孩子阅读的欲望。随着孩子一天天成长,家长的诱导一天天进行,孩子可能就会对阅读产生兴趣。

（2）从讲故事开始，诱发孩子对阅读的欲望。小孩子都喜欢听故事，家长应发挥故事的魅力，让孩子的注意力被故事吸引。如，当孩子两三岁时，家长在陪伴孩子的过程中，经常带孩子到配有幼儿读物的地方去玩（也要根据孩子特点给孩子买一些幼儿阅读绘本），让孩子自己选择故事绘本，然后声情并茂地讲给孩子听。一开始，只要求孩子注意听，慢慢过渡到指着书逐句读，要求孩子看着书听。这样做是为了让孩子爱上书、爱上阅读，更是为了促进孩子最初的阅读兴趣的形成。当孩子有了一定的阅读基础后，家长就应引导孩子主动去阅读。一般来讲，听故事是孩子的最爱，尤其是从小就伴着奶奶的童谣、妈妈的童话长大的孩子，一听故事，个个精神焕发，喜悦之情溢于言表。有的家长很会讲故事，往往把孩子带入一个或有趣，或惊险，或奇特，或令人感动，或悬念丛生的情感世界里。当孩子听得津津有味、情绪激动、期待知道结局之际，家长可以戛然而止，告诉孩子，"欲知后事，请自读原文"；或向孩子推荐比自己讲的故事更好的书籍，让孩子自己去阅读。

（3）营造读书的环境。孩子生长的环境氛围对孩子习惯的养成有着极其重要的作用，如一个充满书香的家庭环境，对孩子养成爱学习的习惯起着潜移默化的作用。因此，家长应从以下方面为孩子营造一个适合阅读的环境。

①开辟图书角，为孩子添置构图新颖、颜色鲜艳、趣味性强的图书。孩子一岁以后，家长可为孩子购置一个小书架，购买一些幼儿读物放在书架上，并定时给孩子讲故事，也可将孩子喜欢的动物、植物的图画等剪裁下来，悬挂或张贴在家里显眼的地方，提醒孩子经常去看看。

②孩子上幼儿园后，家长应配合幼儿园老师，促进孩子阅读能力的提升以及社会性的发展，扩大孩子的知识面。可以让孩子结合家长讲的故事或自己喜欢的图书，自主选择内容，开展情景表演、复述故事、续编故事、创编故事等活动。如，结合《拔萝卜》的故事开展情景表演活动。这样可以为孩子创设轻松、愉快、和谐的阅读环境，让他们能无拘无束、大胆自主地选择想读的书，培养自主意识，享受自由快乐，同时也可以培养孩子将图画符号转化成语言符号的能力，并发展其创造思维能力和语言表达能力。

③经常带孩子逛书店、买书。有的家长只知道陪孩子游乐、玩耍，或者要求孩子参加各种兴趣班、特长班，而忽略了经常带孩子逛书店、让孩子选择自己喜欢的书籍，这不利于孩子阅读习惯的养成。孩子的习惯养成，很大

一部分是受环境氛围影响的,如家里每一个人都讲卫生,人人都将果皮纸屑扔进垃圾桶,在这样的家庭氛围影响下,只要成人稍微给孩子一点儿提示,孩子就会主动将垃圾扔进垃圾桶。爱学习、爱读书的习惯也是如此,如果父母经常带孩子到书店去,孩子会看见很多的读书人和买书人,这样,孩子就能感受读书的氛围。另外,把孩子带到书店去,让孩子自己选择他喜欢的读物,这不但有利于孩子自我意识的树立,还有利于孩子独立能力的提高,更有利于孩子阅读兴趣的培养。如果经常这样,孩子就会养成一种习惯——看到书店就想进去看一看,发现自己喜欢的读物就买下来读一读。

④家长以身作则,为孩子起好示范作用。日本教育家井深大曾说:"我认为在幼儿教育中,母亲们,你们本身就是'教科书'啊!如果说世界上有各种各样的父母的话,那么,有多少父母就有多少'教科书',也就培养了那么多种人。"家长的一言一行时时都对孩子起着潜移默化的教育作用。所以,家长应注意自己的一言一行,当好孩子的第一任老师。

其一,家长回到家里,不要一直玩电脑、玩游戏、刷微信,要趁休闲时间多读书、看报,多陪伴孩子,多亲近孩子,多关心孩子,多同孩子交流。

其二,避免不良嗜好对孩子的"污染"。要养成良好的行为习惯,孩子需要正面引导,需要良好行为的影响,需要良好环境氛围的熏陶。如果从小生活在麻将声中,那孩子长大后可能就会形成"笑声、骂声、叹声、麻将声,声声入耳;私事、公事、国事、天下事,事事无心"的状态。为了避免出现这样的结局,家长应检查自己的行为,如果有打麻将等不良嗜好,一定要克制自己,千万不要让孩子接触这些事物。

(4)维护孩子良好的阅读心态。孩子的情绪,容易受周围环境的影响。良好的阅读环境是维护孩子良好阅读心态、提高孩子阅读能力必不可少的条件之一。让孩子在安静、明亮、优美的环境里专心阅读,能使孩子保持良好的阅读心态;常带孩子到阅览室看书,让孩子感受那里的阅读气氛,为孩子模仿提供条件;经常与孩子进行平等式的交流沟通,了解孩子的阅读需要;不娇惯、不强迫、不责骂孩子,尽量满足孩子的合理需要,让孩子长期处在愉悦的心情中;对孩子喜欢阅读的行为给予及时的表扬、鼓励。

(5)从小培养孩子良好的阅读习惯。从孩子学习阅读开始,家长就应向孩子提出阅读的要求,如,阅读书画时,不玩其他东西,除了正常提问外,不要大声说话;爱惜书籍,不乱折、乱涂、乱画,读完后将书放回原处等。小孩子都有好动的特点,这恰恰是阅读要避开的。所以,在孩子开始阅读时,家长就应给孩子提出要求,经常带孩子到阅览室、图书馆去观察别人的阅读状态,让孩子慢慢养成正确的阅读习惯。对阅读习惯的培养要根据孩子的年龄特点,做到既严格要求,又循序渐进。只要有信心和恒心,坚持不懈,一定会有成效的。

(6)激发孩子的阅读兴趣。只要孩子对某本书有兴趣,他一定会认真地去阅读。只要我们稍加注意就不难发现,孩子在上学的过程中,如果对某书感兴趣,不管有多忙,他都会抽空去看它,即使家长不允许,他躲在被窝里用手电筒照着都要去看。这说明了激发孩子的兴趣对培养孩子阅读习惯的重要性。那么如何才能激发孩子的阅读兴趣?请家长注意以下几点。

①尊重孩子的心理特点,选好孩子阅读的第一批书,使孩子先对书产生好感。在孩子学习阅读的初期,家长一定要对书刊进行精心的挑选,书刊的内容和外观要尽量迎合孩子的心理喜好;不要以成人的眼光去衡量书刊的内容,不要以为"有用的"就适合给孩子看,挑选的书刊首先要能吸引孩子的兴趣。在孩子看来,花花绿绿的昆虫、活泼可爱的动物要比书本上的拼音和数字等抽象的事物有趣得多。因此,早期阅读应尽量给孩子提供一些篇幅短小、有趣、以图为主的童话、儿童诗歌等,比如《拔萝卜》《踢拖踢拖小红鞋》《小猪当保镖》等都很适合初学阅读的孩子看。

②阅读的早期,不宜对孩子的阅读过程管得太严。好奇、好动、缺乏耐心和持久力是孩子普遍的心理特点。因此,在早期阅读过程中,孩子往往不可能像大人那样把一本书从头至尾看完。他们喜欢的阅读方式是,一会儿翻翻这本,一会儿翻翻那本。对此,家长不应对孩子发火或表示失望。只要孩子不是故意撕毁或乱扔图书,家长就不必过多地去管他。通常,在这一阶段,只要孩子愿意把一本书拿在手上津津有味地翻看,家长就应该感到心满意足。因为,这类表现完全符合孩子的早期阅读心理,是孩子在阅读求知的道路上迈开重要一步的标志。

③不可过早地限定孩子的阅读范围和阅读内容,而应把选择的权利交给孩子,尽可能地为孩子提供轻松自由的阅读环境。阅读是一种求知行为,也是一种享受。因此,在孩子阅读的过程中,家长除了需要对真正有害于孩子的书刊进行控制外,不应对孩子所读书刊的内容、类型和范围进行过多的约束和控制。通常,孩子所读书刊的内容范围越广越好。一般说来,大约从

3岁开始,大部分孩子在阅读内容的选择方面已逐渐形成了自己的爱好和兴趣。对此,家长应注意观察、了解和引导,不宜过多地干涉,更不应按自己的意志强行改变孩子的阅读爱好,也不宜按自己的知识观和阅读习惯为孩子开列必读书目。否则,孩子就容易对阅读产生厌恶和恐惧,从而失去阅读的兴趣。

④调动孩子阅读兴趣的几种简单的方法。阅读兴趣不是生来就有的,有的是因被某事吸引而产生的,有的是因受某事、某人激励而产生的,因此,家长在培养孩子阅读兴趣的过程中,要采用一定的方法激励孩子,促使孩子产生阅读兴趣。下面介绍几种激励方法以供参考。

悬念调动法。家长在培养孩子的阅读兴趣时,可以给孩子讲故事或者读故事。家长在讲或读故事时,在精彩或结尾之处,要故意留下悬念,让悬而未决的情节催促孩子自己去寻找问题的答案。这样坚持下去,随着孩子阅读能力的增强,慢慢地他就会挣脱家长的扶持,自由地畅游于书海,寻求他的精神家园。

故事梗概法。孩子有了一定的阅读能力后,家长可以先把孩子想读的书的内容梗概讲给孩子听,引导孩子进行阅读。例如引导孩子阅读《鲁滨逊漂流记》,家长可先简单地向孩子介绍故事的大致内容,孩子听了觉得有趣,就会自己去阅读此书了。

电视辅助法。很多孩子都喜欢看电视,但家长怕耽误孩子的学习,往往禁止或者限制孩子看电视。的确,上网、看电视如果不加以节制,往往会对孩子的阅读(包括整个学习)造成相当大的影响,但是,家长如能抓住孩子看电视的机会,因势利导,趁机向孩子介绍相应的读物,就可能使孩子产生足够的阅读兴趣。例如电视剧《三国演义》在社会上引起了较大的反响,对孩子们也产生了较大的冲击,他们常常讨论剧情的发展。针对这种现象,家长如果能与孩子一起读读《三国演义》的原著,对激励孩子阅读是有帮助的。

(7)留给孩子充分的阅读时间。有的家长从孩子上幼儿园开始,就给孩子报了舞蹈、绘画等特长班,美其名曰"不让孩子输在起跑线上";等孩子上学了,来自学校的、家庭的压力就更大了,有些孩子,就连周末也被学校或家长安排得满满的,根本没有时间和精力去阅读课外书籍。这种现象如不加以改善,不但累了家长、累了老师,而且贻害孩子。家长如果希望孩子有阅读的习惯,将来能成为既有广博知识又有实践能力的人才,就应留给孩子充分的阅读时间,让孩子觉得阅读是一件同玩耍一样快乐的事。那样的话,孩子的阅读习惯就基本养成了,并且随着阅读的不断深入,他们的阅读能力也会逐步增强。

2.掌握阅读的方法

什么事情都得讲究方式、方法,阅读也是如此。方法对了,其效果会事半功倍;方法不当,则会事倍功半。有的孩子读书,整天都在忙,结果成绩不理想,有的孩子除了上课外,好像整天都在玩,结果成绩还不错,其中原因除了智力因素外,恐怕就是读书方法的差异了。阅读也是如此,只是走马观花地读或泛泛而读,遇到好的词句或文章也不懂得品鉴、积累,不懂得学习别人的写作技巧,显然,这样的读书方法是不可取的。因此,家长要进一步引导孩子不仅爱读,而且会读,读了要有所收获。古人云:"授之以鱼,不如授之以渔。"有鱼吃是目的,会捕鱼是手段。家长在培养孩子阅读习惯,激发孩子阅读兴趣的同时,应该向孩子介绍一些行之有效的读书方法。

(1)泛读。泛读即广泛阅读,指在阅读中,涉猎各种类型的书,不仅要读自然科学方面的书,也要读社会科学方面的书,广泛阅读古今中外各种不同风格的优秀作品,以博采众家之长,拓展思路。但是,应该注意,中外书籍浩如烟海,如果都要读并有所收获,这是不可能的。所以,家长要求孩子阅读广泛,不是要求孩子凡是书都要去读,而是阅读要有主次之分,对不同的书选择性地采用不同的方式去读。对报纸、杂志等一般性读物,可通览一遍,意在读懂、读通,了解全貌,以求一个完整的印象,取得"鸟瞰全景"的效果。对小说、传记、散文一类的书籍,可采用浏览和跳读的方法,就是在读书之前先读书的序言或前言,了解内容概要,然后有选择性地进行阅读;阅读后,再回头看序言或前言,能了解大致内容就行了。至于参考书,可选择性地读。

(2)精读。所谓精读,就是细读多思,反复琢磨,反复研究,边分析边评价,务求明白透彻,了然于心,以便吸取精华。朱熹在《读书之要》中说:"大抵观书,先须熟读,使其言皆若出之于吾之口;继以精思,使其言皆若出之于吾之心,然后可以有得尔。"这里的"熟读而精思",即精读的意思。对一些有用的专业书、经典名著等我们应精读。读书的目的不在快、不在多,而在于从书中汲取营养,在于通过整个阅读过程修养宁静而富有感知力的心灵。只有精心研究、细细咀嚼文章的"微言精义",才能"越读越明","愈研愈精"。

可以说,精读是最重要的一种读书方法。

在阅读需要精读的文章或书籍时,最好能做到以下三点:

第一,要一边读一边思考。所谓边读边思考,就是不光用眼睛读书,还要用"心"读书。孔子曰:"学而不思则罔,思而不学则殆。"孟子也说:"心之官则思,思则得之,不思则不得也。"散文大家秦牧有一种读书方法叫"牛嚼鲸吞","牛嚼"指读书要像牛吃草"反刍"一样,仔细研究、反复品味。

第二,要边读边记。古人云:"不动笔墨不读书。"俗语也说:"好记性不如烂笔头。"读书与做摘录、记心得、写文章结合起来,手脑共用,不仅能积累大量的材料,而且能有效地提高写作水平,并且能增强阅读能力,将知识转化为技能和技巧。对于一些作品,不仅要精读,还要总结归纳,提炼出其中的精华。每阅读一本书,都在重要的地方画上圈、杠、点等各种符号,在书眉和空白的地方写上批语,并随时写下读书笔记或心得体会。美学大家朱光潜特别推崇写读书笔记,记笔记不仅可以帮助记忆,而且使人更仔细。

第三,要反复读。有价值的书不能只读一遍,可以重复学习,一是可做到"温故而知新",二是能领会其精义。著名思想家、文学家伏尔斯泰认为重读一本旧书,就仿佛与老友重逢。重复学习,有利于加深我们对知识的理解,也是加深记忆的强化剂。

(3)朗读。它是把文字转化为有声语言的一种创造性活动,是一种出声的阅读方式,是孩子完成阅读教育任务的一项重要的基本功。就语文学习而言,朗读是最重要的技巧之一。朗读是默读的起点,是理解课文的重要手段。它有利于孩子发展智力,获得思想熏陶。朗读有助于情感的传递。朗读,需要读得字字响亮,不可误一字,不可牵强暗记,要做到"诵之宜舒缓不迫,字字分明"。家长要从孩子刚学说话时,就抓好孩子的语言表达能力,使孩子在入学前就能做到吐词清晰,语义表达明白,这样才能为入学后的朗读打下基础。孩子入学后,识字量增加,家长要逐步培养孩子的朗读能力,为默读打下基础。

(4)默读。指不出声地读书。默读是训练阅读能力的重要方法,也是孩子阅读能力的体现。这种方法比朗读又进了一步,它比朗读速度快,又不影响周围的人,能保证环境的安静,这样孩子更能集中精力思考、理解读物的内容,并且不易疲劳。默读的应用范围十分广泛,读书报,查资料,看通知、布告、信件等,都要用到默读。默读时要注意减少眼停的时间与次数,尽量不出现回视,逐步扩大扫视范围。读得快而又理解得深,才是高水平的默读。从朗读过渡到默读,是阅读能力的一次跨越。从孩子小学高年级开始,家长就应帮助孩子逐步由朗读过渡到默读。因为,随着孩子的成长和知识的增加,他们需要更快的阅读能力来适应自己的需求。

(5)读书要专注。如果一个人读书三天打鱼两天晒网或者"蜻蜓点水"——弄一下就跑,那他的阅读能力是不可能提高的。专注包括两个方面,一是读书时精力要集中,做到"目不乱视,耳不乱听,心不乱想";二是专注读一篇文章或一本书,这篇未读完,绝不读另一篇;这本书不读完,决不读第二本书。清朝著名政治家曾国藩就是这样读书的:诸子百家,汗牛充栋,或欲阅之,但当读一人之专集,不当东翻西阅,如读《昌黎集》,则目之所见,耳之所闻,无非昌黎,以为天地间除《昌黎集》而外,更无别书也。此一集未读完,断断不换他集,亦专字诀也。著名学者梁实秋也说,桌上永远只放一本书!专心致志读书,不但是一种好习惯,一种好方法,而且是一种良好的意志品质。家长在培养孩子的阅读能力时,要根据孩子的年龄特点,合理安排孩子的阅读时间,做到循序渐进,而哪怕是要求孩子只读十分钟的书,也应要求孩子专注阅读,再慢慢延长专注阅读的时间。

随着阅读能力和鉴赏水平的提高,孩子还可以以审视的目光去阅读,以欣赏的眼光去阅读,带着问题去阅读。读一本书,能品味读书之乐,读得欣喜若狂,读得泪流满面,读得茅塞顿开。就像宋代诗人尤袤所言:"饥读之以当肉,寒读之以当裘,孤寂而读之以当友朋,幽忧而读之以当金石琴瑟也。"

3.阅读健康的书

不读书的人,往往"死"于精神饥渴;乱读书的人,大半"死"于思想中毒。有些书研究价值相当高,读之可以理解人性,但容易"中毒",有些书成分复杂,正如林语堂所言:"在一人吃来是补品,在他人吃来是毒质。"读书如交友,应带着疑问去切磋,应多交"益友""净友""挚友",少交"损友""佞友""恶友"。别林斯基曾说:"阅读一本不适合自己阅读的书,比不阅读还要坏。我们必须会这样一种本领,选择最有价值、最适合自己所需要的读物。"所以,为孩子选择健康有益的书是培养阅读能力的根本。

对此,家长应注意观察、了解和引导孩子,但不宜过多干涉,应把选择的权利交给孩子,尽可能为孩子提供轻松自由的阅读环境,但是,还应注意以下几个方面的问题。

（1）幼儿读物应有利于孩子的心智发育。学前期的孩子，心智发育不成熟，其记忆带有很大的无意性，凡是孩子感兴趣的、印象鲜明的就容易被孩子记住；主要是凭借事物的具体形象或表象来进行思维活动的；他们判断是非的能力也很低。所以，他们看到什么，就学什么，也不管对不对。如，幼儿看见成人给娃娃洗澡，他也会给买来的布娃娃洗澡。根据这一特点，家长在给孩子购买幼儿读物时，要根据孩子的心理特点，选择健康有益的作品供孩子阅读，如接近生活实际、利于孩子智力发展和道德行为养成方面的图书等。在学前期，一定不能让孩子看脱离生活实际的、暴力的、粗俗的、影响心智发展的动画或画册，这类书（或影视）看多了也会影响孩子正确认知的形成，诱发孩子的不良行为。

现在，幼儿动画片和文学作品很多，孩子又特别爱看，希望家长多选择利于孩子思想道德和行为品质形成的作品，如果让孩子在手机、电视和电脑上看，一是要选择内容，二是要限制时间。

（2）针对孩子的兴趣，选择图文并茂的、故事强性、趣味性强的书。在小学阶段，孩子的思维从具体形象思维向逻辑思维过渡，尤其是在小学低年级以及学前阶段，孩子的逻辑思维在很大程度上受具体形象思维的束缚，他们的逻辑推理需要依靠具体形象的支持，甚至要借助直观的形象来解读抽象概念。所以，幼童时期的孩子喜欢看图文并茂的图书，甚至对没有文字的漫画图书都很有兴趣。孩子为什么能够依靠具体的形象来理解文字里的内容，或者纯粹看图就能解读出属于他们自己的道理来？这是因为他们所看的作品具有故事性和趣味性。因此建议：给入学前的孩子选购阅读作品时，应注重图画的色彩性和趣味性；给小学生购买书籍，最好是故事性、知识性、趣味性相结合的，图文并茂的。因为，故事性、趣味性能吸引孩子阅读，知识性能使孩子的知识得以自然增长。

如何了解孩子究竟喜欢什么书？首先，家长平时要多关心、观察孩子，要多与孩子进行平等式沟通，这样才能走进孩子的心灵，真正了解孩子。其次，应多陪孩子逛书店，观察孩子喜欢什么书，除违反"健康、有益"原则的书外，孩子喜欢什么都行。最后，了解孩子的同学在读什么书。有时候，家长对孩子喜欢的课外读物的了解并不是很全面，但如果家长留心与孩子交往比较密切的同学喜欢看什么书，可能就会发现自己的孩子喜欢的课外读物。

（3）选择经典名著。书的种类繁多，读什么样的书，完全取决于读者的爱好和需要，但总的来讲，读不同的书，其作用是完全不一样的。小说、参考书、名著都是人类智慧的结晶，读它们也都可以称为读书。而三者的区别在于：小说或许能够给人一时的愉悦，但一般教育意义不大；参考书对学习固然有用，然而考试后也会迅速地被人忘记；经典名著给人的教育则是永恒的、无法磨灭的。通过阅读名著得来的思考与精神洗礼，很可能会伴随人的一生。所以建议：孩子除了阅读一些对学习有直接帮助的参考书和根据自己的爱好读一些科普读物外，一定要能静下心来读一些经典名著。儿童时期，最好能读一些经典作品，如《父与子》《史努比》《三毛流浪记》等，不宜让孩子阅读涉及暴力、鬼怪等元素的书籍。中学时期，可给孩子介绍一些中外经典名著，如《三国演义》《水浒传》《西游记》《钢铁是怎样炼成的》《简·爱》《巴黎圣母院》等。

经典名著等好书，至少值得阅读两到三遍。第一遍略读，以满足自己的阅读兴趣并了解书的内容与结构，如果有时间还要精读，把握整本书的布局以及其中一些巧妙的铺垫与伏笔；如果还能再读一遍，就该研究性地读。这时，我们可能就会对书中的一些观点或写法提出质疑，或者能写出专题体会。要鼓励孩子多次阅读，抱着学习的心态去品味、去研究、去思考甚至去质疑书本，这本书对孩子来说才算得上有意义，会有所收获。

（4）报纸、杂志。家庭应该至少订一份报纸、一份杂志，家长空闲时主动读读报，看看杂志，这样家长的阅读习惯会感染孩子，让孩子养成爱看报、看杂志的习惯。这种过程是"润物无声"和"无心插柳"的过程。孩子一旦养成了看报和看杂志的习惯，就能通过报纸了解社会时事，通过阅读杂志开阔知识面。报纸、杂志的内容绝大部分都是发生在孩子身边的"历史"和"政治"。多阅读报纸、杂志，可以让孩子具有"家事国事天下事，事事关心"的情怀，对孩子的写作和将来走向成功有极大的帮助。

（5）工具书。孩子在阅读的过程中难免会遇到不认识的字，不能明白语句的意思。家里如果有常用的工具书，不但能帮助家长解答孩子提出的问题，还能让孩子养成独立解决问题的习惯，让孩子对工具书产生兴趣，如字典、词典、百科全书等。孩子在阅读的过程中，总有问不完的问题，家长是不可能都能回答的。当家长一时回答不了孩子的问题时，一是家长可翻阅工具书找出答案，二是让孩子遇到问题自己查阅工具书，这样，不但可以增强孩子独立阅读和解决问题的能力，还能让孩子喜欢上工具书。

如今互联网的搜索功能已经非常强大，作为成人，我们也许觉得纸质的工具书有些多余。但是，对于尚未广泛接触网络的孩子，特别是小学生来说，手头还是应该有一些工具书，以备随时查阅。除此之外，纸质工具书也有其无可取代的作用，毕竟翻书时更能感受浓郁的文化气息，查找到的信息也更准确一些，这是网络检索没法比的。不过，给孩子选择工具书应尽量考虑孩子的特点，内容和风格尽量适合孩子的口味，并且选择质量好的、方便查阅的工具书。

阅读实在是一个非常有益的习惯，家长应该放下功利心，重视孩子阅读习惯的培养，教给孩子好的阅读方法，让孩子通过阅读，开阔视野，增长知识。高尔基在《论青年》中说："要热爱书，它会使你的生活轻松；它会友爱地来帮助你了解复杂的思想、情感和事件；它会教导你尊重别人和你自己；它以热爱世界、热爱人类的情感来鼓舞智慧和心灵。"

五十三 如何提高孩子的写作能力

所谓写作能力，就是人们有意识地使用语言文字来反映客观事物、表达思想感情、传递知识信息的能力。语文新课程标准认为写作是运用语言文字进行书面表达和交流的重要方式，是认识世界、认识自我、进行创造性表述的过程。从以上表述可以看出，写作是语文知识素养和综合能力的集中体现，是现代人必备的知识基础。教育家叶圣陶说："作文是各科学习成绩、各项课外活动的经验，以及平时思想品德的综合表现。"

从自身来讲，写作过程是自我认识的过程，是走向自觉、完善自我、不断成长的过程，是组合素材、斟酌文字、转变角度、整合思想、反思提高的过程。通过写作，人们可以表达感情、交流思想、传递信息；能够锻炼思维、培养品格、提升境界。

从人类生活的角度看，它是人类生活的重要内容，是人类创造性表达自我的思考、探索问题的有力武器，是人类相互沟通、融合生存的重要方式。生活离不开写作，人类文明的进步离不开写作，如文学创作离不开写作，科学研究离不开写作，国家管理、社会治理、日常生活也无处不需要写作，就是谈情说爱有时也需要写作表达爱意。可以看出，写作如此重要，然而在现实生活中，孩子（就连很多成人）的写作能力却不容乐观，这需要家长加强对孩子写作能力的培养。

(一)写作现状及原因

在现实生活中,很多成年人不会写、不愿写文章,把空闲时间都用在玩手机、玩游戏等娱乐上。如果要独立写一篇理论性的调研文章,他们觉得比登天还难,实在没有办法,就东拼西凑,找一篇类似的文章,掐头去尾,稍加改变就行了。如今互联网的普及给抄袭、造假提供了方便,不管需要什么文章,在网上下载拼凑就行了。现在的很多成年人,其中不乏大学生,基本的写作能力都不具备,对一件物品、一件事情都不能有序地加以说明或叙写,就连自己的年终总结都不能独立完成。

1.孩子的写作现状

从小学生到大学生,不少孩子都害怕写作,一提到作文,他们就会感到头痛。主要原因是,很多人感到缺乏生活素材,不知该写些什么;有的人有写作素材,但又不知如何组织材料。请看下面两份调查报告。

(1)中学生写作现状调查报告

从2009年秋季开始,一位语文老师对他带的七年级两个班,共96名学生的写作现状进行了调查。方式:个别谈话、问卷等。调查的主要方面:学生的写作态度、写作的主要目的等。具体情况如下:

写作时感到生活素材丰富吗?

54.2%的学生写作时感到生活素材很贫乏,27.5%的学生认为生活素材是否丰富要根据情况而定,感到生活素材较丰富和很丰富的学生仅占18.3%,许多学生囿于生活经历、经验积累不多,往往无法根据题意广泛联想,无法回顾和选取平时生活中的材料,从而感到自己想写却不知道写什么。

写作的主要目的、态度。

60.3%的学生是为了完成作业而写作,写作时往往临时翻文选或参考同学的文章;23.9%的学生是为了提高考试成绩而写作,他们看重的是作文的分数以及老师和同学的评价;10.4%的学生是为了提高写作技巧而写作,这些学生写作比较认真,会在文章的结构、立意、用词等方面用心斟酌;5.4%的学生是为了记录自己的思想和情感而写,写作较为主动,能在写作中展示自己的个性。(此调查报告来源于育星资源网,有删节)

(2)小学生写作现状调查报告

被调查对象:某校小学四年级学生共55人。

害怕写作的有28人,约占51%;写作时感到无内容可写的有34人,约占62%;有内容可写但不知如何写的有25人,约占45%;选好材料却不知用什么方法写的有18人,约占33%;写作时想用优美的词句,但想不出来的24人,约占44%;平时注意观察的18人,约占33%。(此调查材料来源于道客巴巴网,有删节)

从以上调查材料中可以看出:害怕写作,缺乏观察和体验,缺乏写作的素材,有材料不知如何写等是孩子写作的主要问题。以上调查材料反映的问题还不够全面,比如孩子作文中的"虚假"现象也比较突出,但也能大体反映孩子的写作现状——多数孩子害怕写作。

2.孩子害怕写作的原因分析

(1)缺乏写作的乐趣。为什么有的孩子一提到作文就感到头痛,那是因为他把写作文看成了一件"苦差事"。其中原因可能是多方面的。也许,从孩子幼小的时候开始,家长就对孩子的听、说、读、写缺乏教育引导,至少缺乏正确的教育引导。如,没有注意激发孩子的写作兴趣,没有注意让孩子将语言能力转化到写作能力上来,对孩子的作文要求过高,强迫孩子写作,等等。这都可能让孩子产生害怕写作的心理。

(2)缺乏积累。孩子3岁或者3岁不到,就被送到幼儿园,星期一到星期五都被禁锢在幼儿园有限的范围里;而在周末,有的家长还把孩子送进"特长班""兴趣班";孩子入学后就开始为考大学而长途奔波。为了不让孩子输在"起跑线"上,为了孩子将来能考上一所名牌大学,有些教师、家长想方设法给孩子"灌"知识、设目标,孩子也无可奈何地为此疲于奔命。因此,孩子生活实践少,观察少,阅读少,习作少,写作的乐趣也就少了。写作需要素材,而素材主要来自生活实践中的直接体验,以及阅读获取的间接经验。如果孩子没有时间动手做事,没有时间到大自然中去观察体验,没有时间阅读,他们就缺乏写作的第一手材料,即使心里想写,也是写不出来的。

(3)缺乏基本的表达方式和写作的方法(技巧)。很多孩子在写作时,想把一件事情表达清楚,想把一件物品写明白,想把自己的所想所感表达出来,但就是不知如何写出来,即使写出来了,也显得条理不清。这是因为孩子没有掌握最基本的表达方式和写作方法。例如,孩子同父母一起去了公园玩,想把自己在公园看到的、听到的及自己的心情等写出来,但一提起笔却不知从哪里写起。其实,叙写逛公园这件事并不复杂,如可以写"什么时间""同什么人一道去的""从哪里进入公园""中间看到了什么""心情如何""到什么时间逛完公园回家""从哪里出来的""有什么收获"等。要写这些,就要掌握基本的表达方式,如记叙、描写、议论、抒情等。

(二)提高孩子写作能力的一些基本方法

1.先让孩子把话说清楚,说流利

写作能力,本质上是一种书面语言的组织能力,跟口头语言的原理是差不多的,是口头语言的书面形式。所以,要让孩子拥有较好的书面表达能力,首先就应让孩子具有较好的口头表达能力,为书面表达打好基础。

1.5—3岁是儿童积极语言活动发展的跃进阶段。在这个阶段,儿童语言表达能力提升较快,语言结构也变得更加复杂,开始出现多词句,语言具有了一定的概括性。从这时起,儿童有可能逐步从成人的语言习惯中掌握语言与语法结构。另外,儿童语言对行为的调节作用也逐渐发展起来。儿童有可能照成人的话(词)来调节自己的行为(这种调节力是微小的)。如,父母对孩子强调"吃饭时不能玩",多次强调后,孩子就有可能照这样做。

语言的概括作用和调节作用给儿童学习社会经验,形成道德品质提供了可能。因此,教育儿童正确地掌握语言,并通过语言来丰富儿童的经验,是非常必要的。为此,家长应该注意以下几个方面:多给孩子语言交流的机会;多鼓励孩子说话;积极发展幼童语言,在幼童已有的词汇和经验的基础上,不断丰富幼童语言;对幼童语言中的严重错误和缺点,不要嘲笑和指责,更不可故意重复他的错误,而应给予正确的示范,让孩子慢慢改过来。

2.注意培养孩子的写作兴趣

兴趣是最好的老师。这就是说一个人一旦对某件事物有了浓厚的兴趣,就会主动去求知、去探索、去实践,并在求知、探索、实践中收获愉快的情绪体验,所以古今中外的教育家无不重视兴趣在智力开发中的作用。早在几千年前,伟大的教育家孔子就曾说:"知之者不如好之者,好之者不如乐之者。"大概意思是说"懂得学习的人,不如爱好学习的人;爱好学习的人,又不如以学习为乐的人"。这个"以学习为乐的人",就是对学习有兴趣的人。因此,让孩子产生写作兴趣是提高孩子写作能力的关键。

(1)引导孩子加大阅读量,激发孩子的求知欲和写作兴趣。在孩子识字量不多的情况下,让孩子阅读是不现实的,但是,家长应该从孩子幼儿时期开始就培养孩子的阅读兴趣。孩子有了阅读的兴趣和欲望,有了阅读的基础,自然就会走进书中。孩子阅读多了,自然就会有积累。所谓"读书破万卷,下笔如有神",说的就是厚积薄发这个道理。写作实践证明:大量的、有兴趣的阅读,对于提升写作能力最有帮助。原因很简单:读自己有兴趣的书,就会把读书当成是一种享受;孩子如果能从读书中得到快乐,那自然就喜欢去读;既然喜欢读书,那就会越读越多;阅读越多,积累就会越多;积累多了,看到与书中相似的事物,就想把它写下来;经常写,写多了,自然就会写了。

(2)家长把孩子口述的故事写下来,读给孩子听,激发孩子的写作兴趣。孩子的语言能力发展先于写作能力,家长应该抓住孩子的语言发展期激发孩子的写作欲望,让孩子以饥渴的心理对待写作,就如孩子饿了需要进食一样。孩子一旦具有了基本的写作基础,就会迫不及待地开始写作,加上家长、老师的悉心指导,孩子就会一天比一天更喜欢写作。

具体做法是:在孩子语言发展较好,但还不具备写作能力时,家长可以让孩子口述比较有意义的事情或者讲故事,家长把孩子讲的写下来,读给孩子听或让孩子看,并把它保存起来,让孩子觉得写作是一件有趣的事;家长在记录孩子口述内容时,可以给孩子的原话做一些加工,并给孩子讲明白为什么要这么写、这样写有什么好处。这样,既能提高孩子讲故事的能力(语言能力),又能对孩子的构思能力有帮助,有助于孩子将来的写作,更为重要的是可以建立孩子的写作自信。

(3)重视孩子写的每一篇文章,让孩子有成就感。家长对孩子的每一篇文章,都应重视。第一,可以把孩子的作文稍加修改,打印下来装订成册或存为电子档。过一段时间让孩子重温一下自己的旧文,了解自己写作上的进步。第二,可以定期对孩子在阅读和写作上的进步进行褒奖。第三,可以在博客上发表孩子的作文,把网友给孩子的一些鼓励的话读给孩子听。这样做,会让孩子有成就感,另外,也满足了孩子被关注、被重视和自我展示的心理需求。孩子为了得到更多的表扬和关注,就会去琢磨写些什么、怎么写才更好。这样,孩子的观察力和写作能力会在不知不觉中提高。当然,家长应根据孩子的性格特点,采用不同的方式和方法。如,让性格比较开朗的孩子,在客人来访时展示一下孩子的作文;而对性格比较内向的孩子,可以给客人提一下孩子的写作成果,最好不将原作给客人看,因为,孩子可能会害怕客人看到自己写作的不足。

(4)家长对孩子写作的要求不要太高,心态不要过急。比如小学作文的基本要求,一、二年级要求学生对写话有兴趣,留心周围事物,写自己想说的话,写想象中的事物,在写话中乐于运用阅读和生活中学到的词语。三、四年级要求能观察周围世界,能不拘形式地写下自己的见闻、感受和想象,注意把自己觉得新奇有趣或印象最深、最受感动的内容写清楚,能用便条、简短的书信等进行交流。尝试在习作中运用自己平时积累的语言材料,特别是有新鲜感的词句。五、六年级要求能写简单的纪实作文和想象作文,内容具体,感情真实。能根据内容表达的需要,分段表述,学写读书笔记,学写常见应用文。家长应该先了解这些基本要求,然后根据孩子作文的实际情况,对孩子做出恰如其分的写作要求。写作能力的提高,是一个循序渐进的过程。家长要根据孩子智力发育和年龄的实际,给孩子提出合理的作文要求。即使孩子写不好,甚至是不会写,家长也不要着急,至少不要在孩子面前有焦虑的情绪表现,不能因此责罚孩子,更不能给孩子提出过分的写作要求。因为,家长的焦虑会传递给孩子,让孩子写作信心不足;如果对孩子作文要求过高或责罚孩子,会让孩子丧失写作的信心,加重"怕"作文的心理。所以,家长要用足够的耐心、信心和快乐的心态指导孩子,等待孩子。

(5)让孩子写自己喜欢的文章。有的家长或老师看见孩子写作困难,心里着急,于是就让孩子走写作上的捷径——读范文,"依葫芦画瓢"。孩子如果没有真实的经历,即使照着范文写出来,也会有一种造假的感觉。这种方法并不能给孩子带来写作的乐趣,还会让孩子对写作产生厌倦情绪。

另外,范文无论从语言上,还是故事构思上,都比较完美,有些孩子感受到了差距,认为要赶上人家是不可能的事。读太多的范文,可能会打击孩子的自信,让孩子失去自我思考和总结的能力。如果总是照着别人的东西来写,是写不出什么好文章的。

(6)让孩子写自己熟悉又感兴趣的事。先不必要求孩子在作文的结构、语言、思想上如何好，而是可以让孩子写下他认为熟悉又有趣的事情，或者想起来就觉得很好玩的事。对有兴趣的事情，孩子一般记忆深刻，能获取足够的信息，这样，写起来就会得心应手。如此去做，孩子自己也会惊喜——原来我也挺能写的啊！

3.让孩子养成写读书笔记和日记的习惯

不管孩子写得好不好，只要每天坚持阅读，坚持写作，养成写作的习惯，写作水平自然就会提高。写日记、做读书笔记就不失为一种好方法。至于日记写什么、写多少，家长不要强求。一开始，写日记只要句子通顺，把事情说明白就行。家长不必对内容做要求，孩子对什么有兴趣就写什么。写读书笔记是帮助孩子记忆、提高孩子写作能力的一种方法，但做读书笔记不是为了完成任务，要做到当记则记，记有所得。例如读了一篇文章，可以把里面比较经典的语句记下来，便于自己随时温习；把自己的想法、看法和收获记下来，锻炼自己的思维，增强自己的思辨能力。

4.多让孩子参加实践活动

写作需要基本的材料，这就是我们平时说的素材。文章的素材来自哪里？一是从书中间接地获取，二是直接来源于生活实践。然而，很多孩子上学后被繁重的学习任务和各种兴趣班、特长班、补习班占用了宝贵的实践时间。结果，知识装了"一肚子"，写作能力却低下，就像人们调侃时说的"书都读完了，却什么都不会写"。家长如果想提高孩子的写作能力，就应放手让他们多参加实践活动，让他们在实践中去获取第一手写作材料。

(1)培养孩子动手的习惯。简单地讲，家长应放下"功利"心，对孩子做到不娇、不惯、不宠、不压；让孩子做到"自己的事情自己做"；鼓励和引导孩子参加一些力所能及的家务劳动和公益活动。这些实践活动，不但能为孩子写作提供素材(实践经验)，而且能帮助孩子养成勤动脑、勤动手的习惯。

(2)让孩子勤于交往。

(3)让孩子在实践活动中学会思考和观察。思考与观察是提高写作能力的非常重要的一环，因为观察是孩子的亲眼所见，感受也就比较深，就能写出内容来。但要强调一点，孩子在参加实践活动时，要勤于思考，善于观察。如果只是"骑兵逛公园——走马观花"，即使有再多的实践，收效也不大。

5.教给孩子一些基本写作方法或技巧

写作中,基本的表达方式有记叙、描写、议论、抒情和说明。写作方法也叫写作技巧,主要有:悬念、照应、联想、想象、抑扬结合、点面结合、动静结合、叙议结合、情景交融、首尾呼应(也叫前后呼应)、衬托对比、伏笔、白描、细描、铺垫、正面叙写、侧面叙写、比喻象征、借古讽今、借物显志、承上启下、开门见山、烘托、渲染、动静相衬、虚实相生、咏物抒情等。家长最好要求孩子从基本的表达方式学起,特别是记叙和说明,这两种是写作中运用最广的表达方式,孩子需要较好地掌握它们。随着语文知识不断丰富,写作能力不断增强,孩子自然就会运用其他手法或技巧。

(1)让孩子掌握记叙方法。记叙是写作中最基本的、运用最广的一种表达方式,也是初学写作者使用最多的表达方式。对于初学写作的孩子来讲,他们写出来的作文,往往是写了这里,忘了那里,前后没有联系,事件的始末交代不清楚。因此,家长应从记叙的基本要素抓起,逐步教给孩子记叙(也叫叙述)方法。

①掌握记叙的基本要素。孩子初学写作时,家长应告诉孩子写下以下内容:什么时间,什么地点,发生了一件什么事,或者看见了什么,有哪些人,事情的经过是怎样的,事情的原因是什么,事情的结果如何。时间、地点、人物、事件起因、经过和结果是记叙的几大要素。但记叙一件事情,不是每次都要交代原因和结果,要根据叙事的具体情况而定。孩子在习作过程中如果写清楚了这些要素,至少能用文字把一件事情清晰地告诉读者。

②用第一人称叙事法。所谓第一人称叙事,就是文章的内容是通过"我"传达给读者的,表示文章中所写的都是叙述人亲眼所见、亲耳所闻的,或者是叙述者本人的亲身经历,使读者得到一种亲切真实的感觉。采用第一人称,由于叙述人是当事人,所以叙述的人与事,只能是"我"活动范围内的人物和事件。活动范围以外的人物和事情就不能写进去。初学写作者一般都用第一人称作文。

③用第三人称叙事法。所谓第三人称叙事,就是站在第三者的角度叙述事情。这种叙述方式的好处是:叙述人既不受空间、时间的限制,也不受生理、心理的限制,可以直接把文章中的人和事展现在读者面前,能自由灵活地反映社会生活。但第三人称叙事又往往不如第一人称叙事那么亲切自然。

写作方法还有顺叙法、倒叙法、插叙法、补叙法、分叙法等。在孩子初学写作时,最好不要过早教给孩子第三人称写作和倒叙、插叙、补叙等方法。

(2)让孩子掌握说明的方法。记叙和说明是写作中常用的表达方式,一篇文章,在记叙中往往有说明,在说明中有时也离不开记叙。所以,让初学写作的孩子逐步掌握说明的表达方式,对孩子的写作有很大帮助。

常见的说明方法有举例子、分类别、列数据、作比较、画图表、下定义、作诠释、打比方等。随着语文知识不断增加,孩子要逐步地掌握这些方法。下面介绍几种常用的方法。

①举例子(举例说明法)。举出实际事例来说明事物,使所要说明的事物具体化,以便读者理解,这种说明方法叫举例子。例如:《向沙漠进军》一文中,就举出了新疆和内蒙古沙荒区治沙成功的事例,说明"沙漠是可以征服的"。运用举例子的说明方法说明事物或事理,一要注意例子的代表性,二要注意例子的适量性。

②作引用(引用说明法)。为了使说明的内容更充实具体,可以引用资料。例如《中国石拱桥》一文,就引用了唐朝张嘉贞的话,说明赵州桥的设计和施工巧妙绝伦。

③作比较(比较说明法)。说明某些抽象的或者是人们比较陌生的事物,可以用具体的或者大家已经熟悉的事物和它比较,使读者通过比较得到具体而鲜明的印象。事物的特征也往往在比较中显现出来。例如《雄伟的人民大会堂》一文中,为了说明宴会厅的建筑面积,作者运用了作比较的方法:"有五千个席位的宴会厅,又是另一番景象。它的面积有七千平方米,比一个足球场还大,设计的精巧也是罕见的。"在作比较的时候,可以是同类相比,也可以是异类相比,可以对事物进行"横比",也可以对事物进行"纵比"。

④列数据(数字说明法)。为了使所要说明的事物具体化,还可以采用列数据的方法,以便读者理解。需要注意的是,引用的数字,一定要准确无误,不准确的数字绝对不能用,即使是估计的数字,也要有可靠的根据,并力求近似。例如《死海不死》一文中说明死海的长、宽、深的数据。

⑤分类别(分类说明法)。 要说明事物的特征,从单方面往往不易说清楚,可以根据形状、性质、成因、功用等属性的异同,把事物分成若干类,然后依照类别逐一说明。这种说明方法,叫分类别。 分类别是将复杂的事物说清楚的重要方法。运用分类说明法,要按照一定的标准,对事物和事理的不

同方面分别加以说明。

⑥打比方。利用两种不同事物之间的相似之处做比较,以突出事物的性状特点,增强说明的形象性和生动性的说明方法叫作打比方。说明文中的打比方的说明方法,同修辞格上的比喻是一致的。不同的是,比喻修辞有明喻、暗喻和借喻,而说明文多用明喻和暗喻,借喻则不宜使用。

(3)让初学写作的孩子适当学习议论、抒情的表达方式。为什么说要适当学习?因为初学写作的孩子能简单地把一件事情叙述清楚就很不错了,对抒情、议论表达方式的运用,要随着孩子语文知识的学习逐步掌握,但是家长可根据孩子的写作实际,简单地告诉孩子它们该如何运用。

①议论,简单地讲,就是对所写事、物的看法。在记叙、说明性文章中,可以适当运用,如果用得过多,就显得多余。

②抒情,是一种比较常见的表达方式,有直接抒情和间接抒情两种。

直接抒情往往直抒胸臆,情感浓烈。主要有如下三种方式:

呼告式:情到深处,常常难以自禁,忍不住大声呼告,这种抒情方式即呼告式抒情。例如:"让暴风雨来得更猛烈些吧!"(高尔基《海燕》)

顿悟式:在对事物的认识、体验过程中,有时会突然产生某种情感,这种情感往往就是顿悟式的。例如:"那一天,我学会了不少字……记得那个美好的夜晚,我独自躺在床上,心中充满了喜悦,企盼着新的一天快些来到。啊!世界上还有比我更幸福的孩子吗?"(海伦·凯勒《再塑生命》)

反复式:当抒情性的语句连续在文段中出现便构成了反复式的抒情方式。例如:"风!你咆哮吧!咆哮吧!尽力咆哮吧!"(郭沫若《雷电颂》)

除直接抒情和间接抒情外,还有借景抒情:通过景物描写抒发感情。例如:"这条路得通过些果树林、柞木林、竹子林和几个有大半年开满杂花的小山坡。马上一面欣赏土坎边的粉蓝色报春花,在轻和微风里不住点头,总令人疑心那个蓝色竟像是有意模仿天空而成的。一面就听各种山鸟呼朋唤侣,和身边前后三三五五赶马女孩子唱的各种本地悦耳好听山歌。有时面前三五步路旁边,忽然出现个花茸茸的戴胜鸟,蓦起头顶花冠,瞪着个油亮亮的眼睛,好像对于唱歌也发生了兴趣,……经赶马女孩子一喝,才扑着翅膀掠地飞去。"(沈从文《云南的歌会》)

咏物抒情:在文中把"物"作为主体对象来写,而不是作为一般景物点缀其间,作者往往以浓墨重彩极力叙写某物,赋予其某种象征意义和丰富的内涵。例如:"这朦胧的橘红的光,实在照不了多远,但这个姑娘的镇定、勇敢、乐观的精神鼓舞了我,我似乎觉得眼前有无限光明!"(冰心《小橘灯》)

叙事抒情:寄情于事,在叙述中抒发感情。例如:"在课外的时间,她教我们跳舞,我现在还记得她把我扮成女孩子表演跳舞的情景。在假日里,她把我们带到她的家里和朋友的家里,在她的朋友的园子里,她还让我们观察蜜蜂……"(魏巍《我的老师》)

提高孩子的写作能力的方式方法很多,老师在教学的过程中会根据孩子的年龄特点逐步教给孩子,家长应根据老师对孩子的写作要求督促孩子掌握写作方法。下面以诗歌的方式说说如何提高写作能力。

询问写作有何道,读行获取材料源。
亲阅亲历勤观察,"五觉"齐用是关键。
遇事勤思留心记,生活末节细心研。
人物描写看特点,神形毕肖重语言。
叙写景物贵联想,走进生活思翩翩。
时间变化分时段,定点观察按空间。
动点观察写游记,抓住特征突重点。
地点变化辨方位,景物特征记心田。
动物万态从何写?外形习性游笔端。
植物生长型万种,四季变化差异辨。
静态动态贵联想,离开生活无从谈。
叙写建筑按远近,条理清晰辨空间。
外形结构与作用,分门别类莫揉乱。
物品说明描形状,用途结构勿瞎添;
抓住特点驭想象,走进生活任飞翔。
乐趣伴你书海游,多读勤写著华章。
获取素材勤实践,隔岸观鱼空神伤。
多思善想笔常动,多练恒守是妙方。
勤耕铺就文章路,文山艺海任痴狂。

五十四　如何培养孩子的选择能力和尊重孩子的选择

一个人的一生不知要经历多少选择，选择对了，可成就他的一生。从古至今，不知有多少富有成就者的背后有这样的父母（家长），他们尊重孩子的选择，并激励孩子为自己的选择不遗余力地奋斗。东汉班彪有两个儿子，大儿班固，小儿班超。班彪尊重儿子的选择，并鼓励儿子不畏艰辛，努力奋斗，最后，班固成了著名的史学家和文学家，班超成了著名的军事家和外交家。意大利花剑女王韦扎利的成功更是说明了父母尊重孩子选择的重要。韦扎利在5岁那年，对花剑运动产生了浓厚的兴趣。韦扎利从小身体瘦弱，脸色苍白，其身体不适合花剑这项运动，但她坚持要学。韦扎利的父母都不懂击剑这项运动，认为是"看不懂的玩意儿"，于是，坚决不同意韦扎利学习花剑。韦扎利的启蒙教练向韦扎利的父母拍着胸口说："韦扎利有学习花剑的天赋，我保证韦扎利将来一定能站在世界最高的领奖台上。"这样，韦扎利的父母才同意她学习击剑。后来，韦扎利多次参加奥运会，是2000年悉尼奥运会、2004年雅典奥运会、2008年北京奥运会女子花剑个人金牌得主，同时韦扎利也被认为是体育史上最伟大的运动员之一。

从许多伟人、名人或者成功人士的案例中可以看出，拥有尊重孩子的选择的父亲或母亲的重要性，如果没有父母的尊重、理解和支持，其结果又将是怎样的？恐怕很难预料。

现实生活中，很多家长会把一切都给孩子安排好，孩子依照家长的意愿去生活，一切都在保护中，他们很少有自己的选择。试想，这样的孩子长大后能有主见吗？能自立吗？能有大成就吗？答案大概是否定的。

孩子的未来是属于孩子的,未来的路也是要他们自己去走的,家长无法代替;孩子要长大,最终是要离开家长走向自己的生活的。因此,从孩子小时候开始,家长就要从诸多方面给孩子创造选择的机会,尊重孩子的选择和决定,多给孩子建议和指导,让他们不断地把握自己的人生,最终成为一个有决断力、有独立人格和独立意志的对社会有用的人。

(一)应从孩子的幼童时期就开始培养孩子的选择能力

1.家长应弄清自身与孩子的关系

家长应该弄明白,家长与孩子之间不是支配与被支配、统治与被统治的关系,而应是一种平等的关系,也就是说家长应尊重孩子。所谓尊重就是一个人与另一个人是平等的,没有任何不公平,因此,从孩子小时候开始,家长就应给予孩子选择的权利。

联合国《儿童权利公约》中明确规定儿童皆有参与权。即儿童具有参与家庭、文化和社会生活的权利。儿童虽然还处于身心发展的过程之中,但不可否认的是他们现在和将来都是独立的个体,对事物和自身情感有自己的认识和见解。他们具有做出适合自己的判断和决定的潜能。他们需要什么、厌恶什么,只有他们自己最了解。如果这种潜能受到长期的压抑,就可能造成自我决断能力的丧失,孩子最后可能成为毫无独立性和独立能力的个体。因此,家长特别是亲子家长应放下自己的权威,与孩子建立起一种平等的关系,尊重孩子的正确需要,让他的潜能得以发挥,这有利于孩子选择能力的形成。

2.让儿童按人的本能成长

人们常说,儿童最纯真。他们怎么想的就怎么做,毫无修饰的痕迹,这就是儿童的本能。如果在教育之下儿童仍然能保留这样的本能,说明教育是成功的。因为,儿童最初应该练习在自己的生存环境中保护自己,从而获得安全感。孩子只有在觉得自身安全了的基础上才能构建利他精神,建立社会化的自己。如果恰当的社会化的自己不是建立在本质的自己的基础上,孩子在选择时就会给自己带来痛苦和伤害。丢失本能自我的人会为选择带来的损失和不足而感到不快,会以抱怨的情绪来弥补这种不快,他们会感到生活很累,很不幸福。如,在孩子面前摆放着一个大梨、一个小梨。按儿童的本能,他可能会拿大梨,但如果成人硬是教孩子放弃大梨,即使孩子按照成人的意愿做了,那他心里也是不高兴的。如果儿童时期的孩子一直要放弃自己的选择意愿来获得成人的爱和认可,就可能失去对自己生存的有利的选择和判断力。孩子作为一个独立的个体,需要按他本能的需要形成自我生存的本质能力。有了生存的本质能力,才能够形成利他的能力。所以,成人不要过早地硬性地向儿童提出利他的要求,不要逼孩子做出不利的选择,不要急于让孩子成为成人,应该让儿童站在自己的立场上对事物进行选择和判断。这样长大的人,才能在本能和超出本能的事物发生冲突时,理性地做出正确的选择,才能在是非面前做到有主见、有理智、不盲从、不受制于人。

3.给孩子锻炼的机会

锻炼孩子从小的选择能力和判断力,逐步增强孩子的选择能力。

家长应注意给孩子创造机会,让孩子的认识能力和选择能力得到锻炼、提高,逐步培养出有独立决断能力、独立人格和独立意志的孩子。

在儿童时期,孩子虽然发育还不成熟,身心还处于发展的过程之中,但他们对事物和自身情感有自己的认识和意见,具有做出适合自己的判断和决定的潜能。所以,从孩子的幼儿时期开始,就应培养孩子自己决断的能力。

我国的现行教育,学什么、怎么学,孩子很少有自主权,基本由家长或老师来决定;在家吃什么,穿什么,甚至怎么玩一般也都由家长来决定。这显然对孩子自立精神和独创精神的发展十分不利,会严重影响孩子独立判断和独立选择能力的形成。而且家长一方面对孩子抱有很高的期望,另一方面又生怕孩子出问题,于是,要么对孩子管得过严,对孩子限制过多,要么溺爱孩子,很多事都不让孩子做。孩子由于从小缺少动手、动脑的机会,长大后将缺少独立思考、独立判断、独立行动的能力,变得依附性强、独立性差。

孩子总要长大,总要离开家长走向自己的生活。因此,家长应从孩子幼年时就开始放手,慢慢让孩子养成"我的事情我做主""自己的事情自己做"的习惯。这样,孩子的思考力、判断力、辨别力得到了锻炼,其选择能力必将增强。

(1)让孩子从小自己做主。有的孩子不善言语,害怕在众人面前说话,不爱展示自己;有的孩子依赖性强,凡事需要家长出面;有的孩子遇事紧张,爱哭泣;有的孩子行动缓慢,做任何事情总是慢半拍;有的孩子总是情绪低落,参与各项活动的积极性不高,常常一个人玩,始终把自己关在自己的世界里;等等。孩子为什么会这样,很大一部分原因是家长的"包办"和"阻止"。由于从小就没有自主权,也没有锻炼的机会,所以不自信,并且不知如何自主,不知如何选择。家长特别是亲子家长,应为孩子做长远的打算:按照孩子的性格特点提供锻炼的机会,相信孩子有足够的能力来发展自我;在不同的年龄阶段给予孩子不同的责任,让孩子从中领悟、学习,慢慢地孩子就能自己做主了。为了孩子将来有主见,在人生的关键道口能做出正确的选择,首先,家长应从生活小事入手,锻炼孩子的自主能力。其次,随着孩子年龄的增长,家长应根据孩子的性格特点,放手让孩子决定自己的事情,家长只给孩子提供建议和指出需要注意的问题供孩子参考就行了。

(2)让孩子养成动手、动脑的习惯。为了培养孩子的独立能力,家长应"懒"一点儿,把机会留给孩子,只要是孩子力所能及的事就让他们自己去做,让孩子从小养成自己的事情自己做的习惯。在培养孩子的选择能力时,家长要学会放手,让孩子在实践中开发智力,在实践中明白事理,在实践中开发潜能,在实践中明白哪些事能做、哪些事不能做。家长担心越多,管得越多,孩子出的问题越多;孩子的事情家长做得越少,孩子会的就越多,能力就越强;家长把孩子的责任揽得越多,孩子长大后责任心越小。家长如果舍不得让孩子去尝试、去实践,那孩子长大后不但懒,而且笨,道理很简单,因为,动手能促进大脑的发育,越懒于动手的人头脑发育越迟缓。

让孩子勤动手,自己解决一些生活上的实际问题,逐步提高孩子的鉴别力和判断力。家长要放手让孩子去实践,不要担心孩子做不好或会出问题,即使孩子做错了也没关系,有错误才有改进,有改进才有机会成功。

(二)以尊重和包容的态度对待孩子的选择

随着孩子年龄的增长,家长要学会放下,学会放权,学会尊重和包容,学会"推卸责任"——是孩子的事情就让孩子去面对,去担当。这样,孩子慢慢才会有主见,会选择。

1. 家长要多倾听，少干预

在孩子的幼年时期，家长就应着手培养孩子的自主精神，比如在孩子吃、穿、玩、喜好等方面多尊重孩子的意见，多让孩子做主。随着孩子的成长，他们会有自己的想法，家长如果想孩子成为有主见的人，就应转变方式和态度，将过去的多命令、多指挥改为多倾听、多建议，将"居高临下"改为平等式的交往沟通，让孩子能说、敢说、愿意说。这样，才有利于孩子正确的选择能力的形成。因为，孩子在成长过程中，是需要家长帮助和指引的。如果家长深得孩子信任，孩子有什么想法和决定是会告诉家长的，家长好的建议和意见孩子也是乐意听的。

2. 多指引，少指责

孩子在选择过程中，难免有失误，也难免招致失败。此时，家长尽量不要指责孩子，要多给孩子安抚和指引，让孩子从错误的选择中走出来，继续前行。当家长的认知和孩子的认知有冲突的时候，如果孩子错了，就应帮助孩子纠正。首先，家长要和孩子一起心平气和地客观地分析原因，不要直接否认孩子的看法；其次，真诚地指引孩子，让孩子看得更远。家长要甘当孩子成长的人梯，让孩子站在家长的肩膀上看得更远。对于孩子的选择，家长可多建议，多分析，多指引，不强求。做家长的可以告诉孩子如何做比较好，坚持那样做可能会出现什么问题，在得到想要的东西的同时又会失去什么等。家长给孩子做了利弊分析后，要让孩子有一个自己思考的空间，而不是要求孩子必须听家长的话。如果动不动就指责孩子这不对、那不是，孩子可能以后就不会再找家长诉说自己的想法和意见了。这不但不利于提高孩子的选择能力，还会加深家长与孩子之间的隔阂。

3. 多分析，少决定

孩子有时候遇到难以决断的事情来找家长，家长要真诚、耐心地为孩子分析利弊、得失，提出建议，也可以帮助他们理清思路、打开眼界。最后把决定权交给孩子，他们自然会有自己的主意。如果家长的态度强硬，非要孩子怎样做，结果只会造成孩子不情愿，与家长产生情绪上的对立。

4. 多民主，少武断

在培养孩子选择能力的过程中，离不开民主的管理模式。在孩子还小的时候，对吃什么饭、今天如何玩、是看10分钟电视节目就睡觉还是听妈妈讲一个故事就睡等生活小事，家长要先以商量的口气提出来，征求孩子的意见，最终让孩子自己决定；当孩子的意见与家长的意见不一致时，要允许孩子申辩；当孩子要坚持己见的时候，家长应扔掉"架子"，"俯下身子"，心平气和地说出自己的理由，允许孩子平等地辩论。这既是民主的管理也是对孩子选择能力的训练。

5. 要允许孩子犯错误

把选择权还给孩子，尊重孩子的选择，这样，孩子在选择上就有了自主权。但是孩子毕竟是孩子，由于身体、心理发育不成熟，加上实践不多，又没有多少成功的经验可借鉴，因此在自主选择中难免走弯路、犯错误。对于这个问题，家长要客观地看待，乐观地包容，悉心地指引。孩子在成长中犯一些错误是必然的，也是正常的，谁都是从错误走向成功的，所以，要正确对待孩子的错误。其一，对孩子的错误不要大惊小怪，更不可挖苦指责，应以宽广之心包容孩子的错误。其二，要让孩子意识到是自己错了，而不是父母说他错了。其三，帮助孩子分析错在何处。其四，鼓励孩子从错误中走出来。其五，让孩子用自己的方法来改错，引导和鼓励孩子弥补过失，并叮嘱孩子要记得这个错误，下次不可再犯。

6. 家长不要站在自己的角度对孩子进行评价，约束孩子的选择

孩子怎样玩、事情怎样做、学习是否努力、喜欢什么等，都包含了孩子自己的见解、想法、喜好和个性，有些做法成人是无法理解的。如，孩子用玩具搭建房子，本来示意图上有搭法，但孩子不按示意图搭建，如把停车库搭建在楼上，并在楼房的两侧搭上一个像翅膀一样的东西。成人可能会对孩子不按示意图搭建的问题提出异议，给予评价。孩子有他的想法，有他的选择，为什么非要按示意图搭建呢？孩子的想法是多么奇妙啊！家长不要站在自己的角度随意地对孩子及其做法进行负面的评价，这样不但会约束孩子的选择，而且会伤害孩子的自尊。成年人不能用自己成长的经验和现成的模式来替代孩子的想法，为孩子包办一切，因为这是在用成年人的模式禁

锢孩子的发展,这样长大的孩子不是丧失独立性,就是依附心理很重。因此,家长需要耐心征求和听取孩子的意见,让孩子自己去体验。这种真正的体验过程对孩子的成长,对孩子独立性的培养是至关重要的。

不少家长习惯站在自己的角度对孩子的行为做出评价,约束孩子的选择。长此以往,不但家长会很累,孩子也会渐渐地丧失自我选择、自我决定和自我担责的能力。今天的社会变化很快,孩子将来要面临多种选择和决定,选择能力的缺乏只会带给他恐惧和紧张。

7.尊重孩子的个性发展

世界上的孩子,虽然都是父母所生,但个性千差万别,这是为什么?因为每个人都是一个独立的个体,他们都有各自的想法和主张,具有与他人不同的特点。因此,家长没有权利要求孩子完全同自己一样,应该允许孩子有自己的个性特点,这才符合人的发展规律。由此可见,家长应在培养孩子道德、行为习惯的同时,注重孩子的个性发展。在日常生活中,家长应尊重、理解孩子的意见和行为。从孩子有一定认识能力开始,培养孩子的选择能力,尊重孩子的个性发展,如,外出穿什么、带什么东西由孩子决定,家长只负责提醒。是孩子自己的事,只要不是太出格,就让孩子按自己的意愿去做。这样,既锻炼了孩子的判断和选择能力,又尊重了孩子的个性发展。如果家长横加干涉和阻止,矛盾就会加深,可能会让孩子变得越发倔强和叛逆。

8.保留孩子的兴趣爱好

有很多人望子成龙、望女成凤,不允许孩子去玩,不允许孩子喜欢学习以外的东西,只允许他们喜欢对学习、考试有用的。孩子除了读书就是读书,除了学习就是学习,这样的童年是不完整的。童年的缺失是无法挽回的,是长大后难以弥补的缺憾,这是家长的失败。所以家长一定要明白,在孩子完成基本学习任务后,还要允许他们玩耍,允许他们有自己的兴趣爱好。学习与玩、与爱好是不矛盾的,是可以两全的,只要家长有正确的引导和时间的规划。一个从小埋头读书不会玩的孩子,一个没有兴趣爱好的孩子,成人后,生活是不会快乐的。而会玩的孩子一般思维活跃,动手能力强,社交能力强。如果孩子能把这个优势运用到正确的爱好中去,最后很有可能有所作为。所以,家长要允许孩子有自己的兴趣爱好。

我教初中时遇到一个孩子,因父母限制孩子玩耍,最后,变得成绩平平。

在小学时,张某的成绩不错,多次获得学校奥数第二名,校长和老师都夸他聪明,嘱咐张某的妈妈好好培养。张某的妈妈听后高兴坏了,暗自下决心要让孩子更上一层楼。可张某是个爱玩的孩子,每到周末,完成作业后,不是玩游戏,就是骑着单车出去喝绿豆汤、钓龙虾、摘果子等,并结交了一大群朋友。用张某妈妈的话说:"这孩子忒爱玩了,爱玩的孩子误学习,得治!"从那天起,只要有孩子上门找张某玩,张某的妈妈就只有一句话:"他在学习,以后都不跟你们玩了!"要是张某自己想玩,他妈妈就连说带打,死命拦住,"一天到晚就知道玩,还要不要读书了?你再要想着玩,我就打死你!"当我知道这件事的时候,张某这孩子已经被教训得"收敛"了许多,以前活泼外向、大方善言的性格也不知哪里去了,你喊他,他只会对着你轻轻一笑,没有多余的话,灵性也不知飞到哪里去了。后来,张某勉强考上了高中,最终却没考上大学。而当年一起玩的同学,很多都上了大学。

(三)认真对待孩子人生路上的三次重大选择

从孩子牙牙学语到初中、高中和大学毕业,孩子的选择能力随着年龄、知识的增长和阅历的丰富而有了较大的提高。孩子一般对自己需要什么,爱好什么,将来干什么等有了较清醒的认识和主见。然而,很多家长还是认为孩子什么也不懂,对孩子的选择总是不放心,总希望孩子按自己的意愿做事,如读什么学校、读什么专业、找什么工作等。结果,弄得孩子苦不堪言,甚至造成家长与孩子关系紧张。天下家长,每个都希望自己的孩子有一番作为,干一番大事,这是可以理解的。但每个孩子有自己的特长和喜好,他们能做什么,喜欢什么,有多大的能力只有他们自己清楚,如果家长横加干涉,强迫孩子选择,这些选择可能不但不符合孩子自身的实际,也不利于孩子的发展。所以,做家长的既要重视孩子人生路上的三次选择,又要放手让孩子选择。

初中三年的生活结束,孩子面临人生路上的第一次重大选择,这一次选择关系到孩子的前途和事业,是孩子人生路上的第一个转折点。在选择上主要有如下几项:是升入普通高中还是升入重点高中;是升入职业高中还是升入普通高中。

高中毕业是孩子人生路上的第二次重大选择,是孩子人生路上的又一转折点。孩子主要有以下几项选择：高中毕业后是升普通大学还是重点大学；是读职业大学还是读普通大学；什么大学都不读，回家找工作或自主创业；读大学选什么专业；等等。

大学毕业是孩子人生路上的第三次重大选择。孩子就将踏入社会，独自面对社会和人生课题，所以，这一次选择关系到事业、前途、地位、家庭、幸福等。选对了，选好了，可能后半生一帆风顺、事业有成；选错了，可能会走弯路、再就业……需要做的选择主要有：在读时，考虑是读现在的专业还是学喜欢的专业；大学毕业后找不到工作或找不到心仪的工作是回家啃老还是自主创业；是进入私人企业还是国有企业；是考国家公务员，还是读研；等等。

在前两次重大人生选择中，大多数父母都希望孩子初中毕业后升入高中，最好是重点高中，高中毕业后升入大学，最好是重点大学；对于初中毕业和高中毕业后就找工作或自主创业，大多数家长是不同意的。家长普遍都想孩子读了高中然后读大学，甚至出国深造。家长的这些想法，其出发点是可以理解的，但是，有的却违背了客观实际。孩子学习要获得好的成绩，需要智力、毅力、学习习惯等合力作用，不是想学习成绩好，学习成绩就能好。有的家长不考虑孩子的实际，硬逼着孩子学，逼着孩子考重点高中、名牌大学，孩子费了很多力气，结果没考上，最终丧失信心；有的家长为了孩子上重点和名牌学校，不惜花费重金为孩子择校，结果，孩子精疲力竭，还是没有考上；有的孩子勉强考上了重点、名牌学校，但对所学专业不感兴趣，加上能力所限，学起来苦不堪言，变得紧张和焦虑；有的对学习由厌恶发展到怨恨，经常逃课、逃学，甚至还因此走向歧途。

在孩子人生的第三次重大选择中，有的家长走极端，认为孩子是大学生了，可以不管了，由他去吧；有的家长忽视孩子的兴趣爱好，认为孩子认识有限，强行干预孩子读什么专业、找什么工作等重大问题。前者，对大学孩子过于放心，忽视了家长指引的责任，可能致使孩子选择错误而悔恨；后者，强行干预孩子的选择，可能造成孩子人生的选择错误，致使孩子郁郁寡欢，工作无动力。

家长如果真心希望孩子热爱学习、工作愉快而又有动力，就不要单凭自己的主观愿望去左右孩子，而应尊重孩子的想法。从初中开始，孩子的独立性增强，他们已把自己看成"大人"，喜欢独立活动、独立思考，希望自己有更多的自主权和独立的权利。随着知识的增加和阅历的丰富,孩子的分析能力、鉴别能力和独立意识进一步增强,如果家长在人生重大问题上不尊重孩子的意见,轻者会损伤孩子的自尊心,重者会使孩子精神委顿,郁郁寡欢,工作无激情、无动力。为了避免这种情况的发生,家长既要尊重孩子的选择,又不能放任不管;既要尊重孩子的意愿,又要平心静气地给孩子分析利弊,讨论得失;既要给予正确的指引,又不能代替孩子做决定。总之,对孩子的选择家长一定要加以指导,如果孩子的选择不符合自身的条件,应帮助孩子全面分析情况,正确认识和估价自己的能力,帮助孩子做出符合自身实际的选择。

> 亨利希·马克思十分关心自己的儿子卡尔·马克思的前途,希望儿子将来成为一名律师。中学毕业后,在父亲的安排下,卡尔考上了波恩大学法学院,那里的学习气氛不浓,父亲感到不满意,第二年,又把卡尔转到了柏林大学。
>
> 可是,卡尔·马克思不管是在波恩大学还是在柏林大学,都没有按照父亲的意愿一门心思地攻读法律,而是倾心于诗歌的写作和哲学的研究。他写信给父亲表白自己的心迹:"我懂得,写诗只应当成为一种附带的事情,我应当研究法律,但我首先想在哲学上试试自己的力量。"
>
> 为了说明自己的志向,卡尔在假期回家时,向父亲详细地讲述了自己的学习情况和研究兴趣。他说:"我在哲学家雷马路斯身上花费了很多时间,我在阅读他的《论动物的艺术本能》一书时,感受到极大的喜悦。这几年,我又研究了亚里士多德、德谟克利特、伊壁鸠鲁、莱辛、培根、塔西佗、康德、费尔巴哈等人的著作,写了许多摘要,同时也记下了自己的读后感。可以说,我已经一头扎进了哲学的怀抱之中,深深地被哲学迷住了。"
>
> 父亲侧头听着,追问了一句:"我想问你,你为什么要学习哲学呢?"
>
> 卡尔不假思索地答道:"爸爸,哲学是广阔的海洋,它可以供人有较大的回旋余地。更重要的是,通过哲学的研究,我想研究人生,研究社会,研究世界的昨天和明天,这对一个科学研究者来说该是最有意义的吧!爸爸,你应该支持和尊重我的选择。"
>
> 父亲听后,脸上漾出了喜悦,他不再坚持要儿子当一名律师的想法了。他对儿子说:"孩子,那么就照你选择的路走下去吧!不过,我还要提醒你,要清醒而实际地看待生活,要有真才实学,充分发挥自己由大自然母亲所慷

慨赐予的才能。"

后来,卡尔·马克思成了人类历史上伟大的思想家、无产阶级的革命导师,写下了不朽的经典著作《资本论》。

亨利希·马克思与卡尔·马克思虽然是父子,但两代人之间是一种尊重与平等的关系。在两代人之间,尊重和平等是处理关系的基石。没有尊重就没有平等的沟通,没有沟通就不可能理解对方的想法和选择的理由,没有理解,家长就可能以权威压制孩子,这样就可能限制孩子的发展,甚至影响孩子的一生。当卡尔·马克思向父亲提出自己的选择想法后,父亲认真听儿子诉说,经过认真思考,赞同了儿子的选择,还鼓励和提醒了儿子。这是一位多么开明的父亲!如果亨利希·马克思一味坚持让儿子学法律,当律师,那人类历史上还会有卡尔·马克思这位伟大的思想家和无产阶级革命导师吗?人类文化宝库中还会有《资本论》这样的不朽经典吗?所以,随着孩子年龄的增长、知识的积累、阅历的不断丰富,逐渐给孩子更多的尊重和选择,这才是明智的家长该做的。

人生要面对很多选择,有时会选对,有时又可能选错。家长应告诉孩子,面对复杂多变的人生,要懂得"取舍"、考虑"得失",要辩证地看待一切,在选择正确的基础上,懂得放弃另一部分,比如:"学会忍让,懂得宽容""学会抓住机遇,懂得利用契机""学会获取财富,懂得支配金钱""学会进取,懂得应对"等。

培养孩子的选择能力的方法很多,也没有固定的模式,家长应根据孩子的特点,采取相应的方法和措施。总的来讲,应从小抓起,从培养孩子的动手能力入手,循序渐进地进行。应有严厉也有温情,有规劝也有指引——孩子有偏差的时候,家长要严厉规劝;孩子迷惑时,家长要耐心指引;孩子伤心时,家长应是孩子的依靠;孩子高兴时,家长是孩子快乐的分享者;在选择上,家长应是孩子积极的支持者;在孩子的成长中,家长应是孩子快乐的陪伴者。

第三篇 预防矫正

五十五　怎样预防孩子玩电子产品和网络成瘾

我国已进入网络信息时代，人们使用手机和电脑已成为一种常态，从幼童到成年人，几乎没人不喜欢玩手机、玩电脑，这其中，表现最突出的是青少年：在车站、码头、汽车上、轻轨上，他们都在玩手机，有的甚至在吃饭时都在玩手机，有的回到家里上网打游戏打到凌晨两三点钟不睡觉，个别人上网聊天、打游戏可以说到了痴狂的地步。网络在给人们带来方便的同时，也让一些人沉迷于虚拟世界，误事、误钱、误家、误身体。人们在享受它带来好处的同时，也面临着它带来的危害，对孩子的危害尤甚，家长对此必须重视。

(一)使用电子产品的现状

1.青少年手机使用情况

目前，大多数中小学生都有手机。家长为什么给孩子买手机？有以下原因：便于随时与孩子取得联系，减少孩子的孤独感，便于让孩子了解更多的信息。但是，这也容易带来如下弊病：孩子容易形成攀比的心理；影响孩子的学业；不良信息会腐蚀青少年的身心健康，甚至会导致青少年犯罪案件的发生。

2.青少年网络使用情况

中国互联网络信息中心发布的《2013年中国青少年上网行为调查报告》

显示,截至2013年12月底,中国青少年网民规模就已达2.56亿,占整体网民的41.5%,占青少年总体的71.8%。

手机是青少年上网使用最多的设备且使用热度持续上升,使用比例高于台式电脑和笔记本电脑。

相较以前,青少年各群体对互联网的使用时间均有所增加。上网逐渐呈现少年化,2013年底,6至11岁年龄段网民在青少年网民中的占比为11.6%。

3.学前儿童喜欢电子产品的情况

现在的学前儿童,对电子产品特别敏感,有的即使还不会说话,一听到手机铃声,就会"哇哇"地叫,一看到电脑,就想去打开玩玩;孩子到了两三岁后,慢慢就能弄懂电子产品的各种功能,学会玩游戏。时下,越来越多的年轻父母都喜欢使用手机、平板电脑等电子产品,而这些集众多娱乐性功能于一体的产品不但成为这些年轻父母学习、娱乐的重要物品,也成了他们孩子的游戏机。很多家长认为,孩子尽早接触电子产品非但不是一件坏事,反而可以培养孩子的智力,这些家长把电子产品当成了孩子的"早教机"。

(二)主要危害

网络的普及,对青少年开阔视野、获取有益信息、实现个性化的发展、拓展受教育的空间等有较大的帮助作用,但同时也可能带来大量不良信息。据调查,青少年在接触网络时90%选择的是网络游戏、聊天室(主要是微信)、交友天地、影视娱乐、占卜星座、成人保健等方面的网站。青少年自身控制力不足,往往把网络当成自己的"精神寄托",把大部分时间用在上网聊天、游戏上,不仅浪费了宝贵的学习时间,还引发了许多心理问题和社会问题,这会严重影响青少年健康成长,主要表现在以下几个方面。

1.网络虚拟性易引发青少年网络性心理障碍等一系列问题

网络世界是一个与现实世界完全不同的世界,网络中到处都是新鲜事物。因此,网络对易于接受新鲜事物的青少年有着无穷的吸引力,这种吸引往往会导致青少年对网络的极度迷恋。青少年自控能力和人际交往能力都

相对较弱,所以成了网络性心理障碍的多发群体。这主要表现在两个方面:

(1)"网络成瘾综合症"。目前国际上把上网成瘾称作"网络成瘾综合症"。主要表现是上网时间长且难以自控,正常工作生活受到严重影响,有的虽能意识到问题的严重性但仍在继续上网。研究表明,上网人群中有"网络成瘾综合症"症状的比例约为6%,在青少年中这个数字更是高达14%。

> 13岁的小艺是天津市某重点中学初二学生,因沉迷于网络游戏不能自拔,从自家住所跳楼自杀。警方从他身上发现了四份遗书,而在遗书中竟找不到一句跟父母道别的话,里面充满了陌生的名字和奇怪的言语:我崇拜的是S.H.E、守望者,他们让我享受到了一种快乐的感觉,我有三个知心朋友,尤第安、泰兰德、复仇天神。原来小艺在遗书里提到的崇拜者和知心朋友,全是某个网络游戏中的人物。这个游戏是他生前最喜欢的电脑游戏。小艺在遗书里面提到的守望者就是这个游戏里面的一个英雄,是他最崇拜的人物。小艺根据该网络游戏的情节自己编写了一部小说,名字就叫《守望者传》。在小说中,小艺把自己想象成一个力挽狂澜的英雄人物,拥有着强大的力量。而这个虚拟世界中的英雄,在现实世界里成绩下滑,遭到了父母和老师的批评。他在现实世界中背负着沉重的精神负担,想远离网络又很难控制自己,最终走上了绝路。

(2)引发青少年人际关系障碍,使之患上网络孤独症。网络孤独症是指依赖网络进行人际交流,淡化了自己与社会、与他人的交往,以至于与家人、朋友疏远,性格变得越来越孤僻。主要特征为,社会交往功能和交流技巧出现障碍,有异常动作以及复杂多样化的行为。

> 年仅14岁的小泉迷恋上网,平时就泡在网吧里,整天痴迷于各种游戏。随着时间的推移,小泉渐渐不愿上学,也不愿与其他同学来往,甚至还向父母提出"请家教"的要求以逃避学校的集体生活。此后,小泉就不大愿意与人交流,甚至经常莫名其妙地发脾气,有时显得十分暴躁。小泉本来就沉默寡言,现在成天沉迷于网络游戏,其性格变得更加孤僻,有时一天都难说上一句话。

2.沉溺于网络游戏,淡化了虚拟游戏与现实生活的差异,走上违法犯罪的道路

青少年喜欢的游戏类型主要有:角色扮演类、射击类、冒险类、赛车类、智力类。他们经常玩的网络游戏大多具有"攻击、战斗、竞争"等特点。未成年人长期玩飙车、砍杀、爆破、枪战等游戏,容易模糊道德认知,淡化虚拟游戏与现实生活的差异,误认为这种通过伤害他人来达到目的的方式是合理的。目前,未成年人因为沉溺于电子游戏而引发的道德失范、行为越轨甚至违法犯罪的问题正逐渐增多。

> 网络游戏本来是虚拟的,但高中生小亮却当真了,他将其游戏中所谓的"对手"马某当场打死。某天,高中生马某来到网吧上网,他在某个网络游戏中,多次将"对手"击败。当时,小亮也在该网吧玩同一款网络游戏,但他几次都被"对手"击败。正当他懊恼无处发火时,猛然抬头发现"对手"就与他在同一网吧内。他不禁恼羞成怒,立刻出去叫了两个朋友想教训马某一下,没想到三人出手太重,致马某当场死亡。

3.上网缺少资金而引发违法犯罪

由于目前的网络游戏大多是收费游戏,网络游戏的消费内容主要是练级和买装备,然而这些都需要花费大量的时间和金钱。随着上网时间的增多,上网费用也在不断增多。而未成年人没有经济来源,当他们无法承受经济负担时,便会想出各种办法来解决,其中包括暴力抢劫、偷窃等违法犯罪行为。单在我国,就有不少因为缺少玩游戏的资金而引发的违法事件。下面的一些案例值得我们深思。

> 2002年5月4日,重庆市××区一名14岁的少年为了筹钱上网吧打游戏,伙同两名同伴用砖头砸伤自己相依为命的奶奶,抢走了她身上仅有的38.2元。
> 2002年5月27日,江苏省××镇一名16岁的中学生施某,为筹网资卖(押)掉家中6辆自行车后遭到母亲数落,便找来菜刀朝母亲头上连砍7刀。
> 2002年6月15日,北京一职业高中的17岁学生孙某,向奶奶索要上网费遭拒后持菜刀将老人杀死,随后将家中的冰箱、彩电卖掉,换取现金。

4.网络迷信侵蚀青少年的精神世界

网络迷信和现实生活中的迷信一样可以腐蚀人的思想,消磨人的意志,扼杀人的理想,甚至左右人的行为,让人在不知不觉中形成消极的人生观。网络迷信往往披着"科学"的外衣,对思想还未定型的青少年来说,极具诱惑性,容易入侵青少年的精神世界。

> 暑假以来,市民林女士常常听到读小学的女儿说出充满迷信色彩的话来:"我的幸运石是绿松石,所以我一定要多戴绿松石饰品。星座运程说我今天不适合红色,所以这件衣服不能穿。""我以后要嫁给一个天秤座或者狮子座的男人,这样我的婚姻才能幸福。"起初,听到十来岁的孩子说出这样的话,林女士大吃一惊,以为女儿放暑假待在家里"憋坏了脑子"。一番"调查"后林女士终于弄明白,原来女儿放暑假后在家天天上网,这些迷信的信息全部是从网上获取的。这些信息极具蛊惑性,就是大人看了都有可能受其影响,何况是涉世不深的孩子。

5.暴力色情网站对未成年人成长危害巨大

暴力色情网站已成为一种严重的社会公害,成为危害青少年身心健康的大敌。因其是视觉形象,它的杀伤力,要比一本黄色书刊大千万倍,它正在吞噬成千上万青少年的心灵。

6.网络聊天诱使青少年上当受骗

网络聊天就是在网上与素不相识的所谓网友闲聊,浪费大量的精力与时间。涉世不深的青少年极易受不健康话题的影响,引发心理和生理上的不良反应,也易受居心叵测之人的诱惑。从虚拟世界的谈情说爱发展成在现实世界中与网友约会,有的会造成极为严重的后果。例如:两个14岁女孩因网上聊天发展到为寻找网友离家出走,结果被网友骗至广州卖淫。

7.互联网上的不良信息对青少年的世界观、人生观、价值观有潜在威胁

互联网是一张无边无际的"网",内容虽丰富却庞杂,良莠不齐,青少年在互联网上频繁接触的西方国家的宣传论调、文化思想等,与他们头脑中沉

淀的中国传统文化观念和我国主流意识形态形成冲突,可能会使青少年的价值观产生倾斜,甚至盲从西方,这对社会安定显然是一种潜在的巨大威胁。

8.互联网使许多青少年学业荒废

一个人长期沉溺于网络虚拟世界,就会脱离现实,自我封闭。现实社会和现实生活与虚拟世界有很大的不同,现实往往不能尽如人意,存在诸多矛盾和压力,而青少年在网上面对的虚拟世界,不仅满足了青少年尽早、尽快占有各种信息的需要,也给人际交往留下了广阔的想象空间。而且在虚拟世界中,青少年不必承担现实生活中的压力和责任。虚拟世界的这些特点,使得不少青少年宁可整日沉溺于虚幻的环境中而不愿面对现实生活,如一些中学孩子放学回家,就把自己关在家里,不想与外界接触,不愿与同学、朋友交往,不愿与父母一同外出。另外,无限制地泡在网上将对日常学习、生活产生很大的影响,严重的甚至会让人荒废学业、耽误工作。

9.孩子过早接触电子产品的危害

由于幼儿生理与心理处于发育阶段,过早接触电子产品,包括手机、电视、电脑和游戏机等,可能会对幼儿的生理和心理造成危害,所以,即使电子产品有万般的好,我们也应控制孩子对其的接触时间和范围。

(1)影响孩子的语言发展。电子产品中的声音是一种机械的声音,孩子听了这个声音,只是一种被动接受,而不是主动交流,这对孩子的语言发展没有帮助,而且机械的声音听多了,孩子对身边人的声音就会表现得不敏感,互动交流减少,更不利于孩子开口。现在有些孩子两岁了还不开口说话,原因之一可能是家长经常给孩子看电视、看平板电脑、玩手机等。对幼儿来讲,不同的年龄阶段有不同的发育重点。两岁的孩子正处于语言的发展期,由于经常玩电子产品,缺少了与人的语言交流,这可能会致使孩子语言发育落后。

(2)幼儿经常接触电子产品最大的问题就是影响视力发育。两三岁的幼儿视力尚未发育成熟,电视、平板电脑、手机等电子产品的画面多采用明亮的色彩,由于视觉刺激过于强烈,长时间的注视,会引发孩子视神经疲劳,甚至诱发近视。

(3)过早专注于图示化的电子产品,可能会对孩子日后的文字学习造成障碍。电子产品屏幕上的信息瞬息万变,往往孩子还来不及想一想,又进入了下一个画面,这种没有"消化"过程的信息接收,就跟成年人不动脑筋看电视是一样的,长此以往,孩子有可能会失去思考能力。资料显示,人在看电视时的脑电波和睡眠时的脑电波非常接近。坐在电视机前,大脑基本无须主动去思考任何问题,身体处于一种松懈状态,这对大脑和身体正处于发育时期的儿童非常不利。

(4)长时间玩电子产品(玩手机、看电视等)会影响孩子的身体发育。电子产品的辐射会导致孩子的神经系统受损,孩子可能出现注意力不集中、焦虑、头痛、失眠等症状。长时间玩手机、打游戏、上网的人一般都会找一个最舒适的姿势,要么歪坐斜靠着,要么窝在沙发上,甚至躺在床上,而这些姿势非常容易造成人体肩颈肌肉紧张、劳损,从而伤及脖子、肩膀、脊椎。这种伤害对小孩尤为严重,因为他们的骨骼还没有定型,如果不及时调整或休息,会影响身体发育。

(5)玩电子产品(手机、电视等)会影响孩子的学习。

2008年,美国一位心理学家启动了一项专门研究手机对孩子的影响的科学实验。

他从全美不同地区的中下阶层家庭中挑选出100名孩子,将他们分成了两组:第一组是对手机痴迷的50名孩子,第二组是接触不到手机的50名孩子。随后对这两组孩子进行了长达10年的跟踪调查。2018年,也就是10年之后,他公布了自己的调查结果:第一组痴迷手机的50名孩子中,只有2名考上了大学;第二组接触不到手机的50名孩子,几乎全部考入大学,其中只有3名孩子在高中毕业后,自愿选择打工帮家里减轻负担。而那些考入大学的孩子中,又有16名获得了学校的全额奖学金。结果一公布,世人震惊!虽然我们不能单以考没考上大学来评判孩子的成就,但这也是一个很重要的考量依据。

(6)长期玩电子产品还可能扼杀创造力、影响专注力,引发"电视孤独症"。

第一,扼杀创造力。由于电子产品本身对视觉、听觉的刺激,正处于感知发育阶段的孩子,需要眼睛、耳朵等感官相互配合来使用电子产品。比如,为什么长期长时间看电视的人不能完成绘画任务?因为绘画是一种富有创造力的活动,必须统合视觉与动觉,然而电视提供的却是有限的视觉、听觉刺激,而且,电视呈现的多是现成画面,这种过于直观的表达会局限孩子的想象力,甚至造成各种感觉交互的阻碍,最终导致孩子在作画时无法用流畅的线条等处理画面。

第二,影响专注力。孩子对外界刺激的注意力是天生的,是由条件反射引起的。周边环境一旦有什么新情况,孩子就会产生这种注意力,比如电视是以快速变化的影像和鲜艳的颜色吸引孩子的注意力。但在同一种条件反射反复的刺激下,大脑的潜力就会匮乏。短时间内,孩子在看电视后不容易集中注意力完成别的事,因为持续不断的外界刺激会影响大脑回路产生自觉注意力,而这就是为什么有的人看电视、玩手机等电子产品成瘾。

第三,引发"电视孤独症"。所谓"电视孤独症",顾名思义就是由看电视引发的孤独状态。孩子整天待在家里,活动机会少,活动内容少且缺乏趣味性和价值性,这导致孩子与他人的交流减少,成了"小宅男""小宅女"。长期这样,孩子就会变得不愿外出,喜欢独处。

可是,如今在地铁和公共汽车上,甚至在电梯里,随时可见低头专注看手机的人,有的人在车上玩手机玩到忘了下车。有的家长,为了孩子不"烦"他,有意让孩子玩手机、看动画片。这是没有充分认识电子产品对孩子的危害,对孩子不负责任的表现。

(三)如何防止孩子玩电子产品和上网成瘾

目前,孩子玩电子产品和上网成瘾已成为令家长头疼的问题。一旦发现自己的孩子迷恋上了手机或沉迷网络,家长总会发出"现在的孩子是怎么了""谁来救救我们的孩子"的叹息。家长没有去分析孩子为什么会深陷其中不能自拔,而是一厢情愿地指责孩子玩物丧志,把所有问题推到孩子头上,推到网络身上。孩子来到这个世界上,一开始就如一张白纸,没有什么好习惯和坏习惯,更没有什么"瘾"。那么,为什么有的孩子在很小的时候就喜欢上了手机、电视,迷恋上了网络或网络游戏呢?难道家长没有责任吗?难道不是失败的家庭教育充当了幕后推手吗?

孩子网瘾的成因与家庭关系有密切关联,家长过分的限制和过分的放纵都容易造成孩子对电子产品的迷恋和网络成瘾现象的产生;过于严厉、过分干涉也容易加深孩子对电子产品及网络的依赖,走向家长愿望的反面。所以,家长应该检点自己,改变教育的方式方法,防止孩子玩电子产品和上网成瘾。

1. 从小抓起,防患于未然

孩子来到这个世界上,最初什么都不懂,什么也不会,所谓的好习惯或坏习惯、正当爱好或不良爱好都是后天学来的。所以,家长应从孩子小时候抓起,防止孩子迷恋电子产品和上网成瘾。有的家长,特别是年轻亲子家长对孩子接触手机、电脑等电子产品的问题不够重视。有的家长认为孩子玩玩没什么大不了,长大后反正都要使用电脑等,现在玩玩还能开发孩子的智力,何乐而不为呢?有的家长因为比较忙,没有多少时间陪伴孩子,就用手机等电子产品打发孩子,免得孩子哭闹;有的家长认为孩子成长应顺其自然,他喜欢干什么就干什么,家长不必去干涉。种种原因造成了一个结果:孩子过早接触手机、电脑等电子产品,慢慢形成了对电子产品和网络的爱好和依赖。

当今,孩子喜欢网络是普遍现象,陷于网络、手机而不能自拔的也不在少数。孩子对电子产品和网络的依赖就犹如毒瘾一样,极难戒除,最终严重影响到学业,甚至影响工作和家庭。为了避免这种现象发生,家长应该从源头抓起。

第一,在学前期最好不要让孩子玩手机,不要让孩子接触电脑等电子产品,看电视也应控制时间和选择内容。1至7岁是孩子各种行为习惯和道德品行养成的起步期,也是打基础的时期,在这个阶段养成好的行为品质,孩子将受益一生;而在这个阶段养成了不良行为习惯,孩子以后改起来就比较困难。所以,其一,孩子在2岁前尽量不要接触任何电子产品,包括电脑、电视、手机;其二,在孩子4至7岁时即使让孩子接触电子产品,包括看电视、玩游戏,每天也不要超过30分钟,最好分为两次,上下午各一半时间;其三,在孩子看电视或玩游戏时,家长应该陪伴孩子有选择性地观看电视节目或者玩内容健康、有意义的游戏;其四,孩子使用电子产品属于人机交流,而婴幼儿在成长发育的过程中最需要的是人与人之间的交流,所以家长每天应花大量的时间与孩子交流沟通,与其把电子产品当作"早教机",不如亲自陪伴孩子成长。

第二，孩子7至13岁之间应尽量避免接触网络。网络对孩子的诱惑力大，对孩子的伤害更大。因为，13岁及以前的孩子的世界观尚未成形，鉴别能力差，抵抗能力差，自控能力差，如果13岁前频繁接触网络，除了身心受伤害外，容易患上"网络成瘾综合症"。美国在控制孩子玩手机、上网等方面的经验值得我们学习和借鉴。

美国的家长，特别是教育背景好的家长，在网络、手机等方面对孩子控制得很严。比如，硅谷的高工、高管喜欢把孩子送到一所学校，那里学生在一定的年级以前甚至连屏幕都禁止接触。这些家长往往不让孩子在13岁以前接触网络、手机等。

然而，我国的部分家长对待孩子接触手机、电脑等电子产品的态度却截然相反。孩子才一两岁，家长就允许孩子玩手机、打游戏；孩子还没正式入学，就给孩子买平板电脑，孩子几乎随时都在玩平板电脑，家长看到也不制止；孩子回到家里，不是看电视就是玩游戏；有的孩子学前期就有了手机，中小学生持有手机的情况就更普遍了。孩子长期接触手机、电脑，接触网络，且活动范围小、活动项目少、活动时间少，网络的诱惑性又很大，在这种情况下，孩子怎能不爱看电视、爱玩游戏、爱上网呢？如果家长从孩子第一次要求玩手机、玩电脑时就拒绝孩子，教育引导孩子，并以带孩子游玩、讲故事、看纸质书画、做游戏等方式转移孩子的注意力，逐步让孩子培养其他爱好，等孩子有了一定的鉴别力、自制力后，才让孩子有节制地接触手机、电脑等电子产品和网络，那时，孩子一般是不会再患"网络成瘾综合症"了。

2.家长应检点自己的行为，为孩子做出榜样

父母是孩子的第一任老师。然而，不少父母却没尽到教师的责任——教育孩子和自教。

第一，尽教育的责任。孩子出生后，家长应经常检查自己有没有尽到教育的责任。如有没有给孩子定规矩和提要求？当孩子要玩手机时，要玩电脑时，久看电视不肯离开时，家长有没有拒绝孩子？有没有告诉孩子长时间玩手机、看电视、上网等的危害？有没有想办法转移孩子的注意力？当孩子觉得不好玩或者孤单时，家长是否经常陪同孩子一道玩耍，一起游戏，并带孩子到社区同其他小朋友一起玩？等等。有的孩子之所以慢慢养成了对手机、电脑和网络的依赖，主要原因是：家长没有给孩子定出规矩，提出要求；

有了规矩和要求,家长在执行上出了错;家长娇惯孩子;家长自己忙自己的,陪伴孩子少,与孩子的沟通少。孩子只能以看电视、玩手机、玩电脑来打发孤单和寂寞。所以,家长应该做到:有规矩,善引导,勤沟通,多陪伴,严律己。如果没有做到这些,家长就没有尽到一个"老师"的责任。

第二,自教。自教就是家长检点自己的言行,以身作则,给孩子做出榜样。家长除了给孩子定出规矩、施以教育,还需要以身作则,这样孩子才能在心理上有所畏惧,在行为上有所约束。井深大在《怎样教育婴幼儿》中就说:"我认为在幼儿教育中,母亲们,你们本身就是'教科书'啊!如果说世界上有各种各样的父母的话,那么,有多少父母就有多少'教科书',也就培养了那么多种人。"然而,现实中,很多家长在教育子女的问题上很不注意自己的言行,忽视榜样的作用,特别是在玩手机、玩电脑和上网的事情上,明知道这些对孩子有很大的影响,却控制不住自己,回到家里一有空就玩手机,晚上上网到深夜两三点不睡觉。这样的家长如果给孩子讲玩手机的危害,并要求孩子不要玩手机,不要上网,那孩子能相信它的危害吗?能按家长的要求去办吗?显然是不可能的。黄炎培曾说:"我认为从幼年到青年,至少在某时期、某场合,实需要这多少有所畏惧的心理,使精神上有所约束,影响到他们行为上,使有所不敢为。同时做父母的十分检束自己的行为,凡不许儿女做的,父母不做,且禁止家庭中任何人做。"家长们!如果你们想你们的孩子不被手机、电视、网络所俘虏,请检点自己的言行,做好自教。

3.家长应转变"从小惯、长大管"的教育思路

现在不少家庭"管"孩子,该管的时候一味地娇惯孩子,等到孩子发育到具有成人感,意识上要求独立时,发现孩子形成了一些不良习惯,养成了一些坏毛病,又对其进行严格的管理,结果,弄得孩子极其逆反。

从发展心理学的角度看,孩子十二三岁前,特别是7岁以前,对父母的依赖性最强,也最容易受父母影响。这个时期是"管孩子"最有效的时期。当然,这种管,不是消极的,不是简单的"这不行""那不准"等等,而是积极的,即父母和孩子一起参加各种有意义的活动,占用孩子看电视、玩手机、玩电脑的时间,转移孩子的注意力;在亲子活动中,发现孩子的不良行为习惯苗头,要及时地给予教育引导。13岁以后,孩子进入青春期,自我意识迅速形成,独立欲望强烈,这一时期正好是父母逐渐退出、让孩子"自作主张"的阶

段。这也是为孩子"远走高飞"做必要准备。孩子在13岁前的行为习惯与性格养成越好,父母在孩子13岁后逐渐放手就越放心。父母如果在孩子对父母的依恋期中娇惯孩子,并让孩子形成了依赖,等孩子进入了青春期,又在该放手时反而开始管,这样会适得其反:一是孩子已形成的不良习惯纠正起来很困难,二是容易激起孩子的叛逆。对于孩子,人们常说:"三岁看大,七岁看老。"其实这是有道理的。因为7岁以前是孩子人格品质、行为习惯形成的关键期,这个阶段形成的良好品质和习惯能伴随一个人的一生。如果在7岁前形成的不良品质和不良习惯在13岁还不能纠正过来,那这不良品质和不良习惯也可能伴随孩子的一生。

4. 对孩子不过分限制,也不过分放纵

不过分限制也不过分放纵就是一个"度"的掌握,包括各年龄段该涉及的内容。当今,正处于电子网络时代,要让孩子完全避免接触手机、电脑、电视和网络是不可能的。过分限制会增加孩子的抵触情绪,影响亲子关系;过分放纵会增加孩子对电子产品和网络产生依赖的可能性。这就要家长根据孩子的年龄特点和个性特点有选择性地让孩子接触电子产品和网络,既不能完全不让孩子接触,也不能让孩子想玩多久就玩多久,该禁止的一定要禁止,如:上课不能玩,作业没做完不能玩,禁止到网吧玩,不能无节制地玩等。这样有控制、有节制地玩,孩子的自控能力就会增强。

5. 不要给孩子太大的学习压力

中小学生为什么喜欢在手机和电脑上玩游戏、聊天?学习压力大也是原因之一。孩子有什么办法呢?从入学开始,他们可以干的只有一件事——读书。现在的孩子,同龄玩伴一般不多,加上城镇化的发展,各自住在"水泥森林"的阁楼中,很少有往来;在学校,在老师的督促下上课、做作业,回到家里在父母的监督下做作业、预习、复习、听父母唠叨。即使是周末,不是在家里补课,就是上各种辅导班、特长班。总之,现在的孩子,学习的压力很大,根本没有玩的时间和玩的条件,他们唯一可接触到的玩的机会就是看电视、玩网络游戏等。人在高压力的情况下,是会找地方释放的。孩子看电视、玩手机、玩电脑只是一种释放方式而已。如果学校、家庭不给孩子强大的学习压力,多让孩子有时间活动和交往,加上家长正确的引导,是能避免孩子对电视、手机和电脑产生依赖的。

6. 建立和谐的亲子关系

亲子关系和谐,是孩子"听话"的前提,如果亲子关系不和谐,很可能出现一种情况:家长要求往东,孩子偏偏往西,家长要求他不打游戏、不上网、少看电视,他可能偏偏要上网聊天、打游戏。有的孩子上网成瘾,很大一部分原因是家庭关系不和谐,如祖辈与父辈关系紧张、父母关系紧张、家庭分裂等。家庭关系紧张,孩子夹在中间不知相信谁,不知依附谁,于是,就会去寻找可以依附的网络世界。因此,为了让孩子听家长"不(少)打游戏""不(少)上网"的话,请家长努力构建和谐的家庭环境,对孩子实行民主式的管理,建立和谐的亲子关系。

7. 多带领孩子参加有益的活动

二十世纪五六十年代的孩子,物质虽然匮乏,但学习压力小,小伙伴多。那时,放学后,周末,一群孩子在一起,捉迷藏,玩香烟盒,下河洗澡、摸鱼,自制滚珠车,打陀螺,看小人书,下棋,踢毽子、跳房子、跳橡皮筋,等等。那时的孩子从玩中可以学到很多的技艺,如女孩们会缝些好看的东西或者织毛衣,或者做个漂亮的小东西;男孩们可以做木头枪,做滚珠车,做弹弓,做火柴枪。这些既锻炼了孩子们的动手能力,也开发了孩子们的想象力,让他们养成了动手的习惯,增强了动手的能力,同时也让他们学会了怎么保护自己。

现在的孩子,有的两岁多就被送到幼儿园,上各种兴趣班、特长班;孩子入学后,被大量的作业、各种辅导班和补习班压得喘不过气来。他们唯一可接触到的好玩的东西就是电视、手机、电脑和网络游戏,当他们接触到这些后,当然会很兴奋,会依恋。因为,他们在这里面可以找到自我,可以找到朋友。现在的孩子喜欢电子产品和网络游戏并不是孩子的错,并不是现在的孩子与过去的孩子有什么不同,而是环境所逼。因此,要避免孩子玩电子产品成瘾、上网成瘾,家长应将孩子从家庭禁锢中,从繁重的学习中解放出来,多留时间让孩子玩,带孩子玩,多陪孩子玩,多让孩子参加群体活动,多让孩子参加实践活动,让孩子多亲近大自然,总之,要用有益的活动占用孩子的空余时间,转移孩子看电视、玩网络游戏的注意力。

8.给孩子健康的上网指导

当今,网络已走进人们的生活,成了生活中不可缺少的一部分,但互联网对青少年的负面作用也日显突出,如较为普遍的是影响学习、影响交往等,因此家庭对孩子上网问题进行正确的引导显得尤为重要。

前面说了,孩子在13岁前应尽量避免接触网络,但是,谁又能真正做到13岁前完全不接触网络呢?家长不让孩子在家里上网,孩子可以到网吧去上;给孩子手机上锁,孩子可能用同学的手机上网。因此,绝对的禁止是行不通的,关键是家长如何正确引导孩子上网,如何趋利避害,让广阔而纯净的网络世界给孩子带来更加丰富的知识和能力,带来更多成功的收获与快乐。因此,家长可以在孩子不同的年龄段,为孩子选择一些内容健康、知识性和趣味性强的网站、电子游戏,让孩子在规定的时间内,学习网络知识、上网查资料,解决学习中的问题,与同龄人互相交流、沟通,玩一玩游戏以调剂紧张的学习。

这段话里有几个关键,家长必须掌握好。第一,"不同的年龄段":孩子在3岁前尽量不要接触电子产品和网络;3岁至13岁适当接触电子产品,不得接触网络。第二,"在规定的时间内",一是指13岁后允许接触网络的时间,二是指每天规定的上网时间;第三,允许孩子接触网络,家长应教给孩子一些基本的网络知识;第四,向孩子介绍健康的网站,推荐健康的游戏和节目,同时,应给孩子规定不能涉及的内容;第五,教孩子如何利用互联网学习。总的来讲,对孩子看电视、使用手机和电脑、上网等问题,既要不完全禁止,又要有所控制,既要有所监督,又要有所引导,等孩子慢慢有了自制力,家长就可以放心让孩子上网了。

9.矫枉不能过正

如果孩子已经形成了对电子产品和网络的依赖,家长也不用着急。家长一定要有信心和耐心。纠正孩子对电子产品和网络的依赖宜缓不宜急,宜疏不宜堵。第一步,与孩子交朋友,一起聊网络,一起聊游戏,在取得孩子信任的基础上,培养孩子其他爱好,同孩子一起参加活动,让孩子走出家庭,走出虚拟的网络世界,走进现实生活。第二步,在取得孩子信任的基础上,以商讨的口吻谈谈网络的危害和对他的影响。孩子可能当面不好承认网络的危害,但内心会有一定动摇。第三步,在不耽搁学习和休息的基础上,在规定的时间内,允许孩子在家里继续玩一些有益的游戏,并常与孩子交谈玩游戏的得与失。第四步,学习之余,多带领孩子参加社会实践活动和交往活动,让孩子从网络迷恋中慢慢走出来。如果操之过急,孩子可能会与家长对着干,也可能走向极端。

网络,缩短了世界的距离,走进了人们的生活,已成为人们生活中不可缺少的一部分。但网络世界精彩纷呈,泥沙俱下,既能给孩子带来好处,也能带来坏处,就看我们家长如何把控,如何教育引导。

五十六　如何让孩子安全度过叛逆期

在某一个时期,原来乖巧听话的孩子忽然不听话了,家长让他干什么,他偏不干;家长不让他干的,他偏按着自己的主意去干,有时专门与家长和老师对着干……有的家长不知孩子为什么会这样,其实,这就是孩子成长过程中在叛逆期的表现行为,是孩子成长过程中正常的心理特征,是孩子一步一步走向成熟的标志。不过,对孩子"叛逆"的行为家长应给予正确的教育引导,避免孩子形成不良的人格或者误入歧途。

(一)叛逆的心理和表现

1.叛逆及其表现

关于叛逆的心理,上海市心理咨询中心杜亚松教授认为,叛逆心理是学生为了维护自尊,对家长的要求采取不合作或者相反的态度和言行的一种心理状态,是孩子成长中出现的处在青少年时期的一个正常的心理特征,也是青少年的思想正在走向成熟的标志。孩子从生下来到成人,一般要经历3个叛逆期。第一,幼儿叛逆期。孩子2至3岁左右,有一段违拗期,人们习惯把它称为第一次叛逆期,有的又把它称为幼儿叛逆期或宝宝叛逆期。叛逆行为出现的时间,有的较早,1岁多就开始,有的较晚,在3岁以后,但大多在2岁开始。第二,少年叛逆期。孩子进入小学后,学会了更多的知识和生活经验,他觉得自己已经长大了,是个"小大人"了,想挣脱父母的掌控,处处喜欢跟大人"唱反调",倔强固执,情绪反应激烈,人们习惯把这一时期称为孩子的第二次叛逆期,有的把它称为少年叛逆期或儿童叛逆期,时间大致在7至9岁左右。第三,青春叛逆期。孩子到了12岁以后(有的甚至更早),生理发育已基本成熟,其独立意识和自我意识日益增强,迫切希望摆脱成人的监护,但其心理发展尚不成熟,正处于心理的"过渡期",人们把这个时期称为青春叛逆期,其时间大致在12至18岁。

2.幼儿叛逆期的主要表现

(1)凡事总爱以"不"字开头,有时即使是对他想干的事也说"不",如叫他吃饭,他说"不吃饭",叫他睡觉,他偏说"不睡觉"。

(2)在行为上常与成人反着干,对着干,有时行为具有破坏性。例如:有的孩子拿着一个东西在阳台上玩,家长提醒他不能往阳台外摔,他偏往阳台外摔;家长提醒孩子,不能将积木摔在地板上,有的孩子会将桌上的积木一股脑儿全摔在地上;家长给孩子说爱惜书籍,不能撕书,孩子偏偏撕给家长看;在外面玩,家长叫他注意别踩水,他偏往水坑踩;叫他看着路走,不然会摔跤,有的孩子会马上一屁股坐在地上做摔跤状。

(3)认为别人的玩具或某样东西比自己的好,总想要别人的玩具,人家不给就哭,有的甚至抢人家东西。

3.少年叛逆期的主要表现

(1)性格倔强,情绪反应强烈。坚持要特定的某一件东西,就一定要得到,如坚持要穿某件衣服、某双鞋,如果达不到他的要求,他就与家长对着干或者生闷气,有的甚至几天不与家长说话。

(2)挑战规则和权威,不断地试探家长、老师的底线,如家长、老师不准孩子私自到河里游泳,孩子偏偏背着家长、老师到河里游泳。

4.青春叛逆期的主要表现

(1)不愿随同家长外出,不愿与家长沟通;常把自己关在家里,不愿与他人交往。

(2)讨厌别人说教,爱激动,乱发脾气,反抗性极强,稍不合自己的意愿,就与家长或老师顶嘴,甚至故意对着干。

(3)故意唱反调,故意违反规章制度。

(4)以自我为中心,我行我素。比如"别人要说什么就让别人去说吧,自己喜欢怎样就怎样";内心如果有矛盾或苦恼,不会轻易向家长或老师吐露;遇到了困难或者挫折也不会轻易向老师和家长求助,只想用自己的方式解决问题;听不进他人的劝告和建议;做事不考虑别人的感受;等等。

(5)虚荣心强,喜欢哗众取宠,常以"与众不同"来表现自我。

(6)对正统的东西看不顺眼,对正当的行为、优秀正派的人持敌对态度,进行打击、讽刺,喝倒彩。

(7)易怒,冲动好斗而不理智,报复心与破坏力强,倾向于以暴力压制别人。

(8)注重对异性的关注。青春期的孩子,由于性的日趋成熟,对异性充满了好奇,特别注重自己的长相和打扮;对异性异常关心,经常与同性朋友一起谈论异性;偷偷阅读有关性方面的书籍;有的孩子开始尝试与异性之间建立一对一的男女关系;等等。如果家长或老师加以阻挠或制止,有的就会与家长、老师对着干。

(二)叛逆的原因

孩子的叛逆,其实是孩子心理发展的一个必然过程,也是孩子从不成熟走向成熟的一个过程,不过,每个孩子的叛逆心理及其行为表现都有主观和客观原因,所以,家长应根据特定原因,正确地引导孩子,让孩子安全度过叛逆期,养成健全的人格。

1.儿童叛逆的心理原因

(1)自我意识成长。在婴儿时期,孩子没有独立的自我意识,不能区分自己和外界的关系,对他来说,自己与世界是一体的。随着孩子的成长,到了两岁左右,他会明确意识到"我"的存在,开始思考"我是谁""我要干什么";他会学习将自己和世界区分开,思考"哪些东西是我的""哪些不是我的",他会用行动捍卫自己的东西,也会用行动把不属于自己的东西变为自己的东西。例如:妈妈给刚满两岁的孩子买了小汽车玩具,同龄小朋友也想玩,但孩子会一边大声说"这是我的",一边躲着其他小朋友,不给其他小朋友玩,无论妈妈怎么劝都不肯;有的2至3岁的孩子还会将不属于自己的喜欢的东西看成自己的,拿到手里就不肯放手,无论家长如何告诉孩子这不是他的东西不能拿,但孩子就是不听。再如,有的孩子想按照自己的意愿做事,但因为能力达不到无法办到,于是又哭又闹,比如因按不到电梯按钮而发脾气。这是典型的"自我意识"成长现象,和自私、自负没有任何关系,每个孩子都会经历这个阶段。

(2)探索"自我"的力量。孩子产生自我意识后,必然会对"我"的能力感到好奇。于是,他们会通过各种方式去探索自己到底能做什么,这么做了会怎么样,会产生什么影响。于是,成人说这样做不得,他偏偏这样做。另外,由于孩子语言能力尚不发达,还不懂得通过语言来社交,因此这一时期的孩子在与人交往中会有一定程度的攻击性行为,并且会非常乐于观察他的攻击所带来的影响,以此判断他在人际关系中的地位和对他人的影响。例如:有的孩子喜欢变着花样扔东西,家长越说扔不得,不能扔,他越扔。如从高处往下扔玩具、扔塑料瓶等各种东西,或者是把玩具扔到沙发下面、椅子下面等各种地方,弄得越糟糕反而越高兴。家长加以阻止,他反而会更加兴奋,更要扔东西。

孩子为什么会这样?因为孩子会通过扔东西来判断他的力量和他这一行为的效果——哪些东西会被扔坏,扔东西的结果是什么,父母或其他成人有什么反应,他的行为对世界产生了什么影响,等等。影响越大,孩子就越有成就感。

(3)对物质和精神的探索。根据孩子成长的规律,在0至2岁,孩子会对物质、精神进行探索,到了2至3岁,孩子已进入物质、精神探索的关键期,他对什么都感兴趣,成人认为摸不得的他要去摸一下,不能去的地方他偏要去走,不能做的他偏要去做。为什么会出现这些现象呢?因为孩子来到这个世界上,一开始什么都不懂,对他来讲一切都是新奇的、陌生的,所以一切都需要了解和探索,他要通过实践,了解物质,通过实践知道哪些做得、哪些做不得;通过与物体的互动,将物质慢慢沉淀为精神。所以,孩子此时的行为有违成人的意志,成人就认为孩子是犟。

(4)矛盾的亲子关系。孩子在自我意识成长的过程中充满着矛盾,一方面,他渴望独立,摆脱父母的控制,所以,不听父母的话,与父母对着干;另一方面,孩子在生活上、情感上又离不开父母,对父母有较强的依赖。这种矛盾的状况往往会使孩子比之前更黏父母、害怕父母离开,同时又会不断挑战父母的权威,出现同父母唱反调的状况。在孩子未来的成长过程中,这一现象还会不断反复。孩子在未来的日子里究竟能不能实现真正的独立,父母的态度是这场拉锯战的关键因素。例如:一个吃饭习惯很好的孩子,最近突然不吃饭了,父母越是让他吃,他就越不吃,还说吃饱了,要去玩。最后父母好说歹说,他才让人把饭喂完。原本遵守自主进食规则的孩子,为什么会突然打破规则呢?这是孩子故意打破规则,想要获得挑战父母的乐趣。最后父母妥协,同意喂饭,一方面使得孩子觉得自己"胜利了",另一方面又满足了孩子对父母的依恋需求。孩子的情绪得到了暂时的满足,但"自我"的独立却未得到满足。

(5)探索世界运行的规则。随着孩子的成长,他们逐步认识世界的一些事物,同时也开始区分世界和自己有什么不同,所以,他们对什么都感到好奇,总爱这里摸摸,那里搞搞;总有问不完的问题。这是孩子在了解各个事物背后的规律的表现。另外,这一时期的孩子还会通过行动去探索世界如何运转,通过不断地挑战规则,来学习哪些规则是不能变的,哪些规则是可以变的。例如,孩子上学后,父母给孩子定出了"每天放学回家后做了作业才能玩"的规定,孩子也遵守这一规定。但有一天,孩子放学回到家后,就向妈妈提出:"妈妈,我今天很想先同某某同学玩后才做作业,行吗?"妈妈考虑后说:"如果今天你确实想先玩,那也行,但下不为例。"孩子听后,居然没有先去玩,而是平静地坐下来把作业做了才去玩。我们想想,孩子为什么会这样?其实,孩子并不是真的要先玩,他只是想了解"先做作业后玩"这个规则能不能打破。妈妈同意之后,他认识到这个规则妈妈有权修改。目的已经达到,当然也不需要先玩了。

(6)家长对孩子的溺爱、娇惯、放任、迁就,很容易使孩子产生叛逆的心理。现实生活中,有的家长十分宠爱孩子,孩子要什么就给什么,孩子要求什么,父母从不拒绝,造成有些孩子叛逆和任性。例如:有个两岁的宝宝要求外婆站在门外去他才自己吃饭,妈妈开始拒绝孩子的要求,然而孩子又哭又闹,并在地上打滚,母亲很快就妥协了,满足了孩子的愿望。这实际上就是纵容孩子,一旦孩子意识到以"不吃饭""大哭大闹""满地打滚"为手段"要挟"家长,就能够"如愿以偿",就会变得越来越任性。如果这种任性得不到有效遏制,等孩子长大了,家长无法满足孩子的要求时,孩子就不仅仅是任性，而是会更加叛逆。

（7）对孩子过分严厉或不尊重孩子也会造成孩子叛逆。家长对孩子的要求过于苛刻，孩子难以达到家长的要求，就容易产生逆反心理和抵抗行为。此外，现实生活中家长在家庭教育中最容易犯的毛病就是不顾及孩子的自尊心，不管在什么场合，不管在场的人多人少，也不管什么人在场，只要发现孩子犯错甚至只因主观猜测就直接训斥，甚至是打骂孩子。尽管家长的种种做法主观上是试图激励孩子、为孩子好，但忽视了孩子的自尊，使孩子感到丢了"面子"，让孩子的自我形象和自我价值受到了不应有的贬低和损害。孩子还小时，还没有力量与家长抗衡，只能把对抗的想法深埋心底，在家长的强大压力面前只能装得服服帖帖，但心里已经具有逆反心理，等孩子慢慢长大，就会不自觉地和家长对抗起来。

（8）不懂得辨别与处理情绪。孩子逐渐成长，接触外界越多，各种"意外"情况越多，孩子的情绪也就越来越多样化。但由于年纪小，所学知识有限，欠缺实践经验，他们不知如何处理自己的情绪，只会通过哭闹、发脾气等方式进行宣泄。例一：孩子提出"我要去游乐园玩"，但由于下雨，妈妈不能带孩子去玩，于是孩子大哭大闹。例二：读三年级的小军与同伴闹了矛盾，回到家里一声不吭，莫名其妙地发脾气。以上两个案例，在成人看来，孩子的表现就是无理取闹。其实，这是孩子不知如何处理情绪的一种表现。

2.青春期叛逆的主要原因

12到18岁是人体由不成熟发育到成熟的转化时期，也是一个孩子由儿童到成年的过渡时期。德国儿童心理学家夏洛特·彪勒曾把青春期称为"消极反抗期"，人们往往爱把它称为"叛逆"时期。叛逆是一种心理现象和行为特征，家长应该从以下方面去认识青春期的叛逆行为。

（1）青春期孩子的叛逆是孩子心理上不成熟的表现。孩子生理发育成熟在前，心理上的成熟相对滞后，在心理的认知发展中，由于阅历和经验的不足，他们的认识是不全面、不坚定的，即使有了认识也是容易动摇的。思维虽然有独立性、批判性，但认识事物和问题时由于不全面、不客观，会出现偏激、片面、固执，甚至极端化的情况，不理解家长和教师的劝说、指点、提醒和督促，不服管教与约束，会在好奇心的驱使下，做出违背初衷的事情。

（2）青春期孩子的叛逆与孩子生长的不良环境和不良的家庭教育有关。

不良环境包括：家庭成员的不良嗜好；家庭成员特别是父母之间不和睦；家庭成员与同事、邻里不和；等等。家庭是孩子成长的基本环境，不同的家庭教育方式会培养出孩子不同的心理品质与个性。家庭中的不良因素有：家长过分宠爱孩子，教育方法简单粗暴，命令式的说教，专断式的压制，无休止的唠叨；家长在生活、学习等方面对孩子的期望值过高，要求过严；等等。这些会让孩子养成不良的行为习惯，给孩子造成心理上的压力，久而久之，孩子心理上就会抵触，进而产生叛逆心理。

(3)青春期孩子的叛逆多受学校的不良教育方式的影响。学校是青少年成长的主要社会环境，学校教育中教师的教育方法与手段的不当，会给孩子造成不良的认知和心理压力，引起孩子反感或反抗。如：重智轻德；夸大成绩而挑剔缺点；不尊重和体谅学生；方法简单，伤孩子的自尊心；传统的"注入式教学"不注意培养孩子的主动性、参与性、思考性、合作性；不注意孩子的个体差异性；家长、教师与学生之间缺乏有效的沟通；等等。孩子由于长期得不到尊重和理解，便由苦学、厌学发展到叛逆和对抗。他们企图用这种扭曲了的方式来争取自己长期得不到保证和强化的主体性权利和自主性要求。

(4)青春期孩子的叛逆受社会的影响。孩子从入学开始，就与同学、好友及其他同辈群体接触。他们长期接触的人，对他们的认知、行为习惯、性格、品行的养成有很大的影响，因为，同辈群体或相近群体的互相认同、相互感染与转化的作用非常大。如果孩子长期接触的是爱出风头、喜欢打架斗殴、唱反调的人，就容易在心理上接受和认同其行为，继而模仿其行为。

(三)家长应有的对策

造成孩子叛逆的原因有孩子生长发育的自然因素，还有家庭教育、学校教育、社会环境的外界因素。对于社会环境、大众媒体和学校教育，家长无法直接左右，只能以积极的家庭教育来影响孩子，如积极配合学校对孩子进行教育，经常提醒孩子注意辨析社会及大众媒体的负面信息等。家长应从以下几个方面对待孩子的叛逆期。

1. 对待孩子的叛逆，家长应避免走两个极端

叛逆虽然是孩子成长中的一个必然的过程，是人性使然，是孩子成长的表现，但是，家长绝对不能消极被动地等待它自然过去，而应当积极应对，帮助和引导孩子，使孩子在这一阶段能够学到更多、成长更快。对于孩子的叛逆心理及其行为，家长既不能不管，任其自然发展，又不能全面打击，一味压制。在现实家庭教育中，容易出现两种情况。

其一，放任自流。一些家长认为孩子与家长的要求对着干，是孩子的天性，是孩子在成长过程中的必经之路，等孩子长大了，自然就好了，所以对孩子叛逆的心理和行为不太在意。另一种情况是发现孩子有叛逆行为后，也加以教育和引导，但在几次管教而无多大起色后便失去了信心，开始对孩子放任自流。无论孩子的言行、想法怎样，家长都不再过问，不予教育和引导。久而久之，孩子受到不良影响，行为发生偏差，家长后悔莫及。

其二，全面打击。有的家长对孩子的叛逆言行，大为恼火，觉得不把孩子的这股"邪劲"压下去，孩子将来就有可能"变坏"。于是家长做出硬性规定，采取强硬的措施，孩子稍有违反，就非打即骂。渐渐地，孩子在家长面前又变成了言听计从的"乖孩子"。这种方式，会压制孩子的情感，久而久之，孩子容易形成不良人格，并且将心灵深处那扇与家长交流的大门紧紧关上。在压制中成长起来的孩子大致具有以下特点：家长和他人很难与之沟通，孩子也不愿意与之沟通；听不进别人意见；性格暴躁，动不动就想以拳头征服他人。

2. 重视第一次和第二次叛逆期的教育和引导，为孩子安全度过青春叛逆期打下基础

儿童时期是孩子性格、行为、习惯形成的关键期，其中包括孩子的第一次叛逆期和第二次叛逆期，如果家长能以正确的方式、方法教育和引导孩子，孩子就能安全度过叛逆期并形成良好的人格和习惯，为安全度过青春叛逆期打下一个良好的基础。

家长应该知道，青春叛逆期是孩子世界观形成的关键时期，但由于孩子身心发展、所受教育和实践经验的局限，他们形成的诸多想法并不成熟甚至偏激，如果有前期的教育做基础，加上家长正确的教育和引导，孩子就可能安全地度过青春叛逆期并形成良好的世界观和良好的人格特点。例如，在

孩子青春叛逆期前,父母能以平等的方式与孩子沟通,能真诚地与孩子交朋友,并能把这样的亲子关系一直保持到孩子的青春期,即使孩子在青春叛逆期中有什么叛逆行为和心理问题也能通过亲密的亲子关系化解。

3.尊重孩子生理、心理的发展规律,对不同的叛逆期采用不同的教育方式、方法

其实,所谓叛逆,不过是大人一厢情愿的说法,对孩子来说,那只是他们成长的一个标志而已。因此,家长应真正理解孩子叛逆行为背后的心理需求,遵循孩子的成长规律,并加以引导,这样才能改变孩子。只不过,家长要针对不同时期孩子的心理变化,采取不同的方式和方法,这样,教育才能达到效果。

从发展心理学的角度看,孩子十二三岁之前,特别是7岁以前,对父母的依赖性最强,也最容易受父母的影响。这个时期是"管"孩子的最有效时期;进入青春期后,孩子自我意识迅速发展,独立欲望强烈,正好是父母逐渐退出,让孩子"自作主张"的时候。所以,父母要做到"从小管,长大放"。所谓管,不是消极的,不是简单的"这不行""那不准"等,而是积极的,即父母和孩子一起参加各种有意义的活动;给孩子定出一定的规则;在亲子活动中,发现孩子的不良行为习惯苗头,要及时给予教育和引导,慢慢让他们知道"边界"在哪里、哪些行为属于"越界"。简单地讲,就是对十二三岁前的孩子应做到:不娇惯,不放纵,不压制,不限制,不强制;让孩子有规则,懂规则,不越界;多亲近,多关爱;多示范,多引导;多活动,多陪伴……孩子进入青春期后家长要做到:多关心,少唠叨;多放手,勤沟通;多提醒,少限制;多尊重,少指责;多建议,少命令……这就是"从小管,长大放",也是解决孩子叛逆的最根本的方法。具体地讲,不同的叛逆期应采用不同的方式和方法。

(1)幼儿叛逆期的主要应对方法。

①让孩子做"非此即彼"的选择。很多家长似乎很民主,凡事都用商量的口气,如"我们去吃饭好不好""我们去刷牙好不好""把这个动画片看了就睡觉好不好"等。2至3岁的孩子面对家长的"好不好",大都会回答"不好!"。接着家长会给孩子讲道理,结果孩子更听不进去。面对这种情况,不少家长一筹莫展。其实,这样的情况最好让孩子做选择题。所谓选择,就是在给孩子提出要求前,给孩子两个选择!比如"你想吃米饭还是吃面条?""咱们现

在出去,还是5分钟后出去?"不过,有的孩子可能会给出别的答案,如"10分钟后出去"或者"我要和奶奶一同出去"等。这时,家长就要明确地告诉他,这不是选择的范围,然后很严肃地再重复一遍自己的选择范围。其实,很多时候孩子也不想跟家长有太多的冲撞,一般此时他就会根据家长预设的范围来选择。这样做可以给孩子很好的引导,让他在家长预设的范围内选择,别无他选,久而久之,孩子就不会同家长讲条件了。

②用肯定、征询等语气要求、引导孩子。有的家长对孩子的"对抗"行为,总爱用命令的方式要求孩子,例如,"不许把玩具到处乱扔!""不准耍手机!""不准在墙上画画!"等等。家长给2至3岁的孩子提出这样的要求,孩子往往不会照着要求去做,有的甚至与家长的要求对着干。这时家长可以对孩子说:"宝宝,玩了玩具后,应该把玩具放好!",或者"来,妈妈帮助你,我们一起把玩具收拾好。"然后,带头收拾玩具。这样的方式孩子更乐意接受。在家长的引导下,孩子慢慢就会养成玩后收拾玩具的习惯。如果站在孩子的角度替孩子想想,尊重孩子的想法,然后以征询的口吻向孩子提出:"宝宝,你现在特别想玩手机,是吗?"孩子一定会点头回答"是"。然后给孩子讲:"宝宝,玩手机对你的眼睛不好,你长大了不是要当解放军,当神枪手吗?如果眼睛不好,怎么能行呢?所以你最好不玩手机,但我知道你现在非常想玩,妈妈同意你玩5分钟,行吗?"这样,让孩子在"不玩"和"玩5分钟"之间做出选择,孩子一般会同意。如果不这样,孩子玩上一个小时也不想丢下手机;如果家长强行加以制止,强行夺下手机,不但会给孩子造成伤害,他还会从家长处学到粗暴的行为;如果孩子接受了玩"5分钟"的条件,家长就要坚持原则:5分钟到了,就要想办法让孩子停止玩手机,让孩子养成信守承诺的习惯。比如,给孩子讲个新奇的故事或者用其他事情转移孩子的注意力,但不管怎样,千万不能粗暴地对待孩子。因为,家长对孩子粗暴,孩子就会跟着粗暴。所以,家长要改变孩子,首先要改变自己。

③提前提醒孩子,给孩子预留准备的时间。2至3岁的孩子日常生活以玩为主,玩就是他们的"工作"。如果在孩子"工作"的时候家长粗暴地喊停,孩子会不乐意,会与家长对着干,所以,在叫孩子停下手中的"工作"而改做另一件事时,应提前提醒孩子,给他做出反应的时间。比如:孩子在玩过家家,父母准备带孩子出去买菜,妈妈应在出门前提醒孩子:"宝宝,家家办得怎么样了,抓紧哦!5分钟后我们出去买菜,如果家家没办好,等回来继续

办,好吗?"再比如:将"快去洗手,吃饭!不要磨磨蹭蹭的"改为"宝宝,再过5分钟,我们要吃饭了,做好准备哦"。

④满足幼儿秩序敏感期的需要。在两岁左右,有的孩子会有一段"不可理喻"的时期,有一些固执的想法,比如:物品的摆放位置不能变,外出的路线不能变,谁的衣服只能谁穿,吃饭时每个人坐的位置固定,穿衣服要先穿上衣再穿裤子,换了被单就要求换回原来的,等等,如果没有照他的想法去做,就会发脾气、哭闹甚至撒泼。这种行为就是家长眼中的"**任性**""**胡闹**""**不可理喻**"。其实,家长应该明白,这是孩子的发育成长必经的一个过程——秩序敏感期。这一阶段的孩子,对每天做的事情、事物摆放的顺序拥有自己的秩序观,当秩序被破坏时,他就会感到不安甚至发脾气,直到事物又恢复到他所能理解的模样,才会安静下来。孩子为什么会这样?因为,两岁左右的孩子觉得"世界是我能掌控的",会把自己的意志强加在事物的发展规则之上,并对特定事情发展的过程和结果有所期待,一旦事情的发展偏离预期,就会失去对外界的掌控感,从而失去安全感,并用哭闹、撒泼等执拗行为表达自己的不安和不满的情绪。家长看见孩子这些"犟"的行为,不应制止、指责孩子,更不可焦虑,应心平气和地仔细观察、分析孩子的行为,尽量满足秩序敏感期孩子的需要。第一,尽量维持教养环境的稳定有序,为孩子带来安全感的愉悦,也为孩子将来养成物品归位的习惯打下基础。第二,让孩子通过"我要""不要做""我喜欢""不喜欢"来表达内心的声音,增加对环境的认识以及对事物的理解。第三,充分尊重孩子,比如尊重孩子的作息规律、居家整洁意识、物品摆放有序意识、明晰的物权意识,这样,孩子更容易养成有条理地做事的习惯。第四,家长与孩子共情。当孩子因为已经习惯的或者头脑中预期的程序被破坏而哭闹时,家长要理解孩子对秩序的强烈要求。如果得到家长的理解和安抚,孩子的情绪会平复得更快,甚至瞬间变为乖宝宝。相反,如果孩子一哭闹,家长就情绪激动,甚至呵斥、打骂孩子,不仅会破坏孩子秩序感的发展,更可能对孩子的安全感造成永久性伤害。

⑤纠正幼儿说"不"的叛逆行为时应注意的几个问题。

第一,要尽量避免条件交换。在面对孩子说"不"的行为时,有的家长为了让孩子顺从,就用给"条件"的方式"买断"孩子的反抗,比如"如果你来吃饭,我就给你买冰淇淋","如果你把这碗饭吃完,我就给你买电动汽车"等。

这样做非但不能规范孩子的行为,反而会诱发孩子下一次的更加"不顺从",直到家长妥协,他才勉强顺从。长此下去,孩子就会产生错误的认知——"要我做什么是有条件的,不合我意我是不做的"。第二,面对孩子的叛逆行为,家长不要焦虑,更不要强迫压制。给3至5岁左右的孩子提出要求时,孩子可能会说"不"。面对孩子的"犟",家长如果在孩子面前表现出唉声叹气或无可奈何的样子,甚至用强硬的语言或行为加以制止,只会导致孩子更加坚持和反叛。因为,对一个叛逆的孩子来讲,家长在他面前表现得越不高兴,他心里就越高兴,家长觉得不能做的,他偏偏会去做,家长越强迫他放弃,他越会坚持,这才符合叛逆的心理。叛逆期的孩子,你越强调不能那样做,他偏要那样做。很多家长都会面对类似情况,但不知该如何办。大声斥责和强行制止不行,任其犟下去也不行。其实,解决这个问题的办法可以从改变家长的态度开始。面对孩子的"犟",家长首先要做到"不焦""不火""不强迫",接纳孩子的情绪,心平气和地面对孩子的"犟"。家长只有稳定自己的情绪,才能理解孩子的情绪,接纳孩子的情绪;只有接纳孩子的情绪,才能消除孩子的敌对情绪;只有消除了孩子的敌对情绪,孩子才能接受家长正确的意见;只有做到了坚持(正确的),才能慢慢让孩子知道"边界"在哪里。这样,幼儿的叛逆行为与叛逆心理才能得到纠正。第三,对孩子正确的言行要及时给予肯定或赞扬。不管有多"犟",孩子都有听话的时候,都有表现"乖"的时候,对此,家长应及时给予肯定和赞扬,帮助孩子看到好的行为所带来的好处,强化孩子好的行为。

(2)少年叛逆期的主要应对方法。

面对孩子的"叛逆"行为,如果家长能用良好的教养方式给予引导,用适当的规则给予约束,孩子不但能改正叛逆的行为,而且能养成自觉遵守规则的习惯。如果家长不管或者以强硬的方式压制孩子,孩子将会变得更加叛逆,甚至学习成绩也因此下降,最终无法挽回!所以,家长面对少年叛逆期的孩子,可尝试以下方式。

①遇事要多跟孩子商量,不搞家长专制。孩子到了7岁后,认为自己长大了,所以,他们有时不太听从家长的安排。家长应该明白孩子的"小大人"心理,在对待孩子的生活、学习、交往等方面,应该改变幼儿时期那种"听家长的话就是好孩子"的想法,从心里把孩子当成"小大人",不用命令的方式要求孩子,改变"家长说了算"的家长作风,遇事以委婉口气、征询的方式与

孩子商量，让孩子从内心感受到自己真的"长大了"，这样孩子才会尊敬家长，从而听家长的话。

②有些事情让孩子自己做主。对七八岁的孩子，除了原则问题，家长不如放一放手，让孩子自己做主，这样，既满足了孩子"小大人"的心理，也锻炼了孩子独立思考、独立操作的能力。例如：周末带孩子上街买菜，在去市场以前，先征求孩子的意见，在征得孩子同意的情况下，带着孩子去买菜，至于买什么菜、买来如何吃由孩子拿主意，家长只提供参考意见，协助完成就行了。这样孩子既有成人感，也有成就感，还学习了如何打理日常生活。

③进一步强化规矩，让孩子养成良好的行为习惯、生活习惯和学习习惯。孩子在七八岁时，虽然有"小大人"的心理，但知识和生活经验尚浅，辨识能力还十分欠缺，道德品质、行为习惯和安全意识等有待养成，因此，家长应该给孩子定出规矩，给予约束，并监督孩子执行。如，不打人骂人，不逃学旷课，诚实守信，尊敬师长，礼貌待人，先做作业后玩，按时睡觉，按时起床，等等。在定出规定以前，应逐条征求孩子的意见；这些规定要适合孩子的年龄特征和性格特点；要求不要太高，约束不要太严；一旦定好规定，家长就有责任督促孩子严格执行。这些约定俗成的规矩，不但有助于更好地约束孩子的不良行为，帮助孩子安全地度过第二叛逆期，还能让孩子慢慢养成自觉遵守规矩的良好习惯和人格品质。

(3)青春叛逆期的主要应对方法。

针对青春叛逆期孩子的种种表现，家长的教育方式应从居高临下的"管"转为平等相待的"帮助""引导"上来。在孩子进入青春叛逆期前，如果保持着良好的亲子关系，那青春期的很多叛逆问题都可能较好地解决，因为，良好的亲子关系是解决青春叛逆问题的一个必要前提和基础。有了这个基础，家长还要从以下几个方面去努力。

①多些尊重与信任，少些训斥和命令。对青春期的孩子，家长应真诚地把他们当"成人"看，从称呼到日常的管理都应改变，例如：不要不分场合地叫他的小名，更不能像幼儿时期那样叫他"幺儿""宝宝"，应称呼其大名；改变过去命令式的家长作风，用征询、商讨的口吻与孩子进行平等式的沟通；尊重孩子的人格和尊严，不在亲友、朋友、老师等孩子熟悉的人面前说孩子的缺陷，不在众人面前教育、训斥孩子；不讽刺、挖苦和打击孩子。因为，这样会伤孩子的自尊。家长要充分地信任孩子，帮助孩子从不谙世事向成熟

过渡；改变过去的"你必须""你懂什么"等命令、训斥类的口头语，用商量、征询、建议的语气与孩子交流；如果孩子实在不愿同家长交流，家长不能强求，尤其不能偷窥孩子的隐私。进入青春叛逆期的孩子，格外渴望得到外界的认可和尊重，特别是家长的尊重和信任，这对孩子的自尊和自信有着极大的提升作用。

②多些理解和宽容，少些指责和埋怨。青春期的孩子，总爱赶时髦、追星、上网，家长说什么他们总是不爱听，甚至与家长对着干。对此，不少家长不理解，有的横加干涉，有的指责和埋怨，总觉得孩子越大越不听话，越大越与父母疏远。其实，家长应对孩子的"怪诞"行为，以宽容之心来对待，选择恰当的时机正面引导孩子。因为，青春期的孩子赶时髦、追星、穿着打扮新奇、怪诞等表现既符合青春期孩子的性格特征，又顺应了他们追求潮流的年龄特点，家长不应指责和埋怨。家长应该意识到，你面对的不只是自家的一个青春期的孩子，而是一个庞大的"青春阵营"！孩子属于这个团队，他能不受这个团队的影响吗？他能独善其身吗？你能与这个蓬勃发展的青春团队相对抗和较量吗？显然，是不可能的，只能顺其自然，选择适当的机会对其加以引导。如果硬要加以干涉和指责，只会更加激起青春期孩子的叛逆。所以，面对孩子的"叛逆"行为，家长不应着急，应以平和之心对之，宽容之心待之，选择时机以导之。

③多些民主，少些武断。第一，家长要改变过去那种"孩子一切都听家长的"的独断专行的做法，改为以商量口气提出建议。第二，对孩子不可全盘否定。不要因为孩子某方面差就说孩子一无是处。第三，不要自作主张，将孩子的时间按自己的意愿安排得满满的，要将时间交由孩子自己去安排，对安排得不合理处，家长再以商量的口吻提出建议。第四，家里一些较大的事情，如搬家、买房、买重要的电器或大型家具等，不妨同孩子商量一下，考虑一下孩子的感受，征求孩子的意见。第五，属于孩子的事情，最好让孩子自己做主，家长只给孩子提供参考意见。有民主氛围的家庭，孩子一般都能主动与家长交流，听家长的话。

④勤观察，少唠叨；多关心，勤沟通。青春期被称为"急风暴雨时期"，也是人生发展的"危险期"。青春期的孩子，有的自控能力差，易受蛊惑，易轻信他人，在别人的怂恿下，往往会干些越轨的事；有的很在乎自己的容颜和外表，常因自己的身材不完美或身体缺陷而苦恼；有的因为成绩较差，埋怨

父母没有给予自己一个聪明的大脑;有的由于性格内向,把苦恼深藏心中,不愿向家人、朋友和同学倾诉。如果父母对孩子缺乏了解和关心,不注重沟通引导,当发现孩子出现问题时,只会感到措手不及而万分沮丧。这类案例在孩子青春韶华时期是很多的,如:一名女生认为自己太胖而盲目减肥,引起营养不良、闭经,终于被迫休学;一名男生因为自己生殖器短小而严重自卑,情绪忧郁多次想自杀。但他们的父母还被蒙在鼓里,对这些状况一无所知,这多么的危险。家长面对青春叛逆期的孩子一定要勤观察、少唠叨,不要动不动就把孩子的学习成绩挂在嘴上。父母越唠叨,孩子心里越烦,更听不进父母的良言。不要动不动就埋怨、发火和训斥。家长越埋怨,孩子会越反感;家长越训斥,孩子会越叛逆。所以,要放下家长的架子,与孩子交朋友。因为只有孩子认为家长是值得信赖的大朋友,他才会与家长交流,家长才能了解孩子的内心,进而展开针对性的工作。

亲子间的矛盾与冲突,常常使青春叛逆期的孩子苦恼。假如家长能与之沟通并正确引导,那么孩子的心理冲突、心理困惑就会少得多。

⑤家长应特别注意加强对青春期孩子的爱的教育。青春期的孩子渴望与异性交往,但往往又怯于表白,担心被对方拒绝给自己带来尴尬,更担心家长不理解,害怕家长知道了会反对,这些都会令孩子无比烦恼。

在现实生活中,确实有不少家长担忧孩子在异性交往中出问题,原因主要有:有的担心孩子无心学习,成绩下降;有的担心他们偷尝禁果,给孩子造成伤害;有的担心孩子沉迷网恋,遭受性侵害;等等。这些担心,确实不是多余的,但是,简单的阻止也是不行的。因为,到了青春期后,爱与被爱都是极其正常的,就看家长如何看待,如何对孩子进行爱的教育。

4.注意孩子情绪的变化,有针对性地调节孩子的情绪(详见《如何培养孩子的情绪调控能力》)

5.创造条件提高孩子的社会交往能力,有助于孩子安全度过叛逆期

善于交往的孩子,一般都性格开朗、活泼、有生气,这样的孩子在青春期中即使有什么苦恼,也会向父母、老师、同学和朋友倾诉。家长应尽早教孩子与家人及亲朋互动,让孩子与邻居、社区的小朋友交往,希望他们在交往

中得到锻炼;孩子读书以后,社交范围扩大,有了更多的同学和朋友。在孩子的交往过程中,家长虽然无法干预他的社交圈,但至少可以给孩子交友方面的指引,为他营造一个健康的社交氛围,比如多带他出去接触不同的人,到学校、社会团体中去感受社会风气,这样有助于提高孩子的交往能力,缓解孩子叛逆的情绪。

孩子叛逆虽说是孩子成长过程中的必然,但还是应该引起家长和老师的重视。家长要冷静观察孩子的做法,真诚地面对孩子的问题,与孩子进行情感交流,启发孩子的理智和感悟,对孩子宽容释怀。

孩子就像蓬勃生长的小树,有顽强的生命力,家长不但要给他充足的"阳光、空气、营养和水分",还要及时"修剪"多余的"枝杈",这样才能保持"树干"的笔直和"树冠"的丰满,这就要求家长与孩子共同成长。每一位家长只要比孩子"高明一点点",就可以做一个好家长。

五十七　怎样给学习紧张的孩子减压

人生于世,总要面对来自各方面的压力,如果采用消极悲观的态度去面对和处置,结果可能是心情不愉快,办事效率降低而且差错频出,最终被压力击垮,生活不幸福;如果以积极乐观的态度去对待,就可能获得积极的生活体验、丰富的人生经验以及事业上的好成绩。

压力是一把双刃剑,适度的压力能使人积极进取,但压力过大就可能将其压垮。所以,家长应不时地分析、观察孩子,知道孩子的压力来自何处,知道哪些表现形式反映了孩子有压力,知道用哪些方式、方法去缓解或减轻孩子的压力,更应该知道如何将压力变为动力。

(一)孩子的压力来源

1.压力来源于大环境

读书时,以分取人,只要考了高分,就可以读好学校;找工作时,有高文凭就可以进好单位;工作后,晋升看文凭,调资看文凭。在这种大环境下,学生为了自己将来有一份好工作、一份好待遇,拼命地给自己施压;为了孩子有一个好的将来,家长也拼命给孩子施压;学校为了名誉、地位,也使尽浑身解数向学生"灌"知识。于是,我们的孩子不但自己要承受升学、择业和就业的压力,还要承受来自家庭、学校和社会的压力。

2.压力来源于学校

在片面追求升学率的情况下,教师不得不加大教学内容的难度和广度,不得不向学生"灌"入知识,不得不增大学生的作业量,不得不放弃所谓的学困生。于是,孩子就不得不面临作业的压力,面临争当好学生的压力。单单从孩子的作业压力来看,就能明白孩子承受着多大的压力。2015年,在线教育平台阿凡题发布了《全国中小学生学习压力调查》,覆盖了全国31个省份,根据该平台的2000万用户一年积累的学习行为大数据得来。此份调查报告显示,被调查的中小学生平均每天写作业的时间达3小时,是全球平均时间的2倍;普遍睡眠时间不足7小时,比全球平均时间少了1.5小时。其中,南京的中小学生有四成每天写作业要写到晚上9点至10点,甚至有8.89%的学生要写到晚上12点以后。

调查数据表明,26.4%的学生每天写作业耗时2小时,44.9%的学生耗时3小时,28.7%的学生耗时4小时。平均每个学生每天写作业时长为3小时,相当于法国的3倍,日本的4倍,韩国的6倍。以一个孩子为基准,一年上学9个月,算上假期,写作业的时间共计300天,每天3小时,一共12年,累计要花费1万多个小时。相当于中国孩子因作业会错过4032场演唱会,少踢8985场足球。而这些写作业的时间都是从学生的睡眠时间中"挤"出来的。熬夜到23点以后入睡的学生,小学生中有18.2%,初中生中有46.3%,高中生中更是有近九成的学生如此。

3.压力来源于家庭

有些父母为了孩子将来有一番作为,能找到一份既轻松又能挣钱的好工作,从孩子很小的时候就给孩子灌输"学习好是乖孩子""学习好长大后才有作为""学习好是父母的最大心愿""学习不好将来只能吃苦"等思想;在生活上给予过度的关心照顾,不让孩子吃半点儿苦、吃半点儿亏、受半点儿累;在行为上又给予孩子过度的限制,这不行,那不准;整天唠唠叨叨,情绪反复无常,孩子成绩好就高兴又奖励,一旦孩子成绩下滑或者没考好,就抱怨、指责,甚至挖苦打骂。总的来讲,家庭给孩子带来的压力主要来自以下诸多方面。

(1)父母的望子成龙、望女成凤思想是孩子最大的压力源之一。有些父母,为了孩子将来出人头地,从孩子很小的时候起就为孩子的学习做打算,如:花钱为孩子报各种特长班、艺术班等;为了孩子能读一所好学校,不惜重金给孩子买学区房;孩子读书后,为孩子请家教,购置各种补品和学习资料;为了孩子能专心读书,什么杂事都不让孩子干,甚至为了照顾孩子,不惜辞掉工作陪孩子读书,全心全意为孩子服务。这些无微不至的关心和照顾让孩子感动,孩子会觉得不认真读书确实对不起父母,于是,总想把学习这件事做到最好来回报父母。但是,学习成绩会受智力、学习方法、意志力以及努力程度等方面的影响。一旦某方面存在缺陷,就可能事与愿违。孩子带着"回报"父母的心理学习,这种心理本身就是一种压力,孩子会时刻担心是否能达到父母的要求,如果没有做到,就会产生一种自责感和负罪感。这样下去,孩子不但自信心会受到打击,而且可能会产生自怨自艾的情绪,还有可能被压力击垮。

(2)父母过于看重学习成绩(名次)给孩子带来的压力。有的父母不能正确地看待孩子,只要孩子学习成绩不好,就把孩子说得一无是处;有的父母认为只要孩子学习成绩好,那么其他什么都好。这些父母把"成绩好"与"成绩差"作为评判孩子"乖"与"不乖""有作为"与"无作为"的标准。于是,如果孩子成绩好或者某次考了高分,家长不仅会表现得很高兴,还会奖励孩子;如果孩子成绩不好,或者某次考差了,家长轻则板着个脸或火冒三丈,重则打骂孩子。孩子带着这些压力学习,如果达不到父母的标准,就会很失落;如果父母对此不但不能理解和同情,反而给予指责或打击,那会让孩子多么失望。

(3)家长的唠叨给孩子带来压力。某些家长,对孩子的方方面面都不放心,不管是生活小事还是学习方面的事,总爱事无巨细地样样过问,如生活方面:"吃饱没有?""多吃点儿,才有旺盛的精力学习!""你要多穿点儿,不然会冷!"……又如在学习方面:"孩子,你这次考了多少分?排在什么名次?"总之,在孩子面前喋喋不休,没完没了。但孩子一般都不希望家长在他们面前啰唆,特别是学习成绩较差的孩子,最不想听到家长在他们面前念叨学习的问题。站在孩子的角度来看,这种无休无止的念叨就是一种压力。根据前述的《全国中小学生学习压力调查》,在"你的压力主要来自哪里"一题的回答中,80%的学生称压力来自父母的"唠叨"。

(4)某些课外活动给孩子带来压力。为了不让孩子输在起跑线上,孩子还没入学,家长就安排了各式各样的兴趣班、特长班;孩子读书后,学习压力本来就很大,大量作业占据了孩子的休息和活动时间,但有的家长还在周末给孩子安排了大量的课程。这些课程占据了孩子更多的休息时间,消耗了他们大量的精力,无形中给孩子增加了学习压力。

(5)与"别人家的孩子"作比较会给孩子带来压力。家长对孩子的期望很高,都希望自己的孩子出类拔萃,成为学习上的佼佼者。于是,当三五个家长聚在一起聊天时,总爱谈论谁家孩子考了多高的分,谁家孩子要上名牌大学。而如果自己的孩子成绩平平,家长心里就会很不是滋味,觉得很没有面子。所以,就经常在孩子面前说:"你看某某孩子多能干,比你强。你考这点儿分,将来怎么办哦!"孩子最怕家长拿自己的学习成绩与别人比。这样的比较会增大孩子的压力,打击孩子的自尊心和自信心,影响亲子关系。

(6)家长将自己的意愿强加给孩子会带来压力。孩子喜欢什么、孩子想干什么、将来如何发展等都是孩子自己的事,家长应给孩子提出建议供孩子参考,而不是替孩子决定一切。但是有些家长不明白这个道理,非要将自己的意愿强加给孩子,要孩子照着做。

(二)孩子压力大的主要表现形式

1.无精打采,精神不集中

孩子对老师传授的知识不感兴趣,要么上课无精打采,思想开小差;要么东张西望,做小动作;要么抄作业,甚至不完成作业;回到家里沉默寡言,不主动与父母交流,不爱外出与同学、朋友玩耍;做作业经常走神,老是出错;经常难以入睡或梦中还在说学习的事。

2.害怕考试

孩子对考试表现出明显的焦虑,考前过分紧张,睡不好觉;考试时脑子里一片空白,平时会做的题都忘得一干二净;考试发挥失常,成绩与平时相比差距过大。

3.情感脆弱,情绪不稳定

有的孩子平时学习不错,对自己要求也高,事事想争第一,很少受到家长和老师的批评。但一旦考试失误或受到挫折,就痛不欲生。有的孩子本来在专心致志地学习,但外界的一件小事就能使他的学习情绪一落千丈。有的孩子情绪一旦受影响,就会胡思乱想,甚至好几天无心学习。

4.特别害怕家长过问或谈论学习方面的事

孩子和家长关系紧张,特别厌烦家长过问学习方面的事,不愿意和家长讨论有关学习的事,对家长提出的成绩及名次要求非常反感并表现出强烈的反抗情绪。

5.过分自卑

孩子心理脆弱,常因不会做或做错了作业而自暴自弃;对自己没有信心,经常因为自己的成绩差或其他方面的不足而苦恼;性格倔强,听不进家长的安慰。

6.爱想入非非

孩子自己无法解决学习压力过大、成绩不好的问题,也无法逃避,但内心又希望问题得到解决。于是,便通过不切实际的幻想来缓解这样的压力,如希望自己有什么特殊的本领或是特异功能,能够改变现状,创造奇迹……

凡此种种,都应该引起家长的高度重视,家长应切实予以指导,帮助孩子缓解压力,让孩子获得积极的生活状态。否则,压力长期不能释放,就会出现更严重的问题,对孩子的身心造成伤害。

7.父母把自己的意愿强加给孩子带来的压力

孩子喜欢什么,孩子想干什么,将来如何发展等都是孩子自己的事,父母只能给孩子提出建议供孩子参考,但是有些父母不明白,不理解,非要将自己的意愿强加给孩子,要孩子照着父母的意愿去做。比较典型的表现大致有以下几种:

其一,有部分家长把"光耀门楣"的希望寄托在孩子身上。这部分人很爱"面子",在生活、处事、交际、穿戴等方式上显示着自己的高贵。简单地讲,他们追逐的是"上流"社会的生活方式,也渴望输出自己的价值观。他们接受的教育并不多,"富"而"不贵"是他们的遗憾,他们希望在自己孩子身上弥补这种遗憾。于是,一方面最大限度地满足孩子的物质需要,而忽视孩子心理的需要和习惯、道德品质的培养;另一方面不管花多少钱,不管孩子愿不愿意,都要把孩子送到贵族学校、名校或者国外去学习,希望孩子将来能保住自己的面子,光耀家族门楣。孩子背负着的是"提升家族门楣的压力"。

其二,有部分家长把"保持优越地位""跻身上流社会"的意愿投影在孩子身上。这样的家庭虽然不是很富有,但在外人看来,是一个非常幸福的家庭:父母有一份好的工作,收入稳定,受人尊敬,儿女聪明、乖巧。他们虽然拥有较好的教育背景和令人尊敬的职业,但不是真正的富豪和权贵;他们虽然拥有体面而舒适的生活,但缺乏安全感,只要有一点点波动,就有可能使他们或者他们的下一代失去优越的地位。为此,父母们把巩固优越地位和跻身"上流社会"的愿望寄托在孩子身上。一方面,他们对孩子极其珍视,很早就为孩子的前途做打算,为孩子择校、请家教、报各种特色班等,弄得孩子疲惫不堪;另一方面,对孩子控制严格,要求苛刻,希望孩子所有的事都能在自己的期望和掌控之中,如对孩子怎么打扮,交什么朋友,学习成绩在多少名次之内,大学选什么专业,读哪里的学校,毕业后干什么职业等等都有规定和要求,并要求孩子照规定和要求做。孩子一旦没达到要求,父母就无法接受,就觉得天要塌了。这种家庭的孩子其实就是一个被父母牵着线的木偶,没有自由。孩子长期背负着的是"完成父母托付""做父母乖孩子"的压力。

其三,有部分家长把"摆脱困境""弥补遗憾"的愿望强加在孩子身上。这部分家长,读书不多,有很多都没有受过高等教育,生活艰苦。这是他们一生的最大遗憾。但是,他们又想改变自己的命运,于是,就企图通过对子女的教育来改变这样的命运,希望把他们缺失的东西从孩子身上找回来。于是,把自己想要的东西,强加到了孩子身上。为了实现自己的梦想,父母想尽办法,穷其所有供孩子读书,想尽办法满足孩子。要求孩子在求学的路上心无旁骛,卧薪尝胆,放弃自己的爱好和正当的交往。目的是孩子将来能考上一所名牌大学,实现自己的愿望。

总之,孩子从读书开始就背着父辈梦想的压力学习,他们哪里还有快乐,哪里还有自己呢?

(三)学习压力可能给孩子带来的危害

1.可能产生生理性疾病

首先,在过度的压力下,人的胃、心脏和神经系统容易受损,可能产生易发怒、忧虑、失眠等问题。其次,过度的压力会刺激皮质醇激素的分泌,皮质醇激素水平过高可能引发牙周病、降低免疫力、损害牙龈和腭骨等。最后,压力过大还会加剧过敏症状,可能危害皮肤健康。

2.损害记忆力和学习能力

压力过大会令神经长期处于紧绷状态,影响睡眠质量,加速脑细胞的衰退,破坏循环系统的有序状况,影响大脑休息和供氧,使大脑的运行效率降低,影响记忆力和学习力,让孩子的学习每况愈下。

3.容易导致心理抑郁

有的孩子,学习很努力,也很自觉,但成绩还是比较差,因此感到极其烦恼,觉得对不起父母,辜负了老师的期望。长期在这样的心理压力下学习,孩子会变得沉默寡言、情绪低落、不爱与人交往。如果这种压力长期得不到释放,不良情绪就会不断累积,心理负担不断加重,最终可能导致孩子产生抑郁情绪,更有甚者可能心理崩溃。

我碰到过这样一个家庭案例。一对夫妻,很会做生意,家境优渥。他们读书都不多,希望孩子能够考上大学。从孩子很小开始,他们就想方设法帮助孩子学习。孩子虽然学习很努力,但学习成绩一直上不去。初中读完以后,他们花钱把孩子送到重点中学去读高中。高中毕业后,孩子没能考上大学,为此,他们又花钱送孩子上大学。大学毕业后,孩子已变得目光呆滞、精神萎靡,只能回到他们身边啃老了。

从孩子读书开始,父母就对孩子抱有很高的希望,为了孩子学习,父母可以说是穷其心,竭其力。孩子也能体谅父母的良苦用心,也想以优异的成绩来报答父母,但不管如何努力,成绩就是不理想,为此,孩子心里一直很着急,很焦虑。不但如此,父母还不顾孩子的实际,想办法为孩子"加餐",花钱把孩子送到重点中学去。家长的出发点是好的,但忽视了孩子自身的客观实际。谁都知道:能考上重点中学的孩子综合素质都较高,如果把一个素质低的孩子放到一群高素质的学生中一起竞争,那他肯定"相形见绌"。如果不能及时疏导,他的压力会更大,成绩也会更差,更觉得自己的渺小和无能,更觉得愧对父母,就很容易产生心理上的焦虑。

4.容易导致孩子走向极端

所谓走极端,这里主要指的是孩子离家出走和自杀。

中学生,特别是初二、初三和高一年级的学生,其自杀想法和自杀计划的报告率远高于其他年级。初、高中阶段的孩子正处于花样年华,是什么让孩子走向极端,家庭、学校和社会必须认真寻找原因并集中力量解决问题。

(四)减压的主要措施及方法

当今社会生活节奏快,竞争激烈,每个人都会面临来自各方面的压力。如何应对这些压力,保持个体的情绪健康,更好地面对生活、学习和工作的挑战,是现代人人生道路上的一个重大课题。为此,学校、家长不但应积极想办法为孩子减少压力,而且应教给孩子一些减压方法。这样一来,孩子才能以旺盛的精力、放松的心态进入学习状态,长大后才能适应社会发展。

1.家长要降低对孩子的期望值,正确地看待孩子及其成绩

家长希望孩子成"龙"成"凤",这可以理解,但是,不是每个孩子将来都能成为科学家、艺术家,都能当领导,都能挣大钱。孩子将来究竟能成为一个怎样的人,这要由孩子先天的条件、自身的发展、所处的环境、后天的教育等决定,不是家长希望孩子成为什么样的人,将来他就能成为什么样的人。所以,家长应该尊重孩子自身的客观实际,遵循孩子成长的客观规律,有步骤地为孩子制定目标。如果家长对孩子的期望值过高,向孩子提出一些不切实际的要求,制定一些孩子难以达到的目标,就会增加孩子的心理压力。心理压力过大,会使孩子产生焦虑、忧郁、紧张、恐惧等不良心理,使他的能力和潜力不能得到充分发挥,甚至陷入恶性循环,从而损耗他的精力和时间,也会危害他的身心健康,这样就得不偿失了。

孩子来到这个世界上,不管他聪明还是不聪明,读书成绩好还是差,他都是父母生命的延续,与父母骨肉相连。不能因为孩子学习成绩不好就认

为孩子这一辈子都没出息,更不能因此抱怨、指责、打骂孩子,认为孩子一无是处。要相信"天生我材必有用",孩子现在成绩不好,不等于明天学习成绩不好,更不等于长大了没出息。因为,成绩与成功不能画等号,一个人只有拥有能力和知识才能走向成功。读书时的成绩,只能代表当时掌握书本知识的情况,不能代表将来的能力和成就。在现实生活中,有多少人不正是在工作实践中学习成才的?

例如:爱迪生一生只上过三个月的小学,他的学问是靠母亲的教导和自修得来的。他的成功,应该归功于母亲对他自小的谅解与耐心的教导。原来被认为是低能儿的爱迪生,长大后成了举世闻名的"发明大王"。爱迪生也许是个例,但历史上这样的事例是很多的,如华罗庚、苏步青、牛顿、爱因斯坦等。

因此,家长应客观地看待孩子的学习成绩,真心地关爱孩子,真诚地接纳孩子,积极地鼓励孩子,悉心地教育孩子,耐心地引导孩子,让孩子轻松、愉快地学习,健康地成长。

2.接纳孩子,鼓励孩子

父母应敞开胸怀接纳孩子。当孩子自我剖析考试失利的原因时,父母应耐心地听孩子说,不可挖苦、讽刺、责骂孩子,更不可肆意打骂孩子。当孩子讲完以后,父母应同孩子一道找出失败的原因和解决的办法。看到孩子因没考好而难过的时候,父母要全心全意地安抚孩子,鼓励孩子,让孩子有信心和决心迎难而上。

有这样一个父亲教育孩子的案例值得我们家长借鉴。

> 一个女孩给远方的爸爸打电话:"爸爸,这次月考我得了班级的第6名。"爸爸开心地说:"不错了,祝贺你啊!""爸爸,我想在下一次考试中得第一名。"女儿自信地说。爸爸很严肃地说:"我不要你考第一名,谁能保证总会考第一?你和妈妈要求我一年必须挣多少万元钱了吗?"爸爸最后语重心长地说:"考多少分不要紧,只要你尽力了,哪怕考不好,爸爸也高兴。"

从案例中,我们可以看到:家长没有一再强调孩子要如何加紧学习,要吸取什么教训;没有语言上的教诲,更没有责骂和埋怨,而是用亲情、爱、真心感化孩子,给孩子减少学习压力,把家长要孩子学变成了孩子自己要学。

3.主动为孩子的学习减压

面对孩子繁重的学习压力,家长应做到以下几点。

(1)家长不要给孩子增加额外的学习负担。现在的孩子本来就面临较大的学业压力,如果家长还给孩子增加额外的学习内容,并不断催促,那孩子就更没有活动和放松的时间了。长期如此,孩子不但身体受不了,而且精神也会因高度紧张而崩溃,甚至出现厌学、离家出走、自残、自杀等恶果。因此,请家长们不要在没有征得孩子同意的情况下,给孩子请家教,让孩子上各种辅导班和兴趣班,给孩子布置额外的作业。要让孩子有时间休息、玩耍、交往,让孩子紧绷的神经得以放松,这样孩子才能快乐地学习,健康地成长。

(2)想办法为孩子的学习减压。

第一,为孩子制定切实可行的学习目标。所谓"切实可行",就是制定的目标不能太高,也不能太低。目标太高,即使努力也达不到,就会有损孩子的自信心;如果目标太低,孩子轻松就能实现,就会让孩子失去学习的动力,助长他的傲气。

第二,在孩子学习之余,带着他做一些力所能及的劳动和体育锻炼。

(3)为孩子的思想减压。

第一,家长少在孩子面前唠叨学习问题。

第二,给孩子安排足够的休息和娱乐时间。

第三,在孩子情绪低落时,及时安慰孩子,提振孩子的学习信心。当孩子没有考好时,当孩子学习遇到困难时,当孩子学习退步时,家长应该为孩子排忧解难,化解他的不良情绪。

4.教给孩子一些减压技巧和方法

每个努力学习的孩子,都会有压力。因为他会对自己的现状不满意,给自己施压,迫使自己前行。但是,压力过大也会危害人的身心健康。因此,家长应教给孩子一些减压技巧和方法。

(1)调节压力的技巧:

①要正确地看待压力。学习的压力是难免的、正常的,没有必要过分紧张,要正确看待压力,最好是把压力转化为学习的动力。

②要有条不紊地、有节奏地学习。如明确学习上有多少事情要做,哪些是重点,哪些先做,哪些后做,然后制订以月、周、日为周期的具体行动计划,

最后按计划、有步骤地一一处理。

③科学地分析和正确地评价自己。根据自身情况,踏踏实实地做好自己能做的事情,发挥自己的长处和优势。

④为减轻压力找一个突破口。问题总是一个接一个,只要能抓住这一系列问题中的突破口,并下定决心拿下它,有了一个好的开端,其他问题或许就可以迎刃而解。

⑤把学习的压力变为动力。

(2)调节压力的一些小方法:

①想象放松法。想象放松就是一种通过想象某种舒适、优美的场景或愉快、高兴的事情来缓解压力的方法。如"蓝天白云下,我坐在平坦的绿草地上,仰望着蓝天,享受着阳光的沐浴""我泡在浴缸里,闭着眼,听着优美的轻音乐",等等。我们通过这种方法,使自己在短时间内得以放松、休息。

②幽默放松法。当遇到不顺心的事或压力大的时候,可以与几个同学或朋友凑在一起,聊一些有趣的话题,让紧张的情绪得以放松。

③发泄法。发泄法就是通过一定的行为把心中的不良情绪宣泄出来的一种方法。有什么烦恼、忧虑不要堆积在心中,应设法把它及时地宣泄出来,如对着旷野狂吼几声,或号啕大哭等。

④转移法。转移法就是一种当某件事情或问题我们想不明白、无法解决时,暂时把它放下而去干另一件事,使紧张的情绪暂时放松的方法。如,做作业时,被一道题难住了,怎么都解不出来,这时可以暂时把它放在一边,拿出一篇优美的散文或诗歌来读。读一段时间后再去解那道题,也许你的思路就豁然开朗了。遇事不要"钻牛角尖",不要"一条道走到黑",要学会转换和暂时放下。读书不失为一种好方法,因为,我们在书的世界遨游时,现实中个人的忧愁和悲伤都会被暂时抛到脑后;另外,读书还可以使一个人逐渐变得心胸开阔、心情平静。

⑤休息调节法。不管学习有多忙,都要想办法让自己休息好。休息好了,才能以饱满的精神迎接明天的事情。

⑥放低要求,知足常乐。在学习压力大、竞争大的情况下,要立足现实,量力而行,适度放低对自己的要求。如,根据自己的实际能力,去学习、生活。在知足中收获快乐。

如今这个时代是竞争的时代,孩子在学习和将来的工作中都会面临很多的压力,家长除了要给孩子减轻压力外,还要注意对孩子意识、意志品质和能力的培养。因为,在压力面前,负责的态度、坚强的意志品质和强大的能力才是孩子立于不败之地的根本。

五十八 如何矫正孩子的不良行为习惯

好的习惯能帮助孩子健康成长,走向成功;坏的习惯则会让孩子走向失败。所以,家长应重视对孩子良好行为习惯的培养。但由于受环境及教育水平的影响,孩子在成长过程中,总是会做一些不恰当的行为。如果家长对这些不良行为听之任之,久而久之,就会给孩子带来更多的负面影响,就会成为孩子成长路上的绊脚石。因此,家长应尽早矫正孩子的不良行为习惯。

(一)不良行为习惯的表现形式

所谓习惯,就是一个人在长期生活和学习中形成的一种行为模式。

不良的行为习惯有很多,并且在不同的年龄段也有不同的表现形式,如一个人在婴幼儿时期可能形成啃手指等不良习惯;在少儿时期可能会出现说谎、说脏话等不良习惯;在青少年时期可能出现抽烟、打架等不良行为习惯。

1. 懒散

自己的事不能自己做,如玩了玩具后自己不收拾,用了东西乱丢乱扔;上课打瞌睡,不主动做作业,不按时交作业;十几岁了还不愿洗自己的衣服;不帮父母做力所能及的家务;卫生习惯差,不勤剪指甲、勤理发;等等。

2.不良的语言习惯

常出口成"脏";与人交流面无表情,常用一两个字敷衍应答;常说使别人难堪的话;说话不讲理,不考虑别人的感受,也不听别人解释,横蛮地要求别人听他的;等等。

3.破坏性

不爱护公共财物,如,在桌面和墙壁上乱画、乱刻,随意损坏公共设施、随意践踏花草、攀折树枝等;不爱惜自己的物品,如经常毁坏自己的学习用具;等等。

4.不良的意志品性

缺乏责任感,无上进心,做事马虎,学习不努力,得过且过;吃不得半点儿苦,吃不得半点儿亏,遇到困难就垂头丧气,受到挫折就萎靡不振;没有耐心和恒心,做事虎头蛇尾,只有"三分钟热情",高兴时雄心勃勃,遇到点儿麻烦就心灰意冷;缺乏主见,自控能力差,遇事不冷静,别人一怂恿,就可能不计后果地做事。

5.攻击性

在幼儿时期,争强好胜,动不动就爱出手打人;到了青少年时期,性格暴躁,自控能力差,为一点儿小事就与人家打架。

6.无视规则,漠视指令,我行我素

不准做的事他偏做,不能说的话他偏说,不能摸的东西他偏摸,总之,就是与"规则"对着干。比如,父母规定,小孩子不能私自玩手机,不能长时间看电视或玩电脑,但孩子不管父母的规定,常常是看到手机就要玩,一玩就不想松手,一看电视或者玩电脑就停不下来。父母要求孩子玩了玩具后自己把玩具放回原处,但父母多次提醒后,他仍然像没听见一样乱放玩具。父母规定,每晚固定时间要去洗漱,准备睡觉,但孩子每天到了洗漱时间,都要以各种理由延迟或推脱……。像这类无视规则的事,有些孩子经常做,但有些家长对此不够重视,认为孩子小,不是什么大问题。但这并不是爱孩子,反而是害了孩子。

7.说谎

说谎就是言过其实、说假话、说大话,如一个没坐过飞机的小孩告诉同伴他曾坐飞机去过上海;自己把家里的花瓶打碎了,硬说不知道是谁打碎的……这些言过其实和说谎的行为似乎无关紧要,但如果任其发展下去,就可能使孩子养成不诚实的品性。

对于说谎的孩子,家长绝对不能放任不管,而应通过有针对性的教育,让孩子明确其恶劣性质并及时改正。

对孩子的各种不良行为习惯,家长应早抓、早管,等孩子长大后,这些不良行为习惯就难改了。

(二)形成不良习惯的主要原因

1.家庭因素

(1)家长溺爱、专制和任孩子自由发展的不当教育方式让孩子慢慢养成了不良的行为习惯。如,溺爱可能让孩子养成懒散、过于依赖他人等坏习惯,专制可能让孩子养成好动手打人、倔强、自负等不好的习惯,任其自由发展可能让孩子养成不守纪律、不遵守规则、自由散漫等不良习惯。

(2)错误的榜样示范。有的父母或其他家庭成员本身就有不良的言行习惯和不当爱好,如语言粗俗、行为暴力、喜欢打牌赌博等;有的家庭夫妻之间不和睦,或父母与祖辈之间不和睦,比如在孩子面前相互埋怨,甚至是争吵;家庭成员与邻居相处不愉快,经常发生争吵;等等。孩子生活在这样的环境中,容易养成语言粗俗、行为暴力、沉迷赌博等不良习惯。

(3)父母离异的影响。父母离异后,不管孩子由谁监护,都会给孩子造成极大的伤害。从孩子自身来看,父母都是他最亲的人,然而如果他最亲近的人水火不容,他就不知道该依靠谁、亲近谁了。从父母的角度看,一种可能是双方都不管孩子,让孩子感到孤单、无助;另一种可能是夫妻双方都非常喜欢孩子,都想以加倍的爱来补偿孩子,让孩子变得以自我为中心,肆意而为。总之,父母离异容易让孩子感到困惑和孤立无援,易使孩子形成固执、多疑、孤僻的性格。

(4)隔代监护的影响。隔代监护,就是祖辈对孩子的监管和抚养。现在,很多父母出于工作等原因,无力亲自照顾孩子,不得不把监护的责任交给祖辈。有些祖辈对孩子的关爱程度可以用无微不至来形容,但恰恰是这种过度的爱,容易让孩子形成一些不良行为习惯和性格,如懒惰、过度依赖、骄横、自负、倔强等。

留守,会使孩子"肆意"成长,让孩子的自控力变差。

对家庭的富足或贫困处理不当,也会给孩子带来负面影响。富足家庭中,家长无限制地满足孩子不合理的愿望,会让孩子觉得一切都是他的,从而任性生活,肆意而为。贫困的家庭,如果没给孩子自强不息的引导,会导致其自卑,从而畏手畏脚,不敢勇往直前。

2.学校因素

(1)重智轻德。因为高考指挥棒的羁绊,学校教育重智轻德,忽视了对学生的品德教育和行为养成教育。

(2)教育方式不当。一些教师因升学率的要求,采取简单粗犷的教育方式,如主科的教学时间是主科的,副科的教学时间也是主科的等,让孩子只关注学习,其他一概不管、不问,从而放松对自我品行等的要求。

3.社会因素

除了家庭、学校的影响外,孩子受到的来自社会的影响也不可小觑。其一,成人的不良行为习惯的影响。其二,社会不良风气,如弄虚作假之风、奢侈浪费之风、盲目消费之风、金钱至上之风、赌博之风等的影响。这些影响因素客观上为孩子不良行为习惯的养成提供了"沃土"。

(三)矫正孩子不良行为习惯的方法和手段

对于不良行为习惯,往往有的家长会视而不见,也无法感觉到这些不良行为习惯会给孩子带来怎样的不良后果,等到孩子进入青春期后,才体会到孩子不良行为习惯矫正的难度,才知道"为时已晚"。因此,家长对矫正孩子的不良行为习惯应该有一个正确的认识:既要有心,又要早抓;既不能放任不管,又不能简单粗暴。下面给大家介绍几种矫正的方法和手段。

1. 不放过"第一次"

任何事情都有第一次,孩子的不良行为也是如此,比如第一次打小朋友,第一次抢别人的东西……。很多家长往往意识不到或忽略了孩子某种不良行为的第一次发生,错失了对孩子的教育良机。如果我们在孩子出现第一次不良行为时就非常严肃地告诉他这样不对,同时给予小小的惩戒,如让他独自站在一边几分钟,然后认真地告诉他那样的行为为什么不好、怎样做才是正确的。这样一来,即使孩子再次出现类似的不良行为,家长稍作劝阻,孩子一般就纠正了,出现第三次、第四次那样的不良行为的可能性就更小了。但遗憾的是很多家长总抱着"孩子还小不懂事,现在讲没用"的想法,错过了最佳的教育时机,导致了以后矫正更加困难。

2. 及时告诫或惩罚

及时告诫或惩罚是矫正孩子不良行为的一种有效的方法和措施,它对纠正孩子的不当行为习惯有着极其重要的作用。如孩子出现随意打人的行为,家长如果能及时制止,并以某种方式对孩子进行告诫或惩罚,孩子就会知道打人的行为是不对的,以后就会自动地约束自己的行为。

3. 冷处理

所谓的"冷处理"是指矛盾发生后不急于马上处理而是放一放降降温再处理的一种方法。它是与"热处理"相对而言的。心理学上又把"冷处理"称为"爱的剥夺"。比如孩子骂了人,父母不马上指责他、批评他,而是以"不理他""罚站""让他独处"等方式对孩子的错误进行教育。当然,在使用这个处罚方法前,应告诉孩子为什么罚他、处罚的时间和要求等。需要强调的是冷处理的时间和要求。时间不是越长越好,可以和年龄结合起来,比如孩子3岁就应只罚站3分钟。要求:第一,家长或他人在此期间不得搭理孩子,不得给孩子解围,不然就会失去效果;第二,处罚后,父母必须对孩子进行诱导和安抚。这样,既能让孩子认识到为什么被罚,又能让孩子体会孤独的滋味;既能教育孩子,又没有超过他的心理承受能力;既惩罚教育了孩子,又不让孩子的心灵受到伤害。另外,有的家长会问:"孩子哭着往我怀里扑,不认罚,怎么办?"这其实很好处理,家长在告诉他为什么之后,只要闭起眼睛不理他,一直到处罚的时间结束,效果也是一样的。纠正孩子的不良行为切记不要用简单粗暴的方法。

4.教给孩子正确的行为标准

对孩子的不良行为,有的家长只简单地告诉孩子"以后不准这么做了"或责罚孩子,其实不应该止于此。教育孩子,我们不但要让孩子知道"不对",而且要让孩子明白"什么才是对的",这样孩子以后才能做出正确的选择。

5.抓重点,定规矩

针对孩子的坏习惯,应抓住其中"最"不当的,即有悖于原则的地方进行纠正,并让其逐渐改掉坏毛病。同时,家长还应和孩子一同定好规矩,让孩子明确哪些能做,哪些不能做,从而纠正他的坏习惯。

6.持之以恒反复抓

孩子的不当行为,今天改,明天犯,改这样,犯那样,都是常有的事。经常听家长抱怨:"才批评过你,又忘了,真是没长记性啊!"冰冻三尺,非一日之寒,不良行为的形成并非一朝一夕的事,要改正不良行为也不是一朝一夕能办到的。因此在一段时间内应先针对最不当的不良行为坚持不懈地进行矫正,以使这种行为消失,然后再抓其他方面的不良行为。这样持之以恒地反复抓,一定会有效果。

7.绝不放过以下几种常见的不良行为习惯

对孩子如下的几种行为习惯,家长一定要及时纠正,绝不能手软,更不能把宽容变成纵容。

(1)不合自己意就又哭又闹,动手打人,得不到想要的东西就动手强抢。

正确做法:家长一定不要过分地迁就孩子,对此种行为必须严肃批评,予以惩罚,要让孩子知道,无理取闹、动手打人、未经人家允许随意拿别人的东西是不对的;给他人造成了伤害,必须承认错误,亲自道歉。

(2)顺手牵羊的习惯。例如,看上了某样东西,见没有人,就顺手拿走,并撒谎说是从某某地方捡的。

正确做法：对此，应及时给予说服教育，并给予惩罚。

（3）见了想要的东西就非得要家长买，不买就又哭又闹。

正确做法：不溺爱，不放任。

（4）该睡觉不睡觉，该起床不起床。例如，晚上该睡觉了，孩子却继续看电视或玩游戏，就是不睡觉；第二天该上学了不起床。

正确做法：做好榜样，使之养成早睡早起的习惯。

（5）手机玩不够，电视看不够。

正确做法：定规矩，做榜样，有理有节地帮助孩子养成好习惯。

（6）撒谎。例如，有的孩子好玩、好动，不小心打碎了东西，当被问起这事时，却说是家里的猫干的或者是别人干的。

正确做法：坚决予以制止，决不姑息放任。给予一定的惩戒。

（7）固执习惯。稍不合自己的意愿就无理取闹，常以不吃饭、不搭理人、又哭又闹、耍横等方式要挟父母或祖辈。

正确做法：先说服教育，再定规矩。如果说服教育无效，孩子仍无视规矩，可小惩大诫。

（四）青少年时期几个典型的不良习惯的矫正

1.乱花钱

随着我国经济实力的提高，人民的经济收入也不断增长，不少家长抱着"再苦都不能苦孩子"的思想，所以在吃、穿、用等方面都尽量给孩子"最好"的，逐渐让孩子养成了"大手大脚"、胡乱花钱的不良习惯。对此，给家长提几点矫正的建议。

（1）查明原因。是孩子因为追求物质欲望大手大脚，还是出于面子大手大脚？……查明原因后，给予有针对性的教育引导使之改正。

（2）控制零花钱。应基于孩子学习、生活需要给予其合适的零花钱。

（3）以勤俭持家的良好形象影响孩子。

（4）设法让孩子了解挣钱的辛苦。具体措施：第一，根据孩子的能力，带领孩子参与社会实践，了解挣钱的辛苦；第二，创设环境，让孩子在艰苦的环境中亲身体验"生存不易""挣钱不易"，从而改掉"乱花钱"的习惯。

2. 吸烟、喝酒

由于环境的影响和好奇心的驱使,个别孩子染上了吸烟、喝酒的毛病。对此,家长必须重视,得想办法让孩子改掉这些毛病。

(1)烟酒对青少年来说是百害而无一利的。首先,要告诉孩子吸烟、喝酒对他们来说危害极大,并举例说明。其次,定好规矩,让其不敢为之。最后,如果孩子吸烟、喝酒了,应给予一定的处罚,决不姑息。

(2)家长以身作则,给孩子做好榜样。有吸烟、喝酒习惯的家长,应尽量克制自己。

3. 深夜不归

深夜不归这种现象,虽然是极个别的现象,但是也应该引起家长的重视。因为,孩子如果经常不按时回家,其原因除了贪玩以外,还可能是结交了社会上的坏朋友。

(1)查明原因。如果孩子是与同学交往而深夜不归,家长不应简单地责备或者以命令的方式控制孩子;如果是进网吧玩耍或与社会上的不良朋友交往,家长就应晓以利害,坚决制止。

(2)多关爱孩子。因为家庭成员关系不睦而使孩子不愿回家,家长应协调好内部关系,多关爱孩子,让他愿意回家。

(3)定好规矩。当孩子出现深夜不归现象时,应及时与其一起定好规矩,让他明白家长对他的爱,从而纠正其不良习惯。

总之,只要家长以真诚的爱去启发诱导孩子,一般来讲,孩子的这一行为是可以改变的。

孩子的不良行为习惯很多,其矫正方法并不固定。总的来讲,应早抓。但不管怎样,都需要方法和耐心,都要家长为之付出心血。

五十九 如何对待孩子的行为越轨

(一)行为越轨及其表现

本文中的行为越轨是指行为违反道德规则或有严重的行为过错,又称偏差行为或偏离行为。此处的越轨是指在一个社会中被社会成员判定为违反社会准则或价值观念的相关思想和行为,多指青少年违反行为规则或犯了道德过错的行为。

一般来讲,孩子的越轨行为包括旷课,逃学,夜不归宿;携带管制刀具,打架斗殴,辱骂他人;强行向他人索要财物,偷窃,抢劫;损坏公共财物和公共设施;参与赌博或变相参与赌博;观看色情、淫秽的音像制品;进入法律法规规定的未成年人不能进入的营业性歌舞厅等场所;等等。

1.厌学、逃学

虽然现在的孩子有良好的学习环境与学习条件,也被父母和学校寄予厚望,但是厌学的情况却并不鲜见。这些学生虽然每天都到学校上学,但缺乏学习的主动性、积极性,也就是说他们的学习是一种被动性的应付行为,可视为隐性逃学。显性逃学则多表现为在上学期间在校却不进教室上课或根本不到学校等。

2.侵财性越轨行为

侵财性越轨行为就是侵犯他人、集体或国家财物的行为。它包括偷窃、盗窃、骗取财物、敲诈勒索、抢劫等行为。

近年来,在一些城市的部分学校,特别是平时管理较差的学校周围,出现了未成年人结伙对在校学生进行强行索要财物的现象。这些人,有的是在校生,有的是社会无业游民。强索地点多在校园附近或校园内。

从需要和动机等心理角度分析,中学生侵财性越轨行为,大致分以下几类。

(1)求利性侵财:图钱逐利是其直接动机。

(2)效仿性侵财:青少年看了影视、书刊中的神偷或侠盗"劫富济贫"的片段后,直接模仿他们而进行的盗、抢、骗、诈等行为。

(3)冒险性侵财:冒险性侵财就是以满足"惊险""奇险"心理,侵占他人钱财的行为。

(4)从众性侵财:跟随其他人(哥们儿)一起用偷盗等手段获取钱物。

(5)报复性侵财:自己感觉受了气,以侵财的方式报复对方。

(6)欺侮性侵财:多是以以大欺小、以强凌弱的方式对弱小者进行敲诈勒索或者侮辱对方。

(7)"顺手牵羊"性侵财:多是见有机可乘,偷拿别人的东西。

3.网络越轨

此处的网络越轨指的是违反网络社会规范、准则和价值观念的行为。网络具有大信息量和匿名性的特征,对青少年有独特的吸引力。目前,上网的青少年越来越多,他们利用网络进行交流,发表意见。

网络谣言。由于网络发言的门槛低、各种信息泛滥,加之部分青少年网民对一些信息判断不准,可能成为网络谣言的无意传播者。虽然他们是无意传播,但是其造成的负影响仍不容小觑。而散布网络谣言便是一种网络越轨行为,现已被各方重视,国家已向网络谣言"亮剑"。

网络暴力。诸如"人肉搜索"等一系列网络暴力行为均属于网络越轨行为。其危害是巨大的,甚至会使他人失去生命。对此,国家已采取行动,起草了《关于依法惩治网络暴力违法犯罪的指导意见(征求意见稿)》,以亮明"向网络暴力说不"的态度,并"让法律长出'牙齿'"对此加以严惩。

(二)孩子行为越轨的主要原因

孩子行为越轨有其社会原因、学校教育原因、家庭原因和自身原因。

1.社会原因

社会生活五光十色、好坏杂陈,人与人之间的关系错综复杂,人们的素质良莠不齐,这些都会对青少年产生巨大的影响。青少年由于思想不成熟,往往被许多消极因素所吸引和迷惑。典型的表现为:金钱至上、理想淡化、道德低下、追求庸俗……每一个人都生活在社会这个大环境中,孩子也不例外。如果家长忽视了这些现象,放松了对孩子的教育引导和监管,那孩子就可能会做出厌学、打架斗殴、上网成瘾、网恋、离家出走等越轨行为。

2.学校原因

学校狭隘的教育观或教育偏见都会影响青少年的成长,甚至导致青少年做出越轨行为。学校作为教育主体,多以学生的升学率衡量教师的教育质量。狭隘的教育观造成在教育中"只重视分数而忽视道德行为教育"的异化局面。虽说教师肩负着教书和育人两大职责,他们不仅要向受教育者传授知识,而且更重要的是教给他们做人的道理,让他们树立正确的世界观、人生观、价值观,提高他们适应社会变化发展的能力,但异化的局面却使得教师不得不重教授轻德育,以致部分学生的行为越矩。

3.家庭原因

家庭是孩子生活和成长的第一场所,家庭环境将直接影响孩子的成长。良好的家庭环境,有助于孩子形成健康的心理和健全的人格,对孩子的健康成长有利。相反,不良的家庭环境则会导致孩子产生人格缺陷和行为偏差,造成青少年行为越轨。

(1)家庭结构残缺。因离婚等原因而产生的破碎家庭或单亲家庭大量涌现,为青少年越轨行为的产生创造了"温床"。家庭结构残缺可能会导致部分青少年性格扭曲、个性畸形,在情绪、品德、性格、学习等方面出现问题,从而造成行为越轨。

> 刘雷(化名),11岁时父母离异,他跟随父亲生活。在他读小学时,他的父亲遇到不顺心的事就对他发火。由于缺少家庭关爱和管教,他怨恨父母,养成了桀骜不驯的性格。15岁时,他便和社会上的闲散人员结拜为兄弟,时常参与打架斗殴。后来因结伙斗殴致人重伤,走进了监狱。

(2)紧张的家庭关系。在一个家庭中,如果父母之间的关系紧张,父母与祖辈的关系不和谐,经常发生冲突,子女就可能会做出越轨行为。

(3)家长的管教方式有误。家长的教育方式和教育态度对孩子的健康成长至关重要,良好的管教方式有助于让孩子养成良好的行为习惯,过于放纵和过于严厉则会适得其反。溺爱放任和严厉粗暴是常见的两种不当的管教方式;家长给予得多,要求得少,只重视子女的物质生活,不顾及子女的心理需要;以强制的方式要求子女服从,却未能很好地与子女沟通,未能给予其信任和支持,不给孩子自由、自主的时间和空间等。这些都可能导致孩子行为越轨。

4.自身原因

(1)缺乏理想,没有目标。孩子学习为什么缺乏动力,大多因为他们缺乏理想、没有目标,所以他们的学习是被动的,这些孩子几乎都是迫于老师和家长的压力才勉强学习;有的孩子对学习的认识是消极的,甚至是错误的,他们从家庭或者社会中受到了"读不读书照样讨生活,照样能找钱"的影响,或是看到了"有些大学生毕业后照样找不到工作,有些人文化水平不高却腰缠万贯"的现象,所以认为读书是苦差事,读书无大用,以至行为越轨。

(2)心理因素。青少年正处于生理和心理迅速发展成熟的时期。他们身心发育尚不成熟,思想相对单纯,情绪不稳定;自我控制能力差,好胜心强;易感情用事,当情感受到刺激时易冲动;胆大,不计后果,行为有较大的盲从性;青少年调适心理的能力不强,缺乏适应社会变化的能力。这些都可能是导致青少年行为异常的主要原因。

(三)家长对待孩子行为越轨应有的态度和方法

孩子行为越轨,是任何家长都不愿看到的。一般来讲,家长遇到这种情况会很焦虑,有的可能会发火。但是,这样做对改正孩子的越轨行为有用吗?这样做不但不能使孩子认识到错误,还可能将孩子推向深渊。所以,面对孩子的越轨行为,家长应从以下诸方面去教育引导。

1. 静下心来,分析原因

当孩子做出越轨行为后,家长不要焦虑和发火,要先冷静下来,反思自己的教育过失,再心平气和地与孩子沟通,与孩子一起分析其行为越轨的原因,把真相了解清楚,最后抓住问题的实质对孩子进行教育引导。

2. 耐心教育,晓以利害

面对孩子的越轨行为,家长应耐心教育,晓以利害。

(1)家长可利用周边不法青年因缺乏法治观念而走上违法犯罪道路的案例对孩子进行法治教育,也可带领孩子到矫治场所或监狱接受法治教育,再结合孩子的越轨行为进行利害分析。

(2)对孩子进行基本的道德教育。行为越轨的孩子,大多道德意识薄弱,家长应结合学校的德育教育内容对孩子进行有针对性的道德教育,如有关正义、仁爱、诚信、宽恕、礼让、自强、知耻、守法等教育。

通过一系列的教育引导,至少要让孩子明白自己的越轨行为是不道德的,是违背社会规范的,如果不加以改正,可能会给自己、他人、社会带来严重影响。只有让孩子意识到行为越轨的严重后果,他才会痛下决心去改正。

①要坚持以正面教育为主的原则。行为越轨的孩子逆反心理重,家长若采用挖苦、讽刺、暴力等方式进行教育只会使孩子愈加反感。孩子有错,只有家长心平气和地、有理有据地给孩子正面指出错误,在事实面前循循善诱,孩子才可能接受。反之,则会使孩子在错误行为的路上越滑越远。

②提高孩子辨别是非的能力和改正错误的信心,帮助孩子坚定与错误行为做斗争的意志。他们在实施越轨行为时可能根本没有意识到自己的行为是错的,更不会考虑会给他人造成什么样的损失和伤害,给社会带来什么危害,给自己造成什么后果,给父母和家庭造成什么影响。所以,要矫正孩子的越轨行为,就要让孩子提高明辨是非的能力,知道自己错误行为的后果。

(3)让孩子树立自己的目标。行为越轨的孩子大多是厌学、成绩不好、胸无大志的孩子。对此,家长应该在加倍关爱孩子的基础上去引导他,要让他在心中树立自己的人生目标。这件事看起来很简单,但实行起来比较难。因为家长一般都希望孩子将来能干大事,挣大钱,都能功成名就,所以很难放下对子女的高要求。现实生活中,这种不切实际的高要求害了不少孩子,使得孩子成了"大事做不来,小事又不愿做"的那类人。对心中无目标的孩子,家长应放低对孩子学习上的高要求,注重对孩子良好的品德、行为习惯、意志品质、爱好等的培养。在学习上,只要孩子尽力并快乐就行了;先给孩子定一个通过努力能完成的目标,多鼓励孩子;孩子完成了目标,要表扬他,鼓励他继续努力;对孩子的爱好,家长不能过多地干预,只能给些建议。这样,慢慢将孩子引导到有目的、有追求的方面来。孩子一旦有了正确的目标,就会改正那些不好的行为习惯,远离不法群体的侵袭。

(4)引导孩子丢掉不切实际的幻想,回到实实在在的现实生活中来。部分青少年由于不够成熟,盲目追求和崇拜娱乐圈的明星,在穿着打扮、行为、语言等方面尽力去模仿,有的更是不顾家里的经济条件,购买某个明星的海报、唱片,极个别的甚至不惜奔波千里,花重金与某个明星见上一面。这就是人们常说的"追星"。追星,是当今社会一种很普遍的现象,家长面对孩子的追星现象,应正确地引导孩子,不能全面肯定这种现象,不问不管,也不能全面否定,绝对禁止。

①不要盲目追星。家长应告诉孩子,崇拜明星,就应该了解究竟是崇拜这个明星的哪种特质。是他坚忍不拔的意志,还是他刻苦努力的精神,是他高尚的人格,还是乐观大度的胸怀……明星本身是有很多地方值得我们学习和崇拜的,但不能只模仿他的外表,还要学习他的品质,要从明星身上吸取有用的东西。

②不要把时间浪费在追星上,应把时间花在学习上。明星展现出来的形象都是经过了精心设计的,与现实生活中的人有很大区别,况且他们精湛的表演艺术或演唱技术,是通过刻苦的学习而获得的。如果要把明星作为崇拜的偶像,就应立足当下,抓紧时间学习文化、技术和技能,将来才有能力去效仿他们,而不应该把时间浪费在盲目的崇拜上。

③摆正自己与明星之间的关系,从现实生活中寻找崇敬的对象。明星很多地方值得我们学习和借鉴,如对艺术执着的追求精神和对生活的积极态度等,但他们毕竟离我们的生活太远,也不是我们生活的全部。所以,要摆正自己在生活中的位置,不要在追星中迷失自我,因为你最终只能成为你

自己,盲目地追星对自己不会有任何好处。在现实生活中,有很多人值得尊敬和崇拜,如辛勤付出的老师、为孩子呕心沥血的父母和祖辈,他们可以为孩子无私地付出,这难道不值得感恩和崇拜吗?

(5)家长应正视孩子的青春叛逆期问题。青少年正处于生理和心理发育的关键时期,若发展顺利,能够形成正确的人生观和世界观,能够承受外来的压力和自己遇到的困难和挫折。若发展得不好,也容易出现行为越轨。因为孩子行为越轨大多出现在青春期,人们把这个时期称为"危险期"。这个阶段的孩子热情高涨,活动量大,自控能力差,法治观念淡薄,易冲动,做事很少考虑利弊得失,常常为了某种即兴目的或满足一时的追求"铤而走险",这往往是他们越轨的内在根源。所以,对处在青春期的孩子,家长应多关心他们,了解他们,帮助他们,注意培养孩子解决问题的能力,增强他们承受压力的能力,还可以请心理医生帮助孩子解决青春期的心理问题,让孩子顺利度过人生的"危险期"。

(6)在孩子行为越轨后,家长要帮助孩子认识利弊得失和利害关系,警醒孩子。行为越轨,往往是因为孩子对行为的利与弊不加以分析,不知道它的利害关系。孩子行为越轨后,家长的责任不是责备、埋怨孩子,而是通过耐心细致的教育引导,让孩子意识到行为过错的严重性和自己应承担的责任;让孩子明白"不管做什么事都不要急,要冷静地分析利与弊",让孩子懂得"三思而后行"的道理。这样才能避免孩子的行为再次越轨。家长可找一些与法律相关的书籍或资料让孩子自己学习,让孩子了解法律,增强法纪意识,知道"越轨"应承担的责任等。这样也许能让孩子醒悟而回头。

3.设定合适的目标,循序渐进

首先,对孩子的要求不要太高,不要以为今天给孩子说了,孩子明天就改正了,也不要以为孩子今天改正了明天就不会再犯了。对越轨行为的矫正,往往需要一个较长的时间,所以家长一定要有耐心和恒心,要注意反复抓、抓反复,这样孩子才能真正改正过去的错误。其次,家长要为孩子设定合适的学习目标。家长要制定出孩子通过努力能达到的目标,让孩子获得成功的快乐体验,以此增强他们的学习信心和兴趣。只要学习有了进步,孩子就有可能将其他方面的精力转移到学习上来,才能真正纠正越轨行为。

4.悉心关怀,永不放弃

发现孩子行为越轨后,家长一定不要发火,一定要对孩子进行耐心的教育;要从生活上、学习上、情感上多关心孩子,让他感受到家长是在关爱他,从而使他自愿改正越轨行为,这样才会有教育效果。如果孩子行为一越轨,家长给孩子的就是埋怨、数落甚至一顿打骂,那么亲人的疏远、家庭的嫌弃、社会的排斥就可能把他们推向极端。对犯了错的孩子,家长应多教育;在生活上、身体上、情感上多关心他;在情绪上、需求上多关注他;在心理上多疏导他;在行为上、道德品质上多提醒他,监督他。

5.远离不利的环境

"孟母三迁"的故事说明了环境对人的成长的影响。所以,家长要矫正孩子的越轨行为,就应改善孩子的生活环境。

(1)改变家庭环境。改变家庭环境主要在于改变家庭氛围,改变家长的暴躁等情绪和不良习惯等。和谐和融洽的家庭关系对青少年的心理健康发展是有助益的,对矫正孩子的越轨行为很重要。家长应戒绝"不打不成器"的管教方式,采用理解、商讨、劝诫、鼓励的管教方式,用温暖、宽容、真诚来引导孩子,建立和谐的家庭互动关系。这样,才不至于使孩子"破罐破摔",才有利于行为越轨的孩子改正错误。

(2)远离不利环境。所谓不利环境,就是可能让孩子学"坏"的环境。孩子如果在这样的环境中学习和生活,他的越轨行为不但得不到抑制,反而可能朝违法犯罪方向发展。为了使孩子的越轨行为得以改正,避免向违法犯罪方向发展,家长应尽量想办法不让孩子接触这些环境。第一,孩子放学回到家以后(包括双休日和节假日),家长应多与孩子交流谈心或带领孩子开展一些有益的活动,避免孩子在空余时间与家庭周边的不利环境接触。第二,让孩子主动远离社会上行为不端之人,让孩子树立正确的交友观,并要不时地对孩子的交友情况进行监督。

6.针对性的训练

(1)提高自控能力。孩子为什么会越轨,在一般情况下,多是把持不住自己造成的。所以,对行为越轨的孩子的教育,应加强对其自控能力的培养。

①要提高孩子的辨析能力。要告诉孩子,面对形形色色的事情,首先要在心里反复地掂量,这件事是对,还是错,是可以做,还是不能做,如果自己弄不清楚,就要问家长或老师,千万不要冲动而为。

②让孩子学会控制自己的欲望。学会控制自己的欲望,就能管好自己的行为,纠正越轨行为。

③让孩子学会拒绝。拒绝是建立在思考基础上的,学会了拒绝,说明孩子会主动地考量这事该不该做,能不能做。

(2)培养孩子的移情能力。所谓移情能力就是指设身处地地理解他人感受的一种能力,简单地讲,就是"将心比心"或"换位思考"。通过移情训练,孩子能增强同情心、怜悯心、同理心,增加对别人的容忍度和对事物的感受力,学会了解、体察别人的心境,从而纠正自己的越轨行为。

(3)和孩子一起解决"难题"。青春期的孩子,面临很多困扰,很容易产生心理失衡的情况。这些心理失衡情况如果得不到疏导和化解,孩子的行为就可能越轨。家长千万不要以为孩子长大了,可以放心了,就放手不管了。家长应多花时间和精力做好如下工作:经常与老师联系,经常从孩子的同学、朋友处了解和掌握孩子的思想状况和在家庭以外的表现;与孩子多沟通,多带孩子参加有益的活动等。

7.善于发现孩子的优点,激发孩子的自尊心和自信心

在矫正孩子越轨行为的过程中,如果家长经常说孩子不对、不好,孩子就可能"破罐子破摔";如果家长看到孩子的一点儿小进步就给予表扬和鼓励,就可能使其促进自我教育、自我完善。

8.抓住时机,促使孩子向好的方向转化

行为越轨的孩子,一般都不被家长和老师喜欢,平时多受家长和老师的训斥,渐渐习惯了被批评,一般的规劝、批评、阻止作用不大。对待这样的孩子,家长就要抓住引起孩子情绪波动与思想斗争的事件,并充分地利用其启发和引导孩子,使之发生改变。在矫正孩子越轨行为的过程中,面对越轨行为的反复,家长一定不要灰心,一定要坚持。

9.有力的措施和监管

对行为越轨的孩子,采取必要的监管措施是必不可少的。一般情况下,青少年控制力较差、情绪波动大,如果缺乏必要的监督措施,越轨行为很可能一再出现。所以,对有行为越轨的孩子,家长不但要耐心地教育引导他,而且应该与他一起立规矩,由家长担负起监督的职责。

青少年越轨行为五花八门,矫正起来比较困难,家长应根据孩子的实际情况采用不同的矫正方法。

对青少年越轨行为的矫正,单靠家庭的力量是远远不够的,还必须借助社会的力量。

六十 如何矫正孩子的孤僻性格

性格孤僻的人一般不愿与他人接触,待人冷漠;做事喜欢独来独往。长此以往,不但会影响他的学习,而且会给他的成长带来许多负面影响,所以家长要了解性格孤僻的基本表现形式和形成原因,想办法给予及时的改善。

(一)性格孤僻的表现

孤僻多表现为:不爱讲话,不爱与其他人接近、交往,对别人的呼叫没有反应,也不跟人打招呼,总是自己玩自己的;喜欢独来独往、离群寡居;对很多事漠不关心;与人交往缺少热情和活力。

孤僻性格的孩子在以下几种情景中表现突出:自身不被别人理睬而不得不独处时,常会有失落感和受伤感,而不愿与人交往;与别人交往受到冷落、讥讽、嘲笑或指责时,常会闷声不响、郁郁寡欢,或者异常恼怒、负气离开;遇到各种挫折时,常会产生脆弱感和自卑感而心灰意冷,把自我孤立起来,拒人于千里之外;等等。

(二)产生孤僻性格的原因

1.家庭教育不当

家长过度限制孩子和替孩子包办一切都可能使孩子变得不爱说话、做事胆小、不合群,慢慢形成孤僻的性格。

2. 父母陪伴的缺位

有的父母忙于工作无法履行养育和监护的责任,有的父母追求自身享乐,推卸教养监护的责任,以致将教养孩子的责任交给他人。从现状来看,家庭教育缺位大致有以下四类。一是隔代监护:把监护孩子的任务交给隔代家长;二是单亲监护:因父母离异或工作、生活所迫,父母其中一方远离孩子,把监护的责任交给另一方;三是亲戚、朋友监护;四是同辈监护和自我监护。不管是以上哪种监护方式,父母陪伴的缺位都有可能使孩子的性格逐渐变得内向、孤僻。

3. 幼年的创伤

孩子的心灵特别单纯,所以也特别容易受到伤害。这种伤害如果没有及时得到治疗,就可能使孩子慢慢形成孤僻的性格。能让孩子形成孤僻性格的创伤很多,如父母离异、父母的粗暴对待、校园暴力等。

这些都可能使儿童过早地陷入烦恼、忧虑、焦虑等,如果这些情绪没有得到及时疏通和化解,长期压抑,孩子就会变得畏畏缩缩、自卑冷漠,过分敏感、不相信任何人,最终形成孤僻的性格。在这里,介绍一个家长不注意孩子的情绪,对孩子造成终身伤害的案例给大家,希望家长在养育孩子的过程中,顾及孩子的情感和面子,不要无意间伤害了孩子。

> 一位单身女士,年近四十,一直没结婚。她父母都是小学教师,对她有很好的早期启蒙教育,在各方面要求也很严。她在很小的时候就会背很多经典诗文,聪明伶俐,而且认字很早,上小学就读了不少课外书,学习成绩一直很好。但她父母在她童年时期犯了一个不可饶恕的错误。
>
> 起因很简单,就是有一天她尿床了。父母为此大惊失色:"你两岁就不再尿床了,现在都五岁了,怎么反而又尿床,越活越倒退了!"父母的话让小小的她非常羞愧。但也许是因为太紧张,第二天早上醒来,她居然又一次尿床了。
>
> 当时他们住的是大院平房,有很多住户,她妈妈一边抱着湿褥子往外走,一边说:"这么大孩子了还尿床,褥子晒到外面,让别人看到多丢人!"父母的话让小小的她内心充满羞辱感和恐惧,接下来的一个晚上,她第三次尿床了。这令父母更加震怒,不但责骂她,而且罚她当天晚上不吃饭、不喝水。

但问题并没有得到解决,从那时起,她开始隔三岔五地尿床。

父母越是想要通过打骂来让她克服这个问题,她越是难以克服。这件事几乎毁了她一生。天天湿漉漉的褥子、尿布以及屋里的异味,是烙进她生命的耻辱印记,她原本可以完美绽放的生命就此残缺了。大学四年,她不敢谈男朋友。工作后,谈过两次恋爱,都是男方发现她有这个毛病后,选择了分手。

她说,直到上大学前,她一直认为自己这个毛病是个纯生理问题,是一种泌尿系统的慢性病。后来通过心理学知识的学习,才慢慢意识到是父母不顾及她的自尊造成的后果。

这个案例值得家长们警醒。如果家长用严厉的方式来对待孩子,不但无助于问题本身的解决,还会给孩子留下经久难愈的心理创伤,严重的甚至可能误了孩子的一生。现实生活中,像案例中的女士小时候尿床的经历,很多小孩都经历过,不少父母也因此指责、抱怨甚至打骂过孩子。不知道这样做的家长有没有设身处地地想过:孩子犯了错,本来就不好意思,内心就很愧疚,如果家长再不顾及孩子的面子,指责、打骂孩子,甚至把孩子不光彩的事张扬出去,这会给孩子造成多大的伤害。我们成人有什么不光彩的事而遭受指责或者有人把这个不光彩的事拿去四处宣传,内心是何感受?希望家长们一定要正确面对孩子的缺陷或不足,以免给孩子造成心理创伤。

4.交往中的挫折

孩子在交往中遭受到较严重的打击,如耻笑、训斥等,他的自尊心就可能受到伤害,交往的自主性受到打击,会把自己封闭起来。由于自我封闭,他接触的人越来越少,导致其形成孤僻的性格。

5.电子产品的影响

当下,电脑、电视、手机等电子产品几乎家家都有,不仅成年人成了各种产品的"粉丝",就连牙牙学语的孩童也迷恋上了这些电子产品。动画、游戏让孩子面对各种屏幕的时间越来越长,由此产生的问题也越来越多,如视力下降、不善言语、不善交往、肥胖等。有关实验显示,长期、长时间接触电子产品,不但影响孩子身体的发育,而且影响孩子智商和情商的发展。下面来看电子产品对孩子的情商(语言表达能力、交际能力)的影响。

(1)对孩子语言发展的影响。请看相关实验：

美国科学家的一项科学测试显示：如果房间中电视每打开1个小时，电视前的婴幼儿从大人那里听到的词语将减少500至1000个，那么他们的对话几乎完全没有了。日本的调查结果也表明，2岁以下的婴幼儿看电视的时间越长，其语言表达能力越弱。而语言表达能力较弱的孩子在交往中就可能处于不利的地位，久而久之，其孤僻的性格就越有可能形成。

(2)对孩子行为和交际能力提升的影响。热衷于电视节目或电子游戏的孩子，会因为沉迷其中而逐渐减少社交的机会，因此导致其交际能力逐渐减弱，缺少解决问题的经验。请看相关实验：

美国的研究人员在对2702个家庭的孩子进行研究后发现，如果孩子在5岁前每天看电视的时间超过2个小时，他们长大后出现行为问题的风险将会增加1倍多。研究人员认为，孩子看电视的时间过长，会影响他们参加社交活动的时间。久而久之，孩子便会缺乏与他人打交道的经验，解决问题的能力也会降低，这便会造成一些行为问题的出现，如性格孤僻、言行粗鲁、侵犯他人、难与他人合作等。

6.自身原因

(1)先天适应能力差。

(2)身体有缺陷，造成自卑。

(3)自身性格的弱点，如贪玩、懒散、爱发脾气、情绪不稳定、脾气暴躁、言语攻击性强等，别人不愿与他交往；以自我为中心，不善于与人合作，不善于与人沟通，难以融入集体。

(三)矫正孤僻性格的方法

1.给孩子创造一个良好的家庭环境

孩子在家庭中生活的时间最长，与父母及其他家庭成员之间接触的时间最多，尤其是在儿童时期，儿童的模仿性强，家长的行为、性格会无声无息地影响孩子。因此，父母及其他家庭成员要热情开朗，以旷达的胸怀对待人和事,为孩子树立一个良好的学习榜样。孩子生活在和谐的家庭氛围中,自然能逐步矫正他孤僻的性格。

2.家长应着重提高孩子的交往能力

要矫正孩子孤僻的性格,家长就要创造条件、寻找机会让孩子多与他人交往。

(1)穿着得体、言谈举止恰当是孩子与他人交往的外部条件。如果孩子穿得过于邋遢,其他孩子可能不会跟他玩,而如果穿得过于光鲜,那其他孩子也可能会疏远他。

(2)鼓励孩子多与他人交往。年龄相仿的人在一起,一般会有共同的语言,容易说到一起去。所以家长可利用节假日或孩子过生日,邀请孩子最要好的同学、朋友到家里做客。孩子的同学、朋友来到家里,家长要热情接待;支持孩子们在一起开展一些有益的活动。鼓励孩子在父母、同学、朋友面前,大胆地讲话,以逐步锻炼孩子的胆量和说话的能力,增加孩子与他人交往的机会。

(3)鼓励孩子经常参加集体活动,例如:鼓励孩子同社区的小朋友、同学、小伙伴一起参加集体活动;上学、放学时,鼓励孩子与他们结伴同行;等等。

(4)鼓励、支持孩子参加各种体育活动。经常参加各种体育活动,既有利于提高孩子的身体素质、培养其人际交往的能力,也有利于提高其交际能力。

(5)经常带孩子外出游玩。家长可利用节假日,带孩子一起走出家门,走向社会,走向大自然。这种活动可以让孩子增长见识、陶冶性情,也可以开阔孩子的眼界,让孩子在游玩中与人交流,从而矫正他的孤僻性格。

3.锻炼孩子说话的胆量和培养其语言能力

有人说,口语是社会生活的入场券,这话是很有道理的。要矫正孩子性格孤僻的问题,先要解决孩子说话胆小的问题,然后想办法提高其语言能力,也就是要从敢说到会说,再到说得巧、答得妙。为了达到这样的效果,首先家长要给孩子创造机会,锻炼孩子说话的胆量,如鼓励孩子上课积极发言,鼓励孩子参加演讲等。其次,家长应与孩子多交流,提高其语言能力。

4.正确处理孩子与孩子之间的关系

孩子与孩子之间,难免发生不愉快。如果家长处理得不当,就会给孩子矫正孤僻性格增加困难。如孩子与孩子之间打架,家长若只顾及自己的孩子,而一味指责其他孩子,那其他孩子下次就不愿意与你的孩子一起玩耍了。同时,家长应抓住机会教育孩子打架是不对的,让孩子与他人和睦相处。

5.让孩子学习一些交往的技巧(详见《如何培养孩子的交往能力》)

教孩子学会倾听,在他人说话时,看着对方,不东张西望,不中途打断别人说话,不在别人说话时玩手指等。同时,教孩子先思而后言。

6.重新点燃孩子的自信之火

建议家长从以下几个方面,教孩子尝试以下几种做法以提高其自信心。

(1)重新审视自我,看到自己的优点,克服自己的弱点。让孩子在一张白纸上,一边列出自己的优点和强项,一边列出自己的弱点和不足。这样,孩子就会发现"自己原来有这么多平时没有留意过的优点"。家长可以通过这种方式,让孩子发现自己的优点,从而重燃信心。

(2)不要对自己的内心感受太过敏感。具有孤僻性格的孩子,在与陌生人交往时,会害怕出错被别人笑话,所以,一到社交场合就拼命控制自己,生怕别人看到自己的窘态,结果把自己原本要说的内容忘得一干二净。要解决这个问题,可以给自己一个心理暗示:其实别人的关注也不要紧;他不是在笑话我,而是在提示我;我虽然缺点不少,但是优点也是很多的!

(3)鼓励孩子多参加户外活动。研究发现,孩子性格孤僻和体质弱有关。体质弱的孩子缺乏活动的持久性和耐性,常常被同伴蔑视,此类儿童会通过回避社会和人际交往来保护自己,从而使得性格孤僻。家长不妨多带孩子旅游参观,多参加户外活动如跳高、跳绳、游泳等,这些活动能培养他们乐观勇敢的精神,同时能增强抵抗力和免疫力,使得他们能在集体活动中获取友谊。

(4)让孩子学会自我激励。自我激励就是自己给自己打气,这种方法有助于提升孩子的自信心。当孩子担心自己做不好一件事情时,家长让孩子在心中默念:"我不管别人怎么看,我行,我一定行。别人能做到的,我也一定能做到。"当孩子明显无法完成某任务时,家长应该告诉孩子,承认自己的差距,但应在心中对自己说:"我会抓紧锻炼自我,让自己走向成功。"当遇到困难或挫折时,孩子应对自己说:"我已全力以赴,没愧对自己,有了这次的失败经验,下次我就会成功的。"

7.帮助孩子制定克服胆小懦弱性格的目标

做任何事情都应该有目标,克服缺点也应如此。在现实生活中我们不难发现,有的人得过且过,做一天和尚撞一天钟,一辈子都碌碌无为,这主要是因为他们心中没有清晰的目标。所以,要矫正孩子孤僻的性格,家长就应帮助孩子制定一个既宏伟又具体的目标。所谓宏伟,就是让孩子克服胆小懦弱的缺点,矫正其孤僻的性格;所谓具体,就是目标科学,可分解为几个可实现的小目标……只有这样,才能有步骤地循序渐进地达到矫正孩子孤僻性格的目的。

8.培养孩子的兴趣爱好

每个孩子都有自己的喜好,家长应让孩子在自己的优点、专长、兴趣中找一样来发展。孩子有了自己的兴趣爱好,在交往中就有机会做主角。能做主角,自然就有话语权,自然就能与人大胆交流,自然会神采飞扬,孤僻的性格自然就渐渐改善了。

矫正孩子孤僻的性格,其方式方法很多,父母针对孩子的个性特点选择的矫正方法才是最好的。总之父母一定要有爱心、耐心,切不可操之过急;不要把注意力集中在孩子的不良表现上,要更多地关注孩子的优点和特长,给予正面的评价和引导;多关心,多鼓励,使之打开心结,调控情绪,能正确地评价自己,愿意接受引导;通过多方努力,让孩子建立起自信、自尊、自立、自强的人生信念,这样才能达到矫正的效果。

六十一　如何消除孩子的自卑心理

所谓自卑,简单地讲就是自我评价过低,自己瞧不起自己。自卑常以一种消极防御的形式表现出来,如嫉妒、猜疑、羞怯、孤僻、迁怒、自欺欺人、焦虑、紧张、不安等。一般来说,具有自卑心理的孩子往往认为自己的能力、水平、智慧、才华、长相、交往等各个方面都不如别人。长大后,在说话、做事时可能会瞻前顾后、畏首畏尾。总的来讲,自卑心理对孩子的成长影响很大。家长要充分认识自卑对孩子的危害,发现孩子有自卑的心理时要及早干预。

(一)自卑的具体表现及其危害

1. 自卑的主要表现

(1)自卑的孩子在学习上没有目标。自卑的孩子对自己没什么想法,对前途没什么打算,如果问他:"你将来打算做什么?对学习有什么打算?"他会不知所措;如果问他:"你的好朋友都进步了,你不着急吗?你有信心赶上学习成绩好的同学吗?"孩子听后会无动于衷,甚至感到厌烦。

(2)认为自己天生就是笨孩子,对自己、对前途悲观失望。自卑的孩子常常看不起自己,对自己没有信心,认为自己不管多努力,都不如别人。自卑的人由于对自己的智力、能力做出过低的评价,总觉得自己不如别人,所以会对前途以至学习缺乏信心、缺乏动力。

(3)心灰意冷,胆小懦弱。自卑的孩子容易心灰意冷,放弃目标。

(4)先入为主,给自己错误的心理暗示。认为自己天生就不如别人,不管自己多努力都是"盲人点灯白费蜡",所以遇到困难不想办法去克服,遇到不懂的不愿动脑去思考。自卑心理会给孩子一种错误的心理暗示——我天生就笨。这种心理暗示会造成其行为障碍,影响孩子一生的发展。

(5)沉默寡言,不善交际,并且敏感多疑。自卑的孩子常常独处,很少有朋友,不愿主动与人接触,怕见生人,总担心别人看不起自己,总觉得别人在背后议论自己、嘲笑自己,因此往往以一种消极或错误的防御方式来保护自己,如独来独往,不敢与别人正常相处。

(6)以偏概全,一叶障目。只看到自己的不足,而忽视了自己的优点;嫉妒别人比自己强,不能正视自己的弱点。因此,他不能看到事情的全貌,失去了前进的动力。

(7)心理脆弱,经受不起挫折,适应力差,性格抑郁沉闷。

2.自卑的危害

(1)影响心理健康。自卑会导致不良情绪的产生,使人感到焦虑等,对生活缺少热情,对事情提不起兴趣,久而久之,易导致心理出现其他问题。

(2)影响身体健康。长期的自卑带来的负面情绪如果不能得到发泄,会使人产生生理问题。

(3)影响人际交往。因为自卑而敏感、畏手畏脚,久而久之,会将自我封闭起来。

(二)自卑心理产生的原因

1.家长过多包办代替

有的家长过分担心孩子,一些可以由孩子做的事,都主动包办代替。孩子长期过着衣来伸手、饭来张口的生活,变得什么事都不会做。当他与他人相处的时候,看见人家什么事都知道、什么事都会做,自己却什么也不会,就会觉得自己太无能,从而产生自卑的心理。

2.家长无条件地满足孩子

不少家长认为现在经济条件好了,物质丰富了,孩子需要什么就应尽量满足他们。孩子在"想什么有什么""要求什么有什么""喜欢什么有什么""我想怎样就怎样"的环境中成长,慢慢就会变得自私、自大、自负、不知节俭、狭隘,而一个自私、自傲、以自我为中心的孩子在交往中很可能会处处碰壁,时时被排挤,久而久之,孩子就产生了自卑感。

3.家长对孩子要求太高

有的家长要求孩子在某些方面"不能达到第一也要跨入优秀的行列"。但经过一段时间的努力,孩子发现在有些方面自己根本达不到家长的要求,这样,孩子会感到自己确实"笨",自信心就会受到打击,从而产生自卑心理。

4.家长不顾孩子的自尊

个别的家长,常在众人面前数落孩子,将孩子某次的失误或一时的弱点说给别人听,更有极个别的在公共场所惩罚孩子,而这种强化孩子的缺点或弱点的做法会使孩子变得越来越自卑。

5.家庭暴力

(1)家庭软暴力造成孩子自卑。家庭软暴力就是用言语、表情等对孩子的内心造成伤害的行为。家长经常对孩子使用软暴力,可能使孩子产生自卑、自闭、退缩等心理表现。

不打孩子不等于就没有暴力攻击。家长们可以回顾一下自己的育儿经历,看看有没有对孩子说过"你再不听话就不要你了,让外人把你领走算了""我没有时间陪你玩,有玩的时间你不如去多看会儿书""你怎么这么笨,这么简单的问题都不会"等话语。在我国的家庭教育中,这些话出现的频率相当高。在儿童和青少年的心理咨询案例中可以发现,大量的问题行为往往就来自家长不恰当的语言表述和由此而产生的矛盾和误解。当一个孩子长期处在这种软暴力环境中,他的问题行为有可能固化或恶化。

(2)家庭暴力造成孩子自卑。对孩子动不动就打骂、惩罚,这就是"家庭暴力"。有的家长担心孩子出问题,对孩子实行的是专制型的管理模式。孩子长期生活在沉闷、压抑的环境中,可能会慢慢形成消极、我行我素、爆发式等人格特点。这样的性格特点决定了他在学习和交友等方面可能会遇到很多困难,更容易产生自卑感。

6.家庭不圆满

此处的家庭不圆满主要指父母离异、父母感情破裂、父母因生活所迫外出打工等,这些都会造成孩子情感的缺失。这样的不圆满容易使孩子感到无助和失落,形成沉默、消极和不自信的性格。

7.身体与生理方面的缺陷

由于身体的缺陷,加之过低的自我评价易导致孩子出现自卑的心理。

8.消极的自我暗示

有的孩子在学习上经过一段时间的努力以后,依然没有取得进步或者进步不明显,就会对自己的能力产生怀疑,并在心里反复地告诉自己"我天生就笨""天生能力低下",这种自我暗示会导致孩子自信心不足;有的孩子在与人交往的过程中,总觉得自己不像别人那样能说会道,就在脑中产生一种"我笨嘴笨舌,我不行"的想法,于是就会在社交中畏首畏尾,放不开手脚,而且越是这样,就越难与人交往,导致社交失败。以上种种对自己能力的消极暗示会让孩子产生自卑感。

9.对自己的要求过于严格或对自己了解不足

有的孩子比较懂事,样样都想争"第一",所以,总喜欢反省自己的不足,力求自我完善,迫切地希望改正自己的缺点,但结果不尽如人意,而产生自卑心理。有的孩子由于忽略自己的优点而只看到自己的不足,容易丧失信心,从而产生自卑心理。

10.不能正确对待挫折

人受到挫折或打击以后,表现是各不相同的,有的会奋起反击;有的会丧失斗志,从此一蹶不振。后一类孩子遭受挫折后,因悲观、心理承受能力差,容易变得自卑。

(三)消除孩子自卑心理的一些办法

1.鼓励孩子做自己能做的事情

让孩子学会自己的事情自己做,可以让孩子从收拾自己的玩具开始,逐步学会照料自己的生活、起居,帮助父母做力所能及的事情,让孩子养成劳动的习惯并掌握一些简单的劳动知识和技能,提高孩子自我服务能力和独立生活的能力,可增强孩子的自信。当孩子自信了,自卑心理便会逐渐得以改善。

2.逐步完善孩子对自我的认知,消除孩子各阶段的自卑心理

孩子对自己的认识是在他人的评价中逐步建立起来的。恰当、正确的评价能促使孩子对自己产生恰当的认识,增加孩子的自信;言过其实的夸奖、赞扬,可能让孩子忽视自己的不足,养成高傲自大、目中无人的性格;过分的贬斥或否定可能会使孩子朝向被否定的方向迈进,如家长经常说孩子"笨",孩子可能真会认为自己"笨",从而丧失自信,变得自卑。所以,家长要帮助孩子建立正确的自我认识从而消除自卑。

(1)逐步建立儿童阶段孩子的自我认识。对自卑的儿童,家长不要轻易下消极的结论,要充满爱心地、满腔热情地给予恰当的赞扬和鼓励,与其一起分析他产生自卑心理的原因,从而让孩子正确认识自我、消除自卑。古代教育家提倡"宁可奖子十功,不可数子一过",就是说要对孩子多肯定、夸奖和鼓励,少对孩子否定、贬斥和打击。这对孩子形成恰当地认识自己、克服自卑的心理尤为重要。

(2)家长要帮助初中孩子树立正确的自我评价意识。

①关心孩子,与孩子平等地进行交流,取得孩子的信任。初中孩子正处于青春叛逆期,这个时期的孩子容易与家长产生对立情绪。面对孩子的自卑问题,家长不要埋怨、发火,应以关爱孩子为出发点,以最大的耐心对待孩子,要以征询的态度心平气和地与孩子交流看法,在取得孩子信任的前提下对孩子进行引导。

②家长应针对孩子不同的自卑问题,采用不同的方法。初中孩子认识的片面性和表面性是与他们知识和经验的不足相联系的,是与孩子的辩证思维发展不健全相联系的。对此,家长一方面要发展孩子的独立思考能力,

不时地给予启发和引导,另一方面要对孩子进行耐心细致的说理教育,帮助孩子克服认识上的片面性和表面性,学会全面地看待问题,发展辩证思维。如果孩子因高估自己而失败,产生了自卑心理,家长不要因此指责孩子,应热情地帮助孩子分析原因、总结教训,让孩子改正错误、重拾信心;如果孩子因低估自己而产生自卑心理,家长不但要帮助孩子提高全面分析问题的能力,使孩子看到自己的长处,还要注意孩子的进步和成绩,哪怕是一点点的进步都应给予关注和鼓励,让孩子看到自己的能力,重塑自信。

③合理引导,消除孩子因家庭问题产生的自卑感。父母相处不和谐,经常争吵打闹,或者父母离异等,如果家长处理不好,这些都会让孩子无所适从,在情感上无所依托,使他们感到恐惧和不安,导致他们自卑。对这样的孩子,家长应从以下几个方面加强引导,提高孩子正确的认知能力,从而消除自卑。

其一,父母双方都要努力地克制自己的情绪,为孩子创造一个温柔和睦的家庭气氛。即使有矛盾也应尽量避免在孩子面前互相埋怨、指责、吵闹,为孩子创造一个健康成长的环境。

其二,父母离异或离异后又重组家庭的,要加倍地关心孩子、尊重孩子、善待孩子。要真诚地对待孩子,要与孩子多交流。允许孩子与离异的另一方来往;在孩子学习、生活等问题上要勤沟通;不要当着孩子的面说父母某一方的不是。

其三,给孩子讲明道理,让孩子正确对待家庭问题。孩子进入初中阶段以后,很多事情(比如父母的离异)不要害怕给孩子讲,其实,有些事讲明了孩子可能反而会释然。比如,告诉孩子父母离异的主要原因是什么,如果父母不离婚可能会给父母双方和孩子造成哪些伤害。通过这些努力,孩子能提高认识问题的能力,消除因家庭问题而产生的自卑感。

(3)家长应正视青春期孩子的自我拒绝。孩子到了初中后期、高中时期,自我认识的能力逐步提高,多数都能正确地进行自我评价。但是,也有一些青年期的孩子经常不认可自己、轻视自己、怀疑自己,甚至感到自己是多余的,这就是自我拒绝,是严重的自卑的表现。有的青年期孩子认为自己个子不高、身材不好、相貌不美(英俊)、能力不强、性格不好、人际关系不好等,对自己的要求十分苛刻,使自己陷入困境。导致他们自我拒绝的原因可能是他们对自己缺乏正确的自我认识,对自己要求太高。要解决这类问题,家长应从以下几个方面对孩子进行疏导。

①家长要多关注青春期的孩子,发现问题,及时引导。家长对孩子的关注常常走向两个极端,在孩子小的时候,过分关注孩子,在孩子进入青年期后,认为孩子长大了,就几乎不关注孩子了。所以,容易忽视青年期孩子的自卑问题,等到发现时,自卑已经给孩子造成了伤害。孩子长大后,针对孩子成长中可能出现的问题,家长应常与孩子以"朋友似的""征询的""讨论式的"口吻交流,让孩子明白家长的关爱。这样家长也能了解孩子内心的想法和存在的问题,从而做到有针对性的教育引导。

②家长对孩子的要求要适当,要主动给孩子的思想减负。青年期孩子在一定程度上已经有自己独立的见解和主张,有了理想和抱负,对自己有较高的要求,但有的对自身的认识还不完善,有些甚至脱离自身的实际。这时家长就需要适时地引导孩子:对自己的要求,要符合自身客观实际,任何超出自己客观实际的要求或目标都是空中楼阁,不但实现不了,还会徒增烦恼,让自己受到伤害。

③不应把别人的优秀作为衡量自己的标准。要知道:一个人不可能同时在各方面都优秀,不管是做事还是学习,只要自己尽了力,做到问心无愧就行了,没有必要拿别人的长处与自己的短处比较。人各有长短,只要看到自己的长处和短处,发挥了自己的优势,就无悔了。如果把别人的长处作为衡量自己的标准,就会忽视自己的优势,对自己产生错误的认识,从而使自己丧失自信。

④帮助孩子学会辩证地看问题。任何事情都有两个方面,而这两个方面往往是可以相互转化的,如,逆境可能会把人的精神摧毁,但又可能磨炼人的意志,激发人积极向上的精神。要教会孩子多角度想问题:即使遇到挫折、遭遇失败,但只要能总结教训,这就是一笔宝贵的人生财富。

(4)正视部分大学生因自我封闭而交友难的问题,帮助其提高自我价值感。孩子上大学了,其分析能力、认识能力和处理问题的能力有了很大的提升,家长对孩子的关注也会相应地减少,个别家长除了过问学习成绩外,就很少关注其他的了。其实,孩子读大学了也同样存在自卑等问题,主要表现为:对任何事情都漠不关心,思想消极;不愿或害怕与人交往;怀疑自己在同学中的地位低人一等,怀疑自己没有吸引力,特别是对异性没有吸引力。家长如果发现孩子有自我封闭的现象,就应及时帮助孩子提高自我价值感,使孩子从自卑中解脱出来。

①鼓励孩子认识自己、相信自己。自信方能信人,只有自己先成为自己的朋友,然后才能成为他人的朋友。人们常说"人最大的敌人是自己","只有战胜了自己然后才能战胜敌人"。所以,家长要针对问题耐心地给孩子讲:人最起码的就是要相信自己,如果连自己都不相信自己、瞧不起自己,那还有什么理由抱怨别人不相信你、轻视你呢?

②鼓励孩子正确认识自己的价值。首先,要相信自己是有价值的。其次,自我价值并不是由别人评议而定的,更不是由有无朋友而定的。一个人能学有所成,为集体和他人作出了贡献,就会受到他人的尊重。

③鼓励孩子打破自我封闭,大胆与人交往。大学生活中,孩子接触到的人很多,同学之间有很多一致性,且年龄基本相当,在很多问题上都能坦诚相见。所以,没有必要担心他人瞧不起你或者利用你,对他人要有基本的信赖。另外,交往的圈子可大一些,并非所有朋友都要成为知心朋友,交往中,能结识几个知心朋友就够了。

④鼓励孩子培养自己广泛的兴趣爱好,积极参加各种活动。例如有的孩子自卑,性格孤僻、冷漠,在心理上自己孤立自己,除了学习外,就不想与外界接触,常常一个人闷在家里胡思乱想。家长应及时开导孩子,让他有计划地、合理地安排时间,培养广泛的兴趣爱好,如学习之余打打球、跑跑步,参加学校组织的公益活动等。这样,孩子觉得每天都有事等他去做,每天的事情都新鲜,慢慢就会开朗起来。

3.降低对孩子的要求

对有自卑感的孩子,首先,家长应降低对孩子的要求,定出符合孩子能力实际的目标任务,让孩子在一次次成功中找回自信,消除自卑。所谓符合孩子的能力实际,就是孩子通过努力能够完成的目标任务。其次,家长应对孩子做思想工作,让孩子放弃对自我"完美的要求"。自卑,是对个人能力的过低评价。当一个人对自己要求尽善尽美,追求完美主义,但结果又达不到时,就会因此失落而自卑。我教初三的时候,班上有个学生,学习一直很努力,已经得了几次全校第一。有一次考了全校第六名,孩子内心很是失落,觉得无脸见人,甚至想放弃学习。我把这个情况及时地通报给了家长,通过家长和学校的努力,这个孩子不久就重拾了自信,消除了自卑,恢复了学习热情和精神面貌。家长要耐心地开导孩子：你如果尽了力，就不应该过于苛刻地要求自己，要知道金无足赤、人无完人的道理；每次都是第一，又有谁能够做到？再有名的歌星也有唱错歌词的时候，常胜将军拿破仑最后也兵败滑铁卢，更何况我们这样普普通通的人，万事只要尽了自己最大的努力，做到无愧于心就行了。最后，积极鼓励孩子参加一些群体活动，让其性格开朗起来。

4.避免对孩子施行家庭暴力

(1)改变简单粗暴的教养方式，对孩子实行民主式的管理。在对孩子的教育中，主要有专制型、放任型、民主型和专制与放任混合型管理。除了民主型管理，其他三种教养方式都是不可取的，因为它们都容易使孩子产生自卑等心理。

(2)改变态度，尽量避免使用家庭软暴力。对自卑的孩子，应多与其沟通交流，让他逐渐走出自卑的阴影。

5.教给孩子一些能提高自信的方法

(1)全面地、辩证地看待自己，正确地认识、评价自己。

(2)学会正确地归因。不能因一次失败，就认为自己能力不行。殊不知这次失败的原因很可能是多方面的，不一定是自己的能力不足造成的。

(3)事前，在全面计划的基础上，自己给自己打气，提高取胜的信心。每干一件事之前，首先应有勇气，坚信自己能干好。

(4)运用积极的自我暗示。当遇到某些情况使自己感到信心不足时，不妨运用语言暗示，如"别人行，我也能行。别人能成功，我也能成功"等，来增强自己改变现状的信心。

消除自卑心理的方法：

其一，正视自己，坦然面对。打消自己头脑中不切实际的幻想，重新认识自我的价值。坦然地接受自己，用热情拥抱生活，用爱心关爱他人，生活就会给你一个满意的答案。

其二，重新认识自己的价值，不要拿自己的短处与人家的长处去做比较。一个人的价值不在于身材和容颜，而在于良好的品行、渊博的知识以及为社会所做的贡献。所以，要让孩子扬长避短，努力学习，加强修养，完善自己的个性,开阔自己的视野,实现人生的价值。

其三,启发孩子正确地看待美。一个人美不美,不应只看他的身材和容颜,还应看他的品德修养,看他的言谈举止,看他的学识和才华,看他心地的善恶,看他能为社会做些什么贡献,等等。人们常说:"人不是因为美丽才可爱,而是因为可爱才美丽。"世界上有很多外表不怎么"美"的人,但他们用高尚的情操、渊博的知识、善良的心地、无私的奉献等品质获取了人们的尊敬,从而变得美丽和伟岸。

其四,让孩子大胆交往。在一般的人际交往中,人们看重的是品德修养、学识才华,是否有共同的兴趣和爱好,所以,应对自己、对生活充满信心,大胆去交际,勇敢地面对生活、面对朋友。

孩子的自卑心理形成的原因千差万别,其消除的方法和方式各不相同,但不管怎样,想办法增强孩子的自信心是关键。

六十二　如何矫正孩子自私的毛病

自私就是做任何事情都从自己的利益出发，不顾他人、集体和国家利益，是一种消极的人格特征。目前，部分孩子的自私行为表现非常突出，如以自我为中心、贪婪、冷酷、吝啬、敏感多疑，缺乏同理心、同情心、责任心、爱心、孝心等。自私对父母，对他人，对家庭，对社会都十分不利。

(一)自私形成的原因

现在有些家长抱怨：如今的孩子很自私，只要求得到他人的关心，却很少关心他人。在今天，大多数孩子都是家庭关注的焦点，父母对子女的溺爱，以孩子为中心的教育方式，逐渐使孩子形成了自私的性格。孩子从长辈那里得到了无尽的爱和关心，而成人并不希望从孩子那得到爱的回报，认为孩子长大有出息便是最好的报答。有些家长还认为，为孩子做出牺牲是一种义务，是一种伟大而神圣的爱。殊不知这种"爱"养出的可能是一个只能看到自己的"白眼狼"。

现实生活中，有一部分孩子只知道从父母那里索取爱和关心，如果稍不合自己的意，有的大哭大闹，乱发脾气，有的与父母对着干，极个别的甚至为达到目的伤害自己的亲人。孩子为什么只知道索取，不知道付出？为什么具有自私的消极的人格特征？归纳起来，大致有如下几个原因。

1.对孩子娇生惯养

很多家长都本着"再苦都不能苦了孩子"的养育指导思想,在不知不觉中娇惯了孩子,这是使孩子自私的原因之一。家长娇惯孩子主要表现在以下诸多方面。

(1)孩子从小生活在"以我为中心"的家庭环境里,即一家人都围着孩子转,一切活动都围着孩子来展开,一切都为满足孩子,什么事都不让孩子干,什么事都容忍孩子。平时,一家人的情绪往往随着孩子的情绪而起落:孩子开心,全家人开心;孩子哭闹、生病,全家人的心都"由晴转阴"。孩子长期享受着"小皇帝"的待遇,自然而然地认为"我就是家庭的中心",当面对社会上其他人的时候,仍然觉得"我是世界的中心"。

(2)孩子总是享受特殊待遇。孩子在家中是"小皇帝"或"小公主",在家里的地位总是高人一等,比如,好吃的都为孩子所独占;孩子有什么需求都能得到满足;祖辈、父辈可以不过生日,孩子过生日得买大蛋糕、送礼物;等等。

(3)家长无条件地满足孩子。孩子有什么需求,家长就想办法满足,孩子有什么要求,家长即刻就照办。这样无条件地满足孩子,使孩子变得更唯我独尊。

(4)家长在生活上放任孩子,让孩子形成了"老子天下第一"的人格特征,助长了其私欲的膨胀。在行为习惯方面,家长对孩子打人、骂人、耍泼、耍赖等行为听之任之……慢慢让孩子变得为所欲为。

(5)为了让孩子听话,家长对孩子的管教缺乏边界。有的家长没有好的管教方法,更缺乏边界(原则)。例如:"宝宝乖,你把饭吃了爸爸给你唱首歌""你把饭吃了,我给你买你最喜欢的滑板车"……这样教养孩子,不但不能使孩子听话,还会使他变得自私、任性。

(6)家长小题大做,大惊小怪。孩子摔跤了,家长急忙把孩子扶起,又拍又哄;对孩子大胆的行为给予制止或警告:"乖乖,下次不能乱跑(跳)了,再不听话我就打你屁股……"家长在养育孩子的过程中大惊小怪的时候很多,这些都可能造成孩子裹足不前。久而久之,这种在父母过度保护下的孩子就有可能会演变为自私自利的人。

(7)包办代替,使孩子失去独立性。有的家长对孩子做什么都不放心,总是包办孩子生活中的一切事情,并以"爱"的名义给予过多的限制。比如给孩子喂饭、帮孩子穿脱鞋袜、上学放学给孩子背书包、帮孩子整理玩具和学习用具等。还总是给孩子提出很多规定:"这不能摸""那不能去"。这样,孩子渐渐就会失去自己做好自己的事情的主动性。这不但会让孩子形成自私的性格,还可能使孩子胆小怕事、缺乏主见和自信心。

(8)无原则地袒护孩子。有的家长爱孩子没有原则、没有边界,发现孩子的不当言行不但不及时指出、纠正,反而无原则地袒护。比如发现了孩子的过错,有时爸爸加以管教,妈妈却出面护着:"不要太严了,他还小呢。"有的父母管教孩子,祖辈会站出来说话:"你们不能要求太急,他大了自然会好……"这种方式教养出来的孩子长大后缺乏是非观念,不但自私,还胆大妄为。

(9)无原则地迁就孩子。当孩子哭时,有的家长不从孩子真正的需要出发,而是不加分析地满足、迁就孩子。由于家长经常迁就孩子,孩子就学会了不顺心时就以哭闹、不吃饭等方式来要挟家长。家长对此没有办法,为了让孩子"听话",只好对其哄骗、投降、依从、迁就。长此以往,孩子就变得自私、任性。

2.对孩子实行暴力式管理

有的家长担心孩子在成长的过程中出问题,从小就对孩子进行"严格"的管理,主要表现为:孩子一切都要听家长的,孩子稍有违反,轻则遭受白眼、训斥、嘲笑,重则被罚站、罚跪或打骂。这种暴力式的管教方式,在孩子的性格中播下了自私、无情、无义、倔强、暴力的种子,导致孩子变得自私、无情。

3.缺乏互助互爱的实际锻炼

现在大多的孩子都是独生子女,他们缺少共处、共享、合作、携手、相互谦让的经验。在家里,所有成人都让着他、宠着他、哄着他,有什么需求成人们尽量满足他,久而久之,孩子就养成了独占、独霸、独享的自私习惯。

4.生长环境的影响

孩子自私心理的产生,与家庭成员及周围其他成人的自私行为有很大关系。例如,有的家长在语言、行为上自私自利,爱贪图小便宜,或在与人交往时斤斤计较等,这些都会助长孩子自私心理的形成。

(二)自私的主要特征

自私的人心中只有他自己,从来都不会考虑别人,即使有时口头上会替别人着想,但在真正涉及个人利益的时候,他是绝对不会做出半点儿让步的。

在幼年阶段,关于自私,孩子的典型特征是"唯我独尊"。例如:孩子认为他就是家庭的中心,家里的一切都应该围绕着他转,都要听他的,其他人都应让着他,不然他就会生气、哭闹;有好的东西都先满足他;他想怎样就怎样,不如自己意愿就发脾气、生闷气;看见好的东西就想要,又不愿把自己喜欢的东西给他人分享;遇到不愉快的事或与他人发生矛盾时总认为是别人的不对……

从自私的结果来看:对家庭而言,可能会养育出一个没有孝心、爱心和责任心的"白眼狼";对孩子自己而言,他的一生或将缺朋少友,事业无成,孤寂一生,平淡一生。

(三)防止和应对孩子自私的方法

家长应从以下几个方面入手去防止和应对孩子的自私行为。

1.应转变观念

(1)要正确地认识孩子。每个孩子都是一个独立的个体,他不是家长的私有财产,也不是家长的附属品,更不是家长实现自己愿望的工具,而是一个具有生物性、社会性和智慧性的独立个体。孩子将来都要独立地生活,独立地面对社会。

每个孩子都有自己的成长规律,有自己的个性特点,家长不能用自己的意志去限制孩子的成长。家长应该客观地认识孩子、引导孩子,并在需要的时候帮助他,而不是代替他做决定。

家长在养育孩子的过程中,在引导、陪伴中应为孩子"计深远",让其拥有广宽的胸怀,形成大方、无私的性格。

(2)把握好自由与规则的平衡。过度的"放养"与"圈养"对教养孩子来说都有一定的局限性,"放养"过多,孩子自由有余,规则意识不足;反之,"圈养"过多,太过规矩,自由不足。因此,父母应把好自由与规则的度,让孩子明白两者的关系,从而让他行为不越矩,成为大方、无私的人。

2.改变不合理的管教方式

(1)取消孩子的特殊待遇,坚持合理的教养方式。在日常家庭生活中,家长应让孩子知道自己在家庭中与其他成员是平等的关系,消除其"以自我为中心"的意识。

(2)不要无条件地满足孩子的要求。

①尽量满足孩子的合理要求。

②家长不要因为孩子撒娇哭闹,就对他百依百顺。如果孩子提出的要求是不切实际的、无理的,家长必须坚决而明确地拒绝孩子,并要耐心地向孩子说明拒绝的理由。同时,要教给孩子向家长提出要求的方式,即用请求、商量的口气向家长提要求,绝不可动不动就撒泼。另外,还要让孩子懂得:如果自己提的要求是不切实际的,自己就必须放弃这个要求或有所节制。

③家长在满足孩子合理要求的同时,可以根据孩子的年龄等特点向孩子提出一些要求。如先做作业后玩等。这样,既满足了孩子的要求,又达到了培养孩子好习惯的目的。

(3)让孩子学会与人分享,改变孩子独占的习惯。与他人分享的习惯,不单单是孩子的一种美德,更是社交能力的体现之一。那么如何让孩子学会分享,改变独占的习惯呢?

①有好吃的东西,引导孩子先给长辈吃或与他人一起吃。

②树立好榜样。如父母应与孩子多去看望老人等。

③在孩子与其他小朋友一起玩耍时,家长应积极鼓励孩子将自己的玩具给他人玩或者与其他小朋友交换玩具,这样既让孩子学习了分享,又让孩子学习了交往。

④在孩子表示出或做出慷慨的行为时,家长应及时地给予肯定、赞扬,并让孩子明白自己的这种行为是好的。比如,孩子把他喜欢吃的糖果分给爷爷吃,父母就应抓住时机表扬孩子:"孩子,你把自己喜欢的糖果分给爷爷,这就叫分享,你真棒,希望你继续保持!"

总之,家长应不娇惯,善引导孩子。长此以往,孩子就会养成与家人分享的习惯,慢慢改变自己的自私行为。

3.让孩子学会关爱别人,培养孩子的孝心、爱心和同情心

(1)父母要做出榜样。要让孩子懂礼貌、有孝心,父母自己就要严于律己、尊敬长辈,给孩子做好示范。

(2)从细节中启迪孩子,培养孩子的孝心、爱心和同情心。家长在陪伴孩子的过程中,要经历很多事情,千万不要忽略了从细节中培养孩子孝心和爱心的机会。

(3)家长要努力营造充满爱心和亲情的家庭氛围。这种家庭氛围是孩子的爱心得以生根发芽的催化剂,对孩子良好情感的产生能起到潜移默化的作用。

(4)要让孩子参加一些力所能及的家务劳动,不要让孩子在家中当特殊人物,从而养成衣来伸手、饭来张口的不良习惯。让孩子从收拾自己的玩具开始,逐步养成"自己的事自己做"的好习惯。随着孩子的成长,家长要循序渐进地教孩子做些力所能及的事,比如擦桌子、摆放碗筷、择菜、洗手绢、洗自己的袜子等。在孩子长大一些后,还可以让他分担另一些家务事,如:洗碗,协助打扫家里的卫生,到超市买油盐酱醋,做一些简单的饭菜等。总之,要让孩子在劳动中知道生活的不易和自己肩上的责任,知道每个家庭成员都应当分担家中的家务。

(5)引导孩子关心周围的人。家长如果常带孩子外出,在公交车上碰到老弱病残孕,应主动给他们让座;在条件允许的情况下,支持孩子为家庭困难的人捐钱、捐物;如果孩子的同学病了,家长应引导孩子换位思考,让孩子理解病人的痛苦和难处,鼓励孩子主动去探望同学、尽力为同学补课;等等。

4.鼓励孩子多与人交往

家长应鼓励孩子与人交往,支持孩子多参加有益的活动,这样有利于孩子克服"以自我为中心"的毛病。

(1)交往能让孩子懂礼貌,学会平等待人,学会尊重别人。孩子在家里,可能是以自我为中心的,但在同学、朋友之间,谁也不会以谁为中心,谁也不会看谁的脸色行事,他们的交往凭的只是以礼相待、以诚相待、平等相处、相

互尊重等。在群体里,如果孩子还是像在家里那样蛮不讲理、颐指气使、强横霸道,就会受到孤立,这就会促使孩子改变"以自我为中心"的想法。因此,家长要给予孩子时间和空间,鼓励孩子多接触外界、多与人交往,并告诫孩子:要改变"以自我为中心"的性格,学会用商量、请求的口吻与人说话,与人相处态度要友好、真诚,说错了话、做错了事要道歉并请求原谅。

(2)交往能克制孩子的自私欲望。在交往过程中,个人不能由着自己的性子来,遇到与自己意志相悖的事情时要暂时克制自己的欲望,不然就很难融入群体。比如,一群孩子凑在一起,大家讨论怎么玩,绝大多数人的意见是做某种游戏,而自己却想做别的游戏,这时,如果不克制自己的欲望,就不可能同其他人一起玩。所以在集体活动中,孩子往往能克制自己的欲望。这样,孩子自私的习惯就会慢慢改变。

(3)交往能让孩子学会遵守规则。孩子参加各种活动,特别是集体活动,那个群体往往会制定出一定的规则来约束每个人的行为,谁不遵守规则,谁就会被孤立或者被排除出那个群体。因此,家长应大胆让孩子参加活动,并教育孩子遵守规则。孩子在群体交往中为了不被孤立,不被群体所淘汰,就会在活动中克制我行我素的行事作风而遵守规定。

(4)交往能帮助孩子克服自私行为。在交往中,孩子的同伴肯定会遇到这样或那样的困难,比如经济困难、学习困难等。孩子为了延续与同伴之间的友情,就可能伸出援助之手,给予同伴精神上的慰藉、物质上的资助、学习上的帮助等。对这些,家长都应给予鼓励和支持。

5.耐心开展说服教育,帮助孩子分清是非,让他们自觉地行动

作为家长,如果发现孩子的自私行为,应及时进行说服教育。家长千万不要认为孩子小,出现一些"为我"之事就是正常的,更不能对孩子的自私行为听之任之,即使是在孩子2岁左右"物我"不分的时期,也应加以引导。例如,孩子不愿把喜欢吃的东西分享给家人吃,父母发现后,就应及时给孩子讲:"爸爸妈妈、爷爷奶奶那么喜欢你,你为什么不把你喜欢吃的东西分一点儿给大家吃呢?你一人吃了只是你一个人高兴,爸爸妈妈、爷爷奶奶没有吃到,会高兴吗?如果我们大家都能分享你的好东西,我们大家都快乐,这难道不比你一个人吃了更好吗?"又如,有的孩子在上学乘车时,看见别人在上车时不按秩序上车,或上车后纷纷抢座位等,就跟着学。家长发现后就应及

时给孩子讲："孩子,你这种行为是不对的。你应该知道,包括自己在内,大家都应遵守公共秩序,如果凭力气大就乱挤、乱抢座位,那老、弱、病、残、孕怎么办？你将来也会老,也可能生病,到时如果遇到这种情况,你会如何想呢？那时,你是不是希望有秩序地上车,上车后有人给你让座位？你认为乱挤、乱抢座位的行为对吗？作为身体健康的青少年,应该把座位让给需要坐座位的人！"家长如果不失时机地给孩子摆事实、讲道理,让孩子学会换位思考,孩子自私的行为就能得以矫正。

冰冻三尺非一日之寒,纠正孩子自私的毛病不可能一蹴而就,这不但需要科学的方式方法,更需要时间,希望家长们根据孩子的个性特点采用最恰当的方法,耐心地帮助孩子改正自私的毛病。

六十三　如何矫正孩子的懒惰行为

从前有一个年轻人非常懒惰,可是他的父母又不能天天在他身边照顾他,给他送吃送喝。于是他的妈妈就想了一个办法,她给儿子做了一个很大的饼,饼中间挖了一个洞,可以套在儿子的脖子上。妈妈想:当他饿了的时候,就可以自己吃。妈妈以为从此就可以高枕无忧了,所以过了很久才去看儿子,没想到儿子居然死了。原来他只把自己嘴边的那一块给啃完了,都懒得把饼再转到别的地方,结果就这样被活活饿死了。

这是一个关于懒人的笑话,当然说得有些夸张。不过,懒是现代孩子的一种通病。所以,孩子懒惰的行为应该引起家长的重视,家长应给予及时的矫正。

(一)懒惰的表现形式

懒惰有多种表现形式,每个人懒惰的具体表现又各不相同,比如:有的不爱洗澡、不爱换洗衣服,等等。但概括起来表现在思想和行为两个方面。

1.思想上的懒惰

(1)经常给"懒"找理由,明知道这件事应该今天完成却总想着等到明日去做。如,做当天的作业时,常找出各种理由拖拖拉拉,边玩边学,时间晚了,就想明天早晨早点儿起床再做,到第二天又起晚了,最后昨天的作业都没做完,今天又有了新的作业。

(2)明知道这件事情自己可以去做,但总是推脱。如袜子脏了,自个儿明明可以动手洗了,但就是不愿动手,随便找个借口后就把袜子放在那里,等着别人替他洗;学习上不愿动脑筋,总是等着别人先思考出答案来;不愿积极思考问题,浑浑噩噩过日子。

2.行为上的懒惰

做事时总是无精打采、懒懒散散、拖拖拉拉;做事不积极、不主动、不勤奋;等等。

(1)幼年时期。玩具乱丢、乱甩,不收拾自己的玩具;两三岁了还要家长喂饭,六七岁了还要家长给他穿、脱衣裤和鞋袜;等等。

(2)青少年时期。做事拖拉,当天的事(如作业)不能当天完成,总是拖到没有办法了才慌慌忙忙地赶工;不叠被子,不收拾房间,脏衣服、鞋袜乱脱、乱扔,总是依赖他人整理清扫;在学校,上课不积极思考,不主动发言和回答问题;学校大扫除时,躲在一边或拈轻怕重。

(二)孩子懒惰的原因

1.与生俱来的气质原因

"气质"是孩子在日常生活中对不同情形的行为反应方式,这是与生俱来的。

儿童的气质可分为四大类,即平易型(抚养很容易)、麻烦型(抚养困难)、激情缓慢型、中间型,其中中间型可分为中间偏难养型和中间偏易养型。平易型的孩子比较温顺;麻烦型的孩子特别好动,比较调皮,动不动就哭闹;激情缓慢型的孩子,对外界环境的反应较迟钝,不容易被逗笑,不合群;中间型是介于平易型、麻烦型、激情缓慢型之间的一种气质类型,如果说这类孩子听话、好养,但也有他难养的方面,如果说这类孩子难养,但同难养的类型比起来他又要好养一些。从先天气质类型来看,孩子懒散,一般是由激情缓慢的气质类型决定的。为此,家长应了解自己孩子的气质类型,根据其气质类型的特点,采取不同的"治懒"措施。

2. 父母的溺爱和娇惯所致

从客观上说，家长的溺爱和娇惯不仅使孩子丧失了动手、动脑的机会，还会让孩子形成懒惰的性格。家长对孩子的过分娇纵、大包大揽，只会使孩子从小养成"衣来伸手、饭来张口"的不劳而获的习惯。另外，有的家长本身就缺乏时间观念，没有勤劳的习惯和雷厉风行、果断利落的作风，做事拖拖拉拉，不爱收拾。家长的溺爱、娇惯会让孩子养成懒散的习惯。

3. 隔代教育所致

在中国，有许多孩子是跟着爷爷奶奶、外公外婆长大的。隔代教育有它的诸多好处，但如果隔代家长不改变观念、不加强学习，"两代家长"不能很好地沟通，孩子可能养成一些不好的习惯。老年人一般都格外疼爱孙辈，容易溺爱和迁就孩子，处处"保护"着孩子，把孩子放在家中的核心位置；在吃的方面，让孩子享受特殊待遇；在做事方面，包办孩子生活上的所有事情，替孩子穿衣、整理玩具等。隔代家长的种种做法，会使孩子独立生活的能力变差，处处依赖家长，事事以自我为中心，同时也会使孩子慢慢养成懒惰的习惯。

（三）怎样对待孩子的懒惰

1. 根据孩子的先天气质类型，采用不同的教育方式

虽然孩子与生俱来的气质难以改变，但是处于生长发育阶段的孩子，其天生气质是具有可塑性的，其发展倾向与结果取决于后天的教育、培养、环境因素影响和自我锻炼等，因此家长可根据孩子的气质给予适时的引导，采取针对性措施。比如孩子天生不好动、性格懒散，那家长在养育孩子的过程中，就应注意以下几个方面。

第一，教育与做其他事情一样，要有计划、有步骤地进行，循序渐进，不可能一蹴而就。很多家长一旦发现孩子"懒惰"，就认为应赶快改变孩子，否则孩子长大了就难改了。于是，要么在孩子面前唠唠叨叨、长吁短叹，要么在孩子面前大吼大叫，甚至采取强制性措施。矫正一种不良习惯，是很难的。家长要改变孩子的"懒"，就应有耐心和恒心，并且应讲究一定的方法，家长之间还应统一意见，不让孩子钻亲子父母与祖辈之间的空子。在家长较长时间的诱导、指引、督促之下，孩子懒散的行为习惯是会得到改善的。

第二，从细节上培养孩子良好的动手能力，帮助孩子养成良好的劳动习惯。孩子出生一段时间后，家长如果发现孩子属于激情缓慢的气质类型，就应及早从日常生活的小事入手，慢慢改变孩子的"懒散"。例如：孩子1岁以前，鼓励孩子自己扶着水杯喝水，扶着奶瓶吃奶，配合家长穿脱衣服等。1至2岁，鼓励孩子自己吃饭，自己学着收拾玩具等。2至3岁，父母回家时，鼓励孩子帮忙拿拖鞋；吃饭前，鼓励孩子帮忙拿碗筷等。4至6岁，孩子的动手能力有了很大的提高后，要鼓励、引导孩子参加一些力所能及的家务劳动。这样，慢慢就会改变孩子的"懒散"，培养起孩子勤劳的习惯。当然，这是一个漫长的过程，所以家长一定要有耐心和恒心。

2.改变孩子"懒惰"的习惯，家长要以"勤快"的行为影响孩子

孩子"懒惰"的习惯，从某种角度讲，是受家长的懒惰行为的影响而养成的。因此，要想让孩子勤快起来，家长就要以"勤快"的行为，积极的生活态度，良好的生活、卫生习惯，雷厉风行的作风去影响孩子。在家长良好的行为作风影响下，再加上正确的引导，孩子"懒惰"的习惯一定会得到改变。

3.家长之间要勤沟通，统一意见，统一要求

现在的很多家庭都采用两代家长共同教育孩子的教育模式。白天，因为孩子的父母要上班，一般都把孩子交给祖辈管教，晚上或周末由自己管教。两代人由于生活经历、思想水平、情感体验等的不同，在教育方式、要求等方面难免有差异。这就要求两代家长要常交流、沟通，以实现教育的一致性。两代家长一致性的教育方法和手段是矫正孩子不良习惯的关键。比如发现孩子懒惰行为后，父母可以给孩子规定：每天饭前帮家长摆碗筷，饭后帮忙收碗筷、擦桌子；周末协助家长打扫家里的卫生；自己睡的房间自己收拾、打扫；每天起床后必须叠被子；自己的书包必须自己背；等等。这样的规定，对矫正孩子"懒"的习惯肯定是有作用的。两代家长如果不多沟通了解，如果不照规定督促孩子执行是达不到矫正效果的。隔代家长所处的位置不同，对孙辈有一种特殊的情感，即使他们想要照规定执行，但可能会经不住孙辈的软磨（撒娇、油嘴滑舌）硬泡（哭、耍横）。比如，接送孩子时，帮孙辈背书包的问题，也许孩子会说："爷爷，今天读书好辛苦，这书包又这么沉，您帮我背一下吧，谢谢您，好爷爷……"祖辈听孙辈这样说，一般就心软了，就接过孩子的书包背在自己身上。又如，父母不在时，孩子说自己忙，把吃完饭

后帮忙收拾碗筷的事推给祖辈,祖辈从内心也觉得这些小事没必要让孙辈做,于是,就把收碗、洗碗等小事包揽了过来。有的父母由于平时工作比较辛苦,周末想睡睡懒觉,也想趁周末放松放松。于是,容易忽视对孩子执行规定的监管,加上自己睡懒觉,不好意思要求孩子早起,这样,就给孩子的懒惰提供了可乘之机。两代家长在矫正孩子"懒惰"习惯这件事上,一是要以身作则,二是要坚持原则,三是要勤沟通,多了解孩子的执行情况,四是要相互提醒,相互谅解,达成共识。

4.从严格规定作息时间做起

家长应要求并督促孩子:晚上按时睡觉,早上按时起床和外出锻炼,改掉赖床不起、睡懒觉的习惯。

5.让孩子从自己的事做起

要矫正孩子"懒"的习惯,首先必须要求孩子从做好自己的事开始。一个人如果自己的事情都不愿意做,那又怎会愿意做其他事呢?所以,要矫正孩子懒惰的行为,帮助孩子养成勤劳的习惯,就必须从让他做自己的事开始。

6.为孩子创造劳动条件

现在大多孩子的劳动意识淡薄,除了学习以外,家长几乎不会让他们参与劳动,即便做一些小事,如洗碗、叠被等也只是偶尔做一次。家长的大包大揽使得孩子几乎"无事可做",久而久之,孩子必然变得不爱伸手劳动了。因此,家长应有意识地为孩子创造一些劳动条件,让他们在劳动中学习,在劳动中成长。

7.培养孩子的主人翁意识

孩子懒惰,还有一个原因就是他们把自己当成局外人。为此,家长要想办法培养孩子的主人翁意识。比如,有劳动任务时,家长要给孩子分配一定的劳动任务,把任务分工情况告诉孩子,让他明确自己的责任,同时知道自己也是劳动过程中的重要参与者。不过,在给孩子下达任务时,应根据孩子的年龄特点和能力来确定任务内容。如果任务过难或强度过大,孩子难以胜任,就会打击孩子的劳动积极性,使他对劳动产生厌恶的情绪,这样不利于矫正孩子"懒"的习惯。如果任务难度恰当,孩子通过努力能够完成,加上家长对孩子劳动行为的肯定和赞扬,那孩子在劳动之后,会感到快乐的,这对矫正孩子懒惰有很大助益。

8.少唠叨,多引导,多鼓励,多赞扬

孩子懒惰、做事拖沓,容易引起家长的唠叨、埋怨和数落,这是正常的。但是,对孩子的"懒",家长也有责任。如果家长一味地唠叨、埋怨和数落孩子,孩子可能就会与家长对着干,变得更加"懒"。因此,面对懒惰的孩子,家长要以极大的耐心去引导孩子,慢慢帮他从"懒惰"变为"勤劳"。

9.应有奖惩措施

矫正孩子的"懒",一味地不闻不问不行,一味地强制也不行,必须得有奖有惩。孩子做好了一件事,家长应给予及时的奖励或者夸赞,这样孩子就会有成就感,就会更好地完成下一次任务。家长不要为了防止孩子骄傲就不论成败、不问好坏,只是不断挑孩子的错误却从不表扬孩子做对了什么,因为那样会使孩子什么事都不敢做,也不愿做。只要孩子愿意做事,就应该得到家长的肯定和鼓励,这对增强孩子的劳动意识十分重要。如果家长根据孩子的特点交给他适当的劳动任务,而他就是不做,反复数次后,家长就应采取一定的惩罚措施。比如断掉孩子的零花钱等。表扬与惩戒相结合,对矫正孩子懒惰的行为习惯是有一定效果的。

10.要顾及孩子的自尊

"懒"是一种不良行为习惯,它可能也是孩子心中的隐痛。尽管自己的孩子很"懒",也不可在第三人面前揭孩子的这个"痛处",因为它对矫正孩子"懒"的行为十分不利,也容易造成孩子与家长的对立。就此,家长要给孩子留足面子。总之,家长要尊重孩子的人格尊严,相信孩子会慢慢地改正自己这个不足。

懒散对大脑思维,对身体素质,对人际关系,对事业,对家庭等危害极大。如果发现孩子有懒惰的思想和行为,家长应及早加以矫正,以免影响孩子的发育和发展。

六十四 如何预防孩子吸毒

毒品是指鸦片、海洛因、甲基苯丙胺（冰毒）、吗啡、大麻、可卡因以及国家规定管制的其他能够使人形成瘾癖的麻醉药品和精神药品。吸毒已严重威胁到人们的身心健康和生命安全，甚至危害社会安全和国家安全。大多家庭对这一块的教育力度不够，因此家长应把禁毒教育作为家庭教育中的一项重要内容来抓。

（一）毒品的种类及其危害

1.毒品的种类

毒品的种类繁多，我们主要介绍以下几个种类。

（1）鸦片。鸦片俗称"阿片""大烟""烟土"等。草本类植物罂粟未成熟的果实用刀割开后流出的汁液，经风干后浓缩加工处理而成的褐色膏状物，就是生鸦片。生鸦片经加热煎制便成熟鸦片，是一种棕色的黏稠液体，俗称烟膏。

（2）吗啡。吗啡是鸦片的主要有效成分，是从鸦片中提炼出来的主要生物碱，呈白色结晶粉末状，闻上去有点儿酸味。吗啡成瘾者常用针剂皮下注射或静脉注射的方式吸毒。起初它被作为镇痛剂应用于临床，但由于它对呼吸中枢有极强的抑制作用，如同吸食鸦片一样，过量吸食吗啡后会出现昏迷、瞳孔极度缩小、呼吸受到抑制的症状，甚至呼吸麻痹、停止而死亡。

(3)海洛因。海洛因亦称盐酸二乙酰吗啡,来源于鸦片,是鸦片经特殊化学处理后所得的产物。其主要成分为二乙酰吗啡,属于合成类麻醉品。迄今为止已有一百多年的历史。毒品市场上的海洛因有多种形状,是带有白色、米色、褐色、黑色等色泽的粉末、粒状或凝聚状物品,多数为白色结晶粉末,极纯的海洛因俗称"白粉"。有的可闻到特殊性气味,有的则没有。由于海洛因成瘾最快,毒性最烈,曾被称为"世界毒品之王",一般持续吸食海洛因的人只能活7至8年。

(4)大麻。大麻是一年生草本植物,通常被制成大麻烟吸食,或用作麻醉剂注射。这种毒品在当今世界吸食最多,范围最广,因其价格便宜,西方国家称它为"穷人的毒品"。初吸食或注射大麻有兴奋感,但很快转变为恐惧,长期使用会出现人格障碍、双重人格、人格解体、记忆力衰退、迟钝、抑郁、头痛、心悸、瞳孔缩小和痴呆等症状,偶有无故的攻击性行为,导致违法犯罪的发生。

(5)可卡因。可卡因是从被称为古柯的植物叶片中提炼出来的生物碱,其化学名称为苯甲基芽子碱。它是一种无味、白色薄片状的结晶体。毒贩贩卖的是呈块状的可卡因,称为"滚石"。可卡因的服用方式是鼻吸。可卡因是最强的天然中枢兴奋剂,对中枢神经系统有高度毒性,可刺激大脑皮层,产生兴奋感及视、听、触等幻觉;服用后极短时间即可成瘾,并伴以失眠、食欲不振、恶心及消化系统紊乱等症状;精神也会逐渐衰退,可导致呼吸衰竭而死亡。一剂70毫克的纯可卡因,可以使体重70千克的人当场丧命。

(6)冰毒。甲基苯丙胺,俗称冰毒,属联合国规定的苯丙胺类毒品。主要来源是从野生麻黄草中提炼出来的麻黄素。甲基苯丙胺的形状为白色块状结晶体,易溶于水,一般作为注射用。长期使用可导致永久性失眠、大脑机能破坏、心脏衰竭、胸痛、焦虑、紧张或激动不安,更有甚者会产生长期的精神分裂症,剂量稍大便会中毒死亡。所以,冰毒被称为"毒品之王"。

(7)K粉。K粉的化学名称叫"氯胺酮",其外观为纯白色细结晶体,在医学临床上一般作为麻醉剂使用。2003年,公安部将其明确列入毒品范畴。K粉的吸食方式为鼻吸或溶于饮料后饮用,能使心血管兴奋,吸食过量可致死,具有一定的精神依赖性。K粉成瘾后,在毒品作用下,吸食者会疯狂摇头,很容易摇断颈椎;同时,疯狂的摇摆还会造成心力、呼吸衰竭。吸食过量或长期吸食,对心、肺、神经都会造成致命损伤,对中枢神经的损伤比冰毒还厉害。

(8)摇头丸。摇头丸是外观为圆形、方形、菱形等形状的片剂,呈白色、灰色、粉色、蓝色、绿色等多种颜色。这类毒品具有明显的中枢致幻、兴奋作用。在我国,因吸毒者滥用后会随着音乐剧烈地摆动头部而得名。我国目前缴获的摇头丸多是混合型的。经检验,犯罪分子在传统的摇头丸中添加了冰毒、麻黄素、氯胺酮、咖啡因,大大加大了它的毒性。吸食摇头丸者经常处于幻觉、妄想状态,出现精神异常,表现出苯丙胺精神症状,酷似精神分裂症。同时,也会产生其他滥用药物综合症,包括肝炎、细菌性心内膜炎、败血症等。

(9)新型毒品:

①"奶茶"和"奶茶粉"。此类毒品呈白色粉状末,用条状奶茶袋包装,主要成分是氯胺酮等多种物质,遇水即溶。"饮毒"工具简单,不受条件限制。该类新型毒品与摇头丸相似,效果持续时间长,对吸毒人员更具诱惑,容易传播。如何辨别新型毒品"奶茶"呢?对包装上标明"清新柠檬风味""铁观音""奶茶"的饮品要提高警惕。这种"奶茶"外观与普通小包装奶茶无异,但仔细查看会发现,这些"奶茶"制作粗糙,上面没有基本成分和食用方法的说明。用手指捻摸,发现里面是均匀细致的粉末,而不是普通的茶叶,打开一包闻一下,有甜甜的味道。

②"阿拉伯茶"。"阿拉伯茶"新鲜的时候就像苋菜,但与苋菜有一个区别就是它的叶子比苋菜更苗条。而在晒干之后,"阿拉伯茶"看上去与茶叶非常像。吸毒者会直接咀嚼叶子或磨粉冲服。阿拉伯茶中含有兴奋物质卡西酮,长期滥用可能导致抑郁、高血压、厌食、幻听,并有患偏执性精神病的风险,甚至致癌致死。

③"跳跳糖"。此类毒品遇水即溶、即冲即饮,与各种饮品混合后口味都不发生变化,甚至香味都相似。这种新型毒品后劲很强,可能持续两天让大脑处于兴奋中。

④0号胶囊。该胶囊的真正身份是二甲基色胺,属于国家一级精神药品。其化学结构与苯丙胺相似,是苯丙胺的衍生物,呈白色或米黄色。因其口服有剧毒,所以衍生出了胶囊的形式,具有迷幻和催情的作用。它的危害性比冰毒更大,其副作用包括瞳孔放大、恶心、下颚禁闭、肌肉紧张过度、高血压、心动过速等,使用超过6毫克就可能产生幻听、行动迟缓,甚至丧失意志,严重者会出现全身抽搐,急性心脏衰竭,导致死亡。

⑤"开心果"。"开心果"是从泰国流入的一种新型毒品,主要成分是冰毒,其外形是粉红色颗粒,像"摇头丸"。"开心果"可不是零食,其毒性和危害性比"摇头丸"更甚。"开心果"这类新型毒品,有着强烈的"心瘾"。"心瘾"是一种特殊的弥漫性的感觉,强烈地渴望得到即时满足的心理需求,与内心的空洞感、孤独感、无助感等情绪密切相关。通常人在现实的人际关系和客观世界中失去有效支撑时,便会寻求对物质的依赖以支撑自己的心理现实,形成对毒品或毒品替代物的心理依赖。

⑥"迷幻蘑菇"。"迷幻蘑菇"又称"神奇蘑菇",其迷幻成分主要由一种含毒性的菌类植物"毒蝇伞"构成。其外形与普通菇类相似,但是茎较粗,顶部尖长、细小。进食该类毒品会出现恶心、肌肉无力、昏睡、瞳孔放大、流汗、动作不协调及焦躁不安等反应;如大量服下,便会产生持续的幻觉。

目前除了常见的毒品外,新型毒品种类还在不断增加,有的改变包装、外形等,极具欺骗性和诱惑性。家长应教育孩子不要随便吃、喝陌生人给的东西,以防被不法分子毒害。

2.毒品的危害

(1)对个人的危害。

①吸毒对身体的毒性作用:通常伴有机体的功能失调和组织病理变化。

②戒断反应:戒断反应是长期吸食毒品造成的一种严重和具有潜在致命危险的身心损害,通常在突然终止用药或减少用药剂量后发生。

③精神障碍与变态:吸毒所导致的最突出的精神障碍是幻觉和思维障碍。

④感染性疾病:静脉注射毒品给滥用者带来感染性合并症,最常见的有化脓性感染、乙型肝炎及艾滋病。

⑤吸毒过量导致死亡:最危险的是吸毒过量直接导致死亡。

(2)对家庭的危害。家庭中一旦出现了吸毒者,家便不成家了。吸毒者在自我毁灭的同时,也会伤害自己的家庭,甚至陷入妻离子散、家破人亡的困难境地。

(3)对社会的危害。

①对社会生产力的巨大破坏:吸毒首先会导致个体患病,影响生产。

②会造成社会财富的巨大损失和浪费,同时毒品活动还会造成社会环境恶化。毒品活动会诱发各种违法犯罪活动,扰乱社会治安,给社会安定带来巨大威胁。

(二)青少年孩子吸毒的原因

青少年孩子走上吸毒之路,原因是多方面的,归结起来,大致有以下几种。

1.自身原因

(1)好奇。好奇心是每个人都有的,而青少年的好奇心尤为强烈。这种好奇是个体在遇到新奇的事物后,引起的注意、产生想试一下的念头等一系列内在心理变化,是由外界事物的刺激引起的。尽管初次吸毒的原因是极其复杂的,然而我们却发现,在众多原因当中,好奇心所占比重大。

(2)寻求刺激。青少年情感的冲动性、爆发性特征决定了他们在接受毒品的时候,不会冷静地思考毒品对自身的危害,而只想满足一时的刺激体验。

(3)逃避现实生活中的压力和矛盾。在生活中,人们常常会遇到一些不愉快的事,这就是心理学上说的"负性生活事件"。负性生活事件的表现包括学业压力大、自尊心受挫等。有些人因生活不如意而情绪低落、意志消沉、感情无处寄托,转而沉迷于吸毒,以求自我麻醉,忘却尘世的烦恼与忧愁。

(4)盲从、交友不慎。

> 周某,初中文化水平,吸毒史一年。8岁时父母离异,其父又为他找了继母,继母有一个比他小4岁的儿子。其父常年在外跑车,对他缺乏关爱与教育,他做出不当行为时,未能给予他及时的批评指正。周某在家经常辱骂继母,欺负继母带来的弟弟,继母根本管不了他。2008年7月,周某小学毕业后虽然进入初中继续学习,但经常逃学。在校外,由于无所事事,他很快结交了一些社会上的不良青年。2009年9月的一个晚上,本该在校学习的周某再次逃学,并与3个"混混"在一家网吧上网。当晚,在吸毒的朋友的怂恿

下开始吸毒。从此,他便开始了瘾君子的生活。据周某供述,他第一次吸毒完全是因为盲从,看见"朋友"吸,自己觉得好玩就跟着吸,谁知从此便上了瘾。为了得到毒资,他先是谎称自己学校要交这样那样的费用,从父亲那里骗钱。随着毒瘾的加大,骗来的钱已经不够用了,他便把家里值钱的东西拿去卖,后来还开始进行盗窃。2010年9月,周某在一所职业中学附近抢劫一名学生,并砍伤他人,被警方当场抓获。

(5)对毒品的危害认识不足。很多吸毒者在吸食毒品之前对毒品知识的了解都很少甚至根本不了解,不知道吸毒是一种违法行为,他们甚至认为:"我吸毒用的是自己的钱,怎么会违法?"有的人认为吸毒不过像吸香烟一样,虽然总说吸烟有害,还不是有那么多人吸烟!还有的人认为吸毒不可怕,想抽就抽,"玩"够了就不抽便是了。但等到成瘾后,他们才发现不想"玩"已经不行了。吸毒就是这样,当感受到毒品的危害时,已经悔之晚矣!

如今新型毒品大量出现,让青少年防不胜防,因此,我们一定要小心谨慎。

(6)赶时髦。有些吸毒者对毒品有一种荒唐的想法,他们认为吸毒是一种高级的享受,吸得起毒代表自己有身份、有钱,并用吸毒来炫耀自己。吸毒者中甚至流行这样一句话:"看一个人是否有钱,不能看他开多好的车、住多好的房子,而要看他是否吸得起毒。"在这种极端错误认识的影响下,部分通过自己努力而致富的年轻人开始吸毒,最终倾家荡产。

(7)挡不住诱惑,上当受骗。贩毒者有时将毒品放在香烟中或做成各种形状的"糖果",使人在不知不觉中吸食毒品,从而染上毒瘾;吸毒者、贩毒者往往鼓吹"毒品能治病""能使人摆脱现实生活中的烦恼与痛苦""能让人找到幸福的感觉""能让人飘飘欲仙"等,使"好奇的人"一试而不能自拔。在国外,为扩大毒品市场,一些贩毒者还开始免费让人们吸毒,或在学校附近引诱学生吸毒,当吸食者上瘾后再让他们自掏腰包购买毒品,成为他们的长期"客户"。

2.家庭原因

家庭破碎、家人不和睦等原因使孩子不愿与家人亲近,甚至远离家庭,走向社会。而年轻的他们由于判断力不足有可能交上不当的朋友,做不该做的事，以致染上毒瘾。另有极少数的孩子是受家长的直接影响染上毒瘾的。

3.学校教育管理存在偏差

目前的中小学教育，大多以应试教育为主，学校工作的重点是提高升学率。为了完成升学目标，教师们在加重学生学习负担的同时，也加重了自己的教学负担，很少有时间去了解学生的思想状况，关心学生道德品质的提高。对学生旷课、逃学等行为一些教师无法了解具体原因，虽然教师进行了班级管理，但这类学生仍会偷偷混迹于社会，久而久之，这些学生易染上种种恶习，甚至开始吸毒。

(三)预防青少年吸毒的办法

青少年是祖国的未来、民族的希望。

国家应加大对贩毒等行为的打击力度，努力净化社会环境，为孩子的成长助力；学校和家庭要密切配合，遵循青少年成长与教育的规律对青少年进行毒品知识及其危害的教育；在教育的方式、方法上，要兼顾青少年的特点与接受能力，多开展一些有针对性的教育引导活动，因势利导，循循善诱，深入浅出，寓教于乐，把思想道德教育的知识性与防毒、拒毒的科学性结合在一起，开展预防工作。家长应本着对自己负责、对孩子负责、对家庭负责的精神，从以下诸方面对孩子进行教育引导。

1.从小抓起，让孩子养成良好的习惯和人格品质

(1)不娇惯孩子。近几十年来，大多数家庭都只有一个孩子，很多家庭形成了"4+2+1"的模式，孩子显得极其珍贵，这在客观上造成了父母对孩子的溺爱，这给孩子带来了种种问题。要解决这些问题，家长应注意以下几点。

其一，不搞特殊待遇；

其二，不要无条件地满足孩子的一切要求；

其三，必须给孩子定规矩，讲原则；

其四，当孩子遇到困难，受到打击时，及时引导孩子，让其自行解决；

其五,宽待孩子要有底线,不能一味地迁就;

其六,不袒护孩子。

(2)不打压孩子。所谓打压,就是用暴力、强制、限制、打击、打骂等手段压制孩子的情绪等。父母过分严厉、专制,教出来的孩子只会有两种性格,一种是胆小懦弱,过分顺从依赖,没有主见。另一种是顽劣、暴力、仇视,离经叛道。这样的孩子听不进别人的意见和建议,我行我素,往往是"不撞南墙不回头"。

(3)家长树立良好的榜样影响孩子。

(4)不给孩子太大的学习压力。

(5)建立并保持良好的亲子关系。

2.创立一个利于孩子成长的环境

创立利于孩子成长的环境主要包括两个方面:第一,建立和睦的家庭关系,营造良好的家庭氛围,为孩子提供一个快乐成长的空间。第二,严禁孩子赌博、酗酒、进出营业性娱乐场所等。

3.教给孩子识毒、防毒、拒毒的"防身术"

(1)对孩子进行毒品知识、毒品危害的教育。家长应根据孩子的个性特点,采用不同方式,有步骤地对孩子进行毒品知识、毒品危害、禁毒法律法规等方面的教育。通过教育,至少要孩子做到"五知道":知道什么是毒品及其种类;知道主要毒品的特征和吸食方式;知道吸毒极易成瘾,成瘾后难以戒断,牢记"一朝吸毒,终身想毒"的警言;知道毒品危害极大(害己、祸害家国);知道吸毒、贩毒等违法犯罪行为必将受到法律的严厉制裁,懂得"吸毒一口,落入虎口"的道理。

对孩子进行毒品知识及其危害的教育,方法要灵活多样,切忌空洞的说教。

①通过生动的画面,让孩子了解毒品、认识毒品。如果家长只是口头告诉孩子毒品是什么,危害有多大,孩子了解起来就比较抽象,感受也比较浅,往往左耳进右耳出,大不了就议论议论,或是发表一下感慨,惊叹一声就了事了,教育效果不佳。如果通过画面把毒品知识展现在孩子面前,这样,孩子就能直观地了解什么是毒品,就会明白:原来毒品的危害是如此的大。

②让孩子看一看吸毒人员及其家庭的各种悲惨情况。家长可带领孩子或由学校组织孩子到戒毒场所或吸毒人员的家庭看一看,听一听吸毒人员的现身说法,让孩子感受"一次吸毒,终身戒毒"的痛苦,感受一下他们口中所说的或抓、或挠、或痛哭流涕……的惨状。通过这些真实而直观的感受,激起他们痛恨毒品的感情。

③让孩子了解贩毒、吸毒是违法的。通过教育,让孩子明确地认识到吸毒、贩毒都是违法的,都会受到法律的严厉制裁。《中华人民共和国刑法》第三百四十七条规定:"走私、贩卖、运输、制造毒品,无论数量多少,都应当追究刑事责任,予以刑事处罚。"

(2)培养孩子独立的人格和正确的世界观、人生观、价值观。独立人格表现为习惯独立思考,独立实践,控制情绪的能力较强,有较强的理性判断能力。作为家长,应在孩子小的时候就培养他独立思考、独立行动、善于控制情绪、善于把控自己欲望的能力。这样,孩子在大是大非面前才能把控好自己。有些青少年即使知道毒品的危害,但遭遇挫折、内心空虚的时候,在他人的诱惑下,往往会忍不住通过吸毒来获得暂时的逍遥。其实,从本质上而言,这样的青少年就是缺乏独立人格的。另外,一些青少年把吸毒当成炫耀的方式,认为这非常酷,是高端人士才能享受到的,把吸毒当成自豪的事,这是孩子的"三观"出了明显的问题。所谓三观,就是世界观、人生观和价值观。对进入青春期后的中学生、大学生进行"三观"教育极其重要,但是很多家长在这方面却忽略了。家长在养育孩子的过程中,一定不要娇惯、纵容孩子,不要一切都包办代替,特别是对进入青春期后的孩子更应加强"三观"教育。同时,要多给孩子独立实践的时间和空间,让他们在独立实践中多磨炼,多体验,多判断,多思考,在遇到自己无法解决的问题时家长再及时伸出援手,给予指导。经过长期的锻炼后,孩子的判断能力、识别能力、自我认知能力、自律能力等才会提高,才能在面临毒品诱惑的时候做出独立的判断,从而远离毒品。

(3)告诉孩子要谨慎交友。要结交诚实、努力上进、无不良嗜好的朋友。如果不慎交上了品行不端、有不良嗜好的朋友,要及时与之断绝来往。在交友中,切记"择其善者而从之,其不善者而改之"的交友古训。做到广交往,善交往,边交边识,边识边选择。有吸毒、贩毒行为的人坚决不交。

4. 孩子染上毒瘾后,家长应有的态度和处置方法

(1)关爱孩子,从内心接纳孩子。

(2)严格控制其经济。

(3)强制其戒毒。

(4)在孩子戒除毒瘾后,对孩子进行长期的管教,以防其重新染上毒瘾。

总的来讲,为了孩子不沾上毒品,家长请将毒品教育放在家庭教育的重要位置上,让孩子时刻牢记并做到"预防吸毒十不要":

不要随意吸食别人递的香烟、饮用别人给的饮料等物品;

不要因好奇而尝试吸毒;

不要因赶时髦而去尝试毒品;

不要结交不务正业的朋友;

不要以吸食毒品来寻求刺激;

不要以为吸一口不会上瘾而去冒险尝试吸食毒品;

不要相信毒品能治病的谎言;

不要相信吸毒能摆脱烦恼的谎言;

不要轻信他人;

不要进出营业性娱乐场所。

白色诱惑是恶魔,一朝习染悔终身。时时牢记勤教诲,拒毒扬志乐人生。

六十五　如何纠正孩子的任性行为

任性从字面意思来讲,就是任凭自己的秉性行事,想干什么就干什么,想要什么就非要得到什么,这是一种为了满足自己的欲望或达到自己某种不正当的目标而执拗的行为。

(一)孩子任性的主要表现

1.家长说东,他偏往西

2岁前,孩子都比较乖顺,家长教他做什么,教他说什么,或者看见别人做什么,他基本都是跟着学;玩自己的小脚就像玩玩具一样,其天真无邪的样子和咿咿呀呀的语言常引人欢笑,让人喜爱。例如:叫外公为"外东""达公""达达公"……但随着语言的发展,他的自我意识慢慢萌芽,到了2至3岁,他进入了"执拗期",比较典型的表现是凡事都喜欢说"不"。例如:叫他吃饭,他说:"不";教他穿鞋袜,他说:"不";叫他睡觉,他说:"不"……这个阶段过了,孩子会进入一段较平稳的时期。但在4岁左右,孩子又进入一个情绪不稳定的阶段,这时候的他时常有情绪不稳、脾气暴躁、任性胡闹,喜欢拒绝别人的要求等情况发生。例如:莫名地哭闹,莫名地发脾气;家长要求不能那样做,他偏要去做;叫他跟别人打招呼,他偏不……总之,言行处处表现出来的就是让人头疼的任性。对孩子执拗的行为,很多家长不理解。其实,这是孩子心理发展的必经阶段。从心理发展上看,2岁左右是孩子的执拗期。

2.脾气说来就来

本来孩子玩得好好的,但不知哪点儿不合心意了,突然大发脾气。例如,在我的外孙2岁左右时,我同他一起搭磁力片,本来玩得好好的,但不知为什么,他突然把搭好的"高楼"弄垮了,将磁力片全推到地上。我问他为什么突然发脾气,他说:"我烦!"我想,小孩子家家的,也知道"烦",弄得我一头雾水。

3.想怎样就怎样

有的孩子在家里一刻也停不下来,一会儿坐在地上,一会儿蹿到沙发上,一会儿又爬到床上又蹦又跳、又吼又闹,把家里弄得吵吵嚷嚷、凌乱不堪,他自己也被弄得浑身大汗,满脸通红。有的孩子看电视时,故意把音量开得大大的,不但弄得家人头昏脑涨,也影响了邻居家的生活。家长叫孩子把音量开小一点儿,孩子总是不听,家长忍不住了凶他几句,他就大吵大闹,甚至躺在地上又哭又叫。有时家里有客人,孩子不管不顾,一会儿乱吼,一会儿乱扔东西,弄得家里乌烟瘴气。

4.想要什么就一定要得到什么,不然就哭闹,使性子

在商场,或许你曾看到这样的场景:小孩子同家长一起逛商场,孩子坐在地上又哭又闹就是不肯起来。原来是孩子非要买某样东西,家长没有满足他的要求,于是他就耍横。一些大点儿的孩子,如果家长没满足他的要求,他虽然不好意思在大庭广众下哭闹,但总是想方设法地与家长闹别扭:要么急匆匆地向前走,也不等等父母;要么他就不跟家人说话,自己生闷气,一点儿都惹不得。

5.突发性不可抑制的狂躁

有的孩子从小就聪明伶俐,各方面都不错,但是脾气非常大。其主要表现为从小就"犟",我行我素,谁的话都听不进去,发起脾气来肆意而为。进入青年期后,稍不合自己的意,或者看不惯什么事情,他就爱说狠话,甚至出手打人,跟自己的父母也会对着干。

6.故意使坏

有的孩子非常调皮,就是与家人对着干,或者对他人搞恶作剧。比如:在将要吃饭的时候,故意将桌上的筷子弄到地下;同伴或同学将要坐下时,故意把凳子抽掉,绊人家一跤;班上有同学胆小,怕毛毛虫什么的,有的孩子就专门拿毛毛虫去吓人家,以换取自己的快乐。家长、老师也曾多次进行批评教育,但收效不大。

7.在公众场所我行我素,胡作非为

个别孩子不但在家里任性胡为,在公共场所也目中无人,恣意行事,想吼就吼,甚至动手动脚,侵犯他人。如果我们在乘车、乘船时注意一下就会发现有的小孩子在公共场所又跑又跳、大吼怪叫。我曾看到过这么一则故事:在一家火锅店里,一个"熊孩子"到处乱跑,当他跑到两个女孩的座位旁时,看到其中一个女孩的手机放在离他较近的位置上时,他便伸手去拿,女孩立马将手机拿了回去。孩子被拒绝后,竟然向女孩的火锅里吐口水。两个女孩被吓到了,跟着"熊孩子"来到他母亲的旁边,并将事情经过告诉了他的母亲,但得到的却是他母亲一脸无所谓的回答:"小孩子嘛,不懂事啦,让一让不就好了。"但谁也没想到,就因为这一句纵容,"熊孩子"竟然再次跑到两个女孩的桌前,一把掀起火锅向"告状"的女孩子就泼了过去。这导致那个女孩半边脸被严重烫伤,一张漂亮的脸蛋就这么给毁了。当然,其后果应当由"熊孩子"及其家长来承担。

(二)任性形成的主要原因

孩子任性有其先天原因和后天教育者教育不当的原因。

1.先天原因

从心理学角度来看,人的性格可分为四种类型,即多血质型、胆汁质型、黏液质型和抑郁质型。其主要特点表现为以下几点。

多血质型特点:活泼好动、善于交际、思维敏捷、容易接受新鲜事物、情绪情感容易产生也容易变化和消失、情绪容易外露且体验不深刻。

胆汁质型特点:坦率热情、精力旺盛、容易冲动、脾气暴躁、思维敏捷但

准确性差、情感外露且持续时间不长。

黏液质型特点：感受性低、耐受性高、外部表现少、情绪具有稳定性、反应速度不快，不够灵活。

抑郁质型特点：沉静、对问题的感受和体验深刻持久、情绪不容易外露、反应迟缓但是深刻、准确性高。

2.后天教育者教育不当的原因

(1)众星捧月，让孩子觉得自己是家里的"中心"。孩子来到这个世界后，一家人都围着他转，时刻照顾他，陪伴他，什么事都依着他，言过其实地夸奖他。孩子长期生活在这样的氛围中，慢慢就觉得自己是全家的中心，其他人都得听他的，他的地位高于其他人。所以，就变得任性，如有什么要求没有达到，他就会生闷气或无理取闹。

(2)给孩子特殊待遇。家长因溺爱孩子，处处给孩子享受特殊照顾，如：有好吃的，父母、祖辈舍不得吃，留着给孩子吃；生怕孩子营养不够，给孩子"开小灶"，给孩子买高档营养品；孩子有点儿感冒，一家人大惊小怪，好像天都要塌了，又是嘘寒问暖，又是唉声叹气，又是互相埋怨；家长可以不过生日，孩子的生日一定得过；……这样被溺爱的孩子在家中自然会感到特殊，自然习惯于高人一等，变得任性、胡为、自私就不足为奇了。

(3)无原则地满足孩子。孩子要什么就给什么，就算孩子没要，家长也要给，怕爱少了……这样教养出来的孩子，缺乏忍耐和吃苦精神，不珍惜物品，只知道享受，不懂得感恩，不知道克制和忍耐，这样的孩子能不任性吗？

(4)对孩子过于纵容和无原则的迁就。有的家长对孩子的饮食起居不规律、玩耍无节制、生活学习上懒散、行为习惯不良等问题不闻不问，听之任之。认为孩子小，长大了懂事了自然就好了。于是，对孩子的不良行为和不良习惯视而不见，见而不管，任其发展。孩子有时犯些小过错，家长本该及时指出并帮助其矫正，但有的家长认为这是小事，即使看见也一笑置之，若别人指出，家长反而以"孩子小不懂事"而搪塞过去……在这样的迁就下成长的孩子，能不任性胡为吗？

(5)家长在教育孩子时缺乏原则性。表现一：为了让孩子听话，以祈求央告的方式请求孩子做某事。有的家长，总是以祈求、央告的方式来达到目的，例如，孩子不好好吃饭，家长就对孩子说好话："我的乖乖，你就吃点儿吧!"表现二:无原则地答应孩子不合理的要求。譬如,有的家长要求孩子吃饭,孩子提出:"我吃饭可以,但爸爸必须给我讲两个故事,不然我就不吃。"家长担心孩子饿着,就答应了。家长明知道这是孩子的无理要求,也无原则地答应孩子。家长这样"惯"出来的孩子,能知道什么是合理的,什么是不合理的吗?

(6)包办代替。随着年龄的增长,孩子的能力也会增长,像吃饭、穿衣、收拾学习用具等生活和学习上的事,本该由孩子自己完成的事,却由家长包办了。由此,孩子慢慢变得任性、懒惰。

(7)护短。有时爸爸管孩子,妈妈护着;有时父母管孩子,祖辈护着。还有的家长明知道孩子的言行是错的,不但不主动管,别人若指出来还极力找理由替孩子开脱。孩子想到自己总有"保护伞"和"避难所",很容易变得自负,乃至任性。

(8)对孩子管理过严。对孩子管理过严的表现,一是剥夺孩子的独立,二是动不动就对孩子施以暴力。家长的不当教育可能会在孩子的性格中播下自私、无情、任性和缺乏自制力的种子。

(9)孩子缺乏交往。第一,由于居住条件的改变(大多住进了高楼),现在的孩子很少有机会与其他孩子一起玩。第二,现在大多数家庭只有一个孩子,因此缺少兄弟姐妹间的交往。第三,有的家长因担心影响孩子学习,总是限制孩子与同龄人的交往。在这些因素的影响下,孩子的交往能力没有在实践中得到锻炼和提高,容易形成自高自大、自私自利、争强好胜、任性等性格。

(10)受父母不良习惯和不良情绪的影响。有的家长自己就比较犟,不善于接受别人的意见或建议,而一意孤行……孩子长期生活在这样的父母身边,耳闻目睹,很自然地学到了任性。

(三)纠正孩子任性行为的方式和方法

1.分析任性的原因,区别对待

如果孩子是因为提出的合理要求没有被满足而"任性",家长要想办法满足孩子合理的要求,即使不能满足孩子合理的要求,也应及时向孩子说明原因;如果孩子的要求是不合理的,那么孩子再闹,家长也不能满足他的要求。

2.两代家长要在态度和方式上尽量保持一致

(1)家长首先要"狠"得下心。有的家长明明知道孩子任性胡为是错的,是对孩子的成长极其不利的,但总是不忍心强行矫正。有时别人出面替孩子"说情",家长的心就软下来了。对此,父母要坚持原则,"狠心"办好事。

(2)统一要求。为了矫正孩子的不良习惯,孩子的父母应先开一个家庭会议,向隔代家长或者代行家长职责的其他人讲明要纠正孩子的什么问题、要采用什么方式等。

(3)为纠正孩子的任性行为,家长或代行家长职责的人要相互遵守约定、互通情况、互相督促。家长之间缺乏沟通、缺乏默契,容易导致孩子任性。因此,要多沟通交流,要相互监督。

3.让孩子摆正自己在家庭中的位置

第一,疼爱孩子不能超越了界限。为人父母,应该努力地为孩子创造更好的生活环境,让孩子在更加优秀的平台上健康地成长。同时,不能忽视对孩子的管理和教育,特别是行为养成教育和品德教育。一定要给孩子立规矩,让孩子明白哪些该做,哪些不能做。如果孩子跨越了"界限"就要受到惩罚。

第二,让孩子学会自我定位。不要始终把孩子只当成孩子,不要总是觉得孩子经不起挫折、经不起责备。让孩子学会自我定位,让他们多动手,自己去面对失败,自己去面对挫折,这样,孩子才能理性地做人做事。

第三,孩子有错,家长要果断指出并帮助其改正。当家长预料到孩子将要做错一件事时,一定要给予善意的提醒,或对其行为予以制止。尤其是在涉及道德行为和安全问题上,家长一定要果断指出,并帮助其改正。当指正孩子错误的时候,要用意思明确且不失平和的态度,不要用过于强硬的语气与之交流,不然,会引起孩子的排斥和叛逆。因为家长指正的目的是让孩子真正地从内心深处认识到错误,并自愿改正。

作为父母,应让孩子明确自己在家庭中的位置,要明确地告诉孩子:"在家里,作为晚辈的你,应尊敬长辈,听从长辈的教诲;在社会上,作为社会的个体,你应循规蹈矩。不是所有的人都要依着你的想法行事,因为他们没有这个义务。所以,要学会尊重、礼让、理解、忍让,要尽力做好自己的事,学会担当。"

4.家长要严而有格,严而有度,严而有慈

(1)严而有格。对定好的规矩,一定要严格执行,不能说一套做一套。

(2)严而有度。针对孩子犯的错误,不能用一刀切的方式,要适度处理,不能让其适得其反。

(3)严而有慈。让孩子明确该做和能做的,并严格监督执行,同时要让孩子感受到父母对他的关爱,不要让他因父母的"严"而疏远父母。

5.奖励与惩罚相结合

在纠正孩子任性行为的过程中,奖励和惩罚是必要手段。

家长在实施奖惩的过程中要注意两件事:一是要在事前耐心地告诉孩子他的行为可能造成的后果,以及可能面临的惩罚,这有利于孩子克服任性的毛病,培养责任感;二是面对孩子的任性行为一定要冷静,不要对孩子大喊大叫、摔门、态度粗暴等。

6.家长应掌握一些纠正孩子任性行为的基本方法

(1)平静对待。孩子使性子(发脾气)时,情绪激动,有时大哭大闹、大嚷大叫,有时甚至会躺在地上哭闹。这时,家长如果能耐着性子去安抚他,会使孩子感受到父母的爱,进而平静下来,听父母的教导。在孩子停止哭闹,安静下来之时,家长对孩子进行劝说、教育,让孩子知道这样任性是不对的。

(2)迂回。所谓迂回,就是在孩子任性胡为时,不直接指出任性行为的错误和后果,而是采用列举其周边事例的方法来教育孩子。

(3)情绪宣泄、转移。孩子有不良情绪时,需要宣泄或转移,不然会影响孩子的身心健康。

(4)事先约定。和孩子一起约定好,让孩子学会在规定范围内做事。

孩子小有小的任性,大有大的任性,家长应根据其表现和年龄特点,采用不同的方式、方法,及时纠正。

六十六　如何面对孩子的早恋问题

面对孩子的早恋问题，家长们必须重视，并以正确的态度和科学的方法处理这一问题。

(一)早恋的原因、特点和类型

就近几年的情况来看，中小学生早恋现象已经比较普遍。青春期学生中为什么有那么多的早恋现象，恐怕有孩子自身原因和社会原因。

1.早恋的原因

(1)身心发育的原因。进入青春期后，孩子的身心迅猛发育，渴望与异性交往。

(2)各种媒体对爱情的宣扬和渲染，让情窦初开的青少年们对爱情无限憧憬。

(3)家庭、学校性教育的滞后。不少学校，在升学的压力下，淡化了性教育；在家庭中，对两性问题，多数家长在孩子面前羞于启齿。两性关系蒙上的那一层神秘面纱，让青春期的孩子对两性关系充满了好奇。

(4)心中缺乏目标和理想，精神空虚、无聊。

(5)家庭的不良影响。有的家庭父母不和，经常争吵；有的父母分居或离异；有的父母忙于工作，无心关爱孩子。孩子在这样的家庭中得不到爱，就可能去家庭外寻求爱的慰藉。

(6)思想单纯。有的孩子认为在读书期间能交上异性朋友是一种能耐和本事,也是一件值得炫耀的事;有的孩子没有防骗意识,轻易就被他人的花言巧语骗了感情。

2.早恋的特点

(1)朦胧性。早恋的孩子心智还处在成长期,他们这时候的交往主要是由于渴望与异性单独接触而产生,但是他们对如何区别友谊和爱情、如何处理恋爱关系和学业问题等都缺乏明确的认识。

(2)愉快和痛苦并存。孩子早恋一般都是偷偷摸摸的,他们既想与异性交往,又担心被别人发现,所以他们内心既有愉悦又有痛苦。

(3)缺乏持久性。早恋关系是一种充满变化、极不稳定的感情关系,其中的一部分就像孩子玩"过家家"一样,要不了多久就会厌烦,最终都很难成为终身伴侣。

(4)差异性。在行为方式上,有的孩子的早恋行为十分隐蔽,通过书信、电话等方式来传递感情,但也有的孩子在许多场合出双人对,俨然一对情侣。在关系程度上,大多数有早恋关系的孩子的主要活动是在一起聊天,交流隐秘的感情等;有的则关系发展得很深,除了谈论感情以外,甚至发生性关系。在年龄喜好上,女孩儿喜欢比自己年龄大的、比较成熟的英俊男性;男孩儿则喜欢跟比自己年龄小的漂亮女孩儿交往,因为他在交往中更有机会展现自己的阳刚之美。

3.早恋的类型

(1)爱慕型。爱慕型就是孩子由于爱慕对方某些方面而产生的早恋现象。

根据爱慕对象的不同,又可分为:仪表型,就是由于爱慕对方外在的仪表而产生的早恋;专长型,就是因为爱慕对方的能力、专长而产生的早恋。

(2)品性型。品性型就是由于爱慕对方的某种品性而产生的早恋。

(3)好奇型。好奇型是由于对异性的好奇心而产生的早恋。

(4)模仿型。模仿型就是模仿别人的恋爱行为而产生的早恋。

(5)愉悦型。愉悦型就是为了获得愉悦的情感体验而产生的早恋。

(6)补偿型。补偿型就是为了获得感情补偿和排解受挫的情绪而产生的早恋。

(7)逆反型。逆反型就是想与他人的要求对着干而产生的早恋。

(8)病理型。病理型就是由于病理原因而产生的早恋。

(二)早恋的主要危害

1.分散精力,影响学习,磨灭意志

应该说每个青少年都有自己的理想和抱负,都渴望将来的自己能成为对国家有用的人,甚至成为国之栋梁。但并不是所有的青少年都能为理想和抱负而脚踏实地、勤奋努力。青春期的少男少女们,快速地成长,这个时期的他们充满了青春活力,精力旺盛、思想活跃、记忆力强,对新生事物极为敏感。这一时期是他们学习科学知识,提高自身能力的绝佳时期。但对于早恋,由于他们过分好奇、兴奋、痴迷,过分沉醉于对"爱"的幻想之中,从而使得他们无法全心全意地学习。而学习犹如逆水行舟,不进则退,因此当一个学生只顾着谈情说爱时,他的学习成绩必然下滑。而中学阶段的课程大多是基础课,如果在这个阶段不把基础打好,将来靠什么立足于社会、为国家做贡献呢?如果在这个时期,孩子被恋爱的问题纠缠,必定分散学习精力,浪费大好时光,这无疑是置自己一生的远大前途而不顾。这种所谓的"爱情",必然会葬送青少年的将来,让他们终生追悔莫及。现实生活中,有不少品学兼优的青少年学生因早恋变得不思进取,成绩一落千丈。

2.影响青少年的生理和心理的正常发展

大多早恋的孩子为了不让他人发现自己在恋爱,总是躲躲藏藏的,但长此下去,必然会影响他们与同学、家人的关系。同时,早恋双方会承受很多来自家人、朋友等的压力,久而久之,它就会影响其心理的正常发展,有的甚至会改变其性格,比如,本来活泼、天真的孩子,会变得孤僻、冷漠,心理上出现超年龄的现象。另外,草率地或不负责任地对待恋爱,还会酿成终生苦果。青少年涉世不深、阅历不足、生活经验欠缺,对社会缺乏足够的了解,好多孩子都是一时的感情冲动便与异性确立了恋爱关系,但随着他们心理上的变化,可能会对对方产生诸多不满,进而冷却或是中断彼此间的感情。这

种情况,会让青少年失望,甚至消沉,形成心理障碍,从而影响青少年心理的健康发展。

3.付出惨重的代价

年轻人涉世不深,不能全面考虑问题,感情易冲动,往往因此种下苦果,付出惨重的代价,有的甚至付出生命的代价。少男少女坠入爱河后,其强烈的性冲动可能使他们失去理智发生性行为而致孕。由于怀孕,使得小年轻们手足无措,急于想办法处理问题。为了不让熟人看到,小女孩大多愿意选择去私人诊所堕胎。但由于私人诊所的条件有限,有可能手术不当使女孩终身不孕或死亡。

4.出现过火行为,引发犯罪

青少年早恋,大多是由于感情的冲动或是出于对异性的好奇心。当青少年强烈的好奇心和感情上的冲动构成合力时,他们脆弱的理智防线就会被冲垮。在这种情况下,往往会出现过火行为,甚至造成不可弥补的损失。如果同时受到不良信息的诱导,就极可能使他们滑向道德败坏或违法犯罪的深渊。据调查,青少年犯罪里,有三分之一的人早恋过。据相关调查,在犯罪原因上,与追求性刺激有关的占被调查人数的22%。

> 17岁的犯罪嫌疑人普某系郑州某中学的一名初中学生。因暗恋的女同学李某喜欢上了别人,普某便决定把李某强奸后杀死,然后自杀。
> 一天下午,普某在商店购买了锁、刀片、啤酒、烧饼等物品后,将被害人李某骗至校园附近的小屋内,欲与其发生性关系。遭到拒绝后,普某将李某掐死。作案后,普某自杀未遂,后到公安机关投案自首。据悉,普某受早恋影响,心理不健康,且平时爱浏览黄色网站,中毒颇深,最终导致其铤而走险,以身试法,酿成命案。

(三)如何处理早恋问题

1.加强教育引导,提早预防

(1)家长与学校配合,加强对学生的生理常识教育和性教育,打破孩子心中对"性"的神秘感。

说起"性教育",在我国,很多家庭、很多人都谈性色变。在许多家庭教育中,这一块基本是一片空白,学校的性教育也流于形式。加之生理教育的缺失,孩子不理解一些特别的生理现象,又对异性感到好奇,难免有一股去探寻秘密的冲动。

性教育,是家庭、学校、社会的共同任务。但家庭教育特别重要,因为一对一的教育效果会更好。

①建立良好的亲子关系,做一个亲和的、开明的父母。建立良好的亲子关系,是做好家庭教育的一个基本前提,没有这个前提,就达不到教育的效果。在性教育问题上更是如此。

②对孩子进行生理常识教育。当孩子进入青春期,家长应提前进行适当的教育。在家长感觉到孩子有比较明显的生理变化时,父母更应该对孩子进行生理卫生和性知识等方面的教育。

③对孩子进行性道德教育。当孩子对生理常识有所了解后,父母就应对孩子进行性道德教育。

(2)多关心、多观察孩子,及早发现孩子的早恋苗头和早恋行为。早恋,对孩子的影响特别大,因此,家长要多关心、多观察孩子,及早发现孩子的早恋苗头和早恋行为,并做好引导。但一部分家长因工作繁忙等原因,没时间和精力管教、引导孩子,所以他们对孩子早恋的苗头或早恋的行为根本没有察觉。其实,只要家长多与孩子交流,搞好亲子关系,是能发现孩子的早恋苗头和早恋行为的。下面,给各位家长展示一些有关孩子早恋苗头和早恋行为的表现,供家长们参考,希望各位家长能及时发现,早做工作,以免造成不良影响,或产生不良后果。

①孩子突然变得特别爱打扮,注意修饰自己,常对着镜子左顾右盼;

②成绩突然下降,上课时注意力不集中,回到家里常"魂不守舍";

③活泼好动的孩子突然变得沉默,不愿意和父母多说话;

④在家坐不住,经常找借口外出,瞒着父母到公园、电影院等场所,有时还说谎;

⑤放学回家喜欢一个人躲在房间里,或待在一边想心事,时常走神发呆;

⑥情绪起伏大,常表现出兴奋、忧郁、烦躁不安等精神状态;

⑦突然对描写爱情的文艺作品感兴趣；

⑧背着家长偷偷写信、写日记，看到别人走近时赶忙遮掩；

⑨常接到异性打来的电话，常背着家长打电话。

如有以上情况发生，家长就应重视，并弄清楚原因，做好教育引导工作。一方面，家长要心平气和地与孩子交谈，交换意见和看法；另一方面家长应该鼓励孩子与同学们广泛接触，共同成长，而不是单一地与某一个异性进行交往。千万不可粗暴地阻止孩子同他人的一切来往，将孩子孤立起来，因为这样做很可能适得其反，后果将是不堪设想的。

2.处理孩子早恋的几种方法

对于孩子的早恋，家长一般都很重视，都会想出各种办法来教育引导孩子正确看待早恋，正确处理早恋，但是早恋现象为什么仍然屡禁不止，反而有越演越烈之势呢？关键是很多家长在青春期孩子对异性的爱慕和交往问题上的认识有偏差，没有抓住孩子的心理因势利导，用错了方式方法。要解决孩子的早恋问题，除了预防外，家长还应当从以下几个方面入手。

（1）家长要正确对待孩子对异性的爱慕。进入青春期的孩子生理急剧变化，性功能逐渐走向成熟。同时，他们还朦胧地意识到两性间独特关系的存在，并对异性产生了较大的兴趣，渴望与异性单独接触。这些都是青春期孩子正常的生理和心理现象，没什么值得大惊小怪的，千万不要把孩子与同学的正常交往视为洪水猛兽。

如果孩子与异性交往的基础是某些共同的活动，共同的兴趣和爱好，那么他们可能发展出同志式的关系，这种关系是有助于促进他们学习的。如果没有共同的爱好和兴趣，只是为了消遣和打发时间，就会影响他们的学习和身心健康的发展。因此，对待孩子与异性交往的问题，应当了解情况、冷静分析、区别对待、正确引导，不能想当然地用怀疑的眼光看待孩子之间的关系，更不能武断地强加干涉。

如果家长能意识到青春期的孩子渴望与异性交往是正常的生理现象和心理现象，就能冷静地处理好孩子与异性交往的问题。

（2）家长应尊重、关心孩子。比如，多关心他们的生活，多了解他们心中的烦恼和困惑，尊重他们的想法和感情，与他们建立起良好的亲子关系，为劝诫、开导工作打下良好的基础，千万不要一发现或者听说孩子与异性有来往,就用冷脸对着孩子,或者怒气冲天,强行禁止,甚至是打骂孩子。这样做不仅不能使早恋降温,反而会使他们产生逆反心理,使早恋升级,甚至使孩子变得忧郁、多疑、紧张、神经过敏等。家长一定要多关心早恋的孩子,让他们感受到父母的爱,这样才能让他们平静地接受家长的教育引导,从而"迷途知返"。

(3)要平心静气地对待孩子的早恋。处于青春期的孩子,对异性都会有一种特别的好奇心和亲近感,只是有的比较明显,有的比较隐蔽而已。如果发现孩子早恋,家长一定要冷静分析,冷静处理,切不可武断而为。如果知道孩子早恋了,家长就把它视为洪水猛兽,要么怒气冲天,大动干戈,要么急吼吼地告诉老师和对方家长,对孩子又骂又打,弄得满城风雨,这肯定不会得到理想的结果。对待孩子的早恋,家长要做到"三不可"。第一,不可简单粗暴。发现孩子早恋后不可以简单粗暴地处理,不可以打骂孩子。简单粗暴地对待青春期孩子的早恋,只会增强他们的逆反心理,让他们排斥家长的教育。第二,不可到处宣扬。如果家长这么做,会损伤孩子的尊严,是把孩子往"绝路"上逼。第三,不可私下找孩子的早恋对象询问或劝诫。如果家长私下找自己孩子的"对象",而又被自己的孩子知道了,不管家长对对方说了什么,孩子都会抱怨和记恨家长。

早恋这种事,就像弹簧一样,你压得越紧,它就反弹得越高。作为家长,处理此事一定要冷静,要理智,切不武断而为。

(4)分析孩子"早恋"原因和类型,有针对性地从"心"入手。家长如果知道孩子早恋了,就应细心观察,进而分析孩子早恋的原因和类型,这样才能有针对性地从"心"入手。如,有的孩子早恋的原因可能是学习有困难,学习压力大,以早恋的方式逃避学习;有的可能是羡慕人家富有或者长得"帅(美)"就找人家谈恋爱……不管是哪种原因,家长都应找准,才能有的放矢地开展教育引导工作。另外,青春期的孩子都特别叛逆,这就需要家长多理解、陪伴和关爱,在心平气和的环境中与孩子进行平等的交流和沟通,做到多倾听、多尊重、多商讨、多建议,这样家长才能走进孩子的内心,了解孩子的内心,从而做到"从心入手"。

(5)心平气和地与孩子交谈。家长如果发现孩子有早恋的苗头,不管有多忙,都应抽出时间与孩子进行心与心的交流。如果孩子不承认早恋这回事,而家长已经掌握了充分的证据,也不应指责孩子撒谎。在父母面前,孩子不承认自己在谈恋爱是正常的,因为孩子担心对家长说了实话会受到惩罚。只要家长做到心中有数,以"预防"的形式与孩子进行交流、沟通就行了。如果孩子承认自己对某人有好感,这是孩子间接地承认"早恋"问题,家长应以真诚的态度对孩子说:"孩子,谢谢你对我的信任。同时,作为家长,我应该告诉你……"

在对待孩子早恋这一问题上,重要的是看家长的处理态度和方式方法。如果家长以朋友的身份平等地与之交谈,并给予真诚的忠告,平心静气地给孩子讲明道理,那么孩子还是会接受家长的意见的。家长要通过耐心的引导,让孩子明白当前什么事才是自己最应该做的事。

(6)给孩子提出合理的建议。在与孩子沟通的过程中,家长首先就应该肯定孩子与异性正常交往的无可非议。家长以接纳的态度对待孩子与异性的交往,能让孩子感觉到自己的情感被家长所接受,才会信任家长,才会对家长袒露心事。有了这个基础,家长与孩子才可能有进一步的交流。当孩子坦诚地表述出他(她)喜欢的人的优点时,家长可以说:"孩子,她(他)一定很优秀,你可以多学学她(他)在这些方面的优点。"只要父母以接纳的态度对待孩子,孩子很有可能会和父母讲自己的想法和做法。家长听了后,可以用商讨性的口吻对孩子讲:"孩子,你知道你当前的主要任务是什么吗?"孩子如果回答:"我当前的主要任务是学习。"家长应该进一步引导孩子说:"你能明白你当前的主要任务,我很高兴,但你们学习时间那么紧张,学习任务那么繁重,这么做,会不会分散你们的学习精力?这样做会不会影响她(他)的学习呢?"……在谈话中给孩子提出一些合理的建议,让他们在反思后做出正确的选择。

(7)指导孩子正确交往。孩子对某位异性有了好感,一门心思想与之交往,这时,家长如果给孩子讲现在不该交往的大道理,孩子是听不进去的,强行的制止更不可行。每一位家长都不希望孩子因早恋而耽误学业,更不希望将孩子逼上"绝路"。为了避免出现以上结果,家长应指导孩子正确交往。

①在问清楚孩子与异性如何交往的情况后,给孩子提出一些要求。如,交往时间、地点和交往方式上的要求(不在晚上见面,不用学习时间交往,不单独相处等),交流话题和接触方式的要求(话题限于日常问候、学习、生活,不准有身体接触等)。只要父母与孩子有良好的亲子关系,他是会答应的。这样做,家长至少能掌握事情的进展情况,不至于失控。

②把孩子的互相倾慕变成学习上的互为激励。我的女儿在高中一年级结束时,由于对某男生有好感,学习成绩由年级的前几名滑到了年级三百多名。我在了解了情况后,与孩子进行了一次长谈,针对孩子的心理进行了一次有针对性的辅导。我对女儿讲:"孩子,我不反对你与某同学的正常交往,但是你现在才16岁,才读高一,学习任务又那么重,哪有时间和精力来谈情说爱?另外,你们以后还要读大学,还要工作。你读哪一所大学,他又读哪一所大学,不可预知。大学毕业后你在什么地方工作,他又会在什么地方工作都是未知数。所以如果现在你与他发展成恋爱关系,你觉得是不是不合时宜?"孩子听了后,没有反驳,我就进一步问道:"你是不是觉得那个男生很优秀,值得信赖?"孩子点头后,我对孩子说:"但是,爸爸给你一个建议,也请你告诉那个男生,我希望你们之间的交往暂时只限于同学之间的交往,把你们心底的互相倾慕变成学习上的相互鼓励;等你们都考上大学,走上了工作岗位,到时,不管你们在何方,如果心中还留有那份倾慕,爸爸一定尊重你们的选择,支持你们,也祝福你们。孩子,你看这样行不?"孩子觉得我说得在理,就高兴地接受了我给她的建议。事后,孩子也是这么做的。高中毕业了,孩子考上了重点大学,我在孩子保存的纸条里发现了写着"某某,加油,朝我们的目标奋斗,离高考还有××天"等鼓励的文字。

对于早恋,家长们一定要做好思想准备,认真对待。如果发觉孩子有早恋的苗头,家长要坦诚面对,冷静分析,悉心陪伴,合理引导。应该相信,通过家长的努力,孩子是能正确面对青春期的情感问题的,他们是会把主要精力放到学习上来的。

后记

我当过兵,后来成了一名普通的教育工作者,先后任教过小学、初中、高中,也从事过劳动教养方面的特殊教育。在这几十年中,我见过很多培养出了优秀孩子的家庭,这些家庭培养出来的孩子人格健全、学业有成、适应社会、成人后在事业上有所成就等;也见过不少家庭养出了在某些方面有问题的孩子,这些孩子人格低下、行为习惯差、生活自理能力差、独立性差、懒散,大多碌碌无为,有的甚至走向违法犯罪。在养育自己的孩子、代行家长职责养育孙辈的过程中,在观察、研究众多孩子成与败的实例之后,我更觉得家庭教育对孩子的成长有着极其重要的作用。然而,在我国,家庭教育的现状并不乐观。著名心理学家王极盛先生便认为,做家长的,特别是隔代家长的素质远远落后于时代发展和孩子成长的要求。他在数万人中间做的一项调查表明,95%以上的家长没有学习过如何教育子女这门学问。其中,在隔代教育群体中这个比例接近100%。隔代教育家长多数是凭着传统的育儿理念和自己带孩子的经验来养育孙辈,多数抱着过时的观念不放,也缺乏正确的教育方法。然而,从一对父母只准生一个孩子到允许生育二孩、三孩,这个相当长的时期内,教养孩子的任务都需要亲子家长和隔代家长协同来完成。所以,从关心我们的下一代健康成长的角度来看,两代家长学习教养孩子有其紧迫性和重要的意义。这一切都促使一个教育工作者,一个家长去实践、探索两代家长协同教育孩子的新模式,去寻找家庭教育成功与失败的根源。所以,我希望这本书能给家庭教育提供一些借鉴和帮助,也希望它能为孩子们的成长铺设一条成功之路。为此,我边学习、边实践、边探索,经过十几年的总结和撰写,终于完成了这本书。在此,对我学习、借鉴过的中外家庭教育研究者表示衷心的感谢!感谢重庆市合川区教育科学研究所副所长、正高级教师、重庆市教育学会家庭和社区教育专业委员会第一届理事会理事、重庆市教育学会未来教育研究分会第一届理事会理事及重庆教育学会学术委员会委员姚奇先生对本书在内容、结构以及教育学知识等方面给予的指导和帮助!感谢心理咨询师姚俊妮女士在心理学知识方面给予的支持和帮助!感谢副高级工程师、美国正面管教家长讲师团成员、曾有三年新教育(华德福教育)幼儿园带班经验的姚睿捷女士对本书的指导和建议!感谢重庆第二师范学院谷生华教授给本书写序!感谢重庆昆绅布艺有限公司总经理费世昆先生、重庆斯曼特机电设备有限公司创始人姚军华先生对本书出版的大力支持。